国家出版基金项目
NATIONAL PUBLICATION FOUNDATION

"十二五"国家重点图书出版规划
国家出版基金资助项目

中国审判案例要览

（2010年行政审判案例卷）

国 家 法 官 学 院
中国人民大学法学院　编

编审委员会主任　　王胜俊
编审委员会副主任　　王利明　万鄂湘

中国人民大学出版社
· 北京 ·

图书在版编目（CIP）数据

中国审判案例要览.2010年行政审判案例卷/国家法官学院，中国人民大学法学院编. —北京：中国人民大学出版社，2011.11

ISBN 978-7-300-14767-3

Ⅰ.①中… Ⅱ.①国…②中… Ⅲ.①审判-案例-汇编-中国-2010②行政诉讼-审判-案例-汇编-中国-2010 Ⅳ.①D920.5②D925.318.25

中国版本图书馆 CIP 数据核字（2011）第 234277 号

"十二五"国家重点图书出版规划

国家出版基金资助项目

中国审判案例要览（2010 年行政审判案例卷）

国 家 法 官 学 院

中国人民大学法学院 编

Zhongguo Shenpan Anli Yaolan（2010nian Xingzheng Shenpan Anlijuan）

出版发行	中国人民大学出版社			
社　　址	北京中关村大街 31 号		**邮政编码**	100080
电　　话	010 - 62511242（总编室）		010 - 62511398（质管部）	
	010 - 82501766（邮购部）		010 - 62514148（门市部）	
	010 - 62515195（发行公司）		010 - 62515275（盗版举报）	
网　　址	http://www.crup.com.cn			
	http://www.ttrnet.com（人大教研网）			
经　　销	新华书店			
印　　刷	涿州市星河印刷有限公司			
规　　格	185 mm×260 mm　16 开本		**版　　次**	2011 年 12 月第 1 版
印　　张	29.75 插页 3		**印　　次**	2011 年 12 月第 1 次印刷
字　　数	679 000		**定　　价**	90.00 元

再版前言

为了反映我国审判工作概貌，指导审判实践，促进法学研究，向海内外介绍我国法制建设的成就和执法水平；同时，也为中国司法工作者、立法工作者和教学、研究人员提供有价值的参考资料，1991 年，最高人民法院中国高级法官培训中心①与中国人民大学法学院决定共同编纂《中国审判案例要览》，逐年从全国各级人民法院审结的各类案件中选编部分案例分四卷出版，即刑事审判案例卷、民事审判案例卷、商事审判案例卷②、行政审判案例卷。由于知识产权审判案例、交通运输审判案例数量较少，不足以独立成卷，故按案例性质分别编入商事卷或刑事卷等分卷。

在本书编写过程中，对案件事实、审判过程、裁判理由、处理结果等，都完全尊重办案实际，具有客观性、真实性。为了便于读者了解具体的审判过程，收入了各审级的审判组织、诉讼参与人、审结时间、诉辩双方的主张、认定的案件事实、采信的证据和适用的法律条文。为了使读者易于理解适用法律的理由和涉及的法学理论观点，由编纂者写了解说，并对裁判的不足之处加以评点。

该书从 1992 年 6 月编纂出版第一本以来，到目前为止已连续编纂出版了 12 年，并出版了英文版，向世界各国发行。该书最初由中国人民公安大学出版社出版，从 1996 年起由中国人民大学出版社出版，从 2003 年起由中国人民大学出版社与人民法院出版社共同出版。该书的编纂出版，在国内外引起了强烈反响，得到法学界、法律界的高度评价。该书曾获得国家新闻出版署颁发的全国优秀法学著作一等奖第一名和北京市第三届哲学社会科学优秀成果特等奖。

我们奉献给读者的《中国审判案例要览》，希望能够对读者有所帮助，能够对我国的法制建设发展进程有所裨益。我们在编写过程中，得到了全国各级人民法院的领导及有关工作人员、中国人民大学法学院师生和海内外人士的关心和帮助，得到了香港中华法律网有限公司总裁梁美芬博士的大力支持，在此谨致谢意。

《中国审判案例要览》编审委员会

2004 年 6 月

---

① 现为国家法官学院。
② 2000 年以前为经济卷。

前　　言

　　十多年来，随着中国改革开放的深入发展，社会主义民主和法制建设有了长足的进步，与此同时，人民法院的审判工作也有很大的进展。除了刑事审判和民事审判外，又逐步开展了经济审判、行政审判、交通运输审判。全国法院每年审结各类一审案件已达 300 万件左右。审判程序日趋完善，审判工作质量不断提高。我们认为，有必要系统地选编法院审判案例，向海内外介绍中国审判实践的情况，展示中国法制建设的成就；同时，也为中国司法工作者、立法工作者和教学、科研人员提供一些有价值的参考资料。为此，中国高级法官培训中心①和中国人民大学法学院共同合作，从 1992 年起逐年选编一部审判案例综合本，分别收入前一年审结的案例。每部分为刑事审判案例卷、民事审判案例卷、经济审判案例卷、行政审判案例卷，共四卷。由于交通运输审判案例数量少，不足以独立成卷，故按案例性质分别编入经济和刑事卷。书名定为《中国审判案例要览》。

　　在本书编写过程中，对案件事实、审判过程、裁判理由、处理结果等，都完全尊重办案实际，具有客观性、真实性。为了便于读者了解具体的审判过程，收入了各审级的审判组织、诉讼参与人、审结时间、诉辩双方的主张、认定的案件事实、采信的证据和适用的法律条文。为了使读者易于理解适用法律的理由和涉及的法学理论观点，由编者写了解说，并对裁判的不足之处，加以评点，有的版本还以附录形式加了少量的必要的法律名词解释。

　　我们奉献给读者的这部案例要览，希望能够对读者有所帮助，得到读者的喜爱。这是我们的初次尝试，疏漏不足之处在所难免，诚恳地欢迎各界人士提供宝贵的意见，帮助我们改进编写工作，以使今后出版的案例要览日臻完善。

　　我们在编写工作中，得到了各级人民法院的领导与工作人员、中国人民大学法学院师生和有关方面的关心和帮助，美国福特基金会及其驻中国办事处也给予了很大的支持。在此谨致谢意。

《中国审判案例要览》编审委员会
1992 年 12 月

---

① 现为国家法官学院。

杨万明	中华人民共和国最高人民法院刑事审判第四庭庭长	许崇德	中国人民大学法学院教授、博士生导师、中国宪法学研究会名誉会长
赵大光	中华人民共和国最高人民法院行政审判庭庭长	赵中孚	中国人民大学法学院教授、博士生导师
高贵君	中华人民共和国最高人民法院刑事审判第五庭庭长	高铭暄	中国人民大学法学院教授、博士生导师、中国刑法学研究会名誉会长
高憬宏	国家法官学院党委书记、院长	黄京平	中国人民大学法学院教授、博士生导师、中国刑法学研究会副会长
梁书文	中华人民共和国最高人民法院原民事审判第一庭庭长、国家法官学院兼职教授	程荣斌	中国人民大学法学院教授、博士生导师
曹士兵	国家法官学院副院长	韩大元	中国人民大学法学院院长、教授、博士生导师、中国宪法学研究会会长
曹守晔	中华人民共和国最高人民法院中国应用法学研究所副所长	戴玉忠	中国人民大学刑事法律科学研究中心主任、教授、博士生导师

《中国审判案例要览》编辑部

《中国审判案例要览》各卷正副主编、主编助理

（一）刑事审判案例卷

	中国人民大学法学院		最高人民法院	
主　编	黄京平	中国人民大学法学院教授、博士生导师、中国刑法学研究会副会长	高憬宏	国家法官学院党委书记、院长
副主编	陈卫东	中国人民大学法学院教授、博士生导师、中国诉讼法学研究会常务副会长	杨万明	中华人民共和国最高人民法院刑事审判第四庭庭长
			高贵君	中华人民共和国最高人民法院刑事审判第五庭庭长
主编助理	时延安	中国人民大学法学院副教授	孙本鹏	国家法官学院教务部主任、教授
			刘　流	国家法官学院教授
编　辑	刘计划、胡　霞、王　烁、岳蓓玲、汪东升、张学永、徐俊驰		唐世银	

（二）民事审判案例卷

	中国人民大学法学院		最高人民法院	
主　编	王利明	中国人民大学党委副书记兼副校长、教授、博士生导师、中国法学会副会长、中国民法学研究会会长	杜万华	中华人民共和国最高人民法院民事审判第一庭庭长

副 主 编	龙翼飞	中国人民大学法学院副院长、教授、博士生导师、中国婚姻法学研究会常务副会长	纪　敏	中华人民共和国最高人民法院原民事审判第一庭庭长
	姚　辉	中国人民大学法学院教授、博士生导师	梁书文	中华人民共和国最高人民法院原民事审判第一庭庭长、国家法官学院兼职教授
主编助理	姚欢庆	中国人民大学法学院副教授	杨永清	中华人民共和国最高人民法院立案二庭副庭长
			樊　军	国家法官学院科研部副主任、副编审
编　辑	黎建飞、孙若军、王　雷、苏　烽、郑小敏			

（三）商事审判案例卷

<table>
<tr><td colspan="3" align="center">中国人民大学法学院</td><td colspan="2" align="center">最高人民法院</td></tr>
<tr><td>主　编</td><td>史际春</td><td>中国人民大学法学院教授、博士生导师、中国经济法学研究会副会长</td><td>宋晓明</td><td>中华人民共和国最高人民法院民事审判第二庭庭长</td></tr>
<tr><td>副 主 编</td><td>徐孟洲</td><td>中国人民大学法学院教授、博士生导师</td><td>曹守晔</td><td>中华人民共和国最高人民法院中国应用法学研究所副所长</td></tr>
<tr><td></td><td>吴宏伟</td><td>中国人民大学法学院教授、博士生导师</td><td>曹士兵</td><td>国家法官学院副院长</td></tr>
<tr><td>主编助理</td><td>李艳芳</td><td>中国人民大学法学院教授、博士生导师</td><td>王　立</td><td>国家法官学院教授</td></tr>
<tr><td>编　辑</td><td>宋　彪、孟雁北</td><td></td><td></td><td></td></tr>
</table>

（四）行政审判案例卷

<table>
<tr><td></td><td colspan="2">中国人民大学法学院</td><td colspan="2">最高人民法院</td></tr>
<tr><td>主　编</td><td>韩大元</td><td>中国人民大学法学院院长、教授、博士生导师、中国宪法学研究会会长</td><td>赵大光</td><td>中华人民共和国最高人民法院行政审判庭庭长</td></tr>
<tr><td>副主编</td><td>胡锦光</td><td>中国人民大学法学院副院长、教授、博士生导师、中国宪法学研究会副会长</td><td>李广宇</td><td>中华人民共和国最高人民法院行政审判庭副庭长</td></tr>
<tr><td></td><td></td><td></td><td>金俊银</td><td>国家法官学院民商事审判教研部主任、教授</td></tr>
<tr><td>主编助理</td><td>李元起</td><td>中国人民大学法学院副教授</td><td>蔡小雪</td><td>中华人民共和国最高人民法院行政审判庭审判长</td></tr>
<tr><td></td><td></td><td></td><td>赵建华</td><td>国家法官学院副教授</td></tr>
<tr><td>编　辑</td><td colspan="2">王贵松、王雁雄、杜思雨</td><td></td><td></td></tr>
</table>

《中国审判案例要览》通讯编辑

梁展欣	广东省高级人民法院
贺利研	广西壮族自治区高级人民法院
林书斌	海南省高级人民法院
陈飞霞	重庆市高级人民法院
蒋　敏	四川省高级人民法院
施辉法	贵州省贵阳市中级人民法院
自　宁	云南省高级人民法院
冯丽萍	云南省昆明市中级人民法院
张　勇	陕西省高级人民法院
官　却	青海省高级人民法院
石　燕	新疆维吾尔自治区高级人民法院

目 录

一、公安案件

1. 刘殿明要求确认北京市公安局朝阳分局拖延履行职责违法案（公安机关丢失迁移证等材料的行为属于行政诉讼受案范围）

（一）首部

1. 判决书字号：北京市朝阳区人民法院（2009）朝行初字第66号判决书。
2. 案由：确认拖延履行职责违法。
3. 诉讼双方

原告：刘殿明，男，1940年生，汉族，北京市人，无业，住北京市朝阳区王四营乡柏杨景园A区。

委托代理人：樊少雄，北京市静观律师事务所律师。

委托代理人：余道兵，北京市静观律师事务所律师。

被告：北京市公安局朝阳分局，住所地：北京市朝阳区道家园1号。

法定代表人：陶晶，男，北京市公安局朝阳分局局长。

委托代理人：齐京明，男，北京市公安局朝阳分局干部。

委托代理人：周雪艳，女，北京市公安局朝阳分局干部。

4. 审级：一审。
5. 审判机关和审判组织

审判机关：北京市朝阳区人民法院。

合议庭组成人员：审判长：朱军巍；人民陪审员：郝建丰、李智勇。

6. 审结时间：2009年12月18日。

（二）诉辩主张

1. 被诉具体行政行为

原告将迁移证等材料上交至北京市公安局朝阳分局双桥派出所（以下简称双桥派出所）办理入户，在以后长达26年的时间里，公安机关一直未能为原告办理，并将原告的相关材料丢失，原告要求确认该局拖延履行职责违法。

2. 原告诉称

原告出生于北京市崇文区，参加工作后于1963年落户于朝阳区假肢厂。后因盗窃罪被判处有期徒刑10年至黑龙江省服刑，刑满就业于当地农场。1982年9月2日由农场清理遣返回京。原告将迁移证等上交至双桥派出所办理入户。在以后长达26年的时间里，原告不断找公安机关要求落户，公安机关却一直未能为原告办理，并将原告的相关材料丢失。后直至2008年7月北京市公安局朝阳分局（以下简称朝阳分局）下属的豆各庄派出所（以下简称豆各庄派出所）才为原告办理了入户。朝阳分局的行为给原告造成了巨大的经济和精神损失，因此原告诉至法院要求判决确认该局拖延履行职责违法。

3. 被告辩称

首先，原告确曾向双桥派出所申报入户，但是该所早于1987年就划分为一个中心所、五个分遣所。因人事、机构变动，且时间久远，故未能找到刘殿明所说的迁移证等材料。在2001年4月27日北京市公安局制发《关于印发户口审批工作规范（试行）的通知》（京公人管字［2001］333号，以下简称333号《通知》）以前，没有相关规定及户口政策支持原告的迁户申请，故不能为其办理入户。333号《通知》出台后，该局应原告的申请积极及时地为其办理了入户。该局认为，原告提交入户申请后，由于一直没有相应的政策故公安机关不能给其办理入户登记；333号《通知》试行以来至2007年原告到该局下属豆各庄派出所要求办理入户期间，原告始终未向豆各庄派出所进行咨询并提交入户书面申请；新政策出台后，该局积极为刘殿明解决入户问题，及时为其办理了入户登记。因此，该局不存在迟延履行法定职责的行为。

其次，迁移证等材料不属于人事档案材料，故原告认为被告丢失其档案材料于法无据，且该行为已过诉讼时效。被告已经于2008年7月30日为刘殿明办理了户口登记，并未影响原告的任何权利。迁移证等材料是否丢失对其权利义务不产生实际影响。因此，根据相关法律规定，丢失迁移证等材料的行为不属于行政诉讼受案范围。

综上，被告朝阳分局请求法院驳回原告的诉讼请求。

（三）事实和证据

北京市朝阳区人民法院经公开审理查明：原告刘殿明于1940年出生，曾用名黄培生，原户籍所在地为北京市崇文区冰窖胡同×号。其曾在北京市朝阳区假肢厂工作并落户于该厂。1963年刘殿明因犯盗窃罪被判处有期徒刑10年，后被送往黑龙江省泰来县音河农场服刑。1973年刘殿明刑满释放后就业于黑龙江省泰来县三棵树农场。1982年9月原告刘殿明被农场遣返回京，投靠其弟曹东良（曾用名黄新生，现住北京市朝阳区豆各庄乡水牛房村）。刘殿明返京后，其将迁移证、刑满就业遣返证明等材料交与双桥派出所申请办理户口进京的迁移手续。双桥派出所收取了刘殿明递交的材料，但未立即办理入户登记手续，也未答复刘殿明能否办理。1986年7月31日，双桥派出所曾致函黑龙江省三棵树农场，因刘殿明在该处申报户口一事特向该厂索取证明，请该场协助办理。朝阳分局称，双桥派出所于1987年划分为一个中心所、五个分遣所，人事及机构均发生一定变动。对于刘殿明何时向双桥派出所提出迁移申请以及提交了哪些申请材料均无从查找并核实。案件审理过程中，原告刘殿明提交了双桥派出所原所长王全出具的两份书面证明材料，王全表示刘殿明于1982年提出落户申请，经其审查后已将申报材料转递朝阳分局户籍科审批。庭审中，原告刘殿明称其多次前往双桥派出所及朝阳分局要求办理落户均未获得明确结果。

2008年1月24日，原告刘殿明应公安机关要求，重新向其居住地辖区豆各庄派出所递交了入户申请，并提交了黑龙江省泰来县农场出具的证明、自书的情况经过等材料，在公安机关进行调查并对刘殿明和被投靠人其弟曹东良进行DNA亲缘司法鉴定的情况下，经上级主管机关审批，豆各庄派出所于2008年7月30日为原告办理了户口登记。

上述事实有下列证据证明：

1. 泰来县公安局于1982年9月7日签发的迁移证的存根联复印件，证明原告户籍由泰来县迁出拟迁入北京市朝阳区双桥地区。

2. 由双桥派出所原所长王全出具的两份书面证明和双桥派出所于1986年给黑龙江三棵树农场发的函，证明原告于1982年将入户申请及相关材料递交双桥派出所。

3. 黑龙江省第五劳动改造支队于1973年9月1日出具的《证明书》，证明原告于1973年9月1日刑满释放。

4. 原告的《转正审批表》，证明原告的履历。

5. 原北京市公安局双桥派出所豆各庄分遣所出具的《证明》，证明原告原系北京市户口，直至1990年派出所仍表示正在给其办理户口迁移手续。

6. 原告亲笔书写的情况经过，证明原告于2007年向豆各庄派出所和朝阳分局提出申请办理户口的事宜。

7. 北京市公安局前门派出所于2007年7月11日出具的证明信，证明原告的原始户籍情况。

8. 人口卡片档案资料查询记录，证明豆各庄派出所民警对原告进行查询的情况。

9. 豆各庄派出所民警制作的调查报告和提供的司法鉴定报告，证明被告接到原告申请后所进行调查和核实的工作情况。

10. 2008年1月24日原告的入户申请和豆各庄派出所民警制作的工作记录，证明经北京市公安局人口处审批同意原告于2008年7月30日在该所办理登记入户。

(四) 判案理由

北京市朝阳区人民法院经审理认为：现原告刘殿明以被告朝阳分局构成拖延履行法定职责提起诉讼，由于户籍登记行为系依申请实施的行政行为，因而原告刘殿明是否提出过迁移户口的申请以及提出申请的时间、朝阳分局是否具有相应的行政职责及其受理申请后履责的基本情况，是判断朝阳分局是否构成拖延履行行政职责应考察的主要问题。

首先，关于被告的法定职责。《中华人民共和国户口登记条例》第三条规定："户口登记工作，由各级公安机关主管。城市和设有公安派出所的镇，以公安派出所管辖区为户口管辖区；乡和不设公安派出所的镇，以乡、镇管辖区为户口管辖区。乡、镇人民委员会和公安派出所为户口登记机关"。第十三条规定："公民迁移，从到达迁入地的时候起，城市在三日以内，农村在十日以内，由本人或者户主持迁移证件向户口登记机关申报迁入登记，缴销迁移证件"。依据上述规定，公安派出所应是本辖区内的户籍工作主管机关，具有管理本辖区内户口登记、对落户申请进行审查并予以落户的法定职责。但考虑到本案涉及户籍登记事项跨越时间较长，公安机关内部人事、机构均有变化，刘殿明最初提出迁移户口申请的接收机关与最终为其办理户口迁移手续的户籍登记机关已不一致，因此在朝阳分局不持异议的情况下，本案被告确定为涉案派出机关的共同上级主管机关朝阳分局具有现实性、合理性和可操作性且不违反法律的规定。

其次，关于原告是否向户籍登记机关提出过迁移户口申请、申请的具体时间。对此，原告自述于1982年被黑龙江三棵树农场清理遣返回京后，即将迁移证、刑满遣返证明等材料交与双桥派出所申请迁移户口，并提交了泰来县公安局于1982年9月7日签发的迁移证的存根联复印件，原双桥派出所所长王全出具的两份书面证明及原双桥派出所于1986年给黑龙江三棵树农场发的函的复印件。被告对上述证据材料的真实性均予以认可。该组证据中既有原告本人的自述，也有公安机关工作人员的证言及公安派出所发出的函，虽上述证据在原告刘殿明提出申请的具体时间上表述不完全一致，但由于年代久远，各方对该事项描述不确切尚属合理范畴。经综合考察，本院认为该组证据已能够形成完整证据链，证实原告刘殿明至少于1982年即向原双桥派出所提出迁移户口进京的申请的事实。

再次，关于被告受理刘殿明的申请后履行职责的基本情况以及是否构成拖延履行职责。原告刘殿明于1982年即向被告下属原双桥派出所提出了迁移户口申请并提交了相应材料，直至2008年7月被告下属豆各庄派出所才为刘殿明办理入户登记手续。对此履责期间，被告解释为刘殿明提出迁移户口申请时，对于"东北三场"人员的户口迁移问题北京市没有相关政策，所以不能为刘殿明办理入户登记。直至2001年北京市公安局人口管理处才出台333号《通知》，"东北三场特困人员"户口进京审批有了明确的政策依据。但刘殿明在有明确政策出台后并未正式向公安机关提出入户申请，至2008年1月刘殿明正式向豆各庄派出所递交入户申请，该派出所积极受理申请，并经朝阳分局、市局审批审核后，于2008年7月为其办理了户口登记。

对于被告的上述理由，本院认为，刘殿明于1982年向公安机关提出迁移户口的申请后，派出所受理了其申请并将有关材料上报朝阳分局，但最终公安机关并未为刘殿明办理户口迁移手续，且被告不能提交证据证明公安机关已将不能办理的原因、理由明确告知刘殿明。在此情况下，应认定原告刘殿明仍有理由相信公安机关始终在对其申请进行审查。在此过程中，在公安机关不明示的情况下，刘殿明完全无从知晓公安机关对其申请的审批决定，也没有途径获知2001年北京市公安局发布的内部文件的内容，因此也无法在被告所称的户籍登记新政策出台后主动向公安机关再次提出迁移户口的申请。同时本院认为，在公安机关未针对原告的申请作出答复的情况下，刘殿明亦不负有再次主动向公安机关提出申请的义务。刘殿明于 2008 年 1 月提出的申请是在多年查找无果的情况下，经公安机关的指导再次递交的。该次申请不能简单地视为新的申请，而应是对刘殿明于 1982 年提出申请的延续。因此，被告在刘殿明于 1982 年即提交迁移户口申请的情况下直至 2008 年才最终为其办理了入户登记，其履行行政职责已构成明显的拖延，被告的辩驳理由不能成立，本院不予支持。

综上，本院认为，行政效率原则是公安机关在任何历史时期履行行政职责均应遵循的基本原则。行政主体应对申请人的申请事项积极办理，在不符合申请条件时应给予申请人明确回复，而不应对行政相对人的申请长期不予答复。本案中，被告在 1982 年收到原告刘殿明递交的迁移户口申请材料后，一直未明确告知原告暂不予办理或不能办理的具体原因，致使原告刘殿明的申请事项在提出申请后 26 年才得以最终落实，该期限已超出必要的合理限度，且系被告履责不当造成的。被告为刘殿明办理的迁移户口行为已构成明显的拖延履行职责，本院应确认其违法性。

（五）定案结论

北京市朝阳区人民法院依照《最高人民法院关于执行〈中华人民共和国行政诉讼法〉若干问题的解释》第五十七条第二款第（二）项之规定，作出如下判决：

确认被告北京市公安局朝阳分局于 1982 年受理原告刘殿明迁移户口的申请后，于 2008 年 7 月为其办理户口迁移手续的行为构成拖延履行职责违法。

案件诉讼费 50 元，由被告北京市公安局朝阳分局负担（于本判决生效后 7 日内交纳）。

一审宣判后，当事人均表示服从判决未提起上诉。

（六）解说

公安机关丢失原告刘殿明迁移证等材料的行为是否属于行政诉讼的受案范围是本案的一个争议焦点，对于这一争议有两种不同的意见：

第一种意见认为，被告北京市公安局朝阳分局已经于 2008 年 7 月 30 日为刘殿明办理了户口登记，迁移证等材料的丢失对原告刘殿明的权利义务并未产生实际影响；且我国 1954 年实行的《公安派出所组织条例》和 1995 年颁布的《中华人民共和国人民警察法》中均未规定公安机关具有接收保管流动人员档案的法定职责，认为该行为是行使职权的具体行政行为是没有法律依据的。因此，该行为是不具有可诉性的行政事实行为，被告丢失刘殿明迁移证等材料的行为不属于行政诉讼受案范围，应当驳回原告的起诉。

第二种意见则认为，迁移证等材料属于本案原告刘殿明人事档案材料中应有的内容，虽然被告机关接收被判处刑罚人员的档案不是严格意义上的履行行政法定职责，但系依据政府规章设定的义务而为，其目的是便于对此类人员进行帮教和管理，维护社会稳定，具有一定的行政管理职能。原告刘殿明提起诉讼时被告虽然已经为其办理了户口登记，但属于拖延履行法定职责的行为，原告提起的诉讼，应属于行政诉讼受案范围。

我们同意第二种意见，主要理由如下：

1. 迁移证等丢失的材料应属于原告刘殿明人事档案中的组成材料。

人事档案是《中华人民共和国档案法》规定的各类型档案中的一大门类，也是与公民个人利益联系最为紧密的一类档案，它记载了个人的自然情况、社会经历、历史和现实表现等基本情况。在人事档案的各项制度中就包括材料收集制度，但是相关立法条文的规定比较笼统，至于哪些材料应当是人事档案中必备的材料并没有明确的规定。不过，惯例是随着时间的推移，对涉及个人成长、与工作相关的材料，尤其是关系到当事人切身权益的材料应当及时进行收集整理，不得对应当归档的材料不予归档，力求人事档案能够客观准地反映真实风貌。但是，由于每个人具体情况的不同，人事档案中的材料也不尽相同。本案中，刘殿明的劳动改造的特殊身份决定了迁移证等材料的存在与否直接关系到其户口能否按时迁回原户籍所在地，将直接影响到其切身利益能否实现，因此，人事档案的接收、保管机关应当及时将上述材料归入其人事档案中，作为其人事档案材料中的组成部分。

2. 丢失人事档案材料属于行政诉讼的受案范围。

1982年10月17日，北京市人民政府发出《关于转发〈关于企业开除、除名职工的情况和意见的报告〉的通知》（京政发〔1982〕143号），该通知的主要内容是：因被开除、除名人员无人管理，个别人员生活无着落，成为社会不安定的隐患，经与市公安局、市总工会研究决定，须加强对开除、除名人员的教育；企业开除职工和对职工作除名处理，应按照统一规定办理手续，应将其档案送到被开除、除名人员家庭居住社区的派出所，并介绍情况，便于当地对本人进行教育。此后，北京市公安机关开始接收被判处刑罚人员的人事档案。因此，本案中被告北京市公安局朝阳分局接收原告刘殿明人事档案的行为虽不是严格意义上的行政法定职责，但系依据政府规章设定的义务而为，其目的是便于对此类人员进行帮教和管理，维护社会稳定，具有一定的行政管理职能。

另外，我国的人事档案管理制度要求人事档案必须是封闭的，通常当事人无权介入更无从知晓其中的内容，人事档案的移转采用的也是机要通道或派专人送取，这也要求行政机关在接收、保管人事档案时具有特别的注意义务。本案中，被告北京市公安局朝阳分局在合理期限内无法提供刘殿明迁移证的情况，应认定其已丢失原告刘殿明的迁移证等材料。

综上所述，被告北京市公安局朝阳分局丢失原告刘殿明迁移证等材料的行为属于行政诉讼的受案范围。

（北京市朝阳区人民法院　朱军巍　崔析宗）

2. 余巧兰不服东台市公安局公安行政处罚案
(行政与刑事处罚的交叉)

(一) 首部

1. 判决书字号：江苏省东台市人民法院（2009）东行初字第 0008 号判决书。
2. 案由：公安行政处罚。
3. 诉讼双方

原告：余巧兰。

委托代理人：孙建军，江苏天全律师事务所律师。

被告：江苏省东台市公安局。

法定代表人：孙玉东，局长。

委托代理人：梅继军，东台市公安局副局长。

委托代理人：曹拢。

4. 审级：一审。
5. 审判机关和审判组织

审判机关：江苏省东台市人民法院。

合议庭组成人员：审判长：刘德生；审判员：苏学广、徐冬红。

6. 审结时间：2009 年 5 月 12 日。

(二) 诉辩主张

1. 被诉具体行政行为

被告江苏省东台市公安局于 2008 年 10 月 14 日作出东公（法）决字（2008）第 0328 号《行政处罚决定书》，其主要内容为：2008 年 8 月间，王静静、郁海凤等人经他人介绍在东台市香水湾休闲中心（以下简称休闲中心）从事卖淫活动，休闲中心对发生在本单位的卖淫、嫖娼活动，放任不管、不采取措施制止，被公安机关查获。根据《全国人民代表大会常务委员会关于严禁卖淫嫖娼的决定》第七条的规定，决定给予休闲中心罚款 5 万元，并责令停业整顿 15 日的处罚。

2. 原告诉称

2008 年 8 月间，被告以原告容留卖淫为由，对原告立案侦查后移送检察机关起诉，后东台市人民法院追究原告的刑事责任，判处罚金 5 万元。2008 年 10 月 14 日，被告对休闲中心又罚款 5 万元。休闲中心系个体工商户，原告已经由被告移送审查起诉，被法院追究了刑事责任，被告就不应当对原告进行行政处罚，被告行政处罚的决定是错误的。原告请求法院判决撤销被告作出的东公（法）决字（2008）第 0328 号《行政处罚决定书》。

3. 被告辩称

（1）余巧兰的原告主体资格不适格。依照《最高人民法院关于执行〈中华人民共和国行政诉讼法〉若干问题的解释》第十四条第二款之规定，余巧兰不能作为原告，休闲中心应为原告，余巧兰只能作为诉讼代表人。（2）追究原告的刑事责任与处罚休闲中心不矛盾。休闲中心系个体工商户，按照劳动部（劳部发 ［1995］ 309 号）《关于贯彻执行〈中华人民共和国劳动法〉若干问题的意见》的通知精神，雇工在 7 人以上的可以视为单位。另外，按照公安部法制司对个体旅店业等是否属"单位"的请示的答复，被告对休闲中心依法进行行政处罚是有法有据的，与对自然人余巧兰犯罪追究刑事责任之间不矛盾。被告请求法院判决驳回原告的诉讼请求。

（三）事实和证据

江苏省东台市人民法院经公开审理查明：原告余巧兰系个体工商户休闲中心业主。2008 年 8 月 23 日，原告因涉嫌容留卖淫被公安机关取保候审。2008 年 10 月 14 日，被告以休闲中心对发生在本单位的卖淫、嫖娼活动放任不管、不采取措施制止为由，依据《全国人民代表大会常务委员会关于严禁卖淫嫖娼的决定》第七条的规定，对其作出了东公（法）决字（2008）第 0328 号行政处罚，决定给予休闲中心罚款 5 万元，并责令停业整顿 15 日的处罚。2008 年 10 月 22 日，被告将原告余巧兰涉嫌容留卖淫案移送检察院。同年 12 月 18 日，法院对余巧兰作出判处有期徒刑 3 年、缓刑 5 年，并处罚金 5 万元的判决。2009 年 1 月 16 日，原告不服被告东台市公安局的行政处罚决定，向本院提起了行政诉讼。

上述事实有下列证据证明：

1. 受案登记表 1 份，证明被告依法受理该公安行政处罚案；

2. 东台市公安局行政处罚决定书 1 份，证明被告对原告作出行政处罚决定并已依法送达；

3. 责令停业整顿通知书 1 份，证明被告责令休闲中心停业整顿 15 日；

4. 东台市公安局行政处罚告知笔录 1 份，证明被告履行了听证告知程序；

5. 余巧兰的讯问笔录 1 份，郁海凤、王静静、齐瑞飞的询问笔录各 1 份，证明休闲中心对发生在本单位的卖淫、嫖娼活动放任不管、不采取措施制止的事实；

6. 行政处罚罚款缴款通知书和江苏省代收罚没款收据 1 份，证明休闲中心罚款已履行完毕的事实；

7. 个体工商户营业执照 1 份，证明休闲中心系个体工商户；

8. 现场图 1 份，证明休闲中心的结构；

9. 户籍证明 4 份，证明余巧兰、郁海凤、王静静、齐瑞飞的身份；

10. 起诉意见书及案件送达函 1 份，证明被告将余巧兰涉嫌容留卖淫案移送东台市人民检察院审查起诉的时间为 2008 年 10 月 22 日。

(四) 判案理由

江苏省东台市人民法院经审理认为：根据《最高人民法院关于执行〈中华人民共和国行政诉讼法〉若干问题的解释》第十二条的规定，与具体行政行为有法律上利害关系的公民、法人或者其他组织对该行为不服的，可以依法提起行政诉讼。本案被处罚主体休闲中心的业主余巧兰，与被诉公安行政处罚决定具有法律上的利害关系，可以以自己的名义提起行政诉讼，其原告的诉讼主体资格合格；依据《全国人民代表大会常务委员会关于严禁卖淫嫖娼的决定》第七条，参照公安部法制司对个体旅店业等是否属 "单位" 的请示的答复 (公法 [1992] 12 号)，"休闲中心" 可以视为 "单位"，被告对休闲中心的行政处罚视为对单位的处罚。被告是在将原告涉嫌容留卖淫案移送检察机关前对休闲中心作出行政处罚的，原告个人承担刑事责任与休闲中心承担行政责任，是两个不同的被罚主体，分别由法院和公安机关适用不同的法律规范作出。再有，在个体工商户业主已涉嫌犯罪的情况下，将个体工商户作为被处罚的对象，法律没有禁止性规定。因此，对原告的诉讼请求，应不予支持。

(五) 定案结论

江苏省东台市人民法院依照《全国人民代表大会常务委员会关于严禁卖淫嫖娼的决定》第七条、《中华人民共和国行政诉讼法》第五十四条第 (一) 项的规定，作出如下判决：

维持被告东台市公安局 2008 年 10 月 14 日对东台市香水湾休闲中心作出的东公 (法) 决字 (2008) 第 0328 号《行政处罚决定书》。

案件受理费 50 元，由原告余巧兰负担。

(六) 解说

本案在审理过程中，对原告余巧兰是否具有诉讼主体资格，特别是在余巧兰已涉嫌容留卖淫犯罪的情况下，公安机关能否对休闲中心实施罚款的行政处罚存在较大的分歧意见。

1. 关于原告余巧兰是否具有诉讼主体资格的问题

(1) 赋予余巧兰原告主体资格具有行政法的理论依据。

从行政法理论上说，在撤销诉讼中，原告的资格通常应当从四个方面进行认定：一是可诉性公权力行为的存在；二是原告属于公权力行为针对的行政相对人；三是权利属于自己的受保护的权利；四是权利可能受到损害。

对照上述原告资格认定的四个方面，本案余巧兰具有原告主体资格：

1) 作为行使公权力的被告作出了具有公权力行为性质的给予休闲中心罚款 5 万元

并责令停业整顿的行政处罚决定，该行政处罚决定是一种对外发生法律效果的法律上的处分行为，而且，该行政处罚决定在程序上已经为起诉人余巧兰所得知。

2）余巧兰属于被诉行政处罚决定针对的行政相对人。虽然行政处罚决定的被处罚人是休闲中心，也即决定书直接指向的对象是休闲中心，但余巧兰受该处罚决定的约束，因此余巧兰是处罚程序中的当事人。

3）作为休闲中心业主的余巧兰，要求法院判决撤销被告作出的行政处罚，主张的是业主余巧兰自己的权利，而且这种权利是一种"可能"受保护的权利。

4）余巧兰请求撤销被诉处罚决定，要求司法保护的权利，不属于那种显而易见根本不可能受到侵害的权利，其权利存在受到损害的可能性。

（2）赋予余巧兰原告主体资格也与最高人民法院相关司法解释的规定相符。

《最高人民法院关于执行〈中华人民共和国行政诉讼法〉若干问题的解释》第十二条规定："与具体行政行为有法律上利害关系的公民、法人或者其他组织对该行为不服的，可以依法提起行政诉讼。"这里的"与具体行政行为有法律上的利害关系"，既包括形式（或程序）上的利害关系，也包括内容（或实质）上的利害关系。本案被告所作的行政处罚决定在程序上已经为起诉人余巧兰所得知，余巧兰与该行政处罚决定有程序上的利害关系。不仅如此，虽然从表面上看承担行政责任的主体是休闲中心，但最终交纳行政罚款的是原告余巧兰，显然，被告所作的行政处罚决定直接涉及和影响了原告的权益。因此，余巧兰与该行政处罚决定有实质上的利害关系，其具有原告的诉讼主体资格。

2. 关于被告对休闲中心作出 5 万元罚款的行政处罚的合法性问题

此案在审理过程中，就被告能否对休闲中心作出 5 万元罚款的行政处罚，存在两种分歧意见：

一种意见认为，被告对休闲中心作出 5 万元罚款的行政处罚不具有合法性。其主要理由是：

（1）原告余巧兰于 2008 年 8 月间已因涉嫌容留卖淫犯罪被公安机关采取取保候审的强制措施，原告作为个体工商户的业主，可能受到刑事责任的追究，在原告可能承担较重法律责任的情况下，被告不能再以个体工商户休闲中心为"单位"对其作出罚款的行政处罚，否则就违背了一事不再罚原则。

（2）即便原告的行为违反了行政法律法规的规定，依法应当承担罚款等行政责任，也应当待刑事案件处理结束后，视刑事案件的裁判情况而定：如果原告的违法行为显著轻微，不构成犯罪，公安机关可以对原告作出行政处罚。本案被告在法院对刑事案件未决前，就对原告作出了罚款 5 万元并责令停业整顿 15 日的行政处罚，属处罚动机不纯、目的不当。

（3）原告因其容留卖淫行为，承担了双重经济责任。一是刑事责任：被判处有期徒刑 3 年、缓刑 5 年并处罚金 5 万元；二是行政责任：被处罚款 5 万元并停业整顿 15 日。从表面上看，承担刑事责任的主体是自然人原告余巧兰，承担行政责任的主体是休闲中心，但最终交纳行政罚款和刑事罚金的是同一人即本案原告，原告的权利受到了侵害。虽然目前对撤销该类行政处罚没有相关的实体法规定，但可以依据合法、合理的行政法原则，撤销被告对休闲中心作出的罚款 5 万元的行政处罚。

另一种意见认为，被告对休闲中心作出 5 万元罚款的行政处罚合法有据，法院应当判决维持。其理由是：休闲中心系雇工在 7 人以上的个体工商户，按照相关规定休闲中心可以视为单位，被告对休闲中心字号的处罚，属于对单位的处罚；被告是在原告涉嫌容留卖淫犯罪移送检察院之前对原告单位进行的处罚，原告个人承担刑事责任与原告所在的休闲中心承担行政责任，是两个不同的责任主体，分别由人民法院和公安机关适用不同的法律规范作出；对于在个体工商户已涉嫌犯罪的情况下，将其作为被处罚的主体，法律没有禁止性规定。

判决采纳了后一种意见，主要因为：

（1）"休闲中心"可以视为单位，依法应承担容留卖淫的行政责任。

《全国人民代表大会常务委员会关于严禁卖淫嫖娼的决定》第七条规定：旅馆业、饮食服务业、文化娱乐业、出租汽车业等单位，对发生在本单位的卖淫、嫖娼活动，放任不管、不采取措施制止的，由公安机关处 1 万元以上 10 万元以下罚款，并可以责令其限期整顿。广东省公安厅法制处就个体旅馆业等是否属于"单位"，曾专门请示过公安部法制司。1992 年 1 月 21 日，公安部法制司对广东省公安厅法制处的请示是这样答复的（公法〔1992〕12 号）：前条所称的旅店业、饮食服务业、文化娱乐业、出租汽车业等单位系指所有经营这些行业的单位，包括国家经营的、集体经营和个体经营的。只要这些单位发生上述决定第六条、第七条、第八条应予处罚的行为，都应当依照上述决定的有关规定处罚。《中华人民共和国劳动法》第二条规定：在中华人民共和国境内的企业、个体经济组织（以下统称用人单位）和与之形成劳动关系的劳动者，适用本法。劳动部（劳部发〔1995〕309 号）关于印发《关于贯彻执行〈中华人民共和国劳动法〉若干问题的意见》的通知中，对"个体经济组织"是这样定义的："个体经济组织"是指一般雇工在 7 人以上的个体工商户。

前引公安部法制司给广东省公安厅法制处的答复，虽然不是部门规章，甚至连"其他规范性文件"也算不上，但我们认为，在没有其他相反规定的情况下，人民法院对其合法性不宜轻易作出否定性的判定。前引劳动法及劳动部印发的通知，虽然主要是作为劳动部门判定用人单位的依据，但无论是行政机关在作出行政行为时，还是人民法院在审理相关行政案件时，可以作为判断某个机构或组织是否属"单位"的参考。由于休闲中心属于服务业，所以本案被告对休闲中心的处罚是对休闲中心这一单位的处罚。

（2）对"休闲中心"作出 5 万元罚款的行政处罚，不属于"一事再罚"。

因为被告是在原告涉嫌容留卖淫犯罪刑事案件移送检察机关之前对休闲中心作出罚款 5 万元等行政处罚的，而法院对余巧兰判处 5 万元罚金是在被告作出行政处罚决定之后作出的，也就是说被告的行政处罚在前，法院的刑事判决在后；原告个人承担的刑事责任与原告单位休闲中心承担的行政责任，承担责任的主体、承担责任的形式不同，而且，刑事责任和行政责任分别由人民法院和公安机关适用不同的法律规范作出。因此，被告对"休闲中心"作出的罚款 5 万元的行政处罚，不违反一事不再罚的原则。

（3）撤销被诉行政处罚决定没有实体法律依据。

对已涉嫌犯罪的个体工商户业主，公安机关仍将个体工商户字号作为承担行政责任的主体这一点，现行法律、法规和其他规范性文件没有禁止性规定。为什么对类似本案这类情况，既要追究业主的刑事责任，又可以追究个体工商户的行政责任呢？我们理解，这表明国家对卖淫、嫖娼这类丑恶活动的制止和打击力度，是净化社会风气、纯洁娱乐服务等单位经营活动的需要。应当强调的是，人民法院如果对本案作出撤销被诉行政处罚的判决，没有也找不到可适用的实体法依据。而根据行政法的基本原理，行政机关无论作出何种行政行为，都应当有行政实体法律依据。就人民法院的行政判决来说，无论是作出何种判决形式，都应当和行政机关作出的行政行为一样，必须有实体性法律规范依据。基于此点，本案如果判决撤销被诉行政处罚决定还存在适用法律上的障碍。因为没有实体性规范依据的判决是不能令当事人及社会公众信服的。

综上，我们认为，本案被告对休闲中心作出5万元罚款的行政处罚决定不存在行政处罚显失公正的问题，也不违背"一事不再罚"的原则，一审法院依据行政诉讼法及有关实体法的规定判决维持被告作出的行政处罚决定是正确的。

（江苏省东台市人民法院　刘德生　徐冬红）

3. 李柏元等不服长汀县公安局城关派出所出具的《出警情况》、《处警经过》行政确认案（公安机关文书的可诉性问题）

（一）首部

1. 判决书字号：福建省长汀县人民法院（2008）汀行初字第6-1号判决书。
2. 案由：不服公安行政证明行为。
3. 诉讼双方

原告：李柏元，男，1966年生，汉族，干部，住长汀县汀州镇兆征路。

原告：梁梅，女，1968年生，汉族，住长汀县汀州镇兆征路，系原告李柏元之妻。

被告：长汀县公安局城关派出所，住所地：长汀县汀州镇中心坝柳区2号。

法定代表人：孙建雄，该所所长。

委托代理人：谢家峰，男，长汀县公安局法制科科长。

委托代理人：丘思焕，男，长汀县公安局城关派出所民警。

第三人：吴小念，女，1966年生，个体经商，住长汀县汀州镇兆征路。

4. 审级：一审。

5. 审判机关和审判组织

审判机关：福建省长汀县人民法院。

合议庭组成人员：审判长：廖金水；审判员：黄石荣、吴天水。

6. 审结时间：2009 年 2 月 2 日。

（二）诉辩主张

1. 被诉具体行政行为

被告长汀县公安局城关派出所于 2007 年 8 月 8 日为吴小念诉李柏元、张长发、蓝东辉、福建省长汀华兴房地产综合开发公司财产损害赔偿纠纷一案提供《出警情况》、《处警经过》的书面证明文件，《出警情况》主要内容为："2007 年 8 月 7 日 8：30，接'110'指挥中心指令，兆征路府背路口'百年张裕'店内有纠纷，城关所民警张志锋、辅警赖建辉等人立即赶往现场，不久辖区警务室民警丘思焕及居委会的人员也赶到现场。在现场看到'百年张裕'店内被水淹了，店门口搬出很多被浸湿的酒。经查明，发现店楼上即兆征路一贤楼 202 房的通道内水道破裂漏水，水一直往下冲，在漏水的水道内有一块水泥块。经走访，一贤楼 302 房及一贤楼 402 房这些天在搞装修，群众反映 402 房早上六点多有人装修、声音很大。一贤楼 302 房房主张长发（漳平林业局工作），一贤楼 402 房房主李柏元、梁梅夫妻。民警向梁梅了解情况时，梁梅称工人在装修换气窗凿孔时掉了一块砖石下去。'百年张裕'老板吴小念当时在组织工人搬浸湿的物品。李柏元叫了工人维修一贤楼 202 通道内水道。因在开展清理现场、维修等工作，当事人几方还没有对责任进行协商。"《处警经过》主要内容为："2007 年 8 月 7 日上午 8 时多，接到兆征路一贤楼'百年张裕'店被漏水浸泡的报警求助后，我们很快赶到现场，发现店老板吴小念正组织人员将店中被水浸湿的酒搬到店门外，店内被漏水浸满水深约 1cm，正经店外流，经初步察看，漏水是在二楼 202 室管道井内。水管破裂，水流到楼下店中。经初步走访调查，漏水是从早上 6 时多钟开始的，当时 402 室有工人进行装修施工。据初步判断，漏水原因可能是 402 房装修工人在凿管道井时，砖头不慎落入管道井内，砸中了二楼分水管，水管破裂漏水。"

2. 原告诉称

2007 年 8 月 7 日 8 时多，"百年张裕"店内发生漏水现象，造成一定财物损失。被告在未认真调查取证的情况下，制作了《出警情况》和《处警经过》两份文书。《处警经过》称"'百年张裕'店漏水原因可能是 402 室装修工人去凿管通井时砖块不慎落入管道后砸中二楼分水管，水管破裂漏水"，在《出警情况》中则称："民警在向梁梅了解情况时，梁梅称工人在装换气窗凿孔时掉了一块砖下去"，而事实上"民警"根本未向梁梅了解情况，梁梅也根本没有说过那句话。因当日早晨工人装修施工时，梁梅根本不在现场（不知道情况），不可能说出那种话。被告出具的两份文书是没有事实依据的。然而却将其提供给"百年张裕"店主吴小念作为证据使用，属违法行政行为。为此，请求法院判决撤销被告违法制作的两份文件。

3. 被告辩称

出具给吴小念的《出警情况》和《处警经过》是证据，不是具体行政行为，不属

《中华人民共和国行政诉讼法》第十一条规定的受案范围。该两份证明文件是民警对其在出警中调查了解到的客观事实的反映，它们在"百年张裕"店进水事件中只作证据使用，起的是证据作用，它本身不确定当事人的权利义务，对当事人的权利义务不产生影响。《最高人民法院关于执行〈中华人民共和国行政诉讼法〉若干问题的解释》第一条第（六）项也规定了：对公民、法人或者其他组织权利义务不产生实际影响的行为，不属于人民法院行政诉讼的受案范围。请求法院依法驳回原告起诉。

4. 第三人述称

《出警情况》和《处警经过》是证据，不是公安机关的具体行政行为。它们相似于公安机关交通警察大队作出的交通事故的认定书，是属证据范畴。对证据的采信与否取决于人民法院的审判人员，其本身不会对原告的权利义务直接产生实际影响。长汀县公安局城关派出所在接到第三人的报警后，及时出警，了解情况，尽了其职责，在其出警后发现不是公安机关管辖的案件，于是将出警所了解到的客观情况，实事求是地反映出来，供案件处理单位参考，是"为民执法，公正执法"的具体体现。原告在本案诉讼中也认为《出警情况》和《处警经过》"是证据"。因此它们就不属具体行政行为的范围，不具有行政可诉性。请求驳回原告的诉请。

（三）事实和证据

福建省长汀县人民法院经公开审理查明：2007年8月7日，被告长汀县公安局城关派出所接110指挥中心指令，派员前往兆征路"百年张裕"店处警。"百年张裕"店系第三人吴小念所经营，位于兆征路"一贤楼"底层。由于该店进水，长汀县公证处应吴小念请求派员对现场损失情况进行现场拍照摄像。被告在现场察看后，发现该店进水是由于一贤楼的202房管道井内自来水水管漏水下渗，因而造成"百年张裕"店物品被淹受损。被告出警后未对该事件进行处理。第二天，2007年8月8日，被告应第三人吴小念要求，出具了《处警经过》和《出警情况》，但《出警情况》并未注明出证明的具体时间、日期。第三人吴小念取得该两份证明后，将其作为民事诉讼中的证据之一使用，向长汀县人民法院提起了民事赔偿诉讼。

上述事实有下列证据证明：

1. 原告提供的证据有：

（1）长汀县人民法院（2007）汀民初字第633号民事判决书。证明吴小念在民事赔偿诉讼中出示被告为其提供的《出警情况》、《处警经过》已被法院采信，对原告的权利义务产生了实质性的影响，是可诉的具体行政行为，属人民法院行政诉讼的受案范围。

（2）福建先丰律师事务所调查专用证明，在该份文书中被告于2007年10月11日签署意见，内容为："经查，当时没有制作笔录"。证明被告《出警情况》、《处警经过》是不符合事实，没有依据的。

（3）《蔡留恩不服郑州市森林公安分局荥阳派出所出具行政证明案》案例。证明被告出具证明的行为是可诉的具体行政行为。

（4）《公安机关办理行政案件程序规定》摘要。证明被告出具证明的行为不符合规定。

（5）《出警情况》、《处警经过》。证明被告作出了证明行为。

2. 被告提供的证据有：

（1）《报警登记表》，证明接、出警事实；

（2）《出警情况》；

（3）《处警经过》；

证据（2）—（3），证明民警在处警中调查了解到的客观事实，只作证据使用，不确定当事人的权利义务；

（4）丘思焕个人工作笔记摘录；

（5）张志锋工作日志；

（6）西门社区居委会 2007 年 8 月 10 日出具的《关于吴小念"百年张裕"店铺淹水情况》书面材料；

（7）吴小念 2008 年 3 月 22 日自书经过；

（8）兰东辉 2007 年 10 月 10 日的自书情况；

（9）长汀县公证处（2007）汀证内民字第 143 号公证书；

（10）公证处的工作记录；

证据（4）—（10）证明民警处警的事实过程；

（11）《最高人民法院关于执行〈中华人民共和国行政诉讼法〉若干问题的解释》（摘录）；

（12）《中华人民共和国行政诉讼法》（摘录）；

证据（11）—（12）证明《出警情况》、《处警经过》只作证据使用，起证明作用，不确定当事人的权利义务，对当事人的权利义务不产生影响，不属于人民法院行政诉讼的受案范围；

（13）《全国人民代表大会关于交通事故责任认定行为是否属于具体行政行为，可否纳入行政诉讼受案范围的意见》；

（14）《公安部关于对火灾事故责任认定不服是否属行政诉讼受案范围的批复》；

证据（13）—（14）证明"证据"本身不确定当事人的权利义务，对当事人的权利义务不产生影响，不属于人民法院行政诉讼的受案范围。

被告另提供"百年张裕"店水淹一事现场拍摄的光盘 1 张。

3. 第三人提供的证据有：

（1）照片一组 5 张，证明漏水位置、民警出警现场情况及李柏元 402 室凿孔现场；

（2）西门社区居委会 2008 年 8 月 10 日出具的《关于吴小念"百年张裕"店铺淹水情况》（复印件），证明社区及公安人员在现场调查了解情况。

第三人吴小念申请本院调取一审民事赔偿诉讼的"庭审笔录"，因本案审查的是 2007 年 8 月 8 日被告出具的《处警经过》和《出警情况》两份文件的合法性。"庭审笔录"是后于该两份文件制作的，且不属被告制作的文书，与本案被告的具体行政行为没有直接联系，故对其申请不予准许。

经庭审质证和庭前交换证据，福建省长汀县人民法院对以下证据作如下确认：

被告所提供证据（1）《报警登记表》，原告认为该表"简要情况及损失物品"一栏中认定事实与实际不符。法院认为该份证据仅证明被告接、出警事实，不证明其他事实，予以采纳。证据（2）—（3）《出警情况》、《处警经过》证明被告作出了行政行为，予以采纳。证据（4）—（5）系被告内部工作人员的工作笔录和日志，证人与被告具有利害关系，不予采纳。证据（6）—（8）亦属作出行政行为后采集的证据材料，不符行政诉讼证据规则要求，不予采纳。证据（9）—（10）证明"光盘"制作过程的真实性，予以采纳。原告提出属被告在作出具体行政行为后自行收集的证据异议，未能提供相关的证据证明，对此异议不予采纳。证据（11）—（12）予以采纳。证据（13）—（14）与本案具体行政行为无关，不予采纳。

原告所提供证据（1），由于该民事案件现在二审审理中，尚未生效，本案中不予采纳。证据（2）系证明调查情况，予以采纳。证据（3）与本案无关联性，不予采纳。证据（4）予以采纳。原告另提供证据《处警经过》、《出警情况》与被告证据（2）—（3）相同，予以采纳。

第三人吴小念提供证据（1）证明店铺被水淹后的现场及被告出警情况，原、被告无异议，予以采纳。证据（2）与被告提供的证据（6）相同，属作出行政行为后收集的证据，不予采纳。

（四）判案理由

福建省长汀县人民法院经审理认为：被告长汀县公安局城关派出所是长汀县公安局的派出机构，不是一级行政机关，但经法律法规授权在行政诉讼中可以作为特殊的诉讼主体，成为本案的被告。被告出具《处警经过》、《出警情况》文书是证明行为，属于一种准行政行为，且属于可诉的行政行为。本案中，被告依110指挥中心的指派前往第三人吴小念"百年张裕"店处警，是履行法定职责的行为。处警后，应吴小念的申请，出具了《出警情况》和《处警经过》证明文书，供吴小念在民事赔偿诉讼中使用。《出警情况》最后结论为"因在开展清理现场、维修等工作，当事人几方还没有对责任进行协商"，此结论未对原告的权利义务产生影响。原告认为《出警情况》作了"民警向梁梅了解情况，梁梅称工人在装修换气窗凿孔时掉了一块砖石下去"的事实认定。这句话并不对原告产生权利义务的实际影响，因为还需要装修工人来证实是否"掉了一块砖石下去"。另外即使掉了一块砖石下去，是否必然砸中自来水管，也需要其他证据来佐证。因此《出警情况》并未作出倾向性的结论意见，并不对原告产生权利义务的实际影响。该份《出警情况》既未落款出具证明的时间，又未作结论性意见，因此不具有可诉性。《处警经过》作出结论是"据初步判断，漏水原因可能是402房装修工人在凿管道井时，砖块不慎落入管道井内，砸中了二楼分水管，水管破裂漏水"。这是模棱两可的结论，既"可能"又"不可能"，具有不确定性。因此该份证明，没有确定原告的权利、义务，不具有可诉性。《处警经过》、《出警情况》均未作出结论性意见，本院无法进行审查。根据《最高人民法院关于执行〈中华人民共和国行政诉讼法〉若干问题的解释》第四十四条第一款第（十一）项之规定，2008年6月12日法院以（2008）汀行初字第6号行政裁定书，作出驳回原告起诉的裁定，原告不服向龙岩市中级人民法院提起上诉，中级人民法院于 2008 年 11 月 24 日作出（2008）岩行终字第 41 号行政裁定书，以《处警经过》和《出警情况》二份证明已对事实作出了认定，对原告权利义务产生了实质性影响为由，裁定撤销（2008）汀行初字第 6 号行政裁定，指令长汀县人民法院继续审理。据中级人民法院的生效裁定认定的事实，被告长汀县公安局城关派出所对《处警经过》和《出警情况》的证明行为未能提供充分的认定事实的证据，"属主要证据不足"，依法应予撤销。

（五）定案结论

福建省长汀县人民法院依照《中华人民共和国行政诉讼法》第五十四条第二项第一目之规定，作出如下判决：

撤销长汀县公安局城关派出所 2007 年 8 月 8 日作出的《处警经过》和并无日期的《出警情况》。

（六）解说

1. 《出警情况》和《处警经过》是否具有可诉性

第一种意见认为，《出警情况》最后结论为"因在开展清理现场、维修等工作，当事人几方还没有对责任进行协商"，此结论未对原告的权利义务产生影响。原告认为《出警情况》作了"民警向梁梅了解情况，梁梅称工人在装修换气窗凿孔时掉了一块砖石下去"的事实认定。这句话并不对原告产生权利义务的实际影响，因为还需要装修工人来证实是否"掉了一块砖石下去"。另外即使掉了一块砖石下去，是否必然砸中自来水管，也需要其他证据来佐证。因此《出警情况》并未作出倾向性的结论意见，并不对原告产生权利义务的实际影响。该份《出警情况》既未落款出具证明的时间，又未作结论性意见，因此不具有可诉性。《处警经过》作出结论是"据初步判断，漏水原因可能是 402 房装修工人在凿管道井时，砖块不慎落入管道井内，砸中了二楼分水管，水管破裂漏水"。这是模棱两可的结论，既"可能"又"不可能"，具有不确定性。因此该份证明，没有确定原告的权利、义务，不具有可诉性。《处警经过》、《出警情况》均未作出结论性意见，无法进行审查。应裁定驳回原告的起诉。

第二种意见认为，《出警情况》作了"民警向梁梅了解情况，梁梅称工人在装修换气窗凿孔时掉了一块砖石下去"的事实认定，《处警经过》作了"据初步判断，漏水原因可能是 402 房装修工人在凿管道井时，砖块不慎落入管道井内，砸中了二楼分水管，水管破裂漏水"的事实认定，这二份证明无论是否在民事诉讼中被法院采信，都对原告的权利义务产生了实质性的影响，因此该二份证明是可诉的具体行政行为，属人民法院的受案范围。

我们认为第二种意见是正确的，理由是《中华人民共和国行政诉讼法》第二条规定："公民、法人或者其他组织认为行政机关和行政机关工作人员的具体行政行为侵犯其合法权益，有权依照本法向人民法院提起诉讼。"只有对涉及公民、法人或者其他组织权利义务的具体行政行为才能提起行政诉讼。被告出具的《处警经过》和《出警情况》二份材料从内容上看应属行政证明行为，属于一种准行政行为。证明是将客观存在的情况向第三者进行权威性的陈述，以增强第三者的确信，这种证明具有一种公定力，因此证明行为对他人的权益可以产生实际影响。本案中被告出具的《处警经过》和《出警情况》二份证明在第三人吴小念诉李柏元、张长发、蓝东辉、福建省长汀华兴房地产综合开发公司财产损害赔偿纠纷一案中被认定为公安机关依职权制作的公文书证，法院根据《最高人民法院关于民事诉讼证据的若干规定》第七十七条"人民法院就数个证据对同一事实的证明力，可以依照下列原则认定：（一）国家机关、社会团体依职权制作的公文书证的证明力一般大于其他书证……"的规定，认定原告在组织人员施工时未采取任何防护措施，存在重大过失，其过失行为与第三人的损失存在因果关系，判决原告赔偿第三人的各项经济损失。因此，被告的两份证明影响了原告的合法权益，是可诉的具体行政行为，属人民法院的受案范围。

2. 派出所是否是适格的被告

第一种意见认为，本案被告应为长汀县公安局。理由是被告城关派出所是依长汀县公安局110指挥中心的指派前往第三人吴小念店处警，是受长汀县公安局的委托，根据《中华人民共和国行政诉讼法》第二十五条第四款规定，"由法律、法规授权的组织所作的具体行政行为，该组织是被告。由行政机关委托的组织所作的具体行政行为，委托的行政机关是被告"。因此本案被告应为长汀县公安局。

第二种意见认为，被告城关派出所是长汀县公安局的派出机构，虽不是一级行政机关，但经法律法规授权，可以行使警告和500元以下罚款等职权，因此在行政诉讼中可以作为特殊的诉讼主体，成为本案的被告。

我们认为第二种意见是正确的，理由是根据1954年12月31日全国人民代表大会常务委员会第四次会议通过的《公安派出所组织条例》第二条"公安派出所的职权如下：（一）保障有关公共秩序和社会治安的法律的实施……"的规定和公安部发布的《110接处警工作规则》第十一条"对危及公共安全、人身或者财产安全迫切需要处置的紧急报警、求助和对正在发生的民警严重违法违纪行为的投诉，处警民警接到110报警服务台处警指令后，应当迅速前往现场开展工作。对其他非紧急报警、求助和投诉，处警民警应当视情尽快处理"的规定，被告城关派出所依长汀县公安局110指挥中心的指派前往第三人吴小念店处警是有法律法规和规章的授权。根据《中华人民共和国行政诉讼法》第二十五条第一款"公民、法人或者其他组织直接向人民法院提起诉讼的，作出具体行政行为的行政机关是被告"的规定，《处警经过》、《出警情况》是被告城关派出所实施的行为，并盖有城关派出所公章，因此应当由出具《处警经过》、《出警情况》二份证明的城关派出所作被告。

3. 被告出具证明的行为是否具有合法性

在行政诉讼中，法院是对被诉的具体行政行为的合法性进行审查。根据《中华人民共和国行政诉讼法》第三十二条的规定，被告对作出的具体行政行为负有举证责任，必须提供有关事实证据和法律依据来证明其合法性。本案中，法院对被告提供的证据——

进行认证，最终法院认定被告长汀县公安局城关派出所出具《处警经过》和《出警情况》的证明行为主要证据不足，并予以撤销是正确的。

（福建省长汀县人民法院　廖金水　李荣荣）

4. 周金生不服广东省深圳市公安局交通警察支队车辆管理所车辆行政登记案
（车管所　车辆行政登记　机动车登记证书）

（一）首部

1. 判决书字号

一审判决书：深圳市南山区人民法院（2009）深南法行初字第 9 号判决书。

二审判决书：深圳市中级人民法院（2009）深中法行终字第 266 号判决书。

2. 案由：车辆行政登记及行政赔偿。

3. 诉讼双方

原告（上诉人）：周金生，男，汉族，1972 年生，住深圳市龙岗区布吉街道尖山排新村。

委托代理人：胡长青，广东国晖律师事务所律师。

委托代理人：梁国标，广东国晖律师事务所律师。

被告（被上诉人）：广东省深圳市公安局交通警察支队车辆管理所，住所地：深圳市南山区龙珠大道龙井路段。

法定代表人：罗伟国，所长。

委托代理人：杨静，该所副主任科员。

委托代理人：孟西，广东银华律师事务所律师。

4. 审级：二审。

5. 审判机关和审判组织

一审法院：广东省深圳市南山区人民法院。

合议庭组成人员：审判长：邱传写；审判员：钟瑞荣、何茜。

二审法院：广东省深圳市中级人民法院。

合议庭组成人员：审判长：张晓妮；代理审判员：王惠奕、陈亮。

6. 审结时间

一审审结时间：2009 年 6 月 24 日（经广东省高级人民法院批准延长审限）。

二审审结时间：2009 年 8 月 26 日。

(二）一审诉辩主张

1. 被诉具体行政行为

2007年10月12日，案外人陈玉莲向被告申请机动车转移登记，陈玉莲填写了《机动车转移登记申请表》并向被告提交了其本人的身份证明、临时住宿登记表、《二手车统一销售发票》等资料。被告在办理过程中审核了上述资料，并对申请转移的粤BSP303进行了刑侦验车，确认车辆无被盗抢记录，发动机、车架号无凿改痕迹，被告于2007年10月12日办理了该车的转移登记，将车主由原告周金生变更为陈玉莲。

2. 原告诉称

原告于2007年5月12日购买中华轿车SY7182HS一辆，车辆识别代号/车架号：LSYYBACC87K030855，发动机号：4G93DC172B0070。2007年10月4日该车被原告的朋友钟鹏辉私自开走。2008年12月11日原告查阅车管所车辆信息，发现被告将原告的车先后过户给了香港居民陈玉莲和谢俊等人。原告从来没有亲自或委托他人到被告处办理过机动车转移登记，而被告却擅自将原告所有的车辆产权变更登记到他人名下，导致原告的合法财产权丧失，被告的行为侵犯了原告的合法权益，原告向法院起诉，请求法院：（1）确认被告实施行政登记的具体行政行为违法；（2）判令被告赔偿原告机动车损失人民币127 500元；（3）判令被告承担本案诉讼费用及律师费5 000元。

3. 被告辩称

被告于2007年10月12日及2008年5月23日两次为发动机号为4G93DC172B0070、车架号为LSYYBACC87K030855的中华牌小车办理转移登记的行政行为不存在违法情形，根据公安部颁布的《机动车登记规定》，申请转移登记的，现机动车所有人应当于机动车交付之日起30日内填写《机动车转移登记申请表》，提交法定证明、凭证，并交验车辆。被告在办理上述两次转移登记时，均要求车辆现所有人提交了《机动车转移登记申请表》，审核了按上述要求提交的法定证明、凭证，并检验了机动车。被告的行为完全符合《机动车登记规定》的要求，不存在违法情形，当然不应承担任何所谓的损失。综上，请求法院驳回原告的诉讼请求。

（三）一审事实和证据

广东省深圳市南山区人民法院经公开审理查明：原告于2007年5月12日购买中华轿车SY7182HS一辆，车辆识别代号/车架号：LSYYBACC87K030855，发动机号：4G93DC172B0070。原告向被告申请办理新车注册登记，被告经审核核准了注册登记，并办理了车辆行驶证，车牌号为粤BSP303。2007年10月12日，深圳市志信旧机动车交易有限公司开具了买方为陈玉莲、卖方为周金生的《二手车销售统一发票》（发票号为00025642），同日，陈玉莲持自己的身份证明、临时住宿登记表、深圳市志信旧机动车交易有限公司开具的《二手车销售统一发票》、深圳市公安局刑侦验车通知书、粤BSP303车辆行驶证（车主为周金生）等资料向被告申请办理该车的转移登记。被告在办理过程中审核了上述资料，并对申请转移的粤BSP303进行了刑侦验车，确认车辆无被盗抢记录，发动机、车架号无凿改痕迹，被告于2007年10月12日核准办理了该车的转移登记，收回原来的机动车行驶证并下发新的机动车行驶证。2008年5月23日该车又被转移登记到谢俊名下，申请人谢俊亦按照要求提供了所有应当提交的资料，该车现所有人为谢俊。原告于2008年12月11日经查询得知车辆已经被转移登记到陈玉莲名下，原告认为自己并未去办理转移登记也没有委托他人前去办理，被告在原告不知情的情况下将车辆过户给香港居民陈玉莲，侵犯了原告的合法权益，故向本院提起行政诉讼。

上述事实有下列证据证明：

1. 原告身份证明，证明原告身份；

2. 《机动车注册登记申请表》，证明原告购买涉案车辆申请入户的事实；

3. 《中华人民共和国税收通用完税证》，证明原告为涉案车辆缴纳税款；

4. 《机动车销售统一发票》，证明原告与涉案车辆的产权关系；

5. 陈玉莲《机动车转移登记申请表》，证明案外人未经原告同意向被告申请过户涉案车辆；

6. 《境外人员临时住宿登记表》，证明案外人主体身份；

7. 陈玉莲身份证明，证明案外人的身份；

8. 陈玉莲《二手车销售统一发票》，证明案外人未经原告同意非法取得原告车辆，被告以此为据办理过户手续是违法的；

9. 谢俊《机动车转移登记申请表》，证明涉案车辆再次被申请过户到另一案外人名下；

10. 谢俊的身份证明，证明案外人身份；

11. 谢俊《二手车销售统一发票》，证明涉案车辆再次被转让；

12. 机动车登记信息表，证明涉案车辆的登记信息；

13. 被告组织机构代码证，证明被告主体资格；

14. 律师服务收费专用发票，证明原告因本案支付的律师费用；

15. 机动车登记档案（12页），证明涉案车辆的转移登记信息记录；

16. 《机动车登记规定》（公安部72号令），被告作出转移登记行为的法律依据。

（四）一审判案理由

广东省深圳市南山区人民法院经审理认为：被告作为机动车的法定登记机构，依法有权负责本行政辖区内的机动车登记业务，是本案的适格被告。

被告办理机动车转移登记的依据是于2004年5月1日起实施的公安部第72号令《机动车登记规定》，该《机动车登记规定》第十八条规定："申请转移登记的，现机动车所有人应当于机动车交付之日起三十日内，填写《机动车转移登记申请表》，提交法定证明、凭证，并交验机动车。"在本案中，案外人陈玉莲持有深圳市志信旧机动车交易有限公司开具的买方为陈玉莲、卖方为周金生的《二手车销售统一发票》及其本人身份证明、行驶证原件等资料，足以证明其是申请该车转移登记的适格申请人，被告受理其转移登记申请符合规定。故对于原告提出的申请车辆转移登记应由原机动车所有人办理的主张，本院不予支持。

《中华人民共和国道路交通安全法实施条例》第七条规定："已注册登记的机动车所有权发生转移的，应当及时办理转移登记。申请机动车转移登记，当事人应当向登记该机动车的公安机关交通管理部门交验机动车，并提交以下证明、凭证：（一）当事人的身份证明；（二）机动车所有权转移的证明、凭证；（三）机动车登记证书；（四）机动车行驶证。"《机动车登记规定》第十八条第二款、第三款规定，车辆管理所应当自受理申请之日起 3 日内，确认机动车。现机动车所有人住所在车辆管理所辖区内的，收回原行驶证，重新核发行驶证。《机动车登记规定》第三十八条规定，机动车来历凭证是指全国统一的机动车销售发票或者旧机动车交易发票。在本案中，案外人陈玉莲在向被告申请办理涉案的粤 BSP303 车辆转移登记时，已向被告提交了转移登记所要求查验的所有资料。被告对案外人陈玉莲按规定提交的资料进行了审核，并确认了机动车，查实该车无盗抢记录，也未发现凿改发动机、车架号，遂办理了涉案车辆的转移登记，故被告对车牌号为粤 BSP303 的车辆办理转移登记的行为符合法定程序。同理，2008 年 5 月 23 日被告为申请人谢俊办理涉案车辆的转移登记的行为亦符合上述规定。

综上所述，被告为车牌号为粤 BSP303 的车辆办理转移登记的行为，符合法定程序及法律、法规和规章的有关规定。故对原告的诉讼请求，本院不予支持。

（五）一审定案结论

广东省深圳市南山区人民法院依照《最高人民法院关于执行〈中华人民共和国行政诉讼法〉若干问题的解释》第五十六条第（四）项之规定，作出如下判决：

驳回原告周金生的诉讼请求。

本案受理费人民币 50 元，由原告周金生承担。

（六）二审情况

1. 二审诉辩主张

（1）上诉人诉称

上诉人从来没有将车转让给任何人，也没有亲自或委托他人到车管所办理过机动车转移登记手续。一审法院仅以陈玉莲和谢俊向被上诉人出具了二手车交易发票为理由，认定车辆产权变更登记合法，上诉人不服。被上诉人作为国家机关没有依法履行尽职审查之责，没有尽责保护公民财产安全，本案陈玉莲和谢俊出具的二手车交易发票明显是虚假的，被上诉人稍加注意就能发现到一部完好无损的新车怎么可能被评估作价为 500 元人民币？由于被上诉人审查不严，导致上诉人的物权消失，其依法应当对其行政许可行为承担过错责任。

（2）被上诉人辩称

一审判决认定事实清楚，适用法律正确，程序适当，请求二审法院维持原审判决。

2．二审事实和证据

广东省深圳市中级人民法院经审理，确认一审法院认定的事实和证据。

3．二审判案理由

广东省深圳市中级人民法院经审理认为：被上诉人广东省深圳市公安局交通警察支队车辆管理所作为机动车的法定登记机构，负责依法办理本行政辖区内的机动车登记业务。

本案争议的焦点问题是被上诉人在办理涉案车辆的转移登记时有没有依法履行法定审查职责。被上诉人办理涉案车辆转移登记时依据的 2004 年 5 月 1 日起实施的中华人民共和国公安部第 72 号令《机动车登记规定》第十八条规定："申请转移登记的，现机动车所有人应当于机动车交付之日起三十日内，填写《机动车转移登记申请表》，提交法定证明、凭证，并交验机动车。"同时《中华人民共和国道路交通安全法实施条例》第七条规定："已注册登记的机动车所有权发生转移的，应当及时办理转移登记。申请机动车转移登记，当事人应当向登记该机动车的公安机关交通管理部门交验机动车，并提交以下证明、凭证：（一）当事人的身份证明；（二）机动车所有权转移的证明、凭证；（三）机动车登记证书；（四）机动车行驶证。"本案中被上诉人在办理涉案车辆的转移登记时审核了陈玉莲按上述法规、规章的规定提交的深圳市志信旧机动车交易有限公司开具的《二手车销售统一发票》、本人身份证明、上诉人周金生的机动车行驶证等材料，已经尽到了法规、规章要求的审查义务。上诉人认为陈玉莲提交的《二手车销售统一发票》不能证明系周金生将涉案车辆所有权转移给陈玉莲，但并未就此提供证据予以证明，不能推翻被上诉人用以证明其涉案车辆转移登记行为合法性的证据，因此上诉人以此主张被上诉人作出的涉案车辆转移登记行为违法，没有事实依据，本院不予支持。目前被上诉人据以作出车辆转移登记行为的法律依据并没有要求在办理车辆转移登记时原机动车所有人必须到场，因此被上诉人在审核《二手车销售统一发票》及陈玉莲提交的相关材料后作出涉案车辆转移登记行为并无不当。上诉人主张其没有亲自或委托他人办理涉案车辆转移登记，因而要求确认被上诉人的涉案车辆转移登记行为违法的请求没有事实和法律依据，本院不予支持。被上诉人在作出涉案车辆转移登记行为时，已经履行了法定审查职责，上诉人关于行政赔偿的上诉请求缺乏事实和法律依据，本院不予支持。

4．二审定案结论

广东省深圳市中级人民法院依照《中华人民共和国行政诉讼法》第六十一条第（一）项之规定，作出如下判决：

驳回上诉，维持原判。

本案二审案件受理费 50 元，由上诉人周金生负担。

（七）解说

1．诉讼背景

随着人们生活水平的不断提高，汽车也越来越普及到平常家庭，我国已经是名副其实的汽车大国了。但是随着汽车消费的大众化，所引发的各种纠纷也日益增多。

在法院受理的行政案件中，以车管所为被告的案件近年呈直线上升趋势，占据了行政诉讼的半壁江山。该类案件主要是原告在不知情的情况下自己所有的车辆被转移到他人名下，原告认为车管所的转移登记行为违法，从而引发行政诉讼。

2. 相关法律规定

2004年5月1日起实施的《机动车登记规定》（公安部第72号令）第二章"登记"第三节"转移登记"第十八条规定，申请机动车转移登记的，现机动车所有人应当于机动车交付之日起30日内，填写《机动车登记申请表》，提交法定证明、凭证并交验机动车。该条并未规定在车辆转移过程中原告本人必须亲自到场。在国内购买的机动车，其来历证明是全国统一的机动车销售发票或者二手车交易发票。机动车在我国民法上属于动产，动产所有权转移以交付为生效要件，车辆管理部门进行车辆转移登记只是一种确认，而不是车辆转移的生效要件。实际上车辆转移都需要在二手车交易市场统一进行，由二手车市场开具统一的《二手车销售统一发票》，此时车辆所有权已经发生转移。车辆转移以后的现机动车所有人在30天内向车管所申请转移登记，并提交相关的证明凭证。车管所在确认车辆无被盗抢记录和资料齐全后办理转移登记手续程序合法，并无不当。

3. 解决途径

实际上车辆能够在二手车交易市场交付转移，必须要有原车主的机动车登记证书才能完成，该机动车登记证书就相当于不动产中的房产证书，故应当妥善保管。而我们在该类行政诉讼中经常会发现，原告的车辆之所以被转移，大多是因为原告熟知的人利用原告对车辆登记证书保管不善进行骗取或偷盗，拿到二手车市场进行转移交易，开具《二手车销售统一发票》后向车管所申请转移登记，随后就不知所终。遇到此种情况，原告应当向警方报案，由公安部门立案后将车辆进行锁定，以此来挽回自己的损失。具体到本案，原告声称其车辆和机动车行驶证系被钟鹏辉骗取而遗失，但并未积极寻求补救，既没有向车辆管理所申请补领、换领行驶证，也没有积极向公安机关寻求救济，怠于行使自己的权利，最终导致车辆被转移，其错不在被告方。

2008年10月1日起新实行的《机动车登记规定》（公安部第102号令）第十九条对转移登记作出了更加详细的规定，申请转移登记的，现机动车所有人应当填写申请表，交验机动车，并提交以下证明、凭证：（1）现机动车所有人的身份证明；（2）机动车所有权转移的证明、凭证；（3）机动车登记证书；（4）机动车行驶证；（5）属于海关监管的机动车，还应当提交《中华人民共和国海关监管车辆解除监管证明书》或者海关批准的转让证明；（6）属于超过检验有效期的机动车，还应当提交机动车安全技术检验合格证明和交通事故责任强制保险凭证。也就是说，2008年10月1日以后的转移登记申请所要提交的材料中必须包括原所有人的车辆登记证书，这也从另一方面为二手车转移登记上了一道安全锁。

（广东省深圳市南山区人民法院　李飞鹏）

二、工商管理案件

5. 王家忠不服玉溪市工商行政管理局工商行政处罚案
（工商局的行政处罚权）

（一）首部

1. 判决书字号

一审判决书：云南省玉溪市红塔区人民法院（2009）玉红行初字第 3 号判决书。

二审判决书：云南省玉溪市中级人民法院（2009）玉中行终字第 10 号判决书。

2. 案由：工商行政处罚。

3. 诉讼双方

原告（上诉人）：王家忠，男，1974 年生，汉族，农民，住玉溪市红塔区高仓镇小高仓。

委托代理人（一审）：李学纲，玉溪市新兴法律服务所法律工作者。

被告（被上诉人）：云南省玉溪市工商行政管理局。住所地：玉溪市红塔区彩虹路 12 号。

法定代表人：焦平，局长。

委托代理人（一、二审）：姚红梁，玉溪市工商行政管理局法制科副科长。

委托代理人（一、二审）：段云峰，玉溪市工商行政管理局市场科副科长。

4. 审级：二审。

5. 审判机关和审判组织

一审法院：云南省玉溪市红塔区人民法院。

合议庭组成人员：审判长：董绍德；审判员：杨秋红；人民陪审员：罗家云。

二审法院：云南省玉溪市中级人民法院。

合议庭组成人员：审判长：李文玉；审判员：向艳萍；代理审判员：沈培敏。

6. 审结时间

一审审结时间：2009 年 4 月 16 日。

二审审结时间：2009 年 7 月 31 日。

（二）一审诉辩主张

1. 被诉具体行政行为

云南省玉溪市工商行政管理局认定王家忠非法从事报废汽车拆解和废旧金属的回收销售活动，于2008年11月11日作出玉工商处字（2008）第34号行政处罚决定书，责令停止相关经营活动，罚款人民币5万元，上缴国库。

2. 原告诉称

其系普洱市恒源公司业务员，后公司申办了报废车辆回收拆解第二经营部，并依法领取了《营业执照》、《税务登记证》，其被公司聘为该经营部场地负责人，并在普洱市公安局思茅分局治安大队作了废旧金属收购备案登记，云南省玉溪市工商行政管理局认定其未依法登记领取《营业执照》，非法从事报废机动车拆解和废旧金属的回收销售活动，没有根据。另外，处罚决定还认定其将未完全进行破坏性处理的报废汽车五大总成及废钢铁29.13吨销售给玉溪的李文富，完全是诬陷，其没有销售过汽车五大总成。综上，请求人民法院撤销玉工商处字（2008）第34号行政处罚决定。

3. 被告辩称

其根据《中华人民共和国行政处罚法》作出的行政处罚决定，有对王家忠、李文富等人所作的笔录，普洱市恒源公司及其负责人提供的相关证明材料作为证据，并经原告的申请组织了听证，认定事实清楚、程序合法、证据确实充分、适用法律法规正确、处罚恰当，请求人民法院维持其作出的玉工商处字（2008）第34号行政处罚决定。

（三）一审事实和证据

云南省玉溪市红塔区人民法院经公开审理查明：2006年，原告被普洱市恒源公司聘为业务员。2008年1月8日，原告与普洱市恒源公司签订《公司业务人员劳务合同》，合同约定：公司聘任王家忠为公司第二经营部场地负责人，报废汽车由公司收购作价后交王家忠进行拆解，王家忠自主进行经营，独立承担相应的民事责任，年终利润根据王家忠的经营情况，40％归公司，60％归王家忠。王家忠在经营活动中必须符合国家的有关法律、法规。2008年5月至6月期间，原告王家忠将拆解后的汽车五大总成和汽车废旧钢铁两百多吨卖给其同村收购废旧金属的李文富，李文富又转卖给玉东废旧回收物资公司。2008年7月3日，王家忠无照从事报废汽车五大总成及废旧钢铁销售被被告查获。2008年11月11日，被告玉溪市工商行政管理局以原告王家忠无照从事报废汽车五大总成及废旧钢铁销售活动的行为，违反了《无照经营查处取缔办法》第四条第一款第（二）项之规定，依照《无照经营查处取缔办法》第十四条的规定，作出玉工商处字（2008）第34号行政处罚决定书：（1）责令停止相关活动；（2）罚款人民币5万元，上缴国库。即日，被告向原告送达了处罚决定书。2009年2月3日，原告王家忠向人民法院提起行政诉讼。

上述事实有下列证据证明：

1. 普洱市恒源公司企业法人营业执照及其第二经营部营业执照、公司业务人员劳动合同以及公司证明 3 份。

2. 现场检查笔录、物证照片、发货单、玉东公司废钢过磅单。

3. 普洱市恒源公司废旧物资销售发票。

4. 对王家忠、李文富、熊忠明、王智等人的询问笔录。

5. 听证告知书、听证陈述书、听证笔录、听证报告、案件调查终结报告、行政处罚审批表等。

6.《无照经营查处取缔办法》。

（四）一审判案理由

云南省玉溪市红塔区人民法院经审理认为：依照《无照经营查处取缔办法》的规定，工商行政管理部门是查处无照经营的职能部门。因此，在本案中，被告的执法主体合格。原告是普洱市恒源公司聘任的业务员，第二经营部场地负责人，原告销售报废汽车五大总成及废旧钢铁只能以依法领取营业执照的公司或者第二经营部的名义进行，而不能以自己的名义开展销售活动。被告认定原告无照从事报废汽车五大总成及废旧钢铁销售的基本事实，有李文富的两份询问笔录，普洱市恒源公司的证明及公司相关负责人熊忠明、王智的询问笔录，发货单，现场检查笔录、照片和玉东公司过磅单佐证。庭审中，原告提出发货单上的发货单位是第二经营部的辩解意见，因发货单无依法领取营业执照的第二经营部的印章而不予采信。据此，被告处罚决定认定的基本事实清楚，执法程序合法。被告依据《无照经营查处取缔办法》的规定查处原告无照从事报废汽车五大总成及废旧钢铁销售活动适用法律、法规正确，但被告对原告处以 5 万元罚款的前提和条件是无照经营行为规模较大、社会危害严重，而被告不能提供满足 5 万元罚款的前提和条件的法律依据，故被告处罚显失公正，依法应予变更。

（五）一审定案结论

云南省玉溪市红塔区人民法院依照《中华人民共和国行政诉讼法》第五十四条第（四）项之规定，作出如下判决：

变更被告玉溪市红塔区工商行政管理局 2008 年 11 月 11 日作出的玉工商处字（2008）第 34 号行政处罚决定，改为：（1）责令停止相关活动；（2）罚款人民币 2 万元，上缴国库。

案件受理费 50 元，由原、被告各负担 25 元。

（六）二审情况

1. 二审诉辩主张

（1）上诉人诉称

上诉人系恒源公司业务员，其是为公司办事，进行的经营行为是代表公司的行为；

被上诉人认定上诉人销售报废汽车五大总成,没有完整的五大总成照片等事实依据;被上诉人没有对普洱市恒源公司的案件管辖权。综上,请求二审法院撤销(2009)玉红行初字第3号行政判决,依据事实和法律,公平、公正地作出新判决。

(2)被上诉人辩称

被上诉人有权对王家忠的违法行为进行行政处罚,因为行为发生地在玉溪市;被上诉人对王家忠的行政处罚有事实和法律依据。综上,请求二审法院驳回上诉,维持一审判决。

2.二审事实和证据

云南省玉溪市中级人民法院经审理,确认了一审法院认定的事实和证据。

3.二审判案理由

云南省玉溪市中级人民法院经审理认为:本案中上诉人从事报废汽车五大总成及废旧钢铁活动的销售地在玉溪,依照法律规定,玉溪市工商行政管理局具有案件管辖权,是适格的执法主体。上诉人虽是普洱市恒源公司的业务员和第二经营部场地负责人,但其销售行为不是以公司名义进行,销售款也未进入公司账户,公司对上诉人的行为既不知情,也不认可。被上诉人认定上诉人无照从事报废汽车五大总成及废旧钢铁销售活动的基本事实清楚,证据确实充分。由于被上诉人不能提供上诉人无照经营行为规模较大、社会危害严重的证据,一审法院依法将罚款由5万元变更为2万元是恰当的。综上,上诉人上诉主张的理由不能成立,本院不予支持。一审判决认定事实清楚,适用法律正确,程序合法,判决恰当,应予维持。

4.二审定案结论

云南省玉溪市中级人民法院依照《中华人民共和国行政诉讼法》第六十一条第一款第(一)项、第七十四条之规定,作出如下判决:

驳回上诉,维持原判。

二审案件受理费50元,由上诉人负担。

(七)解说

本案争议的焦点主要集中在以下三个方面:

1.玉溪市工商行政管理局是否具有对本案的案件管辖权。《中华人民共和国行政处罚法》第二十条规定:"行政处罚由违法行为发生地的县级以上地方人民政府具有行政处罚权的行政机关管辖。法律、行政法规另有规定的除外"。国家工商行政管理局工商公字〔1996〕第106号《关于工商行政管理机关查处违法案件管辖权问题的答复》指出,"违法行为地包括违法行为着手地、经过地、实施(发生地)和危害结果发生地"。本案中王家忠实施报废汽车五大总成及废旧钢铁销售的违法行为地在玉溪,依照法律规定,玉溪市工商行政管理局具有案件管辖权,是适格的执法主体。

2.王家忠的行为是公司行为还是个人行为。王家忠销售报废汽车五大总成及废旧钢铁的行为是可以认定的,但如果是公司行为,行政处罚则不能成立,因为普洱市恒源公司具有依法销售报废汽车五大总成及废旧钢铁的资质。本案中,王家忠虽是普洱市恒源公司的业务员和第二经营部场地负责人，但不能认定其行为就当然是公司行为，只有以公司名义进行的销售行为，同时销售款进入公司账户，才能认定为公司行为。本案中王家忠的销售行为，没有证据证明是以公司名义进行的，销售款打入的也是王家忠的私人账户而不是公司账户，同时公司对王家忠的行为表示不知情、不认可。既然王家忠不是以公司名义进行的经营活动，其个人又没有开展相关经营活动必需的证照，因此，认定其无照经营是正确的。

3. 变更行政处罚的罚款数额是否合法、恰当。《无照经营查处取缔办法》第十四条规定：对于无照经营行为，工商行政管理部门依法予以取缔，没收违法所得⋯⋯尚不够刑事处罚的，并处 2 万元以下罚款；无照经营行为规模较大、社会危害严重的，并处 2 万元以上 20 万元以下罚款。本案中，王家忠的行为虽然是无照经营行为，依法应予处罚，但玉溪市工商行政管理局作出罚款 5 万元的处罚则明显不当，显失公平。玉溪市工商行政管理局不能提供王家忠无照经营行为规模较大、社会危害严重的相关证据，其罚款 5 万元的处罚不仅没有依据，而且显失公正。依照《中华人民共和国行政诉讼法》第五十四条第（四）项之规定，"行政处罚显失公正的，可以判决变更"，故一审法院依法将罚款由 5 万元变更为 2 万元是合法、恰当的。

（云南省玉溪市中级人民法院　杨勇）

6. 陈茂红不服兴宁市工商行政管理局颁发营业执照案
（工商登记注册的前置审批）

（一）首部

1. 判决书字号

一审判决书：广东省兴宁市人民法院（2009）兴法行初字第 3 号判决书。

二审判决书：广东省梅州市中级人民法院（2009）梅中法行终字第 22 号判决书。

2. 案由：颁发营业执照。

3. 诉讼双方

原告（上诉人）：陈茂红。

被告（被上诉人）：兴宁市工商行政管理局。

第三人：陈远波，系陈茂红之子。

4. 审级：二审。

5. 审判机关和审判组织

一审法院：广东省兴宁市人民法院。

合议庭组成人员：审判长：曾令丁；审判员：刘佛平、刘兴维。

二审法院：广东省梅州市中级人民法院。

合议庭组成人员：审判长：李林；审判员：贺璐；代理审判员：杜应建。

6. 审结时间

一审审结时间：2009年3月10日。

二审审结时间：2009年6月11日。

（二）一审情况

1. 一审诉辩主张

（1）被诉具体行政行为

2005年11月18日，陈远波向兴宁市工商行政管理局提交《个体工商户开业登记申请表》，申请颁发兴宁市圾陂镇陈远波水厂的个体工商户营业执照，并提交了相关材料。2005年12月5日，兴宁市工商行政管理局经审核，向第三人陈远波颁发了《个体工商户营业执照》（注册号：4414813600245），同日，兴宁市圾陂镇陈远波水厂变更登记为兴宁市圾陂镇鸿园水厂。

（2）原告诉称

其于2002年筹建鸿园自来水厂，2004年建成并向部分群众供水，生产经营交由两个儿子陈远波、陈新波管理。2005年陈远波以自己的名义申请办理《个体工商户营业执照》，兴宁市工商行政管理局在陈远波没有提供验资证明和经营场所证明，且没有取得《取水许可证》的情况下，为陈远波颁发《个体工商户营业执照》，具有明显的违法性，侵害了其合法权益，请求依法撤销注册号为4414813600245的《个体工商户营业执照》。

（3）被告辩称

原告所诉不符合事实和没有法律依据。本局颁发给第三人陈远波自来水厂的《个体工商户营业执照》，一是有申请人签署的《个体工商户开业登记申请书》，二是有申请人身份证明，三是有经营场所证明，四是有卫生许可证，提交的材料齐全，程序合法，完全符合国务院颁布的《城乡个体工商户管理暂行条例》、国家工商行政管理总局颁布的《个体工商户登记程序规定》和有关法律规定，不具有违法性，依法应予维持，原告起诉无理，依法应驳回其诉讼请求。

（4）第三人述称

第三人陈远波未提交书面诉讼意见。其在庭审中述称，第三人与兄弟共同兴建自来水厂，依法办理了有关证照，应当受到法律保护；原告与兴宁市圾陂镇宣明村签订的是山林出租合同，与自来水厂无关，自来水厂位于兴宁市圾陂镇新湖村；原告的取水许可预申请表不是取水许可证，不能作为证据；原告假借兴办自来水厂贷款35万元，是用于投资酒家、购买房产等。请求法院驳回原告的诉讼请求，维持被告的行政行为，维护第三人的合法权益。

2. 一审事实和证据

广东省兴宁市人民法院经公开审理查明：鸿园水厂位于兴宁市坭陂镇新湖村，取水源自新湖村、宣明村的山地。2005年11月18日，第三人陈远波向被告兴宁市工商行政管理局提交《个体工商户开业登记申请表》，申请颁发兴宁市坭陂镇陈远波水厂的个体工商户营业执照，同时提交了其本人的身份证、《卫生许可证》和新湖村委会出具的经营场所证明。被告对第三人提交的申请材料进行审查，现场勘查经营场所并进行公告，2005年12月5日，被告为第三人颁发了注册号为4414813600245的《个体工商户营业执照》，同日，兴宁市坭陂镇陈远波水厂变更登记为兴宁市坭陂镇鸿园水厂。

上述事实有下列证据证明：

原告提供的证据有：

（1）个体工商户营业执照；

（2）个体工商户名称预先核准通知书；

（3）个体工商户开业登记申请表；

（4）家庭分立合约；

（5）山林出租合同书；

（6）借款借据；

（7）取水许可预申请书；

（8）取水许可申请书；

（9）兴宁市坭陂镇宣明村委会证明；

（10）兴宁市坭陂镇新湖村委会证明；

（11）陈伟权的证明；

（12）原告投资自来水厂的原始凭证。

上述证据（1）—（3），证明被告给第三人颁发营业执照的行政行为存在；上述证据（4）—（12），证明鸿园水厂是原告投资筹建的，正在办理取水许可证等相关证照。

被告提供的证据有：

（1）个体工商户开业登记申请表；

（2）兴宁市坭陂镇新湖村委会证明；

（3）卫生许可证（粤兴卫水证字〔2005〕第045号）；

（4）申请材料核审情况报告书（场地调查表）；

（5）个体工商户设立登记审核表；

（6）核发营业执照及归档情况表；

（7）个体工商户开业登记审核表；

（8）字号名称登记公告；

（9）个体工商户营业执照；

（10）个体工商户变更申请登记表；

（11）个体工商户变更登记审核表；

（12）字号名称变更登记公告。

上述证据（1）—（3），证明陈远波申请自来水厂的营业执照时提交了法律、法规规定应当提交的申请材料；上述证据（4）—（9），证明被告履行了调查、审核、公示和颁发营业执照的职责；上述证据（10）—（12），证明陈远波申请字号名称变更和变更登记的程序合法。

3. 一审判案理由

广东省兴宁市人民法院经审理认为：依照国务院《城乡个体工商户管理暂行条例》第六条第（一）项、国家工商行政管理总局《个体工商户登记程序规定》第三条第三款的规定，被告执法主体适格。依照《个体工商户登记程序规定》第五条和第十三条的规定，法律、行政法规中并无工商行政管理机关对个体工商户登记的财产、资金进行审核的规定，被告已经完成了对第三人申请材料的审核和经营场地的核实，原告认为被告没有依法对第三人申请材料的实质性内容进行核实，未尽职责，依法不予支持。依照《个体工商户登记程序规定》第二十条的规定，并无工商行政管理部门应当将公示情况提供给他人的要求，被告依规定已在登记场所公示了第三人个体工商户登记的相关内容，原告认为被告没有将公示情况提供给原告，未尽职责，依法不予支持。依照《最高人民法院关于执行〈中华人民共和国行政诉讼法〉若干问题的解释》第二十七条第（一）项的规定，被告认为原告起诉超过起诉期限，没有证据，依法不予采纳。个体工商户登记注册的前置审查，应依照国家法律、行政法规的规定进行。《中华人民共和国水法》规定，国家对水资源依法实行取水许可制度和有偿使用制度。国务院《取水许可制度实施办法》规定，取水应当申请取水许可证。但二者均未规定自来水供水者必须先取得取水许可证，方可凭取水许可证向工商行政管理部门申请办理营业执照。本案第三人已经取得卫生许可证，符合个体工商户登记注册的前置审批条件。原告认为取水许可证是颁发自来水供水营业执照的前置审批条件，依法不予支持。

4. 一审定案结论

广东省兴宁市人民法院依照《最高人民法院关于执行〈中华人民共和国行政诉讼法〉若干问题的解释》第五十六条第（四）项的规定，作出如下判决：

驳回原告陈茂红关于撤销被告兴宁市工商行政管理局向第三人陈远波颁发的《个体工商户营业执照》（注册号：4414813600245）的诉讼请求。

（三）二审诉辩主张

1. 上诉人诉称

原审判决认定事实错误，请求依法撤销原判，支持上诉人在一审时的诉讼请求。理由是：《中华人民共和国水法》规定，国家对水资源依法实行取水许可制度和有偿使用制度，《取水许可制度实施办法》规定，取水应当申请取水许可证。很显然，取水许可是开发利用水资源的自来水供水经营的前置条件，而原审法院以《中华人民共和国煤炭法》、《中华人民共和国食品卫生法》等法律的规定，推论出取水许可不是颁发自来水供水经营执照的前置审批条件，是明显违反法律规定的。被上诉人兴宁市工商行政管理局在第三人陈远波没有取得《取水许可证》，也没有提供资金（验资）证明和经营场所证明的情况下，违法为第三人颁发4414813600245号《个体工商户营业执照》，严重侵害了上诉人的合法权益。

2. 被上诉人辩称

原审判决认定事实清楚，证据确凿，适用法律正确，符合法律程序，上诉人上诉无理，请求判决驳回上诉，维持原判。

3. 原审第三人述称

原审认定事实清楚，适用法律正确，判决公平公正。

（四）二审事实和证据

广东省梅州市中级人民法院经审理，确认一审法院认定的事实和证据。

（五）二审判案理由

广东省梅州市中级人民法院经审理认为：《中华人民共和国水法》规定，除农村集体经济组织及其成员使用本集体经济组织的水塘、水库中的水外，国家对水资源依法实行取水许可制度。《取水许可制度实施办法》规定，除为家庭生活、畜禽饮用等少量取水不需要申请取水许可证和为农业抗旱等应急取水免予申请取水许可证的情形外，一切取水单位和个人，都应当申请取水许可证。本案鸿园水厂取水、供水，不属于不需要申请取水许可证的少量取水，也不属于免予申请取水许可证的应急取水，因此应当申请取水许可证。依照《城乡个体工商户管理暂行条例》第七条第二款关于"国家规定经营者需要具备特定条件或者需经行业主管部门批准的，应当在申请登记时提交有关批准文件"和《城乡个体工商户管理暂行条例实施细则》第三条第（三）项关于"申请从事资源开采、工程设计、建筑修缮、制造和修理简易计量器具、药品销售、烟草销售等的，应提交有关部门批准文件或者资格证明"，及《个体工商户登记程序规定》第五条第二款关于"从事法律、行政法规规定须报经有关部门审批的业务的，应当提交有关部门的批准文件"的规定，第三人申请办理鸿园水厂的《个体工商户营业执照》，应当提交取水许可证等申请材料，也就是说，取水许可证是被上诉人兴宁市工商行政管理局颁发《个体工商户营业执照》的前置条件，即在第三人未提供《取水许可证》的情况下，被上诉人为第三人注册登记并颁发 4414813600245 号《个体工商户营业执照》，缺乏法律依据，依法不予支持。上诉人上诉理由成立，依法应予支持。原审判决驳回上诉人的诉讼请求不当，依法应予纠正。

（六）二审定案结论

广东省梅州市中级人民法院依照《中华人民共和国行政诉讼法》第六十一条第（三）项之规定，作出如下判决：

1. 撤销广东省兴宁市人民法院（2009）兴法行初字第 3 号行政判决；

2. 撤销被上诉人兴宁市工商行政管理局为第三人陈远波颁发的注册号为

4414813600245 的《个体工商户营业执照》。

（七）解说

本案的焦点是法律适用问题，即取水许可是否是工商登记注册的前置审批条件，这可以从两方面进行分析：

1. 关于工商登记注册的前置审批

前置审批是指企业的经营范围涉及特殊行业或必须符合特殊条件的，先由政府相关部门审批或颁发许可证，企业凭批准文件或许可证办理设立登记，领取营业执照。《中华人民共和国行政许可法》第十二条规定，下列事项可以设定行政许可：（1）直接涉及国家安全、公共安全、经济宏观调控、生态环境保护以及直接关系人身健康、生命财产安全等特定活动，需要按照法定条件予以批准的事项；（2）有限自然资源开发利用、公共资源配置以及直接关系公共利益的特定行业的市场准入等，需要赋予特定权利的事项……根据上述规定，工商登记注册的审查要把好前置审批关，对涉及公共安全、人民生命安全、环境保护、自然资源开发利用等行业和企业，法律法规有明确的前置审批规定的，任何单位和个人都应当认真执行。

2. 关于经营自来水供水是否需要前置审批的分析

《中华人民共和国水法》第七条规定，国家对水资源依法实行取水许可制度和有偿使用制度。但是，农村集体经济组织及其成员使用本集体经济组织的水塘、水库中的水除外。《取水许可制度实施办法》第三条、第四条规定，下列少量取水不需要申请取水许可证：（1）为家庭生活、畜禽饮用取水的；（2）为农业灌溉少量取水的；（3）用人力、畜力或者其他方法少量取水的。下列取水免予申请取水许可证：（1）为农业抗旱应急必须取水的；（2）为保障矿井等地下工程施工安全和生产安全必须取水的；（3）为防御和消除对公共安全或者公共利益的危害必须取水的。即国家实行取水许可制度，法律、法规只规定了申请取水许可证的例外情况，任何公民、法人及其他组织未经行政许可，不可能有取水权。本案第三人经营自来水供水，涉及公共安全、环境保护和水资源的开发利用，依法应当取得《取水许可证》。《个体工商户登记程序规定》第五条第二款规定，从事法律、行政法规规定须报经有关部门审批的业务的，应当提交有关部门的批准文件。第三人申请登记注册，取水许可是前置条件。被上诉人在第三人未提交《取水许可证》的情况下，为第三人登记注册并颁发《个体工商户营业执照》的行为，违反了《中华人民共和国水法》、《取水许可制度实施办法》和《个体工商户登记程序规定》的规定，依法应予撤销。一审判决驳回上诉人的起诉请求错误，二审依法改判撤销第三人的《个体工商户营业执照》是正确的。

（广东省梅州市中级人民法院　贺璐）

7. 福建省力源电力（集团）有限公司
不服漳平市工商行政管理局工商行政处罚案
（抽逃出资的认定）

（一）首部

1. 判决书字号：

一审判决书：福建省漳平市人民法院（2009）漳行初字第 1 号判决书。

二审判决书：福建省龙岩市中级人民法院（2009）龙行终字第 18 号判决书。

2. 案由：工商行政处罚。

3. 诉讼双方

原告（上诉人）：福建省力源电力（集团）有限公司。

法定代表人：崔建国，董事长。

委托代理人（一审）：郑福才，福建建州联兴律师事务所律师。

委托代理人（一审）：邓益忠，福建省力源电力（集团）有限公司股东。

委托代理人（二审）：刘新策，福建正廉律师事务所律师。

被告（被上诉人）：漳平市工商行政管理局。

法定代表人：熊海清，局长。

委托代理人（一、二审）：谢瑞钦，福建津都律师事务所律师。

4. 审级：二审。

5. 审判机关和审判组织

一审法院：福建省漳平市人民法院。

合议庭组成人员：审判长：陈士毅；审判员：叶庆章、赖家懋。

二审法院：福建省龙岩市中级人民法院。

合议庭组成人员：审判长：林静；审判员：厂建岩、张煌忠。

6. 审结时间

一审审结时间：2009 年 3 月 11 日。

二审审结时间：2009 年 8 月 31 日（经福建省高级人民法院批准延长审限 3 个月）。

（二）一审诉辩主张

1. 被诉具体行政行为

被告漳平市工商行政管理局（以下简称漳平工商局）于 2008 年 10 月 7 日对原告福

建省力源电力（集团）有限公司（以下简称福建省力源公司）作出漳工商双处（2008）14 号行政处罚决定，认定省力源公司作为漳平市力源电力有限责任公司（以下简称漳平力源公司）的股东，从 2003 年 9 月 9 日转出漳平力源公司注册资本 900 万元，至案发之日止，仍有人民币 411.5 万元未返还给漳平力源公司，未返还款项并非用于漳平力源公司的生产经营活动，其行为已构成股东抽逃出资的行为，抽逃出资计人民币 411.5 万元，违反了《中华人民共和国公司法》第三十六条的规定，依据《中华人民共和国公司法》第二百零一条规定，处罚如下：（1）责令改正；（2）处人民币 20.575 万元罚款。

2. 原告诉称

被告漳平工商局对原告作出的漳工商双处（2008）14 号行政处罚决定书基本事实不清，适用法律错误，导致行政处罚决定错误，请求法院依法撤销漳工商双处（2008）14 号行政处罚决定书，以维护企业的合法权益。其理由是：（1）被告认定基本事实不清。首先，原告主观上无任何"抽逃"的故意。本案涉及的 900 万元注册资金，是原告依福建省力源集团［2003］04 号《福建省力源集团财务管理制度》和《福建省力源集团资金管理办法（暂行）》的具体规定进行"收支两条线"的资金结算管理的具体资金运作过程。原告作为投入注册公司的投资者，主观上没有任何"侵占"、"抽逃"注册资金的故意。其次，原告在客观上无任何"抽逃"注册资金的行为。漳平力源公司以借款的形式（科目体现为应收款和应付款）转入 900 万元到原告集团公司财务部设置的内部结算中心统一账户。该做法是依集团财务相关管理制度履行对所属各子公司、分公司及控股子公司的货币资金由集团公司财务部设置内部结算中心统一管理的具体管理行为，与"抽逃"资金致使注册资金被抽走或者"虚化"无法返还有着本质的区别。（2）漳平工商局认定是抽逃出资于法无据。漳平力源公司转入原告公司 900 万元的该笔款项是依财务制度以"借款（应收、应付款）"形式代管资金，并且是用于生产经营活动，被认定为"抽逃"显然是于法无据，是错误的，应依法予以纠正。（3）复议机关认定事实错误。复议机关认为，集团公司内部有关财务管理制度不能超越法律规定，漳平力源公司不属金融机构，没有经营借贷业务的资格，不能将资本"出借"，这属于认定事实错误。

3. 被告辩称

被告依照《中华人民共和国公司法》规定处罚原告的违法行为，所依据的事实是清楚的，证据是确实的，适用法律、法规是正确的，且符合法定程序。在对原告违法行为给予行政处罚的同时，被告尽可能地维护了原告的合法权益，适用最轻的幅度处罚，执法目的是端正的，不存在滥用职权和越权行政的问题，请法院依法维持被告于 2008 年 10 月 7 日作出的漳工商双处（2008）14 号行政处罚决定书。其理由是：（1）被告对原告的处罚事实清楚，证据是确实的。本案中原告利用其集团公司的便利条件，未经法定程序从漳平力源公司抽出巨额资金的做法明显侵犯了独立企业法人的资金。针对原告抽逃资金给予处罚的事实是清楚的，证据是确实的。（2）被告对原告的处罚适用法律法规是正确的。原告将漳平力源公司的注册资金抽出的行为已违反了《中华人民共和国公司法》第三十六条公司成立后，股东不得抽逃资金的规定。《中华人民共和国公司法》第二百零一条规定，公司的发起人、股东在公司成立后，抽逃出资的，由公司登记机关责令改正，处以所抽逃出资金额 5% 以上 15% 以下的罚款，被告依该条给予原告处罚，适用法律正确。（3）被告对原告的处罚符合法定程序。被告在作出处罚决定前，告知原告可以请求听证，并依法举行了听证会，全面听取了原告代理人的陈述之后，依法给予处罚，程序合法。

（三）一审事实和证据

福建省漳平市人民法院经公开审理查明：2003年6月，永安市力源电力发展有限公司（以下简称永安力源公司）与郑强共同出资组建漳平力源公司，公司注册资本1 000万元，永安力源公司出资950万元，郑强出资50万元，出资方式均为货币。同年7月11日，两股东的1 000万元出资款经永安燕江有限责任会计师事务所验资，7月17日公司成立。2003年7月30日，"永安力源公司"变更为"福建省力源公司"。2003年9月9日，原告将漳平力源公司注册资本中的900万元以电汇方式转到其账户中，漳平力源公司将该笔款项记入"其他应收款"科目。2004年4月12日，漳平力源公司办理股东变更登记，将股东永安力源公司变更为福建省力源公司。2004年8月4日，漳平力源公司办理变更注册资本登记，由原来的1 000万元增加到1 738万元，其中原告以实物（西溪电站房屋建筑物及设备）作价增资697万元，郑强以货币资金增资41万元。2007年11月26日，经漳平力源公司股东会决议，该公司决定郑强将所持有的股权转让给原告。2007年12月4日，漳平力源公司向被告申请办理股东变更登记，同日经被告核准，漳平力源公司的股东由原告和郑强2个股东变更为原告1个股东。2003年9月至2007年12月间，原告陆续返还漳平力源公司注册资金176.3万元。2008年1月至6月，原告返还漳平力源公司注册资金312.2万元。至2008年6月23日被告漳平工商局依法对漳平力源公司的股东涉嫌抽逃出资一事予以立案调查时止，原告转出的漳平力源公司的注册资本900万元中仍有411.5万元未予以返还。2008年8月25日，被告作出漳工商永听字（2008）15号《听证告知书》，同日，被告将该告知书送达原告，对拟作出处罚决定的事实、理由及依据向原告告知。2008年9月19日，被告组织了听证会，原告派人参加。2008年10月7日，被告依据其调查情况及收集的证据，对原告作出漳工商双处（2008）14号行政处罚决定书。该处罚决定书于2008年10月7日送达原告。原告不服该处罚决定向龙岩市工商行政管理局申请行政复议。龙岩市工商行政管理局经复议，于2008年11月27日作出了岩工商复字（2008）04号行政复议决定书，维持了被告作出的漳工商双处（2008）14号行政处罚决定。原告不服，诉至漳平市人民法院。

上述事实有下列证据证明：

1. 福建省力源公司、永安力源公司、石寮公司、凤溪电站4家公司执照，证明上述4家企业的注册资本、经营范围等登记注册情况及证明福建省力源公司由永安力源公司变更而来，漳平力源公司是福建省力源公司独资子公司，石寮公司是漳平力源公司独资子公司，凤溪电站是石寮公司分支机构。

2. 漳平力源公司年检时提交的报告书，证明被告执法人员在年检时对漳平力源公司提交的报告书进行审查时，发现漳平力源公司的股东福建省力源公司涉嫌抽逃出资的初步违法事实。

3. 漳平力源公司注册登记时提交的验资报告，证明漳平力源公司成立时的注册资本数额，两个股东即原永安力源公司、郑强的出资比例、到资情况。

4. 漳平力源公司内资企业登记基本情况表及办理变更登记的材料，证明漳平力源公司的股东郑强将股权转让给原告及漳平力源公司成立后变更登记情况。

5. 当事人企业名称预先核准通知书，证明原告的原企业名称为永安力源公司。

6. 漳平力源公司 2004 年提交的验资报告，证明漳平力源公司的注册资本由 1 000 万元变更为 1 738 万元，其中原告以实物（西溪电站房屋建筑物及其设备）作价增资 697 万元；

7. 漳平力源公司 2004 年、2005 年、2006 年的资产负债表，证明当事人抽逃出资处于延续状态（其他应收款项）；

8. 漳平力源公司部门明细账（2003 年 9 月至 2008 年 6 月）、漳平力源公司现金日记账（2003 年 9 月至 2008 年 5 月）、漳平力源公司的计账凭证（2003 年 9 月 30 日、2004 年 1 月 31 日至 2008 年 6 月 16 日），证明原告在漳平力源公司成立后，于 2003 年 9 月 9 日将漳平力源公司注册资本中的 900 万元抽出，至案发之日止，其间虽然有陆续返还，但仍有人民币 411.5 万元未返还给漳平力源公司，未返还款项并非用于漳平力源公司的生产经营活动的事实。

9. 投资明细账，证明漳平力源公司投资石寮公司的情况。

10. 漳平力源公司的有关情况说明，证明原告、漳平力源公司的基本情况，当事人抽逃出资的金额、用途。

11. 漳平力源公司章程，证明该公司的经营范围为水电开发、电器材料、五交批发、零售。

12. 关于对福建省力源公司的立案材料、听证报告及相关材料，证明对当事人处罚经过法定程序作出的事实，且对拟处罚的决定进行了听证的事实。

13. 漳工商双处（2008）14 号行政处罚决定书，证明被告对原告作出了行政处罚；

14. 行政复议申请书、行政复议决定书，证明复议机关维持被告的处罚决定。

（四）一审判案理由

福建省漳平市人民法院经审理认为：被告漳平工商局系公司注册登记的主管机关，有权对辖区内违反公司注册登记规定的违法行为进行查处，具备行政处罚主体资格。原告提出其公司是在厦门市工商行政管理局登记的，漳平工商局无权处罚的理由不充分，不予采纳。被告在对原告作出处罚决定的过程中，履行了立案、调查、告知陈述、申辩权、听证等法定程序，原告对此无异议，故被告作出被诉具体行政行为的程序不违反法律规定。根据《中华人民共和国公司法》第三十六条的规定："公司成立后，股东不得抽逃出资。"原告在漳平力源公司成立后不久就将注册资本 900 万元以电汇方式转到原告的账户中，且没有因此办理公司变更登记，也没有与该笔资金相关的协议、债权凭证等。至案发之日止，仍有人民币 411.5 万元未返还给漳平力源公司，未返还款项并非用于漳平力源公司的生产经营活动。原告这一行为严重影响了漳平力源公司的经营能力和偿债能力，损害债权人的合法权益，扰乱了社会经济秩序，已违反《中华人民共和国公司法》第三十六条的规定，属抽逃出资行为，应当受到法律处罚。根据《中华人民共和国公司法》第二百零一条的规定，公司的发起人、股东在公司成立后，抽逃出资的，由公司登记机关责令改正，处以所抽逃出资金额5％以上15％以下的罚款。本案原告抽逃出资计人民币411.5万元，被告依照该法第二百零一条的规定，对原告作出行政处罚认定事实清楚，证据充分，适用法律正确。原告认为虽然2003年9月9日漳平力源公司通过电汇转给原告900万元是事实，但是根据工商企字（2002）第180号《国家工商行政管理总局关于股东借款是否属于抽逃出资行为问题的答复》的精神，"公司借款给股东，是公司依法享有其财产所有权的体现，股东与公司之间的这种关系属于借贷关系，合法的借贷关系受法律保护，公司对合法借出的资金依法享有相应的债权，借款的股东依法承担相应的债务"。漳平力源公司向原告划款的行为应视为原告向漳平力源公司借款人民币900万元，双方属正常的债权债务关系。本院认为，原告并未向本院提供借款合同、借据等证据证明该笔划款为借款性质，且根据国家工商总局工商企字（2003）第63号《关于山东省大同宏业投资有限公司是否构成抽逃出资行为的答复》第一条规定，"借、贷业务是金融行为，依法只有金融机构可以经营。工商企字（2002）第180号文所指股东与公司之间合法借贷关系，是以出借方必须是银行或非银行金融机构（如信托投资公司或财务公司）为前提的。非金融机构的一般企业借贷自有资金只能委托金融机构进行，否则就是违法借贷行为。非金融机构的股东与公司之间如以借贷为名，抽逃出资，可依法查处"，由此可以看出，原告所述与此规定显然不符，故该理由不充分，不予支持。原告认为本案的900万元资金，是基于原告制定的《福建省力源集团财务管理制度》的规定行使代管权。本院认为，《福建省力源集团财务管理制度》的规定违反了公司法确定的资本法定原则，不能作为原告行使子公司资金代管权的依据，且原告并未向本院提供证据证明该900万元为漳平力源公司委托原告代管，故该理由不予支持。综上，被告行政处罚认定事实清楚，证据充分，适用法律正确，程序合法，处罚适当，本院予以支持。

（五）一审定案结论

福建省漳平市人民法院依照《中华人民共和国行政诉讼法》第五十四条第一款第（一）项的规定，作出如下判决：

维持被告漳平工商局漳工商双处（2008）14号行政处罚决定书。

本案诉讼费50元，由原告福建省力源公司负担。

（六）二审情况

1. 二审诉辩主张

（1）上诉人诉称

1）上诉人主观上不具有"抽逃"资金的故意。主观故意虽是相对抽象性概念，不易判断，但从上诉人一些客观行为，可以推论出上诉人主观上不具有"抽逃"资金的故意。2）上诉人向漳平力源公司代管资金具有客观原因，是由于当时一些客观因素造成的，而非是抽逃资金。3）被上诉人对上诉人的行政处罚缺乏事实和法律依据。

上诉请求：1）撤销原审；2）撤销漳工商双处（2008）14号行政处罚决定。

（2）被上诉人辩称

1）上诉人从漳平力源公司转出900万元进入上诉人账户，属于减少注册资本但又没有经过工商登记机关依法变更登记注册资本的抽逃行为。2）上诉人至案发时仍有411.5万元未返还到漳平力源公司账户，其行为违反了《中华人民共和国公司法》第三十六条的规定，构成抽逃注册资本，被上诉人对上诉人进行处罚属法定职责范围。

请求：驳回上诉，维持原判。

2. 二审事实和证据

福建省龙岩市中级人民法院经审理，认定的事实和证据与一审一致。

3. 二审判案理由

福建省龙岩市中级人民法院经审理，判案理由与一审一致。

4. 二审定案结论

福建省龙岩市中级人民法院依照《中华人民共和国行政诉讼法》第六十一条第（一）项的规定，作出如下判决：

驳回上诉，维持原判。

二审案件受理费50元，由上诉人负担。

（七）解说

1. 对公司股东以"往来款"名义借款行为的认识分歧和争议

何为公司股东借款？股东借款通常是指股东运用借款、往来款、领取备用金、预领材料款等多种形式向公司领取资金，用于自身或他人使用的行为。如：股东自己借款、股东领取备用金、股东预领材料款等。但目前股东借款表现最多的是公司在登记设立时为履行出资义务从股东处取得借款，等验资之后公司再以借款形式借给股东，并一直以往来款项挂账。而对于股东以"往来借款"名义，并以"应收款项"挂财务账是否为抽逃注册资本行为，有不同的认识。一种观点认为：存在于公司股东的借款现象，是作为公司股东正常经营或正常业务开支的一种方式，不能认定为抽逃注册资本行为，况且这种借款是反映在被借款公司"应收款项"账目中，并没有转移该笔资金的所有权，被借款公司仍持有其合法债权，是可以通过履行债权来追回借款的；而另一种观点认为：当事人以"往来借款"名义挪用股东注册资本的行为实质上是以"应收款项"挂财务账作掩护，实为抽逃注册资本行为，该行为的客观方面完全符合《中华人民共和国公司法》第二百零一条关于"公司的发起人、股东在公司成立后，抽逃其出资的，由公司登记机关责令改正……"的规定。

事实上，对公司股东"往来借款"的认定在目前的理论界也存在着是正常资金运作还是抽逃出资的争论。为解决这个问题，笔者认为应首先明确抽逃出资的主要概念和认定。

2. 如何判定股东构成抽逃出资行为

抽逃出资，是指公司的发起人、股东在公司验资成立后抽逃其出资，但保留股东身份和原有出资数额的行为。现有法律法规对如何认定"抽逃出资"并没有明确的规定，笔者分析如下：（1）行为主体：公司出资者，即股东。（2）主观方面：公司股东有无"抽逃出资"的故意，如果没有正常的业务往来、借贷关系或其他依据，不支付任何代价而长期占用股东出资不还的话，就可能涉嫌抽逃出资。（3）侵犯的客体：国家对公司的管理制度，根据《中华人民共和国公司法》第三十六条规定，"公司成立后，股东不得抽逃出资"。（4）客观方面：表现为违反公司法的规定，在公司验资后又抽逃出资的行为。

3. 区别对待公司股东往来借款的不同性质，严厉打击以借款之名行抽逃出资之实的违法行为

（1）区别对待公司股东往来借款的不同性质。在企业正常经营过程中，股东由于经营需要向公司借款或是为了归还借来的投资款等各种各样的原因而向公司借款，这些正常借贷现象只要签订了合法的借贷合同，公司与股东之间只要形成了合法的债权债务关系，并能够保证公司通过履行债权来追回借款的能力，就是合法的。笔者认为，在没有充分证据的情况下，仅凭股东向公司借款就认定为股东抽逃出资缺乏法律依据，不能简单地认定股东向公司借款就是抽逃出资行为，而要结合股东个人的主观因素来分析股东借款的合法性，才会较为全面、准确。事实上，股东如果不是以长期占用公司款项或抽回出资为目的，只要不影响公司正常的经营资金需要，就不会对公司产生较大的危害；但反之，如果允许公司股东无限制地向公司借款，则会导致公司资产的架空，更会导致三无企业的盛行。

（2）正确界定股东借款问题。股东借款问题错综复杂，如果单纯地说股东向公司借款就构成抽逃出资有违常理，反之，如果单纯地说股东向公司借款不构成抽逃出资也显得过于武断。股东与公司之间合法的借贷关系会受到法律保护。合法应当是指借款手续、借款内容、债权债务关系合法等，例如，股东借款应当与企业签订借款协议，并依法履行借款人的义务，按期还本付息等；股东是企业的出资人，其借款行为不应当有损于其他股东利益和公司利益，如此等等。工商执法部门在没有充分证据的情况下，仅凭股东向公司借款就认定股东抽逃出资是缺乏法律依据的。但是，如果股东与公司之间的借贷行为不合法，例如，没有签订借款合同，没有进行必要的账户处理，没有按规定履行借款义务，甚至出现"霸王条款"，随意侵害其他股东的利益等，就不属于合法范畴了。如果股东在借款活动中违反了有关金融管理、财务制度等规定，还应由有关部门予以查处。

事实上，利用股东借款的外在形式而实施抽逃资本的实质性行为是客观存在的。常见的手法主要是利用应收账款、其他应收款、应付账款、其他应付款等往来账户抽走资本，形式上是长期借方挂账，内容多为股东借款；更有甚者，抽走的资本已被同户名货款或往来款抵消掉。这种行为严重损害了公司、股东的合法权益，破坏了社会主义市场经济正常发展的秩序，是公司法严厉禁止的一种抽逃资金的表现方式。工商行政管理机关作为公司登记监管的执法部门应依托职权严厉打击这种抽逃出资行为。

综上可知，该案应维持被告漳平工商局行政处罚决定书，认定原告具有抽逃出资的行为。

（福建省漳平市人民法院　李秋英）

8. 桂林阳朔城中城房地产开发有限公司不服阳朔县工商行政管理局行政处罚案
（工商变更登记材料审查）

（一）首部

1. 判决书字号

一审判决书：广西壮族自治区阳朔县人民法院（2007）阳行初字第 3 号判决书。

二审判决书：广西壮族自治区桂林市中级人民法院（2009）桂市终字第 24 号判决书。

2. 案由：工商行政处罚。

3. 诉讼双方

原告（上诉人）：桂林阳朔城中城房地产开发有限公司。住所地：阳朔县阳朔镇叠翠路城中城商业城。

法定代表人：梁锡安，董事长。

委托代理人（一审）：刘中坚，男，1945 年 9 月 23 日生，汉族，住广州市东山区花樽巷 3 号 301 房。

委托代理人（一审）：秦怀勇，明辨律师事务所律师。

委托代理人（二审）：凤菲，该公司董事长助理。

委托代理人（二审）：李利军，中韦律师事务所律师。

被告（被上诉人）：阳朔县工商行政管理局。

法定代表人：唐跃玲，该局局长。

委托代理人（一审）：莫志军，该局公平交易股股长。

委托代理人（一审）：戴荣盛，该局法制股股长。

委托代理人（二审）：曹治坤，桂林市工商局干部。

委托代理人（二审）：莫志军，阳朔县工商局干部。

4. 审级：二审。

5. 审判机关和审判组织

一审法院：广西壮族自治区阳朔县人民法院。

合议庭组成人员：审判长：赵家良；审判员：黎瑞勇、刘广平。

二审法院：广西壮族自治区桂林市中级人民法院。

合议庭组成人员：审判长：唐炳华；审判员：邹高林；代理审判员：赵欣荣。

6. 审结时间

一审审结时间：2008 年 9 月 20 日。

二审审结时间：2009 年 4 月 12 日。

（二）一审情况

1. 一审诉辩主张

（1）被诉具体行政行为

2008 年 4 月 7 日被告阳朔县工商行政管理局（以下简称工商局）对原告桂林阳朔城中城房地产开发有限公司（以下简称城中城公司）作出朔工商罚字（2008）第 014 号行政处罚决定。该处理决定查实，城中城公司经工商局核准，于 2003 年 12 月 29 日成立，法定代表人陈志刚，股东有广州市华凯置业有限公司、广东烨森贸易发展有限公司、陈雪容。2007 年 3 月 8 日，城中城公司向工商局提供《股东会决议书》、《董事会决议》、陈雪容与广东烨森贸易发展有限公司签订的《股权转让协议》、陈雪容与陈少芳签订的《股权转让协议》以及《桂林阳朔城中城房地产开发有限公司章程》（修改后章程）等五份材料，申请变更该公司的股权和法定代表人的登记。2007 年 4 月 6 日，工商局核准城中城公司的申请，股东变更为广州市华凯置业有限公司、广东烨森贸易发展有限公司、陈少芳。后据工商局执法人员调查，城中城公司提交的上述申请变更股权的材料中股东陈雪容的签名是伪造的，并不是陈雪容亲笔签名，陈雪容并未参加也未委托其他人参加 2007 年 3 月 8 日的公司股东会议并在上述文件中签名。以上事实有对陈志刚、陈雪容、公司总经理冼锦华询问调查笔录等证据证实。城中城公司申请公司的变更登记时所提交的材料假冒股东陈雪容签名，取得公司股权变更登记的行为属《中华人民共和国公司登记管理条例》第六十九条所指的"提交虚假材料或者采取其他欺诈手段隐瞒重要事实，取得公司登记的"行为。根据《中华人民共和国公司登记管理条例》第六十九条的规定，对城中城公司作出如下行政处罚：1）对城中城公司提交虚假材料隐瞒重要事实，取得公司登记的行为予以责令改正；2）对城中城公司处以 5 万元罚款；3）撤销城中城公司 2007 年 4 月 6 日的股东变更登记。

（2）原告诉称

我公司所提交的材料是真实的，并反映了各股东的真实意愿，被告认定材料虚假没有事实依据，更没有法律依据，其所作出的行政处罚决定侵犯了公司的经营权利，更侵犯了公司各股东的权利，请求依法撤销处罚决定。

（3）被告辩称

2007 年 3 月原告向我局提供公司变更登记材料，申请变更法定代表人和股东，同年 4 月获得我局核准。2008 年 1 月，我局接到原股东陈雪容的投诉，投诉称原告提交的变更公司法定代表人和股东的材料中，均没有陈雪容本人的亲笔签名。经本局调查核实，原股东陈雪容的投诉属实。我局根据《中华人民共和国公司登记管理条例》第六十九条的规定，对原告作出了朔工商罚字（2008）第 014 号行政处罚决定，该处罚决定认定事实清楚，证据确凿充分，程序合法，适用法律、法规正确，请求人民法院驳回原告的诉讼请求，维持我局的行政处罚决定。

2. 一审事实和证据

广西壮族自治区阳朔县人民法院经公开审理查明：原告城中城公司经被告工商局核准，于 2003 年 12 月 29 日成立，法定代表人陈志刚（董事长），股东有广州市华凯置业有限公司、广东烨森贸易发展有限公司、陈雪容。该公司注册资金 400 万元，其中广州市华凯置业有限公司出资 150 万元，占注册资金的 37.5%；广东烨森贸易发展有限公司出资 192 万元，占注册资金的 48%；自然人陈雪容出资 58 万元，占注册资金的 14.5%。陈志刚与陈雪容系夫妻。2007 年 3 月 8 日，原告向工商局提交了《股东会决议书》、《董事会决议》、陈雪容与广东烨森贸易发展有限公司签订的《股权转让协议》、陈雪容与陈少芳签订的《股权转让协议》以及《桂林阳朔城中城房地产开发有限公司章程》等五份材料，申请变更公司的股东和法定代表人的登记。2007 年 4 月 6 日，工商局核准了变更登记，股东变更为广州市华凯置业有限公司、广东烨森贸易发展有限公司、陈少芳，法定代表人为梁锡安。2008 年 1 月，被告收到原股东陈雪容的投诉，投诉称城中城公司 2007 年 3 月提交给工商局变更公司法定代表人和股东的材料中，均不是本人陈雪容的亲自签名。工商局于 2008 年 2 月 1 日进行了立案，分别对陈志刚、陈雪容以及原告总经理冼锦华进行调查，经调查核实，陈雪容的投诉属实。工商局根据《中华人民共和国公司登记管理条例》第六十九条的规定，于 2008 年 4 月 7 日对原告作出了朔工商罚字（2008）第 014 号行政处罚决定。

上述事实有下列证据证明：

（1）被告提交的城中城公司开业登记材料；

（2）原、被告提供的 2007 年公司变更登记材料；

（3）被告提交的对投诉人陈雪容的询问、调查笔录；

（4）被告提交的对原告公司总经理冼锦华的询问、调查笔录；

（5）被告提交的对原告原董事长陈志刚的询问、调查笔录；

（6）原告提供的广州市公证处的公证书。

3. 一审判案理由

广西壮族自治区阳朔县人民法院经审理认为：原告 2007 年 3 月 8 日向被告提交的《股东会决议书》、《董事会决议》、陈雪容与广东烨森贸易发展有限公司签订的《股权转让协议》、陈雪容与陈少芳签订的《股权转让协议》以及《桂林阳朔城中城房地产开发有限公司章程》等材料申请变更股东和法定代表人的登记，上述申请变更材料中股东陈雪容的签名并不是陈雪容亲笔签名，陈雪容并未参加也未委托其他人参加 2007 年 3 月 8 日的公司股东会议并在上述材料中签名。《中华人民共和国公司登记管理条例》第二条规定："有限责任公司和股份有限公司（以下统称公司）设立、变更、终止，应当依照本条例办理公司登记。申请办理公司登记，申请人应当对申请文件、材料的真实性负责。"原告作为有限责任公司，应当对申请变更材料的真实性负责，原告提交给被告的申请材料缺乏真实性，取得公司股权变更登记的行为属《中华人民共和国公司登记管理条例》第六十九条所指的"提交虚假材料或者采取其他欺诈手段隐瞒重要事实，取得公司登记"之行为。被告对原告作出的处罚决定，认定的事实清楚，证据确凿，适用法律、法规正确，程序合法，本院予以支持。原告以所提交的材料是真实的，并反映了各股东的真实意愿，被告认定材料虚假没有事实依据和法律依据等为由，请求撤销被告对其作出的处罚决定，证据不足，不予支持。

4. 一审定案结论

广西壮族自治区阳朔县人民法院依照《中华人民共和国行政诉讼法》第五十四条第（一）项的规定，作出如下判决：

维持被告工商局 2008 年 4 月 7 日作出的朔工商罚字（2008）第 014 号行政处罚决定。

（三）二审诉辩主张

1. 上诉人诉称

原判决认定事实不清，证据不足。原判决认定"陈雪容"的签名并非陈雪容亲笔签名的证据不足；认定陈雪容"未委托其他人参加 2007 年 3 月 8 日的公司股东会议并在上述材料中签名"的证据不足；错误认定陈雪容未委托陈志刚参加 2007 年 3 月 8 日（实为 2007 年 2 月 26 日）的公司股东会议并在相关文件上签名；错误认定自然人股东股权转让必须由本人签字，否则就是不真实的；错误认定陈雪容对其自然人股权转让完全不知情；错误认定上诉人提交的申请材料是虚假材料。被上诉人作出的处罚决定破坏了善意取得制度及公平交易秩序，请求二审法院撤销原判，撤销工商局朔工商罚字（2008）第 014 号行政处罚决定书。

2. 被上诉人辩称

上诉人向被上诉人提交的变更股东登记的材料是虚假的，被上诉人对陈志刚、陈雪容、冼锦华的询问调查笔录是依法定程序提取的，是合法有效的。本案涉及股权交易的重大财产事项，不属于"日常生活需要"，不符合表见代理的法定形式，应当认定陈志刚代理行为无效。申请人提交无效的资料申请变更登记，就是一种虚假的行为，被上诉人撤销公司的变更登记并无不当。被上诉人作出的处罚决定事实清楚、证据确凿、定性准确、程序合法、处理适当，请求二审法院维持一审判决。

（四）二审事实和证据

广西壮族自治区桂林市中级人民法院经审理，除确认一审法院查明的事实外，另查明：2007 年 5 月 1 日城中城公司将公司变更后的章程、董事会决议、三份转让协议等材料送与广州市华凯置业有限公司法定代表人陈雪容亲笔签收。2007 年 6 月 29 日城中城公司用公司财产作抵押向阳朔县农村信用合作社营业部贷款时，陈雪容代表广州华凯置业有限公司在借款合同上签名同意。

(五）二审判案理由

广西壮族自治区桂林市中级人民法院经审理认为：上诉人在向被上诉人工商局申请变更该公司股东登记时，提交了转让协议、公司章程、董事会决议、股东会决议等资料。原股东陈雪容的股份转让，虽然不是其本人亲自参加并签字，但却是由其丈夫陈志刚代其所为。事后上诉人也把变更后公司章程、董事会的决议、股东会决议及陈雪容的股权转让协议送给广州华凯置业有限公司法人代表陈雪容亲自签收。2007 年 6 月 29 日上诉人用公司的财产向阳朔县农村信用合作社贷款时陈雪容代表广州华凯置业有限公司亲自在合同上签名，陈雪容并没有对其股份转让提出异议。根据上述事实，陈雪容对陈志刚将自己在城中城公司的股权转让之事是清楚的，且在陈雪容转让的 14.5% 的股权中，有 4% 的股权是转让给陈雪容为法定代表人的广州华凯置业有限公司，该公司在转让协议上盖有印章。因此陈雪容称其不知道且不同意这一转让与客观事实不符，上诉人在向被上诉人申请变更公司股东登记时所提交的有关材料是真实，符合法律规定。被上诉人仅以转让协议上的签名不是陈雪容本人所签，就认定上诉人提供虚假登记材料并予以行政处罚，不符合法律规定。被上诉人没有查清上述事实，只根据举报人单方证词就对上诉人作出行政处罚，缺乏事实和法律依据，其认定事实错误。

(六）二审定案结论

广西壮族自治区桂林市中级人民法院依照《中华人民共和国行政诉讼法》第五十四条第（二）项第一目和第六十一条第（三）项之规定，作出如下判决：

1. 撤销阳朔县人民法院（2008）阳行初字第 3 号行政判决；
2. 撤销工商局作出的朔工商罚字（2008）第 014 号行政处罚决定书。

(七）解说

本案案情不复杂，但涉及工商变更登记审查原则和民事与行政案件交叉时的处理方式两个法理问题。在司法实践中，对这两个问题的解决都没有一个统一标准，导致司法裁判结果存在较大差异。

1. 对工商变更登记材料的审查原则

公司登记行为可分为公司设立登记、注销登记和变更登记。本案涉及的是工商变更登记行为。工商变更登记行为不同于设立登记和注销登记，设立登记和注销登记属于行政许可行为，而变更登记行为不包含行政机关的意思表示，只代表行政主体对客观事实的认知和判断。公司登记机关在核准公司变更登记申请时，应秉持何种审查原则？是"形式审查"还是"实质审查"？笔者认为，由于登记机关担负了大量的登记任务，不可能就申请材料的真实性进行逐一调查核实，也就不可能承担判定申请材料是否具备合法效力的责任，因此其审查职责应当止于形式审查。但这种审查也并不是像有些执法部门所理解的那样，认为自己的责任仅仅是审查是否"有"材料即可。工商变更登记中，登记机关虽然不对变更材料的真实性负有实质审查的义务，但是至少应该从形式上排除虚假材料，在合理注意范围内对材料真实性负责，也就是要尽到审慎审查义务。[1] 审慎审查的理论基础在于行政上的合理注意义务。这种合理注意义务，除了满足工商登记职能部门的一定专业性要求外，它的最低限度在于公司登记机关及其工作人员作为普通"理性人"在履行职责时应该具有的注意义务。例如，公司变更登记申请人提交的股权转让协议，首先应当有股东的签名，这是法定要件审查内涵中的法定义务；其次，应该签有股东甲而非股东乙的名字，这也是法定要件审查内涵中的法定义务；再次，尽管有股东甲的签名，可股东甲的签名明显属于伪造，任何有理性的人均可发觉其真实性问题，而公司登记机关未能发觉，就应当视为未尽到法定要件审查中的审慎审查义务。本案中，城中城公司提供了申请工商变更登记的材料，工商部门经审查认为文件材料齐全，并无形式上的瑕疵，符合公司变更登记的法定条件，依法办理了工商变更登记。事后陈雪容以股权转让协议非其本人亲自签名为由提出异议，要求撤销工商变更登记，工商部门经过调查核实，也认为股权转让协议上陈雪容的签名非其本人签名，因而以申请人提交虚假材料为由对其变更行为予以了否认，并对申请人给予了行政处罚，这种做法是否妥当？这涉及对申请人提交的申请材料合法性的认定问题。

2. 工商变更登记中申请材料合法性由谁作出认定

登记部门对申请人提供的申请变更工商登记的材料实行审慎的形式审查。工商部门如果认为申请人提交的文件材料齐全，且无形式上的瑕疵，依法应予变更。对于通过行政诉讼寻求救济的当事人，如果其对工商行政机关的变更登记程序或者不履行变更登记职责提起诉讼，应属于行政诉讼审查范围。虽然登记机关在作出工商变更登记时履行的是法定要件审查和审慎审查义务，但也存在即使恪尽职责也不能辨明申请材料真实性的客观可能性。在这种情况下，基于司法审查中证据审查的深度在个案中可能会高于行政机关的审查义务，且司法救济具有终局性的特征，对于变更登记涉及的具体事项的合法性通过民事诉讼进行审查更为合适。[2] 本案中，工商部门是根据《中华人民共和国公司登记管理条例》第六十九条对上诉人作出处罚，那么先需查明上诉人提交的材料是否虚假。虽然被上诉人经调查能确认转让协议上陈雪容签名非其本人所签，但能否就此认定提交的材料是虚假的呢？因本案双方股权已发生变更，股权转让已实际履行，如果就此认定上诉人提交虚假材料而对股东变更登记予以撤销的话，那么就涉及股权转让协议的有效性等民事权益问题。这实际上是在行政诉讼中又存在民事诉讼纠纷。目前对于民、行交叉案件是分案审判，先行后民还是先民后行，法律没有一个统一规定。从解决纠纷的目的出发，可采用"基础优先审理"原则，即当民事和行政案件出现交叉的情况时，民事和行政谁是基础，谁优先审理。当民事是行政的基础时，优先审理民事案件；当行政是民事的基础时，优先审理行政案件。[3] 工商部门在法院未通过司法程序对股权转让

① 参见李玉生、陈高峰、赵雪雁：《公司变更登记司法审查的难点及其解决》，载《法学期刊》，2008 (12)。

② 参见李玉生、陈高峰、赵雪雁：《公司变更登记司法审查的难点及其解决》，载《法学期刊》，2008 (12)。

③ 参见方建生：《民事与行政交叉案件的审理与解决》，载http://www.law-lib.com/lw/lw_view.asp?no=8350。

协议的真实性作出认定的情况下，仅凭协议上的签名非陈雪容本人所签即认定申请材料是虚假的，其作出处罚决定的依据尚显不足。从本案事实看，虽然转让协议上陈雪容的签名非其本人所签，但从陈雪容在工商变更登记后签收股权转让文件，华凯公司向农村信用社贷款，以及陈雪容与陈志刚特殊的夫妻关系来看，可认定陈雪容对股份转让一事是知晓并同意的，这也符合民法的委托代理和表见代理行为。而工商部门以转让协议书非陈雪容的真实签名为由即认定申请人提供的申请材料是虚假的并对申请人进行了处罚，是忽略了陈雪容在协议签订后对陈志刚代理行为的认可。虽然工商登记部门有认定申请人提交的申请材料是否存在虚假的权力，但本案的投诉人陈雪容是在工商变更登记将近一年后才提出异议，股权转让相对方实际支付了转让款并已取得股权，登记部门在此情况下欲撤销工商变更登记应采取更为慎重的态度，在未通过司法程序对申请材料的合法性作出认定的情况下，只凭协议上的名字不是陈雪容本人签名就作出申请材料虚假的认定实难服人。因此二审法院撤销工商局的处罚决定是正确的。陈雪容可通过民事诉讼对申请材料的真实性及股权转让行为的合法性予以确认，如通过民事诉讼认定了转让股权材料是虚假的，这时工商局对上诉人予以行政处罚的依据才充分。

（广西壮族自治区桂林市中级人民法院　秦雯）

9. 黄海林不服玉林市工商行政管理局行政处罚案
（参加传销）

（一）首部

1. 判决书字号

一审判决书：广西壮族自治区玉林市玉州区人民法院（2008）玉区法行初字第23号判决书。

二审判决书：广西壮族自治区玉林市中级人民法院（2009）玉中行终字第24号判决书。

2. 案由：工商行政处罚。

3. 诉讼双方

原告（被上诉人）：黄海林，男，1978年生，汉族，广西兴业县人，住兴业县石南镇。

委托代理人（一、二审）：阮万广，广东瀚宇律师事务所律师。

委托代理人（一审）：胡胜斌，男，1966年生，汉族，广西桂平市西山镇厢东社区人。

被告（上诉人）：玉林市工商行政管理局。地址：玉林市人民东路196号。

法定代表人：廖斌，局长。

委托代理人（一审）：陈超，玉林市工商行政管理局公平交易与消费者权益保护科副科长。

委托代理人（一审）：梁锦兰，玉林市工商行政管理局公平交易与消费者权益保护科科员。

委托代理人（二审）：李经强，鼎峰律师事务所律师。

委托代理人（二审）：叶健，玉林市工商行政管理局法规科科长。

4. 审级：二审。

5. 审判机关和审判组织

一审法院：广西壮族自治区玉林市玉州区人民法院。

合议庭组成人员：审判长：吕辉；审判员：杨春雷、覃裕。

二审法院：广西壮族自治区玉林市中级人民法院。

合议庭组成人员：审判长：周善伟；审判员：苏贤明、庞忠。

6. 审结时间

一审审结时间：2008 年 12 月 15 日。

二审审结时间：2009 年 6 月 12 日（经广西壮族自治区高级人民法院批准依法延长审限）。

（二）一审情况

1. 一审诉辩主张

（1）被诉具体行政行为

2008 年 9 月 9 日，被告玉林市工商行政管理局作出玉工商处字（2008）71 号处罚决定书（以下简称 71 号处罚决定）。71 号处罚决定查明，原告黄海林在苏剑的介绍下，于 2008 年 6 月 23 日汇款 23 976 元入施永兵个人账户（开户银行：农业银行，账号：6228480120257006219）一次购注册会员卡 30 个，取得了以"香港世界通国际科技有限公司"（以下简称世界通公司）的名义从事世界通产品代理的资格，黄海林可以通过发展人员，要求被发展人员以认购商品等方式，取得加入世界通公司资格。加入世界通公司的人员主要收入是要求被发展人员发展其他人员加入，形成上下线关系，并以下线交纳费用获取提成，使上线能以更快的速度牟取更大的利润。71 号处罚决定认为，黄海林为牟取非法利益，交纳费用加入世界通公司代理产品的行为，构成《禁止传销条例》第七条规定的行为，属于参加传销的行为，依据《禁止传销条例》第二十四条第三款的规定，决定责令黄海林立即改正违法行为，并处 2 000 元的罚款。

（2）原告诉称

原告加入世界通公司的行为不属于参加传销的行为，被告玉林市工商行政管理局对其作出 71 号处罚决定认定事实不清，证据不足，请求法院判决撤销 71 号处罚决定。

（3）被告辩称

原告黄海林在苏剑的介绍下，通过交钱加入世界通公司，发展下线人员，并由发展的人员再发展下线，以下线交纳费用获取提成，是参加传销行为。被告根据《禁止传销条例》的有关规定作出的71号处罚决定，认定事实清楚，证据充分，程序合法，适用法律正确，请求法院维持71号处罚决定。

2. 一审事实和证据

广西壮族自治区玉林市玉州区人民法院经公开审理查明：原告黄海林在朋友苏剑的介绍下，于2008年6月23日以桂平市爽一爽冰都食品经营部的名义与世界通公司签订了一份《代理产品合同书》，同日黄海林根据该合同约定将23 976元汇入施永兵个人账户，购得30张世界通world软件，取得了世界通公司三级代理商资格。之后，黄海林介绍秦秋乐、温改珍、唐捷、李刚、朱惠祥分别与世界通公司签订了《代理产品合同书》，并认购了世界通world软件产品。其中秦秋乐、唐捷、李刚、朱惠祥分别汇款23 976元给施永兵个人账户，各自购得世界通world软件30张，成为了三级代理商。温改珍则介绍刘新签订合同后，刘新汇款23 976元给施永兵，购得世界通world软件30张，也成为三级代理商。2008年8月6日，上诉人玉林市工商行政管理局的执法人员接到举报后，会同玉林市公安局环东派出所的民警将黄海林及温改珍、刘新从凯旋门大酒店带到玉林市工商行政管理局进行询问调查。经调查收集相关证据后，玉林市工商行政管理局于2008年9月9日作出了71号行政处罚决定，认定黄海林构成《禁止传销条例》第七条规定的参加传销行为，对黄海林作出立即改正违法行为并处以2 000元罚款的处罚决定。黄海林不服，在自行缴纳罚款后向法院提起行政诉讼。

上述事实有下列证据证明：

（1）被告提供的证据：立案审批表、举报记录、71号处罚决定、行政处罚告知书、送达回证、黄海林及温改珍、刘新三人各自的身份证复印件、黄海林问话笔录共三份、温改珍问话笔录共二份、刘新问话笔录一份、黄海林加入世界通公司申请表、黄海林与世界通公司签订的合同、黄海林在世界通公司中层级表、黄海林购买的部分注册卡、世界通代理机制奖励模式、黄海林自书材料、黄海林绘制的网络图、香港世界通公司深圳代表处执照及税务登记证、世界通产品代理授权书、桂平市爽一爽冰都食品经营部执照及委托书、世界通国际手机广告传媒市场疑问回复、扣留及解除黄海林有关手续、温改珍加入世界通公司申请表、刘新加入世界通公司申请表、温改珍提供的世界通公司奖励机制、温改珍加入世界通公司委托书、黄海林下级朱惠祥与世界通公司签订的代理合同、黄海林建行借记卡客户凭条、处罚决定审批表及调查报告、罚没款收据、案件移交公安部门的手续。上述证据证明原告黄海林经苏剑介绍购买了世界通world软件30张后，又介绍温改珍等人购买世界通产品的事实，而未能证明黄海林因介绍他人购买世界通产品取得了非法利益的事实。

（2）原告提供的证据：其与世界通公司签订的代理产品合同书、香港世界通国际科技有限公司深圳代表处外国（地区）企业常驻代表机构登记证及税务登记证等，证明原告按照其所签订的合同约定可以从事介绍他人购买世界通产品的代理行为。证人温改珍出庭作证的证词，证明其经原告黄海林介绍自行与世界通公司签订了代理产品合同后购买世界通产品的主要事实。

3. 一审判案理由

广西壮族自治区玉林市玉州区人民法院经审理认为：原告黄海林以桂平市爽一爽冰都食品经营部的名义与世界通公司签订了《代理产品合同书》后取得了世界通产品的代理资格，在玉林市工商行政管理局不提出质疑或提供相应证据对抗黄海林提供的世界通公司深圳代表处外国（地区）企业常驻代表机构登记证及税务登记证等证据证明力存在的情况下，黄海林可以进行介绍他人购买世界通产品的代理行为。而在经商活动中，产品代理商的分级普遍存在并得到认同，在经商活动中形成网络的分级代理商之间的关系不能当然地等同于传销行为的上下线关系。本案中，黄海林向温改珍等人介绍世界通产品后，均由温改珍等人各自与世界通公司签订合同并购买世界通产品，而玉林市工商行政管理局不能提供充足证据证明黄海林向温改珍等人介绍世界通产品的同时要求被介绍人购买该产品的事实，因此，难以认定黄海林与其介绍的温改珍等人之间形成了事实上的构成传销行为的上下线关系，此外，玉林市工商行政管理局提供的证据也无法证明黄海林因介绍温改珍等人购买世界通产品而牟取了非法利益的事实。综上所述，原告黄海林经人介绍购买世界通产品后又介绍他人购买的行为不具备参加传销行为的特征，玉林市工商行政管理局认定黄海林已构成参加传销行为认定事实不清，主要证据不足。

4. 一审定案结论

广西壮族自治区玉林市玉州区人民法院依照《中华人民共和国行政诉讼法》第五十四条第（二）项第一目的规定，作出如下判决：

撤销玉林市工商行政管理局于 2008 年 9 月 9 日作出的玉工商处字（2008）第 71 号行政处罚决定书。

（三）二审诉辩主张

1. 上诉人诉称

71 号行政处罚决定认定事实清楚、证据充分、程序合法、适用法律正确，处罚幅度也在合理范围内，一审判决认定黄海林的行为构成参加传销行为事实不清、主要证据不足是错误的。（1）黄海林的行为确实已经构成了参加传销。黄海林在苏剑的介绍下以认购世界通 world 软件的方式，交纳 23 976 元，一次购注册会员卡 30 张，取得了从事世界通产品代理的资格，成为三级代理商（编号 YL16888）。其后，他发展了人员，取得了非法利益。至案发时，黄海林直接介绍朱惠祥、温改珍等 5 人交纳入门费加入世界通，其中朱惠祥等 4 人通过农行各向施永兵交纳 23 976 元，一次购注册会员卡 30 张，分别获得三级代理商资格；温改珍向施永兵交纳 4 496 元，一次购注册会员卡 5 张，获得零售经销点资格。温改珍又介绍刘新加入，刘新向施永兵交纳 23 976 元，一次购注册会员卡 30 张，也获得三级代理商资格。黄海林介绍 5 人加入世界通获得直接提成 8 121.92 元，但黄海林至案发一直未向世界通公司申请将其提成汇入指定的银行账户，而是将投资世界通公司的部分所得直接在网上购买了世界通公司的三个手机（每款手机 1 950 元，共计 5 850 元），余款 2 271.92 元留在账号上未兑换提取现金。（2）71 号处罚决定对黄海林的处罚证据充分，没有违反程序。（3）71 号处罚决定对黄海林处罚幅度是合理的。黄海林在参加传销的同时也存在介绍他人参加传销的情形，按照《禁止传销条例》第二十四条第二款、第三款的规定，介绍传销可处 10 万元以上 50 万元以下的罚款，参加传销可处 2 000 元以下罚款，上诉人本着教育与处罚相结合的原则，没有择其重者按介绍传销处罚，而是择其轻者按参加传销处罚 2 000 元，幅度是合理的。上诉人请求撤销一审判决，维持 71 号处罚决定。

2. 被上诉人辩称

黄海林与其他人之间不存在上下线关系，与世界通公司之间也不存在上下线关系，是平等的民事关系。黄海林取得代理资格是附条件的民事法律行为。黄海林与其他人之间不存在团队计酬的关系，黄海林有权采取挂靠的关系进行经营。世界通公司的运营模式是法律允许的分销代理，世界通公司是合法注册的公司，有经营权。一审判决适用法律正确，认定事实清楚，请求驳回上诉人的上诉，维持一审判决。

(四) 二审事实和证据

广西壮族自治区玉林市中级人民法院经公开审理查明：被上诉人黄海林在苏剑的介绍下，通过世界通公司深圳代表处于 2008 年 6 月 23 日以桂平市爽一爽冰都食品经营部的名义与世界通公司签订了《代理产品合同书》（编号 YL16888）、《代理招商委托协议书》各一份。同日黄海林将 23 976 元汇入世界通公司深圳代表处负责人施永兵个人账户，购得 30 张世界通 world 软件，取得了世界通三级代理商资格。之后，黄海林介绍秦秋乐、温改珍、唐捷、李刚、朱惠祥分别与世界通公司签订了《代理产品合同书》、《代理招商委托协议书》，并认购了世界通 world 软件产品。其中秦秋乐、唐捷、李刚、朱惠祥分别汇款 23 976 元给世界通公司深圳代表处负责人施永兵个人账户，各自购得世界通 world 软件 30 张，成为三级代理商。温改珍汇款 4 496 元给世界通公司深圳代表处负责人施永兵个人账户购得世界通 world 软件 5 张，获得零售经销点资格。温改珍又介绍刘新签订合同，刘新汇款 23 976 元给世界通公司深圳代表处负责人施永兵，购得世界通 world 软件 30 张，也成为三级代理商。黄海林购得世界通 world 软件 30 张，成为三级代理商后，再没有进行产品销售，除点击世界通公司每天发送的每张卡 30 条短信获得每条奖励 0.1 元外，黄海林介绍 5 人加入世界通公司，按照《世界通代理机制奖励模式》同级对同级提成 8％、高级对低级提成 10％的规定，共获得直接提成 8 121.92元，但黄海林一直未向世界通公司申请将其提成汇入指定的银行账户，而是将投资世界通公司部分所得用世界通通币直接在网上购买世界通三个手机（每款手机 1 950 元，共计 5 850 元），余款 2 271.92 元留在账号上未兑换提取现金。2008 年 8 月 6 日，上诉人玉林市工商行政管理局的执法人员接到举报后，会同玉林市公安局环东派出所的民警将黄海林及温改珍、刘新从凯旋门大酒店带到玉林市工商行政管理局进行询问调查。经调查收集相关证据后，玉林市工商行政管理局于 2008 年 9 月 9 日作出了玉工商处字(2008) 71 号《行政处罚决定书》，认定黄海林构成《禁止传销条例》第七条参加传销行为，对黄海林作出立即改正违法行为并处以 2 000 元罚款的处罚决定。黄海林不服该处罚决定，在自行到银行缴纳罚款后向一审法院提起行政诉讼。一审法院审理后于

2008 年 12 月 15 日作出一审判决。上诉人玉林市工商行政政管理局不服一审判决向本院提起上诉。上诉人玉林市工商行政管理局作出处罚后于 2008 年 10 月 30 日以黄海林涉嫌构成犯罪，将案件移送玉林市公安局。玉林市公安局于 2008 年 11 月 17 日作出玉市公立（2008）35 号立案决定书，对黄海林涉嫌非法经营案立案侦查，案件还在侦查中。

上述事实有下列证据证明：

1. 双方一致提供的证据：代理产品合同书、代理招商委托协议书、世界通产品代理授权书、罚款收据、桂平市爽一爽冰都食品经营部委托书、桂平市爽一爽冰都食品经营部营业执照、世界通公司深圳代表处登记证及税务登记证。上述证据真实，与本案有关联性，可作为本案定案依据。

2. 玉林市工商行政管理局提供的证据：立案审批表、举报记录、行政处罚决定告知书、送达回证、代理商申请表三份、存款回单、黄海林代理商的下级报表、苏剑代理商的下级报表、代理会员卡部分账号、世界通代理机制奖励模式、黄海林绘制的代理业务网络图、桂平市爽一爽冰都食品经营部委托书（温改珍）、世界通招商代理的宣传资料、行政处罚案件有关事项审批表、扣留财物通知书、财物清单、送达回证、黄海林客户凭条、行政处罚决定审批表、黄海林传销案调查终结报告、案件移送函。上述证据可证明黄海林经人介绍以认购世界通 world 软件的方式变相交纳费用取得加入和发展其他人员加入的资格，并以其所介绍的人员认购世界通 world 软件的款额计算非法利益的事实，符合证据采信特征，可作为本案定案依据。玉林市工商行政管理局对黄海林、温改珍、刘新的询问调查笔录以及黄海林代理世界通产品的陈述、黄海林绘制的代理业务网络图是依照法定程序收集的证据，且黄海林未能提供相反的证据证明上述证据违反法定程序，因而可以作为本案定案依据。

3. 本院依职权调取的证据：玉林市公安局经济犯罪侦查支队的《证明》、立案决定书、案件移送函。上述证据真实、合法，可作为本案定案依据。

（五）二审判案理由

广西壮族自治区玉林市中级人民法院经审理认为：黄海林及其介绍的温改珍等 5 人分别经桂平市爽一爽冰都食品经营部委托，与世界通公司签订《代理产品合同书》、《代理招商委托协议书》购买了世界通 world 软件，成为三级代理商或零售经销点，取得招商资格，但除了签订《代理产品合同书》、《代理招商委托协议书》外，还需要填写代理商申请表，需要介绍人，并且黄海林等人购买的产品没有再次进行销售，实际上是以变相购买商品的方式取得加入资格和发展人员的资格。黄海林介绍其他人加入世界通公司，从被介绍人认购世界通 world 软件的款额中得到世界通公司 8％～10％共 8 121.92 元的提成，牟取了非法利益。黄海林虽没有要求其他人参加，但世界通公司以每天向 world 软件购买者的每张卡发送 30 条短信获得回复后每条短信奖励 0.1 元等方法为利诱，引诱社会公众参加。因此，应当认定黄海林与其介绍的人之间形成了事实上的上下线关系。黄海林实际上又已从其介绍的下线认购商品的款额中得到了报酬，牟取了非法利益，其行为符合《禁止传销条例》第七条第（二）项及第（三）项的规定，被上诉人黄海林参加传销的事实清楚。综上所述，71号处罚决定认定黄海林构成参加传销行为的事实清楚、证据确实充分、适用法律法规正确、程序合法，具备合法性，依法应当予以维持；一审判决认定事实不清、主要证据不足，应当予以撤销；被上诉人黄海林辩称其取得世界通代理资格是附条件民事法律行为，与其他人之间不存在上下线关系、不存在团队计酬、不构成参加传销行为的理由均不成立，本院依法不予采信和支持。

（六）二审定案结论

广西壮族自治区玉林市中级人民法院依照《中华人民共和国行政诉讼法》第五十四条第（一）项、第六十一条第（三）项之规定，作出如下判决：

1. 撤销玉林市玉州区人民法院于2008年12月15日作出的（2008）玉区法行初字第23号行政判决；

2. 维持上诉人玉林市工商行政管理局于2008年9月9日作出的玉工商处字（2008）71号《行政处罚决定书》。

（七）解说

本案中，被上诉人黄海林加入"世界通"及介绍其他人加入"世界通"形式上是以签订合同的方式自愿加入，但实际运作和营销方式明显符合《禁止传销条例》规定的参加传销的特征要求，玉林市工商行政管理局对黄海林的处罚是正确的。

1. 黄海林的本案行为不属于行政许可行为。

香港世界通国际科技有限公司是在香港注册登记的公司，尚未得到在我国大陆开展直接经营活动的行政许可。香港世界通国际科技有限公司深圳代表处获得的是工商行政管理部门颁发的"外国（地区）企业常驻代表机构登记证"，并非营业执照，不是对其在我国大陆开展经营活动的行政许可。从黄海林与香港世界通国际科技有限公司签订的《代理产品合同书》来看，黄海林是合同一方当事人，与世界通公司不存在其他法律关系，因此，世界通公司在我国大陆没有取得直接开展经营活动的行政许可，黄海林的行为是"代理行为"，不是世界通公司的行为，黄海林的行为不属于行政许可行为。

2. 黄海林的行为符合《禁止传销条例》规定的欺诈性特征。

根据《禁止传销条例》第一条的规定，传销是一种欺诈行为。加入"世界通"的两大好处：一是点击广告赚钱，二是发展其他人加入获取提成。加入人认购的world软件，实际上是一张价值999元的卡片，代表自己的号码和密码，"世界通"公司承诺每天向world软件购买者的每张卡发送30条短信获得回复后每条短信奖励0.1元，承诺奖励期限为5年，即一张卡点击广告回报333天收回999元的投资，余下1 492天净赚4 476元，获取每张卡3.5倍的回报。诱惑力是极大的，改变了传统传销方式拉到人头才赚钱的做法，致使加入人认为一旦加入，即使发展不了人加入，单靠点击广告也可取得丰厚回报，抓住了加入人求富和快速致富的心态，这是世界通传销组织区别于其他传销组织的一个新特点。但"世界通"签约期限为1年，而且点击回报费没有广告费来源或world软件增值费，实际上是将加入人交纳的款额小额逐天返还，一旦world软件服务器停掉，加入人购买的world软件卡片将成为废纸。世界通公司作为传销组织的顶级，一旦资金链断裂，给社会造成的危害是极大的。

3. 黄海林的本案行为符合《禁止传销条例》规定的主体特征。

《禁止传销条例》第二条规定的是"组织者或者经营者发展人员"，并没有规定法人或者其他组织才能构成参加传销的主体，世界通公司也是以民事合同的方式规避了这一规定，在合同中约定个人不准代理，但实际上交款认购产品、点击广告奖励收入、提成收入等一系列活动均与桂平市爽一爽冰都食品经营部无关，都是黄海林与世界通公司直接发生联系，这是世界通传销组织区别于其他传销组织的又一新特点。加入人除了与香港世界通国际科技有限公司签订《代理产品合同书》、《代理招商委托协议书》外，还必须填写《代理商申请表》。《代理商申请表》的内容有两大项：一是介绍人资料，包括介绍人姓名、编号等；二是申请人资料，包括账户持有人姓名、代理级别、实体账号、产品数量、编号等。加入人填写好《代理商申请表》后，将《代理商申请表》及银行卡存款业务回单、身份证复印件传真到"世界通"公司，才确认成为会员。"世界通"以《代理商申请表》识别谁是介绍人、介绍谁加入、认购的款额是多少等信息。

4. 黄海林的行为符合《禁止传销条例》第七条规定的"交纳入门费"、"团队计酬"两大特征。

从代理商签约级别看，无论是零售经销点，还是三级代理商，一次购卡后，都没有再购卡，也没有进行销售，加入的目的其实就是发展其他人员加入获取提成，实际是取得加入资格和发展人员的资格。

黄海林牟取了非法利益。《世界通代理机制奖励模式》规定的代理商签约级别是零售经销点一次购卡5张4 496元，三级代理商一次购卡30张23 976元，二级代理商一次购卡200张139 860元，一级代理商一次购卡1 500张899 100元；招商提成8%～30%，具体是同级对同级提成8%，高级对低级提成10%、20%、30%；市场拓展奖：第一代到第十代总计26%，零售点一代、三级代理商三代（1～3代）、二级代理商六代（1～6代）、一级代理商十代（1～10代）。由于提成的数额以发展人员签约级别交纳的款额为依据，因此，黄海林介绍秦秋乐等5人加入"世界通"获得8%～10%共8 121.92元的直接提成，同时按世界通公司的市场拓展奖还可获得间接提成，因此黄海林的本案行为既具有《禁止传销条例》第七条第（二）项"交纳入门费"的特征，又具有第（三）项"团队计酬"的特征。

（广西壮族自治区玉林市中级人民法院　周善伟）

10. 上海申和诚洁具有限公司不服国家工商行政管理总局商标评审委员会商标争议裁定案

（商标近似判断中的个案审查与综合考量）

（一）首部

1. 判决书字号

一审判决书：北京市第一中级人民法院（2009）一中行初字第 869 号判决书。

二审判决书：北京市高级人民法院（2009）高行终字第 1179 号判决书。

2. 案由：商标争议裁定。

3. 诉讼双方

原告（被上诉人）：上海申和诚洁具有限公司（以下简称申和诚公司），住所地：上海市南汇区六灶镇民义村。

法定代表人：王燕来，董事长。

委托代理人：辛建，北京市国联律师事务所律师。

被告：国家工商行政管理总局商标评审委员会，住所地：北京市西城区三里河东路 8 号。

法定代表人：许瑞表，主任。

委托代理人：马静，国家工商行政管理总局商标评审委员会干部。

第三人（上诉人）：和成（中国）有限公司，住所地：江苏省苏州市吴中区甪直镇经济开发区。

法定代表人：邱仕楷，董事长。

委托代理人：严拥军，男，1969 年生，汉族，和成（中国）有限公司职员，住上海市卢湾区。

委托代理人：顾雨根，上海市国雄律师事务所律师。

4. 审级：二审。

5. 审判机关和审判组织

一审法院：北京市第一中级人民法院。

合议庭组成人员：审判长：强刚华；代理审判员：石磊；人民陪审员：周英姿。

二审法院：北京市高级人民法院。

合议庭组成人员：审判长：郭宜；代理审判员：罗峥嵘、朱海宏。

6. 审结时间

一审审结时间：2009 年 6 月 12 日。

二审审结时间：2009 年 11 月 6 日。

（二）一审情况

1. 一审诉辩主张

（1）被诉具体行政行为

国家工商行政管理总局商标评审委员会作出的商评字〔2008〕第 31104 号关于第 1535762 号"SHHCG"商标争议裁定。

（2）原告诉称

1）本案的争议商标"SHHCG"（以下简称争议商标）与引证商标"HCG"（以下简称引证商标）具有如下区别：首先，两商标整体外观、视觉效果差异明显；其次，两商标首字母不同，读音也有很大区别；最后，两商标在含义方面差异显著，争议商标是申和诚公司独创的臆造词。因此，两商标整体区别明显，不易使相关公众对商品的来源产生误认，不构成近似商标。2）和成（中国）有限公司（以下简称和成公司）没有证据证明引证商标在争议商标申请日前已具有知名度，即使争议商标完整地包含了引证商标，但引证商标不具有知名度，两商标区别明显，相关公众不会认为两商标属于系列商标而对商品的来源产生误认。另外，争议商标是一个不可分割的整体，从来没有分割成"SH"和"HCG"使用，国家工商行政管理总局商标评审委员会（以下简称商评委）认为易使消费者将争议商标理解为上海的"HCG"，属于认定事实错误，超越法定职权。3）争议商标经过近十年的使用和宣传已经具有一定的市场认知度，与申和诚公司形成直接紧密的对应关系，争议商标指定使用的商品形成了固定的客户群。根据《中华人民共和国商标法》的立法宗旨，应当维护消费者的利益，肯定争议商标对社会的经济贡献，在这种情况下，商评委撤销申和诚公司使用近十年的知名商标属于行政行为不当。综上，申和诚公司认为被诉裁定事实认定错误，请求法院判决撤销被诉裁定并判令商评委承担本案诉讼费用。

（3）被告辩称

争议商标"SHHCG"完全包含了引证商标的文字"HCG"，且申和诚公司作为地处上海的与和成公司生产销售同类商品的经营者，注册"SHHCG"商标，极易使消费者误认两者存在某种联系，造成商品来源的混淆和误认。两商标已构成使用于相同或类似商品上的近似商标。和成公司在商标异议程序中提交的针对申和诚公司的证据交换意见证明原、被告双方就字号及产品的不正当竞争诉讼由来已久，法院的最终判决结果也使商评委确信两商标在实际使用中易使消费者混淆误认。被诉裁定就上述和成公司证据未予提及，是因为两商标已可判定为近似商标。因此，被诉裁定认定事实清楚，适用法律正确，请求法院予以维持，并判令由申和诚公司承担本案的全部诉讼费用。

（4）第三人述称

争议商标与引证商标已构成近似商标。争议商标在实际使用过程中，易使消费者以为是引证商标的系列商标，从而造成混淆误认。从 2000 年开始，申和诚公司和和成公司之间发生一系列诉讼，法院最终的判决结果都是认为争议商标与引证商标构成近似商标。因此，和成公司请求法院维持被诉裁定。

2. 一审事实和证据

北京市第一中级人民法院经公开审理查明：争议商标为外文字母组成的文字商标"SHHCG"，该商标由申和诚公司于1999年8月27日提出注册申请，2001年3月7日核准注册，注册号为1535762，指定使用在国际分类第11类"淋浴用设备；自动小便器（卫生设施）；自动水龙头；坐便器；澡盆；盥洗盆（卫生设备部件）；水冲洗设备；抽水马桶；卫生间用手干燥器"商品上。2001年7月20日，和成公司对争议商标提出撤销注册申请。商评委经审理认为，申和诚公司在商标异议程序中提交的经公证的仅有10人参与的抽样问卷调查并非权威的调查机构出具，且不能得出有利于申和诚公司的结论，对判定两商标是否近似不具有参考价值。争议商标"SHHCG"完全包含了引证商标的文字"HCG"，且申和诚公司地处上海，作为与和成公司生产销售同类商品的经营者，注册使用"SHHCG"商标，极易使消费者将争议商标理解为上海的"HCG"，或误认两商标存在某种联系，从而混淆了商品的来源。和成公司在商标异议程序中提供的证据虽然不足以证明引证商标在争议商标申请日之前就已通过使用产生知名度，但引证商标早于争议商标申请注册，两商标指定使用的商品属于相同和类似商品，因此，争议商标和引证商标构成使用在相同和类似商品上的近似商标。据此，商评委依据《中华人民共和国商标法》第四十一条第三款、第四十三条及《中华人民共和国商标法实施条例》第二十九条的规定，作出商评字［2008］第31104号关于第1535762号"SHHCG"商标争议裁定，决定撤销争议商标。申和诚公司不服该裁定，向法院提起行政诉讼。

另查明，引证商标为外文字母组成的文字商标"HCG"，该商标由和成公司于1997年11月18日提出注册申请，1999年3月7日核准注册，注册号为1253566，指定使用在国际分类第11类"盥洗室用导水管设备；卫生用水管设备；配水龙头；进水器；盥洗室用手干燥器；洗脸盆；浴室隔板；洗澡盆；抽水马桶；马桶座圈"商品上。

上述事实有下列证据证明：

被告提供的证据有：

（1）第1535762号"SHHCG"商标档案，用以证明争议商标的申请及核准注册日期、商标图样、指定使用商品等情况；

（2）第1253566号"HCG"商标档案，用以证明引证商标的申请及核准注册日期、商标图样、指定使用商品等情况；

（3）和成公司提交的争议申请书及证据材料等，用以证明被诉裁定是针对其申请的事实、理由和请求进行评审的；

（4）申和诚公司在商标异议程序中提交的答辩状及证据材料等，用以证明被诉裁定是针对其答辩的事实、理由和请求进行评审的。

原告提供的证据有：

（1）争议商标与引证商标的详细信息，用以证明两商标各自具有显著性，争议商标与引证商标不属于类似商品上的近似商标；

（2）争议商标荣誉证书、合格证书，用以证明争议商标具有一定知名度，可以与引证商标相区别；

（3）争议商标宣传广告制作合同及发票，用以证明争议商标通过使用宣传具有一定知名度，可以与引证商标相区别。

北京市第一中级人民法院对被告提交的全部证据及原告提交的证据（1）予以认定，原告提交的证据（2）、（3）未在行政程序中提交，法院不予采纳。

3．一审判案理由

北京市第一中级人民法院经审理认为：本案中，争议商标与引证商标均为纯字母组合而成的文字商标，其中争议商标由"SHHCG"5个字母构成，引证商标由"HCG"3个字母构成，两商标在字母构成上存在较大差异。尤其是争议商标首字母为"S"，引证商标首字母为"H"，使得两商标整体区别明显，不易使相关公众对商品的来源产生误认。虽然争议商标完整地包含了引证商标，但被诉裁定在没有认定引证商标具有一定知名度或显著性较强的情况下，认为消费者极易因此将争议商标理解为上海的引证商标，或误认两商标存在某种联系，明显缺乏事实及法律依据。因此，被诉裁定认定两商标已构成使用在相同或类似商品上的近似商标缺乏事实及法律依据。申和诚公司要求撤销被诉裁定的诉讼请求成立，予以支持。

4．一审定案结论

北京市第一中级人民法院依照《中华人民共和国行政诉讼法》第五十四条第（二）项之规定，作出如下判决：

撤销商评委作出的商评字〔2008〕第 31104 号关于第 1535762 号"SHHCG"商标争议裁定。

（三）二审诉辩主张

1．上诉人诉称

争议商标与引证商标已构成近似商标。争议商标在实际使用过程中，易使消费者以为是引证商标的系列商标，从而造成混淆误认。从 2000 年开始，申和诚公司与和成公司之间发生一系列诉讼，法院最终的判决结果都是认为争议商标与引证商标构成近似商标。请求二审法院撤销一审判决，维持被诉裁定。

2．被上诉人辩称

争议商标与引证商标不构成近似商标。二者在首字母、使用文字、读音方面存在很大区别，整体外观、视觉效果差异明显。争议商标为申和诚公司独创的臆造词，整体没有含义，而引证商标其中蕴涵了和成公司的经营理念，具有内在的含义。争议商标的使用不会造成消费者的混淆和误认。争议商标通过近十年的使用和宣传，已经成为申和诚公司区别其他商品来源的显著标志，拥有较为固定的客户群体。请求维持一审判决。

商评委述称，引证商标早于争议商标的申请注册，两商标指定使用商品属于相同和类似商品。争议商标"SHHCG"完全包含了引证商标"HCG"，且申和诚公司作为地处上海的与和成公司生产并销售同类商品的经营者，注册争议商标极易使消费者将争议商标理解为上海的"HCG"，或误认为二者存在某种联系，从而混淆商品的来源。上海法院的终审判决也认定"HCG"商标有一定的知名度，特别在上海地区具有较高的知名度，申和诚公司具有恶意。我委裁定中判定两商标近似，是综合考量两企业的渊源、商标近似程度、"HCG"商标的知名度等因素作出的。即使前述考量因素未在裁定中一一评述，但两商标近似的结论正确。请求撤销一审判决，维持被诉裁定。

（四）二审事实和证据

北京市高级人民法院经审理查明：1997年11月18日，和成欣业股份有限公司向国家工商行政管理总局商标局（以下简称商标局）申请注册"HCG"商标（指定颜色，蓝底白字）（即引证商标）。1999年3月7日商标局核准注册，注册号为1253566，指定使用在国际分类第11类"盥洗室用导水管设备；卫生用水管设备；配水龙头；进水器；盥洗室用手干燥器；洗脸盆；浴室隔板；洗澡盆；抽水马桶；马桶座圈"商品上。后来和成欣业股份有限公司许可和成公司在中国大陆独家使用"HCG"商标。

1999年8月27日，上海和成洁具有限公司（后更名为申和诚公司）向商标局提出"SHHCG"商标（即争议商标）的注册申请。2001年3月7日商标局核准注册，注册号为1535762，指定使用在国际分类第11类"淋浴用设备；自动小便器（卫生设施）；自动水龙头；坐便器；澡盆；盥洗盆（卫生设备部件）；水冲洗设备；抽水马桶；卫生间用手干燥器"商品上。

2001年7月20日，和成公司对争议商标提出撤销注册申请。商评委经审查认为，争议商标与引证商标都指定使用在第11类抽水马桶等商品上，已构成使用在相同和类似商品上的近似商标。申和诚公司在商标异议程序中提交的经公证的仅有10人参与的抽样问卷调查并非权威的调查机构出具，且不能得出有利于申和诚公司的结论，对判定两商标是否近似不具有参考价值。争议商标"SHHCG"完全包含了引证商标的文字"HCG"，且申和诚公司地处上海，作为与和成公司生产销售同类商品的经营者，注册使用"SHHCG"商标，极易使消费者将争议商标理解为上海的"HCG"，或误认两商标存在某种联系，从而混淆商品的来源。和成公司在商标异议程序中提供的证据虽然不足以证明引证商标在争议商标申请日之前就已通过使用产生知名度，但引证商标早于争议商标申请注册，两商标指定使用的商品属于相同和类似商品，因此，争议商标和引证商标构成使用在相同和类似商品上的近似商标。据此，商评委作出［2008］第31104号裁定，撤销争议商标的注册。

申和诚公司不服该裁定，在法定期限内向一审法院提起行政诉讼。

另查明：和成公司向商评委提交的（2000）浦知初字第10号上海市浦东新区人民法院民事判决、（2002）沪一中民五（知）终字第3号上海市第一中级人民法院民事判决可以确认如下事实：2000年7月19日，上海市浦东新区人民法院受理了和成公司诉上海和成洁具有限公司不正当竞争案。2001年12月28日，上海市浦东新区人民法院判决上海和成洁具有限公司自判决生效之日起停止在企业名称中使用"和成"字号。上海和成洁具有限公司不服该判决上诉至上海市第一中级人民法院。2002年5月10日，上海市第一中级人民法院终审判决，驳回上诉，维持一审判决。在该判决中认定上海和成洁具有限公司是在和成公司的"HCG和成卫浴"产品已取得一定的市场知名度后才成立的企业。上海和成洁具有限公司在该判决生效后更名为上海和浴洁具有限公司,上海和浴洁具有限公司后更名为申和诚公司,即本案的被上诉人。

二审中各方当事人未向二审法院提交新的证据,经审查二审法院对一审法院的认证意见予以确认。

(五)二审判案理由

北京市高级人民法院经审理认为:和成公司向商评委提交的证据并不包括其在1999年前宣传、使用的证据,其提交的证据不足以证明引证商标在争议商标申请注册前具有知名度。上海两级法院的判决可以证明,引证商标经过使用和宣传已经具有一定的知名度,但是否是在争议商标申请注册前具有知名度,判决没有明确认定。因此,商评委关于引证商标不具有知名度的认定正确。

本案中,争议商标"SHHCG"不仅完整包含了引证商标"HCG",而且"HCG"中的"H"的设计特点相同,即"H"左边的竖明显长于右边的竖。虽然争议商标与引证商标的首字母不同,读音不同,但对于均无含义的该两商标而言,整体的近似、设计特点的相同,容易造成商标的混淆和误认。上海两级法院关于申和诚公司是在和成公司的"HCG和成卫浴"产品已取得一定的市场知名度后才成立的企业这样的认定,以及和成公司与申和诚公司均位于上海地区、指定使用的商品属于类似商品、争议商标完整包含引证商标、设计特点相同的事实因素,能够证明争议商标与引证商标构成了类似商品上的近似商标。因此,商评委认定争议商标与引证商标构成了类似商品上的近似商标正确。

(六)二审定案结论

北京市高级人民法院依照《中华人民共和国行政诉讼法》第六十一条第(三)项的规定,作出如下判决:

1. 撤销北京市第一中级人民法院(2009)一中行初字第869号行政判决;

2. 维持商评委于2008年12月29日作出的商评字〔2008〕第31104号《关于第1535762号"SHHCG"商标争议裁定》。

(七)解说

《中华人民共和国商标法》第二十八条规定,申请注册的商标,不得与他人在同一种商品或者类似商品上已经注册的或者初步审定的商标相同或者近似。判断商标的相同或近似需要从使用商标的商品是否相同或类似以及商标标识是否相同或近似两个方面进行,在判断的过程中还需要坚持个案审查与综合考量案件中的相关因素的原则,总之,判断商标是否近似的唯一标准就是,商标是否起到了标识产品或服务来源的作用,避免相关消费者对产品或服务产生混淆或误认。具体到本案中,笔者认为,在判断争议商标与引证商标是否构成类似商品上的近似商标时，应当从以下几个方面进行审查：

1. 关于引证商标是否具有一定知名度的问题

和成公司向商评委提交的证据并不包括其在 1999 年前宣传、使用的证据，因此其提交的证据不足以证明引证商标在争议商标申请注册前具有知名度。上海两级法院的判决可以证明，引证商标经过使用和宣传已经具有一定的知名度，但是否是在争议商标申请注册前具有知名度，判决没有明确认定。判决书认定的事实是"申和诚公司是在和成公司的'HCG 和成卫浴'产品已取得一定的市场知名度后才成立的企业"。

2. 关于争议商标的注册人是否存在恶意注册的问题

本案虽然并不涉及《中华人民共和国商标法》第四十一条第一款中规定的以"不正当手段取得注册"，但本案的和成公司与申和诚公司已就商号权的问题进行了相应的诉讼，该案已判决申和诚公司停止使用"和成"商号。因此，申和诚公司应当知道和成公司的已注册的引证商标，申和诚公司注册争议商标是否存在恶意的问题，应当是本案审查的范围。从上海两级法院的判决和申和诚公司不断更改的企业名称中可以看到申和诚公司在不断地搭和成公司的"便车"，先是试图搭企业名称的"便车"，使用类似的宣传材料，现在的名称还在围绕"和成"做文章。再是试图搭商标的"便车"。因此可以认为申和诚公司存在一定的主观恶意。

3. 关于争议商标的标识与引证商标的标识本身是否近似的问题

判断两商标标识是否相同或近似时，应当从其文字的字形、读音、含义或者图形的构图及颜色，或者其各要素组合后的整体结构入手，对两商标的整体进行综合判断。本案中，争议商标"SHHCG"不仅完整包含了引证商标"HCG"，而且"HCG"中的"H"的设计特点相同，即"H"左边的竖明显长于右边的竖。虽然争议商标与引证商标的首字母不同，读音不同，但对于均无含义的该两商标而言，整体的近似，更容易造成商标的混淆和误认。且申和诚公司地处上海，作为与和成公司生产销售同类商品的经营者，注册使用"SHHCG"商标，极易使消费者将争议商标理解为上海的"HCG"，或误认两商标存在某种联系，从而混淆商品的来源。综上，争议商标的标识与引证商标的标识近似，两商标构成了近似商标。

4. 关于争议商标与引证商标指定使用的商品是否类似的问题

争议商标指定使用的商品与引证商标指定使用的商品均属于国际分类第 11 类的卫生设备装置，指定使用的商品属于类似商品。

综合考量上海两级法院关于申和诚公司是在和成公司的"HCG 和成卫浴"产品已取得一定的市场知名度后才成立的企业这样的认定，以及和成公司与申和诚公司均位于上海地区、指定使用的商品属于类似商品、争议商标完整包含引证商标、设计特点相同的事实因素，争议商标的注册使用易使相关消费者对产品产生混淆或误认。二审法院判定争议商标与引证商标属于类似商品上的近似商标正确。一审法院仅依据两商标首字母的不同即判定争议商标与引证商标不属于类似商品上的近似商标，明显缺乏对整个案件全部因素的综合审查。

（北京市高级人民法院　朱海宏）

11. 耿玉顺不服无锡市知识产权局专利行政处理案
（专利侵权认定的判断原则）

（一）首部

1. 判决书字号

一审判决书：江苏省无锡市中级人民法院（2008）锡行初字第0005号判决书。

二审判决书：江苏省高级人民法院（2009）苏行终字第0013号判决书。

2. 案由：专利行政处理。

3. 诉讼双方

原告（上诉人）：耿玉顺，男，1954年生，汉族，住江苏省扬州市湾头镇。

被告（被上诉人）：无锡市知识产权局，住所地：无锡市学前街。

法定代表人：吴建亮，局长。

委托代理人：曹祖良，无锡市大为专利事务所所长。

委托代理人：肖勤裕，江苏英特东华律师事务所律师。

第三人（被上诉人）：无锡市百佳太阳能热水器厂，住所地：宜兴市官林镇。

法定代表人：焦展农，总经理。

委托代理人：史建群，宜兴市天宇知识产权事务所工作人员。

委托代理人：刘在祥，无锡市百家太阳能热水器厂职工。

4. 审级：二审。

5. 审判机关和审判组织

一审法院：江苏省无锡市中级人民法院。

合议庭组成人员：审判长：张学雁；审判员：孙宏；代理审判员：何薇。

二审法院：江苏省高级人民法院。

合议庭组成人员：审判长：郑琳琳；代理审判员：季芳、李昕。

6. 审结时间

一审审结时间：2008年10月30日。

二审审结时间：2009年3月12日。

（二）一审诉辩主张

1. 被诉具体行政行为

无锡市知识产权局（以下简称无锡市知产局）于2008年5月26日作出锡知

（2007）纠字 004 号《专利纠纷处理决定书》，认定被控侵权产品的技术特征并未覆盖请求人专利的全部必要技术特征，从而未落入专利的保护范围。无锡市百佳太阳能热水器厂（以下简称百佳厂）生产销售"久力太空舱"太阳能热水器产品的行为不构成对专利权的侵犯。根据《中华人民共和国专利法》第五十六条、第五十七条和《专利行政执行办法》第十三条规定，决定：驳回请求人耿玉顺的处理请求。

2. 原告诉称

（1）《中华人民共和国专利法》第五十六条第一款，《专利行政执法办法》第十二条指明：发明保护范围以其权利的内容为准，其内容除相同特征外，还包括特征的等同。原告持有第 02104452. X 号发明专利"一种初高温水箱连接二次光照加热式太阳能热水器"（以下简称涉案专利），申请日：2002 年 3 月 19 日，授权日：2005 年 4 月 20 日，其独立权利要求保护的范围是："一种初高温水箱连接二次光照加热式太阳能热水器，由支架、反光板、水箱和真空集热管构成，其特征在于水箱由初温水箱和高温水箱组成，初温水箱和高温水箱的一侧分别设置有进水管口和出水管口，初温水箱和高温水箱之间有管道连接；初温水箱和高温水箱的连接管口处设置有隔热保温层，初温水箱和高温水箱分别设在支架上设置的初温水箱和高温水箱的安装座体上；初温水箱和高温水箱的下方分别设置有真空集热管口，连接有真空集热管。"百佳厂自 2005 年以来制造销售的"久力太空舱太阳能热水器"由支架、水箱、真空集热管构成，其水箱由两只及以上的水箱组成，其任意相邻水箱之间都构成了初温水箱和高温水箱；初温水箱和高温水箱的一侧下部分别设置有进水管口和出水管口，初温水箱和高温水箱之间有管道连接；初温水箱和高温水箱的连接管口处设置有隔热保温层，初温水箱和高温水箱分别设在支架上设置的初温水箱和高温水箱的安装座体上；初温水箱和高温水箱的下方分别设置有真空集热管口，连接有真空集热管。根据国家太阳能热水器产品的相关技术标准，为提高热效率，应在真空管的背部设置反光板，被控侵权产品中未设置反光板，此属违反国家标准、降低热效率的变劣产品，依据判定专利侵权的相关规定，变劣技术仍属专利侵权行为，被控侵权产品的技术特征全部或等同落入了涉案专利的保护范围，其产品的目的、功能、效果等也相同，构成侵权事实清楚，证据确凿。

（2）百佳厂通过采用增加真空管的长度的方式增大采光面积，来取代反光板，达到与反光板相同的增加热效率的目的，其增加的真空管长度和反光板，从字面上看不相同，但经过分析同样是为了提高热效率。因此"增加真空管的采光面积"与反光板两者之间是"相等同"的技术特征。依据北京市高级人民法院《专利侵权判定若干问题的意见（试行）》（以下简称《专利侵权审规》）第三十二条规定，"等同原则，是指被控侵权物（产品或者方法）中有一个或者一个以上技术特征经与专利独立权利要求保护的技术特征相比，从字面上看不相同，但经过分析可以认定两者是相等同的技术特征。在这种情况下，应当认定被控侵权物（产品或者方法）落入了专利权的保护范围"。由此应当认定被控侵权产品等同落入了本案专利的保护范围。

（3）原告认为，被告认定"被请求人产品中无反光板不构成侵权"是错误的，涉案专利和被控侵权产品相比较：被控侵权产品取消反光板，采用加长真空管的方式增加采光面积，其与减少反光板是相等同的替代物，达到了相同的热效率和效果。百佳厂的产品采用变劣手段不设反光板，其热效率肯定不如有反光板的产品，而且这一变劣技术方案明显是由于省略反光板所造成的。根据《专利侵权审规》第四十一条规定，"对于故意省略专利权利要求中个别必要技术特征，使其技术方案成为在性能和效果上不如专利技术方案优越的变劣技术方案，而且这一变劣技术方案明显是由于省略该必要技术特征造成的，应当适用等同原则认定构成侵犯专利权"。

（4）本案专利中，反光板是列入前序部分的现有技术特征，与"新颖性和创造性"特征部分并无形状、构造之间的相连关系，对解决专利技术问题不起主要作用，请求按照《专利侵权审规》第四十七条规定将反光板列为多余指定。

（5）被告调处程序中严重违反法律规定。原告至今未收到被告对本案的立案通知书，被告在调处过程中一再推诿、拖延，经过很长时间才作出专利纠纷处理决定。

综上所述，请求法院撤销锡知（2007）纠字 004 号《专利纠纷处理决定书》；根据事实和法律正确判决或责令被告根据事实和法律公正、尽快、重新作出《专利侵权纠纷处理决定书》；本案诉讼费用由被告承担。

3. 被告辩称

（1）答辩人依职权进行专利侵权纠纷处理，主体资格是合法的。

（2）执法程序合法。在常州国际展览馆举办"第五届中国国际品牌太阳能秋交会"期间，原告向常州市知识产权局提出专利侵权处理请求，展会结束后，常州市知识产权局根据案件管辖规定将该案移送答辩人，答辩人对双方进行了调解，但未能达成一致。2007 年 11 月 8 日，原告向答辩人提交了"展会专利侵权纠纷变更投诉书"，答辩人于 2007 年 11 月 13 日立案受理，案号为锡知（2007）纠字 004 号，依法组成合议组，于 2008 年 5 月 26 日作出了锡知（2007）纠字 004 号《专利纠纷处理决定书》。

（3）处理决定事实清楚、证据充分。百佳厂生产的"久力太空舱太阳能热水器"产品中无"反光板"这一技术特征，《专利纠纷处理决定书》认定的以上事实双方已经确认，有涉案专利的权利要求书、照片为证。

（4）本案《专利纠纷处理决定书》适用法律、法规正确。本案专利纠纷处理决定的法律依据是《中华人民共和国专利法》第五十六条第一款的规定："发明或者实用新型专利权的保护范围以其权利要求的内容为准，说明书及附图可以用于解释权利要求。"《中华人民共和国专利法实施细则》第二十一条规定："独立权利要求应当从整体上反映发明或者实用新型的技术方案，记载解决技术问题的必要技术特征。"独立权利要求记载的是一个完整的技术方案，各个技术特征在整体技术方案中具有同等地位，缺一不可。由于被控侵权产品与涉案专利的独立权利要求相比，明显缺少"反光板"这一必要技术特征，并且在被控侵权产品中无其他技术特征来代替这一必要技术特征。因此，被控侵权产品的技术特征并未覆盖涉案专利的全部必要技术特征，不构成侵权。

（5）行使职权正确。答辩人根据《中华人民共和国专利法》第五十七条、《中华人民共和国专利法实施细则》第七十八条及《专利行政执法办法》第十三条之规定，驳回原告的处理请求，无论从程序上还是实体上都符合法律规定，没有超越权限。

综上所述，答辩人对本案专利侵权纠纷的处理过程中，办案程序合法，认定事实清楚，适应法律正确，驳回原告的处理请求符合相关法律规定。请求无锡市中级人民法院依法维持锡知（2007）纠字004号《专利侵权纠纷处理决定书》。

4. 第三人述称

（1）《专利侵权纠纷处理决定书》程序合法；

（2）《专利侵权纠纷处理决定书》认定事实清楚，适用法律正确并无不当；

（3）原告诉状所说理由既无事实支持，又无法律依据，属于无理取闹。请求驳回诉讼请求，维持原《专利侵权纠纷处理决定书》。

（三）一审事实和证据

江苏省无锡市中级人民法院经公开审理查明：2002年3月19日，原告耿玉顺向国家知识产权局申请涉案专利，于2005年4月20日获得授权，专利号为02104452.X，其独立权利要求保护的范围是："一种初高温水箱连接二次光照加热式太阳能热水器，由支架、反光板、水箱和真空集热管构成，其特征在于水箱由初温水箱和高温水箱组成，初温水箱和高温水箱的一侧分别设置有进水管口和出水管口，初温水箱和高温水箱之间有管道连接；初温水箱和高温水箱的连接管口处设置有隔热保温层，初温水箱和高温水箱分别设在支架上设置的初温水箱和高温水箱的安装座体上；初温水箱和高温水箱的下方分别设置有真空集热管口，连接有真空集热管。"该专利至今有效，原告为唯一权利人。2007年9月，常州国际展览馆举办"第五届中国国际品牌太阳能秋交会"，百佳厂展出该厂自2005年以来制造销售的"久力太空舱太阳能热水器"，原告认为"久力太空舱太阳能热水器"的技术特征全部或等同落入了涉案专利的保护范围，于展会期间向常州市知识产权局提出专利纠纷处理请求，常州市知识产权局于2007年9月24日将该专利纠纷移送无锡市知产局。2007年11月8日，原告向无锡市知产局提交了展会专利侵权纠纷变更投诉书，2008年3月18日，无锡市知产局召集原告和第三人进行口头审理，并于2008年5月26日作出了锡知（2007）纠字004号《专利纠纷处理决定书》。该处理决定认为百佳厂生产销售"久力太空舱"太阳能热水器产品的行为不构成对涉案专利权的侵犯。根据《中华人民共和国专利法》第五十六条、第五十七条和《专利行政执行办法》第十三条规定，决定驳回请求人耿玉顺的处理请求。耿玉顺不服，向法院起诉。

上述事实有下列证据证明：

1. 发明专利证书，证书号第204684号；

2. 专利号为02104452.X的发明专利说明书；

3. 专利年费收据；

4. 原告的身份证；

5. 第三人法定代表人身份证明书、营业执照；

6. 第三人授权委托书；

7. 常州市知识产权局在"第五届中国国际品牌太阳能秋交会"期间拍摄的照片；

8. 展会上百佳厂的宣传材料；

9. 原告向常州市知识产权局提交的投诉函；

10. 《家用太阳能热水系统热性试验方法》（GB/T18708—2002）；

11. 《真空管太阳集热器》（GB/T17581—1998）；

12. 《家用太阳热水系统技术条件》（GB/T19141—2003）；

13. 海尔热水器有限公司等 11 家企业生产的太阳能热水器的照片、广告纸；

14. 被控侵权产品的实物照片；

15. 《江苏省专利案件移送单》；

16. 原告向常州市知识产权局提交的专利侵权纠纷处理请求书；

17. 常州市知识产权局送达回执；

18. 百佳厂向常州市知识产权局提交的答辩书；

19. 展会专利侵权纠纷变更投诉书；

20. 立案审批表；

21. 百佳厂提交的答辩书；

22. 专利纠纷口审公告；

23. 口审笔录；

24. 锡知（2007）纠字 004 号《专利纠纷处理决定书》；

25. 产品广告页。

（四）一审判案理由

江苏省无锡市中级人民法院经公开审理认为：根据《中华人民共和国专利法》第五十七条第一款和《中华人民共和国专利法实施细则》第七十八条的规定，本案被告无锡市知产局作为无锡市专利工作管理部门，依法具有对专利侵权纠纷进行处理的行政职权。

关于原告发明专利的必要技术特征问题，本院认为，根据《中华人民共和国专利法实施细则》第二十条第一款、第二十一条、第二十二条的规定，权利要求书应当说明发明的技术特征，清楚、简洁地表述请求保护的范围。权利要求书应当有独立权利要求，独立权利要求应当从整体上反映发明或者实用新型的技术方案，记载解决技术问题的必要技术特征。独立权利要求包括前序部分和特征部分，前序部分写明发明主题与最接近的现有技术共有的必要技术特征，特征部分写明区别于最接近的现有技术的技术特征。涉案专利的独立权利要求前序部分明确载明：一种初高温水箱连接二次光照加热式太阳能热水器，由支架、反光板、水箱、真空集热管构成……据此应当认为，以上写入独立权利要求的技术特征，都是发明主题与最接近的现有技术共有的必要技术特征。原告认为"反光板"属于多余指定的理由不能成立，"反光板"应属于本案专利的必要技术特征。

关于增加真空集热管的采光面积与反光板两者之间是否构成等同技术特征的问题，本院认为，首先，从涉案专利的发明专利说明书所记载的内容来看，涉案专利对真空集热管的数量、尺寸并未作出明确说明，第三人使用的真空集热管没有予以对比的参照系数，原告认为第三人通过加长真空集热管的方式增加采光面积与反光板之间构成等同技术特征的观点缺乏事实依据。其次，根据《最高人民法院关于审理专利纠纷案件适用法律问题的若干规定》第十七条第二款规定，等同特征必须是与所记载的技术特征以基本相同的手段，实现基本相同的功能，达到基本相同的效果，并且本领域的普通技术人员无须经过创造性劳动就能够联想到的特征。加长真空集热管与反光板两者的集热原理不同，并不属于普通技术人员无须经过创造性劳动就能够联想到的提高集热性能的基本相同的手段，不符合构成等同特征的基本条件。

综上所述，根据判定专利侵权的全面覆盖原则，如果被控侵权产品的技术特征包含了专利权利要求中记载的全部必要技术特征，则落入专利权的保护范围。本案中，"反光板"属于涉案专利的必要技术特征。经过涉案专利技术特征与被控侵权产品的特征的对比，各方当事人对被控侵权产品中没有"反光板"的事实无争议，可以认定被控侵权产品缺少涉案专利要求的必要技术特征"反光板"，被控侵权产品的技术特征没有落入涉案专利权的保护范围，不符合专利侵权的构成条件。原告认为被控侵权产品没有设置反光板是变劣技术方案的理由，没有事实依据和法律依据。原告认为增加真空集热管的采光面积与反光板两者之间构成等同技术特征的理由不能成立，锡知（2007）纠字 004 号《专利纠纷处理决定书》认定百佳厂生产销售"久力太空舱太阳能热水器"不构成专利侵权的结论正确。但在处理程序中，被告无锡市知产局没有依照《专利行政执法办法》第八条的规定履行立案通知义务，存在明显的程序瑕疵，因这些程序瑕疵不足以撤销该专利纠纷处理决定书，本院对此予以纠正，被告在今后工作中也应注意纠正。

（五）一审定案结论

江苏省无锡市中级人民法院依照《中华人民共和国专利法》第五十七条第一款，《中华人民共和国专利法实施细则》第二十条第一款、第二十一条、第二十二条、第七十八条，《最高人民法院关于执行〈中华人民共和国行政诉讼法〉若干问题的解释》第五十六条第（四）项之规定，作出如下判决：

驳回原告耿玉顺要求撤销锡知（2007）纠字 004 号《专利纠纷处理决定书》、根据事实和法律正确判决或责令被告公正、尽快重新作出《专利侵权纠纷处理决定书》的诉讼请求。

案件受理费人民币 100 元，由原告耿玉顺负担。

（六）二审情况

1. 二审诉辩主张
（1）上诉人诉称
1）原审法院适用法律错误，本案应适用《中华人民共和国专利法》第五十六条及《最高人民法院关于审理专利纠纷案件适用法律问题的若干规定》第十七条的规定进行处理。2）被控侵权产品落入专利的保护范围，被上诉人无锡市知产局及原审法院对此不予认定是错误的。3）被上诉人作出专利处理决定程序违法。请求法院撤销原审判决，撤销被上诉人无锡市知产局作出的专利处理决定，责令其重新作出处理决定，由被上诉人承担本案诉讼费用。

（2）被上诉人辩称

无锡市知产局依职权进行专利侵权纠纷处理，主体资格合法，执法程序合法。作出的处理决定认定事实清楚，证据充分，适用法律、法规正确。请求法院驳回上诉，维持原判。

百佳厂没有向二审法院提交书面答辩意见。庭审中，其辩称，原审判决认定事实清楚，适用法律正确，程序合法。请求驳回上诉，维持原判。

2. 二审事实和证据

江苏省高级人民法院经审理查明：原审法院经公开开庭审理认定的事实清楚，证据充分，予以确认。

3. 二审判案理由

江苏省高级人民法院经审理认为：根据《中华人民共和国专利法》第五十六条第一款及《中华人民共和国专利法实施细则》第二十条、第二十一条、第二十二条的规定，专利的保护范围应当以其权利要求的内容为准，说明书及附图可以用于解释权利要求；权利要求书应当有独立权利要求，独立权利要求应当从整体上反映发明或实用新型的技术方案，记载解决技术问题的必要技术特征；独立权利要求包括前序部分和特征部分，前序部分写明发明主题名称和主题与最接近的现有技术共有的必要技术特征。涉案专利的独立权利要求前序部分明确载明：一种初高温水箱连接二次光照加热式太阳能热水器，由支架、反光板、水箱、真空集热管构成……据此应当认为，以上写入独立权利要求的技术特征，都是发明主题与最接近的现有技术共有的必要技术特征，反光板属于涉案专利的必要技术特征。而本案中被控侵权产品与涉案专利的独立权利要求对比，缺少反光板这一必要技术特征，亦无其他技术特征来替代这一必要技术特征，因此，被控侵权产品的技术特征并未覆盖涉案专利的全部必要技术特征，被控侵权产品未落入涉案专利的保护范围。

被上诉人无锡市知产局收到常州市知识产权局的专利案件移送单后，没有及时履行立案通知义务，应属不当，但不构成撤销处理决定的理由；经法庭核查，被上诉人无锡市知产局作出专利处理决定的合议组三名人员均系该局的专利行政执法人员，故上诉人认为被上诉人无锡市知产局处理程序违法，要求撤销专利处理决定的主张，本院不予支持。

4. 二审定案结论

江苏省高级人民法院依照《中华人民共和国行政诉讼法》第六十一条第（一）项之规定，作出如下判决：

驳回上诉，维持原判。

二审案件受理费人民币 50 元，由上诉人耿玉顺负担。

（七）解说

本案是江苏省第一起发明专利行政诉讼，其审理对今后的专利行政诉讼起到一定的示范作用，具有较大的影响。作为专利行政诉讼，法院的审查重点仍然是围绕被诉专利行政处理决定的合法性进行，这与一般的专利侵权诉讼有所不同，但判断被诉专利行政处理决定的合法性又离不开专利侵权行为是否成立这一基础命题。涉及专利侵权与否的判定标准如何掌握，"全面覆盖原则"、"等同原则"等侵权判断标准如何应用，以及专利行政主管部门对侵权纠纷的行政处理程序是否合法等问题。

1. 发明专利侵权判断原则的法律适用顺序

判定专利侵权，应当对专利权利要求中记载的技术方案的全部必要技术特征与被控侵权物、产品或方法的全部技术特征逐一进行对应比较。如果被控侵权物、产品或方法将专利权利要求中记载的技术方案的必要技术特征全部再现，被控侵权物、产品或方法与专利独立权利要求中记载的全部必要技术特征一一对应并且相同，则构成全面覆盖，应认定侵权成立。反之，则不构成侵权。这就是判断发明专利侵权最基本的原则和方法——"全面覆盖原则"。法院审查中进行侵权比对时，首先适用"全面覆盖原则"。只要被控侵权产品包含了某一发明或者实用新型专利权利要求记载的全部技术特征（指独立权利要求记载的全部技术特征），即构成专利侵权。但当适用"全面覆盖原则"判定被控侵权产品或方法不构成专利侵权的情况下，则应适用"等同原则"对侵权成立与否进行判定。如果说"全面覆盖原则"是评判侵权问题的基本方法，"等同原则"则是在此基础上的一个补充原则。也就是说，"等同原则"必须以"全面覆盖原则"的适用为前提，只有当运用"全面覆盖原则"比对以后认定不构成侵权的，方能运用"等同原则"进一步对侵权问题进行审查。所谓"等同原则"是指被控侵权物、产品或方法中有一个或者一个以上技术特征与专利权利要求中的技术特征相比，从字面上看不相同，但经过分析可以认定在技术上两者是相等同的。这种情况下，应认定被控侵权物、产品或方法落入了专利权利要求的保护范围，应该判定为侵权。

但是，在适用"等同原则"时，当与"禁止反悔原则"发生冲突时，又应该优先适用"禁止反悔原则"。所谓"禁止反悔原则"，是指在专利申请、审批、撤销或无效程序中，专利权人为确定其专利具备新颖性和创造性，通过书面声明或者修改专利文件的方式，对专利权利要求的保护范围作了限制承诺或者部分地放弃了保护，并因此获得了专利权，而在专利侵权诉讼中，法院适用等同原则确定专利权的保护范围时，应该禁止专利权人将已被限制、排除或者已经放弃的内容重新纳入专利权保护范围。此外，在认定发明专利保护范围时，必然涉及"多余指定原则"的应用。所谓"多余指定原则"，是指在专利侵权判定中，在解释专利独立权利要求和确定专利权保护范围时，将记载在专利独立权利要求中的明显附加技术特征（即多余特征）略去，仅以专利独立权利要求中的必要技术特征来确定专利权的保护范围，判定被控侵权物、产品或方法是否覆盖专利权保护范围的原则。"多余指定原则"源于德国专利司法，其目的是充分保护专利权人的合法权利，防止造成由于专利权人在撰写专利文件时形式上的失误而掩盖侵权行为人实质上的侵权。该原则的适用在司法实践中存在较多争议。

2. 争议的核心——等同原则及变劣等同原则的应用

本案中，耿玉顺主张"反光板"属于多余指定，但根据涉案专利的独立权利要求前序部分的明确载明，反光板等写入独立权利要求的技术特征，都是发明主题与最接近的现有技术共有的必要技术特征。且结合专利说明书及附图中记载的该技术特征在实现发明目的、解决技术问题方面的功能、效果，以及专利权人向国家知识产权局专利局或者专利复审委员会所作出的涉及该技术特征的陈述，进行综合分析，"反光板"并非明显附加的多余技术特征，不适用多余指定原则。这样，经过"全面覆盖原则"的基础性比对，本案被诉的"久力太空舱太阳能热水器"的技术特征并未全部落入涉案的专利保护范围，那么争议焦点就集中到"等同原则"的适用。

根据《最高人民法院关于审理专利纠纷案件适用法律问题的若干规定》第十七条规定，被控侵权物、产品或方法，同时满足以下两个条件的技术特征，才构成专利权利要求中相应技术特征的等同物：一是被控侵权物中的技术特征与专利权利要求中的相应技术特征相比，以基本相同的手段，实现基本相同的功能，产生了基本相同的效果；二是对该专利所属领域的普通技术人员来说，无须经过创造性劳动就能够联想到的技术特征。一般而言，法院运用等同原则判定是否构成专利侵权主要有以下几种情形：（1）产品部件的简单移位或者方法步骤顺序的简单变换后，如果该产品或者该方法领域内的普通技术人员认为两者之间没有本质区别，与产生的专利技术基本相同，则基本可认定该产品侵权。（2）等同替换。是指权利要求书中记载的某个技术特征，在被控侵权的产品或者方法中也存在一个对应的技术特征，这两个技术特征在产品或者方法中所起的作用或者效果基本相同，并且在所属技术领域内的普通技术人员一般都知道这两个技术特征能够相互替换，则人民法院可以认定诉讼产品侵权。（3）分解或者合并技术特征。分解，是用被诉侵权产品或者方法的两个技术特征代替被侵权产品的权利要求书中记载的某一项技术特征；合并，是用被诉侵权产品或者方法的一个技术特征代替被侵权产品权利要求书中记载的某两项技术特征。如果通过合并或者分解，本技术领域的普通技术人员不经过创造性的劳动，就能够实现专利技术的积极效果，人民法院则可认定为等同侵权。

本案中，争议焦点在于增加真空集热管的采光面积与反光板两者之间是否构成等同技术特征的问题。对比上述三种方式，真空集热管与反光板两者的集热原理不同，并不属于"以基本相同的手段，实现基本相同的功能，达到基本相同的效果"的情形，也并非普通技术人员无须经过创造性劳动就能够联想到的提高集热性能的基本相同的手段，不符合构成等同特征的基本条件。

但耿玉顺又提出被控侵权产品没有设置反光板是变劣技术方案的理由。对于不设置反光板是否构成变劣技术方案的问题，就衍生出另一分支原则——"变劣等同原则"的适用。变劣技术，又被称为变劣行为或变劣发明。对于变劣技术是否构成侵权，虽然学术界存在不同的观点，但目前司法实践中已对变劣行为构成侵权予以认可，并出现了承认变劣行为构成侵犯专利权的案例。北京市高级人民法院 2001 年 9 月制定的《专利侵权审规》对使用变劣技术作了明确规定："对于故意省略专利权利要求中个别必要技术特征，使其技术方案成为在性能和效果上均不如专利技术方案优越的变劣技术方案，而且这一变劣技术方案明显是由于省略该必要技术特征造成的，应当适用等同原则，认定构成侵犯专利权。"据此规定，构成变劣行为应具备以下要件：（1）侵权人的主观故意，即为了逃避侵权指控；（2）省略的是专利技术的个别必要技术特征，而不是非必要技术特征;（3）省略后与专利相比在性能和效果上的明显降低;（4）省略专利技术的个别必要技术特征与性能和效果降低具有法律上的因果关系。本案中，被诉的"久力太空舱太阳能热水器"省略了耿玉顺专利中作为必要技术特征的反光板，但其省略原因是由于实践中太阳能热水器安置在室外，反光板往往由于长期日晒雨淋不能充分发挥反光作用，被市场自然淘汰。这样，在没有充分证据可以证明省略反光板后的太阳能热水器与涉案专利相比在性能和效果上存在明显降低的情形下，耿玉顺所主张的变劣等同观点也不能成立。

3. 处理专利侵权纠纷的行政程序

目前，因专利侵权纠纷引发的行政诉讼总量不多，在行政诉讼类型中所占比重极小，有必要在此对处理专利侵权纠纷的行政程序进行说明。根据《专利行政执法办法》规定，专利行政主管部门有处理、调解专利侵权纠纷的职责和权力。调处专利侵权纠纷的主要程序包括立案通知程序、调查取证程序、审理程序、调解程序以及处理决定程序。本案中，无锡市知产局没有依照《专利行政执法办法》第八条的规定履行立案通知义务。那么，对于这一情形是否构成程序违法应结合整个处理专利侵权纠纷的行政程序加以综合判断。相关证据表明，在其后的程序中，耿玉顺参加了口头审理程序和调解程序，被告虽未履行立案通知义务，但并没有影响耿玉顺参与无锡市知产局的调处程序，耿玉顺的程序性权利没有因此受到损害，最终的处理决定也没有因此受到影响。被告未履行立案通知义务的行为，应定性为程序瑕疵而非程序违法。

综上所述，按照发明专利侵权判断原则的法律适用顺序，并结合本案具体案情进行比对适用，对侵权与否形成判断后，对于无锡市知产局的处理决定的合法性就具备了审查基础。

（江苏省高级人民法院　郑琳琳　江苏省无锡市中级人民法院　何薇）

三、房产管理案件

12. 海南博今文化投资股份有限公司不服海口市房产管理局撤销房屋产权证案
（行政诉讼的受案范围）

（一）首部

1. 裁判书字号

一审判决书：海南省海口市龙华区人民法院（2008）龙行初字第 23 号判决书。

二审裁定书：海南省海口市中级人民法院（2009）海中法行终字第 10 号、第 10-1 号裁定书。

2. 案由：撤销房屋产权证。

3. 诉讼双方

原告（上诉人）：海南博今文化投资股份有限公司，住所地：海口市义龙后路 15 号艺林园公寓楼。

法定代表人：王昭棣，总经理。

委托代理人（一审）：罗荣，海南东方国信律师事务所律师。

委托代理人（二审）：吴玉，海南瑞来律师事务所律师助理。

委托代理人（二审）：朱善略，海南瑞来律师事务所律师助理。

被告（被上诉人）：海口市房产管理局，住所地：海口市海甸岛五西路北侧怡心路。

法定代表人：文日坤，局长。

委托代理人：梁振华，该局干部。

第三人：四川省信托投资公司，住所地：成都市人民南路二段 18 号川信大厦。

法定代表人：梁昌飞，总经理。

委托代理人：刘云，该公司职员。

4. 审级：二审。

5. 审判机关和审判组织

一审法院：海南省海口市龙华区人民法院。

合议庭组成人员：审判长：吴天月；审判员：王天贵、白文英。

二审法院：海南省海口市中级人民法院。

合议庭组成人员：审判长：孙定核；审判员：王晋湘；代理审判员：郭刻盛。

6. 审结时间

一审审结时间：2008年9月23日。

二审审结时间：2009年2月12日。

（二）一审诉辩主张

1. 被诉具体行政行为

被告海口市房产管理局，根据成都市中级人民法院作出的《民事裁定书》及《协助执行通知书》（[1999]成执字第439、651、652、653号），于2007年12月7日协助执行，将海南兴农房地产开发公司（以下简称兴农公司）名下的、位于义龙后路15号艺林园小区的A座302房的产权过户到第三人四川省信托投资公司名下（证号：海房字第37141号）。

2. 原告诉称

原告于1994年1月12日向天津市市政建设开发总公司海南公司（以下简称天津市政海南公司）购买位于义龙后路15号艺林园公寓A座302房。天津市政海南公司以种种借口不给原告办理房产证。2007年12月底突然有人上门索要房屋，原告才知道天津市政海南公司已将房屋转让给兴农公司，兴农公司则以购买名义于1997年在被告处办理房产证。兴农公司的母公司又将房抵债给第三人四川省信托投资公司。被告在办证手续不齐全的情况下就给予办证，违反法定程序，侵害了原告的合法权益，故请求法院判决撤销海房字第37141号房屋所有权证。

3. 被告辩称

（1）1992年3月8日，天津市政海南公司与兴农公司签订《房屋买卖合同》，约定将位于义龙后路15号艺林园小区A座18套、C座18套房产出售给兴农公司。后双方于1997年1月签订了《房地产买卖契约》。1994年12月，天津市政海南公司向我局申请办理了A座和C座的房产证，证号为20356和20357号。1997年1月，天津市政海南公司与兴农公司共同持原房屋权属证书、房屋买卖合同、企业法人营业执照、相关身份证明等有关证明材料，向我局申请办理A座302房的产权过户手续。经审查，符合《城市房屋权属登记管理办法》第十七条第二款的规定，我局于1997年12月9日给兴农公司颁发了A座302房的房屋所有权证（证号：第37141号）。2007年12月7日，根据成都市中级人民法院作出的《民事裁定书》及《协助执行通知书》（[1999]成执字第439、651、652、653号），我局协助执行将A座302房的产权过户到第三人四川省信托投资公司名下（证号：海房字第37141号）。（2）原告称其于1994年3月向天津市政海南公司购买A座302房，对于诉争房屋的产权归属问题，原告应通过民事诉讼或其他途径解决。综上所述，请求法院维持我局颁发给第三人的房产证。

4. 第三人述称

诉争的房产是根据成都市中级人民法院作出的《民事裁定书》及《协助执行通知书》（[1999]成执字第439、651、652、653号）裁定抵债给我公司的资产。该资产过去为兴农公司所有，产权明晰，证件齐全，裁定后成都市中级人民法院从2003年起多次通知住户，说明情况，张贴公告，要求搬离，而非如原告所说的2007年12月第三人才上门索要房屋。第三人持法院的裁定，向被告申请办理过户，手续齐全、程序合法，经被告严格审查，将上述房产过户到原告名下，是完全合法的，请求法院依法予以维持。

（三）一审事实和证据

海南省海口市龙华区人民法院经公开审理查明：1994年1月12日海南国际旅游投资股份有限公司向天津市政海南公司购买了位于海口市义龙后路15号艺林园小区A座302房，双方签订了房屋买卖合同。后来海南国际旅游投资股份有限公司更名为海南高新农业投资股份有限公司，2002年又更名为海南博今文化投资股份有限公司。上述房产的开发商是天津市政海南公司。1992年3月8日，天津市政海南公司与兴农公司签订《房屋买卖合同》，约定将位于义龙后路15号艺林园小区A座18套、C座18套房产出售给兴农公司。后双方于1997年1月签订了《房地产买卖契约》。1994年12月，天津市政海南公司向被告海口市房产管理局申请办理了A座和C座的房产证，证号为20356和20357号。1997年1月，天津市政海南公司与兴农公司共同持原房屋权属证书、房屋买卖合同、企业法人营业执照、相关身份证明等有关证明材料，向被告申请办理A座302房的产权过户手续。经被告审查，于1997年12月9日给兴农公司颁发了A座302房的房屋所有权证（证号：第37141号）。2007年12月7日，根据成都市中级人民法院作出的《民事裁定书》及《协助执行通知书》（[1999]成执字第439、651、652、653号），被告协助执行将A座302房的产权过户到第三人四川省信托投资公司名下（证号：海房字第37141号）。

上述事实有下列证据证明：

1. 1994年1月12日海南国际旅游投资股份有限公司与天津市政海南公司签订的《房屋买卖合同》；

2. 海南省工商行政管理局证明书。

以上证据证明原告与天津市政海南公司存在关于海口市义龙后路15号艺林园小区A座302房的房屋买卖关系。

3. 1992年3月8日，天津市政海南公司与兴农公司签订的《房屋买卖合同》；

4. 1997年1月，天津市政海南公司与兴农公司签订的《房地产买卖契约》；

5. 房屋所有权证2份（房证字第20356号、20357号）；

6. 天津市政海南公司出具的保证书；

7. 天津市政海南公司出具的证明；

8. 兴农公司购买房屋明细；

9. 海口市财政局关于免征契税的复函；

10. 土地房产转让税收完税证明；

11. 天津市政海南公司与兴农公司的企业法人营业执照；

12. 相关当事人身份证明及委托书；

13. 所有权人为兴农公司的房屋所有权证（海房字第 37141 号）。

以上证据证明天津市政海南公司与兴农公司存在关于海口市义龙后路 15 号艺林园小区 A 座 302 房的买卖关系。被告海口市房产管理局所颁发的所有权人为兴农公司、位于海口市义龙后路 15 号艺林园小区的 A 座 302 房的房产证（海房字第 37141 号）符合《城市房屋权属登记管理办法》的规定，并无违规之处。

14. 查阅法院查封房屋档案结论书；

15. 成都市中级人民法院作出的《民事裁定书》及《协助执行通知书》（［1999］成执字第 439、651、652、653 号）；

16. 公告存根；

17. 第三人四川省信托投资公司的企业法人营业执照；

18. 房地产转让税收证明书；

19. 所有权人为第三人四川省信托投资公司的房屋所有权证（海房字第 37141 号）。

以上证据证明被告海口市房产管理局将海口市义龙后路 15 号艺林园小区 A 座 302 房过户到第三人四川省信托投资公司名下是依据人民法院生效的《民事裁定书》及《协助执行通知书》而履行的行政行为。

（四）一审判案理由

海南省海口市龙华区人民法院经审理认为：海口市义龙后路 15 号艺林园公寓 A 座 302 房产的产权证（海房字第 37141 号）；是被上诉人海口市房产管理局根据成都市中级人民法院作出的《民事裁定书》及《协助执行通知书》（［1999］成执字第 439、651、652、653 号）办理过户到第三人四川省信托投资公司名下的。这是行政机关根据人民法院的协助执行通知书实施的行为，是行政机关必须履行的义务，不属人民法院行政诉讼受案范围（参见最高人民法院法释［2004］6 号）。此前房屋出售方天津市政海南公司未配合上诉人办理产权证，上诉人可向房产管理部门申请确权登记，或者通过民事诉讼进行确权诉讼。若成都市中级人民法院作出的［1999］成执字第 439、651、652、653 号《民事裁定书》及《协助执行通知书》错误，上诉人应向成都市中级人民法院申诉，通过审判监督程序解决。故上诉人的诉讼请求本院不予支持。

（五）一审定案结论

海南省海口市龙华区人民法院依照《最高人民法院关于执行〈中华人民共和国行政诉讼法〉若干问题的解释》第五十六条的规定，作出如下判决：

驳回原告海南博今文化投资股份有限公司的诉讼请求。

本案的诉讼费 50 元，由原告负担。

（六）二审情况

1. 二审诉辩主张

（1）上诉人诉称

原审判决认定事实错误，适用法律错误。原审判决认为海口市义龙后路 15 号艺林园公寓 A 座 302 号房房产的产权证（海房字第 37141 号），是被上诉人海口市房产管理局根据成都市中级人民法院作出的《民事裁定书》及《协助执行通知书》（〔1999〕成执字第 439、651、652、653 号）办理过户到第三人四川信托投资公司名下的，是行政机关根据人民法院的协助执行通知实施的行为，是行政机关必须履行的义务，不属人民法院行政诉讼受案范围。事实上在原审中，上诉人已举证证明，出售房屋给上诉人的天津市政海南公司在办理房产证时故意隐瞒其房早已出售的事，订立虚假房屋转让合同，欺骗被上诉人办理了房产证，而根据《城市房屋权属登记管理办法》第二十五条第一款规定：办理房产证时，申报不实的，登记机关有权注销房屋权属证书。同时根据《中华人民共和国行政诉讼法》第五十四条第（二）项第二目规定，具体行政行为有适用法律、法规错误的，应判决撤销或者部分撤销，并可以判决被上诉人重新作出具体行政行为。故请求依法撤销原审判决，支持上诉人一审的诉讼请求。

（2）被上诉人辩称

其答辩意见与一审时的答辩意见一致。即，其颁发房屋所有权证认定事实清楚，程序合法，适用法规、规章正确，至于上诉人主张诉争房产产权归其所有的问题，应属于民事法律关系的范畴。

（3）第三人述称

本案已经证实的事实如下：1）本案诉争的房屋是成都市中级人民法院根据〔1999〕成执字第 439、651、652、653 号《民事裁定书》裁定给第三人的抵债资产，该资产过去为兴农公司所有，对此房管局登记清楚，档案完备，产权明晰，证件齐全，裁定后成都市中级人民法院执行法官从 2003 年起多次到艺林园小区通知住户，说明情况，张贴公告，要求搬离，而并非如上诉人在原审中所说到 2007 年 12 月第三人才上门索要房屋。2）第三人持人民法院裁定，根据国家办理房产过户的相关规定向海口市房管局申请办理产权过户，手续齐全，程序合法，房管局经严格审查，依法按程序将上述房产过户到第三人名下，是完全合法的，应予肯定。3）海南省政府曾从 1995 年起多次要求在海南购买物业的投资人向政府相关部门申报，进行权属确认。上诉人既然称自己买了房，但在长达数年的时间里既没有响应政府号召进行申报确权，又不通过法律途径维护"自身权益"，相反，在早已超过民事诉讼时效的今天才提起行政诉讼，其诉讼理由应为无效。综上所述，上诉人请求无理，一审法院判决正确。

2. 二审事实和证据

海南省海口市中级人民法院经审理，查明的事实与原审法院查明的事实一致。另查明，二审期间，被上诉人海口市房产管理局住所地变更为海口市海甸岛五西路北侧怡心路。上诉人亦在庭审中提出新的诉讼请求，请求撤销被上诉人为兴农公司颁发的房屋产权证。

3. 二审判案理由

海南省海口市中级人民法院经审理认为：根据《最高人民法院关于行政机关根据法院的协助执行通知书实施的行政行为是否属于人民法院行政诉讼受案范围的批复》（法释〔2004〕6号）的规定，被上诉人根据人民法院的协助执行通知书实施的行为，是其必须履行的法定协助义务，上诉人为此而诉请撤销被上诉人为第三人颁发的房屋产权证不属于人民法院行政诉讼的受案范围，依法应予驳回其起诉。原审判决对此认定事实清楚，但用判决驳回诉讼请求的形式来处理此问题，属适用法律不当，依法应予纠正。至于上诉人在二审期间，提出的撤销被上诉人为兴农公司颁发的房屋产权证的诉请，因涉及保护当事人平等的诉讼地位及上诉权问题，本院二审期间不予受理。

4. 二审定案结论

海南省海口市中级人民法院依照《最高人民法院关于执行〈中华人民共和国行政诉讼法〉若干问题的解释》第四十四条第一款第（一）项、第四十五条，《中华人民共和国行政诉讼法》第六十一条第（二）项的规定，作出如下裁定：

（1）撤销海口市龙华区人民法院（2008）龙行初字第23号行政判决；

（2）驳回上诉人海南博今文化投资股份有限公司的起诉。

上诉人海南博今文化投资股份有限公司预交的一、二审案件受理费人民币100元予以退还。

（七）解说

本案主要涉及三方面的问题：

1. 被告海口市房产管理局根据法院的民事裁定书及协助执行通知书实施的行政行为是否属于人民法院行政诉讼的受案范围？

根据《最高人民法院关于行政机关根据法院的协助执行通知书实施的行政行为是否属于人民法院行政诉讼受案范围的批复》（法释〔2004〕6号）的规定，行政机关根据人民法院的协助执行通知书实施的行为，是行政机关必须履行的法定协助义务，不属于人民法院行政诉讼受案范围。但如果当事人认为行政机关在协助执行时扩大了范围或违法采取措施造成其损害，提起行政诉讼的，人民法院应当受理。这就是说，行政机关在协助人民法院执行时，只有在扩大了协助执行的范围或违法采取措施造成当事人损害的情形下，行政机关的行政行为才具有可诉性。在本案中，被告海口市房产管理局依据成都市中级人民法院的民事裁定书和协助执行通知书，对相关房屋的产权做了变更，是其必须履行的法定协助义务。在原告没有提出证据证明被告在协助执行时扩大了范围或违法采取措施造成其损害的情形下，原告对被告提出的撤销被告颁发给第三人的房产证的诉请不属于人民法院行政诉讼的受案范围。

2. 一审法院判决驳回原告的诉讼请求，是否正确？二审法院裁定驳回原告的起诉是否妥当？

根据法释〔2004〕6号批复的规定，原告的诉请不属于人民法院行政诉讼的受案范围。受案范围属于程序性问题，无论是民事、刑事（自诉），还是行政诉讼，对已受理的不属于人民法院受案范围的案件，都应适用裁定书驳回起诉，这在相关的诉讼法及司法解释中均有明确规定，因此，一审法院以判决的形式处理本案确属不当。《最高人民法院关于执行〈中华人民共和国行政诉讼法〉若干问题的解释》第七十九条第（一）项规定，对原审法院受理起诉错误的，二审法院认为不应当受理的，在撤销一审法院判决的同时，可以发回重审，也可以径行驳回起诉，因此，二审法院对本案的处理符合程序法的规定。

3. 原告在二审期间提出新的诉讼请求，请求撤销被告为兴农公司颁发的房屋产权证，二审法院对此不予受理是否妥当？

对原告在二审期间提出的新的诉讼请求，二审法院不予受理是正确的。理由如下：首先，被告海口市房产管理局就同一房产先后为兴农公司和本案第三人颁发房产权证是两个不同的行政行为，颁证的依据不一样：为兴农公司颁证依据的是天津市政海南公司与兴农公司之间的房屋买卖合同；为本案第三人颁证依据的是法院的协助执行通知书。其次，应否撤销被告为兴农公司颁发的房屋产权证，涉及天津市政海南公司与兴农公司之间的房屋买卖合同的效力问题，理应在民事诉讼中解决。最后，原告在二审期间提出的新诉讼请求与兴农公司有利害关系，就程序上而言，二审法院作出的是终审裁判，如果直接受理原告的新请求，则剥夺了原告、被告及利害关系人兴农公司对新诉讼请求的裁判结果的上诉权利，这显然是不妥的。

综上，二审法院对本案的处理合法合理。原告不能对被告的协助执行行为提起行政诉讼，但如果其对法院的民事裁定书和协助执行通知书有异议，则应向作出以上法律文书的法院提出。对于其与天津市政海南公司之间的房屋买卖纠纷，则可通过民事诉讼予以解决。

（海南省海口市中级人民法院　彭彩燕）

13. 张开欣不服厦门市国土资源与房产管理局土地房屋行政决定案（不动产登记的审查义务）

（一）首部

1. 判决书字号

一审判决书：福建省厦门市湖里区人民法院（2009）湖行初字第 1 号判决书。

二审判决书：福建省厦门市中级人民法院（2009）厦行终字第 42 号判决书。

2. 案由：土地房屋行政决定。

3. 诉讼双方

原告（上诉人）：张开欣，男，1948年生，汉族，住福州市仓山区渔港路。

委托代理人：朱玥，福建厦门建昌律师事务所律师。

被告（被上诉人）：厦门市国土资源与房产管理局，住所地：厦门市莲岳路松柏大厦。

法定代表人：林长树，该局局长。

委托代理人：戴哲欣，该局工作人员。

委托代理人：梁洪流，福建天衡联合律师事务所律师。

第三人：李柱瑞，女，1966年生，汉族，住厦门市湖里区东渡路。

第三人：厦门市商业银行股份有限公司鹭通支行，住所地：厦门市香莲里33号。

负责人：李仁华，该行行长。

委托代理人：林晓晖、刘雄舟，该行职员。

4. 审级：二审。

5. 审判机关和审判组织

一审法院：福建省厦门市湖里区人民法院。

合议庭组成人员：审判长：王友平；审判员：蒋小勇、杨文德。

二审法院：福建省厦门市中级人民法院。

合议庭组成人员：审判长：林琼弘；审判员：纪赐进；代理审判员：陈雅君。

6. 审结时间

一审审结时间：2009年2月26日。

二审审结时间：2009年5月26日。

（二）一审诉辩主张

1. 被诉具体行政行为

厦门市人民政府于2006年12月5日颁发厦地房证第00496231号《厦门市土地房屋权证》，确认厦门市湖里区和通里180号602室的权属人为李柱瑞，该房产建筑面积123.64平方米，房屋产权来源为：2004年购买、2005年协议所得经济适用房。

2. 原告诉称

2006年11月27日，第三人李柱瑞向被告提出诉争房屋的土地房屋权属登记申请，而该房系原告于2005年12月4日向第三人李柱瑞所购之房产，第三人李柱瑞向被告提出申请时本应提交的《经济适用房销售合同书》与购房发票原件均依约存放于原告处。而被告在第三人未提交合同书与购房发票原件的情况下并未要求第三人办理相关遗失公告手续，违反了《中华人民共和国发票管理办法实施细则》第四十一条的规定。且被告未经异议期公告即于2006年12月5日发证给第三人李柱瑞，致原告无法及时提出异议申请，终致第三人李柱瑞以隐瞒、欺骗之不正当手段向被告骗取土地房屋权属登记证书之违法行为得逞。而随后由此引发的原、被告之间的房屋买卖合同纠纷与借款合同纠纷系列案至 2008 年 9 月方经终审判决确定相关事实。因被告在确权发证时疏于审查且未依法要求公告之行为严重损害了原告之利益，而根据《厦门市土地房屋权属登记管理规定》第三十六条第一款、第二款，申请人隐瞒真实情况或以虚假手段骗取登记的，以及登记机构审查疏忽导致核准登记不当的，可以全部或部分撤销核准登记事项，故请求法院判令：撤销厦地房证第 00496231 号《厦门市土地房屋权证》。

3. 被告辩称

厦地房证第 00496231 号土地房屋登记并颁发同号《厦门市土地房屋权证》的具体行政行为合法，应予维持。诉争房系薛兴国（第三人李柱瑞的前夫）在婚姻关系存续期间向厦门市住宅建设办公室、厦门特祥房地产开发有限公司购买的经济适用房。2005 年 9 月 29 日，李柱瑞在与薛兴国办理离婚登记时，协议约定该房屋归李柱瑞所有。2006 年 11 月 27 日，第三人李柱瑞向被告申请该房屋的土地房屋权属登记，并按规定提交了土地房屋权属登记申请表、身份证、离婚证、离婚协议等申请材料和文件，被告在对各项登记申请材料和文件进行审查的基础上，核准该房屋的权属初始登记并颁发权证。被告的登记发证行为符合《厦门市土地房屋权属登记管理规定》的相关规定，并无违法之处。被告在庭审时还辩称，原告不具备行政诉讼主体资格。行政诉讼的原告应该是合法权益的受害者，而李柱瑞是涉诉房屋的初始登记权属人，而初始登记是转移登记的必经环节，所以被告对诉争房屋的初始登记并未损害原告的合法权益。请求法院驳回原告的诉讼请求。

4. 第三人述称

第三人李柱瑞述称：（1）被告颁发厦地房证第 00496231 号《厦门市土地房屋权证》给第三人李柱瑞是正确的。诉争房产是第三人李柱瑞与薛兴国的夫妻共同财产，第三人李柱瑞与薛兴国离婚时约定，该房产归李柱瑞所有，李柱瑞拥有该房产的完全产权。被告依李柱瑞的申请向李柱瑞颁发房产证是正确的。（2）第三人李柱瑞的前夫与原告的房产转让一事，李柱瑞确实不知情，否则，作为转让房产这样的重大事项，李柱瑞不可能不亲自办理。（3）薛兴国支付 30 万元给第三人李柱瑞是因为薛兴国使用家庭暴力将李柱瑞打至骨折而赔偿给李柱瑞的，至于薛兴国的钱是怎样来的，原告是如何有发票的，李柱瑞并不知情。故请求驳回原告的诉讼请求。

第三人厦门市商业银行股份有限公司鹭通支行（以下简称鹭通支行）述称，鹭通支行为第三人李柱瑞办理住房抵押贷款，是以信任被告核发的诉争房产的土地房屋权证所表明的李柱瑞为产权所有人为前提的，并且依据此产权证的记载办理了房产抵押登记手续。因此，如果厦地房证第 00496231 号《厦门市土地房屋权证》被撤销导致鹭通支行与第三人李柱瑞抵押无效，第三人将有权依据《中华人民共和国国家赔偿法》第二条的规定，向被告提起行政赔偿。故请求驳回原告的诉讼请求。

（三）一审事实和证据

福建省厦门市湖里区人民法院经公开审理查明：位于厦门市湖里区和通里 180 号 602 室房产，系第三人李柱瑞与薛兴国夫妻关系存续期间以薛兴国的名义，于 2004 年

11 月 17 日向厦门特祥房地产开发有限公司购买的经济适用房。2005 年 9 月 29 日，第三人李柱瑞与薛兴国协议离婚，约定该房产归第三人李柱瑞所有。2005 年 11 月 13 日诉争房产交房后，薛兴国代第三人李柱瑞联系出售诉争房产，经中介介绍与原告达成买卖诉争房产的协议，原告按约定向薛兴国支付首期款 41 万元，薛兴国将诉争房产的购房合同及购房发票交由原告保管，原告开始装修诉争房并入住。2006 年 11 月 27 日，第三人李柱瑞向被告申请办理诉争房产土地房产权属登记，并向被告提交申请表、身份证、离婚证、离婚协议书、购房合同等原件，提交加盖有收款单位印章的购房发票复印件，交完相关税费后，经被告审查认为李柱瑞的申请符合《厦门市土地房屋权属登记管理规定》的相关规定，于 2006 年 12 月 5 日向第三人李柱瑞核发厦地房证第 00496231 号《厦门市土地房屋权证》。之后，第三人李柱瑞未按薛兴国与原告的约定与原告办理诉争房产的转让过户手续，而于 2007 年 1 月 15 日用诉争房产作为抵押与第三人鹭通支行签订借款合同，向第三人鹭通支行借款 46 万元，并向被告办理抵押登记手续。由于第三人李柱瑞未与原告办理诉争房产过户手续，未如期向第三人鹭通支行偿还借款利息，而引发多起民事诉讼。

另查明：2008 新版土地房屋权利证书自 2008 年 1 月 1 日起启用，厦门市颁发土地房屋权利证书的职权移交给厦门市国土资源与房产管理局行使，该局是新版土地房屋权利证书的发证机关。

上述事实有下列证据证明：

被告提供的证据有：

1.《厦门市土地房屋权属登记申请表》。

2.《房屋产籍调查表》。

3. 李柱瑞的身份证。

4. 李柱瑞的离婚证。

5.《厦门市统建解困房（经济适用房）销售合同书》及房号单。

6. 李柱瑞与薛兴国的离婚协议书。

7. 缴纳税费凭证。

8. 收件收据。

9.《厦门市国有住宅出售收入专用票据》。

10. 厦地房证第 00496231 号土地房屋登记卡。

11. 房屋分层分户平面图。

上述证据 1—11 共同证明，被告核准厦地房证第 00496231 号土地房屋权属登记并颁发相应的《厦门市土地房屋权证》的具体行政行为合法。

12. 协助执行通知书，证明涉诉房屋已被法院查封。

13. 法律依据：《厦门市土地房屋权属登记管理规定》第十六条、第二十五条、第三十一条的规定。

原告提供的证据有：

1.《厦门市土地房屋权属登记申请表》。

2.《厦门市统建解困房（经济适用房）销售合同书》。

3. 具结保证书。

上述证据1—3共同证明，被告疏于审查，让第三人李柱瑞隐瞒真实情况或以虚假手段骗取登记。

4.（2008）厦民终字第1705号民事判决书。

5.（2007）厦民终字第2115号民事判决书。

上述证据4—5证明，原告与本案有利害关系。

第三人李柱瑞未当庭提交证据材料。

第三人鹭通支行提供的证据有：

1.《厦门市商业银行个人借款合同》，证明李柱瑞向银行借款46万元的事实。

2.《厦门市商业银行抵押合同》和厦地房他证第200635020号《厦门市土地房屋他项权证》，证明李柱瑞向银行借款时提供诉争房产作为抵押的事实。

3. 厦地房证第00496231号《厦门市土地房屋权证》，证明李柱瑞办理银行借款及房产抵押登记时抵押房产的所有人为李柱瑞，银行依据此事实为李柱瑞办理抵押贷款的事实。

4. 厦门市思明区人民法院和厦门市中级人民法院的民事判决书，证明李柱瑞逾期还款的事实，法院判决李柱瑞应偿还银行借款的全部本金和利息的事实。

（四）一审判案理由

福建省厦门市湖里区人民法院经公开审理认为：土地房屋权属登记机关根据申请人的申请和相关权属资料，经审查后为申请人颁发土地房屋权证应受法律保护。本案中，原告向第三人薛兴国购买的是尚未进行初始登记的经济适用房，该经济适用房只有先行初始登记，原告和第三人李柱瑞方能对该经济适用房进行权属变更登记，实现交易目的。被告在审查房产初始登记时，主要是审查申请人申请的房产权属来源的真实性和合法性，申请人提供的初始登记材料，应当是能证明房产权属来源真实性和合法性的材料。至于申请材料来源于销售方还是购买方均不影响对权属来源真实性、合法性的审查认定。第三人李柱瑞申请初始登记时，提交的虽然是加盖出售单位印章的发票复印件，但被告收取该票据主要的目的是证明李柱瑞已经全额交清购房款，它是一种交款证据，而不是作为财务结算用的票据。因此，原告提出的被告没有要求第三人李柱瑞对该票据按《中华人民共和国发票管理办法实施细则》的相关规定公告声明作废的行为违法的主张，本院不予采纳。况且，被告向李柱瑞颁发《厦门市土地房屋权证》的行为，并未损害申请人李柱瑞的合法权益。至于原告不能实现与薛兴国签订房产买卖协议中的交易目的，主要原因是第三人李柱瑞没有按约定履行合同义务，与被告为李柱瑞办理诉争房产的初始登记没有关联性。因此，厦门市人民政府作出的厦地房证第00496231号《厦门市土地房屋权证》，认定事实清楚、程序合法、适用法律法规准确，本院应予维持。原告的主张没有法律依据，本院不予支持。由于原告与本案诉争房产的登记结果在法律上有利害关系，是适格的原告，所以被告主张原告没有主体资格，本院不予采纳。

（五）一审定案结论

福建省厦门市湖里区人民法院依照《中华人民共和国行政诉讼法》第五十四条第（一）项及《最高人民法院关于执行〈中华人民共和国行政诉讼法〉若干问题的解释》第四十九条第三款的规定，作出如下判决：

维持厦门市人民政府作出的厦地房证第00496231号《厦门市土地房屋权证》。

本案案件受理费50元，由原告负担。

（六）二审情况

1. 二审诉辩主张

（1）上诉人诉称

1）被上诉人在原审第三人未提交合同书与购房发票原件的情况下未要求原审第三人办理相关遗失公告手续，违反了发票管理相关规定，也违反了颁发权利证书的相关程序。2）原审判决存在严重的法律适用错误。《厦门市土地房屋权属登记管理规定》规定初始登记申请人需要提交发票原件并不仅仅是为了审查交款真实性的需要，也是为了保护交易安全的需要。综上，请求撤销（2009）湖行初字第1号行政判决，并撤销被上诉人向第三人颁发的厦地房证第00496231号《厦门市土地房屋权证》。

（2）被上诉人辩称

原审判决认定事实清楚，程序合法，适用法律正确，应予维持。

（3）第三人述称

同意被上诉人的答辩意见。

2. 二审事实和证据

福建省厦门市中级人民法院经审理，确认一审法院认定的事实和证据。

3. 二审判案理由

福建省厦门市中级人民法院经审理认为：根据《中华人民共和国物权法》规定，不动产权属以不动产登记簿为准，不动产权属是权利人享有该不动产物权的证明，因此，本案争议的焦点在于厦门市国土资源与房产管理局所作出的厦地房证第00496231号土地房屋权属登记是否合法。

根据本案查明的事实，李柱瑞系向厦门市国土资源与房产管理局申请经济适用房的初始登记。厦门市国土资源与房产管理局经审查李柱瑞提交的《厦门市土地房屋权属登记申请表》、身份证明、《厦门市统建解困房（经济适用房）销售合同书》及房号单、离婚协议书、缴纳税费凭证、《厦门市国有住宅出售收入专用票据》等申请材料，认为符合《厦门市土地房屋权属登记管理规定》第十六条关于初始登记应当提交的文件包括"（一）初始登记申请书及身份证证明；（二）购房合同；（三）购房发票"之规定，因此核准厦地房证第00496231号土地房屋登记并向李柱瑞颁发相应的《厦门市土地房屋权证》，于法不悖。

上诉人主张，厦门市国土资源与房产管理局未审查《经济适用房销售合同书》及购房发票原件，即对诉争房屋作出权属登记系事实认定不清。对此，本院认为，厦门市国土资源与房产管理局作出房屋权属初始登记，应当审查房屋权属来源的真实性和合法性，申请人李柱瑞向其提交《经济适用房销售合同书》复印件及经销商盖章确认的售房发票复印件，并不影响其对房屋权属来源真实性、合法性的审查认定，因此上诉人的主张，本院不予支持。

综上，原审判决认定事实清楚，适用法律正确，程序合法，应予维持。但原审判决主文表述"维持厦门市人民政府作出的厦地房证第 00496231 号《厦门市土地房屋权证》"不准确，应为"维持厦门市人民政府作出的厦地房证第 00496231 号土地房屋权属登记"。上诉人的上诉请求不成立，本院不予支持。

4. 二审定案结论

福建省厦门市中级人民法院依照《最高人民法院关于执行〈中华人民共和国行政诉讼法〉若干问题的解释》第四十九条第三款，《中华人民共和国行政诉讼法》第六十一条第（一）项之规定，作出如下判决：

驳回上诉，维持原判。

本案二审受理费 50 元，由上诉人负担。

（七）解说

1. 被告接受第三人李柱瑞的不动产初始登记申请是否合法？

不动产登记，是指经权利人或利害关系人的申请，将土地及其定着物的所有权和他项权利的取得、丧失与变更，依法定程序记载于专职机关掌管的专门的登记簿册上。

不动产登记申请，是法律规定的不动产所有权人或利害关系人必须履行的一项法定义务。1997 年颁布的《城市房屋权属登记管理办法》第十七条规定："因房屋买卖、交换、赠与、继承、划拨、转让、分割、合并、裁决等原因致使其权属发生转移的，当事人应当自事实发生之日起 90 日内申请转移登记。"基于保障交易安全和稳定经济秩序的考虑，我国不动产登记立法在登记效力上宜采用登记要件主义的基本立场，明确规定基于法律行为的不动产物权变动，非经登记，不发生物权变动的效力。同时，将不动产物权变动与作为其基础关系的交易合同明确区分，规定有关不动产交易的合同自其依法成立时起就发生效力，未办理不动产登记的不影响该合同的效力，但不动产物权不发生变动。不动产物权只有依法进行登记，才有公示力和公信力，登记的目的是保护交易安全和稳定经济秩序。

本案中，第三人李柱瑞向被告申请对诉争房产进行所有权初始登记，是依法履行法定义务，同时也是维持自己合法权利的行为。被告接受第三人李柱瑞的登记申请并不违反法律规定，法律未规定登记机关在审查不动产登记申请时，还应审查该房产登记背后是否还存在其他的交易，登记机关只对本次申请的真实性、合法性进行审查。

2. 被告在审查第三人李柱瑞不动产初始登记申请时是否尽到审查义务？

申请房产登记时，申请人应向登记机构提供申请登记的材料（包括申请书、身份证明、产权来源证明等），并对申请登记材料的真实性、合法性、有效性负责，不得隐瞒真实情况或者提供虚假材料；承担提交错误、虚假的材料申请房屋登记的法律责任。

（1）第三人李柱瑞申请诉争房产初始登记时是否向被告提供了虚假材料？本案的诉争房产是第三人李柱瑞与其前夫共同申请的经济适用房，其房产来源合法。第三人李柱瑞与前夫离婚后，双方经过协商，第三人李柱瑞取得该房产的所有权，虽然在第三人李柱瑞进行房产初始登记前，曾委托其前夫出售该房产，并与原告达成买卖协议，同时将该房产的购房合同和发票置于原告处，但是，第三人李柱瑞向被告申请诉争房产初始登记时，已提交除购房发票之外的全部原件资料。而购房发票只是证明第三人李柱瑞已经缴纳全部购房款，第三人李柱瑞通过在购房发票复印件上由开发商加盖公章的方式来证明诉争房产已经缴纳全部购房款并无不当。原告混淆了发票在房产登记中的证明作用与发票在财务结算上的会计凭证作用。从证据角度讲，加盖出票单位印章的发票复印件，其证明力与发票原件一样。因此，被告以第三人李柱瑞提交加盖有开发商印章的购房发票复印件作为其缴纳全部购房款的有效证明，于法不悖。

（2）被告是否尽到审查义务？《厦门市土地房屋权属登记管理规定》第十六条第一款规定："申请购买新建商品房的初始登记，应提交下列文件：（一）初始登记申请书及身份证明；（二）购房合同；（三）购房发票。"第四十四条规定："因申请土地房屋权属登记的当事人提交错误、虚假的申请登记文件而产生的后果，由当事人承担。因登记工作人员的过错，导致核准登记不当或者土地房屋权属登记卡上的记载有误，给权属人造成经济损失的，登记管理部门应负赔偿责任。"本案中，第三人李柱瑞向被告提交的诉争房产初始登记的全部资料是真实的，被告对诉争房产权属来源和李柱瑞提交的全部资料依法进行审查，认为第三人李柱瑞申请的权属登记材料齐全，依法核准其登记申请的行为合法。

3. 原告无法实现交易目的的原因是第三人李柱瑞的诚信缺失。

原告与第三人李柱瑞的前夫签订了诉争房产的买卖合同，李柱瑞本应在该房产初始登记之后，依约将房产交付原告。而李柱瑞出于私心，没有履行买卖合同的约定义务，而将诉争房产抵押给第三人鹭通支行，造成原告无法实现其交易目的，这完全是由于违约方缺乏诚信。原告是本案的受害者，其可以通过民事诉讼的方式来维护自己的合法权益。但通过行政诉讼要求撤销被告颁发给李柱瑞的《厦门市土地房屋权证》是没有法律依据的。

（福建省厦门市湖里区人民法院　王友平）

14. 赵红兵不服乌鲁木齐市房产管理局等行政确认案
（行政确认　善意取得　物权变动）

（一）首部

1. 判决书字号

一审判决书：新疆维吾尔自治区乌鲁木齐市新市区人民法院（2009）新行初字第10号判决书。

二审判决书：新疆维吾尔自治区乌鲁木齐市中级人民法院（2009）乌中行终字第123号判决书。

2. 案由：行政确认。

3. 诉讼双方

原告（被上诉人）：赵红兵，男，汉族，1973年生，个体工商户，住乌鲁木齐市喀什东路。

委托代理人：董鸿君，新疆北方律师事务所律师。

被告（被上诉人）：乌鲁木齐市房产管理局，住所地：乌鲁木齐市西虹东路399号。

法定代表人：唐庆令，该局局长。

委托代理人：崔福民，新疆赛天律师事务所律师。

委托代理人：李尚勇，男，汉族，1972年生，乌鲁木齐市房产管理局科员，住乌鲁木齐市犁铧街。

第三人（上诉人）：江绍伟，男，汉族，1935年生，乌鲁木齐市新市区二工乡农民，住乌鲁木齐市新市区。

委托代理人：陈志新，男，汉族，1977年生，乌鲁木齐市新市区二工乡农民，住乌鲁木齐市新市区。

第三人：王念廷，男，汉族，1956年生，西起大酒店董事长，住乌鲁木齐市新市区。

第三人：江荣，女，汉族，1969年生，无业，住乌鲁木齐市新市区。

4. 审级：二审。

5. 审判机关和审判组织

一审法院：新疆维吾尔自治区乌鲁木齐市新市区人民法院。

合议庭组成人员：审判长：热孜万；代理审判员：张越然；人民陪审员：刘霞。

二审法院：新疆维吾尔自治区乌鲁木齐市中级人民法院。

合议庭组成人员：审判长：张炳蔚；审判员：姜述群；代理审判员：杜琼。

6. 审结时间

一审审结时间：2009 年 9 月 22 日。

二审审结时间：2010 年 2 月 2 日。

（二）一审诉辩主张

1. 被诉具体行政行为

2005 年 8 月 25 日，乌鲁木齐市房产管理局向第三人江绍伟颁发了乌房权证新市区字第 2005072169 号房屋所有权证。2008 年 7 月 24 日，乌鲁木齐市房产管理局向原告赵红兵颁发了乌房权证新市区字第 2008328055 号房屋所有权证。原告赵红兵诉称，原告从第三人王念廷处购得位于乌鲁木齐市新市区河北东路北一巷×号的房屋，并于 2008 年 7 月 24 日在乌鲁木齐市房屋产权交易管理中心过户，办理了该房的产权证书。但第三人江绍伟却住在该房，拒不搬离，使原告无法入住。原告因此诉至法院。

2. 原告诉称

原告从第三人王念廷处购得位于乌鲁木齐市新市区河北东路一巷×号的房屋，并于 2008 年 7 月 24 日在乌鲁木齐市房屋产权交易管理中心过户，办理了该房的产权证书。第三人江绍伟住在该房拒不搬离，致使原告无法入住。原告起诉至新市区法院，要求江绍伟搬离。在庭审中，江绍伟拿出其位于乌鲁木齐市新市区河北东路一巷×号的房产证，辩称房屋产权证包含原告的房屋。为此，原告多次找被告解决问题，被告均以各种理由推拖。故原告诉至法院，请求法院依法确认原告位于乌鲁木齐市新市区河北东路一巷×号的房屋产权手续合法、有效；依法对第三人江绍伟位于乌鲁木齐市新市区河北东路一巷×号的房屋产权手续进行变更。

3. 被告辩称

2005 年 6 月，新市区二工乡村民江绍伟向被告申请位于乌鲁木齐市新市区河北东路北一巷×号撤村建居房屋产权登记，并提交了乌县房权 94 字第 0301163 号私有房屋所有权证、村改居村民房屋确权发证申请登记表等资料，被告向江绍伟颁发了 2005072169 号房屋所有权证。2003 年 5 月，被告向王念廷颁发了乌房权证新市区字第 00468552 号房屋所有权证。因王念廷认可其房屋不是自建的，故被告认为江绍伟的证更合法。

4. 第三人述称

第三人江绍伟述称，我在一九八几年就得到该房产权证，不存在该房属他人所有，故请求驳回原告的诉讼请求。

第三人王念廷述称，房子原来不是我的，也不是江绍伟的，是江绍伟女儿江荣的。2002 年，他们找我帮忙贷款，他们说把房子过到我名下做抵押，我给他们借了 517 500 元。我不知道现在房子怎么变成江绍伟的了。房产手续是江绍伟和江荣给我办理的，我只是去房产部门领取了房产证。

第三人江荣述称，房子是我父亲的，我和前夫陈斌的确借了王念廷的钱，但没有给他抵押房子，更没有将房屋过户到他名下，也没有给他办理过房产手续。

(三) 一审事实和证据

新疆维吾尔自治区乌鲁木齐市新市区人民法院经公开审理查明：1994年4月7日，乌鲁木齐县人民政府向第三人江绍伟颁发了乌县房权94字第0301163号私有房屋所有权证，该证书记载："所有人姓名：江绍伟；共有人数：陆；房屋坐落：二工乡二工村五队；产权来源：自建；结构：砖木、土木、砼；层数：肆；用途：住宅；自然间数：拾；建筑面积：壹仟陆佰玖拾玖点壹平方米；土地使用面积：肆佰柒拾贰点陆壹平方米；土地证号：940301163"。2005年8月25日，被告依据第三人江绍伟提交的上述房产证及房屋产权登记申请表、村改居村民房屋确权发证申请登记表等资料，按照乌鲁木齐市人民政府撤村建居的相关规定，给江绍伟颁发了乌房权证新市区字第2005072169号房屋所有权证。该证书记载："房屋所有权人：江绍伟；房屋坐落：乌鲁木齐市新市区河北东路北一巷×号；房屋状况：结构为砖混；房屋总层数：肆层；所在层数分别为壹至肆层、负壹层；建筑面积分别为：壹仟伍佰肆拾伍点叁捌平方米、壹佰伍拾叁点柒贰平方米；设计用途分别为住宅、地下室；产权来源：新建；层数合计：伍层；修建年代：1997；地下层数：壹层。"该房屋的四至为：东：江开新，南：李学花，西：高建忠，北：巷道。房屋环绕成"凹"字状，开口朝东。

2003年5月14日，被告依据乌鲁木齐县非农户建房指标卡、建设工程规划许可证、建设用地建筑红线审理单、建筑用地红线说明书等资料，向第三人王念廷颁发了乌房权证新市区字第00468552号房屋所有权证。该证书记载："房屋所有权人：王念廷；房屋坐落：乌市新市区二工乡二工村；幢号：壹；结构：砖混；房屋总层数：肆；所在层数：无；建筑面积：叁佰肆拾伍点肆贰平方米；设计用途：住宅；产权来源：自建；建房时间：1998年。"2008年7月14日，被告对该房屋进行变更登记，给第三人王念廷换发了乌房权证新市区字第2008325790号房屋所有权证，该房屋的门牌号变更为新市区河北东路北一巷×号。该房屋与第三人江绍伟上述位于乌鲁木齐市新市区河北东路北一巷×号的房屋中西面的房屋是同一栋房屋。

2007年，原告购买了第三人王念廷的上述房屋，并支付了对价30万元。2008年7月24日，被告依据原告及第三人王念廷提交的房屋权属登记申请表、身份证明、乌房权证新市区字第2008325790号房屋所有权证、分户图、公证书、分丘图、房屋转让合同等资料，对该房屋进行转移登记，向原告颁发了乌房权证新市区字第2008328055号房屋所有权证，该证书记载的房屋坐落、面积、层数和用途与乌房权证新市区字第2008325790号房屋所有权证一致。原告欲入住时，发现第三人江绍伟在该房屋居住，且拒不搬出，原告遂诉至本院，要求江绍伟搬离该房屋。但庭审中第三人江绍伟出示其位于乌鲁木齐市新市区河北东路北一巷×号的房产证，称该房屋产权证包含原告位于乌鲁木齐市新市区河北东路北一巷×号的房屋。原告对该案撤回起诉后，又向本院提起行政诉讼。

又查明，本案争议的房屋系第三人江绍伟所建。第三人江绍伟与江荣系父女关系。第三人江荣及其前夫陈斌曾向第三人王念廷借款五十余万元，且在2003年1月24日出具的一张借条中写明："今借到王念廷现金壹拾壹万元整，2003 年底还清此款，如果还不清此款，陈斌、江荣房产做抵押，归王念廷所有，建筑面积约 400 平方米左右，东面江绍伟、西边高建忠、南面马忠、北面巷道。"

再查明，第三人王念廷提交的乌鲁木齐市新市区杭州路街道办事处兴奥社区居民委员会的证明显示，第三人江荣的门牌号原号为×号，现号为×号；第三人江绍伟的门牌号原号为×号，现号为×号。

上述事实有下列证据证明：

1. 江绍伟、王念廷、赵红兵房屋登记资料；
2. 庭审笔录存卷。

（四）一审判案理由

新疆维吾尔自治区乌鲁木齐市新市区人民法院经审理认为：按照《中华人民共和国物权法》第一百零六条之规定，无权处分人将不动产转让给受让人，符合下列情形的，受让人取得该不动产的所有权：（1）受让人受让该不动产时是善意的；（2）以合理的价格转让；（3）转让的不动产依照法律规定应当登记的已经登记。本案被告及第三人未提供证据证明原告受让该房屋时知道或应当知道其存在两个房屋所有权证书，原告基于对第三人王念廷持有的房屋所有权证的信赖而与其进行交易，故可以确定原告在受让该房屋时是善意的。原告向第三人王念廷支付了合理对价，并且依法进行了房屋所有权的转移登记。故原告依法取得该房屋的所有权。

按照《城市房屋权属登记管理办法》第十七条第二款"申请转移登记的，权利人应提交房屋权属证书以及相关的合同、协议、证明等文件"的规定，被告在进行房屋转移登记时，主要应尽到形式审查义务。被告在向原告颁发房屋所有权证书时，依法审查了原告与第三人王念廷提交的原房屋所有权证书、房屋转让合同等文件的真实性，已经尽到了形式审查义务。但因该房屋在转移登记前，存在两个权属，而被告对此未予查实，故被告在作出该具体行政行为时未尽到谨慎审查的义务。但由于原告系该房屋的所有权人，被告给原告颁发的房屋产权证书符合该房屋的实际权属状况，因此，本院确认被告给原告颁发乌房权证新市区字第 2008328055 号房屋所有权证的具体行政行为有效。

被告给第三人江绍伟颁发的乌房权证新市区字第 2005072169 号房屋所有权证，包含原告所有权证号为乌房权证新市区字第 2008328055 号的房屋，与房屋的实际权属状况不符，故被告应当撤销该房屋所有权证与原告乌房权证新市区字第 2008328055 号房屋所有权证重叠的部分。

（五）一审定案结论

新疆维吾尔自治区乌鲁木齐市新市区人民法院依照《中华人民共和国行政诉讼法》第五十四条第（二）款，《最高人民法院关于执行〈中华人民共和国行政诉讼法〉若干问题的解释》第五十七条之规定，作出如下判决：

1. 确认被告乌鲁木齐市房产管理局向原告赵红兵颁发乌房权证新市区字第2008328055号房屋所有权证的具体行政行为有效；

2. 撤销被告乌鲁木齐市房产管理局给第三人江绍伟颁发的乌房权证新市区字第2005072169号房屋所有权证，并重新作出具体行政行为。

案件受理费50元（原告已预交），由被告乌鲁木齐市房产管理局负担。

（六）二审情况

1. 二审诉辩主张

（1）上诉人诉称

本案所争议的房子与我其他的房屋均是我在"撤村建居"之前自己修建的，期间未发生过任何变更，我的房产证是原始取得，应属合法有效。王念廷的手续都是假的，所以，其房产证是无效的，其将该房产转让给赵红兵的行为也应是无效的。乌鲁木齐市房产管理局将我的房产向他人颁发房产证的行为是违法的，应予纠正。原审判决认定事实不清，判决错误。请求二审法院依法撤销原判并予以改判。

（2）被上诉人辩称

被上诉人赵红兵答辩称，我于2007年9月从王念廷处购得该房屋，并于2008年7月24日过户，合法地办理了该房的产权证书，我依法已经合法取得该房屋的产权。江绍伟与王念廷之间如果有纠纷，应另行起诉解决，其住在该房拒不搬离是错误的。从1997年至今，乌鲁木齐的房屋均价已上涨一倍有余，因此，不能用2008年7月评估该房屋价格是45万元，来否定2007年该房屋成交价格30万元（不含过户费）不是市场价格。江绍伟的上诉理由不能成立，原审判决是正确的，请求二审法院维持原判。

被上诉人乌鲁木齐市房产管理局答辩称，2005年6月，我局根据江绍伟提交的乌县房权94字第0301163号私有房屋所有权证等材料，依照规定向江绍伟颁发了乌房权证新市区字第2005072169号房屋所有权证。2003年5月，我局依据王念廷的乌鲁木齐县非农户建房指标卡等材料，向王念廷颁发了乌房权证新市区字第00468552号房屋所有权证。因而出现了对江绍伟房屋所有权证中的部分房屋发放两个房屋所有权证的情况，因王念廷认可其房屋不是自建的，故我局认为江绍伟的房屋所有权证更合法。原审判决撤销江绍伟的房屋产权证超出了诉讼请求。请求二审法院依法裁决。

（3）第三人述称

王念廷述称，2001年春天，江荣及其前夫陈斌一同找我借钱，并将江荣的345.42m²的房子抵押给我，我才给他们借的钱。我的乌房权证新市区字第00468552号房屋所有权证是江荣和江绍伟给我办的，具体怎么办的以及与该房产相关的原始登记手续我都不清楚，江荣和江绍伟将房产证办好后通知了我，我只是到发放房产证的部门签字领取了该房的房产证。该房屋是江荣及其前夫陈斌从我处借款的抵押物，在他们欠债不还的情况下，我有权将该房屋出售。因该房屋在2001年春天抵押给我以前是江荣的，所以江绍伟的上诉没有道理。

江荣述称，是我前夫陈斌向王念廷借了钱，对于其中的几次借款陈斌逼着我在借条上也签了字，但钱都是陈斌拿走了，我只从王念廷处借了一次钱。该房屋是我父亲江绍伟的，我只是借住在我父亲的房子里，我既没有该房子的产权手续，也没有给王念廷抵押过房子，我和我父亲江绍伟也没有为王念廷办理过房产过户手续。

2. 二审事实和证据

新疆维吾尔自治区乌鲁木齐市中级人民法院经公开审理查明：王念廷先后九次给江荣及其前夫陈斌借款，九张借条总金额为 517 500 元。借条上的落款时间反映：第一次借款是 2003 年 1 月 24 日，其余的八次借款均发生在 2003 年 5 月 19 日至 2004 年 3 月 31 日之间。其中江荣单独签名的借条一张，金额为 7 万元，陈斌单独签名的借条四张，总金额为 18 万元，其余借条均有江荣与陈斌的共同签名。

又查明，江绍伟于 1994 年 4 月 7 日取得乌县房权 94 字第 0301163 号私有房屋所有权证后，该房屋一直由江绍伟居住和使用。

其余查明的事实与一审法院查明的事实一致。

3. 二审判案理由

新疆维吾尔自治区乌鲁木齐市中级人民法院经审理认为：1994 年 4 月 7 日，乌鲁木齐县人民政府向江绍伟颁发了乌县房权 94 字第 0301163 号私有房屋所有权证，该证书记载的建筑面积是 1 699.10m²。在该房屋所有权证合法有效的情况下，乌鲁木齐市房产管理局未经核实，于 2003 年 1 月将江绍伟房屋所有权证中所属的，面积为 345.42m² 的房屋确定为王念廷所有，并于 2003 年 5 月 14 日向王念廷发放了乌房权证新市区字第 00468552 号房屋所有权证。出现了同一所房屋中的部分房屋，重叠发放两份房屋所有权证的情况，其做法是错误的。从王念廷名下的该房屋所有权证档案材料反映出，该 345.42m² 房屋系原始取得，是王念廷于 1997 年至 1998 年，以本人名义向乌鲁木齐县有关部门领取并办理了相关建房手续后自建的。而王念廷本人在法庭上却称该房产是 2003 年 1 月江荣借款抵押的，并非自己所建，对房产证具体怎么办的以及与该房产相关的原始登记手续都不清楚。由于王念廷本人否认其办理了该房屋档案中的各项手续，其陈述与该房屋原始档案记载的内容相矛盾，故可认定房产局发放给王念廷的该房屋所有权证所依据的档案材料是虚假的，因此，王念廷依据此虚假档案材料取得该房屋所有权证亦是不合法的。在此情况下，王念廷将该房屋转售给赵红兵的做法是错误的。故赵红兵所称已合法取得该房屋产权的主张不能成立。关于王念廷提出该房屋原先的所有权是江荣的，因未举证，本院不予采信。至于王念廷所称该房屋是江荣借款的抵押物，考虑到江荣并非该房屋的所有权人，王念廷在 2001 年 1 月 24 日给江荣及陈斌借款的同时，已经在房产部门确定取得了该房屋的所有权，且双方亦未办理抵押物登记及移交房屋所有权证，王念廷也未居住或使用过该房屋，故王念廷的该项陈述亦不能成立。江绍伟的上诉理由成立，其上诉请求本院予以支持。原审判决适用法律不当，应予纠正。

4. 二审定案结论

新疆维吾尔自治区乌鲁木齐市中级人民法院依照《中华人民共和国行政诉讼法》第

六十一条第（二）项之规定，作出如下判决：

（1）撤销乌鲁木齐市新市区人民法院（2009）新行初字第10号行政判决；

（2）确认乌鲁木齐市房产管理局向江绍伟颁发乌房权证新市区字第2005072169号房屋所有权证的具体行政行为有效。

一审案件受理费50元（赵红兵已预交），二审案件受理费50元（江绍伟已预交），均由被上诉人乌鲁木齐市房产管理局负担。

（七）解说

本案中，行政机关针对同一房屋先后向两个行政相对人作出行政确认，分别颁发房屋所有权证书。先取得房屋所有权的行政相对人一直居住使用该房屋，后取得房屋所有权的行政相对人将该房屋出售并过户给第三人。该第三人基于对房屋所有权证公信力的信赖，支付了对价，却无法占有使用该房屋。先取得房屋所有权的行政相对人的所有权也受到侵害和妨碍。这种情形的出现，严重影响登记的公信力，破坏交易秩序，危害交易安全。在此情形下，法院必须对房产管理部门颁发两个房屋所有权证的具体行为进行合法性审查，确认其中一个的合法性。那么，该第三人受让房屋并办理过户登记的行为，是否构成善意取得，该第三人能否因此取得房屋所有权？法院能否按照善意取得来确定房屋所有权的归属，并由此确认给第三人颁发房屋所有权证的具体行为合法有效？第三人的房屋所有权能否对抗另一个合法登记的房屋所有权？

本案案情复杂，首先应廓清本案法律关系。法院应审查行政机关作出两次行政确认行为的合法性，确认行政机关对谁发放房产证书的行政确认行为有效。本案在诉讼过程中，法院根据庭审中查明的事实认定，争议房屋属江绍伟自行修建并办理了相关建房手续，因此房产管理局对江绍伟发放房屋产权证书的行政确认行为合法有效。王念廷在申请办理房屋所有权过程中，提供档案材料虚假，导致房产管理局重复对王念廷确认房屋产权，该确认行为错误，应当予以撤销。但王念廷依据该房产证书将房屋转售给赵红兵，并办理了过户登记手续，则赵红兵是否符合物权法善意取得制度的法定要件，取得房屋所有权成为本案的另一关注点。对该问题存在如下不同意见：

一种意见认为，赵红兵构成善意取得，应当取得该房屋的所有权。理由是赵红兵通过交易受让该房屋并取得房产证的行为符合善意取得的要件。按照《中华人民共和国物权法》第一百零六条之规定，无权处分人将不动产转让给受让人的，符合下列情形的，受让人取得该不动产的所有权：（1）受让人受让该不动产时是善意的；（2）以合理的价格转让；（3）转让的不动产依照法律规定应当登记的已经登记。本案中，赵红兵基于对王念廷持有的房屋所有权证的信赖与王念廷交易，向王念廷支付了合理的对价，并且依法进行了房屋所有权的转移登记。本案其他当事人并未提供证据证明赵红兵受让该房屋时知道或者应当知道存在两个房屋所有权证书。故赵红兵依法取得该房屋所有权。

另一种意见认为，赵红兵构成善意取得，但并不能取得房屋所有权。理由是王念廷虽已取得房产证书，但属房产管理局错误发放，错误的行政确认行为被撤销，随之自然恢复到确认前的初始状态，所以王念廷转让房屋时并无真正的处分权，属无权处分人，受让人赵红兵受让房屋时为善意，他支付对价并办理过户登记手续，可以成为善意受让人。但赵红兵作为本案善意第三人取得房屋所有权对抗合法行政确认相对人江绍伟对房屋的所有权显失公正，为确保个案平衡，实现个案正义，应从公平原则出发，排除赵红兵对善意取得制度的适用。此种意见有一定道理，但缺陷在于不动产转让协议系处分人采用欺骗手段达成，由此确认本案受让人构成善意取得欠妥。

第三种意见认为，赵红兵不构成善意取得，不能取得房屋所有权。理由是善意取得制度中无权处分导致的合同属效力待定，而王念廷提供虚假申请材料、隐瞒真实情况，并没有真正成为房产证书权利人，王念廷虽是无处分权人，但其采用欺诈手段与赵红兵订立的合同效力为可撤销或者可变更。尽管赵红兵受让时为善意，但并不具备善意取得完全要件，也因此不能对抗合法行政确认相对人江绍伟享有的房屋所有权。江绍伟是本案争议房屋的真正权利人，其享有对房屋的所有权。赵红兵可根据合同法之相关规定行使转让合同的撤销权，维护其受损利益。笔者认为，第三种意见比较妥当，对此持赞同意见。

本案审理应当注意以下问题：

1. 审理中应注重公平原则。法院要确认行政机关向江绍伟作出的行政确认合法有效，以此便形成江绍伟具有房屋的产权权属，由此彰显行政机关合法的行政确认行为的效力，也更符合公平原则的价值取向。由本案作延伸，若本案王念廷在申请办理房产证过程中，并无不当行为，仅因行政机关的审查不当对王念廷作出行政确认，向其发放了房产证书，则受让人赵红兵当然构成善意取得。这种情况下，行政确认赋予行政相对人的房产权属（所有权），与因善意取得制度而取得的房屋产权必然发生矛盾，矛盾的相向性在于位于不同的法律位阶的价值各有其不同的反映侧面，问题的解决本身并不困难，有赖于法律价值的平衡，善意受让人赵红兵依据善意取得本应取得房屋所有权，但认定江绍伟的产权而排除赵红兵的善意取得，江绍伟最终取得房屋所有权，并占有、使用，显然更公平。

2. 行政机关对不动产登记应当履行实质审查义务。笔者认为，本案房产管理局在行政确认过程中，应对申请人提供的材料进行形式上的审查作为受理要件，在决定是否作出行政确认的行为时，需进一步对申请人的材料进行实质性审查，确认申请材料完备，符合法定形式后，应当对行政相对人作出行政确认，由此形成行政公定力。行政相对人通过违法手段不应取得行政确认或者取得行政确认后理应被撤销。

3. 民事争议在行政诉讼中得到处理。本案主要对行政机关的重复行政确认行为的合法性进行审查，对错误的行政确认予以撤销。行政诉讼中，房屋经当事人转让属民事争议，但法院仍应对因行政机关错误确认所产生的民事争议一并解决。

（新疆维吾尔自治区乌鲁木齐市新市区人民法院　张越然）

15. 邢廉不服北京市住房和城乡建设委员会房屋权属登记案
(原告主体资格认定)

(一) 首部

1. 判决书字号

一审判决书：北京市海淀区人民法院（2008）海行初字第 00015 号判决书。

二审判决书：北京市第一中级人民法院（2009）一中行终字第 1868 号判决书。

2. 案由：房屋权属登记。

3. 诉讼双方

原告（被上诉人）：邢廉。

委托代理人（一、二审）：贾建辉，北京市翰盛律师事务所职员。

被告：北京市住房和城乡建设委员会。

法定代表人：隋振江，主任。

委托代理人（一审）：韩松，北京市中洲律师事务所律师。

委托代理人（一、二审）：卫婷，北京市中洲律师事务所律师。

第三人（上诉人）：魏军。

委托代理人（二审）：冯锦卫，北京市通广律师事务所律师。

4. 审级：二审。

5. 审判机关和审判组织

一审法院：北京市海淀区人民法院。

合议庭组成人员：审判长：申进；人民陪审员：闫洪、韩玉魁。

二审法院：北京市第一中级人民法院。

合议庭组成人员：审判长：梁菲；代理审判员：何君慧、贾志刚。

6. 审结时间

一审审结时间：2009 年 5 月 20 日。

二审审结时间：2009 年 9 月 23 日。

(二) 一审诉辩主张

1. 被诉具体行政行为

被告北京市住房和城乡建设委员会（原北京市建设委员会，以下简称市建委）于 2005 年 6 月 22 日向魏军核发了京房权证海私移字第 0031602 号房屋所有权证（以下简称被诉房产证），将位于北京市海淀区文慧园甲 2 号楼×号住房一套（建筑面积 64.26 平方米）的所有权人转移登记至魏军名下。市建委经审查，认为申请人提交的相关材料符合《城市房屋权属登记管理办法》的相关规定，因而为其核发了房屋所有权证。

2. 原告诉称

原告为北京变压器厂退休职工，原告单位于 1995 年将位于本市海淀区文慧园甲 2 号楼×号房屋分给原告，原告于 1997 年以成本价购买该房屋。2007 年 4 月，赵磊通过公证处出具虚假公证，将该房屋过户至其本人名下。后赵磊又将该房屋过户到魏军名下。为了维护原告的合法权益，故诉至法院，请求确认被告向魏军颁发的被诉房产证违法，诉讼费由被告负担。

3. 被告辩称

2005 年 6 月 22 日，我委收到赵磊与魏军的代理人共同提交的位于本市海淀区文慧园甲 2 号楼×号房屋所有权转移登记申请。同时申请人提交了买卖合同、身份证明等材料。本案中，被告经审查，认为申请人提交的全部材料符合相关法规规定，依法颁发了被诉房产证。我委作出的登记行为认定事实清楚，适用法律正确，符合法定程序，请求法院驳回原告诉讼请求。

（三）一审事实和证据

北京市海淀区人民法院经公开审理查明：位于北京市海淀区文慧园甲 2 号楼×号房屋所有权人原登记为邢廉（京房权证海私成字第 187504 号）。2004 年 4 月 15 日，市建委作出房屋权属转移登记，向赵磊核发了京房权证海私移字第 049413 号房屋所有权证，将上述房屋的所有权人登记为赵磊。2005 年 6 月 22 日，赵磊和魏军向市建委提出转移登记申请，并提交了相关材料。市建委经审查，认为申请人提交的材料符合法律规定，于当日向魏军核发了被诉房产证，将该房屋的所有权人登记为魏军。后魏军将该房屋卖与罗楚亮。市建委将被诉房产证注销，并向罗楚亮另行核发了房屋所有权证。邢廉于 2007 年 11 月 29 日向一审法院提起行政诉讼，要求确认市建委为魏军核发的房屋所有权证违法。

另查明，邢廉于 2007 年 11 月 29 日向一审法院另行提起行政诉讼，要求确认市建委于 2004 年 4 月 15 日向赵磊核发的京房权证海私移字第 049413 号房屋所有权证无效。2009 年 3 月 16 日，一审法院作出（2008）海行初第 00014 号行政判决书，确认市建委核发的上述房屋所有权证无效，现该判决已发生法律效力。

上述事实有下列证据证明：

被告提供的证据有：

1. 房屋所有权转移登记申请表；

2. 京房权证海私移字第 049413 号房屋所有权证；

3. 房屋买卖契约；

4. 买卖双方人身份证明；

5. 契税专用税收缴款证书；

6. 房地产交易与权属登记审批与发证表。

原告提供的证据有：

1. 京房权证海私成字第 187504 号房产证；

2. 公证书；

3. 委托书。

（四）一审判案理由

北京市海淀区人民法院经审理认为：市建委作为城市房屋权属登记机关，应对申请人的申请进行权属审查。《城市房屋权属登记管理办法》第十七条第二款规定："申请转移登记，权利人应当提交房屋权属证书以及相关的合同、协议、证明等文件。"对房屋所有权清楚、没有争议、符合有关法律规定、手续完备的，发给房屋所有权证。

本案中，市建委依据赵磊提交的京房权证海私移字第 049413 号房屋所有权证、房屋买卖合同以及买卖双方的身份证明等相关材料，依据《城市房屋权属登记管理办法》的相关规定，对双方提供的相关材料进行了审查，向第三人魏军核发了被诉房产证。虽然市建委形式上已尽到了相应审查义务，但根据本院已生效的行政判决书，赵磊提交的京房权证海私移字第 049413 号房屋所有权证已被依法确认无效，因此市建委为魏军核发的被诉房产证已无合法存在的依据，应当予以撤销。但由于该房屋所有权证已经由市建委注销登记，该具体行政行为已无可撤销内容，故法院确认该房屋所有权证无效。

（五）一审定案结论

北京市海淀区人民法院依照《中华人民共和国行政诉讼法》第五十四条第（二）项第一目、《最高人民法院关于执行〈中华人民共和国行政诉讼法〉若干问题的解释》第五十七条第二款第（二）项的规定，作出如下判决：

确认被告北京市住房和城乡建设委员会于 2005 年 6 月 22 日向魏军核发的京房权证海私移字第 0031602 号房屋所有权证无效。

案件受理费 50 元，由被告北京市住房和城乡建设委员会负担（于本判决生效后 7 日内交纳）。

（六）二审情况

1. 二审诉辩主张

（1）上诉人诉称

1）上诉人的取得系善意取得；2）一审判决确认房产证无效适用法律错误，应该确认违法；3）上诉人与赵磊提交的所有材料是真实齐全的，被告颁发房产证是依据法定程序，并无违法之处。综上，请求依法撤销一审判决，改判驳回邢廉的诉讼请求。

（2）被上诉人辩称

同意原审判决，请求二审法院驳回上诉人的上诉请求。

2．二审事实和证据

北京市第一中级人民法院经审理，认定的事实和证据与一审相同。

3．二审判案理由

北京市第一中级人民法院经审理认为：根据《最高人民法院关于执行〈中华人民共和国行政诉讼法〉若干问题的解释》第十二条的规定，与具体行政行为有法律上利害关系的公民、法人或者其他组织对该具体行政行为不服的，可以依法提起行政诉讼。该解释第四十四条第（二）项亦规定，对于不具备原告诉讼主体资格的诉讼，人民法院应当裁定不予受理，已经受理的应当裁定驳回起诉。本案中，邢廉认为市建委为魏军颁发的被诉房产证侵犯其合法权益，但市建委颁发被诉房产证是基于赵磊与魏军之间的民事买卖行为而作出的具体行政行为，该行为与邢廉不具有法律上的利害关系，其不具有原告的诉讼主体资格，故该起诉应予驳回。一审法院认定邢廉为本案适格原告，受理其起诉并确认被诉房产证无效有误，应予纠正。

4．二审定案结论

北京市第一中级人民法院依照《最高人民法院关于执行〈中华人民共和国行政诉讼法〉若干问题的解释》第十二条、第四十四条第（二）项、第七十九条第（一）项，作出如下判决：

（1）撤销北京市海淀区人民法院（2008）海行初字第00015号行政判决；

（2）驳回邢廉的起诉。

（七）解说

本案的焦点问题是在争议房屋经过多手交易后，关于房屋所有权证的案件中原告主体资格如何确定。

该案在审理中存在意见分歧：一种意见是根据法院已生效的行政判决书，被诉房产证所依据的赵磊提交的京房权证海私移字第049413号房屋所有权证已被依法确认无效，因此市建委为魏军核发的被诉房产证已无合法存在的依据，应当予以撤销，即此种意见同意一审判决的理由。第二种意见是市建委颁发被诉房产证是基于赵磊与魏军之间的民事买卖行为而作出的具体行政行为，该行为与邢廉不具有法律上的利害关系，其不具有原告的诉讼主体资格，故该起诉应予驳回。就笔者而言，倾向于第二种意见。

目前，因房屋经过多次买卖而产生的要求撤销房产证的案件较多，该类案件的难点在于第一手的当事人是否可以就后几手交易因房屋买卖而形成的房产证主张权利。上述两种意见均有各自的道理，从法律角度来说，第一种观点没有问题，因为在前一手的房屋产权证被确认违法或无效后，以其为依据的后手房屋所有权证应当也被确认违法或无效。这样，直至最后一手的房屋所有权证亦被确认无效。从行政法的基本理论来看，这种做法是正确的。但是，此种做法的缺点是无法保障最后一手房屋所有权人（即最后一手房屋买方）的善意取得的权利以及市场交易的安全与诚信。因为，最后一手的买方在这类案件中基本上是不知晓房屋前几手的买卖情况的，更无法得知之前的房屋所有权证是否违法，因此，在其善意取得该房屋的情况下，因为之前的房屋买卖出现问题，致使房屋所有权证无效或违法，而将善意取得人的房屋所有权证亦确认无效或违法，显然对其合法权益造成了损害。《中华人民共和国物权法》第一百零六条规定，无处分权人将不动产或者动产转让给受让人的，所有权人有权追回；除法律另有规定外，符合下列情形的，受让人取得该不动产或者动产的所有权：（1）受让人受让该不动产或者动产时是善意的；（2）以合理的价格转让；（3）转让的不动产或者动产依照法律规定应当登记的已经登记，不需要登记的已经交付给受让人。从上述规定可知，如果在行政案件中将善意取得人的房屋所有权证确认无效，则对其在民事诉讼中主张善意取得造成障碍。同时，将前后几手涉及的所有房屋所有权证均确认无效，也降低了市场交易的安全和诚信，市场秩序将受到影响。此外，如果将前后几手的房屋所有权证均确认无效，将产生几个行政案件，实际上也增加了诉累。综上，因为房屋第一手买卖出现问题，而将后续房屋买卖而取得的房屋所有权证均确认无效，在实践审判中并非最佳方案。本案中，邢廉的损失完全可以通过向赵磊主张权利而获得补救，其对魏军及其后的罗楚亮的房屋所有权证无权主张权利。这种处理方式既保障了魏军、罗楚亮的善意取得的权利，也保障了现有秩序的稳定，保障了市场交易的安全和诚信。因此，就本案而言，裁定驳回邢廉的起诉是处理该案比较好的方式。

（北京市第一中级人民法院　贾志刚）

16. 窦海玉不服北京市建设委员会房屋行政登记案
（单位团购代办登记）

（一）首部

1. 判决书字号
一审判决书：北京市昌平区人民法院（2009）昌行初字第18号判决书。
二审判决书：北京市第一中级人民法院（2009）一中行终字第1823号判决书。
2. 案由：房屋登记。
3. 诉讼双方
原告（被上诉人）：窦海玉，女，汉族，1965年生，神华准格尔能源有限公司大准铁路公司员工，现住北京市昌平区北七家镇。
委托代理人（一审）：寥宏浩，北京市天岳律师事务所律师。
委托代理人（二审）：梁化情，北京市天岳律师事务所律师。

被告（被上诉人）：北京市建设委员会。住所地：北京市宣武区广莲路 5 号建工大厦 B 座。

法定代表人：隋振江，该委员会主任。

委托代理人：张玉泉，北京市昌平区建设委员会退休干部。

委托代理人：康晓乐，北京市昌平区建设委员会科员。

第三人（上诉人）：窦海春，男，汉族，1967 年生，中电霍煤蒙东能源集团扎哈淖尔分公司职员，住内蒙古霍林郭勒市。

委托代理人：徐忠余，北京市融道律师事务所律师。

委托代理人：李素敏，女，汉族，1970 年生，霍煤双兴煤气化有限责任公司职员，住内蒙古霍林郭勒市。

4. 审级：二审。

5. 审判机关和审判组织

一审法院：北京市昌平区人民法院。

合议庭组成人员：审判长：郑丽；人民陪审员：韩玉海、梁建。

二审法院：北京市第一中级人民法院。

合议庭组成人员：审判长：吴月；代理审判员：贾志刚、赵锋。

6. 审结时间

一审审结时间：2009 年 7 月 3 日。

二审审结时间：2009 年 9 月 18 日。

（二）一审诉辩主张

1. 被诉具体行政行为

被告北京市建设委员会于 2002 年 4 月 4 日作出京房权证昌私移字第 91630 号房屋所有权证及京房权证昌私移字第 91630 号共字第 31086 号房屋共有权证。京房权证昌私移字第 91630 号房屋所有权证主要内容是：房屋所有权人：窦长禄和窦海春，房屋坐落：北七家镇温泉花园 B 区×号楼×室，间数：四间，产权来源：购买商品房。与该证同时核发的共有权证一份，证号 31086 号。共有权人：窦海春，共有份额为各占1/2，与持证人关系为父子关系。发证机关是北京市国土资源和房屋管理局。核准日期为 2002 年 4 月 4 日。

2. 原告诉称

原告的父亲窦长禄（已故）原系内蒙古霍林河煤业（集团）有限责任公司干部。2000 年 8 月通过退还霍林河矿区住房和补差价的方法取得北京市昌平区北七家镇温泉花园 B 区×号楼×室住房的所有权。但当时无产权证。该房产的取得条件是按职务顺序先后依次享有选择权。以成本价面向有购房资格者销售的住房，购买人必须符合条件。因原告的父亲符合条件所以调至温泉花园 B 区×号楼×室。原告一直在此房屋中与父母居住并为二老养老送终，为此，原告的父亲委托律师立下了律师见证遗嘱将其所有的房产指定由原告继承。

由于后期原告的父亲一直身体不太好所以也没有主动提出办理房屋产权证的事情，直至原告的父亲去世。2008年年底原告的弟弟窦海春突然一纸诉状将原告诉至北京市昌平区人民法院提出要继承遗产，并出示了京房权证昌私移字第91630号共字第31086号房屋共有权证作为证据。对于此房屋产权证及房屋共有权证，原告的父亲及原告都未见过。作为该房产的真实所有人对该房产证毫不知情，原告不知道被告作为颁发房屋产权证的行政机关到底是依据何人的何种申请颁发了房屋产权证，并为不可能享有该房产任何权利的窦海春颁发了享有一半产权的房屋共有权证。为此，原告认为被告在颁发产权证时未能尽到严格审查的义务，作出了错误的房屋登记行为。请求法院依法撤销被告房屋产权证及房屋共有权证。

3. 被告辩称

根据房屋所有权人窦长禄和房屋共有权人窦海春的申请，为窦长禄颁发房屋所有权证和为窦海春颁发房屋共有权证的具体行政行为合法有据，依法应当予以维持。（1）根据档案记载，2001年10月10日窦长禄、窦海春二人与北京三基房地产开发公司签订《北京温泉花园售房协议》共同购买温泉花园B区×号楼×室房屋。2001年12月1日，在原昌平区房地产管理局房地产交易所办理立契过户，2002年4月申请房产登记，领取房屋所有权证和房屋共有权证。申请人向登记机关提交的申请表、申请书及购房合同均反映该房产系窦长禄、窦海春二人共同购买。（2）本案原告如果认为本机关为窦长禄、窦海春颁发房屋所有权证、房屋共有权证的具体行政行为侵害其合法权益，依照《最高人民法院关于执行〈中华人民共和国行政诉讼法〉若干问题的解释》应当在具体行政行为作出之日起2年内依法主张自己的权利，原告称其长期与窦长禄共同生活，答辩人认为房产登记颁证这类重大事项原告不应不知情，其诉讼主张已明显超过法定诉讼时效，依法不应得到人民法院的支持。（3）答辩人认为：房产登记是一种以申请为前提实施的行政确认行为，只要申请人向登记机关提交了能够证明其房屋所有权合法来源的相关材料，登记机关就应当依据建设部《城市房屋权属登记管理办法》办理登记。原告窦海玉的诉讼主张不能成立，请求人民法院依法驳回原告的诉讼请求。

4. 第三人述称

原告主体不适格，认为只有原告和第三人的父母能够提起诉讼，但他们生前未提出异议，因此父母对此房的诉权不能转移给原告，原告诉状陈述的事实与客观不符。第三人从2004年至2006年同父母生活，尽了赡养义务，共有权证办理时所有子女都知道，原告超过了诉讼时效。第三人持有的房屋共有权证是从其母张金荣处取得的，要求维持被诉的产权证。

（三）一审事实和证据

北京市昌平区人民法院经公开审理查明：2002年4月4日，窦长禄所在单位霍林河煤业集团有限责任公司代窦长禄和窦海春向原北京市国土资源和房屋管理局（现北京市建设委员会）申请房屋产权登记，提交了窦长禄、窦海春与北京三基房地产开发公司签订的商品房买卖契约、平面图、户口、身份证、购房款收据、房产卖契等材料，但未提交窦长禄的书面授权委托书。被告经审查后，认为符合登记条件，于2002年4月4日为窦长禄、窦海春进行了房屋所有权和房屋共有权的登记，上述证书由窦长禄的原工作单位代理人领取，未办理送达签收手续。此后，窦海春持有房屋共有权证。

原告与第三人系姐弟关系。2007年9月13日原告及第三人的父亲窦长禄去世。2008年年底第三人窦海春将原告诉至北京市昌平区人民法院要求继承遗产，并出示了京房权证昌私移字第91630号共字第31086号房屋共有权证。此时，原告方知该房产办理了房屋共有权证及其内容，原告持遗嘱认为该房屋由其继承，被告核发房屋所有权和共有权证的行为侵犯了其合法权益，于是向本院起诉，要求撤销京房权证昌私移字第91630号房屋所有权证及京房权证昌私移字第91630号共字第31086号房屋共有权证。

上述事实有下列证据证明：

1. 窦长禄、窦海春房地产交易档案，其中包括：（1）购买商品房登记表，证明申请购买的房屋是北七家镇温泉花园B区×号楼×室。（2）北京市温泉花园商品房买卖契约，证明购买的房屋是北京市昌平区北七家镇温泉花园B区×号楼×室。（3）卖方的法定代表人身份证明及授权委托书。（4）房产卖契存根。（5）北京市房屋买卖审批表。（6）卖方代理人的身份证、买方窦海春、窦长禄的身份证复印件、户口登记卡和暂住证复印件。（7）外省市个人在京购房办理产权通知单，证明窦长禄符合在京购房条件，可以办理立契过户、产权登记等手续。

2. 窦长禄、窦海春的房地产权属档案，其中包括：（1）北京市房屋产权登记申请书，证明原北京市国土资源和房屋管理局为本案第三人颁发房产证的具体行政行为是依据窦海春、窦长禄的申请而实施的。（2）房地平面图，证明本案房屋的状况。（3）北京市房屋登记表，证明登记的房屋的基本情况即房屋坐落北七家镇温泉花园B区×单元×室等，且平面图和房屋登记表是由负责该项目测绘的测绘机构完成的。（4）北京市城镇房地产权属位置示意图。（5）房屋状况表，证明是经过申请人共同盖章确认的。（6）北京市房屋所有权登记收费计算表。（7）房屋所有权登记工作记录，证明是由初审、复审、审批人员签署的。（8）房地产权属登记收存契证存根。（9）房屋买卖契约。（10）房地产专用发票。（11）身份证复印件。（12）公共维修基金专用收据。（13）房产卖契。以上证据证明权属来源清晰，购房者的身份是合法的，依法应当核发房屋所有权证。

3. 北京市建设委员会《关于房屋所有权发证有关问题的通知》。

4. 调房协议。

5. 内蒙古霍林河煤业集团有限责任公司出具的证明。证明涉案房产的来源为霍林河煤业集团公司房改房，不存在另行签约购买的问题。另证明房屋为原告父亲的个人财产，不存在共有问题。

6. 《遗嘱》。

7. 录像光盘2张。

8. 窦长青手书《证明》。证明原告的父亲对办理房产证一事毫不知情并证明原告的父亲通过遗嘱将涉案房产交由原告一人继承与他人无关。

9. 原告父亲的同事田奎良出具的《证明》，证明涉案房产的产权证是由集体公司包办的,不是权利人的真实意思表示。

10. 办理房产证经手人孙来义出具的《证明》,证明办理房产证并非权利人自己提出,权利人没有亲自到被告处办理相关手续。

11. 窦长禄的老同事出具的《证明材料》,证明办理房产证系集体包办,窦长禄本人并未参与。

12. 霍林河煤业集团有限责任公司开具的《证明》,证明集团公司为窦长禄办理房产证时未经窦长禄的授权委托,窦长禄本人也没有出具过房屋分配意见,房屋产权证办完后,没有办理送达签收手续。

(四)一审判案理由

北京市昌平区人民法院经公开审理认为:我国实行房屋所有权登记发证制度。北京市建设委员会作为本市房屋行政主管部门依法具有对城市房屋权属进行登记,制作并向房屋所有权人核发房屋权属证书,确认房屋所有权的职责。

本案中原告具有诉讼主体资格。根据《最高人民法院关于执行〈中华人民共和国行政诉讼法〉若干问题的解释》第十二条的规定,与具体行政行为有法律上利害关系的公民、法人或者其他组织对该行为不服的,可以依法提起行政诉讼。窦长禄是本案中行政登记行为的相对人,窦长禄去世后,窦海玉作为窦长禄的女儿,与窦长禄存在继承法律关系,被告向窦长禄和窦海春颁发的房屋所有权和共有权证与窦海玉有法律上的利害关系,窦海玉有权提起诉讼,对于被告及第三人关于窦海玉没有诉讼主体资格的主张是不成立的,本院不予支持。

根据《城市房屋权属登记管理办法》的规定,"权属清楚、产权来源资料齐全"是办理房屋权属登记应具备的条件。本案原告提出申请办理房屋转移登记并非窦长禄、窦海春亲自所为,被告亦承认窦长禄、窦海春未亲自办理的事实。被告提出的窦长禄所在单位为其办理房屋转移登记,属于团购,不需要提交权利人的授权委托书的主张,不符合《城市房屋权属登记管理办法》第十三条第二款"代理人申请登记时,除向登记机关交验代理人的有效证件外,还应当向登记机关提交权利人(申请人)的书面委托书"的规定,被告陈述的理由缺乏法律根据,被告作出的由窦长禄原工作单位代办的房屋所有权和共有权登记,以及对房产份额的登记,没有权利人提交的授权委托书,无法确定是权利人的真实意思表示,其所作的行政登记行为缺乏程序和法律依据,不应予以支持。

(五)一审定案结论

北京市昌平区人民法院依照《中华人民共和国行政诉讼法》第五十四条第(二)项第三目的规定,作出如下判决:

撤销被告北京市建设委员会于2002年4月4日作出的京房权证昌私移字第91630号房屋所有权证及京房权证昌私移字第91630号共字第31086号房屋共有权证。

案件受理费50元,由被告北京市建设委员会负担(于本判决生效之日起7日内交纳)。

（六）二审情况

1. 二审诉辩主张

（1）上诉人诉称

1）窦海玉虽然是窦长禄的女儿，但由于窦海春与窦海玉继承纠纷的案件尚未审结，窦海玉是否拥有继承权尚无法确定，一审法院认定窦海玉与窦长禄存在继承关系是错误的。窦海玉既不是本案中行政登记行为的相对人，又与共有权证无利害关系，其无权提起本诉讼。2）被诉房产证虽然是单位负责统一办理的，但单位持有的是所有权人的身份证件，而且在填写的资料上都有本人签字，因此所谓要求代理人的授权委托书显然没有必要。事后张金荣将房产证领回，均可认定窦长禄本人承认这一事实，因此，一审法院对行政规章的理解和适用有误。3）一审法院审理程序违法，明显偏袒窦海玉。

综上，上诉人窦海春请求撤销一审判决，认定房屋所有权证及房屋共有权证合法有效，驳回窦海玉的诉讼请求。

（2）被上诉人辩称

被上诉人（原审原告）辩称：1）窦海玉是昌平区北七家镇温泉花园 B 区×号楼×室房产的合法继承人（唯一的遗嘱继承人），也是该处房产的实际使用人和管理人，窦海玉与该房屋产权具有法律上的利害关系，其起诉符合行政诉讼法的规定，其具有诉讼主体资格。2）窦海玉及其父亲窦长禄虽然一直居住在上述房屋中，但是窦长禄长年卧病在床，根本不知道房产证事宜，这一点可以从窦长禄的遗嘱录像及当年主持办理该房屋产权证的负责人在一审到庭发表的证言中得到清晰的印证。上述房屋的实际产权人窦长禄尚且不知道房产证的事情，窦海玉就更不可能知道产权证的事情，直到窦海春将窦海玉告上法庭时，窦海玉才第一次看到该房屋产权证。而此时至窦海玉提起本诉讼之时尚不满 2 年，因此窦海玉并未超过法定的起诉期限。3）《城市房屋权属登记管理办法》第十三条第二款规定："代理人申请登记时，除向登记机关交验收代理人的有效证件外，还应向登记机关提交权利人（申请人）的书面委托书。"并且当时办理房产证还要当事人亲自到房管局去立契过户，而被诉房产证的办理中，也不存在该过程。窦海春又称，张金荣代领了房产证，就可以推定窦长禄本人承认这一事实。这种说法既没有事实依据也不符合逻辑推理。因此，一审判决对行政法律法规的适用和理解并没有不妥之处。综上，请求驳回窦海春的请求。

被上诉人（原审被告）辩称：不动产权利的处置应该以权利人的意思表示为根据，作为被诉房产登记行为相对人的窦长禄已经认可了市建委的房产登记行为，其并未在法定期限内对该房产登记行为提出质疑。现窦长禄已经死亡，窦海玉作为女儿对该房产登记行为提出的异议，是基于其继承权产生的，和市建委的该房产登记行为没有关系。一审法院认定窦海玉对被诉房产登记行为具有诉权没有依据。市建委对被诉房产登记过程中，审查了申请人的申请材料并且有其印章，该房产登记合法。一审法院以市建委没有收到权利人委托他人办理的委托手续作为撤销京房权证昌私移字第 91630 号房屋所有权证及京房权证昌私移字第 91630 号共字第 31086 号房屋共有权证的理由牵强。因此，请求撤销一审判决，发回重审。

2. 二审事实和证据

北京市第一中级人民法院经审理查明：被上诉人窦海玉与上诉人窦海春系姐弟关系。2002 年 4 月 4 日，窦海玉与窦海春之父窦长禄所在单位霍林河煤业集团公司代窦长禄和窦海春向原北京市国土资源和房屋管理局申请房屋产权登记，提交了窦长禄、窦海春与北京三基房地产开发公司签订的商品房买卖契约、平面图、户口、身份证、购房款收据、房产卖契等材料，但未提交窦长禄的书面授权委托书。该局经审查认为符合登记条件，即于 2002 年 4 月 4 日颁发京房权证昌私移字第 91630 号房屋所有权证及京房权证昌私移字第 91630 号共字第 31086 号房屋共有权证。京房权证昌私移字第 91630 号房屋所有权证主要内容是：房屋所有权人：窦长禄和窦海春，房屋坐落：北七家镇温泉花园 B 区 × 号楼 × 室，间数：四间，产权来源：购买商品房。与该证同时核发的共有权证一份，证号 31086 号。共有权人窦海春，共有份额为各占 1/2，与持证人关系为父子关系。发证机关是原北京市国土资源和房屋管理局。核准日期为 2002 年 4 月 4 日。上述证书由窦长禄的原工作单位代理人领取，未办理送达签收手续。此后，窦海春持有房屋共有权证。

2007 年 9 月 13 日，窦长禄去世。2008 年年底，窦海春将窦海玉诉至北京市昌平区人民法院要求继承遗产，并出示了京房权证昌私移字第 91630 号共字第 31086 号房屋共有权证。此时，窦海玉方知该房产办理了房屋共有权证及其内容，窦海玉持遗嘱认为该房屋由其继承，市建委核发房屋所有权和共有权证的行为侵犯了其合法权益，于是诉至一审法院，要求撤销京房权证昌私移字第 91630 号房屋所有权证及京房权证昌私移字第 91630 号共字第 31086 号房屋共有权证。

另查明：2004 年 7 月北京市人民政府将北京市房屋行政管理职责划归市建委，该委于 2009 年 4 月更名为北京市住房和城乡建设委员会。

北京市第一中级人民法院认同一审法院对市建委、窦海玉提交的证据及对窦海春提交的证据的认证意见。

3. 二审判案理由

北京市第一中级人民法院经审理认为：认同一审判决中关于窦海玉具有本案诉讼主体资格的认定意见。

根据《城市房屋权属登记管理办法》的规定，"权属清楚、产权来源资料齐全"是办理房屋权属登记应具备的条件。《城市房屋权属登记管理办法》第十三条第二款规定："代理人申请登记时，除向登记机关交验代理人的有效证件外，还应当向登记机关提交权利人（申请人）的书面委托书。"本案中，窦长禄、窦海春并未亲自到市建委办理房屋产权登记，而是由窦长禄原工作单位到市建委代为办理。在该单位未提交权利人的授权委托书，市建委无法确定权利人的真实意见的情况下，该委为窦长禄、窦海春办理了房屋所有权和共有权登记，以及对房产份额的登记，不符合上述规定。市建委认为窦长禄所在单位为其办理房屋转移登记，属于团购，不需要提交权利人的授权委托书的主张，没有依据。一审判决认定事实清楚，适用法律无误，程序合法，本院应予维持。窦海春及市建委的诉讼理由，缺乏事实及法律依据，其请求本院不予支持。

4. 二审定案结论

北京市第一中级人民法院依照《中华人民共和国行政诉讼法》第六十一条第（一）项之规定，作出如下判决：

驳回上诉，维持一审判决。

二审案件受理费50元，由上诉人窦海春负担（已交纳）。

（七）解说

本案争议的焦点问题是在单位团购房屋的情况下，单位代职工办理房屋产权登记是否需要提交权利人的书面委托书。

房屋是一项重大的财产，为了维护房地产市场秩序，保护房屋权利人的合法权益，国家建立了房屋权属登记制度。这种登记行为既具有国家通过行政登记手段对不动产权属秩序进行管理的行政公法性质，又具有不动产权利人通过物权登记取得不动产物权同时进行对世权利公示的物权私法性质。所以房屋登记兼具有公法和私法上的效力。

房屋登记涉及房屋这一重大财产权益，往往涉及多方主体的利益。房屋可能归属于一个主体，也可能由多个主体共有，根据《城市房屋权属登记管理办法》的规定，"权属清楚、产权来源资料齐全"是办理房屋权属登记应具备的条件。为了便于当事人办理房屋登记，国家建立了房屋登记的代理制度。在委托代理人办理房屋权属登记的情况下，由于房屋的权利人并未亲自到现场办理登记，房屋登记机关无从知晓房屋权利人的真实意思，因此代理人在办理房屋登记时应当向登记机关提交权利人的书面委托书，在委托书中写明房屋的权属状况、是否存在共有人等涉及房屋权属的重大事项。对此，相关的法律、法规作出了明确规定。《城市房屋权属登记管理办法》第十三条第二款规定："代理人申请登记时，除向登记机关交验代理人的有效证件外，还应当向登记机关提交权利人（申请人）的书面委托书"。如果房屋登记机关在代理人未提交授权委托书的情况下，对房屋的权属状况进行登记，则其房屋登记行为的效力可能因缺乏权利人的真实意思表示而受到质疑。

本案中，原告提出申请办理房屋转移登记并非窦长禄、窦海春亲自所为，被告亦承认窦长禄、窦海春未亲自办理的事实。被告认为窦长禄所在单位为其办理房屋转移登记，属于团购，不需要提交权利人的授权委托书的主张，不符合《城市房屋权属登记管理办法》第十三条第二款的规定，被告陈述的理由缺乏法律根据，被告作出的由窦长禄原工作单位代办的房屋所有权和共有权登记，以及对房产份额的登记，没有权利人提交的授权委托书，无法确定是权利人的真实意思表示，其所作的行政登记行为缺乏程序和法律依据，不应予以支持。综上所述，一审法院依据《中华人民共和国行政诉讼法》第五十四条第（二）项第三目之规定，作出撤销被告北京市建设委员会于2002年4月4日作出的京房权证昌私移字第91630号房屋所有权证及京房权证昌私移字第91630号共字第31086号房屋共有权证的判决是正确的。

（北京市昌平区人民法院　郑丽　李丽）

17. 黄泽洪不服珠海市房地产登记中心房产登记案
（房产登记瑕疵与善意第三人权益）

（一）首部

1. 判决书字号

一审判决书：广东省珠海市金湾区人民法院（2007）金行初字第 5 号判决书。

二审判决书：广东省珠海市中级人民法院（2008）珠中法行终字第 73 号判决书。

2. 案由：房产登记。

3. 诉讼双方

原告（被上诉人）：黄泽洪，住珠海市金湾区红旗镇。

委托代理人（一、二审）：覃桂清，住珠海市金湾区红旗镇。

被告（上诉人）：珠海市房地产登记中心。

法定代表人：吴康模，该中心主任。

委托代理人（一、二审）：谭祥升，该中心法制科科长。

委托代理人（一、二审）：肖寒，该中心法制科副科长。

第三人：深圳市中建一局华南实业有限公司。

法定代表人：戴哲富，该公司董事长。

委托代理人：何琳玲，该公司员工。

第三人：黄兴邦，住广东省珠海市香洲区。

委托代理人：李宏伟，内蒙古宏冠律师事务所律师。

第三人：麦康养，化名"麦勇"，现羁押于广东省四会监狱。

4. 审级：二审。

5. 审判机关和审判组织

一审法院：广东省珠海市金湾区人民法院。

合议庭组成人员：审判长：李洪涛；审判员：陈德玉、黄永彬。

二审法院：广东省珠海市中级人民法院。

合议庭组成人员：审判长：张一平；审判员：林洁、乌云利。

6. 审结时间

一审审结时间：2007 年 12 月 8 日。

二审审结时间：2009 年 3 月 24 日（因本案审理中涉及麦康养的刑事责任案件的审理，且有系列相似案件，存在中止审理及和解协调的扣除审限情况）。

（二）一审诉辩主张

1. 被诉具体行政行为

珠海市房地产登记中心于 2003 年 10 月 21 日根据第三人黄兴邦、麦康养提供的《房地产转移登记申请表》、《居民身份证》、房屋转让款项的《发票联》、房屋买卖的《契税完税证》、《珠海市房地产买卖合同》、《房地产估价报告书》、《房地产权属证书》等，核准了麦康养将珠海市金湾区红旗镇环山一路三号聚华楼二单元×房及首层×号商铺（下称聚华楼二单元×房及首层×号商铺）转让给黄兴邦的过户申请，颁发了粤 C0902799 号、粤 C0902800 号房地产权证书给黄兴邦。

2. 原告诉称

2002 年，麦康养以虚假伪造的"中建一局深圳公司"的名义，在被告处办理了聚华楼的房地产权证，同年 7 月，麦康养又将该房产的产权变更到个人名下。而后，麦康养将聚华楼二单元×房及首层×号商铺，以现金 221 600 元卖给了原告，麦康养在收了原告的购房款后，又另行出售给第三人黄兴邦，并办理了房地产权证。被告在办理麦康养的聚华楼房地产权证的过程中，并没有正确审核其所提交的相关资料，有严重过失。聚华楼的原始登记是虚假和非法的，必然导致随后的一切变更转让和交易都是非法无效的，因此，黄兴邦的房地产权证是虚假无效的，应予以撤销。

3. 被告辩称

黄兴邦和麦康养就上述房地产共同向被告提出变更登记申请，并提交了《珠海市房地产登记条例》第三十一条规定的资料。被告按照该条例第七条规定的程序，经审查没有发现申请人的登记申请有不符合法律法规规定的情形后，核准了二人的申请，并颁发了房地产权证书给黄兴邦。至于之前被告将上述房地产权核准登记到中建一局深圳公司名下时，并不存在审查不实的过错。被告在核准登记过程中已经履行应尽的职责，不存在过错。因麦康养以中建一局深圳公司的名义在申请办理产权登记之前，已经取得建设用地规划许可证、建设用地批准书、建设工程规划许可证、土地使用权出让合同及竣工验收备案证明等具备社会公信力的政府相关职能部门出具的批准文件，所以登记机关在登记过程中，只对申请人提交的资料进行书面审查，并尽合理的注意义务即可。

4. 第三人述称

第三人深圳市中建一局华南实业有限公司述称，中建一局深圳公司已于 1999 年 11 月 23 日更名为深圳市中建一局华南实业有限公司，法定代表人是戴哲富。我公司没有在珠海红旗进行过任何房产项目的开发和建设，2002 年、2003 年期间于珠海出现的"中建一局深圳公司"和法定代表人麦康养是假冒的。

第三人黄兴邦述称，法律规定房屋的买卖以登记为有效，我方确认权属人为麦康养后与其签订了买卖合同，并依法向被告提交了相关资料。被告依买卖双方的申请，依法为我方办理房产过户登记并签发权利证书，程序合法，应予确认和维持。

第三人麦康养述称，我与原告的房产买卖是真的，黄兴邦是帮我做房产的评估及过户手续，变更其名下的房产登记应撤销。

(三) 一审事实和证据

广东省珠海市金湾区人民法院经公开审理查明：2002年2月7日，麦康养以中建一局深圳公司的法定代表人的身份并以该公司的名义（实际上中建一局深圳公司于1999年11月23日经工商登记变更为深圳市中建一局华南实业有限公司，法定代表人为戴哲富，麦康养是以虚假的公司名义办理）在本市红镇环山一路三号投资开发房产聚华楼，办理了权属人为中建一局深圳公司证号的粤房地证字第C0847081号房地产权证。

2003年9月，麦康养以上述房产是其挂靠中建一局深圳公司开发为由，又以该公司的名义，将上述房产变更登记至其个人名下，办理了权属人为麦康养的粤房地证字第C0847497号产权证。

2003年8月16日，麦康养将聚华楼二单元×房和首层×号商铺以221 600元卖给了原告。麦康养在收取原告的购房款后，于2003年9月27日又与黄兴邦签订了《房地产买卖合同》，将×房以55 310元、首层×号商铺以62 640元另行出售给第三人黄兴邦。同年10月21日，根据黄兴邦和麦康养的申请，被告作出本案所诉的具体行政行为，即颁发将聚华楼二单元×房和首层×号商铺由麦康养转让登记给黄兴邦的粤房地证字第C0902799号、第C0902800号房地产权证。

自原告向麦康养交清了聚华楼二单元×房的款项后即搬入居住，2003年11月，黄兴邦以其是权属人为由要求原告搬迁，原告至今未搬迁。原告称其是在2006年6月5日根据本院作出的（2005）金刑初字第217号刑事判决，认定麦康养在涉案的聚华楼的买卖中犯了合同诈骗罪，被判处有期徒刑，才知道所买房产被麦康养另行出售，利益受到侵害。所以提起本案诉讼。

已发生法律效力的本院（2005）金刑初字第217号刑事判决，判决麦康养犯合同诈骗罪，认定了麦康养将涉案房屋先出售给黄泽洪，后隐瞒房已出售的事实再卖给黄兴邦，并办理了房产变更登记手续，并认定了办理变更登记的资料中"麦康养"签字及指模为麦康养本人所作的鉴定结论。

上述事实有下列证据证明：

1. 粤C0902800号房地产权证书存根；
2. 第三人黄兴邦、麦康养的《房地产转移登记申请表》；
3. 《珠海市房地产转让申请审批表》；
4. 第三人黄兴邦、麦康养的《居民身份证》；
5. 房屋转让款项的《发票联》；
6. 房屋买卖的《契税完税证》；
7. 《珠海市房地产买卖合同》；
8. 《房地产估价报告书》；
9. 粤C0902799号《房地产权证》；
10. 珠国土西区合字〔2002〕第006号《珠海市国有土地使用权出让合同书》；
11. 珠国土西区合字〔2002〕第0015号《建设用地批准书》；

12. 珠国土西区合字［2002］第 022 号《中华人民共和国建设工程规划许可证》；
13. 珠国土西区合字［2002］第 009 号《中华人民共和国建设工程规划许可证》；
14. 《房屋建筑工程和市政基础设施工程竣工验收备案表》；
15. 《珠海市房地产登记条例》；
16. （2005）金刑初字第 217 号刑事判决书。

（四）一审判案理由

广东省珠海市金湾区人民法院经审理认为：黄兴邦和麦康养就上述房地产共同向被告提出转移登记申请，并提交了《珠海市房地产登记条例》第三十一条规定的申请书、身份证明、房地产权证书、买卖合同等资料。被告颁发了粤房地证字第 C0902799 号、第 C0902800 号房产证书给黄兴邦，符合该条例第七条的规定，被告的核准登记行为符合法定程序。但麦康养是以虚假的"中建一局深圳公司"名义进行房产开发并办理了初始的土地权属证和房产证，随后再以该公司名义变更登记到其本人名下，虽然被告在办理相应权属登记时依法进行了形式审查，且依据其他政府部门所颁发的具备社会公信力的权属来源证明文件，但由于"中建一局深圳公司"身份虚假，该登记行为违反了《城市房屋权属登记管理办法》第十三条和《珠海市房地产登记条例》第二十六条的规定，所以房地产登记是无效的，应予撤销。

（五）一审定案结论

广东省珠海市金湾区人民法院依照《中华人民共和国行政诉讼法》第五十四条第（二）项的规定，作出如下判决：
撤销黄兴邦名下的粤房地证字第 C0902799 号、第 C0902800 号房产证。

（六）二审情况

1. 二审诉辩主张
（1）上诉人诉称
原告的权益受到损害，是由于其自己怠于办理变更登记和麦康养的一房两卖行为，登记中心的登记行为，已尽了合理的审查义务，应予维持。
（2）被上诉人辩称
原审判决认定事实于情有理，适用法律正确，请求二审法院维持一审判决。
（3）第三人述称
我是通过合法手续购买，并办理了产权登记，是善意取得房地产权利，应受到法律保护，产权登记行为应予以维持。
2. 二审事实和证据
广东省珠海市中级人民法院经审理，确认一审法院认定的事实和证据。另查明：登记中心在本案诉讼过程中未提交麦康养委托黄兴邦办理涉案房屋产权过户登记手续的授权委托书。

3. 二审判案理由

广东省珠海市中级人民法院经审理认为：《广东省城镇房地产权登记条例》第七条和《珠海市房地产登记条例》第十四条规定，申请房地产权属登记，申请人可以委托代理人，由代理人申请登记的，应当向房地产管理部门提交申请人的委托书。原审第三人麦康养没有亲自到房屋登记机构办理产权变更登记手续。在此情况下，上诉人登记中心应在收到麦康养出具的授权委托书后，才可办理房屋产权过户登记。但上诉人登记中心在未收到麦康养出具的授权委托书的情况下办理了涉案房屋的产权转移登记，没有尽到法定的审查注意义务，属于行政登记主要证据不足。故上诉人登记中心作出的房屋转移登记行为应予以撤销。

4. 二审定案结论

广东省珠海市中级人民法院依照《中华人民共和国行政诉讼法》第六十一条第（一）项之规定，作出如下判决：

驳回上诉，维持原判。

（七）解说

一个案件虽然审结，但留给法官的思考确没有结束，思考的结果是：或是认为原来的看法有所偏颇，提出来为己之鉴；或者是案件中存在需探知的问题，提出来为己之学。

1. 行政诉讼中登记瑕疵与善意第三人权益保护问题的提出

本案虽然一、二审的结果是一致的，均认定本案所诉的房屋变更登记行为应予撤销，但撤销的理由是不同的。一审认为涉案房屋的产权变更登记符合法定程序，但因初始登记房地产权证存在"中建一局深圳公司"身份的虚假，必然导致在该证基础上所办理的房地产权证也无效，所以应撤销。而二审是直接认定因登记中心在未收到麦康养出具的授权委托书的情况下办理了涉案房屋的产权变更登记，属于行政登记主要证据不足。显然，一、二审均未考虑善意取得第三人的情形。审判实践中有类似大量案例，如甲对房屋登记机构颁发给乙的房屋产权证不服提起行政诉讼，要求撤销该房屋登记行为。法院经审查认为，虽然丙以提供虚假材料证明与乙进行了房屋交易，但乙属于善意取得且经房屋登记已具有公信力。法院是否仅仅以登记行为存在提交虚假材料的情况，判决撤销对乙的房屋登记行为呢？这就存在着登记瑕疵与善意第三人权益保护的问题。审判实践中通常有以下几种裁判方式：

第一种裁判方式。虽然登记机关在职权、行政程序、法律依据等方面并无不当，且已尽了合理审查义务，但是据以登记的事实是虚假的，因而法院判决撤销或者确认违法或无效。如本文一审的处理方式。

第二种裁判方式。裁定中止行政案件的审理，建议善意第三人提起民事确权之诉，待民事判决的结果再作处理。如韩××诉登记中心的房产登记案件，一审认定登记部门将涉案房产核准变更登记给第三人周××时，虽然有形式合法的手续材料，但代理原告办理涉案房产产权变更登记的第三人魏××提交的授权委托书和房地产买卖合同中韩××的签名伪造，构成了房屋产权变更登记申报不实，所以周××的房地产权证应撤销。第三人周××表示自己根本不清楚委托书及合同签名的虚假，认为自己是善意第三人，提起上诉，二审法院以等待周××提起的关于上述房产确权的民事诉讼的处理结果为由裁定中止了案件的审理。

第三种裁判方式。认为权益受损方主要是实际产权人主张房产买卖合同及登记行为无效的，可直接提起民事诉讼，法院作出民事判决确认合同无效，同时直接判决撤销登记行为。

2. 不动产的善意取得制度分析

传统的善意取得制度，仅适用于动产。现代社会，该制度已扩大适用到不动产领域。《中华人民共和国物权法》颁布之前我国立法上没有明文规定不动产的善意取得问题，《最高人民法院关于贯彻执行〈中华人民共和国民法通则〉若干问题的意见（试行）》第八十九条规定："共同共有人对共有财产享有共同的权利，承担共同的义务。在共同共有关系存续期间，部分共有人擅自处分共有财产的，一般认定无效。但第三人善意、有偿取得该财产的，应当维护第三人的合法权益，对其他共有人的损失，由擅自处分共有财产的人赔偿。"该司法解释虽涉及善意第三人的问题，但实践中一直存在是否适用于不动产之争。《中华人民共和国物权法》确立了不动产物权的善意取得制度，第一百零六条规定：无处分权人将不动产或者动产转让给受让人的，所有权人有权追回；除法律另有规定外，符合下列情形的，受让人取得该不动产或者动产的所有权：（1）受让人受让该不动产或者动产时是善意的；（2）以合理的价格转让；（3）转让的不动产或者动产依照法律规定应该登记的已经登记，不需要登记的已经交付给受让人。

根据立法本意，不动产善意取得应界定为：无权转让财产的人（如上述韩××诉登记中心的房产登记案件，是否存在表见代理的情形）将财产转让给第三人后，受让人是善意地取得，或第三人出于善意信赖不动产的登记的公信力（如本案例中黄兴邦出于对麦康养房产登记的信赖），而与登记记载的权利人发生交易，并且转让的不动产已经登记于该第三人名下，此时善意第三人也即时取得不动产所有权，而不受真正权利人追夺，真正权利人只能请求侵害人或有过错的登记机关赔偿损失。

其实刑事诉讼中也体现了对善意第三人利益的维护，如《最高人民法院、最高人民检察院、公安部、国家工商行政管理局关于依法查处盗窃、抢劫机动车案件的规定》规定："对购买赃车后使用非法提供的入户、过户手续或者使用伪造、变造的入户、过户手续为赃车入户、过户的，应当吊销牌证并将车辆无偿追缴，已将入户、过户车辆变卖的，追缴变卖所得并责令赔偿经济损失。"我们知道，刑事犯罪行为比行政违法行为具有更大的社会危害性，司法机关在打击刑事犯罪的同时，也着力保护善意第三人利益，那么审判行政案件更应如此。

3. 房屋登记瑕疵与善意第三人保护应采取的裁判方式

《中华人民共和国行政诉讼法》第五条规定："人民法院审理行政案件，对具体行政行为是否合法进行审查"。《中华人民共和国物权法》颁布之前，人民法院审查房屋行政登记案件，一般采取的审查方式是，只要申请人提供虚假证明的，即使房产登记机关尽了合理审查义务，法院也判决撤销，不考虑第三人是否为善意取得。

如上述的第一种裁判方式，就未考虑《中华人民共和国物权法》所确定的不动产善意取得制度。有人提出行政判决撤销行政登记行为后，善意第三人可通过民事诉讼提起善意取得之诉，但根据《中华人民共和国物权法》规定的善意取得的条件来看，如果行政判决撤销了登记行为，那么善意取得的第三人再提起善意取得的民事诉讼，就缺失受让人取得该不动产或者动产的所有权的必备条件之一"转让的不动产或者动产依照法律规定应该登记的已经登记，不需要登记的已经交付给受让人"，显然善意第三人的权利无法成立。

上述第二种裁判方式，似乎在行政审判中法官注意到了保护善意第三人的权利。但经过分析不难看出，这种方式不仅案中生案，不符合节约诉讼资源和减少当事人讼累的基本原则，而且事实上这种情况一般是产权已过户登记到善意第三人的名下。根据《中华人民共和国物权法》第六条规定：物权的取得和行使，应当依照法律规定登记。动产物权的设立和转让，应当依照法律规定交付。那么善意第三人的物权其实已经登记确认，不存在再提起一个民事诉讼上的确权之诉的必要，可见该种裁判方式也是不合理的。

上述第三种裁判方式实际是通过民事审判程序否定行政机关具体行政行为的效力。人民法院审理房屋买卖合同纠纷案件时，只是对房屋买卖合同是否有效进行审查，并不是对房产登记是否有效进行审查。房产登记是一种行政行为，人民法院对行政机关这种具体行政行为的监督，仅限于通过行政诉讼程序进行，而且这种监督并不替代行政机关作出具体行政行为，最高人民法院曾明确作出司法解释，指出"当事人对于房产管理部门的房屋确权决定不服，可以提起行政诉讼"。

笔者认为较合理的裁判方式是：《中华人民共和国物权法》为对房产登记行为的行政审判中将第三人善意取得纳入合法性审查的范畴，提供了法律支持。在对被诉登记行为进行合法性审查的同时，应当考虑《中华人民共和国物权法》规定的不动产善意取得制度，以维护交易安全为目的，通过房屋登记产生的公信效力，以有效保护房屋交易过程中善意第三人的合法权益。这样在审判中不必机械地认为只要申请人提供了虚假证明，如本案例中出现的"中建一局深圳公司"身份的虚假等，就判决撤销登记行为，若审查登记登记机关尽了合理审查义务，取得房产的第三人是善意取得，法院即可判决维持登记行为；如审查登记机关未尽合理审查义务，但取得房产的第三人是善意取得，法院可判决登记行为违法，而不作撤销处理。

（广东省珠海市金湾区人民法院　陈德玉）

18. 傅美娟不服上海市房地产登记处不动产异议登记案
（不动产异议登记申请的限制）

（一）首部

1. 判决书字号：上海市黄浦区人民法院（2008）黄行初字第 275 号判决书。

2. 案由：不动产异议登记。

3. 诉讼双方

原告：傅美娟，女，1966 年生，汉族，住上海市浦东大道。

委托代理人：蒋皓敏（系原告同事），女，1973 年生，汉族，住上海市仙霞路。

被告：上海市房地产登记处，住所地：上海市崂山西路 201 号。

法定代表人：马韧，上海市房地产登记处主任。

委托代理人：赵鸿仁，男，上海市黄浦区房地产登记处工作人员。

委托代理人：冯及，男，上海市黄浦区房地产登记处工作人员。

第三人：沈龙，男，1964 年生，汉族，住上海市虹口区丰镇路。

委托代理人：沈雅芳（系第三人姐姐），女，1962 年生，汉族，住上海市阜新路。

4. 审级：一审。

5. 审判机关和审判组织

审判机关：上海市黄浦区人民法院。

合议庭组成人员：审判长：鲍浩；代理审判员：郭贵银、白静雯。

6. 审结时间：2009 年 3 月 19 日。

（二）诉辩主张

1. 被诉具体行政行为

2008 年 10 月 10 日，被告上海市房地产登记处就第三人沈龙提出的异议登记申请，对登记在原告傅美娟名下的本市陆家浜路×弄×号×室房屋作出不动产异议登记。

2. 原告诉称

原告系本市陆家浜路×弄×号×室房屋的唯一产权人。2008 年 10 月 10 日，上海市房地产登记处在撤销之前的不动产异议登记后，又受理了沈龙以与原告夫妻关系为由提出的对前述房屋的异议登记。原告认为被告违反了有关房地产登记机构对同一申请人就同一事由再次申请异议登记应不予受理的规定，且未通知原告，侵害了原告作为房屋产权人的合法权益，遂提起行政诉讼，请求法院判决撤销被告于 2008 年 10 月 10 日所作的对本市陆家浜路×弄×号×室房屋的不动产异议登记的具体行政行为。

3. 被告辩称

现行房地产登记法律规范并无对同一申请人就同一事由再次申请异议登记应不予受理的规定，也没有房地产登记机构须在异议登记后通知权利人的内容。被告作出的被诉具体行政行为认定事实清楚，证据确凿，程序合法，适用法律正确，请求法院予以维持。

（三）事实和证据

上海市黄浦区人民法院经公开审理查明：原告傅美娟与第三人沈龙于 1997 年 3 月 24 日登记结婚。本市房地产管理部门核发于 2003 年 5 月 28 日的沪房地黄字（2003）

第004939号《房地产权证》载明原告系本市陆家浜路×弄×号×室房屋的权利人。2008年10月10日，第三人以与原告夫妻关系为由，向被告提出对上述涉案房屋的异议登记申请，并提交了结婚证、军官证等材料。被告上海市房地产登记处经审查，于同日向第三人出具异议登记收件收据，依据《中华人民共和国物权法》第十九条第二款等规定，作出不动产异议登记。此后，本院于2008年10月14日受理第三人提起的涉案房屋所有权确认之诉。原告知悉后不服前述异议登记，遂诉至本院提起行政诉讼。

另查明：2006年4月10日，第三人填写登记申请书，并向被告提交了公安机关立案决定书、接报回执单、军官证等材料。被告于同日对涉案房屋出具其他文件（备案）收件收据，作出文件备案登记。2008年5月4日，因涉案房屋确权案被本院受理，被告依照第三人的申请以及提交的（2008）黄民四（民）初字第429号受理案件通知书、民事起诉状、军官证等材料，出具文件备案注销收件收据，注销了文件备案登记。同日，被告依据第三人申请以及提交的上述材料，出具已受理权属争议的证明文件收件收据，作出已受理权属争议的证明文件登记。2008年5月13日，因本院（2008）黄民四（民）初字第429号案件变更为（2008）黄民一（民）初字第1307号，被告依据第三人的申请以及提交的案号变更函，出具限制登记的注销收件收据，注销了限制登记。次日，第三人提出已受理权属争议的证明文件登记申请，并提交了（2008）黄民一（民）初字第1307号案件已于2008年5月4日受理的受理案件通知书、民事起诉状、案号变更函、军官证、结婚证等材料，被告于同日对涉案房屋出具了已受理权属争议的证明文件收件收据，作出已受理权属争议的证明文件登记。此后，因原告与第三人离婚案件尚在审理过程中，涉案房产是否系夫妻共同财产应在离婚案中一并处理，所以第三人提起的确权诉讼被法院裁定驳回。同年9月2日，沈龙提出限制登记的注销申请，并提交本院（2008）黄民一（民）初字第1307号民事裁定书、（2008）沪二中民一（民）终字第2089号民事裁定书，被告于当日15时47分对涉案房屋出具了限制登记的注销收件收据，注销了限制登记。同日，第三人提出异议登记申请，并提交了（2008）沪二中民一（民）终字第2216号离婚案开庭传票、（2008）沪二中民一（民）终字第2089号民事裁定书、第三人郑重声明、军官证等材料，被告于当日15时16分对涉案房屋出具了异议登记收件收据，作出不动产异议登记。后因离婚案件终审维持一审不予准许离婚的判决，原告于同年10月8日申请注销涉案房屋的异议登记，并提交了原告与第三人签订的协议书、原告身份证复印件、（2008）沪二中民一（民）终字第2216号民事判决书等材料，被告于同日出具了异议登记的注销收件收据，注销了异议登记。

上述事实有下列证据证明：

被告提供的证据有：

1. 被告于2008年10月10日出具的异议登记收件收据、民事起诉状、第三人军官证、结婚证、第三人于同日填写的异议登记申请书（两份）、本院于2008年10月14日签发的（2008）黄民一（民）初字第3395号受理案件通知书。证明被告于2008年10月10日就第三人的申请对涉案房屋作出被诉不动产异议登记。

2. 被告于2006年4月10日出具的其他文件收件收据、第三人于同日填写的登记申请书、上海市公安局普陀分局 2003 年 7 月作出的破坏军婚立案决定书、公安机关接报回执单、第三人军官证。

3. 被告于 2008 年 5 月 4 日出具的文件备案注销收件收据、（2008）黄民四（民）初字第 429 号受理案件通知书、民事起诉状、第三人军官证。

4. 被告于 2008 年 5 月 13 日出具的限制登记的注销收件收据、第三人于同日填写的限制登记注销申请书、本院关于（2008）黄民四（民）初字第 429 号案件变更为（2008）黄民一（民）初字第 1307 号的公函（下称案号变更函）。

5. 被告于 2008 年 5 月 14 日出具的已受理权属争议的证明文件收件收据、第三人于同日填写的已受理权属争议的证明文件登记申请书、（2008）黄民一（民）初字第 1307 号受理案件通知书、民事起诉状、案号变更函、沈龙军官证、结婚证。

6. 被告于 2008 年 9 月 2 日出具的限制登记的注销收件收据、第三人于同日填写的限制登记的注销申请书、（2008）黄民一（民）初字第 1307 号民事裁定书、（2008）沪二中民一（民）终字第 2089 号民事裁定书。

7. 被告于 2008 年 9 月 2 日出具的异议登记收件收据、（2008）沪二中民一（民）终字第 2216 号离婚案开庭传票、（2008）沪二中民一（民）终字第 2089 号民事裁定书、第三人于 2008 年 9 月 1 日的郑重声明、军官证。

8. 被告于 2008 年 10 月 8 日出具的异议登记的注销收件收据、原告与第三人于 2002 年 2 月 2 日签订的协议书、原告身份证复印件、（2008）沪二中民一（民）终字第 2216 号民事判决书。

证据 2—8 证明涉案房屋历次文件备案登记、已受理权属争议的证明文件登记、异议登记及注销登记的情况。

原告提供的证据有：

1. 沪房地黄字（2003）第 004939 号《房地产权证》、原告与第三人于 2002 年 2 月 2 日签订的协议书，证明原告是系争房屋的唯一权利人；

2. 第三人分别于 2008 年 5 月 4 日、14 日填写的已受理权属争议的证明文件登记申请书、（2008）黄民四（民）初字第 429 号受理案件通知书、（2008）黄民一（民）初字第 1307 号受理案件通知书、案号变更函、（2008）沪二中民一（民）终字第 2089 号民事裁定书；

3. 第三人于 2008 年 9 月 2 日填写的异议登记申请书、（2008）沪二中民一（民）终字第 2216 号离婚案开庭传票；

4. 原告于 2008 年 10 月 8 日填写的异议登记的注销申请书；

5. 第三人于 2008 年 10 月 10 日填写的异议登记的申请书（两份）、结婚证；

6. 原告对异议登记提出异议的函（两份）。

（四）判案理由

上海市黄浦区人民法院经公开审理认为：依照《上海市房地产登记条例》的相关规

定，被告上海市房地产登记处具有负责本市房地产登记日常工作、并负责包括不动产异议登记在内的其他房地产权利登记的行政职权。本案中，被告于 2006 年 4 月 10 日、2008 年 5 月 4 日、5 月 13 日先后受理第三人对涉案房屋的"文件备案"，"已受理权属争议的证明文件"登记属于《上海市房地产登记技术规定》（试行）第 6.4.4 条规定的登记范畴，以申请人提交人民法院、仲裁机构已受理房地产权属争议和行政机关已受理土地权属争议的证明文件为前提条件，登记类别不同于被告于 2008 年 9 月 2 日、10 月 10 日所作异议登记。《中华人民共和国物权法》实施后，沪府〔2007〕76 号文、《上海市房地产登记技术补充规定》对异议登记作了补充规定，其中并无原申请人就同一事项再次提出异议登记的，登记机构应当不予登记的明文规定，而《上海市房地产登记条例实施若干规定》及《上海市房地产登记技术规定》（试行）有关不受理同一申请人再次以同一事项申请异议登记的规定也未明文废止。对此法律规范的适用问题，依照法律规范的目的解释探析，登记机构不予受理申请人就同一事项再次提出异议登记，系为防止申请人在异议事由经裁决后重复申请，滥用异议登记权，以恶意损害权利人对不动产之处分权。因原告与第三人离婚案件终审判决不准离婚，原告申请注销了被告于 2008 年 9 月 2 日所作的异议登记。而第三人对于涉案房产的权利主张因法院判决不准离婚而未作实体处理，即其异议事由未经裁判机关终局处置。第三人继而申请异议登记并未滥用权利，被告受理后作出被诉异议登记并无不当。依照《中华人民共和国物权法》第十九条第一款的规定，利害关系人认为不动产登记事项有误的，可以申请更正登记。但法律规范并无利害关系人申请异议登记须以向登记机关提出过更正登记为前提条件的规定。被告经查阅第三人提交的有关原告不认同其对涉案房屋具有权利的材料，受理第三人提出的不动产异议登记申请并准予登记并无不当。相关房地产登记法律规范亦无登记机构应当在异议登记后通知登记权利人的规定，被告在异议登记后未通知原告不影响被诉具体行政行为的合法性。但需指出的是，被告在作出与本案被诉异议登记有牵连的登记行为时，于 2006 年 4 月 10 日所出具的其他文件备案登记所列申请权利人不当，于 2008 年 9 月 2 日分别出具限制登记的注销收件收据、异议登记收件收据的时间上发生误差，存有行政瑕疵。被告对此应引起重视，并在工作中切实改进，以进一步提高依法行政水平。综上所述，被告所作被诉不动产异议登记查明第三人系涉案房地产权利利害关系人的事实清楚，异议登记程序合法，适用法律规范亦无不当。原告诉请撤销被诉具体行政行为的理由缺乏依据，本院不予支持。

（五）定案结论

上海市黄浦区人民法院依照《最高人民法院关于执行〈中华人民共和国行政诉讼法〉若干问题的解释》第五十六条第（四）项之规定，作出如下判决：

驳回原告傅美娟的诉讼请求。

案件受理费人民币 50 元（原告已预交），由原告傅美娟负担。

（六）解说

1. 对不动产异议登记申请的限制

异议登记作为一种保护真正权利人和利害关系人利益的临时性措施，对登记记载的权利人而言，异议登记可以暂时限制其按照登记簿的内容去行使权利。但是在另一方面，异议登记具有导致不动产物权处于不稳定状态的消极作用。为使不动产物权的不稳定状态不致长期延续，应对异议登记进行必要的限制，以促使申请人及时行使权利，防止申请人滥用该项权利、妨害物权的正常行使。除了规定因异议登记不当而给登记权利人的利益造成损害的应由异议登记申请人承担赔偿责任的事后救济途径外，异议登记还在效力存续时限和不得以同一理由重复申请等方面作出了限制。

首先，在异议登记效力的延续时限上需作限制。《上海市房地产登记条例》（2003年5月1日施行）规定了异议登记"满三个月失效"，异议申请人在此期间可以通过起诉等途径主张对该不动产的权利。该规定在《中华人民共和国物权法》实施后有了变化。《中华人民共和国物权法》对申请人应当及时行使救济权的期限作了更严格的限制，规定"申请人在异议登记之日起十五日内不起诉，异议登记失效"。沪府［2007］76号文亦作了如此规定。《上海市房地产登记技术补充规定》对《中华人民共和国物权法》规定的"十五日内不起诉"作了细化，区分了提交起诉材料（15日内）及提交受理通知书（30日内）的期限，并规定了"房地产权属争议解决后，有关当事人可以凭人民法院、仲裁机构或者行政机关的生效法律文书申请更正登记或者注销异议登记"，即申请人起诉后，异议登记的效力可一直持续到房地产权属争议解决。对此笔者认为，在申请人起诉后，异议登记的效力亦不宜过长。因为异议登记作为一种不动产权利的临时限制措施，在当事人进入诉讼程序后，当事人可通过诉讼保全措施行使不动产权利，此时异议登记作为对不动产权利的临时性行政限制措施应及时退出为宜。从此角度而言，《上海市房地产登记条例》规定异议登记"满三个月失效"亦有其合理的一面。

其次，对异议登记的重复申请需作限制。为防止他人利用反复申请的方式滥用异议登记申请权而损害不动产登记册记载的真正权利人的权益，还需要对异议登记的重复申请作限制。上海市人民政府于2003年4月23日发布的《上海市房地产登记条例实施若干规定》作了如下规定："异议登记因记载于房地产登记册的三个月期满失效后，原申请人就同一事项再次提出异议登记的，登记机构应当不予登记。"《上海市房地产登记技术规定》（试行）第6.2.3条也有关于"原申请人就同一事项再次提出异议登记的，登记机构应当不予登记"的规定。《中华人民共和国物权法》对异议登记的重复申请没有限制，与《中华人民共和国物权法》衔接的沪府［2007］76号文、《上海市房地产登记技术补充规定》对异议登记作了补充规定，其中并无关于原申请人就同一事项再次提出异议登记的，登记机构应当不予登记的明文规定，而《上海市房地产登记条例实施若干规定》及《上海市房地产登记技术规定》（试行）有关不受理同一申请人再次以同一事项申请的异议登记的规定也未明文废止。从规范异议登记重复申请的相关规定分析，由于《中华人民共和国物权法》等上位法没有作出新的规定，上述《上海市房地产登记条例实施若干规定》及《上海市房地产登记技术规定》（试行）有关限制异议登记重复申请的规定仍然具有效力。

2. 不动产异议登记不得重复申请认定标准的考量

本案被诉具体行政行为是被告于2008年10月10日所作不动产异议登记，但被告之前就涉案房屋曾先后作出过数次"文件备案"、"已受理权属争议的证明文件"和异议登记，"文件备案"、"已受理权属争议的证明文件"及被诉异议登记之前的异议登记，与本案并不直接关联。但因原告诉请理由之一系认为被诉异议登记违反了有关不得重复异议登记的规定，且认为之前的"文件备案"、"已受理权属争议的证明文件"登记与异议登记产生同样的后果，实质上亦属异议登记，故对被诉异议登记的合法性审查涉及被告之前的若干登记行为，本案合法性审查并不仅限于被诉异议登记的范畴。本案中，被告先后三次受理的第三人对涉案房屋的"文件备案"、"已受理权属争议的证明文件"登记属于《上海市房地产登记技术规定》（试行）第6.4.4条规定的登记范畴，以申请人提交人民法院、仲裁机构已受理房地产权属争议和行政机关已受理土地权属争议的证明文件为前提条件，登记类别不同于异议登记，故"文件备案"、"已受理权属争议的证明文件"登记不存在与被诉异议登记重复登记的情形。

那么，被告于2008年9月2日、10月10日两次所作异议登记是否存在违规重复登记的情形呢？从两次异议登记法律行为的外观考察，申请人为同一人，系针对同一不动产，且均以与不动产权利人系夫妻关系作为申请的利害关系理由，形式上具备重复申请的外观特征。但如果单纯从外部特征来确定某一法律行为的性质，往往并不能准确定性分析，内在性质和外部特征相结合方能更准确地揭示其本质。探析限制重复异议登记的立法本意，登记机构不予受理申请人就同一事项再次提出异议登记系为防止申请人在异议事由经裁决后重复申请，滥用异议登记申请权，以恶意损害权利人对不动产之处分权。本案中因原告与第三人离婚案件终审判决不准离婚，原告申请注销了被告于2008年9月2日所作的异议登记。而第三人对于涉案房产的权利主张因法院判决不准离婚而未作实体处理，即其异议事由未经裁判机关终局处置。因离婚案件二审终局判决，第三人申请对依托该案提出的异议登记予以注销，继而申请异议登记，并在规定期限内提出对涉案房产的确权之诉，其并未滥用异议登记申请权。换一个角度分析，由于异议登记以申请人在限期内提起诉讼、仲裁等为生效条件，即每次异议登记与启动相应的法律程序相连接。本案第三人对于系争房产的异议存续未变，但因为离婚案件法律程序终结，需在程序上对之前的异议登记注销后重新提出。换言之，第三人注销原异议登记后再次申请，是由于登记机关对异议登记行政程序上"一案一登记"的要求造成的，"一案一登记"既非申请人所能决定，重复申请亦非第三人主观恶意追求所致。所以本案中被告受理第三人再次提出的异议登记申请后作出被诉异议登记在实质上并不违反有关限制异议登记重复申请的规定。至于被告存在的有关受理程序中所列申请权利人不当、出具注销收件收据和异议登记收件收据的时间上发生误差等行政瑕疵，需对行政机关指出要求其改进，但这并不影响被诉异议登记的效力。经过对原告有关存在重复异议登记的诉讼主张作全面分析、考量和判断后，本案驳回了原告的诉讼请求。

（上海市黄埔区人民法院　鲍浩）

19. 钱富根不服房屋行政登记案
（不动产转移登记材料的审查）

（一）首部

1. 判决书字号

一审判决书：江苏省扬州市广陵区人民法院（2008）扬广行初字第 24 号判决书。

二审判决书：江苏省扬州市中级人民法院（2008）扬行终字第 0068 号判决书。

2. 案由：房屋行政登记。

3. 诉讼双方

原告（上诉人）：钱富根，男，1950 年生，汉族，住扬州市文昌中路。

委托代理人：李民珍，女，1965 年生，汉族，住址同上，系钱富根之妻。

委托代理人：肖兴江，江苏扬州征远律师事务所律师。

被告（被上诉人）：扬州市房产管理局，住所地：扬州市汶河北路 75 号。

法定代表人：杨学华，局长。

委托代理人：朱瑾，女，扬州市房产管理局干部。

委托代理人：洪利春，扬州盛祥律师事务所律师。

第三人（被上诉人）：钱坤，男，1975 年生，汉族，住扬州市文昌中路。

4. 审级：二审。

5. 审判机关和审判组织

一审法院：江苏省扬州市广陵区人民法院。

合议庭成员：审判长：徐舒；代理审判员：池仲旺；人民陪审员：马瑞玲。

二审法院：江苏省扬州市中级人民法院。

合议庭成员：审判长：宋德文；审判员：王岚林、李春蓉。

6. 审结时间

一审审结时间：2008 年 7 月 26 日。

二审审结时间：2009 年 8 月 27 日。

（二）一审诉辩主张

1. 被诉具体行政行为

2000 年 9 月，扬州市房产管理局根据当事人提供的材料和申请，将坐落于扬州市沙北三村×幢×室的房屋所有权从钱富根名下转移登记至钱坤名下。

2．原告诉称

原告与第三人系父子关系，扬州市沙北三村×幢×室的房屋系原告单位的房改房，由原告于1997年买断并办理了产权登记。2000年该房由第三人居住使用时，第三人背着原告以虚假的买卖契约在被告处办理了房屋产权转移登记。2008年3月第三人又将房屋卖给他人。被告作为职能部门，在作出房屋转移登记行政行为时未尽审查义务，导致原告损失，请求法院判决确认被告具体行政行为违法。

3．被告辩称

2000年9月12日第三人委托扬州市房屋置换中心与原告共同到被告处申请办理房屋转移登记。申请转移登记时，双方共同提供了扬州市房屋所有权登记申请表、委托书、房地产买卖契约等，被告经审查认为，原告系扬州市沙北三村×幢×室房屋的合法所有人，房地产买卖契约合法有效。被告于2000年9月作出的房屋转移登记行为认定事实清楚，证据确凿，程序合法。另外，第三人已将涉案房屋出售给陈圣日，并已办理了转移登记。陈圣日属于善意取得，依法应保护陈圣日的合法权益。请求人民法院驳回原告的诉讼请求。

4．第三人述称

2000年前后，扬州市沙北三村×幢×室的房屋由第三人实际居住使用，申请房屋转移登记是第三人和原告共同办理的，买卖契约也是原告所签。

（三）一审事实和证据

江苏省扬州市广陵区人民法院经公开审理查明：钱富根与钱坤系父子关系。扬州市沙北三村×幢×室的房屋原系钱富根单位的房改房。2000年5月10日钱富根与钱坤在扬州市房产交易所工作人员的监证下签订了《房地产买卖契约》，约定钱富根将涉案房产以人民币5 000元的价格出售给钱坤。2000年9月6日，钱坤填写了《房屋所有权登记申请表》，并委托扬州市房屋置换中心全权办理房屋转移登记手续。2000年9月20日扬州市房产管理局批准了房屋转移登记申请，并于2000年9月25日向钱坤发放了房屋权属证书。2008年3月18日钱坤将该房出售给陈圣日，并办理了过户登记。2008年5月4日钱富根对扬州市房产管理局2000年9月将涉案房屋转移登记至钱坤名下的行政行为提起诉讼，要求确认该转移登记行为违法。

上述事实有下列证据证明：

1．批准日期为1999年11月18日、房屋所有权人为钱富根的《房屋权属登记审核表》；

2．2000年5月10日，钱富根与钱坤签订的《房地产买卖契约》；

3．2000年9月6日，申请人为钱坤的《房屋所有权登记申请表》；

4．2000年9月6日，钱坤委托扬州市房屋置换中心办理房屋转移登记的委托书；

5．批准日期为2000年9月20日、房屋所有权人为钱坤的《房屋权属登记审核表》；

6．产权证号为"广字2008002567"、房屋所有权人为陈圣日的《房屋权属登记审核表》；

7. 南京金陵司法鉴定所的鉴定结论。

（四）一审判案理由

江苏省扬州市广陵区人民法院经审理认为：涉案房屋在 2000 年转移登记前，所有权人为钱富根。2000 年 5 月钱富根与钱坤在扬州市房产交易所工作人员的监证下签订了《房地产买卖契约》，这种监证可以视为扬州市房产管理局已经对《房地产买卖契约》的真实性尽了必要的审查义务，并且诉讼过程中的笔迹鉴定也证明了这份契约确是钱富根所签。钱富根所称扬州市房产管理局转移登记所依据的《房地产买卖契约》是虚假的，扬州市房产管理局未尽审查义务的观点不予支持。在程序上，房屋转移登记行为是应当事人申请而作出的具体行政行为。对申请房屋转移登记的事实，扬州市房产管理局辩称"钱坤委托扬州市房屋置换中心与钱富根共同申请办理房屋转移登记手续"，但从扬州市房产管理局提供的证据 3 来看，所有权登记申请表中申请人一栏中只填写了钱坤一人，也只有钱坤一人在申请表上签了字，扬州市房产管理局也没有其他证据证明钱富根也向其提出过房屋转移登记的申请。对扬州市房产管理局所称的双方共同申请，不予认定。但在本案应适用的法律中，并没有关于房屋转移登记必须由买卖双方申请的规定。1997 年建设部制定的《城市房屋权属登记管理办法》第十七条中仅规定"当事人应当自事实发生之日起三十日内申请转移登记"。建设部办公厅 2003 年 12 月 11 日在给常州市房产管理局的"对《城市房屋权属登记管理办法》有关问题的复函"中明确规定："《城市房屋权属登记管理办法》第十七条第一款规定的房屋权属转移登记，应当由购买人提出申请，并由出售人予以协助。"因此，本案中房屋转移登记由钱坤单方提出申请也不违反当时的法律规定。

（五）一审定案结论

江苏省扬州市广陵区人民法院依照《最高人民法院关于执行〈中华人民共和国行政诉讼法〉若干问题的解释》第五十六条第（四）项的规定，作出如下判决：

驳回钱富根要求确认扬州市房产管理局于 2000 年 9 月作出的将扬州市沙北三村×幢×室的房屋所有权从钱富根名下转移登记至钱坤名下的行政行为违法的诉讼请求。

诉讼费 50 元，由钱富根负担。

（六）二审情况

1. 二审诉辩主张
（1）上诉人诉称
1）房屋转移登记应由买卖双方当事人共同到扬州市房产管理局申请办理，而我并未到扬州市房产管理局办理房屋转移登记手续；2）我并未将房屋卖给钱坤，《房地产买卖契约》系钱坤伪造的，该契约上署名的"钱富根"不是上诉人钱富根的签名；3）扬州市房产管理局在办理房屋转移登记时未尽到审查的责任。请求二审法院撤销原审判决，依法确认扬州市房产管理局将坐落于扬州市沙北三村×幢×室的房屋所有权从钱富根名下转移登记至钱坤名下的行政行为违法。

（2）被上诉人辩称

扬州市房产管理局、钱坤二审期间未提供书面的答辩意见。

2. 二审事实和证据

江苏省扬州市中级人民法院经审理查明：上诉人钱富根与钱坤系父子关系。坐落于扬州市沙北三村×幢×室的房屋原登记在钱富根名下。2000年9月，钱坤持《房地产买卖契约》向扬州市房产管理局申请将上述房屋转移登记至其名下，而《房地产买卖契约》尾部署名的"钱富根"并非本案上诉人钱富根亲笔签名。该《房地产买卖契约》经扬州市房产交易所监证人员监证后，扬州市房产管理局于2000年9月将坐落于扬州市沙北三村×幢×室的房屋所有权转移登记至钱坤的名下。2008年3月18日，钱坤将该房出售给陈圣日，并办理了过户登记。2008年5月4日钱富根对扬州市房产管理局将上述房屋转移登记至钱坤名下的行政行为提起诉讼，要求确认该转移登记行为违法。

二审期间，钱富根认为南京金陵司法鉴定所的鉴定结论是错误的，申请对《房地产买卖契约》尾部署名的"钱富根"是否是钱富根本人的亲笔签名进行重新鉴定。扬州市中级人民法院于2008年12月10日委托中国人民大学物证技术鉴定中心对《房地产买卖契约》尾部署名的"钱富根"是否是钱富根本人的亲笔签名进行鉴定。中国人民大学物证技术鉴定中心的鉴定结论为：《房地产买卖契约》尾部署名的"钱富根"不是钱富根本人所写。

3. 二审判案理由

江苏省扬州市中级人民法院经审理认为：扬州市房产管理局在办理本次房屋所有权转移登记前，房屋买卖双方在扬州市房产交易所监证人员的监证下签订《房地产买卖契约》，这种监证行为是对房屋买卖双方在《房地产买卖契约》上签名的确认，也就是对房屋买卖双方就房屋买卖行为意思表示是否真实进行进一步审查。根据中国人民大学物证技术鉴定中心的鉴定结论，该《房地产买卖契约》尾部署名的"钱富根"并非本案钱富根亲笔所签，因此，扬州市房产管理局办理本次房屋所有权转移登记证据不足。原审法院判决驳回钱富根诉讼请求事实不清、证据不足，应予撤销。由于钱坤已将讼争之房出售给案外人陈圣日，且办理了过户登记，本案的被诉具体行政行为已可无撤销内容。

4. 二审定案结论

江苏省扬州市中级人民法院依照《最高人民法院关于执行〈中华人民共和国行政诉讼法〉若干问题的解释》第五十七条第二款第（二）项和《中华人民共和国行政诉讼法》第六十一条第（三）项的规定，作出如下判决：

（1）撤销江苏省扬州市广陵区人民法院（2008）扬广行初字第24号行政判决；

（2）确认扬州市房产管理局于2000年9月将坐落于扬州市沙北三村×幢×室的房屋所有权转移登记至钱坤名下的具体行政行为违法。

一、二审诉讼费100元，一、二审鉴定费8 000元，合计8 100元，由扬州市房产管理局承担。

(七) 解说

本案的主要争议焦点虽然是扬州市房产管理局于 2000 年 9 月将坐落于扬州市沙北三村×幢×室的房屋所有权转移登记至钱坤名下的行政行为的证据是否充分，但该争议焦点的实质是，扬州市房产管理局办理本次房产转移登记依据的主要证据——钱富根与钱坤订立的《房地产买卖契约》是否真实。解决该问题又涉及两个问题：一是行政机关在办理房产转移登记时，对当事人双方签订的《房地产买卖契约》的真实性如何进行审查；二是二审法院是否应当启动鉴定程序，有无法律依据。

1. 关于行政机关在办理房产转移登记时，对当事人双方订立的《房地产买卖契约》的真实性如何进行审查的问题。

2000 年，房产管理部门办理房产转移登记工作是由两部分构成的：一是双方当事人在房产交易所办理房产交易手续，包括在房产交易所监证人员的监证下签订《房地产买卖契约》；二是房屋产权产籍监理处办理房产转移登记。房产交易所监证人员对当事人签订《房地产买卖契约》进行监证，是对房屋买卖双方在《房地产买卖契约》上签名的确认，也就是对房屋买卖双方就房屋买卖行为的意思表示是否真实进行进一步审查。如果房产管理部门严格依照该程序办理房产转移登记，本案似乎可以避免。而正因为房产交易所监证人员疏于职守，从而导致了本案的行政争议。

2. 关于二审法院是否应当启动鉴定程序，有无法律依据的问题。

根据《最高人民法院关于行政诉讼证据若干问题的规定》第三十条，当事人对人民法院委托的鉴定部门作出的鉴定结论有异议的，可以申请重新鉴定，但是必须符合该条规定的四项情形。法条对当事人在何种程序中能够提出重新鉴定申请，没有明确的限制性规定，因此，当事人在二审程序中有申请重新鉴定的权利，二审法院应通过审查原鉴定结论是否符合《最高人民法院关于行政诉讼证据若干问题的规定》第三十条规定的情形来决定是否启动鉴定程序。

本案中，江苏省扬州市广陵区人民法院虽然委托南京金陵司法鉴定所对《房地产买卖契约》上两处钱富根的签名进行了鉴定，但该鉴定结论的论证依据明显不足。钱富根对《房地产买卖契约》尾部署名的"钱富根"坚决否认是其所签，并申请对《房地产买卖契约》尾部署名的"钱富根"是否是其所签进行重新鉴定。基于此，扬州市中级人民法院决定启动鉴定程序。扬州市中级人民法院委托中国人民大学物证技术鉴定中心对《房地产买卖契约》尾部署名的"钱富根"是否是其所签进行鉴定，其鉴定结论为《房地产买卖契约》尾部署名的"钱富根"并非本案钱富根所签。对比两个鉴定结论，中国人民大学物证技术鉴定中心所作的鉴定结论，无论在分析的严密性还是鉴定结论的科学性上均优于南京金陵司法鉴定所的鉴定结论，因此二审采纳了中国人民大学物证技术鉴定中心所作的鉴定结论，据以认定扬州市房产管理局办理本次房屋所有权转移登记证据不足。

（江苏省扬州市中级人民法院　王岚林）

20. 黄万英等不服云南省禄丰县建设局房屋行政登记案
(不动产初始登记、转移登记的审查)

(一) 首部

1. 判决书字号

一审判决书：云南省禄丰县人民法院（2009）禄行初字第 02 号判决书。

二审判决书：云南省楚雄州中级人民法院（2009）楚中行终字第 13 号判决书。

2. 案由：房屋行政登记。

3. 诉讼双方

原告（被上诉人）：黄万英，女，1957 年生，汉族，禄丰县人，乡村医生，住禄丰县中村乡。

委托代理人（二审）：李琳，禄丰县金山法律服务所法律工作者。特别授权代理。

原告（被上诉人）：段发宾，男，1977 年生，汉族，禄丰县人，工人，住禄丰县。

原告（被上诉人）：杨晓宾，男，1977 年生，汉族，禄丰县人，公务员，住元谋县元马镇。

被告：禄丰县建设局。住所地：禄丰县金山镇龙城路。

法定代表人：郭碧泰，该局局长。

委托代理人（一审）：朱雁波，禄丰县法律援助中心律师。

委托代理人（一审）：万康，禄丰县房管所所长。

第三人（上诉人）：高锦宇，男，1953 年生，汉族，医生，现住禄丰县金山镇。

委托代理人（一审）：朱国兴，禄丰县同舟法律服务所法律工作者。

第三人（上诉人）：高锦华，女，1958 年生，汉族，公务员，现住楚雄州。

第三人（上诉人）：高锦芝，女，1948 年生，汉族，退休工人，现住安宁市。

委托代理人（一审）：泰如凯，禄丰县法律援助中心律师。

第三人（上诉人）：高锦芳，女，1955 年生，汉族，退休工人，现住楚雄市北浦路州。

四上诉人的共同委托代理人（二审）：连勇，云南精益律师事务所律师。特别授权代理。

4. 审级：二审。

5. 审判机关和审判组织

一审法院：云南省禄丰县人民法院。

合议庭组成人员：审判长：李伟；审判员：袁家云、马会芬。

二审法院：云南省楚雄州中级人民法院。

合议庭组成人员：审判长：刘芳；审判员：孙明；代理审判员：杨忠祥。

6. 审结时间

一审审结时间：2009 年 6 月 19 日。

二审审结时间：2009 年 9 月 16 日。

（二）一审诉辩主张

1. 被诉具体行政行为

被告禄丰县建设局于 2001 年 10 月 10 日根据第三人高锦宇、高锦华、高锦芝、高锦芳的申请，注销了高锦贤名下的 NO. 017382 房产，登记为高锦华为所有人的房权证字第（2001）011982 号房产，共有人为高锦华、高锦宇、高锦芳、高锦芝，共有权保持证号分别为房共字第（2001）020288、020289、020290、020291 号。

2. 原告诉称

原告与原禄丰县缸套厂职工高锦贤共同购买了坐落于禄丰县金山镇南小区缸套厂生活区×号房产，同时获得了被告的证号为 NO. 017382 共有产权登记。该房屋购得后原告与高锦贤共同居住使用，1999 年高锦贤因病去世，高锦贤的兄弟姐妹以原告黄万英与高锦贤无婚姻关系，向原告纠缠房地产权。2009 年春节后，原告向房管所查询房屋产权登记情况，得知被告禄丰县建设局把该房产变更登记给了高锦华等人。原告认为被告的变更登记无事实根据且违反法律规定，请求法院撤销被告的变更登记。

3. 被告辩称

被告将 NO. 017382 房产变更登记为房权证字第（2001）011982 号房产，程序合法，并无不当，请求法院依法驳回原告的诉讼请求。

4. 第三人述称

高锦贤系第三人的兄长，第三人系高锦贤合法的继承人，高锦贤生前购买的禄丰缸套厂生活区住房一套，是根据政府房改政策其自己出资购买的，原告等人与高锦贤无任何亲属关系，自称与高锦贤共同购房纯属子虚乌有，也不符合房改政策。购房时高锦贤为享受以户为单位购房优惠（实际并未享受到），填写职工购房申请表时，在本人家庭成员一栏内，将与之无任何婚姻关系的原告等人分别填为儿子、妻子。故请求驳回原告的诉讼请求。

（三）一审事实和证据

云南省禄丰县人民法院经公开审理查明：被告禄丰县建设局于 2001 年 10 月 10 日根据第三人高锦宇、高锦华、高锦芝、高锦芳的房屋权属转移登记申请，注销了高锦贤（已死亡）名下的 NO. 017382 号禄丰县私有房产所有证，转移登记为高锦华为所有人的房权证字第（2001）011982 号房产，共有人为高锦华、高锦宇、高锦芳、高锦芝，共有权保持证号分别为房共字第（2001）020288、020289、020290、020291 号。在被告注销的 1997 年 7 月 11 日颁发的 NO.017382 号禄丰县私有房产所有证上登记的产权人为高锦贤，私有房产申请登记审批表上产权共有人为黄万英。经庭审中被告委托代理人万康陈述，1998 年前房屋产权的共有状况并不在私有房产所有证上体现，而是登记在私有房产申请登记审批表里面，因此私有房产申请登记审批表不仅是审核颁发私有房产所有证的重要依据，而且还是确定产权共有人的重要依据，据此可以确定黄万英为被告注销的 1997 年 7 月 11 日颁发的登记在高锦贤名下的 NO.017382 号禄丰县私有房产所有证上房产的产权共有人。另还查明，禄丰县城镇住房制度改革职工购房申请表上原告杨晓宾、段发宾虽以申请人高锦贤家庭成员的身份出现，但经房管部门审核的私有房产申请登记审批表中并没有把原告杨晓宾、段发宾确定为产权共有人。

上述事实有下列证据证明：

原告提交的证据有：

高锦贤名下 NO.017382 房产的禄丰县城镇住房制度改革职工购房申请表、私有房产申请登记审批表各 1 份。

被告提交的证据有：

1. 被注销了的高锦贤名下 NO.017382 房产的禄丰县住房制度改革职工购房合同、禄丰县房改售房分户计算表、禄丰县城镇住房制度改革职工购房申请表、禄丰缸套厂售房收款发票、私有房产申请登记审批表、高锦贤名下的 NO.017382 禄丰县私有房产所有证各 1 份；

2. 第三人申请登记的高锦华（共有人为高锦华、高锦宇、高锦芳、高锦芝）为所有人的房权证字第（2001）011982 号房产的高锦华、高锦宇、高锦芳、高锦芝的委托书、禄丰缸套厂情况说明、禄丰缸套厂证明、高锦贤土地使用证，《房屋所有权登记申请书》、《房屋所有权登记申请书》登记机关审批表各 1 份。

第三人提交的证据有：

禄丰县住房制度改革职工购房合同、禄丰缸套厂售房收款发票、欠条、高锦贤名下的 NO.017382 禄丰县私有房产所有证、禄丰缸套厂情况说明、禄丰县房改售房分户计算表、高锦贤土地使用证、第三人委托代理人对张仕武的调查笔录、房屋借住合同、国务院关于深化城镇住房制度改革的决定、禄丰县人民政府禄政发〔1995〕69 号文件、禄丰县人民政府关于深化城镇住房制度改革实施办法、禄丰县深化城镇住房制度改革实施细则各 1 份。

一审法院认证：第三人出示的欠条、第三人委托代理人对张仕武的调查笔录、房屋借住合同、国务院关于深化城镇住房制度改革的决定、禄丰县人民政府禄政发〔1995〕69 号文件、禄丰县人民政府关于深化城镇住房制度改革实施办法、禄丰县深化城镇住房制度改革实施细则，都与被告禄丰县建设局 2001 年 10 月 10 日根据第三人高锦宇、高锦华、高锦芝、高锦芳的申请，注销高锦贤名下的 NO.017382 房产，登记为高锦华为所有人的房权证字第（2001）011982 号房产这一具体行政行为是否合法、正确没有关联性，所以不予采信；对于其余双方所提交的证明材料，经与禄丰县房地产管理所的存档资料进行核对无异，故对原、被告及第三人所出示的上述证明材料的真实性予以认可，但能否证实各自的主张，应结合全案的证据，予以综合认定。

(四) 一审判案理由

云南省禄丰县人民法院经审理认为：《中华人民共和国城市房地产管理法》第五十九条规定，国家实行土地使用权和房屋所有权登记发证制度；第六十条规定，房地产转让或变更时，应当向县级以上地方人民政府房产管理部门申请房产变更登记。建设部第99号令修改发布的《城市房屋权属登记管理办法》第九条规定，房屋权属登记分为总登记、初始登记、转移登记、变更登记、他项权利登记、注销登记；第十条规定，房屋权属登记程序为受理登记申请、权属审核、公告、核准登记并颁发房屋权属证书。被告禄丰县建设局作为受理房屋登记申请并审核发证的房产管理部门，在依法受理第三人高锦宇、高锦华、高锦芝、高锦芳对 NO.017382 号的房屋权属转移登记申请后，应按照相关的法律、法规进行权属审核。但被告在对 NO.017382 号房屋权属进行审核时，虽然对产权人高锦贤的家庭情况进行了调查，却没有对该房产在被告当初登记发证时确认的产权人共有状况进行核实，在未经产权共有人黄万英同意的情况下，把原告黄万英共有的 NO.017382 号房屋产权注销，并转移登记为高锦华为所有人的房权证字 (2001) 011982 号房产，共有人为高锦华、高锦宇、高锦芳、高锦芝，共有权保持证号分别为房共字第 (2001) 020288、020289、020290、020291 号的这一行政行为，显然依据的主要证据不足，认定事实不清。第三人及代理人提出的原告黄万英不符合当时房改房的出售对象和购买对象要求，不能与高锦贤共同购买房屋，原告黄万英不是 NO.017382 号房屋产权合法的产权共有人的主张，与被告禄丰县建设局 2001 年 10 月 10 日根据第三人高锦宇、高锦华、高锦芝、高锦芳房屋产权转移登记申请，注销高锦贤名下的 NO.017382 号房产，登记为高锦华为所有人的房权证字第 (2001) 011982 号房屋产权这一具体行政行为是否合法、正确没有关联性。

(五) 一审定案结论

云南省禄丰县人民法院依照《中华人民共和国行政诉讼法》第五十四条第 (二) 项的规定，作出如下判决：

撤销被告禄丰县建设局于 2001 年 10 月 10 日根据第三人高锦宇、高锦华、高锦芝、高锦芳的房屋权属转移登记申请，注销高锦贤名下的 NO.017382 号禄丰县私有房产所有证，转移登记为高锦华为所有人的房权证字第 (2001) 011982 号房产，共有人为高锦华、高锦宇、高锦芳、高锦芝，共有权保持证号分别为房共字第 (2001) 020288、020289、020290、020291 号的行政行为。

案件受理费 50 元，由被告承担 (原告已预交，由被告退还原告)。

（六）二审情况

1. 二审诉辩主张

（1）上诉人诉称

原判认定事实错误。本案诉争的房产并不是被上诉人与高锦贤建造，不存在原始取得，从高锦贤当时购买房屋的历史背景来看，该房屋属于职工福利购房，被上诉人不是禄丰缸套厂的职工，不具备购买资格，且被上诉人也不能出具出资证据，因此被上诉人也不存在（继受）买受取得的事实；虽然高锦贤在所谓的《禄丰县城镇住房制度改革职工购房申请表》中把被上诉人填写为家庭成员，但经过法庭查证，该内容虚假，高锦贤从未与被上诉人黄万英有过婚姻关系，杨晓宾、段发宾也不是高锦贤的子女，所以不存在夫妻共有或继承所得的问题，在已经查明高锦贤所登记的家庭成员是属于虚假事实的前提下，原判撤销禄丰县建设局的房产登记行为错误。请求二审法院撤销原判，维持禄丰县建设局房屋产权登记的效力。

（2）被上诉人辩称

被上诉人向一审出示的私有房产申请登记审批表经质证后，禄丰县建设局没有异议，充分证明黄万英确系原房产证 NO.017382 所载房产的产权共有人。黄万英与高锦贤虽无婚姻法上所规定的夫妻关系，但是早在1994年年初购买房产之前就共同居住生活在一起，第三人出示的张仕武的证言也可以佐证；高锦贤于1997年购买该房产时，黄万英倾尽所有，共同出资购买并对房屋进行了装修，所以在产权登记时，经高锦贤申请，登记机关将黄万英登记为产权共有人合理合法。上诉人认为被上诉人黄万英与高锦贤不是合法夫妻，不能成为房屋产权共有人是对法律的错误理解；本案系行政案件，法院审查的是建设局的变更登记行政行为是否合法，而不是被上诉人黄万英与高锦贤是何种关系，也不是审查财产如何取得。原判认定事实清楚，适用法律正确，判处并无不当，上诉人的上诉理由不成立，请求二审法院驳回上诉，维持原判。

原审被告禄丰县建设局未答辩。

2. 二审事实和证据

云南省楚雄州中级人民法院经审理查明：原审被告禄丰县建设局提供的证据能综合证明其进行两次房屋登记的经过情况；上诉人高锦华、高锦宇、高锦芳、高锦芝提供的证据能证明其向原审被告禄丰县建设局申请房屋转移登记的事实；被上诉人黄万英、段发宾、杨晓宾提交的证据材料能证明在禄丰县城镇住房制度改革职工购房申请表、私有房产申请登记审批表中有其名字。

一审认定私有房产申请登记审批表是反映房屋产权的共有状况的材料错误。对于其余事实二审与一审认定相同。

二审中，当事人均未提供新证据。经庭审质证，各方当事人对对方提供的证据坚持一审质证意见。经审查，一审法院审判程序合法。

3. 二审判案理由

云南省楚雄州中级人民法院经审理认为：禄丰县建设局是所辖区域城市房屋登记管

理机关。其受理申请人申请直至颁发房屋所有权证，均应按相关法律规范及其他规范性文件进行。由于建设局对本案诉争房屋先后进行过初始登记和转移登记，人民法院应对两次登记行为的合法性进行审查。首先，1997年高锦贤购买所在单位禄丰缸套厂面积为81.499平方米的住房时，经县工业交通局、县房改办签署的房改售房分户计算表载明，高锦贤工龄为28年，核定享受面积50平方米。根据州政发［1995］12号《楚雄州若干房改具体问题的暂行规定》第三十六条规定……单身职工的购房面积按工龄确定，25年以上不满35年的，每户控制面积为55平方米；禄政发［1995］69号《禄丰县深化城镇住房制度改革实施细则》第二十三条第五款规定，单职工购房控制标准……25年以上工龄以及享受乡、科级待遇的职工为50平方米。由此说明，高锦贤是以单职工身份购买住房，因当时《城市房屋权属登记管理办法》尚未施行，又是购买单位住房，并由单位为其申办房屋所有权证，虽然私有房产申请登记审批表的产权共有人署名为黄万英，但建设部建房［1995］472号《关于房改售房权属登记发证若干规定的通知》第二条第（二）项第六目规定，数人出资购房并要求核发房屋共有权证的，经登记核实后，可发给权利人房屋共有权证，并根据投资比例，注记每人所占份额。该规定意味着房屋共有权证是权利人享有共有权的证明，而黄万英未提供其拥有房屋共有权的证据，故禄丰县建设局对单位提供的材料进行审核，已尽到必要合理的注意义务，颁发给高锦贤NO.017382号私有房屋所有权证的行为并未违反上述规章及政策规定。其次，高锦贤病逝后，禄丰县建设局根据四上诉人的申请，基于上述房屋所有权人为高锦贤及其与四上诉人系亲属关系的客观情况，并结合其他证据，进行权属审核时，依照法定程序，履行了审查义务，根据《城市房屋权属登记管理办法》第九条、第十条及第十七条的规定，颁发给四上诉人房权证字第（2001）011982号房屋所有权证及相应共有权证的转移登记行为并无不当。原判撤销禄丰县建设局的转移登记行为依据不足，应予纠正。上诉人高锦华、高锦宇、高锦芳、高锦芝的上诉理由成立，其请求予以支持。

4. 二审定案结论

云南省楚雄州中级人民法院依照《中华人民共和国行政诉讼法》第六十一条第（三）项、《最高人民法院关于执行〈中华人民共和国行政诉讼法〉若干问题的解释》第五十六条第（四）项的规定，作出如下判决：

（1）撤销禄丰县人民法院（2009）禄行初字第02号行政判决；

（2）驳回黄万英、段发宾、杨晓宾的诉讼请求。

一审案件受理费50元，二审案件受理费50元，合计100元，由黄万英、段发宾、杨晓宾负担。

（七）解说

本案是因房屋登记管理机关对房屋进行初始登记和转移登记引起的行政诉讼，审理的重点是作出房屋初始登记和转移登记行为时，房屋权属登记机关是否尽到了必要的审查义务。这就需厘清房产登记审查的法理意义，登记机关审查的责任、审查的标准。

1. 房产登记审查的法理意义。房产登记审查是房产物权登记制度的核心内容之一，登记审查不仅是登记机关的权力，同时也是登记机关的义务，通过登记审查制度以实现用国家公权力方法完成房产物权变动法定公示，维护房产交易的安全和效率。采用不同的登记审查标准，对登记的公信力、准确性以及登记错误的责任承担都有极其重要的影响。根据《中华人民共和国城市房地产管理法》第五章的规定，房产登记是县级以上人民政府房产登记机关根据当事人的申请或依职权将不动产物权设立、变更、消灭等情况依法记载于其专门设置的登记簿上的具体行政行为。具有产籍管理功能和审查监督功能，以确认房产的权属状态，体现的是国家行政权力对房产物权关系的合理干预，干预的目的旨在明晰各种房产物权，依法保护物权人的合法权益。我国实行房产所有权登记发证制度，登记是我国房产物权取得与变动的生效要件，不进行登记不能对抗善意第三人。只有经过公示登记的房产权证书的权利人才能依法对房产行使占有、使用、处分和设置抵押等项权利。房产登记发证行为本身不直接使申请人获得权利，它只是对申请人现有房产权属状态的认可和公示，而不是对相对人和第三人之间的特定权利与事实的确权或裁决。申请人与利害关系人的关于实体法律关系的合意是登记意思表示和登记权利的基础，而登记机关并不拥有对房产变动合意效力的审查判断权，也无权改变当事人以自己的意愿建立的民事法律关系。

2. 房产登记审查应是形式上的合法性审查。《城市房屋权属登记管理办法》第十三条规定，权利人（申请人）申请登记时，应当向登记机关交验单位或者相关人的有效证件；第十七条规定，因房屋买卖、交换、赠与、继承、划拨、转让、分割、合并、裁决等原因致使其权属发生转移的，当事人应当自事实发生之日起 30 日内申请转移登记。申请转移登记，权利人应当提交房屋权属证书以及相关的合同、协议、证明等文件。2007 年修订后的《中华人民共和国城市房地产管理法》第四十一条规定，房地产转让，应当签订书面转让合同，合同中应当载明土地使用权取得的方式。这些法律规定表明权利人（申请人）申请房屋权属登记应提交符合法律规范的登记所需的材料。同时，根据《城市房屋权属登记管理办法》第二十七条的规定，登记机关应当对权利人（申请人）的申请进行审查。凡权属清楚、产权来源资料齐全的，初始登记、转移登记、变更登记、他项权利登记应当在受理登记后的 2 个月内核准登记，并颁发房屋权属证书。这意味着房屋产权登记机关虽只需尽到形式的合法性审查义务，并不要求实质审查，即房屋产权登记机关没有义务保证其审查通过的申请人提交的有关材料都是真实有效的，但其有职责审查申请人是否依法提交了申请登记所需的材料，申请登记事项有无违反法律的禁止性或限制性规定，申请材料内容之间是否一致等。本案中，虽初始登记时，《城市房屋权属登记管理办法》尚未施行，申请登记审批表的产权共有人署名为黄万英，但建设部建房［1995］472 号《关于房改售房权属登记发证若干规定的通知》第二条第（二）项第六目规定，数人出资购房并要求核发房屋共有权证的，经登记核实后，可发给权利人房屋共有权证，并根据投资比例，注记每人所占份额。该规定意味着房屋共有权人申请共有权登记同样需提交登记所需的材料，经登记机关审查核实后发给权利人房屋共有权证。而黄万英未提供其拥有房屋共有权的相关登记材料，登记机关不予颁发证明其享有房屋共有权的权利证书，已尽到必要合理的审查注意义务。

综上，本案黄万英未提供其拥有房屋共有权的证据，禄丰县建设局对高锦贤提供的登记材料进行审查后颁发给高锦贤 NO. 017382 号私有房屋所有权证已尽到必要的审查义务；高锦贤病逝后，基于上述房屋所有权人为高锦贤及其与四上诉人系亲属关系的情况，禄丰县建设局根据四上诉人的申请，对登记所需的材料履行了审查义务，转移登记行为是符合法律的。

（云南省楚雄州中级人民法院　杨忠祥）

四、土地资源管理案件

21. 陈美舟不服漳平市溪南镇人民政府行政处理决定案
（法律适用 行政行为越权）

（一）首部

1. 判决书字号

一审判决书：福建省漳平市人民法院（2009）漳行初字第 3 号判决书。

二审判决书：福建省龙岩市中级人民法院（2009）岩行终字第 4 号判决书。

2. 案由：林业行政管理。

3. 诉讼双方

原告（被上诉人）：陈美舟，男，1957 年生，汉族，农民，住漳平市溪南镇。

委托代理人：黄佳军，福建龙岩市正廉律师事务所律师。

被告：漳平市溪南镇人民政府，住所地：漳平市溪南镇南州东路 45 号。

法定代表人：吕莉，镇长。

委托代理人：郭木贵，漳平市溪南镇林业站站长。

委托代理人：陈龙财，漳平市溪南镇司法所所长。

第三人（上诉人）：张瑞花，女，汉族，农民，住漳平市溪南镇。

第三人（上诉人）：陈品南，男，汉族，干部，住漳平市菁城。

第三人（上诉人）：陈华江，男，汉族，干部，住漳平市菁城。

第三人（上诉人）：陈荣葵，男，汉族，干部，住漳平市菁城。

第三人（上诉人）：陈华清，男，汉族，住漳平市溪南镇。

第三人（上诉人）：陈荣代，男，汉族，住漳平市溪南镇。

委托代理人：陈荣葵。

4. 审级：二审。

5. 审判机关和审判组织

一审法院：福建省漳平市人民法院。

合议庭组成人员：审判长：陈士毅；审判员：叶庆章、赖家懋。

二审法院：福建省龙岩市中级人民法院。

合议庭组成人员：审判长：林静；审判员：张煌忠、丁建岩。

6. 审结时间

一审审结时间：2009 年 6 月 10 日。

二审审结时间：2009 年 8 月 10 日。

（二）一审诉辩主张

1. 被诉具体行政行为

被告漳平市溪南镇人民政府于 2008 年 11 月 3 日作出的漳溪政（2008）78 号《溪南镇人民政府关于官坑村"理坑"山场权属的处理决定书》，认定申请人出具的陈会文持有的编号为 0603217 号的自留山证为漳平县人民政府核发的林权证，具有法律效力。其中登记的坐落地名为"大垵口下边荒茶林"的宗地，其地名与四至同实际相符，但面积不符。根据《福建省林木林地权属争议处理办法》第九条第一款、第十六条、第十八条第三项之规定，决定溪南镇官坑"理坑"山场（1996 年林业基本图 18 林班 9 大班 2 小班的一部分，面积 64 亩）的林木所有权和林地使用权归张瑞花、陈品南、陈华江、陈荣代、陈荣葵、陈华清共有。

2. 原告诉称

被告漳平市溪南镇人民政府作出的漳溪政（2008）78 号《溪南镇人民政府关于官坑村"理坑"山场权属的处理决定书》，主体不合法，且超越了权限，侵犯了他人的权益，请求判决撤销漳溪政（2008）78 号处理决定。主要理由：（1）漳溪政（2008）78 号处理决定主体不对，原告不具备主体资格，主体是漳平市溪南镇官坑村民委员会（以下简称官坑村）。（2）认定 0603217 号的自留山证四至清楚是错误的。0603217 号的自留山证的四至中的南至"峻中"就没有以就近地表物来确定，而是跨过了好几个"峻中"来确定界址，人为地扩大了自留山的面积。（3）漳溪政（2008）78 号处理决定超越了权限，侵犯了官坑村的权益。（4）第三人从未对争议山场进行绿化、造林等林事活动。

3. 被告辩称

首先，被告依据《福建省林木林地权属争议处理办法》第十八条、第二十二条的规定依法作出处理，主体完全正确。其次，被告依据第三人提供的自留山证并经现场勘察查明，争议山场的四至与自留山证登记的四至完全相符，但面积不符，被告依据《福建省林木林地权属争议处理办法》第十六条规定依法作出处理并未侵犯官坑村的权益。再次，被告经现场勘察争议山场，除该山场林木保持相对完好外，周边的山场都已被采伐过。因此该山场一直都有人管理。同时官坑村的证明及陈有登和陈荣葵的笔录也证明原告的起诉与事实不符。

4. 第三人述称

第一，陈会文持有的漳平县社员自留山经营证一本（编号：0603217），其中坐落在官坑村"理坑大峻口下边荒茶林"的山林，四至范围是：东至仑，西至峻坪，南至峻中，北至仑尾。在四至范围内东、西、南与陈盛东、陈观培的自留山相邻，北与陈秀的山场相邻，没有争议，十分清楚。该山场长期由陈会文和第三人经营管理，在自留山范围内种有梨树和杉树，并一直看护和管理松树林和阔叶林，使林木保护得较好。而陈美舟及其家人从来没有去管理和看护、种植任何树木。第二，2003 年林改时，原告陈美舟未经山场权利人的同意向村、林业部门申请登记了 32 亩的林地使用权、林木所有权，侵犯了该山场权利人的权利，因此陈美舟是本案的主体。而官坑村就该山场从未向第三人主张过任何权利，也未发生过山林权属的争议，因此官坑村与本案无关，不是本案主体。综上所述，陈会文拥有的自留山证的"理坑山场"（在 18 林班 9 大班 2 小班）由第三人家人长期经营和管理，且四至非常清楚，应当受到国家法律的保护，任何人都不得侵犯第三人合法的权利，恳请漳平市人民法院维持被告 2008 年 11 月 3 日作出的漳溪政（2008）78 号关于官坑村"理坑"山场权属的处理决定，驳回陈美舟的诉讼请求。

（三）一审事实和证据

福建省漳平市人民法院经公开审理查明：本案诉争山场坐落于漳平市溪南镇官坑村 1996 年林业基本图 18 村班 9 大班 2 小班，地名为大峻口下边荒茶林，面积 64 亩，四至范围：东至仑，西至峻坪，南至峻中，北至仑尾。1981 年 11 月 15 日，漳平县人民政府向漳平县溪南公社官坑大队（现为官坑村）颁发了漳林字第 0603009 号林权证，本案诉争山场在该证的四至范围内。1981 年 11 月 15 日，漳平县人民政府向陈会文颁发了编号为 0603217 号的自留山证，其中该证记载一处山场：面积 2 亩；坐落地名：大峻口下边荒茶林；四至范围：东至仑，西至峻坪，南至峻中，北至仑尾。1999 年 7 月 1 日，官坑村将包含本案诉争山场的整片"理坑"山场承包给漳平市象湖镇下地村民陈初成经营管护，期限 2 年。陈初成在承包期间采伐林木时，与第三人发生纠纷。2003 年林改时，原告主张其对诉争山场的一部分拥有林地使用权和林木所有权。2003 年 12 月 15 日，官坑村与原告陈羊舟签订了 08020159 号林地使用权、林木所有权承包转让合同，将本案诉争山场中的 32 亩林地使用权、林木所有权承包转让给原告陈美舟经营管理。同日，原告陈美舟向漳平市林权发证办申请林权登记发证，致使原告与第三人发生纠纷。2008 年 6 月 17 日，第三人张瑞花等 6 人向被告漳平市溪南镇人民政府提出申请，要求被告漳平市溪南镇人民政府确认诉争山场的林地使用权、林木所有权归张瑞花等 6 人所有。2008 年 6 月 17 日，被告漳平市溪南镇人民政府对第三人张瑞花等 6 人的申请予以立案受理。2008 年 6 月 22 日，被告漳平市溪南镇人民政府组织原告和第三人就诉争山场进行调解，无法达成协议，官坑村主任参与了此次调解。2008 年 11 月 3 日，被告漳平市溪南镇人民政府作出漳溪政（2008）78 号《溪南镇人民政府关于官坑村"理坑"山场权属的处理决定书》。原告陈美舟不服，向漳平市人民政府申请复议。2009 年 2 月 21 日，漳平市人民政府作出漳政行复（2009）1 号行政复议决定书，维持被告漳平市溪南镇人民政府作出的漳溪政（2008）78号《溪南镇人民政府关于官坑村"理坑"山场权属的处理决定书》。原告陈美舟不服，向本院提起诉讼。

上述事实有下列证据证明：

1. 第三人的授权委托书及身份证复印件，证明第三人及委托人的身份。

2. 张瑞花等6人申请的林木林地权属争议调处申请书、自留山证，证明第三人张瑞花等6人的申请时间及申请调处的事由和依据：依据是自留山证，事由是确定林地使用权、林木所有权。

3. 林木林地权属争议立案审批表及四张送达回证，证明立案程序及送达合法。

4. 官坑"理坑"山场现场勘验图、漳平县林权所有证存根（漳林字第0603009号）及溪南镇官坑村"理坑"争议山场权属界至图，证明官坑"理坑"山场的方位、地点是坐落在18林班9大班2小班的一部分，以及林地所有权的归属。

5. 询问笔录3份和官坑"理坑"纠纷山场调解会议纪要，证明溪南镇人民政府调查事实和调解的过程程序合法，以及第三人对纠纷山场进行管理的事实。

6. 溪南镇人民政府关于官坑村"理坑"山场权属的处理决定书（漳溪政（2008）78号），证明处理决定的内容，"理坑"山场权属归第三人所有。

7. 漳平市人民政府行政复议决定书（漳政行复（2009）1号），证明行政复议的情况和结果，即维持溪南镇人民政府漳溪政（2008）78号的决定。

8. 漳溪政（2008）47号《关于调整充实溪南镇林木林地纠纷调处领导小组的通知》，证明被告的执法人员郭木桂和卢阳浩具有执法资格。

9. 福建省漳平县林权所有证存根（漳林字第0603009号），证明第三人的自留山证包含在林权证里，自留山证是重复发证。

10. 原告陈美舟林权申请登记申请表，证明原告向溪南镇申请了林权登记。

11. 官坑村与象湖镇下地村民陈初成签订的合同，证明官坑村在1999年至2001年把山场的林木发包给象湖镇下地村村民陈初成经营管护。

12. 2003年12月15日官坑村与陈美舟签订的08020159号林地使用权、林木所有权承包转让合同，证明官坑村于2003年12月15将争议山场中的32亩林地使用权、林木所有权承包转让给陈美舟经营管理。

（四）一审判案理由

福建省漳平市人民法院经审理认为：本案诉争山场的林地所有权人官坑村两次将诉争山场的林地使用权和林木所有权承包给他人经营管理，说明官坑村从1999年7月1日以来一直主张其对诉争山场拥有林地使用权和林木所有权。本案第三人则以其持有漳平县人民政府颁发的自留山证，主张其对诉争山场拥有林地使用权和林木所有权。本案原告陈美舟以诉争山场的其中一部分是其祖宗山为由，在2003年林改时主张其对诉争山场的一部分拥有林地使用权和林木所有权，并于2003年12月15日与官坑村签订了08020159号林地使用权、林木所有权承包转让合同。由此可以看出对本案诉争山场主张权属的是官坑村和第三人张瑞花等6人。因此，本案诉争山场争议的当事人是官坑村、张瑞花等6人，他们之间的权属争议属集体所有制单位与个人之间的权属争议。根据《福建省林木林地权属争议处理办法》第十八条的规定，"县内的权属争议按下列规定处理……（二）集体所有制单位之间，集体所有制单位与个人之间的权属争议，由双方进行协商，协商不成的，由县级人民政府处理……"。故对集体所有制单位与个人之间的权属争议，应由县级人民政府处理，而不是由乡（镇）人民政府处理。因此，本案林地使用权、林木所有权争议应由漳平市人民政府处理，被告漳平市溪南镇人民政府以第三人张瑞花、陈品南、陈华江、陈荣代、陈荣葵、陈华清为申请人，以原告陈美舟为被申请人作出行政裁决，超越法定权限，应予撤销。原告要求撤销被告的漳溪政（2008）78号《溪南镇人民政府关于官坑村"理坑"山场权属的处理决定书》，理由充分，应予支持。

（五）一审定案结论

福建省漳平市人民法院依照《中华人民共和国行政诉讼法》第五十四条第（二）项第四目之规定，作出如下判决：

撤销被告漳平市溪南镇人民政府2008年11月3日作出的漳溪政（2008）78号《溪南镇人民政府关于官坑村"理坑"山场权属的处理决定书》。

本案受理费50元，由被告漳平市溪南镇人民政府负担。

（六）二审情况

1. 二审诉辩主张

（1）上诉人诉称

1）产生权属纠纷争议的主体非常明确；争议山场是在上诉人的自留山范围内，一直由上诉人经营管理，与村里从无权属争议，因此产生权属纠纷争议的主体是上诉人与被上诉人陈美舟。2）原审法院认定官坑大队的林权证（编号：0603009）与自留山证（编号：0603217）是重复发证是错误的。3）原审法院认为官坑村两次将权属纠纷的山场的林木所有权和林地使用权承包给他人经营不符合事实；原审认定官坑村从1999年7月1日以来一直主张权属纠纷的山场的林木所有权和林地使用权也是不正确的。陈美舟为争得纠纷山场的权属与村里签订了一份虚假的合同，该合同未经村民代表大会讨论通过，也没有实际履行。1999年官坑村经村民代表大会讨论通过发包给陈初成"理坑"部分山场是非法的。4）原审法院超过法定审理期限，判决无效。上诉人要求二审法院撤销原判，改判维持漳平市溪南镇人民政府关于官坑村"理坑"山场权属的处理决定。

（2）被上诉人辩称

1）被上诉人不是本案处理决定的适格的被申请人；2）溪南镇人民政府作出的处理决定主体错误；3）处理决定书所认定的事实和适用法律错误；4）本案诉争的林地的权属属于官坑村。

2. 二审事实和证据

福建省龙岩市中级人民法院经审理，认定的事实和证据与一审一致。

3. 二审判案理由

福建省龙岩市中级人民法院经审理认为：本案系由被上诉人陈美舟与官坑村签订的林木所有权、林地使用权转让合同引发的纠纷，虽然表面看，官坑村承认诉争山场为上诉人的自留山范围内，其与上诉人之间不存在权属争议，甚至在诉讼过程中，官坑村还为上诉人两次出具证明支持上诉人的主张，似乎争议的双方是上诉人与被上诉人，但是撇开这些表象不难看出，官坑村分别两次将诉争山场作为集体财产发包给陈初成、本案被上诉人陈美舟承包，且在被上诉人申报林权证时还在其申报表上明确表示同意其按承包合同内容予以申报，证明其实质上是对诉争山场主张权属的。上诉人主张权属纠纷争议的主体是其与被上诉人陈美舟的理由不成立；原审认定本案争议的主体是上诉人张瑞花等6人与官坑村正确。本案发生争议时尚有效的《福建省林木林地权属争议处理办法》第十七条及处理过程中颁布实施的《福建省林木林地权属处理条例》第十九条第二款均规定，县级行政区域内发生的单位与个人之间的林木林地权属争议，由林木林地所在地县级人民政府依法处理。原审被告溪南镇人民政府未查明事实，适用《福建省林木林地权属争议处理办法》对上诉人的申请作出处理，一是超越了职权范围；二是由于其作出处理决定时（2008年11月3日），新颁布的《福建省林木林地权属处理条例》已于2008年10月1日实施，原适用的《福建省林木林地权属争议处理办法》同时作废，故其适用《福建省林木林地权属争议处理办法》作出处理，属于适用法律错误。原审法院以原审被告超越法定权限为由撤销漳平市溪南镇人民政府作出的漳溪政（2008）78号《溪南镇人民政府关于官坑村"理坑"山场权属的处理决定书》是正确的，但其适用已作废的《福建省林木林地权属争议处理办法》不当，本院依法应予纠正。经查一审卷宗材料，本案一审立案时间为2009年3月2日，2009年5月25日按规定向省高院申请延长审限2个月获批，至2009年8月3日届满。一审法院于2009年6月10日作出判决，系在法定审理期限内，故上诉人主张原判决超出法定的审限无效的理由亦不成立。综上，原审认定事实清楚，程序合法，判决正确，上诉人的上诉理由不成立，本院不予支持。

4. 二审定案结论

福建省龙岩市中级人民法院依照《中华人民共和国行政诉讼法》第六十一条第（一）项的规定，作出如下判决：

驳回上诉，维持原判。

二审案件受理费50元，由上诉人张瑞花、陈品南、陈华江、陈荣代、陈荣葵、陈华清负担。

（七）解说

1. 本案是适用《福建省林木林地权属争议处理办法》还是适用《福建省林木林地权属争议处理条例》？

《福建省林木林地权属争议处理条例》于 2008 年 10 月 1 日起施行，而本案诉争山场纠纷发生在 2003 年，被告作出处理的时间是 2008 年 11 月 3 日，也就是说，本案诉争山场纠纷发生在《福建省林木林地权属争议处理条例》生效之前，处理时间在《福建省林木林地权属争议处理条例》生效之后。根据法律适用的一般原则，行政法的时间效力始于立法机关公布施行之日，终于立法机关明令废止之时，并以不溯及既往为原则。本案被告漳平市溪南镇人民政府对原告的申请作出裁决所适用的法规《福建省林木林地权属争议处理办法》是福建省人大常委会于 1993 年 9 月 3 日通过并公布实施的，但该办法已被福建省人大常委会于 2008 年 5 月 15 日通过的《福建省林木林地权属争议处理条例》修订，该条例第三十七条明确规定：本条例从 2008 年 10 月 1 日起施行。1993 年 9 月 3 日福建省第八届人民代表大会常务委员会第四次会议通过的《福建省林木林地权属争议处理办法》同时废止。因此，被告适用已作废的《福建省林木林地权属争议处理办法》作出行政裁决，属于适用法律错误，二审予以纠正是正确的。

2. 本案被告以第三人张瑞花等 6 人为申请人，以陈美舟为被申请人作出裁决是否属超越职权？

行政机关对行政管理相对人作出具体行政行为，必须有法律、法规的明确授权。也就是说行政机关行使行政职权只能在法定职责范围内行使，不能超出职责范围，否则即构成越权，导致主体不合法。越权包括纵向越权，即下级机关行使了上级机关的权限或上级机关行使了下级机关的权限；横向越权，即同级别的甲行政机关行使了乙行政机关的权限或反之；时间越权，即行政机关行使了法律授权时效已过的职权；地域越权（或称空间越权），即行政机关对法律非授权其管辖的地域行使了职权；管理对象越权，即行政机关对法律非授权其管辖的个人、组织行使了职权；管理事项越权，即行政机关对法律非授权其管辖的事项行使了职权，等等。就本案而言，官坑村分别两次将诉争山场作为集体财产发包给陈初成、陈美舟承包，且在陈美舟申报林权证时还在其申报表上明确表示同意其按承包合同内容予以申报，证明官坑村是对诉争山场主张权属的。因此对本案诉争山场主张权属的是官坑村、张瑞花等 6 人，他们之间的权属争议属集体所有制单位与个人之间的权属争议。根据《福建省林木林地权属争议处理条例》第十九条第二款的规定，本案应由县级人民政府处理，而不是由乡（镇）人民政府处理。因此，被告漳平市溪南镇人民政府以第三人张瑞花等 6 人为申请人，以原告陈美舟为被申请人作出行政裁决，行使了其上级部门漳平市人民政府的职权，属纵向越权，法院判决撤销被告的具体行政行为是正确的。

（福建省漳平市人民法院　陈士毅）

22. 中外合资盐城金东钢铁有限公司不服盐城市人民政府土地行政登记案
（原告主体资格）

（一）首部

1. 裁判书字号

一审判决书：江苏省盐城市盐都区人民法院（2009）都行初字第 0022 号判决书。

二审裁定书：江苏省盐城市中级人民法院（2009）盐行终字第 0097 号裁定书。

2. 案由：土地行政登记。

3. 诉讼双方

原告：中外合资盐城金东钢铁有限公司（以下简称金东公司），住所地：盐城市区通榆南路市经济开发区内。

法定代表人：孙家奇，董事长。

委托代理人：缪友万，该公司副总经理。

委托代理人：涂正隆，江苏展旺律师事务所律师。

被告：江苏省盐城市人民政府，住所地：盐城市区世纪大道 21 号。

法定代表人：李强，江苏省盐城市人民政府市长。

委托代理人：卞玉春，盐城市国土资源局开发区分局工作人员。

委托代理人：陈军，江苏一正律师事务所律师。

第三人：江苏亨威实业集团有限公司（以下简称亨威公司），住所地：盐城市区通榆南路市经济开发区内。

法定代表人：潘培东，董事长。

委托代理人：张步照，江苏一正律师事务所律师。

4. 审级：二审。

5. 审判机关和审判组织

一审法院：江苏省盐城市盐都区人民法院。

合议庭组成人员：审判长：周颖；审判员：朱祝庆、朱秋月。

二审法院：江苏省盐城市中级人民法院。

合议庭组成人员：审判长：韩标；审判员：李村、沈俊林。

6. 审结时间

一审审结时间：2009 年 7 月 29 日。

二审审结时间：2009 年 11 月 28 日。

(二) 一审情况

1. 一审诉辩主张

(1) 被诉具体行政行为

2005年10月，被告盐城市人民政府向第三人亨威公司颁发了盐开国用（2005）字第1617号国有土地使用证，确认了第三人对位于盐城经济开发区新墩村八组221 499.5平方米的国有土地享有使用权。

(2) 原告诉称

1993年3月27日，原告与管委会签订了土地出让合同取得了83.05亩土地的使用权，原告按合同缴清了土地出让款5 190 625元后实际使用了该土地，原告并领取了《建设用地规划许可证》、《建设工程规划许可证》，但被告却将原告实际使用的9 583平方米的土地出让给亨威公司，并向该公司颁发了土地使用证，现请求法院依法撤销被告向第三人亨威公司颁发的盐开国用（2005）字第1617号国有土地使用证。

(3) 被告辩称

原告从未拥有过原规划给其的土地的合法使用权，我府的发证行为未对其合法权益造成侵害。管委会系与原盐城市金属材料总公司签订的土地出让合同，故原告不具有诉讼主体资格。我府颁发给第三人亨威公司的土地使用证所依据的事实清楚、证据充分、程序合法，请求依法驳回原告的诉讼请求。

(4) 第三人述称

被告向我司颁发的土地使用证实体上、程序上均是合法的，依法应驳回原告的诉讼请求。

2. 一审事实和证据

江苏省盐城市盐都区人民法院经公开审理查明：1993年3月27日，原盐城经济技术开发区管理委员会与原盐城市金属材料总公司签订了一份土地出让合同，将位于开发区境内的面积为55 371平方米的集体土地使用权出让给原盐城市金属材料总公司，出让价为5 190 625元。1993年3月25日，原盐城经济技术开发区管理委员会作出盐开管固字（1993）035号同意盐城市金属材料总公司轧钢厂项目一期工程（土建）立项和开工的批复。同年5月25日，原盐城经济技术开发区管理委员会规划工程部（以下简称规划工程部）向盐城市金属材料总公司核发了编号为93005号的建设用地规划许可证，该许可证载明的用地项目名称为盐城市金鑫钢铁有限公司，用地面积为55 371平方米。同年11月3日，规划工程部向盐城市金鑫钢铁有限公司核发了建设项目分别为传达室、大门的编号为93048、93049的建设工程规划许可证。1993年11月22日，原告金东公司依法核准成立，该司系由原盐城市金属材料总公司等三方共同投资成立。1994年11月8日，原盐城经济技术开发区管理委员会向原告金东公司出具了一份金额为5 190 625元的收据，该收据上注明为土地征用费，付款方式为支票。

2003年6月23日，江苏省国土资源厅作出苏国土资地函（2003）339号文件，批准将盐城市经济开发区新墩村的40.365 7公顷土地转为建设用地。2005年8月13日，第三人亨威公司与盐城市国土资源局签订了土地使用权出让合同。同年 9 月 8 日，盐城市国土资源局作出盐（开）国土资出（2005）42 号关于批准亨威公司受让市经济开发区新墩村八组（南地块）国有土地使用权的通知。2005 年 10 月 12 日，第三人亨威公司提出土地登记申请。同年 10 月 20 日，被告对该地块进行了地籍调查。在地籍调查过程中，仅有第三人亨威公司代理人金卫东作为指界人签名。同年 10 月 21 日，被告对该地块进行了权属审核后批准注册登记。2005 年 10 月，被告向第三人亨威公司核发了盐开国用（2005）字第 1617 号国有土地使用证，但填证时间为 2005 年 10 月 17 日。该证载明的土地使用权面积为 221 499.5 平方米，包含原告金东公司原实际使用的 9 583 平方米的土地。后原告金东公司与第三人亨威公司发生土地使用权争议，2008 年 11 月 6 日，盐城市国土资源局开发区分局书面告知原告金东公司：该司提出的与第三人亨威公司有权属争议的地块，已向第三人亨威公司核发了国有土地使用证。原告金东公司不服，提起行政诉讼。

上述事实有下列证据证明：

（1）江苏省人民政府同意成立金东公司的批准证书；

（2）原告单位企业法人营业执照。

证据（1）、（2）证明原告系由盐城市金属材料总公司等三方共同投资成立的企业法人，原告具有诉讼主体资格。

（3）1993 年 3 月 27 日，原盐城经济技术开发区管理委员会与盐城市金属材料总公司签订的一份土地出让合同；

（4）1994 年 11 月 8 日，原盐城经济技术开发区管理委员会向原告出具的一份收据；

（5）1993 年 5 月 25 日，原盐城经济技术开发区管理委员会规划工程部向盐城市金属材料总公司核发的编号为 93005 号建设用地规划许可证及规划红线图；

（6）原盐城经济技术开发区管理委员会盐开管固字（1993）035 号关于同意盐城市金属材料总公司轧钢厂项目一期工程（土建）立项和开工的批复；

（7）1993 年 11 月 3 日，原盐城经济技术开发区管理委员会规划工程部向盐城市金鑫钢铁有限公司核发的编号为 93048、93049 建设工程规划许可证。

证据（3）—（7）证明原告实际取得了争议地块的土地使用权；

（8）亨威公司的规划红线图、亨威公司的土地登记审批表；

（9）2008 年 11 月 6 日，盐城市国土资源局开发区分局告知原告的信函。

证据（8）—（9）证明亨威公司已取得了争议地块的土地使用证；

（10）江苏省国土资源厅苏国土资地函（2003）339 号关于批准盐城市 2003 年度第 1 批次城市建设用地的通知，证明该宗地已经江苏省国土资源厅批准由农用地转为建设用地；

（11）盐城市国土资源局盐（开）国土资出（2005）42 号关于批准亨威公司受让市经济开发区新墩村八组（南地块）国有土地使用权的通知，证明亨威公司受让该宗土地的国有土地使用权已经批准；

（12）盐开土（2005）合字 42 号盐城市国有土地使用权出让合同，证明亨威公司与盐城市国土资源局签订了土地使用权出让合同；

（13）土地登记申请书，证明亨威公司提出土地登记申请；

（14）土地登记审批表，证明亨威公司的申请已经审查、核准；

（15）地籍调查表，证明对亨威公司申请土地登记的地块已进行地籍调查；

（16）亨威公司南地块红线图，证明该宗地的位置；

（17）2005年10月，被告核发的盐开国用（2005）字第1617号国有土地使用证，证明该司已领取了国有土地使用证。

3．一审判案理由

江苏省盐城市盐都区人民法院经审理认为：根据《中华人民共和国土地管理法》第十一条第三款规定，单位和个人依法使用的国有土地，由县级以上人民政府登记造册，核发证书，确认使用权。据此，被告作为市级人民政府具有对国有土地登记、核发证书的法定职责。原告金东公司系由原盐城市金属材料总公司等三方共同投资成立，该司虽未能领取国有土地使用证，但系争议的9 583平方米土地的实际使用人，该司与本案被诉具体行政行为具有法律上的利害关系，故原告金东公司具有诉讼主体资格，对于被告主张原告金东公司不具有诉讼主体资格，本院不予采纳。第三人亨威公司向被告提出土地登记申请后，被告在进行地籍调查过程中，仅通知第三人亨威公司到现场指界，而未通知相邻宗地使用者到场指界，违反了中华人民共和国国土资源部《城镇地籍调查规程》第4.4.2条的规定，且被告填证时间为2005年10月17日，但权属审核、批准注册时间是2005年10月21日，故被告发证程序倒置，亦违反了中华人民共和国国土资源部《土地登记规则》第六条的规定。

4．一审定案结论

江苏省盐城市盐都区人民法院依照《中华人民共和国行政诉讼法》第五十四条第（二）项第三目，参照国土资源部《土地登记规则》第六条、《城镇地籍调查规程》第4.4.2条之规定，作出如下判决：

撤销被告盐城市人民政府2005年10月颁发给第三人亨威公司的盐开国用（2005）字第1617号国有土地使用证。

（三）二审诉辩主张

1．上诉人诉称

（1）被上诉人的主体资格不适格；（2）一审判决认定事实部分适用依据不当；（3）一审判决认定上诉人发证程序倒置是错误的。因此，一审判决认定事实不清，适用法律不当，请求二审法院撤销一审判决，驳回被上诉人的诉讼请求。

2．被上诉人辩称

（1）被上诉人是本案诉争土地的实际使用人，且自1993年使用至今，是本案的适格诉讼主体；（2）一审法院适用法律并无不当；（3）上诉人在颁证程序上确实存在程序倒置的情形。因此，一审判决无论在事实认定还是适用法律上并无不当，请求二审法院维持原判。

3. 原审第三人述称

同意上诉人的主要上诉理由，请求二审法院撤销一审判决，驳回被上诉人的诉讼请求。

（四）二审事实和证据

江苏省盐城市中级人民法院经审理，对一审法院认定的事实和证据予以确认。

（五）二审判案理由

江苏省盐城市中级人民法院经审理认为：根据《最高人民法院关于执行〈中华人民共和国行政诉讼法〉若干问题的解释》第十二条规定，与具体行政行为有法律上利害关系的公民、法人或者其他组织对该行为不服的，可以依法提起行政诉讼。因此，本案被上诉人提起诉讼的前提是与本案被诉具体行政行为，即上诉人盐城市人民政府的登记发证行为具有法律上的利害关系。经审查，被上诉人的股东原盐城市金属材料总公司虽在1993 年与原盐城经济技术开发区管理委员会签订了土地出让合同，并缴纳了相应的土地征用费，成为本案诉争土地的实际使用人，但至今被上诉人也未取得本案诉争土地的合法使用权。2003 年 6 月，本案诉争土地经江苏省国土资源厅批准征收为国有土地。2005 年 8 月，盐城市国土资源局与原审第三人亨威公司签订包括诉争土地在内的国有土地使用权出让合同，将诉争土地出让给了原审第三人。因此，经原审第三人的申请，上诉人盐城市人民政府将包括诉争土地在内的出让土地登记发证给原审第三人。被上诉人作为诉争土地的实际使用人，应当在诉争土地征为国有土地时主张自己的合法权益。原审判决认定被上诉人与本案所诉具体行政行为具有法律上的利害关系不当，应予纠正。

（六）二审定案结论

江苏省盐城市中级人民法院依照《中华人民共和国行政诉讼法》第六十一条第（二）项，《最高人民法院关于执行〈中华人民共和国行政诉讼法〉若干问题的解释》第十二条、第四十四条第一款第（二）项、第六十三条第一款第（二）项之规定，作出如下裁定：
1. 撤销盐城市盐都区人民法院（2009）都行初字第 0022 号行政判决；
2. 驳回被上诉人的起诉。

（七）解说

本案系中外合资经营企业不服市人民政府土地行政登记而引发的行政诉讼，本案的焦点为原告主体资格是否适格，即与市人民政府土地行政登记行为是否具有法律上的利害关系？以及能否对市人民政府土地行政登记行为的合法性进行实质性的审查？一审法院认定原告作为该诉争土地的实际使用人，与行政登记行为有法律上的利害关系而具有原告的诉讼主体资格，在此基础上对被告市人民政府的土地登记行为的合法性进行了实质性的审查，并认定发证行为程序倒置，从而撤销市人民政府的土地登记行为；而二审法院认定原告主体资格不适格，即认定原告与市人民政府的土地登记行为没有法律上的利害关系，从而裁定撤销一审判决，驳回了原告的起诉，据此没有进入到对被告土地登记行为的实质性的审查。

对争议焦点不同的认定将会导致不同的结果，对原告主体资格是否适格、能否对被告市人民政府的土地登记行为的合法性进行审查以及原告是否可以获得救济这些问题的回答，应从以下几方面进行阐述：

1. 集体土地不能非法出让

《中华人民共和国土地管理法》于 1986 年通过，于 1998 年、2004 年修订，该法第四十三条规定，任何单位和个人进行建设需要使用土地的，必须依法申请使用国有土地；但是，兴办乡镇企业和村民建设住宅经依法批准使用本集体经济组织农民集体所有的土地的，或者乡（镇）村公共设施和公共事业建设经依法批准使用农民集体所有的土地除外。而该宗争议土地系原盐城市经济技术开发区管理委员会在 1993 年 3 月 27 日与原盐城市金属材料总公司签订的一份土地出让合同中涉及的土地的一部分。事后，原盐城市金属材料总公司并未申请获得补正。这显然违背了《中华人民共和国土地管理法》有关集体土地不得出让的规定。根据我国有关土地法的规定，如需使用集体土地的，应当先征用为国有土地然后进行出让。

2. 该宗争议土地能否作为股金入股

《中华人民共和国公司法》第二十七条规定，股东可以用货币出资，也可以用实物、知识产权、土地使用权等可以用货币估价并可以依法转让的非货币财产作价出资；但是，法律、行政法规规定不得作为出资的财产除外。第二十八条规定，以非货币财产出资的应当依法办理其财产权的转移手续。也就是说，用非货币财产出资必须符合下列两个条件：（1）可以用货币估价；（2）依法可以转让。而该宗土地系集体土地，依法不能转让，故该宗土地不能作为股金入股。且该宗土地的使用权并未办理财产权的转移手续，即未变更到原告名下，所以说原告对该宗争议土地并未享有合法的使用权。

综上，原告虽然实际使用该宗土地，但不能作为该宗争议土地的合法使用权人，即与被告作出的土地登记行为没有法律上的利害关系，原告的主体资格是不适格的。

3. 法院能否对被告的发证行为进行实质性审查

从本案的实际情况进行分析，如果原告主体资格适格，那么法院就应当对被告的土地登记行为的合法性进行实质性的审查；如果原告主体资格经审查不适格，那么法院应依据《最高人民法院关于执行〈中华人民共和国行政诉讼法〉若干问题的解释》第四十四条第一款第（二）项规定，裁决驳回起诉，不再对被告的土地登记行为的合法进行实质性的审查。而本案原告无诉讼主体资格，因此法院不再对被告的土地登记行为进行实质性的审查；如发现被告土地登记行为有不合法之处，法院应当以司法建议的形式向被告提出司法建议，建议其纠正错误，依法行政。

4. 原告的救济途经

原盐城市金属材料总公司出资购买土地使用权成为本案诉争土地的实际使用人，后用土地入股，由原告成为实际使用人，这是不争的事实，那么原告应当如何维权？这是一个值得人们思索的问题。二审中已作出明确的交代，告知了当事人救济途经，这也充分显示了二审法院践行社会主义法治理念，展示司法为民的一个亮点。但笔者认为，原告的救济途经可从以下几点来考虑：首先，原盐城市金属材料总公司出资与他人一起成立了原告公司，其股金是否到位？如没有到位，则应当依据公司法的规定承担股金到位、向其他股东承担违约责任等法律责任。其次，原盐城市金属材料总公司（如已不存在，则由其权利义务承受单位）再向出让土地方原盐城经济技术开发区管理委员会请求民事赔偿，原盐城经济技术开发区管理委员会应当对自身的过错承担法律责任。这样的做法对原告合法权益的保护会更加符合法律规定，更为妥当。

（江苏省盐城市盐都区人民法院　杨彪）

23. 沈良艮不服如皋市人民政府土地行政登记案
（土地登记行为的实质审查）

（一）首部

1. 判决书字号

一审判决书：江苏省如皋市人民法院（2009）皋行初字第 0035 号判决书。

二审判决书：江苏省南通市中级人民法院（2009）通中行终字第 0134 号判决书。

2. 案由：土地行政登记。

3. 诉讼双方

原告（被上诉人）：沈良艮，男，1950 年生，汉族，如皋市人，住如皋市袁桥镇。

委托代理人：宗卫兵，江苏奔月律师事务所律师。

被告（被上诉人）：如皋市人民政府，地址：如皋市行政中心。

法定代表人：姜永华，市长。

委托代理人：平四勇，如皋市国土资源局干部。

第三人（被上诉人）：钱怀稳，1950 年生，汉族，如皋市人，如皋市中璟化工有限公司股东和原法定代表人，现在江苏南京浦口监狱服刑。

第三人（被上诉人）：陈德明，1952 年生，汉族，如皋市人，如皋市中璟化工有限公司（以下简称中璟公司）股东，现在江苏南京浦口监狱服刑。

第三人（上诉人）：中国工商银行股份有限公司如皋支行（以下简称如皋工行），地址：如皋市如城镇中山路396号。

负责人：张明，该支行行长。

委托代理人：吴迁，江苏南通冠华律师事务所律师。

4. 审级：二审。

5. 审判机关和审判组织

一审法院：江苏省如皋市人民法院。

合议庭组成人员：审判长：马跃；审判员：刘斌、夏燕尔。

二审法院：江苏省南通市中级人民法院。

合议庭组成人员：审判长：王锡明；审判员：赵苏君；代理审判员：郁娟。

6. 审结时间

一审审结时间：2009年9月25日。

二审审结时间：2009年12月9日。

（二）一审诉辩主张

1. 被诉具体行政行为

2004年6月29日，被告如皋市人民政府向第三人钱怀稳颁发了皋国用（2004）第558号国有土地使用证，该证载明位于如皋市袁桥镇何庄村，面积为22510.21平方米的国有土地使用权人为钱怀稳，用途为工业。

2. 原告诉称

2004年3月24日，拍卖机构和市国土局发出将原国营如皋氧化铁黄厂产权拍卖的公告，原告等5人委托钱怀稳作为代表参加竞买，受让了原国营如皋氧化铁黄厂的国有土地使用权和企业产权，4月25日，钱怀稳作为代表办理了产权转让和资产交接手续。4月29日，原告等中璟公司股东召开创立大会，形成书面纪要，明确将上述国有土地使用权列入公司的资本公积。6月29日，钱怀稳隐瞒股东6人共同受让资产的事实，将上述国有土地使用权登记在自己名下，被告在事实不清的基础上进行的土地登记行为侵犯了原告等股东的财产权，故请求判决撤销被告向钱怀稳颁发的皋国用（2004）第558号国有土地使用证。

3. 被告辩称

2004年3月，本政府及市改制小组批准土地使用权参照破产企业处置办法对外出让，市国土局委托拍卖机构拍卖国有土地使用权，4月12日，拍卖机构与钱怀稳签订拍卖成交确认书，确认钱怀稳为涉案土地使用权的买受人。后钱怀稳持拍卖成交确认书申请土地使用权，并按照有关规定交纳了土地出让金，与市国土局签订国有土地使用权出让合同，并申请土地登记，本政府经审查后向钱怀稳颁发国有土地使用证。本政府颁证的事实清楚，证据充分，程序合法，并未侵犯原告的合法权益。请求驳回原告的诉讼请求。

4. 第三人述称

钱怀稳述称：土地等资产是通过合法途径取得的，并没有采取不正当手段领取国有土地使用证，被告颁发的皋国用（2004）第558号国有土地使用证是合法的，请求予以维持。

陈德明述称：土地等资产是通过合法途径取得的，但不应登记在钱怀稳名下，而应登记在中璟公司名下。

如皋工行述称：我行于2008年2月29日以钱怀稳名下的房地产作为抵押向钱磊发放350万元个人经营贷款，如皋市房地产监理所和如皋市国土资源局办理的房屋和土地他项权证均合法有效，因此我行据此发放的此笔贷款手续合规合法，我行的合法权益应予保护。

（三）一审事实和证据

江苏省如皋市人民法院经公开审理查明：2004年3月24日，如皋市国土资源局与南通华隆拍卖有限公司发布公告，主要内容为定于2004年4月8日上午举办拍卖会，拍卖标的为原国营如皋氧化铁黄厂工业用地、厂房、办公用房、生产设备、原辅材料等整体资产。4月7日，原告沈良艮及汤凤莲、万国海、贲井学、钱怀稳推荐钱怀稳为代表，办理拍卖会的报名手续，缴纳参拍保证金，参与并负责拍卖的相关事宜。4月12日，钱怀稳作为买受人代表竞得原国营如皋氧化铁黄厂的上述整体资产，与南通华隆拍卖有限公司签订拍卖成交确认书。当日，沈良艮、汤凤莲、万国海、贲井学、钱怀稳、陈德明、章科红7人签署委托书，载明全体股东共同出资受让原国营如皋氧化铁黄厂产权，委托钱怀稳签署产权转让合同和办理工商注册登记、换证换据等手续。同日，钱怀稳等6人与如皋市农科所签订产权整体转让合同，钱怀稳作为受让方代表在转让合同上签名。4月25日办理资产交接手续。4月29日，钱怀稳、陈德明、万国海、汤凤莲、贲井学、沈良艮召开中璟公司创立大会，形成书面纪要，明确公司注册资本200万元，6名股东以受让的原国营如皋氧化铁黄厂净资产和货币资金7 361.41元出资，出资比例为：钱怀稳55%，陈德明、万国海、汤凤莲、贲井学各10%，沈良艮5%，企业的国有土地使用权列入公司的资本公积。同日，制定公司章程。5月8日，验资机构出具验资报告，载明筹办中的中璟公司已收到全体股东缴纳的注册资本合计人民币200万元整，其中，以净资产出资1 992 638.59元，以货币出资7 361.41元。5月18日，南通市如皋工商行政管理局向中璟公司发出公司变更核准通知书，次日，中璟公司领取了企业法人营业执照。

2004年6月24日，如皋市国土资源局以皋国土资（2004）处出字50号文件批复同意将位于如皋市袁桥镇何庄村（原国营如皋氧化铁黄厂使用的）工业用地22 510.21平方米出让给钱怀稳使用。同日，国土资源局与第三人钱怀稳签订国有土地使用权出让合同，钱怀稳缴纳了契税等费用。6月26日，第三人钱怀稳申请土地登记，提交了国有土地使用权出让合同、皋国土资（2004）处出字50号批复、供地方案审批表、关于使用土地的申请报告、市政府办公室办文单、如皋市农科所"关于国营如皋氧化铁黄厂改制土地使用权处置"的请示报告、原国营如皋氧化铁黄厂改制方案请示、拍卖机构的公告、拍卖成交确认书等资料，被告如皋市人民政府的土地登记部门经审查后认为"初审过程符合要求，结果正确，同意土地登记"，于 2004 年 6 月 29 日向第三人钱怀稳颁发皋国用（2004）第 558 号国有土地使用证。

原告沈良艮认为被告的土地登记行为侵犯了原告等股东的财产权，于 2009 年 7 月 2 日向本院提起行政诉讼。

另查明，2008 年 2 月 29 日，第三人钱怀稳的儿子钱磊与如皋工行签订个人借款担保合同，主要内容为如皋工行向钱磊发放 350 万元个人经营贷款，钱磊以钱怀稳名下的房产及本案所涉土地使用权作为抵押，办理了房屋和土地使用权抵押登记手续。

又查明，2007 年 3 月 28 日，中璟公司的股东经协商，同意将万国海、汤凤莲、贾井学的股权原值转让给钱怀稳，4 月 26 日，南通市如皋工商行政管理局核准变更登记，股东由原来的钱怀稳、陈德明、万国海、汤凤莲、贾井学、沈良艮 6 人变更为钱怀稳、陈德明、沈良艮，钱怀稳的出资额为人民币 170 万元，陈德明的出资额为人民币 20 万元，沈良艮的出资额为人民币 10 万元。

上述事实有下列证据证明：

原告提供的证据有：

1. 公司变更核准通知书；

2. 皋国用（2004）第 558 号国有土地使用权证书；

3. 参与竞买报名情况说明、委托书；

4. 南通华隆拍卖有限公司出具的拍卖成交确认书；

5. 产权整体转让合同；

6. 产权转让资产交接书；

7. 中璟公司创立大会纪要；

8. 中璟公司章程；

9. 中璟公司股东决定；

10. 验资报告；

11. 南通华隆拍卖有限公司出具的受让确认书；

12. 如皋市农科所 2004 年 6 月 28 日出具给如皋市国土资源局的报告；

13. 中璟公司交纳契税的完税证；

14. 中璟公司 2004 年 9 月 14 日的说明。

原告的上述证据证明钱怀稳、陈德明、沈良艮等 6 人共同受让原国营如皋氧化铁黄厂的土地使用权及其他资产，创立中璟公司的事实，同时也证明中璟公司的 6 名股东一致同意将本案所涉的国有土地使用权列入公司的资本公积的事实。

被告提供的证据有：

1. 土地登记审批表；

2. 土地登记申请书；

3. 原国营如皋氧化铁黄厂的土地使用证书；

4. 契税完税证、缴纳土地出让金的收据；

5. 地籍调查户主身份证明；

6. 地籍调查表；

7. 国有土地使用权出让合同；

8. 皋国土资（2004）处出字50号同意土地出让的批复；

9. 供地方案审批表；

10. 建设用地规费清单；

11. 第三人钱怀稳关于使用土地的申请报告；

12. 市政府办公室办文单；

13. 如皋市农科所"关于国营如皋氧化铁黄厂改制土地使用权处置"的请示报告；

14. 原国营如皋氧化铁黄厂改制方案请示；

15. 市长办公会纪要；

16. 拍卖机构的公告；

17. 拍卖成交确认书；

18. 土地估价报告。

结合原告所提供的证据审查发现，被告所举上述证据证明第三人钱怀稳申请土地登记时未如实向土地登记部门提交与土地登记有关的全部资料，导致被告所属的土地登记部门错误登记的事实。

第三人如皋工行提供的证据有：

1. 钱磊的借款借据；

2. 还款协议及具有强制执行力的债权文书公证书；

3. 个人借款担保合同；

4. 皋房权证字第00046375、00046376号房屋所有权证书；

5. 皋国用（2004）第558、559号国有土地使用证；

6. 皋房他字第20080404号房屋他项权证书；

7. 皋地他项（抵押）第2008-113、2008-114号土地他项权证书；

8. 钱怀稳委托钱磊办理房产和土地抵押登记手续的委托书及公证书。

上述证据证明钱怀稳之子钱磊以钱怀稳名下的房地产作为抵押向如皋工行借350万元个人经营贷款，并办理抵押登记的事实。

（四）一审判案理由

江苏省如皋市人民法院经公开审理认为：从本案有关证据看，受让原国营如皋氧化铁黄厂的土地使用权等整体资产的是钱怀稳、陈德明、沈良艮等6人，设立中璟公司时全体股东明确将土地使用权列入公司的资本公积，也即明确本案所涉的国有土地使用权为中璟公司资产，土地使用权人应为中璟公司，而第三人钱怀稳未经相关权利人同意，将该土地使用权转到其个人名下既违反公司法的有关规定，也损害了原告与其他股东的合法权益。

本案被告所属的土地登记部门在办理土地登记时主要依据的是第三人钱怀稳提供的拍卖机构与钱怀稳签订的拍卖成交确认书及钱怀稳与国土管理部门签订的国有土地出让合同、缴纳出让金及有关税费的凭证等资料，钱怀稳未向土地登记部门提交钱怀稳等6人参与竞拍并受让、交接的资料，未提交中璟公司全体股东创立大会纪要、公司章程、验资机构的验资报告及工商部门核准登记资料等重要法律文件，即钱怀稳隐瞒了钱怀稳、陈德明、沈良艮等6人共同受让原国营如皋氧化铁黄厂的土地使用权等整体资产的重要事实，属于《土地登记规则》第六十六条规定的提供证明材料不齐全的情形。正因为第三人钱怀稳未如实向土地登记部门提供证明材料，隐瞒了重要事实，导致土地登记部门将本应登记在中璟公司名下的国有土地使用权错误地登记在第三人钱怀稳名下，故被告向第三人钱怀稳颁发的皋国用（2004）第558号国有土地使用证依法难以维持。

（五）一审定案结论

江苏省如皋市人民法院依照《中华人民共和国行政诉讼法》第五十四条第（二）项第一目之规定，作出如下判决：

撤销被告如皋市人民政府向第三人钱怀稳颁发的皋国用（2004）第558号国有土地使用权证书。

案件受理费50元，由被告如皋市人民政府负担。

（六）二审情况

1. 二审诉辩主张

（1）上诉人诉称

沈良艮的起诉超过了法定的起诉期限，如皋市人民政府的颁证行为合法有效，上诉人基于对如皋市人民政府颁证行为的信赖，向案外人发放了抵押贷款并对本案所涉土地使用权办理了抵押登记手续，原审判决撤销如皋市人民政府的颁证行为将直接影响上诉人抵押权和债权的实现。原审判决认定事实及适用法律错误，请求二审撤销原判，判决驳回沈良艮的诉讼请求。

（2）被上诉人辩称

如皋市人民政府辩称：钱怀稳在申请办理国有土地使用权证时所提供的证明材料不齐全，致使如皋市人民政府错误登记，原审法院判决撤销并无不当，请求二审维持原判。

沈良艮辩称：如皋市人民政府颁证前未对钱怀稳提供的材料进行严格审查，所作颁证行为违法，应予撤销。沈良艮在得知被诉行政行为后及时提起了行政诉讼，其起诉未超过法定的起诉期限。上诉人的债权可另行求偿。请求二审维持原判。

钱怀稳辩称：沈良艮等人均同意以钱怀稳为代表办理受让、产权变更登记手续，如皋市人民政府向钱怀稳颁发国有土地使用权证并无不当。原审判决撤销被诉行政行为不当，请求二审依法予以改判。

陈德明辩称：如皋市人民政府将涉案的土地使用权登记在钱怀稳一人名下错误，原审判决予以撤销并无不当。

2. 二审事实和证据

江苏省南通市中级人民法院经审理，确认一审法院认定的事实和证据。

3. 二审判案理由

江苏省南通市中级人民法院经审理认为：（1）如皋工行在二审中提出的沈良艮起诉超过法定起诉期限的上诉理由，属于其在二审中提出的新主张，由于其未向本院提出在一审中不予主张的正当事由，故二审对此主张不再予以审查。（2）钱怀稳在申请土地登记颁证时，有义务向登记颁证机关如实提供涉及本案土地使用权属变动的全部证明材料。钱怀稳隐瞒了沈良艮等人共同受让包括本案土地使用权在内的拍卖资产的真实情况，直接申请将该宗土地使用权登记在钱怀稳一人名下，其申请存在重大过错。如皋市人民政府在钱怀稳未如实全面提供权属来源依据的情形下，将涉案土地使用权登记在钱怀稳名下，属行政行为主要证据不足。原审法院判决撤销被诉行政行为正确，二审应予维持。上诉人如皋工行及被上诉人钱怀稳认为被诉颁证行为事实依据充分的理由不能成立，本院不予支持。

4. 二审定案结论

江苏省南通市中级人民法院依照《中华人民共和国行政诉讼法》第六十一条第（一）项之规定，作出如下判决：

驳回上诉，维持原判。

二审案件受理费人民币 50 元，由上诉人如皋工行负担。

（七）解说

设立公司必须遵守公司法的有关规定，进行土地登记必须遵守土地登记的有关规定。本案的第三人钱怀稳将属于公司资本的土地使用权转到个人名下，并进行了土地登记，其既违反了公司法的有关规定，也违反了土地登记的有关规定。

1. 钱怀稳将属于公司资本的土地使用权转到个人名下违反了公司法的有关规定。

公司资本是公司章程确定并载明的全体股东的出资总额。我国公司法规定的公司资本制度是法定资本制，该制度规定公司的资本总额必须明确地记载于公司章程，必须由股东全部认足，保证资本的真实、可靠，否则公司不能成立。这一制度的目的是保护公司债权人的利益和确保公司正常、稳定地开展各项经营活动。

原告沈良艮及第三人钱怀稳等股东受让原国营如皋氧化铁黄厂整体资产后，设立中璟公司，制定公司章程，确定公司注册资本为 200 万元，其中，以净资产出资 1 992 638.59 元，以货币出资 7 361.41 元。经过验资机构验资，净资产 1 992 638.59 元系原国营如皋氧化铁黄厂的资产总额减去负债总额后的数额。验资机构出具验资报告确认该公司的注册资本 200 万元已由股东全部认足，工商行政管理部门颁发的营业执照对中璟公司的上述注册资本予以确认。这一事实证明经过法定机构确认并登记的中璟公司资本总额中包含了土地使用权、房产、办公用房、生产设备、原辅材料等。当然，不能否认的是，事实上钱怀稳等 6 人共同受让原国营如皋氧化铁黄厂整体资产时及后来设立中璟公司注册登记时，钱怀稳的出资比例占到 55%。钱怀稳认为其出资占了大半，本案所涉的土地使用权应归属为他个人，从而将公司资本中的土地使用权登记在其个人名下。钱怀稳的该行为违反了我国公司法规定的资本维持原则和资本不变原则。资本维持原则和资本不变原则的确立是因为公司资本是公司用以偿还债务、承担责任的基础，它的不合理减少必将影响债权人的利益，影响交易关系的安全。资本维持原则要求，当股东出资不足时必须予以补足，不得抽逃出资。钱怀稳将已作为公司注册资本的土地使用权登记在个人名下，而未用其他等值的财产出资替代补足，属于抽逃出资。资本不变原则要求，公司若要减少资本，除应由董事会制订具体方案并经股东大会决议通过，并修改公司章程外，还应对债权人清偿债务，或提供相应的偿债担保后，办理公司的变更登记。钱怀稳的上述行为实质上属减少了公司资本，但其并未按照公司法规定的程序办理变更登记，这势必影响中璟公司债权人的利益。故钱怀稳以自己的名义办理土地登记的行为是不合法的。

2. 钱怀稳将属于公司资本的土地使用权转到个人名下损害了原告与其他股东的合法权益。

（1）钱怀稳的行为侵害了原告沈良艮等其他股东的表决权。

根据《中华人民共和国公司法》规定，有限公司股东会由全体股东组成。《中华人民共和国公司法》第三十八条规定了有限责任公司股东会的职权包括对公司增加或减少注册资本作出决议及修改公司章程等，第三十九条规定对公司增加或减少注册资本作出决议及修改公司章程属于公司的重大事项，必须作出股东会的特别决议，必须经代表2/3以上表决权的股东通过。依照上述规定，钱怀稳将属于公司资本的土地使用权转到个人名下属公司的重大事项，但其未经代表2/3以上表决权的股东通过，钱怀稳的行为侵害了原告沈良艮等其他股东的表决权。

（2）钱怀稳的行为侵害了原告沈良艮等其他股东的财产权。

《中华人民共和国公司法》规定，当有限责任公司或股份有限公司股东未缴足出资，致使公司实收资本低于法定最低资本额或应收股本时，其他股东或发起人应负连带认缴责任，予以补足。钱怀稳将属于中璟公司资本的土地使用权转到他自己的名下，公司的实收资本势必低于法定最低资本额，因此沈良艮等其他股东就有义务负连带认缴责任，予以补足，这无疑会对沈良艮等其他股东财产权产生影响。

钱怀稳的行为侵害了原告沈良艮等其他股东的财产权还表现在，如果中璟公司进行清算，因公司的土地使用权不在中璟公司名下，公司债务清偿之后没有剩余财产，沈良艮等其他股东就无法行使剩余财产分配请求权。

此外，钱怀稳的儿子钱磊个人向银行贷款350万元，用属于中璟公司的房产和土地使用权作为抵押，如钱磊到期不能还本付息，银行必将以上述抵押物来实现抵押权。这更证明沈良艮等其他股东财产权因钱怀稳的行为而受到了事实上的侵害。

鉴于上述情况，沈良艮等股东有权提起行政诉讼请求撤销被告如皋市人民政府的错误登记行为。

3. 钱怀稳隐瞒了沈良艮等人共同受让包括本案土地使用权在内的拍卖资产的真实情况，直接申请将该宗土地使用权登记在其一人名下，也违反了土地登记的有关规定。

土地登记行为作为行政确认行为，其登记审查的标准不能仅限于形式审查，而应进行适度的实质审查。

《土地登记规则》第六十六条第（二）项规定，当事人提供的证明材料不齐全的，土地管理部门不予受理土地登记申请。依照上述规定，第三人钱怀稳在申请土地登记时，应当提交齐全、真实的证明材料，如实提供涉及本案土地使用权属变动的全部证明材料。土地登记颁证机关在登记颁证前亦应对申请人提供的证明材料进行必要的审查，首先应审查土地使用权变动的证据材料。

引起本案土地使用权变动的原因在于钱怀稳等 6 人共同受让了原国营如皋氧化铁黄厂的房产、土地使用权等资产。钱怀稳等 6 人共同参与竞拍并受让、交接原国营如皋氧化铁黄厂的房产、土地使用权等资产的有关资料及中璟公司全体股东创立大会纪要、公司章程、验资机构的验资报告及工商部门核准登记资料等法律文件是涉及土地使用权变动的重要资料，而钱怀稳未向土地登记部门提交上述资料，即钱怀稳隐瞒了钱怀稳、陈德明、沈良民等 6 人共同受让原国营如皋氧化铁黄厂的土地使用权等整体资产的重要事实，直接申请将该宗土地使用权登记在钱怀稳一人名下，其申请存在重大过错。

被告如皋市人民政府所属的土地登记部门在钱怀稳未如实全面提供权属来源依据的情况下，应进行适度的实质审查，土地使用权变动的事实是进行土地变更登记的重要事实，审查土地使用权变动的事实也是办理土地变更登记的重要程序，被告有必要要求钱怀稳提供齐全、真实的证明材料，应该也能够向有关部门调取有关证据材料，而被告未对本案所涉土地使用权变动的事实进行调查核实，仅凭钱怀稳提供的片面的资料就将涉案土地使用权登记在钱怀稳名下，属行政行为主要证据不足，不符合土地登记的有关规定。

综上所述，被告向钱怀稳颁发的皋国用（2004）第 558 号国有土地使用权证书应予撤销。

（江苏省如皋市人民法院　刘斌）

24. 郑素华等不服成都市武侯区人民政府国土行政批复案
（上级行政机关的批复是否属行政诉讼受案范围）

（一）首部

1. 判决书字号：四川省成都市成华区人民法院（2009）成华行初字第 1 号判决书。
2. 案由：国土行政批复。
3. 诉讼双方
原告：郑素华，女，汉族，住成都市武侯区机投镇。
原告：白春云，男，汉族，住成都市武侯区机投镇。
原告：贺利珍，女，汉族，住成都市武侯区机投镇。

三原告共同委托代理人：谢文刚，四川义立律师事务所律师。

三原告共同委托代理人：岳明，四川英冠律师事务所律师。

被告：成都市武侯区人民政府，住所地：成都市武侯区武侯大街264号。

法定代表人：刘玉泉，该区区长。

委托代理人：耿韬，四川运逵律师事务所律师。

委托代理人：雷雨，四川运逵律师事务所律师。

4. 审级：一审。

5. 审判机关和审判组织

审判机关：四川省成都市成华区人民法院。

合议庭组成人员：审判长：李戈军；人民陪审员：左都元、费怀银。

6. 审结时间：2009年5月31日。

（二）诉辩主张

1. 被诉具体行政行为

被告成都市武侯区人民政府针对成都市国土资源局武侯分局实施强制搬迁问题的内部请示作出的成武府函（2007）120号批复。

2. 原告诉称

原告拥有位于成都市武侯区机投镇沙堰村2组宅基地使用权（宅基地使用证书：0057338号）、村镇房屋所有权（村镇房屋所有权证号：武农字第11302号、房屋建筑面积304.88平方米）。原告白春云于2004年在该房屋上开设了成都市武侯区鑫融汽车车身修理涂漆电器仪表修理店，并依法办理了《个体工商户营业执照》、《税务登记证》，原告白春云按时缴纳了相关税费。

原告的宅基地已被征用为成都市市区2003年第一批城市建设用地，但是原告对房屋仍享有所有权，被告应要求成都市国土资源局武侯分局按照法（2005）行他字第5号《最高人民法院行政审判庭关于农村集体土地征用后地上房屋拆迁补偿有关问题的答复》、参照《城市拆迁管理条例》及有关规定，对原告进行补偿安置。但是成都市国土资源局武侯分局对原告的房屋只按照《成都市征地补偿安置办法》（成都市人民政府78号令）拆迁补偿，被告以成武府函（2007）120号文件确认成都市国土资源局武侯分局对原告的房屋按照《成都市征地补偿安置办法》（成都市人民政府78号令）拆迁补偿是正确的，同时批准对原告的房屋实施强制拆迁。被告的这一具体行政行为侵犯了原告依法获得补偿安置的权利。

2007年7月5日，被告下属单位成都市国土资源局武侯分局向原告发出《通告》，限原告于同月9日前自行搬迁，并交出土地，被告明知成都市国土资源局武侯分局发出的《通告》违反法定规定，但是，却在2007年6月28日以成武府函（2007）120号文件作出对原告实施强制拆迁的批复，而事实上被告指示国土资源局武侯分局对原告实施的是"强制拆除"，而不是强制搬迁，并对原告的房屋实施了强制拆除，被告的行为违反了法律规定，侵犯了原告的合法权益，为此，特提起诉讼。

3. 被告辩称

（1）本案诉争的为内部行政行为，不具可诉性。

成武府函（2007）120 号批复系被告与成都市国土资源局武侯分局之间的内部公文。在该行政法律关系中，行政机关系武侯区人民政府，行政相对人系成都市国土资源局武侯分局。批复内容虽涉及本案原告，但是该批复并不直接送达原告，且该批复只是征地强制搬迁过程中的一种阶段性的内部审批程序，其本身不对原告产生直接的法律上的利害关系。真正对原告权利义务产生直接影响的是成都市国土资源局武侯分局对其作出的强制搬迁行为，故诉争批复不具有可诉性。

（2）诉争批复程序合法，内容不违反法律、法规规定。

2007 年 6 月 15 日，成都市国土资源局武侯分局因原告一户拒绝搬迁并交出土地，遂以国土资武（2007）81 号文报请被告批准对本案原告一户实施强制搬迁，被告接到该分局报送的材料后，根据《成都市征地补偿安置办法》的规定，依法审批同意成都市国土资源局武侯分局对其实施强制搬迁（成武府函（2007）120 号批复）。该批复证据确凿，适用法律、法规正确，程序合法。

（三）事实和证据

成都市成华区人民法院经公开审理查明：2004 年 3 月，四川省人民政府发出川府土（2004）36 号批复，批准成都市人民政府呈报的关于成都市武侯区沙堰村 1、2、3、4 组等土地的征用申请。2004 年 5 月 27 日，成都市国土资源局向成都市国土资源局武侯分局下达了关于成都市武侯区沙堰村 1、2、3、4 组等土地的征地事务任务书，并附有征用土地面积及人员安置汇总表。2004 年 6 月 3 日，成都市人民政府就上述土地发出征用土地公告。2004 年 9 月 8 日，成都市国土资源局发出征地补偿安置方案公告。原告拥有位于成都市武侯区机投镇沙堰村 2 组宅基地使用权（宅基地使用证书：0057338 号）、村镇房屋所有权（村镇房屋所有权证号：武农字第 11302 号、房屋建筑面积 304.88 平方米）。2007 年 3 月 26 日，成都市国土资源局武侯分局向郑素华发出《住房拆迁安置协议书》，对郑素华、陈光清、白春云、贺利珍、白宇星 5 人进行安置，按照人均 35 平方米安置面积 175 平方米，安置地点兴元丽苑 1 栋及 6 栋的三套住房。同时发放安置补偿款 28 100 元。但原告方对此安置方案予以拒绝。2007 年 6 月 15 日，成都市国土资源局武侯分局因原告一户拒绝搬迁并交出土地，遂以国土资武（2007）81号文内部报请被告成都市武侯区人民政府批准对本案被告一户实施强制搬迁，被告成都市武侯区人民政府接到该分局报送的材料后，根据《四川省〈中华人民共和国土地管理法〉实施办法》以及《成都市征地补偿安置办法》的规定，审批同意成都市国土资源局武侯分局对其实施强制搬迁，并于 2007 年 6 月 27 日下发了成武府函（2007）120号批复。成都市国土资源局武侯分局据此于 2007 年 7 月 5 日发布《公告》，责令原告郑素华等人于 2007 年 7 月 9 日前自行搬迁至兴元丽苑安置房内，逾期将实施强制搬迁。2008 年 4 月 17 日，成都市国土资源局武侯分局向原告郑素华发出《告知书》，告知对其实施强制搬迁。2008 年 12 月 8 日，原告不服成都市武侯区人民政府于 2007

年 6 月 27 日作出的成武府函（2007）120 号内部批复，向本院提起行政诉讼，要求法院撤销该批复。

上述事实有下列证据证明：

1. 四川省人民政府《关于成都市中心城区 2003 年第一批城市建设用地的批复》（川府土〔2004〕36 号）。

2. 2004 年 5 月 27 日《征地事务任务书》（2004 - 09 号）及附件。证明征地范围，征地实施主体为成都市国土资源局武侯分局。

3. 2004 年 6 月 3 日成都市人民政府《征用土地公告》（〔2004〕第 6 号）。

4. 成都市国土资源局《征地补偿安置方案公告》（〔2004〕第 7 号）。

5. 2004 年 12 月 9 日成都市人民政府办公室《关于同意武侯区晋阳街道办事吉福村二、三、四、五、六组晋阳村二、三组沙堰村三组征地补偿安置方案的批复》（成办函〔2004〕254 号）。

6. 2004 年 12 月 16 日《征地补偿安置方案实施工作通知书》（2004 - 07 号）。证明依法告知征地范围和安置方案；安置方案经有关部门批准是合法的。

7. 通知存根（成国土资武监执〔函〕（2007）第 0203063 号）。

8. 《农村房屋宅基地使用证》。

9. 《常住人口信息》。

10. 住户基本情况登记表、银行存单。

11. 武侯区已征地农转非人员参加社会保险名册、社保查询单、农转非人员领取一次性就业补助金花名册，共 7 页。

12. 2007 年 3 月 26 日《住房拆迁安置补偿协议书》。证明原告一户宅基地位于征地范围内；征地机关对原告的补偿分为三个部分，即一为现房安置，二为货币安置，三为社保及就业补助金的发放。

13. 2007 年 4 月 13 日《调查笔录》。证明征地实施机关多次找原告一户商谈搬迁及安置补偿事宜，原告一户拒绝配合；征地机关在送达相关文书时见证人的身份。

14. 2007 年 4 月 24 日通知及送达回证。证明成都市国土资源局武侯分局依法向原告送达《责令限期搬迁通知》的事实。

15. 强制搬迁请示。

16. 强制搬迁批复。证明原告一户拒绝执行《责令限期搬迁通知》所确定的义务，成都市国土资源局武侯分局向被告报请准许对原告一户实施强制搬迁的事实和被告作出诉争批复的事实。

（四）判案理由

四川省成都市成华区人民法院经审理认为：被告成都市武侯区人民政府针对成都市国土资源局武侯分局实施强制搬迁问题的请示作出的成武府函（2007）120 号批复，虽然是行政机关就行政事项作出的内部审批行为，该批复也并未向原告送达，但该批复实际对原告的相关利益产生了影响，因而是可诉的行政行为，原告对此批复提起行政诉讼符合相关法律规定。被告成都市武侯区人民政府作出该批复前，对于成都市武侯区沙堰村1、2、3、4组等土地的征用，有相关部门的正式批复，对征地及安置补偿均按照法律规定进行了公告，同时，对原告也进行了安置补偿，向其提交了具体的安置方案和协议，安置住房及补偿款均进行了落实，因而，被告成都市武侯区人民政府针对成都市国土资源局武侯分局实施强制搬迁问题的内部请示作出的成武府函（2007）120号批复，有相关的事实依据，具备相应的法律条件，适用法律正确，其批复过程的程序也符合法律规定，依法应予维持。

（五）定案结论

四川省成都市成华区人民法院依照《中华人民共和国行政诉讼法》第五十四条第一项的规定，作出如下判决：

维持被告成都市武侯区人民政府针对成都市国土资源局武侯分局实施强制搬迁问题的内部请示作出的成武府函（2007）120号批复。

（六）解说

本案涉及的核心问题在于上级行政机关对下级作出的批复是否属于人民法院行政诉讼的受案范围。内部行政行为，从一般意义上理解，主要是指行政主体代表国家对隶属于自身的组织、人员和财物的一种管理。它可以分为两类：一类是工作性质的，如上级公务员对下级公务员发布的命令、批示和对下级报告的审批等；另一类是人事性质的，即行政机关对内部行政人员的奖惩、任免、考核等。针对内部行政行为，审判实践中一些观点认为，内部行政行为所行使的职权行为与外部相对人无关，不属于行政诉讼的受案范围，不具有可诉性。

判断某一行政行为是否具有可诉性，首先要看该行为是否是行政主体行使职权的行为；其次要看该行为是否为法定的不属于人民法院行政诉讼受案范围的情形。根据《中华人民共和国行政诉讼法》和《最高人民法院关于执行〈中华人民共和国行政诉讼法〉若干问题的解释》（以下简称《若干问题解释》）规定的精神，拥有行政管理职权的机关、组织和个人所实施的与行使行政管理职权有关的，对行政管理相对人的权利义务发生实际影响的行为及相应的不作为，除法律有特别规定和《若干问题解释》特别排除的以外，该行政行为具有可诉性，属于人民法院行政诉讼的受案范围，人民法院应当受理。

在大多数情况下，上级行政机关对下级作出的答复、批复、审批、指示等行为属内部行政行为，对相对人的权利义务不产生实际影响时，不具有可诉性，但是当该内部行政行为对相对人的权利义务产生了实际影响时，该答复行为就是外化的、具有可诉性的具体行政行为。《中华人民共和国行政诉讼法》第十二条第（三）项规定法院不受理"行政机关对行政机关工作人员的奖惩、任免等决定"，这在原则上把第二类内部行政行为排除在行政诉讼受案范围之外。而对于第一类行为，则无明确规定。《若干问题解释》

第一条第二款第（六）项只是排除了"对公民、法人或者其他组织权利义务不产生实际影响的行为"。而第一类行为不一定不影响公民、法人或者其他组织的权利义务，所以不能认为其当然属于行政诉讼受案的排除范围。

对行政行为可诉性的认定，关键在于审查其对行政相对人的权利义务是否产生实际影响。上级行政机关就特定事项、针对特定对象对下级所作的批复、指示、指令等内部行政行为，虽然不是以外部相对人为直接相对人，但如果该行为具有导致下级为或不为某种行为的强制力，且对外部相对人产生了必然的、实际的和确定的法律效果，也就是说内部行政行为实际影响到了外部相对人的合法权益时，当事人不服提起行政诉讼的，人民法院应当受理，此时该行为属于人民法院行政诉讼受案范围内的可诉行政行为。

本案的审理法院准确把握了《若干问题解释》的相关规定。《若干问题解释》的规定表明，只有不具有强制力的行政指导、行政批复等行为才是行政指导行为，其他以"行政指导"、"行政批复"为名而实际具有强制力的行为，不能排除在受案范围之外；此外，如果内部行政行为实际影响到了外部相对人的合法权益，虽然其不是以外部相对人为直接相对人，但其对外部相对人产生的效果却是必然的、实际的和确定的，故应属于行政诉讼的受案范围。

（四川省成都市成华区人民法院　李戈军）

25. 许秀莲不服砀山县人民政府土地权属行政确认案 （行政诉讼起诉期限的确定　行政复议与行政诉讼的衔接）

（一）首部

1. 裁定书字号：安徽省泗县人民法院（2009）泗行初字第45号裁定书。
2. 案由：土地权属行政确认。
3. 诉讼双方
原告：许秀莲，女，回族，住砀山县砀城镇。
委托代理人：聂书良，安徽龙啸律师事务所律师。
被告：砀山县人民政府。
法定代表人：朱学亮，该县县长。
委托代理人：舒畅，砀山县国土资源局干部。
第三人：魏连云，女，回族，住砀山县砀城镇。
委托代理人：史先海，砀山县砀城镇法律服务所法律工作者。

4. 审级：一审。

5. 审判机关和审判组织

审判机关：安徽省泗县人民法院。

合议庭组成人员：审判长：陈恒志；审判员：房强、孙艳飞。

6. 审结时间：2009 年 7 月 6 日。

(二) 诉辩主张

1. 被诉具体行政行为

被告砀山县人民政府于 2006 年 9 月 20 日作出砀政行决（2006）8 号《魏连云与许秀莲土地使用权争议的处理决定》，魏连云要求确权的其中部分土地，东邻金礼玉住宅，西邻芒砀南路，北邻马继顺住宅，南邻路（后被告于 2008 年 3 月 26 日下文更正为南邻争议地），东西宽 13.20 米，南北长 8.125 米，面积 107.24 平方米不存在争议，可依法办理土地使用权证书。另外剩余的争议地位于砀城镇芒砀南路 138 号，北邻许秀莲住宅（后被告于 2008 年 3 月 26 日下文更正为北邻魏连云住宅），南邻路，东邻金礼玉住宅，西邻芒砀南路，该宗地在 1958 年前虽系五保户马申氏使用，但马申氏去世后，1975 年在该争议地性质尚为集体所有时，该村集体进行土地调整，即将该争议地丈量给申请人即第三人魏连云使用。依据《中华人民共和国土地管理法》第十六条、《安徽省土地权属争议处理条例》第七条的规定，处理决定：该争议地由第三人魏连云使用。

2. 原告诉称

（1）被告作出的具体行政行为认定事实不清，主要证据不足。1）上述《决定书》认定：原告的大祖母马申氏为"五保户"与事实严重不符，是极其错误的。事实上，马申氏根本不是五保户，其虽然没有儿子，但却有一个女儿，下有两个外孙，分别叫许建西和许建阳，现许建西仍然健在，马申氏生前由于无子，由原告的老公公马继从承嗣，并生养死葬。1958 年马申氏去世，由原告的老公公出资办理了后事，并继承了马申氏的一间草房及所属宅基地的使用权。这一事实，人所共知。至今马申氏的外孙许建西仍与原告家有来往。而《决定书》却置客观事实于不顾，将马申氏认定为五保户，显然错误。2）《决定书》认定原马申氏所使用的宅基地，在 1975 年村集体调整土地时丈量给了第三人，原告及家人未予制止，严重违背事实，纯属无稽之谈。事实上该争议土地原为原告大祖母马申氏所有，1958 年马申氏去世，原告老公公继承以后，该宗土地一直由原告一家经营管理使用，并在上面栽树、种苘和种菜等，从来就没有调整过。1975 年村里也根本没有丈量过土地，更没有将该宗土地调整给第三人使用。1982 年时，该宗土地上还有原告种的三十多棵树木，并刨掉部分树盖屋。3）为第三人作证的武同礼（回族），从未当过社员代表，更没有当过队长，穆彦超也没当过社员代表，《决定书》对其身份的认定是错误的。

（2）被告作出的具体行政行为程序不合法。1）1993 年，第三人曾采取欺骗手段办理了砀国用（1993）第 082 号国有土地使用证，原告提出异议后，被告于 1994 年 4 月 25 日予以收回。而被告在《决定书》中所依据的是被告的假办证材料，明显不当。2）

被告确权依据是 1998 年 6 月 5 日、12 日、16 日对武同礼、穆彦超、金军三人的谈话笔录，内容不真实，程序不合法。3）被告 2006 年 9 月所绘制的争议土地草图，程序不合法。

（3）适用法律法规错误。决定书中除适用《中华人民共和国土地管理法》外，又适用了《安徽省土地权属争议处理条例》第七条的规定，在现行的法律法规中，根本没有此条例。为此，请求依法撤销被告作出的砀政行决（2006）8 号《土地争议案件行政决定书》暨《关于更正砀政行决（2006）8 号文部分内容的处理决定》。

3. 被告辩称

（1）本机关作出的具体行政行为认定事实清楚。1）该争议地自 1975 年以来一直由第三人使用。该争议地坐落在本县砀城镇南关居委会（即南关红绿灯南 30 米，路东），土地争议面积 107.24 平方米。1958 年前该地由南关大队五保户马申氏使用，马申氏去世后，该地上房屋因年久失修而坍塌。1975 年在该争议地性质尚为集体所有时，生产队将该争议地丈量给本村村民即本案第三人魏连云家庭使用。随着社会发展，1993 年前后南关大队全体村民转为非农业户口，依照法律规定，原南关大队集体所有的土地性质随之转为国有。使用权人仍为第三人。另外，本机关受理本次土地确权案件时，该争议地性质已为国有，地上原五保户房屋也已不复存在。该地一直由第三人管理使用，且第三人于 2001 年在该地建有四间房屋一直使用至今。该地自 1975 年以来，已经变更了实际土地使用者，因此按照《确定土地所有权和使用权的若干规定》第四章第二十九条"因原房屋拆除、改建或自然坍塌等原因，已经变更了实际土地使用者的，经依法审核批准，可将土地使用权确定给实际土地使用者……"的规定，本机关将该争议地确认给第三人使用，认定事实清楚。2）本机关丈量土地面积准确。第三人向本机关的确权申请中要求确认的土地为 221.81 平方米，但经本机关实际丈量和调查发现，第三人要求确认的 221.81 平方米土地，其中部分（即东邻金礼玉住宅，西邻芒砀南路，北邻魏连云住宅，南邻争议地，东西长 13.20 米，南北宽 8.125 米，计 107.24 平方米）不存在争议，另外剩余的 114.57 平方米为双方争议的土地，也是本机关确认的土地。因此，本机关认定的事实清楚。

（2）本机关作出的具体行政行为适用法律正确，程序合法。依据《中华人民共和国土地管理法》第十六条之规定，本机关受理了当事人的土地确权申请，依法向申请人发送了立案通知和申请书副本，在法定期限内作出了具体行政行为，程序合法。本机关根据调查结果和采信的证据材料，结合土地利用现状，在调解无效后，依据《安徽省土地权属争议处理条例》第七条的规定，作出了具体行政行为，适用法律正确。请求维持我单位作出的具体行政行为。

4. 第三人述称

第三人与该地有利害关系，被告作出的处理决定事实清楚，程序合法，适用法律正确，应当予以维持。

（三）事实和证据

安徽省泗县人民法院经公开审理查明：该宗争议的土地位于砀山县砀城镇芒砀南路

138 号，北邻魏连云住宅，南邻路，东邻金礼玉住宅，西邻芒砀南路，南北长 8.12 米，东西宽 13.2 米。该宗地在 1958 年前系马申氏使用。1958 年马申氏去世，后原告和第三人因该宗地的使用问题发生争议。2006 年 4 月 14 日，魏连云向砀山县人民政府申请对该宗土地的使用权进行确权。砀山县人民政府于 2006 年 9 月 20 日作出砀政行决（2006）8 号《魏连云与许秀莲土地使用权争议的处理决定》，魏连云要求确权的土地其中部分，东邻金礼玉住宅，西邻芒砀南路，北邻马继顺住宅，南邻路（后被告于 2008 年 3 月 26 日下文更正为南邻争议地），东西宽 13.20 米，南北长 8.125 米，面积 107.24 平方米不存在争议，可依法办理土地使用权证书。另外剩余的争议地位于砀城镇芒砀南路 138 号，北邻许秀莲住宅（后被告于 2008 年 3 月 26 日下文更正为北邻魏连云住宅），南邻路，东邻金礼玉住宅，西邻芒砀南路，该宗地在 1958 年前虽系五保户马申氏使用，但马申氏去世后，1975 年在该争议地性质尚为集体所有时，该村集体进行土地调整，即将该争议地丈量给申请人即第三人魏连云使用。依据《中华人民共和国土地管理法》第十六条、《安徽省土地权属争议处理条例》第七条的规定，决定：该争议地由第三人魏连云使用。2006 年 10 月，被告向原告邮寄送达了处理决定书。2008 年 3 月 26 日，砀山县人民政府作出了《关于更正砀政行决（2006）8 号文部分内容的处理决定》，将决定书中的部分表述错误作了更正。后许秀莲向宿州市人民政府申请行政复议，宿州市人民政府于 2009 年 2 月 10 日作出宿政复决字（2009）10 行政复议决定，认为，砀政行决（2006）8 号处理决定已于 2006 年 10 月送达给申请人，申请人于 2008 年 11 月提起行政复议，超过了法定的时效，不予审查。根据《中华人民共和国行政复议法》第二十八条第一款第（一）项的规定，决定：维持砀山县人民政府作出的《关于更正砀政行决（2006）8 号文部分内容的处理决定》。

上述事实有下列证据证明：

1. 土地确权申请书；

2. 许秀莲的答辩书；

3. 土地争议案件受理通知书及送达回证。

以上证据证明被告作出的处理决定程序合法。

4. 土地登记申请审批表及土地登记权属证明；

5. 武同礼等人的证明；

6. 民事诉状；

7. 对许红军、武同礼、穆彦超、马继顺、金军等人的调查笔录；

8. 砀山县城关镇土地管理所的调查报告；

9. 争议宗地草图。

以上证据证明被告作出的处理决定事实清楚。

（四）判案理由

安徽省泗县人民法院经审理认为：《中华人民共和国行政复议法》第三十条规定："公民、法人或者其他组织认为行政机关的具体行政行为侵犯其已经依法取得的土地、矿藏、水流、森林、山岭、草原、荒地、滩涂、海域等自然资源的所有权或者使用权的，应当先申请行政复议；对行政复议决定不服的，可以向人民法院提起行政诉讼。"本案中，被告砀山县人民政府作出的《魏连云与许秀莲土地使用权争议的处理决定》，涉及土地的使用权处理问题，对处理决定不服的，应当先行提起行政复议。被告砀山县人民政府在 2006 年 10 月向原告送达了该处理决定，在法定的期限内，原告没有提起行政复议。2008 年 3 月 26 日，被告对处理决定的部分内容虽然作了更正，但仅是对原处理决定中的四至范围的表述错误进行更正，不涉及当事人的权利义务，对原处理决定的实质内容及结果不产生影响。原告虽然在更正内容作出后的法定期限内提起行政复议，但复议机关以申请人超过了法定的时效为由，对砀政行决（2006）8 号处理决定不予审查。原告要求撤销被告作出的砀政行决（2006）8 号《土地争议案件行政决定书》暨《关于更正砀政行决（2006）8 号文部分内容的处理决定》，其起诉显然超过了法定的起诉期限。

（五）定案结论

安徽省泗县人民法院依照《最高人民法院关于执行〈中华人民共和国行政诉讼法〉若干问题的解释》第四十四条第（六）项之规定，作出如下裁定：
驳回原告许秀莲的起诉。

（六）解说

1. 关于行政诉讼起诉期限的确定
当前，我国相关行政法律及诉讼法律规范对于行政诉讼的起诉期限作了一系列的规定，初步构成了一定的体系，对于指导行政诉讼发挥了积极的作用，但是，随着诉讼活动的增多，新型案件的不断出现对行政诉讼起诉期限问题提出了新的挑战，因此在实践中如何确定起诉期限也存在着诸多问题。下面我们拟对现行法有关行政诉讼起诉期限的规定作一梳理，以便探知这一制度的全貌，发现其中的难点问题并分析其解决方案。
行政诉讼的起诉期限有三种：15 日、30 日、3 个月。
（1）起诉期限为 15 日。《中华人民共和国行政诉讼法》第三十八条规定："申请人不服复议决定的，可以在收到复议决定书之日起十五日内向人民法院提起诉讼。复议机关逾期不作决定的，申请人可以在复议期满之日起十五日内向人民法院提起诉讼"。其他单行的行政法律，如邮政法、统计法、水污染防治法、海洋环境保护法、药品管理法、食品卫生法等都作了起诉期限为 15 日的规定，这是我国目前行政法律中比较普遍的规定。
（2）起诉期限为 30 日。这个期限主要适用于情况比较复杂、起诉不便的案件，如税务、资源、海关等行政案件。我国的森林法、土地管理法、渔业法、海关法等规定的起诉期限都是 30 日。
（3）起诉期限为 3 个月。《中华人民共和国行政诉讼法》第三十九条规定："公民、法人或者其他组织直接向人民法院提起行政诉讼的，应当在知道作出具体行政行为之日起三个月内提出"。这实际上是我国行政诉讼中当事人直接向人民法院起诉的最一般的期限规定。此外，《中华人民共和国专利法》第四十一条第二款也规定：专利申请人对专利复审委员会的复审决定不服的，可以自收到通知之日起三个月内向人民法院起诉。

根据上述三种情形确定行政诉讼起诉期限，应该说不是诉讼理论及实践中的难题，但由于行政诉讼起诉期限制度还包括计算起点、举证责任等问题，而这些问题往往构成确定起诉期限的基础，它们在起诉期限制度中也占据非常重要的地位，因此这些问题构成了行政诉讼起诉期限的特殊问题，也往往是起诉期限问题的难点。

（1）计算起点。不论起诉期限是 15 日、30 日还是 3 个月，都面临着从哪一时间点开始计算的问题。对于起诉人系具体行政行为的相对方的情形，起诉期限的计算起点容易确定，即如《中华人民共和国行政诉讼法》第三十九条规定的"知道具体行政行为之日"，其他法律规定的"接到通知之日"或者是"收到（接到）决定书之日"。同时，行政诉讼法司法解释对于行政相对方"知道"或"收到（接到）"进行了有利于保护行政相对方权利的解释，即认为行政相对方完整地知道具体行政行为内容应包括"知道诉权或起诉期限"。如果行政机关仅告知相对方具体行政行为内容，未告知其诉权或起诉期限，属于不完整的告知，起诉期限的计算起点应从"知道诉权或起诉期限之日起计算，但最长不得超过二年"。相应地，如果行政相对方不知道具体行政行为的内容，应从"知道具体行政行为内容之日起计算，但最长不得超过五年"，同理，这里的"知道具体行政行为内容"应理解为知道包括诉权或起诉期限的具体行政行为的完整内容。这对于督促行政机关完善执法告知制度起到了非常重要的作用，发挥了诉讼法规制行政程序的积极作用。由于相对方"知道或应当知道诉权或起诉期限"很难在诉讼中举证证明，如果行政机关作出具体行政行为时未告知相对方，或虽然告知但未告知诉权或起诉期限，实践中相对方于 2 年或 5 年最长保护期中均可随时起诉，这也是往往被人误解为起诉期限在上述两种情形下发生了变化的原因。

由于行政诉讼的起诉人不仅包括具体行政行为的相对方，还包括与具体行政行为有法律上的利害关系的人，而在行政程序中，行政机关作出具体行政行为时一般无告知非相对方的其他人（也包括法律上利害关系人）的程序义务，具体行政行为法律上的利害关系人往往不知道该行为内容，而根据行政诉讼法司法解释第十二条、第十三条规定，具体行政行为法律上的利害关系人可作为原告提起行政诉讼，因此对其而言，行政起诉期限的计算起点即为知道包括诉权或起诉期限的具体行政行为完整内容之日，也就是说，一般在行政行为作出之日起 5 年内均可随时提起行政诉讼。当然，如果对于具体行政行为已因相对方提起行政诉讼形成生效裁判，虽然其他法律上利害关系人的起诉不能算作超过起诉期限，但该起诉会因诉讼标的为生效裁判羁束而被裁定驳回，并无多大意义。

（2）举证责任。行政诉讼法司法解释第二十七条有关于原告承担举证责任的例外规定："证明起诉符合法定条件，但被告认为起诉超过起诉期限除外。"原告不承担起诉期限的举证责任，是否意味着原告超过起诉期限的诉讼主张均由被告承担举证责任呢？根据该条内容，我们只能断定：诉讼中，如果被告主张原告起诉超过起诉期限应由被告承担举证责任，但是，我们不能说，如果诉讼中被告不主张而第三人主张原告起诉超过起诉期限，也由被告承担举证责任，审判庭不能采纳第三人证明其主张的证据，因为这不符合"谁主张，谁举证"的基本诉讼原则。因此，第三人在行政诉讼中也可能承担起诉期限的举证责任。如果行政诉讼中被告与原告恶意串通，故意逾期提供证据材料，以期达到法院撤销具体行政行为、原告得利、损害第三人利益的结果，第三人完全有可能会提出原告起诉超过起诉期限的主张，这时，提供证据证明其主张成立是第三人的责任，不可能仍由被告承担。同时，这里的责任也是一种体现诉讼公平原则的第三人的诉讼权利，不容剥夺。同样出于维护诉讼公正，在上述情形下，如果第三人不提出原告起诉超过起诉期限的主张，或者第三人不能为其主张提供证据证明，法院也可主动责令被告提供证据或补充证据。

由于《中华人民共和国行政诉讼法》第四十一条并无起诉人起诉应在起诉期限内的起诉条件规定，行政诉讼法司法解释第二十七条第一款第一项有原告承担举证责任的例外情形规定，加之民事诉讼中法院不主动审查诉讼时效通例的影响，人们很容易将起诉期限的举证责任分配问题理解为：原告不承担起诉期限的举证责任，法院不能主动审查起诉讼期限问题，而只能由被告提出主张并承担举证责任。但仔细分析上述法律条文，我们可以发现上述结论并不成立。行政诉讼法司法解释第二十七条规定中"证明起诉符合法定条件，但被告认为原告起诉超过起诉期限的除外"条文包含两层意思：第一层容易理解，是指被告对其"原告起诉超过起诉期限"主张的举证责任，第二层隐含的意思容易被忽略，即一种举证责任的转移情形：由于该条第一款的概括性规定为"原告对下列事项承担举证责任"，本来应由原告承担举证责任的证明起诉在起诉期限内的举证责任因为被告的否认而转移到被告。也即是说，该条第一款第一项实质上将《中华人民共和国行政诉讼法》第四十一条并未明确的原告证明其起诉在起诉期限内的责任予以明确，如果没有被告或第三人的否认，法院也有予以审查的权限。

（3）法院审查起诉期限的权限。行政诉讼中，如果当事人不提出原告起诉超过起诉期限的主张，或者当事人的主张未能由其提供的证据证明，法院能否直接以原告起诉超过起诉期限为由，裁定不予受理或者受理后裁定驳回起诉？也即是我们经常所说的法院能否主动审查起诉期限问题。在民事审判领域，对于当事人的诉请是否超过诉讼时效，法院不主动审查已经成为一种通例，这种认识对于行政审判也有所影响，因而有人主张行政审判中法院不能主动审查起诉期限。但是，行政诉讼与民事诉讼有着重大的区别，行政诉讼起诉期限制度毕竟不同于诉讼时效制度，不能在行政诉讼中直接沿用民事诉讼制度，因此分析行政审判中法院能否主动审查起诉期限应有其独特的法理及制度基础。

行政诉讼起诉期限制度具备多重目的，既有维护法的秩序价值目的也有维护法的自由价值目的，因此，考虑法院能否主动审查起诉期限问题，不仅要从维护行政诉讼中起诉人的合法权益角度出发，也需要考虑实现行政行为公定力目标，而且笔者认为后者是作为维护公法秩序的行政诉讼制度的首要价值。同时，由于起诉期限的不变性系行政行为的单方意志性体现，不同于诉讼时效中的双方意思自治，所以不能因为行政机关于诉讼中的单方行为发生变化。例如，行政程序中行政机关作出具体行政行为时已经实现了对相对方的完全告知，但由于非不可抗力原因导致其举证不能或未能主张原告起诉超过起诉期限，我们能否承认起诉人符合原告资格呢？是否可以这样理解：既然行政机关于行政程序中具备自我纠错的权限，其在诉讼中的举证不能可否视为一种自我纠错呢？行政机关对于行政行为的撤销权不同于法院对行政行为的撤销权，一方面因为两者的期限有所不同，另一方面因为司法权与行政权存在本质区别，不能承认行政机关于诉讼中的举证不能是一种自我纠错。因此，从维护公法秩序及行政权行使特性的角度，法院应能主动审查起诉人的起诉期限，并直接作出裁判，前面关于第二十七条规定的理解是与上述理论相契合的：该司法解释条款隐含原告须证明起诉符合起诉条件，包含符合起诉期限。

（4）超过起诉期限的正当事由。行政诉讼的起诉期限是一个不变的期间，但仍有例外情形，如行政诉讼法司法解释第四十四条第（六）项"起诉超过法定期限且无正当理由的"的规定，所以因为"正当理由"而超过起诉期限起诉的仍有可能为法院受理。"正当理由"是一个不确定的法律概念，实践中如何判断是一个难题，如行政机关告知起诉期限错误、法院前后判断不一、起诉人因为其他诉讼而被耽误等情形。

最高人民法院行政审判庭在其所编辑的《"关于执行〈中华人民共和国行政诉讼法〉若干问题的解释"释义》一书中认为，"正当理由"主要有两种情况：第一是不可归因于起诉人自身的原因；第二是可归因于起诉人但被法院认为正当的其他理由。根据上述认识，笔者认为，行政机关告知起诉期限错误（不论是长于或短于起诉期限）、法院对于起诉标的是否属受理范围的前后判断不一（如以前认为不属于行政诉讼受案范围对起诉人的起诉予以驳回，但由于后来认识的变化决定对同一起诉人对同一标的的起诉予以受理的情形）属于不可归因于起诉人自身的原因，法院可以受理。实践中争议比较大的是起诉人因为其他诉讼的进行导致对相关行为的行政起诉超期如何判断的问题。如起诉人在民事诉讼中知道了一直不知道的具体行政行为，且在民事诉讼进行过程中未对认为侵害其合法权益的具体行政行为提起行政诉讼，在民事诉讼结束后才提起行政诉讼，那么民事诉讼期间是否构成起诉超期的"正当事由"？因为作为法院诉讼的一方当事人，其有理由相信，从司法最终原则的角度考虑，人民法院的裁判（不论是民事裁判或者行政裁判）均会维护其所主张的合法权益，而且根据民事诉讼法的相关规定，法官应有诉讼指导的义务，因此起诉人的超期起诉应系"正当事由"。

但是，笔者认为，《中华人民共和国民事诉讼法》第一百一十一条中的诉权告知义务仅适用于民事起诉阶段，而民事诉讼期间的诉讼指导仅是法官提供给当事人的参考，是否提起他诉（如行政诉讼）也是当事人自身判断的范畴，当事人于民事诉讼期间得知具体行政行为的内容，即应在法定起诉期限内提起诉讼，否则将丧失行政诉权，不能视作超期起诉的正当事由。

2. 关于行政复议与行政诉讼的衔接

（1）非终局性自由选择

即当事人可以在行政复议与行政诉讼间选择其一，如果选择了行政复议，复议决定不是终局决定，对复议决定不服，仍可以提起行政诉讼；也可以直接向人民法院提起行政诉讼。

《中华人民共和国行政诉讼法》第三十七条是我国有关行政复议与行政诉讼程序衔接关系最为直接的法律规定。该条规定确立了"当事人自由选择是行政复议与行政诉讼关系的一般原则，行政复议前置是行政复议和行政诉讼关系的例外"的模式。我国大部分法律规定的便是这种模式。

（2）行政复议前置

即当事人对具体行政行为不服时，应当先向复议机关申请复议，对复议决定仍不服的才可以向人民法院提起诉讼。如《中华人民共和国海关法》第六十四条规定。

（3）自由选择

即相对人对行政机关作出的行政行为不服，可以申请行政复议，也可以向法院提起行政诉讼，但一旦相对人选择了行政复议，就由行政复议机关作出终局性裁决，对行政复议决定不能再向法院提起行政诉讼。如《中华人民共和国公民出境入境管理法》第十五条、《中华人民共和国外国人入境出境管理法》第二十九条以及《中华人民共和国行政复议法》第十四条规定。

（4）行政复议终局

即相对人对行政机关所作出的行政行为不服，只能通过行政复议的方式寻求救济，即使对行政复议决定不服，也不能提起行政诉讼。在我国，行政复议终局型有法律规定的复议终局型，也有事实上的复议终局型。法定的复议终局型，如《中华人民共和国行政复议法》第三十条第二款规定的省级政府确权的复议决定；《中华人民共和国集会游行示威法》第十三条规定的人民政府针对不许可集会、游行、示威决定作出的复议决定。事实上的复议终局型，如复议机关对除行政处罚之外的其他明显不当的具体行政行为所作的变更复议决定；复议机关对不当具体行政行为所作的复议决定。

（5）径行起诉型

即相对人对行政机关所作出的行政行为不服，直接通过提起行政诉讼的方式寻求救济。在我国，《中华人民共和国水污染防治法》第五十四条、《中华人民共和国草原法》第二十一条、《中华人民共和国商标法》第五十条、《中华人民共和国著作权法》第五十五条、《中华人民共和国兽药管理条例》第四十八条、《中华人民共和国土地管理法》第十六条、第八十三条等少数行政法律、法规有类似规定。当然，我国法律表述为径行起诉型的规定实际并不排斥行政复议程序。

3. 关于本案的审理问题

《中华人民共和国行政复议法》第三十条规定："公民、法人或者其他组织认为行政机关的具体行政行为侵犯其已经依法取得的土地、矿藏、水流、森林、山岭、草原、荒地、滩涂、海域等自然资源的所有权或者使用权的，应当先申请行政复议；对行政复议决定不服的，可以向人民法院提起行政诉讼。"本案中，被告砀山县人民政府作出的《魏连云与许秀莲土地使用权争议的处理决定》，涉及土地的使用权处理问题，对处理决定不服的，应当先行提起行政复议。被告砀山县人民政府在 2006 年 10 月向原告送达了该处理决定，在法定的期限内，原告没有提起行政复议。2008 年 3 月 26 日，被告对处理决定的部分内容虽然作了更正，但仅是对原处理决定中的四至范围的表述错误进行更正，不涉及当事人的权利义务，对原处理决定的实质内容及结果不产生影响。原告虽然在更正内容作出后的法定期限内提起行政复议，但复议机关以申请人超过了法定的时效为由，对砀政行决（2006）8 号处理决定不予审查。原告要求撤销被告作出的砀政行决（2006）8 号《土地争议案件行政决定书》暨《关于更正砀政行决（2006）8 号文部分内容的处理决定》，其起诉显然超过了法定的起诉期限。

（安徽省泗县人民法院　陈恒志）

26. 山东潍坊经济教育书店诉潍坊市国土资源局等土地行政登记案
（土地权属变更登记的土地增值税审查）

（一）首部

1. 判决书字号：山东省潍坊市中级人民法院（2009）潍行初字第 42 号判决书。
2. 案由：土地行政登记。
3. 诉讼双方

原告：山东潍坊经济教育书店。

法定代表人：刘传明，经理。

委托代理人：杨春恒，山东恒明律师事务所律师。

委托代理人：王全军，山东恒明律师事务所律师。

被告：潍坊市国土资源局。

法定代表人：刘树亮，局长。

委托代理人：冯宗新，该局地籍科干部。

委托代理人：朱立明，潍坊市国土资源局坊子分局监察大队干部。

第三人：齐雅娟，女，汉族，个体户，住潍坊市老市委南院。

委托代理人：翁立堂，男，汉族，潍坊市汇鑫资产管理公司经理，住潍坊市老市委南院，系第三人之夫。

4. 审级：一审。
5. 审判机关和审判组织

审判机关：山东省潍坊市中级人民法院。

合议庭组成人员：审判长：王夕瑞；审判员：林少华、孔祥慧。

6. 审结时间：2009 年 12 月 4 日。

（二）诉辩主张

1. 被诉具体行政行为

2007年4月23日，被告将坐落于坊子区北海路北段路西的1 140平方米国有土地登记在第三人名下，使用权类型为出让，使用期限40年，用途为商服，图号为4059.69－498.49。土地证号为潍国用（2007）字第D057号。

2. 原告诉称

2007年1月30日，原告与第三人之夫翁立堂签订《房地产买卖协议》，协议约定：原告将书店的土地和房产以155万元的价格转让给翁立堂。在翁立堂付清房地产款项后，再办理产权过户手续。协议签订之后，翁立堂支付了5万元定金，原告将原土地证及相关资料交付给翁立堂。但是，翁立堂与第三人齐雅娟恶意违约，在未付清房地产转让款的情况下，将原属于原告的土地使用权转让到齐雅娟名下，并领取了土地使用权证。随即，二人办理了房产证。经原告查询，发现办理潍国用（2007）字第D057号土地使用权证的相关材料不齐全，没有土地增值税完税凭证，被告作为土地审批机关，未尽到法律规定的审查义务，将涉案土地使用权错误转移登记到齐雅娟名下，严重侵犯了原告的合法权益。请求法院依法确认被告为第三人齐雅娟办理的土地登记行为违法，并撤销该土地登记行为。本案诉讼费用由被告承担。

3. 被告辩称

2007年4月，我局依据原告山东潍坊经济教育书店与齐雅娟的双方申请及签订的土地使用权转让合同书，将面积为1 140平方米的涉案土地变更登记给齐雅娟。经审核，该宗土地的使用权人提供的土地申请以及变更登记材料齐全，程序合法，登记正确，不存在土地登记违法的情形。原告提出的土地增值税完税问题，不属于土地管理部门的审查范畴，我局不应承担任何责任。请求法院查明事实，依法驳回原告的诉讼请求。诉讼费用由原告承担。

4. 第三人述称

原告将土地证及相关资料交给了翁立堂，说明将土地及房产过户到齐雅娟名下，原告是许可的。

（三）事实和证据

山东省潍坊市中级人民法院经公开审理查明：2007年1月30日，原告与翁立堂（第三人之夫）签订《房地产买卖协议》，协议约定：原告将书店的土地和房产以155万元的价格转让给翁立堂。2007年1月31日，翁立堂向原告支付定金5万元，原告将原土地证及相关资料交付翁立堂。2007年4月23日，被告对涉案土地办理了变更登记手续，土地使用权人为齐雅娟，土地证号为潍国用（2007）第D057号。被告审查登记依据的材料有：原告与齐雅娟的土地使用权转让合同书、土地登记申请书、原潍国用（2001）字第D076号土地使用权证、土地估价报告、企业法人营业执照、法人代表身份证明等资料。2007年6月8日，齐雅娟将涉案土地上的房产办理了房产证。因翁立堂未按约定支付房地款，原告向潍坊市中级人民法院提起民事诉讼。潍坊市中级人民法院（2008）潍民初字第36号民事判决书判决翁立堂向原告支付房地款及相应违约金。2008年3月20日，潍坊市中级人民法院向潍坊市国土资源局坊子区分局下达协助执行通知书，将涉案土地使用权予以查封。2009年9月21日，原告提起行政诉讼，请求法院依法确认被告的土地登记行为违法，并撤销土地登记行为。

上述事实有下列证据证明：

原告提交的证据有：

1. 房地产买卖协议书及潍坊市中级人民法院（2008）潍民初字第36号民事判决书一份，意在证明原告与翁立堂签订了房产转让协议，原告将办理房产证的资料包括原土地证、公章交与翁立堂，约定翁立堂将房产办到原告名下。同时证明，原告负责人刘传明从未与齐雅娟签订过协议，翁立堂与齐雅娟伪造土地转让协议，将涉案土地据为己有。

2. 国有资产产权登记表（开办登记），日期为1994年2月24日，意在证明涉案土地属于国有资产。

3. 附加协议书，意在证明原告于2007年9月17日才知道翁立堂将房产过户到齐雅娟名下，在此之前，原告不知道齐雅娟的存在，也就不存在与齐雅娟签订土地转让协议的事情。

4. 潍国用（2001）字第D076号国有土地使用证，意在证明该宗土地的用途为"商业、服务业、仓储"，非"商服"。

5. 潍坊市坊子区计划委员会"关于对山东潍坊经济教育书店新建书库综合楼基本建设投资计划的批复"，意在证明被告市国土资源局在2001年8月10日已经清楚书店的投资情况，2007年再审批投资证明属于弄虚作假。

被告提供的证据有：

1. 山东潍坊经济教育书店土地登记法人代表身份证明书；

2. 法人代表刘传明身份证复印件；

3. 企业法人营业执照复印件；

4. 山东潍坊经济教育书店出具的投资证明，内容为"山东潍坊经济教育书店于2001年已获得（2001）字第D076号土地证，现已对房屋及设备投资120万元，投资额已超过25％"；

5. 土地登记申请书；

6. 土地使用权转让合同书；

7. 潍国用（2001）字第D076号国有土地使用权证；

8. 土地登记审批表；

9. 土地登记卡。

证据1—9意在证明涉案土地符合转让条件，土地登记材料齐全，程序合法。

10. （2008）潍民初字第36号民事裁定书；

11. （2008）潍民初字第36号协助执行通知书；

12.（2008）潍民初字第 36 号民事判决书。

证据 10—12 意在证明原告本次起诉超过法定期限。

13. 地籍调查表；

14. 宗地图；

15. 土地估价报告；

16. 关于对齐雅娟用地情况的说明。

证据 13—15 意在证明土地调查清楚、申请材料齐全、登记正确。证据 16 意在证明申请人申请的土地用途是"商服"，经坊子分局现场核实，对土地实际用途进行了规范，不需要原告的同意。

17. 潍坊市财政局、潍坊市国土资源局、潍坊市地方税务局 2009 年 5 月 7 日《关于进一步加强土地税收管理工作的通知》，意在说明国土部门自 2008 年开始执行"先税后证"政策，审查土地增值税完税证明问题，在此之前，国土部门对增值税的交纳问题不负审查义务；

18.《山东省土地登记条例》。

（四）判案理由

山东省潍坊市中级人民法院经审理认为：《山东省土地登记条例》第四条规定，"县级以上人民政府土地行政主管部门是土地的登记机关，负责本行政区域内的土地登记工作"，据此，被告市国土资源局具有为第三人进行土地登记的法定职权。关于被告登记依据的材料是否齐全的问题。《山东省土地登记条例》第十一条规定："土地登记申请人申请土地登记，应当提交下列文件资料：（一）土地登记申请书；（二）单位设立证明、法定代表人证明或者个人身份证明及户籍证明；（三）土地权属证明；（四）地上建筑物及其他附着物的合法产权证明；（五）法律、法规、规章规定需要提交的其他文件资料"。据此，被告作出被诉行政行为时应当审查的文件资料，既包括该条中明示的内容，也包括其他法律、法规、规章规定需要提交的文件资料。

《中华人民共和国土地增值税暂行条例》自 1994 年 1 月 1 日起施行，第十二条规定，"纳税人未按照本条例缴纳土地增值税的，土地管理部门、房产管理部门不得办理有关的权属变更手续"。国家税务总局、财政部、国土资源部 2005 年 7 月 1 日《关于加强土地税收管理的通知》第四条规定："各级国土资源管理部门在办理土地使用权权属登记时，应按照《中华人民共和国契税暂行条例》、《中华人民共和国土地增值税暂行条例》的规定，在纳税人出具完税（或减免税）凭证后，再办理土地登记手续；对于未出具完税（或减免税）凭证的，不予办理相关的手续。办理土地登记后，应将完税（或减免税）凭证一联与权属登记资料一并归档备查"。据此，被告在作出被诉行政行为时应当审查土地增值税完税凭证，并将完税凭证一联留档备查。本案的证据证实，被告接到土地登记申请后，依法审查了申请人提交的文件资料，包括土地登记申请书、企业法人营业执照、原告法人代表身份证明书、齐雅娟身份证、法人代表的身份证、原告与齐雅娟的土地使用权转让合同书、原潍国用（2001）字第 D076 号土地使用权证、土地估价报告、投资证明，但无相关的土地增值税完税凭证。因此，本案被告登记依据的材料不齐全，被告未尽到法定审查义务，缺少行政法规规定的应当提交的土地增值税完税凭证，登记的事实依据不充分。综上，被告市国土资源局于2007年4月23日将坐落于坊子区北海路北段路西的1 140平方米国有土地登记在齐雅娟名下的行政行为，主要证据不足，依法应予撤销。

（五）定案结论

山东省潍坊市中级人民法院依照《中华人民共和国行政诉讼法》第五十四条第一款第（一）项之规定，作出如下判决：

撤销被告市国土资源局于2007年4月23日将坊子区北海路北段路西的1 140平方米国有土地登记在齐雅娟名下的土地登记行为。

案件受理费50元，由被告市国土资源局负担。

（六）解说

1. 背景情况介绍

近年来，房价增长过快成为一个重大的社会民生问题。在房价快速增长的同时，地价也越来越高。一些囤积、转让甚至变相倒卖土地使用权的单位、企业和个人，由此获得了巨额利润。而这些成本，都被计算进房价中，成为推动房价上涨的重要因素。对此，国务院早在1994年就颁布了《中华人民共和国土地增值税暂行条例》，国家税务总局、财政部、国土资源部又分别于2005年7月1日与2008年1月23日联合下发了《关于加强土地税收管理的通知》及《关于进一步加强土地税收管理工作的通知》。征收土地增值税，不仅可以直接打击房地产的暴利，遏止房地产投资过热，还可以通过增值税调节利润来缩小社会贫富差距。但是，长期以来，由于房地产开发成本的确定方法不详，土地增值税难以计算，加上一些地方政府的土地政策有失偏颇，导致土地增值税虽然立法多年，但执法操作却"有名无实"。

2006年12月28日，国家税务总局下发的《房地产开发企业土地增值税清算管理有关问题的通知》开始执行，土地增值税有了明确的征收标准和计算依据。各级政府对此予以重视，纷纷出台规定，要求土地管理部门在办理土地使用权变更登记时，严格审查土地增值税的完税情况。

2. 确定裁判要旨的理由

本案在审理过程中，出现了三种意见：

第一种意见认为，《山东省土地登记条例》第十一条规定："土地登记申请人申请土地登记，应当提交下列文件资料：（一）土地登记申请书；（二）单位设立证明、法定代表人证明或者个人身份证明及户籍证明；（三）土地权属证明；（四）地上建筑物及其他附着物的合法产权证明；（五）法律、法规、规章规定需要提交的其他文件资料"。本案被告提交的证据证明，第三人申请办理土地权属变更登记时，向被告提供了土地登记申请书；原告的企业法人营业执照复印件、法定代表人证明；原告出具的投资证明；原告与第三人签订的土地使用权转让合同书；国有土地使用权证；土地登记审批表；土地登记卡等材料。可以认定涉案土地符合转让条件，土地登记材料齐全，登记程序合法。对于征收土地增值税问题，属于税务部门的职责范围，与被告无关。因此，应当判决维持被诉的土地权属变更登记行为。

第二种意见认为，《中华人民共和国土地增值税暂行条例》自1994年1月1日起施行，第十二条规定，"纳税人未按照本条例缴纳土地增值税的，土地管理部门、房产管理部门不得办理有关的权属变更手续"。国家税务总局、财政部、国土资源部2005年7月1日《关于加强土地税收管理的通知》第四条规定：各级国土资源管理部门在办理土地使用权权属登记时，应按照《中华人民共和国契税暂行条例》、《中华人民共和国土地增值税暂行条例》的规定，在纳税人出具完税（或减免税）凭证后，再办理土地登记手续；对于未出具完税（或减免税）凭证的，不予办理相关的手续。办理土地登记后，应将完税（或减免税）凭证一联与权属登记资料一并归档备查。据此，被告在作出被诉行政行为时应当审查土地增值税完税凭证，并将完税凭证一联留档备查。本案被告提交的证据中无相关的土地增值税完税凭证。因此，被告办理权属变更登记依据的材料不齐全，未尽到法定审查义务，应当判决撤销被诉的土地权属变更登记行为。

第三种意见认为，被告在没有审查土地增值税完税凭证的情况下，即为原告和第三人办理了土地权属变更登记，违反了《中华人民共和国土地增值税暂行条例》的规定。但是，在本案行政诉讼之前，原告与第三人之间的房地产转让纠纷，已经过法院民事案件审理并进入了执行程序。而作出生效民事判决的一个重要依据，就是涉案房地产已经进行了权属变更登记。如果本案判决撤销被诉的土地权属变更登记行为，原生效民事判决所认定的基本事实发生变化，符合再审条件。这会使民事判决的法律效力以及原告与第三人之间的法律关系处于不确定状态。因此，应当判决确认被诉的土地权属变更登记行为违法，并向被告及税务机关提出司法建议，建议在民事案件执行款中首先扣除土地增值税。

法院最终采纳第二种意见作出判决，原、被告及第三人均未上诉。

首先，本案土地权属变更登记行为违法。

根据前述《山东省土地登记条例》第十一条规定，被告在办理土地权属变更登记时，不仅要审查该条明确列举的第（一）至（四）项文件资料，还要审查其他法律、法规、规章规定提交的文件资料。《中华人民共和国土地增值税暂行条例》是国务院颁布的行政法规，具有普遍约束力，并非只适用于财政、税务部门。该条例规定，纳税人未按照本条例缴纳土地增值税的，土地管理部门、房产管理部门不得办理有关的权属变更手续。被告未要求纳税人出具完税凭证，就办理了涉案土地权属变更登记，既违反了法定程序，也构成行政行为的主要证据不足。因此，虽然征收土地增值税不是被告的法定职责，但被告在未审查纳税凭证的情况下，作出的土地权属变更登记行为依然构成违法。

其次，应当判决撤销被诉土地权属变更登记。

判决确认被诉具体行政行为违法，是行政审判中常用的一种原则性和灵活性相结合的裁判方式。在《最高人民法院关于执行〈中华人民共和国行政诉讼法〉若干问题的解释》中，第五十七条和第五十八条规定了判决确认被诉具体行政行为违法的情形。其中，第五十七条规定的三种情形，即被告不履行法定职责、被诉具体行政行为不具有可撤销内容、被诉具体行政行为依法不成立或者无效，均与本案案情不符。第五十八条规定："被诉具体行政行为违法，但撤销该具体行政行为将会给国家利益或者公共利益造成重大损失的，人民法院应当作出确认被诉具体行政行为违法的判决，并责令被诉行政机关采取相应的补救措施；造成损害的，依法判决承担赔偿责任。"本案撤销土地权属变更登记，只对生效民事判决的效力产生一定的影响，并不会给国家利益或者公共利益造成重大损失，不符合作出确认被诉具体行政行为违法判决的条件。而且，向被告或税务机关提出司法建议不具备强制力，只有撤销土地权属变更登记，才能最有效地保护国家的税收利益。

3. 应当注意的问题

运用本案裁判要旨应采取"宽严相济"的原则。

(1) 法院对土地交易双方在办理权属过户登记时是否缴纳土地增值税应从严审查。土地增值税的征收关系到国家利益和公共利益，土地管理部门在办理权属变更登记时必须审查土地增值税完税凭证，否则就构成行政违法。因此，在审理土地权属变更登记案件时，无论原、被告对土地增值税完税问题是否提及，法院都应当主动依职权进行审查。

(2) 为保护交易安全和土地权属关系的稳定，在已经依法缴纳土地增值税的情况下，对于被告的举证时间和增值税缴纳时间应当从宽审查。首先，如果被告土地管理部门没有在法定举证期限内提供土地增值税完税凭证，法院不宜以此认定被诉的土地权属变更登记行为没有充分证据，而是应当依职权要求被告提供土地增值税完税凭证。其次，如果被告办理土地权属变更登记时，土地增值税未缴纳，但在法院审理阶段，纳税义务人依法补缴了税款，而且被诉行政行为不存在其他违法问题，也不宜作出撤销判决，应当参照《最高人民法院关于执行〈中华人民共和国行政诉讼法〉若干问题的解释》第五十条第三款的规定，作出确认被诉行政行为违法的判决。

4. 其他问题

在房地产登记方面，存在大量民事与行政交叉的案件。由于缺乏统一的诉讼法律规定，而且法院不能强制要求当事人提起民事或者行政诉讼，所以这些相互交叉的民行案件一直是分别审理。一般民行交叉案件中，行政争议背后往往存在民事纠纷，但行政审判中不应过多地考虑案件的民事背景。

首先，行政诉讼既要保护公民、法人和其他组织的合法权益，又要维护和监督行政机关依法行使行政职权，因此，应当运用行政诉讼的法律规则，独立审理行政案件。

其次，因为行政行为具有公定力，除存在明显违法或无效的情形外，法院在审理民事案件时，大都将行政机关的登记行为作为有效证据。这种情况下，后来审理的行政案件不能机械地考虑民事判决的羁束力，而是要严格按照行政诉讼的法律规则对行政行为的合法性进行审理。否则，就会进入相互制约、不能自拔的法律怪圈。本案中，被告在纳税义务人未缴纳土地增值税的情况下，办理了土地权属变更登记，明显构成行政违法，尽管民事诉讼中将该权属变更登记作为有效证据，仍然应当判决予以撤销。

（山东省潍坊市中级人民法院　孔祥慧）

27. 大桥村民小组不服双柏县爱尼山乡政府水行政裁决案（水事纠纷的管辖权）

（一）首部

1. 判决书字号

一审判决书：云南省双柏县人民法院（2009）双行初字第 3 号判决书。

二审判决书：云南省楚雄州中级人民法院（2009）楚中行终字第 23 号判决书。

2. 案由：水行政裁决。

3. 诉讼双方

原告（上诉人）：大桥村民小组。

负责人：杨进荣，组长。

委托代理人：李金顺，云南滇中律师事务所律师。系特别授权代理。

被告（被上诉人）：双柏县爱尼山乡人民政府（以下简称爱尼山乡政府）。住所地：双柏县爱尼山乡。

法定代表人：黄海雁，乡长。

委托代理人：段先国，副乡长。

委托代理人：佘文，爱尼山乡法律服务所工作人员。

第三人：周光军。

4. 审级：二审。

5. 审判机关和审判组织

一审法院：云南省双柏县人民法院。

合议庭组成人员：审判长：吕光福；审判员：刘学强、李保云。

二审法院：云南省楚雄州中级人民法院。

合议庭组成人员：审判长：刘芳；审判员：孙明、黄工清。

6. 审结时间

一审审结时间：2009 年 11 月 4 日。

二审审结时间：2010 年 1 月 12 日。

（二）一审诉辩主张

1. 被诉具体行政行为

被告爱尼山乡政府于 2009 年 6 月 4 日作出裁决：（1）位于大箐村委会大箐村民小

组与大箐村委会大桥村民小组相邻的三丘田箐原周光军使用的一水源即靠大桥村民小组一方的水源归大桥村民小组使用，周光军原使用的水沟源头及沟上方的水源归其使用；（2）由大箐村委会大桥村民小组赔偿周光军户引水沟修复费 500 元，限本裁决生效后 5 日内给付，损毁的水沟由周光军自行修复。

2. 原告诉称

原告与第三人周光军多年来因取水问题多次发生争议，被告作出的裁决适用法律错误，程序违法。原告与周光军之间的纠纷不是《中华人民共和国水法》第五十六条规定的不同区域所发生的水事纠纷；被告在处理纠纷时，应当依照《中华人民共和国水法》第五十七条的规定，在能调解的情况下，由当事人各自选择处理途径，而不能直接作出裁决。

3. 被告辩称

爱尼山乡政府是县政府的派出机构，根据《中华人民共和国水法》第五十六条规定，爱尼山乡政府对水事纠纷有裁决权，且当水资源未确权时，法院不可能作为民事案件来解决，应由地方人民政府决定本案水资源的使用权。故爱尼山乡政府经调查、勘验及调解，结合双方的实际利益，作出的裁决事实清楚、程序合法、处理得当、适用法律正确。

4. 第三人述称

被告作出的裁决合理合法，请求予以维持。

（三）一审事实和证据

云南省双柏县人民法院经公开审理查明：第三人周光军与原告大桥村民小组均系爱尼山乡大箐村民委员会辖区内两个相邻自然村的公民及经济组织，双方均在相邻的三丘田箐引用生产、生活用水。2005 年，由于干旱，原告大桥村民小组人畜饮水困难，就取水的问题双方发生争议，原告组织人员将第三人周光军户用于生产引水的沟渠毁坏，为此，双方发生水事纠纷。经第三人周光军申请，该纠纷于同年 5 月经爱尼山乡人民调解委员会调处未果；2006 年 2 月，双柏县水利局会同相关职能部门，经现场调查勘验后，作出双水调字（2006）第 4 号调解意见书，但原告拒绝该调解意见。为此，周光军向相关职能部门上访。2008 年 8 月 21 日，中共双柏县委办公室、双柏县人民政府办公室下发双办字（2008）84 号《关于县委书记接访重点信访问题包案督办的通知》，责令爱尼山乡政府限时办结该纠纷。2009 年 6 月 4 日，被告爱尼山乡政府作出前述（2009）双爱裁字第 1 号行政裁决。

上述事实有下列证据证明：

1. 第一组证据：周光军调解申请书 1 份、民间纠纷受理登记表 1 份、法律援助申请表 2 份、申请书 1 份、大箐村委会出具的证明 1 份、许美珍、周增祥身份证复印件各 1 份、对周光前、周增和、周光正的调查笔录各 1 份、现场图 1 份、对杨进荣的询问笔录 1 份、调解笔录 1 份、调解意见书 1 份、送达回证 1 份、法律援助案件（事项）结案报告表 1 份。证明本案的水事纠纷经过调解的情况。

2. 第二组证据：双柏县水利局关于对周光军与大桥村民小组水源纠纷一案的办理情况报告 1 份、双水调（2006）第 4 号调解意见书 1 份、调查报告 1 份、现场示意图 1 份、告知通知书 1 份、爱尼山乡政府申请 1 份、送达回证 1 份。证明本案的水事纠纷经相关部门调查并调解未果的情况。

3. 第三组证据：双办字（2008）84 号信访督办通知 1 份，证明水事纠纷经周光军信访，县委、政府责令爱尼山乡政府办理的情况。

4. 第四组证据：（2009）双爱裁字第 1 号行政裁决书 1 份、双行复决字（2009）第 1 号行政复议决定书 1 份。证明对水事纠纷作出裁决及经复议维持的情况。

（四）一审判案理由

云南省双柏县人民法院经审理认为：行政裁决是国家行政机关根据法律授权，以第三人的身份依照一定的程序，裁决平等主体之间与行政管理相关的民事、经济纠纷的行为。《中华人民共和国水法》规定，水资源属国家所有。本案中原告大桥村民小组与第三人周光军之间的水事纠纷，实质上是水资源使用权纠纷。被告爱尼山乡政府在其行政区域范围内对于与其行政管理相关的纠纷，有依职权作出裁决的权力。被告就原告与第三人之间的水资源使用权纠纷所作出的裁决，程序合法，适用法律正确，实体裁决得当，应予维持。原告的起诉没有事实和法律依据，不予支持。原告提出裁决书的第二项没有法律依据的辩解，根据《中华人民共和国水法》第二十八条的规定，损害他人合法权益就应当承担责任，被告作出此项裁决并不违反法律规定，故原告的辩解不予采纳。

（五）一审定案结论

云南省双柏县人民法院依照《中华人民共和国行政诉讼法》第五十四条第一款第（一）项之规定，作出如下判决：

维持被告双柏县爱尼山乡人民政府于 2009 年 6 月 4 日作出的（2009）双爱裁字第 1 号行政裁决书。

案件受理费 50 元，由原告大桥村民小组负担。

（六）二审情况

1. 二审诉辩主张
（1）上诉人诉称
1）原审对被上诉人作出的裁决所依据的事实未作实质性认定，采信证据不当。裁决书中与判决书中认定，上诉人与第三人均是争议水源长期以来的共同使用者，上诉人是人畜生活用水，第三人纯属生产用水，正是第三人在近几年中采取挖沟、用皮管引水的方式强行霸占了水源，才引发上诉人挖沟的行为，请二审法院对第三人私自用皮管、挖沟的方式是否合法进行公正认定；被上诉人提交的四组证据中，涉及历史上所争议水源由何方使用的证据仅有少部分，其中调查笔录中的被调查人均系第三人的利害关系人，第二组证据中的第4份现场示意图标识错误。2）原审适用法律错误导致判决错误。被上诉人适用法律是否正确，应当适用《中华人民共和国水法》第五十六条和第五十七条进行审查，同时原审认为被上诉人依据《中华人民共和国水法》第二十八条作出裁决的第二项符合法律规定不具有说服力，因该条仅是指出了单位、个人在引水、排水方面应遵守的准则，并没有规定利害关系人在违反该规定时采取何种法律救济措施，上诉人损坏第三人引水沟属实，但第三人私设的引水沟是否损害公共利益，上诉人毁坏引水沟是否构成民事侵权，应当由法院依法审查作出公正处理，而不能由被上诉人以一裁终结的方式处理。3）一审程序违法。一审判决明确表述于2009年10月9日受理了上诉人的起诉，于10月22日向被上诉人送达起诉状副本，但却称被上诉人于2009年9月27日向法院提供了作出具体行政行为的证据，请二审予以查明。

（2）被上诉人辩称

我乡作出的行政裁决，并未超越职权，认定事实清楚，符合法定程序，原判予以维持正确，请求二审依法驳回上诉人的诉讼请求，维持原判。主要理由是：

1）裁决事实清楚。2005年大桥村民小组与周光军为水事发生纠纷，周光军向有关部门多次反映，经村民小组、村委会、人民调解委员会进行调查了解后，做了调解工作，双方不服调解，又经双柏县水利局调解，但纠纷双方未能达成协议，纠纷未能得到解决。此后，第三人周光军多次向州、县人民政府反映，上级责成我乡根据相关规定依法限期解决，我乡根据乡人民调解委员会和双柏县水利局的相关调查材料，本着尊重历史、照顾现实的实际，确定了水源的使用权及相关内容。2）裁决未超越行政职权。《中华人民共和国水法》第五十六条规定：不同区域之间发生的水事纠纷，把区域界定为行政区域。乡人民政府是县人民政府的派出机构，其有权代替县人民政府行使职权，凡发生在其区域内的山林、土地、水源纠纷，属人民政府解决范畴，并未超越职权，且对确权纠纷，历来是由有管辖权的人民政府或人民政府的授权部门处理，当水资源纠纷的权属未能确定时，人民法院是不可能作为民事纠纷来解决的。虽然《中华人民共和国水法》中确定调解不成可向人民法院起诉，但是只有在使用权确定后，由侵权行为产生的纠纷才能向人民法院起诉。

（3）第三人述称

爱尼山乡政府的裁决合法，请求驳回上诉，维持原判。

2．二审事实和证据

云南省楚雄州中级人民法院经审理，确认一审认定的事实正确，认定事实的证据与一审相同。

3．二审判案理由

云南省楚雄州中级人民法院经审理认为：根据法律和地方性法规的规定，水资源属于国家所有；任何单位和个人都可合理开发、利用、节约和保护水资源；各级人民政府均负有对水资源合理开发、利用、保持、节约等职责。被上诉人爱尼山乡政府是地方一级人民政府，依法可行使相应行政职权。根据《中华人民共和国地方各级人民代表大会和地方各级人民政府组织法》第六十一条的规定，乡一级人民政府可行使管理本行政区域内的经济和社会发展计划、维护当地社会秩序、保障公民的各种权利、保护各种经济组织的合法权益等行政职权。本案双方当事人属于爱尼山乡政府管辖内的经济组织和个人，在关于水资源的使用权发生争议后，爱尼山乡政府可依据上述法律规定行使行政职权，对本案争议进行处理，由于爱尼山乡政府是对平等主体之间发生的与其行政管理活动密切相关的特定的民事纠纷进行处理，所以处理结果对当事人具有确定力、拘束力和执行力，应采用行政裁决的方式实施，同时，因爱尼山乡政府以第三者的身份解决平等主体之间的民事争议，具有准司法性质，就可能涉及双方的民事权益，且据一、二审查明的事实及上诉人大桥村民小组自认，大桥村民小组对第三人周光军的引水沟实施过毁坏，故一并裁决并不违法。根据本案有效证据及现场勘察，爱尼山乡政府本着尊重历史、合理使用、方便管理的原则，作出的行政裁决事实清楚，程序合法，虽适用法律部分不准确，但未侵犯当事人的合法权益，也未导致处理不当。上诉人大桥村民小组的上诉理由不成立，不予支持。

4. 二审定案结论

云南省楚雄州中级人民法院依照《中华人民共和国行政诉讼法》第六十一条第（一）项之规定，作出如下判决：

驳回上诉，维持原判。

二审案件受理费 50 元，由大桥村民小组负担。

（七）解说

本案争议的焦点是，如何理解适用《中华人民共和国水法》第五十六条和第五十七条规定；被告对本案是否具有管辖权，法院能否直接受理本案。《中华人民共和国水法》第五十六条规定，不同行政区域发生水事纠纷的，应当协商处理；协商不成的，由上一级人民政府裁决，有关各方必须遵照执行。该规定赋予政府权力裁决的是不同行政区域之间发生的水事纠纷。相关法规对行政区域的划分明确，我国行政区域最低一级是乡（镇）行政区域。而本案属同一个乡同一村委会不同村民小组与个人之间发生的水事争议，系同一行政区域内发生的水事纠纷，不适用该条予以解决，被告适用该条显然错误。那么能否适用第五十七条呢？该条规定，单位之间、个人之间、单位与个人之间发生的水事纠纷，应当协商解决；当事人不愿协商或者协商不成的，可以申请县级以上地方人民政府或者授权的部门调解，也可以直接向人民法院提起民事诉讼。县级以上地方人民政府或者其授权的部门调解不成的，当事人可以向人民法院提起民事诉讼。该条规定的是当事人可对水事纠纷直接提起民事诉讼。民事诉讼调整的是私权范围，即在水资源的使用权确定后发生的侵权纠纷属于司法权管辖范围，人民法院才能作为民事案件受理。由于水资源属于国家所有，职能部门可根据需要确认和合理安排使用权，使用权尚未确定之时发生水事纠纷的，应当由职能部门进行确权，这属于行政权管辖范围。如果单位之间、个人之间、单位与个人之间发生的水事纠纷一律直接由法院管辖，就会产生司法权插手行政权的现象，超越司法管辖权。本案系水资源确权纠纷，如果从上述法律规定看，被上诉人爱尼山乡政府对本案无管辖权，也未明确水资源管理部门可进行管辖。但作为一级人民政府，系当地经济和社会各项事务的管理部门，根据法律规定对本案行使管辖权。如果法院不从上述法律规定出发审查乡政府行政裁决的合法性，法院也不能直接受理，就有可能产生该类案件管辖的空白地带，既束缚了乡政府的手脚，不利于调动其工作积极性，也会使行政法律关系长期处于不确定状态，不利于社会关系的稳定。而且，乡政府对本案的民事争议一并裁决，也未超越管辖权。因行政裁决是政府居中对平等主体之间的民事争议进行裁决，它会涉及当事人的民事权益，如果法院认为乡政府没有管辖权而予以撤销，既增加诉讼成本，也不利于解决争议。

虽然一审维持乡政府的行政裁决，但未对行政裁决的合法性运用相关法律进行审查，对当事人说服力不强。二审充实完善了这一缺陷，使裁判更有针对性和说服力。

（云南省楚雄州中级人民法院　刘芳）

五、城市管理案件

28. 邱正吉等不服厦门市规划局规划行政许可案
（听证程序）

（一）首部

1. 判决书字号：福建省厦门市中级人民法院（2008）厦行初字第 6 号判决书。
2. 案由：规划行政许可。
3. 诉讼双方

原告：邱正吉，台湾省人。

原告：黄菊英，台湾省人。

原告：曾瀛洲，台湾省人。

被告：厦门市规划局。

第三人：厦门大洋置业有限公司（原名称为厦门大洋集团有限公司，简称大洋公司）。

第三人：厦门东港实业发展有限公司（简称东港公司）。

4. 审级：一审。
5. 审判机关和审判组织

审判机关：福建省厦门市中级人民法院。

合议庭组成人员：审判长：林琼弘；代理审判员：陈雅君；人民陪审员：陈鹏祥。

6. 审结时间：2009 年 6 月 19 日。

（二）诉辩主张

1. 被诉具体行政行为

2006 年 7 月 17 日，厦门市规划局作出厦规建（2006）188 号《厦门市规划局关于同意泰和花园 N1 栋商品房项目局部施工图调整的批复》（以下简称《批复》），内容如下：大洋公司、东港公司：你二司 2006 年 6 月 29 日报送的关于申请补办泰和花园 N1 栋施工图调整手续的申请文件及附件收悉。该项目为我局核发 98J－532 号《建设工程规划许可证》批准建设的项目。你二司在该项目取得工程规划许可证后因补办初步设计批复和办理施工许可证，应建设局要求，重新委托厦门中建东北设计院做施工图设计，对局部施工图作了部分调整，并已按调整后的施工图销售商品房。鉴于该项目已竣工交付使用，并已取得厦公消监验字（2005）第005275号消防验收合格意见书，你司承诺自行承担因调整所产生的相关责任等实际情况，且调整不增加建筑高度和减少与相邻建筑原批准间距、不改变建筑面积指标和设置的停车位数，为能让购房业主尽快办理房屋产权，经研究，原则同意在调整能满足消防、结构安全等相关规定和要求，已向购房业主告知且无异议等前提下，同意补办手续，批复事项如下：（1）同意对地下室和一、二层平面布局所作的局部调整，将地下室层高调整为 3.4～4 米、一层 5.7 米（局部夹层下层 3 米、上层 2.7 米）、二层 4 米（详见我局核定的施工图）。（2）同意对住宅楼平面和立面所作的局部调整，十六层层高调整为 2.85 米（详见我局核定的施工图）。其余内容仍按原发证执行。接文后，请向其他相关管理部门办理完善相应手续。

2. 原告诉称

三原告在 1998 年 10 月与大洋公司签订了泰和花园房屋预订书，向大洋公司订购泰和花园 N1 栋一、二层商场，大洋公司承诺向三原告赠送夹层。同年 12 月双方所签的泰和花园房屋预订书进一步明确了大洋公司应为商场夹层设楼梯、卫生间及通风设备。2000 年 11 月，三原告与大洋公司就泰和花园 N1 栋一层 13 个商场、二层 4 个商场分别签订 17 份《商品房购销合同》，当时大洋公司向三原告出示的 98 J－532 号《建设工程规划许可证》，一层商场层高 5.7 米，二层商场层高 4.2 米。上述商品房购销合同签订后，三原告依约陆续支付购房款人民币两千余万元。大洋公司比合同约定时间推迟了四年多，直至 2006 年 7 月才交房。2007 年 12 月，三原告接到厦门市仲裁委员会送达的仲裁申请书，获悉大洋公司要求三原告支付面积差价款人民币九百多万元。三原告才发现大洋公司原承诺的夹层竟都计算建筑面积，且测绘成果体现的夹层权属也与原告所购商场无法对应，导致权属混淆。

2008 年 2 月，原告通过调查发现，相关测绘成果源自被告 2006 年 7 月 17 日所作《批复》及其核定的施工图。建设部等七个部委联合发出的建住房（2002）123 号《关于整顿和规范房地产市场秩序的通知》指出：房地产开发项目规划方案一经批准，任何单位和个人不得擅自变更。确须变更的，必须按原审批程序报批，城市规划行政主管部门在批准其变更前，应当进行听证。被告在出具《批复》前未进行听证，也没有对批复列明的"不改变建筑面积指标"及"向业主告知且无异议"等前提是否具备予以翔实的审查。客观事实是大洋公司利用《批复》改变并大幅增加建筑面积，进而向原告主张巨额面积差价款，谋取不当利益。且大洋公司从未就规划调整内容告知原告并征得原告同意，系采用暗箱操作手法使被告擅自批准调整一层商场布局并降低二层商场层高，从而造成一层商场夹层权属参差错乱，张冠李戴，二层商场层高无端减少 20cm。请求依法判令撤销被告所作的《批复》及其所核定的施工图，并判令被告承担本案全部诉讼费用。

3. 被告辩称

（1）被诉具体行政行为具有法律依据，符合法定程序，合法有效。首先，答辩人作出的《批复》系依法履行自身的行政许可职责，该《批复》内容符合法规规定，不违法。2006 年 6 月 28 日，泰和花园的建设单位申请补办泰和花园 N1 栋施工图的调整手续，理由是设计单位更替，施工图纸与原审批的图纸局部有差异，无法为项目业主办理产权手续，造成业主多次上访。考虑到项目已实际竣工交付使用，并已通过消防验收，为能够让业主尽快办理房屋产权，在开发商承诺已向业主告知且无异议的前提下，答辩人依法进行了施工图局部调整批复。所谓的局部调整，是因为整个项目建筑面积与原规划的指标没有差异，原批准的施工图中该项目一层本身也有夹层。答辩人的《批复》没有增加夹层，没有增加房屋建筑面积。其次，《批复》的内容不会对原告造成重大影响，未举行听证不违反法律规定，不违反行政程序。答辩人原审批的规划许可证附图中，该项目一层有夹层，层高已经超过 2.2 米，依法已计入建筑面积。开发商销售房屋使用的图纸表明项目一层设计有夹层，开发商与业主签订的商品房买卖合同中所附的平面图也能体现一层有夹层，因此可证明业主在购买时应该已经了解这一事实情况。对于开发商实际施工造成的一层夹层高度调整和二层层高与原批准的施工图纸有 20cm 的差异，并不是《批复》产生的结果，且层高的调整不涉及建筑面积的变化，从使用功能来说更加合理，并不影响利害关系人的重大利益，根据《中华人民共和国行政许可法》第四十七条的规定，不需要听证。

（2）业主与开发商的争议，应通过民事途径解决。答辩人作出《批复》，是为了尽快为业主办理产权手续，维护业主的合法权益。如果答辩人不根据项目实际建设的情形进行施工图调整，广大业主将永远不能办理房屋产权，因此，撤销《批复》，只会对业主和原告造成更为不利的影响。综上，本案被诉行为合法有效，原告的诉讼请求缺乏事实和法律依据，应予以驳回，原告应通过民事途径解决纠纷。

4. 第三人述称

大洋公司述称：

（1）其报送厦门市规划局审批通过的 98J－532 号规划许可证所附的施工图、实际施工所依赖的图纸以及竣工后报送的施工图表明：一层商场始终存在夹层，只是夹层高度从最初的 2.85 米调整到 2.7 米，只是局部变更，不存在重大变更。《批复》是第三人根据实际的施工图纸以及办理产权证的需要，按法律规定补办相关手续。

（2）三原告提供的《泰和花园房屋预订书》及《购房合同》附图均能证明原告知道泰和花园一层商场存在夹层，只是他们将商场中的夹层理解为赠送。

（3）第三人在补办规划设计审批手续前已告知原告，其所购买的商场面积加大，要求补交差价款，原告对超面积及补交超面积款并未提出异议，并承诺支付超面积房款。

（4）《批复》对泰和花园一层商场的调整并未损害原告方的利益。该一层商场购买方为原告三人，其中邱正吉与黄菊英是夫妻关系，与曾瀛洲是好朋友，不会导致原告所述的业主间的纷争。且从现场看，原告方对一层商场已进行很好、很合理的利用，并且出租获利，非原告所述的对其利益造成灾难性的损害。

（5）泰和花园 N1 栋商品房有 A、B 两栋，地下车位 48 个，一、二层商场 19 间，公寓 130 套，目前已进入产权证办理阶段。《批复》调整最大的是一层商场，公寓和车库部分基本未作调整，而一、二层商场只涉及原告三人，原告的行为势必造成整个 N1 栋一百五十多户其他业主的产权证迟延办理，无疑会损害到大多数业主的利益。请求驳回原告的诉求。

东港公司未提交陈述意见和证据材料。

(三) 事实和证据

福建省厦门市中级人民法院经公开审理查明：1999 年 1 月 11 日，厦门市规划管理局（现为厦门市规划局）作出 98J－532 号《建设工程规划许可证》，许可大洋公司、东港公司建设项目名称为"泰和花园 N1 栋"商品房，该许可设定了相应的建设工程规划技术指标，其中主要建筑层高要求为"地下层 3.6m，一层 5.7m，二层 4.2m，三十五层 2.85m，十六层 3.45m（坡屋顶最高点）"。并在厦门泛华工程有限公司 1998 年设计的关于"泰和花园 N1 栋"设计图纸上盖有"厦门市规划管理局建设工程规划许可证图纸审核专用章"。1999 年 10 月 27 日，厦门市建设委员会作出厦建设审字（1999）031 号《关于泰和花园 N1 栋初步设计的批复》，该批复发给大洋公司与东港公司，提出"泛华公司停业整顿期间，不得继续承担本工程的设计。""请你公司另行委托符合有关规定的设计单位完善初步设计，并编制施工图。初步设计修改后报我委备案，施工图完成后，可向规划局办理建设工程许可证……"2000 年 1 月，由厦门中建东北设计院重新对"泰和花园 N1 栋"进行设计，并出示相应的图纸。"泰和花园 N1 栋"即按照厦门中建东北设计院的图纸进行施工，且该图纸未报厦门市规划局审核。2005 年 10 月 31 日，厦门市规划局（2005）厦规竣第 0101 号《建设工程竣工规划验收表》上关于建筑高度及层高表述为"批建基本一致"。验收意见为：同意报备，不符合规划指标部分另案处理。2006 年 6 月 28 日，大洋公司与东港公司共同向厦门市规划局申请补办"泰和花园 N1 栋"施工图调整手续。2006 年 7 月 17 日，厦门市规划局作出本案诉争的《批复》。

另查明，被告未举证证明该《批复》作出前，已经向"泰和花园 N1 栋"的购房者告知规划的变更情况。

还查明，1998 年 10 月 17 日，以邱正吉为乙方与大洋公司为甲方签订了《泰和花园房屋预订书》，邱正吉向大洋公司购买泰和花园 N1 栋一、二层商场。该预订书"附甲方代乙方做 N1 一层商场阁楼"。同年 12 月 14 日，邱正吉与大洋公司再次签订《泰和花园房屋预订书》，由邱正吉购买泰和花园 26 个地下车位。该预订书"补充条款：……（2）商场夹层设楼梯、卫生间及通风设备……"。2000 年 11 月，三原告分别与大洋公司就泰和花园 N1 栋一层 13 个商场、二层 4 个商场分别签订 17 份《商品房购销合同》。2005 年 9 月 4 日，大洋公司通知三原告办理交房手续，并于同年 11 月 1 日通知三原告补交经房产实测增加的面积的款项。2005 年 11 月 10 日，三原告复函大洋公司，要求先办理产权证。2007 年 11 月 9 日，大洋公司就三原告支付面积差价款提请厦门仲裁委员会仲裁。2008 年 3 月，三原告向法院提起本案的诉讼。2008 年 4 月 10 日，厦门仲裁委员会作出仲裁中止决定。现三原告所购的"泰和花园 N1 栋"的商场均由三原告经营管理。

上述事实有下列证据证明：

1. 大洋公司与东港公司《关于申请补办"泰和花园 N1 栋"施工图调整手续的申请》，证明泰和花园的开发商向被告申请局部调整 N1 栋施工图的事实。

2. 编号为 98J－532 号《建设工程规划许可证》以及泰和花园 N1 栋剖面附图，证明被告于 1999 年 1 月 11 日作出了规划许可的事实。

3.《建设用地规划许可证》。

4.《选址定点规划意见通知书》。

5. 厦门市计划委员会厦计投资（1994）045 号、厦计投资（1996）016 号、厦计投资（1998）256 号批复。

上述 3—5 证据证明泰和花园 N1 栋项目为依法审批建设的项目，开发商为大洋公司和东港公司。

6. 厦门市建设委员会厦建设审字（1999）031 号《关于泰和花园 N1 栋初步设计的批复》，证明 1999 年 10 月 27 日，厦门市建设委员会对泰和花园 N1 栋初步设计依法作出批复。

7. 厦门市规划局《批复》及剖面附图，证明被告同意对该建设项目局部施工图进行调整。

8. 泰和花园房屋预订书（1998 年 10 月 17 日和 1998 年 12 月 14 日）两份、商品房购销合同 17 份，证明三原告购买了泰和花园 N1 栋商场。

9.《泰和花园 N1 栋商品房预售方案》，证明三原告所购买的泰和花园 N1 栋一层商场层高 5.7 米，二层商场层高 4.2 米；大洋公司承诺向原告赠送夹层及原告所购商场均分别具有独立产权。

10.（2007）217 号《厦门市房产测绘成果审核通知书》、《面积测算成果报告书》、房屋分层分户平面图，证明该建设项目测绘成果已通过国土房产部门的审核。

11.《仲裁申请书》，证明二第三人要求三原告补交面积差价，申请仲裁的事实。

12.《企业基本信息》、《公司变更登记审核表》，证明大洋公司的名称变更情况。

13. 98－304－04 号一层平面图、98－304－27 号剖面图及立面图，证明规划许可证时所附的图纸一层层高 5.7 米，设有夹层。

14. 建设审字第 919990031 号、99－295－06 一层平面图、99－295－07 夹层平面图、99－295－21 剖面图，证明涉案工程原设计单位被厦门市建设与管理局责令停业整顿，第三人重新委托中建东北设计院进行设计，图纸已报建设与管理局备案；一层图纸将夹层层高由原 2.85 米调至 2.7 米。

15. 交房通知书、泰和花园房产实测面积通知书、复函，证明 2005 年涉诉房屋建成后，第三人通知三原告交房，并已实际交房以及三原告要求办理权证，而第三人要求补交面积差价的事实。

16. 层高 2.2 米以上需计算面积的相关规定，证明层高 2.2 米以上的永久性建筑均需计算面积。

（四）判案理由

福建省厦门市中级人民法院经审理认为：《中华人民共和国行政许可法》第二条规

定：本法所称的行政许可，是指行政机关根据公民、法人或者其他组织的申请，经依法审查，准予其从事特定活动的行为。本案被诉的《批复》，是厦门市规划局接受大洋公司的申请，对"泰和花园 N1 栋"商品房项目的规划进行部分调整所作出的规划许可，该《批复》应纳入我国行政许可法的调整范畴。

根据《中华人民共和国行政许可法》第四十六条规定，法律、法规、规章规定实施行政许可应当听证的事项，或者行政机关认为需要听证的其他涉及公共利益的重大性质许可事项，行政机关应当向社会公告，并举行听证。建设部、国家计委、国家经贸委、财政部、国土资源部、国家工商行政管理总局、监察部《关于整顿和规范房地产市场秩序的通知》中规定：房地产开发项目规划方案一经批准，任何单位和个人不得擅自变更。确需变更的，必须按原审批程序报批；城市规划行政主管部门在批准其变更前，应当进行听证。听证制度作为一项法律制度，是行政机关在作出影响公民、法人或者其他组织合法权益的决定前，向其告知决定理由和听证权利，公民、法人或者其他组织向行政机关表达意见、提供证据、申辩、质证以及行政机关听取意见、接纳其证据的程序规定。听证制度已成为现代行政程序法基本制度的核心。在行政许可实施程序中设立听证程序，可以提高行政许可决定的公正性、公开性和可接受性。本案被诉的《批复》，系对"泰和花园 N1 栋"商品房已有的规划许可方案的变更，根据上述规定，应当按照行政许可法的规定，履行听证程序后方可作出。

《中华人民共和国行政许可法》第四十七条规定：行政许可直接涉及申请人与他人之间重大利益关系的，行政机关在作出行政许可决定前，应当告知申请人、利害关系人享有要求听证的权利。本案争议的规划调整主要集中于"泰和花园 N1 栋"一层及二层商场的层高问题。根据本案所查明及各方当事人认可的事实，"泰和花园 N1 栋"的实际施工图与被告审批的建设工程规划许可证所附的施工图存在一定的差异，被告作出的 98J－532《建设工程规划许可证》关于规划技术指标的规定，其中"主要建筑层高要求：……一层 5.7 米，二层 4.2 米……"，被诉的《批复》中第 1 点"……一层 5.7 米（局部夹层下层 3 米、上层 2.7 米）、二层 4 米……"，被告的行政许可与后续的《批复》，二者对"泰和花园 N1 栋"的部分规划技术指标确存在前后不同的要求；且该规划条件的调整，是在"泰和花园 N1 栋"商品房项目已建设完毕，大洋公司已实际将房屋交付买受人的情况下所作出的，三原告作为与"泰和花园 N1 栋"商品房的规划调整存在重大利益的关系人，大洋公司作为行政许可申请人，依法享有听证的权利。被告未依法举行听证，即作出本案被诉的《批复》，在程序上存在错误。

另，没有证据证明被告《批复》中提及的"已向购房业主告知且无异议"的事实，被告该事实的认定系证据不足。

综上，被告作出的《批复》程序违法，且部分事实的认定证据不足。

（五）定案结论

福建省厦门市中级人民法院依照《中华人民共和国行政诉讼法》第五十四条第（二）项第一、三目，以及《最高人民法院关于执行〈中华人民共和国行政诉讼法〉若干问题的解释》第四十九条第三款、第五十九条第（一）项的规定，作出如下判决：

1. 撤销厦门市规划局厦规建（2006）188 号《厦门市规划局关于同意泰和花园 N1 栋商品房项目局部施工图调整的批复》；

2. 责令厦门市规划局于本判决生效后 30 日内重新作出具体行政行为。

（六）解说

规划技术指标确定后，房产建筑商未按该规划指标进行建设，房产建成并出卖给购房者后，建筑商申请对原规划指标进行部分调整，规划行政机关在作出规划调整许可前是否应采用听证程序？

听证制度作为一项法律制度，是行政机关在作出影响公民、法人或者其他组织合法权益的决定前，向其告知决定理由和听证权利，公民、法人或者其他组织向行政机关表达意见、提供证据、申辩、质证以及行政机关听取意见、接纳其证据的程序规定。当前，听证制度已成为现代行政程序法基本制度的核心。我国的行政许可法亦明确规定了行政许可如涉及他人重大利益，不仅需要告知利害关系人并听取其陈述、申辩意见，还规定了根据法律、法规、规章的规定以及行政机关自行决定对拟作出的行政许可应当主动采取听证程序。

首先，从本案的事实看，早在 1999 年，规划部门已经就"泰和花园 N1 栋"商品房的建设项目发放了规划许可，对该建设项目许可设定了相应的建设工程规划技术指标。2006 年，应建设单位即第三人的申请，规划部门对该建设项目的部分指标决定调整，并作出《批复》。根据我国行政许可法的规定，该《批复》应视为行政机关根据公民或法人的申请，经审查，准予从事特定活动的一种行为，应纳入行政许可法的调整范畴。

其次，在 2000 年三原告分别与第三人签订了《商品房购销合同》，购买"泰和花园 N1 栋"商品房的一、二层商场部分，并在 2005 年与第三人已经办理了所购商品房的交房手续。在 2006 年第三人向被告申请规划指标的部分调整，而被告根据第三人的申请所调整的规划指标恰恰就是三原告所购买的商品房的商场部分，因此被告所作的《批复》明显涉及三原告的重大利益，根据《中华人民共和国行政许可法》第三十六条"行政机关对行政许可申请进行审查时，发现行政许可事项直接关系他人重大利益的，应当告知利害关系人。申请人、利害关系人有权进行陈述和申辩。行政机关应当听取申请人、利害关系人的意见"的规定，被告的《批复》所称的"已向购房业主告知且无异议"的提法，没有相应的事实证据。

最后，根据《中华人民共和国行政许可法》第四十六条"法律、法规、规章规定实施行政许可应当听证的事项，或者行政机关认为需要听证的其他涉及公共利益的重大行政许可事项，行政机关应当向社会公告，并举行听证"的规定，以下两种情况下应采取听证程序：一是法律、法规或规章的规定；二是行政机关自行决定。建设部、国家计委、国家经贸委、财政部、国土资源部、国家工商行政管理总局、监察部《关于整顿和规范房地产市场秩序的通知》中规定，房地产开发项目规划方案一经批准，任何单位和个人不得擅自变更。确须变更的，必须按原审批程序报批；城市规划行政主管部门在批准其变更前，应当进行听证。上述规范性文件的规定，虽不是立法法意义上的法律、法规、规章，但系国务院各相关部门对规范房地产市场作出的规范性文件，具有实际操作的意义，在实践中应作为行政机关具体行政行为的依据使用。这亦符合最高人民法院关于审理行政案件适用法律规范问题的相关规定。从本案已查明的事实看，被告的《批复》明显改变了其所作出的《建设工程规划许可》中设定的建设工程规划技术指标，在该《批复》作出前，应该主动采取听证程序。

由于被告对"泰和花园N1栋"商品房建设项目的规划技术指标存在前后不同的许可行为，在该建设项目已建设完毕并交付购房人实际使用的情况下，其所作的任何许可行为都将与建设单位和众多购房者的重大利益相关；又由于实际上，建设单位所实际建设的规划指标与规划部门的《建设工程规划许可》确定的规划指标存在不一致，如规划部门不对相关指标进行修改，亦将影响众多购房者的合法权益，即无法进行土地房屋权属登记。因此，有必要在判决撤销被告《批复》的同时，责令被告重新作出具体行政行为。

（福建省厦门市中级人民法院　林琼弘）

29. 王昌镐不服北京市石景山区市政管理委员会市政行政许可案（公共停车场经营备案行为属行政许可）

（一）首部

1. 裁定书字号：北京市石景山区人民法院（2009）石行初字第20号裁定书。
2. 案由：市政行政许可。
3. 诉讼双方

原告：王昌镐，男，汉族，北京市石景山区西黄新村××小区业主委员会主任。

委托代理人：王巍，北京市北人律师事务所律师。

被告：北京市石景山区市政管理委员会，住所地：北京市石景山区杨庄东路9号。

法定代表人：刘建国，该单位主任。

委托代理人：柯军，男，北京市石景山区市政管理委员会干部。

委托代理人：邹新忠，男，北京市石景山区市政管理委员会干部。

4. 审级：一审。

5. 审判机关和审判组织

审判机关：北京市石景山区人民法院。

合议庭组成人员：审判长：滕恩荣；代理审判员：杨洁、路琳艳。

6. 审结时间：2009 年 7 月 30 日。

（二）诉辩主张

1. 被诉具体行政行为

被告向北京石聚安达停车管理有限公司（以下简称停车公司）核发了一期、二期《北京市公共停车场备案表》。

2. 原告诉称

2008 年 6 月，原告发现停车公司进入小区的公共场地进行画线，以收取停车费的名义向业主进行收费，并声称经过了被告北京市石景山区市政管理委员会（以下简称区市政管委）的审批。经调查，被告确实在 2009 年 6 月 16 日向停车公司核发了《北京市公共停车场备案表》。原告认为，（1）被告在未经原告等业主同意的情况下向停车公司核发备案表是违法行政；（2）小区内本无停车场，被告在小区内业主共有的公共场地内为停车公司核发备案表的行为侵犯了全体业主的权利；（3）被告在核发备案表前未进行任何听证活动，属于程序违法。原告等业主曾多次与被告交涉，但被告均予拒绝，现起诉到法院，请求依法撤销被告区市政管委向停车公司核发的两期共 391 个停车位的《北京市公共停车场备案表》。

3. 被告辩称

（1）我委向停车公司核发的公共停车场备案表的依据是《北京市机动车公共停车场管理办法》，根据北京市运输管理局《关于本市机动车公共停车场备案工作有关问题的通知》（京运管停字〔2004〕254 号）规定，现在停车场备案登记已不作为行政许可事项了，因此本案被诉行为不是行政许可行为。

（2）我委核发的被诉停车场备案表中所涉及的停车位均是小区建筑规划内，规划用于停放汽车的车位，未占用小区公共场所和道路，因此没有侵犯原告的合法权益。请求法院判决驳回原告的诉讼请求。

（三）事实和证据

北京市石景山区人民法院经公开审理查明：原告系西黄新村××小区业主，同时也是该小区业主委员会主任。该小区物业公司于 2009 年 4 月 16 日与停车公司签订了《小区机动车管理委托合同》。停车公司经交管部门核准后，于 2009 年 4 月 29 日就该小区建筑区划内未经转让或出租的规划停车位以及占用公共场所、道路的停车位共 198 个向被告区市政管委申请公共停车场备案。被告于 4 月 30 日向停车公司核发了一期《北京市公共停车场备案表》。停车公司经交管部门核准后于 2009 年 6 月 16 日再次另就该小区建筑区划内其他未经转让或出租的规划停车位以及占用公共场所、道路的停车位共 193 个向被告申请公共停车场备案。被告于当日向停车公司核发了二期《北京市公共停车场备案表》。原告得知被告作出此备案行为后，以小区业主委员会名义于 2009 年 6 月 30 日向被告区市政管委提出异议，未果。原告遂于 2009 年 7 月 13 日提起本案行政诉讼。

上述事实有下列证据证明：

1. 公共停车场备案申请材料；

2. 一期《北京市公共停车场备案表》（备案号 0830094）；

3. 二期《北京市公共停车场备案表》（备案号 0830094）。

（四）判案理由

北京市石景山区人民法院经审理认为：原告以被告已自行撤销被诉具体行政行为为由，申请撤回对被告的起诉符合法律规定，本院应予准许。

（五）定案结论

北京市石景山区人民法院依照《中华人民共和国行政诉讼法》第五十一条、《最高人民法院关于执行〈中华人民共和国行政诉讼法〉若干问题的解释》第六十三条第一款第（十）项之规定，作出如下裁定：

准予原告王昌镐撤回起诉。

（六）解说

《中华人民共和国行政许可法》虽然明确规定了行政许可的种类，但是一些以其他形式存在、以行政许可为实际内容的行政行为广泛存在，如何识别和界定此类行为，是行政审判的重要课题。本案涉及的机动车公共停车场经营的备案行为，就是一个典型。本案的焦点问题是，机动车公共停车场经营的备案行为的法律属性如何认定。

1. 机动车公共停车场经营的备案行为的法律属性

我国目前关于机动车公共停车场经营管理的法律规范尚不完备。北京市规范此类行为的最高效力的法律规范性文件是 2001 年《北京市机动车公共停车场管理办法》（北京市人民政府令第 75 号）。该办法第三条规定："市市政管理委员会主管本市公共停车场的管理工作……审查停车场经营者的资质……区、县人民政府确定行政主管部门在市市政管理委员会的指导下，按照规定的职责负责本辖区内的公共停车场管理工作……"第十三条规定："公共停车场经营者应当遵守下列规定：……（二）建立健全经营管理制度和服务规范，按照规定向公共停车场主管部门备案，并接受其指导、监督和检查……"第十七条规定："违反本办法第十三条第（二）项、第（三）项、第（五）项规定的，责令限期改正，并处 2 000 元以上 1 万元以下罚款。"2002 年北京市市政管理委员会等五机关为加强机动车停车场管理工作，增强工作的可操作性，共同发出《关于加强本市机动车公共停车场管理工作的通知》（京政管字〔2002〕341 号）。该通知第一条规定："市市政管理委员会主管本市机动车公共停车场的管理工作；区、县市政管理委员会按照规定的职责负责本辖区内的公共停车场管理工作。"第二条第二款规定：申请人申请从事停车场经营的，"应当自领取营业执照之日起 3 个月内到市或区（县）市政管理委员会办理停车场备案登记后，方可开展此项经营活动"。第八条规定："市或区（县）市政管理委员会对停车场实行备案登记制度（备案类审批事项）。"第九条、第十条、第十一条分别规定了停车场经营者必须持由市、区（县）市政管理委员会核发的《北京市公共停车场备案表》才能分别到公安交管部门办理停车秩序维护措施的审核手续，到价格主管部门办理停车场收费核准手续，到地税部门办理发票核定和购领发票事宜。2003年北京市对于公共停车场管理职责进行了调整，市市政管理委员会的公共停车场管理职责转到市运输管理局，区、县的相关管理职责没有改变。2004 年《中华人民共和国行政许可法》正式实施之后，北京市运输管理局发出《关于本市机动车公共停车场备案工作有关问题的通知》（京运管停车〔2004〕254 号）规定："根据市政府行政审批清理工作的要求，北京市机动车公共停车场备案登记已不作为行政许可事项，改为日常管理事项。"第一条规定："市运输管理局，各区、县市政管理委员会，西客站地区和亦庄开发区管理委员会的停车场管理权限、备案范围不变，备案表继续使用。"第二条规定："申请人从事停车场经营的程序原则不变，按照《关于加强本市机动车公共停车场管理工作的通知》（京政管字〔2002〕341 号）文件继续执行；相关主管部门的业务流程也继续使用。"第五条规定："区、县、地区的停车场经营备案盖章，请使用原备案章或主管科室章，具体情况请商本单位法制部门确定。"

根据以上规定，北京市机动车公共停车场经营备案登记行为的法律性质应界定为行政许可行为。

根据《中华人民共和国行政许可法》规定，并结合学理界对于行政许可的研究，可以对行政许可的概念进行界定：行政许可是指在法律规定一般禁止的情况下，行政主体根据行政相对人的申请，经依法审查，通过颁发许可证或者执照等形式，依法作出准予或者不准予特定的行政相对人从事特定活动的行政行为。

行政许可最显著的特征是它属于一般禁止与解禁的行政行为。换言之，行政许可存在的前提是法律规范的一般禁止。行政许可的设定就是法律规范的一般禁止，而行政许可的实施就是对是否可以解除一般禁止依法作出判断的过程，其目的是对符合条件和具备资格的特定对象解禁。《中华人民共和国行政许可法》第十二条第（三）项规定：下列事项可以设定行政许可："（三）提供公共服务并且直接关系公共利益的职业、行业，需要确定具备特殊信誉、特殊条件或者特殊技能等资格、资质的事项"。《北京市机动车公共停车场管理办法》中明确规定了市政管理委员会具有审查机动车公共停车场经营者资质的职责，停车场经营者应当向市政管理委员会进行备案，否则将被责令改正并处以罚款。这种规定就是对北京市范围内关于停车场经营行为的一般禁止：公共停车场经营行为必须备案，如不备案将不仅被责令改正，而且还会受到行政处罚。只有取得了市政管理委员会的备案，才能取得公共停车场的合法经营资质，也才能不被处罚，这种备案行为也就是行政许可中所谓的解禁。行政许可具有多种形式，例如：一般许可、特许、认可、核准、登记、备案等。机动车公共停车场的备案行为就属于其中备案类行政许可。

在 2004 年以前，机动车公共停车场经营的备案行为属于行政许可，实质上不存在争议，北京市市政管理委员会等五机关联合发出的《关于加强本市机动车公共停车场管理工作的通知》（京政管字［2002］341号）中明确认定了这种行为属于"备案类审批事项"，并将其作为其后有关公安交管审核、收费核准、税务发票核定与领取的前置必经行政许可程序。

但在2004年《中华人民共和国行政许可法》实施之后，对这种备案行为是否属于行政许可开始产生争议。主要起源于北京市运输管理局发出《关于本市机动车公共停车场备案工作有关问题的通知》（京运管停车［2004］254号），该文件将这种备案行为不认定为行政许可，而属于日常管理行为。这种规定是不严谨的。首先，北京市运输管理局作为北京市人民政府所属的一个行政机关，它无权在北京市人民政府制定的《北京市机动车公共停车场管理办法》变更之前，以其自身的一个规范性文件对该办法设定的行政许可事项进行排除或变更。根据《中华人民共和国立法法》的规定及相关精神，《北京市机动车公共停车场管理办法》属于北京市地方规章，它只能由北京市人民政府自行变更或废止，或由国务院进行改变或撤销，或由北京市人民代表大会常务委员会撤销。现在上述有权机关均未对该办法进行变更或撤销，因此《北京市机动车公共停车场管理办法》现仍有效，其对机动车公共停车场经营行为设定的行政许可仍然存在。其次，从北京市运输管理局制定的该文件内容来看，其规定停车场备案机关的职权范围、备案内容范围、备案程序，以及备案后相关部门的业务流程，甚至备案机关所用公章都未变化，仅仅是在名称上将该"行政许可"变更为"日常管理"。但一个行政行为的法律属性变更，不能仅因名称变更就发生变化，只有当该行政行为调整的法律关系真正发生了变化，该行为的法律属性才能变化。在备案机关职权、备案内容范围、备案程序、备案后对相关部门业务的影响，特别是不进行备案将导致的法律后果均没有变化的情况下，机动车公共停车场的法律规范一般性禁止与解禁的法律关系不会仅因为名称变为"日常管理"，而使其行政许可的法律属性发生变化。综合以上两个理由，2004年之后，机动车公共停车场经营的备案行为仍属于行政许可。

2. 本案原告是否具备主体资格，其实质在于如何认定建筑区划内机动车公共停车场经营备案行为即行政许可行为的利害关系人。

《中华人民共和国物权法》第七十四条规定："建筑区划内，规划用于停放汽车的车位、车库，应当首先满足业主的需要。建筑区划内，规划用于停放汽车的车位、车库的归属，由当事人通过出售、附赠或者出租等方式约定。占用业主共有的道路或者其他场地用于停放汽车的车位，属于业主共有。"从该规定来看，认定建筑区划内的机动车公共停车场经营的备案行为的利害关系人需要区分以下两种不同情况。

第一种情况是停车场使用的是规划用于停放机动车的车位或车库。在这种情况下应首先审查业主与开发商之间是否存在关于规划车位、车库的约定。关于约定的方式，法律规定为出售、附赠或出租等方式。这种约定不仅限于房屋买卖合同之中的约定，也包括当事人之间其他协议形式。其中出售主要指开发商将车位、车库交付业主所有，由业主支付约定价款的方式。附赠一般发生在商品房买卖过程中，其性质多为开发商为促进商品房销售而附加提供给买受人的一优惠措施。出租指开发商作为出租人把出租财产即车位、车库交给业主使用，业主支付租金，并在租赁关系终止时将车位、车库返还给开发商的方式。应当注意的是，在商品房销售过程中存在两个法律关系，即房屋买卖和车位、车库转让或出租，二者相互独立，并不存在必然的牵连关系。如果停车场使用的规划车位与车库已被开发商转让或出租给业主，则停车场备案行为的利害关系人应是业主；如果规划车位与车库未被转让或出租，则备案行为的利害关系人应是开发商。

第二种情况是停车场使用的是占用业主共有的道路或者其他场地用于停放机动车的车位。在这种情况下，由于根据《中华人民共和国物权法》第七十三条规定，建筑区划内的道路、其他公共场所属于业主共有，因而在业主共有道路或其他场地上划定的停车位的归属亦应当随着土地使用权的移转而被确定为业主共有。需要注意的是，法律仅规定了占用业主共有道路、其他场地上用于停放机动车的车位，属于业主共有，不包括地下空间。这是因为：第一，地下空间所占用的土地使用权，不能当然地认为属于业主共有。地下空间的利用权虽包含在土地使用权之中，但其并非随专有部分的购买而当然取得，地下空间利用权的归属要根据规划来确定。也就是说，地上建筑物与土地使用权不能分割使用的原则并不适用地下空间与土地使用权的关系。第二，地下空间作为独立使用对象，因受到《中华人民共和国人民防空法》中有关防空工程设施的限制，不属于小区共用的公共设施，其在非战争时期的使用归属只能通过约定进行。如果停车场使用的是占用业主共有道路或其他场地用于停放机动车的车位，则备案行为的利害关系人就只能是全体业主了。

本案中由于进行备案的机动车公共停车场使用的停车位既有未经转让或出租的规划停车位，也有占用小区公共场地和道路的停车位，因此开发商与全体业主均属于备案行为的利害关系人。原告王昌镐作为小区业主具有本案原告主体资格。

本案中由于被告在诉讼过程中，自行撤销了被诉的机动车公共停车场经营备案行为，所以在原告申请撤诉的情况下，法院裁定准予原告撤诉是正确的。

（北京市石景山区人民法院　滕恩荣）

30. 胡世庆不服绍兴市规划局规划行政许可案
（原告主体资格及行政许可程序的合法性）

（一）首部

1. 判决书字号
一审判决书：浙江省绍兴市越城区人民法院（2009）绍越行初字第 6 号判决书。
二审判决书：浙江省绍兴市中级人民法院（2009）浙绍行终字第 38 号判决书。

2. 案由：规划行政许可。

3. 诉讼双方

原告（上诉人）：胡世庆，男，汉族，住绍兴县湖塘街道湖塘村。

委托代理人（一、二审）：陈显明、王奇雄，浙江明显律师事务所律师。

被告（被上诉人）：绍兴市规划局，住所地：绍兴市龙山后街 20 号。

法定代表人：林抒，局长。

委托代理人（一、二审）：严洪祥，浙江大公律师事务所律师。

委托代理人（一、二审）：王剑华，男，绍兴市规划局用地管理处工作人员。

第三人（被上诉人）：绍兴鲁迅故里有限公司，住所地：绍兴市鲁迅中路 458 号。

法定代表人：宣传中，该公司董事长。

委托代理人（一、二审）：傅建华，男，绍兴鲁迅故里有限公司工程部工作人员。

4. 审级：二审。

5. 审判机关和审判组织

一审法院：浙江省绍兴市越城区人民法院。

合议庭组成人员：审判长：王棣；审判员：徐虹；代理审判员：夏蓓蕾。

二审法院：浙江省绍兴市中级人民法院。

合议庭组成人员：审判长：钱长龙；审判员：刘红波；代理审判员：蒋瑛。

6. 审结时间

一审审结时间：2009 年 3 月 30 日。

二审审结时间：2009 年 12 月 20 日。

（二）一审诉辩主张

1. 被诉具体行政行为

绍兴市规划局于 2005 年 11 月 16 日向绍兴鲁迅故里有限公司核发了（2005）浙 06-59 号建设用地规划许可证，内容为：建设用地位置在鲁迅路，用地面积 1 296 平方米。

2. 原告诉称

原告系坐落于绍兴鲁迅中路×号房屋的所有权人，该处房屋性质为商业用房。2005 年 11 月 16 日被告绍兴市规划局为绍兴鲁迅故里有限公司颁发了《建筑用地规划许可证》（（2005）浙 06-59 号），该具体行政行为严重影响了原告的合法权益，为此各方多次协商无任何实质性结果。鉴于被告的行政许可行为与原告存在重大的利害关系，而且该行为存在法定职权行使不当且违反法定程序和相关规范等情形，为此特诉至法院，要求撤销被告核发的《建筑用地规划许可证》；诉讼费用由被告承担。

3. 被告辩称

原告系不适格的行政诉讼主体且起诉程序不当。被告作出规划行政许可行为与原告之间没有法律上的利害关系，原告系不适格的行政诉讼主体，其并非行政相对人，且被告作出的规划许可行政行为也未侵犯其相邻权，与原告之间并不存在其诉称的所谓重大利害关系。被告依法定职权对第三人即行政相对人绍兴鲁迅故里有限公司作出规划许可的具体行政行为符合法律规定且程序合法。请求依法裁定驳回起诉。

4. 第三人述称

同意被告的答辩意见，第三人系通过公开出让程序受让土地并按照规划进行开发建设，原告起诉无任何法律依据，请求依法驳回原告的起诉。

（三）一审事实和证据

浙江省绍兴市越城区人民法院经公开审理查明：原告胡世庆在绍兴鲁迅中路×号（百草园公寓底层）有营业用房一处，建筑面积为 95.13 平方米，原为绍兴市海外旅游公司用房。2002 年，绍兴市启动鲁迅故里历史街区保护规划工程并上报浙江省建设厅、浙江省文物局批准。主要内容为机动车道南移，鲁迅路恢复为步行街，在鲁迅路靠百草园公寓一侧建造特色建筑。该地块经出让，绍兴鲁迅故里有限公司取得了土地使用权，并于 2005 年 9 月 30 日与绍兴市国土资源局签订了国有土地使用权出让合同。2005 年 11 月 10 日绍兴鲁迅故里有限公司向绍兴市规划局申请发放建设用地规划许可证。同年 11 月 16 日，绍兴市规划局为绍兴鲁迅故里有限公司核发了《建设用地规划许可证》。原告胡世庆认为绍兴市规划局的规划许可行为侵犯了其合法权利，请求撤销该许可行政决定。

上述事实有下列证据证明：

1. 建设用地规划许可证，证明被告作出用地规划行政许可行政行为的事实。

2. 国有土地使用权出让合同，证明第三人依法取得出让国有土地的事实。

3. 规划设计方案 1 份和平面布置图，证明规划行为依据的相关材料。

4. 函以及公文处理单，证明规划设计条件书经相关程序修改后向国土部门提供的事实。

5. 绍兴市建设局文件（绍市建规 2002－278 号）、绍兴市人民政府文件（绍政 2002－61 号）、绍兴市人大常委会文件（市人大 2002－31 号）、浙江省建设厅、浙江省文物局文件（浙建规批 2002－107 号），证明被告作出规划符合当时拟定的历史街区保护规划。

6. 房屋所有权证，证明绍兴鲁迅中路×号房屋为原告所有的事实。

7. 协调会纪要以及信访处置材料，证明被告以及第三人对原告等人所属商业用房造成的影响，同时证明该区块开发对原告有影响。

8. 与原告同一地块的销售发票、评估报告、信访答复，证明本案中与原告类似房屋在开发前后有关权益变动以及影响情况。

9. 土地竞买请示以及批复，证明第三人就土地竞买请示市国资局并获得同意的事实。

10. 竞买约定书、规划设计条件书、拍卖成交通知书各 1 份，证明第三人按规划条件书参与拍卖并成交的事实。

11. 公证书 1 份，证明第三人与绍兴市国土资源局签订国有土地使用权出让合同的事实。

12. 土地出让金和契证 1 份，证明第三人交纳土地出让金并办理过户手续的事实。

13. 国有土地使用证 1 份，证明第三人依法取得国有土地使用权的事实。

14. 绍兴市发改委立项批复 1 份，证明绍兴市发改委同意第三人开发建设的事实。

15. 确认书以及房地产测绘成果报告 1 份，证明第三人建设开发符合规划要求的事实。

（四）一审判案理由

浙江省绍兴市越城区人民法院经审理认为：被告所作出的规划用地许可涉及的土地以及建筑物均位于原告所有的房屋之前，建筑工程完成后，原告认为因该建筑物遮挡原告房屋给其相邻权以及房屋商业价值造成影响，原告与被告的规划行为具有法律上的利害关系。本案的主要争议焦点在于被告作出的行政规划许可是否合法。本案规划设计经浙江省人民政府批准同意，第三人依公开拍卖程序取得该地块使用权符合法律规定。后第三人向被告申请颁发建设用地规划许可证，被告审核第三人提交的材料后，向其核发了《建筑用地规划许可证》，符合《浙江省实施〈中华人民共和国城市规划法〉办法》第三十条之规定。原告认为被告作出的规划许可涉及其所居住的百草园公寓规划红线内，故不能再作出规划用地许可。法院认为，即使百草园公寓存在规划红线，但该规划红线已变更，且经浙江省人民政府批准，故原规划红线不再适用，对原告此项主张不予采纳。原告没有证据证明被告规划行为给其房屋通风、采光等权益造成影响，故不构成对原告相邻权的侵犯。至于原告认为该规划导致其房屋商业价值下降等诉称，可通过其他途径解决，但并不能以此否定被告规划行为的合法性。被告所作出的规划许可行政行为合法。

（五）一审定案结论

浙江省绍兴市越城区人民法院依照《最高人民法院关于执行〈中华人民共和国行政诉讼法〉若干问题的解释》第五十六条第一款第（四）项之规定，作出如下判决：

驳回原告胡世庆的诉讼请求。

案件诉讼费 50 元，由原告胡世庆负担。

（六）二审情况

1. 二审诉辩主张

（1）上诉人诉称

一审判决认定被上诉人所作的行政规划行为合法的理由不能成立。一审判决未对具体行政行为的程序问题进行审查是错误的。请求撤销一审判决。

（2）被上诉人辩称

同意一审法院判决结果。

（3）原审第三人述称

同意一审法院判决结果。

2. 二审事实和证据

浙江省绍兴市中级人民法院经审理，确认一审法院查明的事实。

另查明：2004年11月3日，被上诉人出台规划设计条件书，后被上诉人对该条件书重新进行了修改。2005年11月10日，原审第三人向被上诉人提出颁发《建设用地规划许可证》的申请。11月14日，被上诉人对规划工程进行了批前公示，公示异议期为7天，从11月16日到11月23日。同年11月16日，被上诉人为原审第三人核发了《建设用地规划许可证》。

3. 二审判案理由

浙江省绍兴市中级人民法院经审理认为：《中华人民共和国行政许可法》第四十七条第一款规定："行政许可直接涉及申请人与他人之间重大利益关系的，行政机关在作出行政许可决定前，应当告知申请人、利害关系人享有要求听证的权利；申请人、利害关系人在被告知听证权利之日起五日内提出听证申请的，行政机关应当在二十日内组织听证。"因此，许可事项涉及申请人与他人之间重大利益关系的，告知听证权利之必要，是正当法律程序的基本要求，也是行政许可法设定的法定义务。被上诉人绍兴市规划局作出的规划用地许可与上诉人胡世庆所有的商业用房相邻，该规划用地许可会使上诉人的商业用房的商业价值受到显著影响，上诉人无疑是被上诉人颁发给原审第三人建设用地规划许可证这一行政许可行为的利害关系人，被上诉人应当告知其享有要求听证的权利。而被上诉人在审查原审第三人提供的材料、核发许可证前，未履行告知义务。2004年11月3日，被上诉人出台了规划设计条件书，2005年4月29日经领导审核后，对规划设计条件书重新进行了修改，但修改后的规划设计条件书的时间仍为2004年11月3日，存在同一时间、同一编号二份内容差异的规划设计条件书。2005年11月14日，被上诉人对规划工程进行了批前公示，公示异议期为7天，异议期未届满，即2005年11月16日被上诉人为原审第三人核发了《建设用地规划许可证》。被上诉人作出的行政许可决定程序违法。鉴于本案诉争地块房屋已建成，如果撤销该具体行政行为，将会给国家利益、公共利益造成重大损失，故应确认违法。

4. 二审定案结论

浙江省绍兴市中级人民法院依照《中华人民共和国行政诉讼法》第六十一条第（三）项、《最高人民法院关于执行〈中华人民共和国行政诉讼法〉若干问题的解释》第五十八条之规定，作出如下判决：

（1）撤销绍兴市越城区人民法院（2009）绍越行初字第6号行政判决；

（2）确认被上诉人核发的编号为（2005）浙06－59号《建设用地规划许可证》违法。

（七）解说

本案是一起要求撤销《建设用地规划许可证》的行政许可案件。该类案件是目前法院受理的规划许可行政案件的主要类型，而案件审理中反映出的问题在对该类案件的司法审查中具有一定的普遍性和典型性。

1.关于原告在本案中是否具备行政诉讼原告资格的问题。

根据《最高人民法院关于执行〈中华人民共和国行政诉讼法〉若干问题的解释》第一条第二款的规定，对公民、法人或者其他组织权利义务不产生实际影响的行为，法院不予受理，"法律上的利害关系"可理解为"权利义务受到实际影响"。第十三条规定，被诉的具体行政行为涉及相邻权或者公平竞争权的，公民、法人或者其他组织可以依法提起行政诉讼。根据《中华人民共和国行政许可法》第七条的立法精神，公民、法人或者其他组织的合法权益因行政许可受到损害的，都有权提起诉讼。判断起诉人是否与具体行政行为具有法律上的利害关系，首先要从法律规定本身或者法律精神判断。其次，在存在合法权益的情况下，判断权益是否受到损害以及这种损害与被诉具体行政行为是否具有因果关系。本案中，原告所有的商业用房与被告许可给第三人的规划用地前后相邻，建筑工程完成后，该建筑物遮挡了原告的房屋，该规划与前一规划对原告房屋的商业特点及价值产生显著的影响，故原告与被告核发给第三人的建设用地规划许可证之间具备法律上的利害关系，原告在本案中具备行政诉讼原告资格。

2.关于原告与第三人之间是否具有重大利益关系的问题。

对什么是"重大利益关系"，法律没有明确作出规定和解释。在现实生活中，重大利益关系经常体现在申请人与第三人之间的民事相邻权关系上。对"重大利益关系"一般的判断标准是，是否对他人的生产或生活造成了严重的损害、妨碍，如果存在重大损害和妨碍的情形就应认定为有重大利益关系。本案中，被告许可给第三人的建设项目使原告的商业用房的商业价值显著下降，该规划许可对原告的生产、生活造成了严重的影响，原告与第三人之间具有重大利益关系。

3.关于被告作出行政许可程序是否合法的问题。

《中华人民共和国行政许可法》第四十六条、第四十七条规定了应当听证的三类许可事项：一是法律、法规、规章规定应当听证的事项；二是行政机关认为需要听证的事项；三是行政许可直接涉及申请人与他人之间重大利益关系的事项。本案中，被告许可事项直接涉及第三人与原告之间的重大利益关系，原告理应享有听证的权利，但被告在作出行政许可决定前，未履行告知义务，违反了法定程序。

4.本案适用确认违法判决的必要性说明。

本案诉争地块的开发属于绍兴鲁迅故里历史街区保护规划工程，是绍兴七个历史街区规划工程之一。该规划工程虽经浙江省人民政府依法批准，但规划许可程序违法。如果依照《中华人民共和国行政诉讼法》第五十四条第（二）项第三目的规定，法院作出撤销该规划许可的判决，必然导致已建成的房屋成为违法建筑而被拆除，公共利益和国家利益显然会受到重大损失。二审法院通过对本案涉及的各方利益进行衡量，最终依照《最高人民法院关于执行〈中华人民共和国行政诉讼法〉若干问题的解释》第五十八条的规定，作出确认违法的判决。

（浙江省绍兴市中级人民法院　刘红波）

31. 蔡天杰不服宁波市海曙区城市管理行政执法局行政处罚案（行政处罚时效及违法建筑所有权转移后的行政处罚相对人）

（一）首部

1. 判决书字号：浙江省宁波市海曙区人民法院（2009）甬海行初字第 43 号判决书。

2. 案由：城管行政处罚。

3. 诉讼双方

原告：蔡天杰，女，汉族，住浙江省宁波市中兴路。

委托代理人：李智保，男，浙江金汉律师事务所律师。系特别授权代理。

被告：宁波市海曙区城市管理行政执法局，住所地：浙江省宁波市海曙区蓝天路 232 号。

法定代表人：徐贵长，该局局长。

委托代理人：虞洋，男，宁波市海曙区城市管理行政执法局工作人员。系特别授权代理。

委托代理人：王夏燕，女，宁波市中山法律服务所法律工作者。系特别授权代理。

4. 审级：一审。

5. 审判机关和审判组织

审判机关：浙江省宁波市海曙区人民法院。

合议庭组成人员：审判长：周春莉；代理审判员：贾丰荣；人民陪审员：林丽。

6. 审结时间：2008 年 11 月 11 日。

（二）诉辩主张

1. 被诉具体行政行为

2009 年 7 月 13 日，被告宁波市海曙区城市管理行政执法局对原告蔡天杰作出海城管罚（2009）第 171 号《行政处罚决定书》。

2. 原告诉称

被告宁波市海曙区城市管理行政执法局于 2009 年 7 月 13 日按照《中华人民共和国城乡规划法》作出的海城管罚（2009）第 171 号《行政处罚决定书》存在行政处罚对象错误的重大违法，违法主体应是原房屋所有权人，而非现任房屋所有权人。理由是：（1）原告没有违反行政管理秩序的行为；（2）原告缺乏主观过错；（3）原房屋所有权人于2008年6月违法破墙开门，被告对应当予以制止和处罚的违法行为不予制止和处罚，对"违法状态"的发生与继续具有不可推卸的责任。综上，被告作出的行政处罚决定违法，请求法院依法撤销。

3. 被告辩称

（1）被告作出的行政处罚决定认定事实清楚。宁波市海曙区环城西路南段×号原房屋所有权人于2008年6月擅自破墙开门，属违法建设行为，且违法状态持续至今。原告蔡天杰于2009年4月受让该房屋，为该房屋的现所有权人和使用人。

（2）被告作出的行政处罚决定适用的法律正确，程序合法。被告已依法告知原告蔡天杰作出行政处罚决定的理由、依据及享有的陈述和申辩的权利，原告蔡天杰于2009年6月5日、8日分别向被告进行陈述、申辩，但均未提供合法性证据。因此被告根据《中华人民共和国城乡规划法》第六十四条的规定作出行政处罚。

请求依法驳回原告诉讼请求。

（三）事实和证据

浙江省宁波市海曙区人民法院经公开审理查明：2008年6月，宁波市海曙区环城西路南段×号原房屋所有权人擅自在该房屋南侧墙体距东侧墙体2米处破墙开了一道门，该破墙开门处原有一扇窗，宽3米、高3.14米、面积为9.42平方米，现将该窗户下沿与地面之间的墙体敲掉，改建成宽3米、高4.1米、面积12.3平方米的门，该门上半部分为白色塑钢玻璃窗，宽3米、高1.57米，下半部分为金黄色不锈钢防盗门，宽3米、高2.53米。被敲掉的墙体厚0.3米、宽3米、高0.96米、面积为2.88平方米。经规划部门确认，该处破墙开门并未办理过相关审批手续，属违法建设行为。原告蔡天杰于2009年4月9日取得宁波市海曙区环城西路南段×号房屋产权证，现为该房屋所有权人和使用人。2009年7月13日，被告宁波市海曙区城市管理行政执法局作出海城管罚（2009）第171号《行政处罚决定书》，对原告蔡天杰作出"限被处罚人十日内自行恢复宁波市海曙区环城西路南段×号房屋南侧墙体距东侧墙体2米处原状，封堵被敲掉的墙体，面积为2.88平方米"的处罚决定。原告不服，向本院起诉。

上述事实有下列证据证明：

1. 现场检查（勘察）笔录、现场照片，证明现场违章情况的事实。

2. 见证人张国益、吴晓春的询问（调查）笔录、见证人张国益、吴晓春的身份证复印件，证明当事人违章的事实。

3. 房屋所有权证，证明该房产系原告所有的事实。

4. 宁波市海曙区城市管理行政执法局协助调查函及回执，证明该破墙开门未经审批，属违法建设行为的事实。

5. 被处罚人蔡天杰询问（调查）笔录。

6. 立面图、底层平面图影印件，证明宁波市海曙区环城西路南段×号的平面情况。

7. 工程技术联系单，证明宁波市海曙区环城西路南段×号的施工情况。

8. 调查终结报告。

9. 行政处罚告知书、送达回证。

10. 陈述、申辩材料。

11. 行政处罚决定书、送达回证。

（以上证据由被告提供。）

（四）判案理由

浙江省宁波市海曙区人民法院经审理认为：《中华人民共和国城乡规划法》第四十条第一款规定："在城市、镇规划区内进行建筑物、构筑物、道路、管线和其他工程建设的，建设单位或者个人应当向城市、县人民政府城乡规划主管部门或者省、自治区、直辖市人民政府确定的镇人民政府申请办理建设工程规划许可证"。故本案中宁波市海曙区环城西路南段×号原房屋所有权人于 2008 年 6 月擅自在该房屋南侧墙体距东侧墙体 2 米处破墙开门行为属于未取得建设工程规划许可证进行建设的行为。根据《中华人民共和国城乡规划法》第六十四条及《宁波市城市管理相对集中行政处罚权实施办法》的相关规定，被告宁波市海曙区城市管理行政执法局有权对上述违法建设行为进行处罚。本案中，原告蔡天杰虽未进行上述违法建设行为，但于 2009 年 4 月受让了该房屋，为现所有权人和使用人，也是该处罚违法建筑的使用人，且建筑物的违法状态直至被告作出行政处罚时仍持续存在，在被告查明以上事实的情况下，对原告进行处罚并无不妥。

（五）定案结论

浙江省宁波市海曙区人民法院依照《最高人民法院关于执行〈中华人民共和国行政诉讼法〉若干问题的解释》第五十六条第（四）项之规定，作出如下判决：

驳回原告蔡天杰要求撤销被告宁波市海曙区城市管理行政执法局作出的海城管罚（2009）第 171 号《行政处罚决定书》的诉讼请求。

案件受理费 50 元，由原告蔡天杰负担。

（六）解说

本案涉及两个问题：一是违法搭建行为是在 2 年后被发现的，是否应给予行政处罚；二是建筑物在原所有权人进行违法搭建后，房屋所有权发生转移，行政处罚的相对人是原所有权人还是现所有权人。

关于第一个问题，涉及行政处罚时效制度。行政处罚时效，是指对违法行为人的违反行政管理秩序的行为追究行政处罚责任的有效期限。行政处罚时效制度，则是对行政处罚给予时间限制的程序制度，这种程序制度能给违法行为人带来是否被处罚的实体法上的法律效果。《中华人民共和国行政处罚法》第二十九条规定了处罚的时效，其中，第一款规定："违法行为在二年内未被发现的，不再给予行政处罚。法律另有规定的除外。"第二款规定："前款规定的期限，从违法行为发生之日起计算；违法行为有连续或者继续状态的，从行为终了之日起计算。"这一规定包括以下几层含义：第一，在该违法行为发生后的2年内，对该违法行为有管辖权的行政机关未发现这一违反行政管理秩序的事实的，在2年后，无论在何时发现了这一违法事实，对当时的违法行为人不再给予行政处罚。第二，时效的规定期限是从违法行为发生之日起开始计算。"违法行为发生之日"是指违法行为完成或者停止之日。如，运输违禁品，在路途上用了5天时间，应当以最后一天将违禁品转交他人起开始计算追诉期限。第三，对于违法行为有连续或者继续状态的，从行为终了之日起计算。这里的"连续"状态是指违法行为人连续实施同一种违法行为，基于同一个违法故意，连续实施了数个独立的违法行为，这些违法行为触犯的是同一行政处罚规定。如某违法行为人连续多次出售损害人体健康的"豆猪肉"，这一行为违反了食品卫生法的有关规定，由于多次出售，这一违法行为就是处于"连续"状态的，对其追诉时效，就要从最后一个违法行为实施完毕时起计算，也就是从最后一次出售"豆猪肉"的时间计算，对这一连续性的违法行为给予行政处罚。这里的"继续"状态，是指行为人的一个违法行为实施后，该行为及其造成的不法状态处于不间断持续的状态。例如，强令他人违反消防安全规定冒险作业的行为，以及在城镇违反规定使用音量过大的音响器材，不听劝阻，影响周围居民的工作或者休息的行为，在其结束以前，都是有继续状态的违法行为。这些行为虽然经过的时间可能较长，但实质上只是一个行为，因此只能适用一次行政处罚。第四，对于大多数行政处罚案件来说，追究时效为2年，同时也明确规定在行政处罚时效问题上，"法律另有规定的除外"。考虑到违反行政管理秩序的违法行为十分复杂，行政违法案件又千差万别，作出这样灵活的规定有利于行政处罚的有效执行。

就本案而言，原所有权人于2008年6月的违法搭建行为本身属于一个持续性的行为，其搭建后的违法状态直至被告作出处罚决定时，仍然处于持续状态，该行为属于继续状态的违法行为。因此对于该违法搭建行为的处罚时效，应从违法搭建状态终了之日起计算，被告对于原告的处罚没有超过处罚时效。

关于第二个问题，涉及法律解释问题。法律解释的基本方法可以分为文意解释、目的解释、历史解释和体系解释四种。对法律条文的解释一般也应当从文意解释开始，如果文意解释存在不明确的情况时，再按照目的解释、历史解释、体系解释的顺序进行进一步解释。

文意解释，就是从法律的字面含义和日常含义出发来理解法律的意思。目的解释，就是不拘泥于法律文本的字面含义，而是运用一定的方法来探究法律的原意。《中华人民共和国行政处罚法》第三条规定："公民、法人或者其他组织违反行政管理秩序的行为，应当给予行政处罚的，依照本法由法律、法规或者规章规定，并由行政机关依照本法规定的程序实施。"该条规定中的"违反行政管理秩序的行为"从字面上解释，可以进行缩小解释和扩张解释。缩小解释仅仅将该行为解释为行为人积极实施了违反行政管理秩序的行为，在本案中即表现为违章搭建行为。扩张解释将积极地利用或消极对待违法行为所产生的结果也包括在内，在本案中表现为现所有权人的使用行为。

《中华人民共和国行政处罚法》第一条规定："为了规范行政处罚的设定和实施，保障和监督行政机关有效实施行政管理，维护公共利益和社会秩序，保护公民、法人或者其他组织的合法权益，根据宪法，制定本法。"根据目的解释，有关行政处罚的立法，是以维护公共利益和社会秩序，保护公民、法人或其他组织的合法利益为目的。本案中，原告作为现所有权人，因利用原所有权人违章搭建产生的结果所获得的便利本身即非法利益，依法应不属于《中华人民共和国行政处罚法》所保护的范围，也非《中华人民共和国行政处罚法》的立法目的。因此，在本案中，对《中华人民共和国行政处罚法》第三条"违反行政管理秩序的行为"适用扩张解释，即解释为不仅包括积极实施违反行政管理秩序的行为，还包括积极地利用或消极对待违法行为所产生的结果，更符合法律的原意，故本案作出驳回原告的诉讼请求的判决是正确的。

（浙江省宁波市海曙区人民法院　贾丰荣）

32. 李向巨不服哈尔滨市道外区政府房屋拆迁管理案
（房屋违法强制拆除的赔偿标准）

（一）首部

1. 判决书字号

一审判决书：黑龙江省哈尔滨市南岗区人民法院（2008）南行初字第 68 号判决书。

二审判决书：黑龙江省哈尔滨市中级人民法院（2009）哈行终字第 18 号判决书。

2. 案由：不服房屋拆迁管理。

3. 诉讼双方

原告（上诉人）：男，1947 年生，汉族，哈尔滨面粉厂退休工人。

委托代理人：沈殿连，女，1948 年生，汉族，无业。系上诉人之妻。

被告（被上诉人）：哈尔滨市道外区人民政府。

法定代表人：于沐淋，哈尔滨市道外区人民政府区长。

委托代理人：杨大勇，哈尔滨市道外区城市建设局法律顾问。

第三人：哈尔滨市道外区城市建设局。

法定代表人：库志强，哈尔滨市道外区城市建设局局长。

委托代理人：杨大勇，哈尔滨市道外区城市建设局法律顾问。

4. 审级：二审。

5. 审判机关和审判组织

一审法院：黑龙江省哈尔滨市南岗区人民法院。

合议庭组成人员：审判长：刘显军；代理审判员：姜再会；人民陪审员：战爽。

二审法院：黑龙江省哈尔滨市中级人民法院。

合议庭组成人员：审判长：吕诚；审判员：王立新；代理审判员：隋国庆。

6. 审结时间

一审审结时间：2008年11月9日。

二审审结时间：2009年4月5日。

（二）一审诉辩主张

1. 被诉具体行政行为

2005年8月21日，道外区政府以其临设机构哈尔滨市道外区拆迁指挥部的名义向李向巨送达了强制拆除通知，限李向巨2日内搬迁完毕。原告到期未搬迁，第三人于同年8月24日将李向巨的房屋强制拆除。

2. 原告诉称

被告与第三人强制拆除原告住房的行为已被法院确认违法，为此，原告请求法院判令被告赔偿原告房屋损失752 000元，房屋装修费68 800元，契税及房产交易管理所收费15 636元，住房维修金15 636元，物品损失6 700元，租房费及中介费21 810元，房屋赔偿款自2005年8月至本案执行终结止的利息，煤气管道安装费2 500元，搬家补助费1 154元，搬迁奖励5 000元，残疾人困难补助10 000元，有线电视、电话迁移费98元。被告如不同意赔偿原告房屋损失752 000元，也可赔偿原告同等条件的房屋。

3. 被告人辩称

不同意原告的诉讼请求，原告诉求的项目和数额均无法律依据，请求法院按照评估结果确定赔偿数额。

（三）一审事实和证据

黑龙江省哈尔滨市南岗区人民法院经公开审理查明：2005年7月15日，哈尔滨市房产住宅局向第三人颁发了哈房拆许字（2005）第026号房屋拆迁许可证，并于同日作出哈房拆许复字〔2005〕第026号房屋拆迁批复，准予对道外区北十八道街65号，北十九道街40号至50号，52号1至4单元，52-1号1至3单元，北新街43号至61-1号所含范围实施拆迁。原告所有的位于哈尔滨市道外区北十九道街42号1单元4层1门的房屋在上述拆迁范围内。因原告与第三人未达成拆迁补偿安置协议，2005年8月21日，被告以其临设机构哈尔滨市道外区拆迁指挥部的名义向原告送达了强制拆除通知，限原告2日内搬迁完毕，第三人于同年8月24日将原告的房屋强制拆除。2007年5月31日，原告以哈尔滨市道外区人民政府为被告，哈尔滨市道外区城市建设局为第三人向哈尔滨市道外区人民法院提起行政诉讼，请求确认被告作出的拆除通知违法并赔偿损失。2007年7月25日，哈尔滨市中级人民法院指定上述案件由南岗区人民法院审理。南岗区人民法院审理后于 2007 年 11 月 20 日作出（2007）南行初字第 99 号行政判决，确认被告 2005 年 8 月 21 日以其临设机构哈尔滨市道外区拆迁指挥部的名义对原告作出的强制拆除通知违法。原、被告对一审判决均不服，提起上诉，哈尔滨市中级人民法院再审后认为，原审法院确认拆除通知违法正确，但对原告的赔偿请求未予审理不当，并分别作出（2008）哈行终字第 54 号行政判决及（2008）哈行终字第 54-1 号行政裁定，维持了南岗区人民法院（2007）南行初字第 99 号行政判决主文确认被告 2005 年 8 月 21 日以其临设机构哈尔滨市道外区拆迁指挥部的名义对原告作出的强制拆除通知违法一项，将原告诉被告及第三人行政赔偿部分发回南岗区人民法院重审。

另查明，原告房屋的建筑面积为 115.46 平方米，动迁时估价每平方米单价 2 387 元。自 2005 年 8 月份起原告开始租房居住，每月租金 600 元，原告租房时交纳中介费 210 元。2006 年 3 月 29 日，第三人就房屋拆迁补偿问题答复原告，表示同意给付原告房屋补偿 275 603.02 元，装修补偿 20 000 元，搬家费 1 154.6 元，电话、煤气、有线电视补偿费合计 1 298 元，搬家奖励 5 000 元，以上共计 303 055.62 元。2007 年 3 月 27 日，第三人作出关于李向巨同志上访问题的处理决定，表示考虑到由于强拆给原告造成了一定的经济及精神损失，决定给予一次性补助 90 000 元。因双方未达成协议，上述答复及决定未实际履行。

再查，哈尔滨光太房地产开发有限责任公司 2005 年 7 月 17 日向上述动迁范围内的居民发放购房须知，表示被拆迁居民签订"拆迁货币补偿协议"后，如购买"道外二十道街小区"三街区 301、303、308 栋商品房，原房拆迁建筑面积享受标准价格每平方米 2 200 元的优惠，优惠时间 20 天，以上房屋楼层差价四层增加 15%。

上述事实有下列证据证明：

1. 房屋所有权证，证明房屋所有权人是原告；

2. 关于李向巨同志上访问题的处理决定，证明第三人报请被告后，决定在房屋估价基础上，另给原告一次性补助 90 000 元；

3. 关于被拆迁人李向巨房屋拆迁补偿问题的答复，证明第三人同意补偿原告 303 055.62 元；

4. 租房协议书 2 份，证明原告从 2005 年 8 月份起，租房共花去 21 600 元，并交了 210 元中介费；

5. 房地产分户估价报告书 1 份，证明原告房屋的市场价值为 275 603 元。

（四）一审判案理由

黑龙江省哈尔滨市南岗区人民法院经审理认为：被告作出的强制拆除通知已被确认违法，对因违法行为给原告造成的损失被告应予赔偿，赔偿金额应为原告因拆迁可得补偿款与房屋被强制拆除后租房的花费之和。拆迁可得补偿款参照第三人同意给付原告的拆迁补偿 303 055.62 元及一次性补助 90 000 元确定。原告的其他请求，无法律依据，不予支持。

（五）一审定案结论

黑龙江省哈尔滨市南岗区人民法院依照《中华人民共和国国家赔偿法》第四条第（四）项、第二十五条第一款、第二十八条第（七）项之规定，作出如下判决：

1. 被告哈尔滨市道外区人民政府于本判决生效后 10 日内，赔偿原告李向巨拆迁补偿款 393 055.62 元。

2. 被告哈尔滨市道外区人民政府于本判决生效后 10 日内，赔偿原告李向巨 2005年 8 月 24 日至 2008 年 8 月 23 日的租房花费 21 600 元、房屋中介费 210 元。

3. 驳回原告李向巨的其他诉讼请求。

（六）二审情况

1. 二审诉辩主张

（1）上诉人诉称

根据行政诉讼法、物权法、国家赔偿法的相关规定，应以上诉人全部实际损失的事实为依据，根据该地段商品房整套销售市场成交价格计算赔偿数额。应按私产商品房128.76 平方米按每平方米销售 4 200 元计算；加上楼层差价 20％及朝向费（24 246.60元），合计 662 025.00 元。

（2）被上诉人辩称

按 2 378 元每平方米评估作价的拆迁款当年完全可以购买新房，但上诉人始终不同意补偿结果，过错应由上诉人承担，上诉人按照房价上涨增加请求没有依据。

2. 二审事实和证据

黑龙江省哈尔滨市中级人民法院经公开审理查明：原审判决对第三人建设局提供的房地产分户估价报告书的证据采信有误。经查，在强拆期间，李向巨不同意对其房屋价格的评估结论，已书面申请复估，但强拆单位及评估机构未依建设部［2003］234 号《城市房屋拆迁估价指导意见》第二十条、第二十一条第一款的规定予以答复及复核估价。并且，道外区人民政府未及时依法给予李向巨经济补偿，至原审判决时，该估价报告所确定的价额已不足以弥补李向巨恢复原居住状况所需资金。因此，对该份证据二审不予采信。法院依法调取了哈尔滨光太房地产开发有限责任公司出具的关于道外区滨江凤凰城小区多层房屋销售价格的说明，证明该小区的多层房屋销售价格至 2008 年 11 月末为 4 000 元每平方米，四层加价 18％，阳台计算面积，不含朝向费。经庭审质证，被上诉人及第三人无异议。上诉人李向巨主张其了解的销售价不是 4 000 元每平方米，而是 4 500 元每平方米以上，但没有提供证据证明。二审对该价格说明予以采信。

对于原审判决认定的其他事实，当事人各方无异议，予以确认。

上述事实有下列证据证明：

（1）李向巨复估申请，证明原告申请过复估。

（2）关于道外区滨江凤凰城小区多层房屋销售价格的说明，证明该小区的多层房屋销售价格。

3. 二审判案理由

黑龙江省哈尔滨市中级人民法院经审理认为：（1）李向巨的原住房为其自购的商品房，被违法拆除后，其应得的住房损失赔偿数额应按能够购置与其原居住状况同类的商品房计算。作为被拆迁人，李向巨有权对房产估价结论和拆迁补偿数额提出异议，迁拆方没有依照法定方式和程序处理李向巨的异议，导致拆迁纠纷未能及时解决，对此不能归责于李向巨。此后商品房价格上涨，李向巨主张按上涨后的价格计算赔偿数额，合理合法，依法应予支持。比照同类地区、同类房屋，现阶段房屋的价格计算，以哈尔滨光太房地产开发有限责任公司出具的证明为据，李向巨的房屋建筑面积为 128.76 平方米（含阳台面积），四层按 4 000.00 元每平方米加价 18%，李向巨此项应得赔偿款合计 607 747.20 元。李向巨主张的朝向费没有法律依据，不予支持。（2）李向巨请求判令区政府赔偿原商品住房装修费用 68 800.00 元；区政府强拆时的物品损失 6 700.00 元。包括冷暖风机、水缸、电视稳压器、铁圆凳子、折叠椅、单元电子门、书籍、鞋、衣服等。经查，对李向巨的房屋装修状况，原审第三人未予委托评估作价，区政府在强拆时又未对房屋装修状况以及室内物品保全证据。现原物已灭失，不能重新评估。李向巨所提出的实际损失未超出合理范围，区政府也没有提出反驳证据，故对李向巨的请求予以支持。（3）李向巨请求判令区政府赔偿 1.5% 的商品房私产契税和 0.5% 房产住宅交易所收费，合计 12 921.30 元，赔偿商品住房维修金 2%（12 921.30 元）。契税、维修基金，不属直接损失，不属于行政赔偿范围，李向巨此项请求没有法律依据，不予支持。（4）李向巨请求判令赔付临时租房费每月 600 元×24 个月加房屋中介费用 210.00 元，合计 14 610.00 元。经查，李向巨尚未得到赔偿款，现仍租房居住。李向巨的房租支出为获得赔偿前的实际损失，应计算至赔偿义务机关实际给付赔偿款之日。原审判决赔偿 24 个月的房租损失不足，应予调整。（5）李向巨请求判令区政府赔偿其他款项，包括煤气管道费 2 500.00 元，搬家补助费 1 154.00 元，搬迁补助（奖励）5 000.00 元，残疾人困难补助 1 万元，有线电视迁移、电话迁移费计 98.00 元，合计 18 752.00 元。煤气建设安装费、搬家补助费、残疾人补助费，有线电视、电话迁移费，属于补偿拆迁应得的范围，亦应当计入本案赔偿范围。但关于提前搬迁的奖励费，因李向巨未与拆迁人达成补偿协议，并拒绝搬迁，故对李向巨索要该项奖励费的请求不予支持。（6）李向巨请求判令区政府赔偿应得房屋补偿款的利息损失。李向巨请求赔偿的利息不属于直接损失，且不属于行政赔偿的范围，此项请求不予支持。

4. 二审定案结论

黑龙江省哈尔滨市中级人民法院依照《中华人民共和国国家赔偿法》第四条第（四）项、第二十五条第一款、第二十八条 第（七）项，《最高人民法院关于审理行政赔偿案件若干问题的规定》第三十二条、第三十三条，《中华人民共和国行政诉讼法》第六十一条第（二）项、第六十一条第（三）项的规定，作出如下判决：

（1）撤销南岗区人民法院（2008）南行初字第 68 号行政赔偿判决第一、二项。

（2）维持南岗区人民法院（2008）南行初字第 68 号行政赔偿判决第三项。

（3）道外区人民政府赔偿李向巨房屋损失款计 607 747.20 元。

（4）道外区人民政府赔偿李向巨房屋装修款及其他实际损失计 75 500.00 元。

（5）道外区人民政府赔偿李向巨租房费按每月 600.00 元计算，自 2005 年 8 月 5 日起至给付之日止，及中介费 210.00 元。

（6）道外区人民政府赔偿李向巨煤气管道费、搬家补助费、残疾人补助费、有线电视、电话迁移费，计 13 752.00 元。

（7）以上第三、四、五、六项赔偿款，由道外区人民政府在本判决生效后 30 日内给付李向巨。

（七）解说

房价上涨后，行政机关应参照违法行为发生时的房价确定赔偿金额，还是应参照房价上涨后同类房屋重置价格确定赔偿金额？

一种意见认为：房价上涨后，也应参照违法行为发生时的房价确定赔偿金额。理由如下：第一，原告房屋位于道外区十九道街，动迁时拆迁人每平方米拟补偿 2 387.00 元。同时，哈尔滨光太房地产开发公司表示被拆迁人购买道外二十道街小区商品房享受每平方米 2 200.00 元优惠，尽管楼层差价四层加价 15%，但加价后每平方米仅为 2 530.00 元，仅比每平方米补偿款高 143 元，原告完全可用补偿款在相同地段重新购置商品房。原告之所以拒绝签订拆迁补偿安置协议并要求复估，根本意图是在本已合理的补偿数额之上谋取更高利益。如果房价上涨后，参考房价上涨后同类房屋价格确定赔偿金额，其他被拆迁人也会效仿原告即使对其给予合理补偿仍拒签补偿安置协议以谋求更高利益，这样会严重影响旧城改造的效率。第二，在补偿款数额合理情况下，原告不仅拒绝接受，而且未积极采取措施避免损失扩大，反而坐视房价上涨，导致损失几乎扩大一倍，对此原告具有过错，据此，对于损失扩大部分，原告应自行承担。第三，1994年《中华人民共和国国家赔偿法》第二十八条第（七）项规定："对财产权造成其他损害的，按照直接损失给予赔偿。"拆除房屋时，原告的直接损失与拆迁补偿大体相当，不应包含损失扩大部分。

另一种意见认为：房价上涨后，应参考房价上涨后同类房屋重置价格确定赔偿金额。理由如下：第一，在日常生活中，评判某种商品的价格是否合理，并非是绝对客观的，往往掺杂着复杂的主观心理因素。尤其对于作为普通百姓财富主要构成部分的房产价格，在众多被拆迁人与拆迁人中当然难以形成绝对统一的认识，任何一方均有通过合法途径维护自身主张的权利。关于确保补偿公平与提高拆迁效率的平衡问题，涉及拆迁工作的多部法律规范对此均进行了相关的制度设计，如《城市房屋拆迁管理条例》的第十五、十六、十七条，《城市房屋拆迁工作规程》的第十四、十五条，均是侧重提高拆迁效率。相应地，保障公平的制度设计也不可缺少，复估、裁决要求即是这方面的体现。因此，允许被拆迁人申请复估是公平与效率平衡后的结果，不能随意摒弃。第二，认定原告对于损失的扩大具有过错需要具备两个前提：首先，原告能够准确、肯定地预见到房价在此期间会迅速上涨。显然，这个基础性要求就是极为苛刻的。其次，即使原告能够预见到房价上涨，他也要有足够充足的财力来购买住房。在区政府实施违法拆除行为后，继续要求被拆迁人完成上述两项自助行为是不合理的，完全打破了行政主体与行政相对人权利义务关系的平衡，给行政相对人施加了过重的义务。第三，《中华人民共和国国家赔偿法》关于"直接损失"的规定过于原则，反映到具体案例中，由于诉讼程序历时较长，结合物价的波动，结合同一物品在不同时间段使用价值的变化，对于如何确定直接损失往往争议较大。笔者认为我国有关拆迁行为的法律规范，其立法目的在于规范拆迁、维护被拆迁人利益，基于此，违法拆迁案件中的被拆迁人的直接损失应依据重置房屋所需费用来确定，否则，就会出现积极维权反而损失会加剧、违法拆迁反而代价减小的不当局面。

二审判决采纳了第二种意见，认为：针对李向巨原房屋及损失的客观情况，拆迁时的评估报告已经不能满足其赔偿请求。原审法院确认道外区人民政府赔偿李向巨的实际损失金额过低，不足以弥补李向巨被拆迁房屋的实际损失。应根据李向巨在原审法院提起行政诉讼时的请求及应得的各项补偿的标准，按现行市场价格计算实际损失的金额。

（黑龙江省哈尔滨市中级人民法院　于志远）

33. 高耀荣不服溧阳市建设局城市房屋拆迁行政裁决案 （特殊群体的利益保护）

（一）首部

1. 判决书字号：江苏省溧阳市人民法院（2009）溧行初字第4号判决书。
2. 案由：城市房屋拆迁行政裁决。
3. 诉讼双方

原告：高耀荣。

委托代理人：黄之千，江苏怀德律师事务所律师。

委托代理人：许国英，系原告妻子。

被告：溧阳市建设局。

法定代表人：蒋丰年，该局局长。

委托代理人：史俊，江苏立洋律师事务所律师。

委托代理人：姜欣佩，溧阳市建设局干部。

第三人：溧阳市土地收购储备中心。

法定代表人：王富康，该中心主任。

委托代理人：彭建军，溧阳市天丰房屋拆迁有限公司职工。

4. 审级：一审。

5. 审判机关和审判组织

审判机关：江苏省溧阳市人民法院。

合议庭组成人员：审判长：秦强；审判员：杨福根、邵小秋。

6. 审结时间：2009 年 3 月 23 日。

（二）诉辩主张

1. 被诉具体行政行为

被告溧阳市建设局根据拆迁人溧阳市土地收购储备中心的行政裁决申请，依照国务院《城市房屋拆迁管理条例》第十六条、第十七条、第二十二条、第二十三条、第二十四条、第二十五条、第二十八条、第三十一条之规定，作出了溧建裁字（2008）第 119 号城市房屋拆迁行政裁决书，裁决内容为：（1）溧阳市土地收购储备中心对高耀荣实行产权调换的方式给予拆迁补偿安置。1）产权调换的房屋位于溧阳市龙阳山庄 16 幢 1 号门 501 室，建筑面积为 121.77 平方米，产权归高耀荣所有；2）溧阳市土地收购储备中心需向高耀荣支付被拆迁房屋补偿款人民币 280 858 元；3）高耀荣需向溧阳市土地收购储备中心支付产权调换房屋价款人民币 297 365 元；4）高耀荣应按本裁决书第 2）、3）项的内容与溧阳市土地收购储备中心结清产权调换差价款合计人民币 16 807 元。（2）电话移机、有线电视安（移）装、空调机移位、太阳能移机等补助费由溧阳市土地收购储备中心凭高耀荣提供的发票据实足额补偿给高耀荣。（3）高耀荣在接到本裁决书之日起 15 日内将坐落于溧城镇立新村 71 号（原 66 号）房屋腾空并交于溧阳市土地收购储备中心拆除。

2. 原告诉称

被告所作的溧建裁字（2008）第 119 号城市房屋拆迁行政裁决书所依据的评估报告和拆迁补偿安置方案程序、实体均不合法，不具有法律效力。原告已经 82 岁，将原告安置在龙阳山庄的五楼，极不合理。原告住宅的土地使用权是通过支付土地出让金受让而来的，不能将原告的土地使用权无偿征收。为此，请求撤销被告作出的溧建裁字（2008）第 119 号城市房屋拆迁行政裁决书。

3. 被告辩称

裁决所依据的评估报告合法有效，裁决书确定的安置补偿正当合理，拆迁人具有合法的土地使用权。综上，请求驳回原告的诉讼请求。

4. 第三人述称

同意被告方意见。

（三）事实和证据

江苏省溧阳市人民法院经公开审理查明：第三人溧阳市土地收购储备中心于 2006 年 3 月 17 日领取了溧拆许字（2006）第 001 号房屋拆迁许可证。2007 年 3 月 15 日和 2008 年 3 月 15 日被告两次向第三人颁发城市房屋拆迁项目延期许可证，将房屋拆迁期限延期至 2009 年 3 月 20 日。2006 年 3 月 20 日，第三人发布了关于选择房屋拆迁评估机构的公告。2006 年 4 月 18 日，第三人委托溧阳市天丰房屋拆迁有限公司对拆迁范围内的部分地块房屋实施拆迁。原告的房屋位于拆迁范围内。2008 年 4 月 16 日，溧阳市天目房地产评估咨询有限公司对原告的房屋作出了评估报告，该评估报告以及第三人对原告的安置方案于 2008 年 9 月 5 日向原告送达。因原告与第三人未达成房屋拆迁补偿安置协议，第三人向被告提出行政裁决申请，被告于 2008 年 10 月 4 日受理了第三人的裁决申请，并于次日向各方当事人发出了裁决受理通知书、裁决申请书副本、答辩通知书、调解通知书、选择拆迁补偿方式通知书，书面告知了当事人的相关权利和义务。2008 年 10 月 10 日，被告就房屋拆迁安置问题召开了调解会，原告没有出席。被告对有关证据和安置方案进行了审核。2008 年 10 月 29 日，被告向原告送达了溧建裁字（2008）第 119 号城市房屋拆迁行政裁决书。原告对该裁决不服诉至本院，请求撤销该拆迁裁决书。

上述事实有下列证据证明：

1. 溧拆许字（2006）第 001 号房屋拆迁许可证、延期许可证及城市房屋拆迁公告，证明拆迁行为的合法性。

2. 选择评估机构公告、原告房屋的评估报告、安置房屋的评估报告、拆迁安置补偿方案及相关送达回证、裁决申请书，证明被告受理裁决申请符合相关规定。

3. 裁决立案决定书、答辩通知书、调解通知书、调解笔录、选择拆迁补偿方式通知书、裁决请示、拆迁行政裁决书及送达回证，证明被告作出的裁决符合相关规定。

（四）判案理由

江苏省溧阳市人民法院经审理认为：根据国务院《城市房屋拆迁管理条例》第十六条规定，拆迁人与被拆迁人达不成拆迁补偿安置协议的，经当事人申请，由房屋拆迁管理部门裁决。被告溧阳市建设局是本市城市房屋拆迁的行政主管部门，有权对本案房屋拆迁补偿安置争议进行裁决。第三人溧阳市土地收购储备中心已取得了房屋拆迁许可证，成为拆迁人，原告高耀荣的房屋在拆迁范围内。被告在第三人与原告达不成拆迁补偿安置协议的情况下，受理第三人的裁决申请并作出裁决，其裁决的程序符合相关规定。根据《中华人民共和国老年人权益保障法》相关规定，新建或者改造城镇公共设施、居民区和住宅，应当考虑老年人的特殊需要，建设适合老年人生活和活动的配套设施。本案中，被告在拆迁裁决过程中，没有考虑到原告年事已高且身患疾病的特殊情况，在裁决安置房时将原告安置在多层住宅楼的第五层，该裁决的结果将给原告的生活带来不便。基于此，被告作出的行政裁决应予撤销。

（五）定案结论

江苏省溧阳市人民法院依照《中华人民共和国行政诉讼法》第五十四条第（二）项第二目的规定，作出如下判决：

撤销被告溧阳市建设局作出的溧建裁字（2008）第119号城市房屋拆迁行政裁决书。

案件受理费50元，由被告溧阳市建设局负担。

（六）解说

本案的焦点问题是裁决书中确定的将原告安置在多层住宅楼的第五层的安置方案是否合法。对于该问题存在两种不同的意见：

一种意见认为，该安置方案合法性不存在问题，仅存在合理性问题。理由如下：对于被诉具体行政行为是否合法，只能对照与之直接关联的法律、法规、行政规章的规定进行审查。国务院《城市房屋拆迁管理条例》中，对安置房屋的相关问题未作出明确规定，仅规定了拆迁补偿安置的方式可以实行货币补偿，也可以实行房屋产权调换。《江苏省城市房屋拆迁管理条例》中明确规定，拆迁人应当提供符合国家质量安全标准的房屋用于拆迁安置。因此，只要拆迁人提供的安置房屋符合国家质量安全标准，将原告安置在多层住宅楼的第五层的安置方案并不违法。该安置方案没有考虑到原告年事已高且身患疾病的特殊情况，将原告安置在没有电梯的多层住宅的五楼，给原告的生活带来不便，安置方案存在合理性问题。但是，根据《中华人民共和国行政诉讼法》和《最高人民法院关于执行〈中华人民共和国行政诉讼法〉若干问题的解释》的相关规定，行政诉讼只对具体行政行为的合法性进行审查，不对其合理性进行审查，被诉具体行政行为合法但存在合理性问题的，人民法院应当驳回原告的诉讼请求。因此，本案不能因为安置方案存在合理性的问题，而撤销行政裁决书，应当驳回原告的诉讼请求。

另一种意见认为，该安置方案存在的问题，不是合理性问题，而是合法性问题，安置方案不合法。理由如下：对具体行政行为进行合法性审查，是我国行政诉讼法的基本原则，在通常情况下，对具体行政行为进行合法性审查，是应该对照与之直接关联的法律、法规、行政规章的规定。但是，对于涉及特殊群体利益的具体行政行为进行审查时，不仅应审查该具体行政行为是否符合与之直接关联的法律、法规、行政规章的规定，而且应该审查该具体行政行为是否符合保护特殊群体利益的特别法的规定，只有这样才能最大限度地保护特殊群体的利益。《中华人民共和国老年人权益保障法》第三十条规定：新建或者改造城镇公共设施、居民区和住宅，应当考虑老年人的特殊需要，建设符合老年人生活和活动的配套设施。《老年人建筑设计规范》（建标〔1991〕131号）第4.1.4项规定：老年人建筑层数宜为三层及三层以下，四层及四层以上应设电梯。上述相关规定应理解为对老年人进行安置时对安置房屋的特别规定，裁决书确定的安置方案不符合特别规定，所以安置方案不合法。基于此，被告作出的行政裁决应予撤销。

一审判决采纳了第二种意见。取舍的理由是：对于涉及特殊群体利益的具体行政行为进行合法性审查时，不仅应审查该具体行政行为是否符合与之直接关联的法律、法规、行政规章的规定，而且应该审查该具体行政行为是否符合保护特殊群体利益的特别法的规定，只有这样才能最大限度地保护特殊群体的利益。本案中，被告裁决书中确定的将原告安置在多层住宅楼的第五层的安置方案，并不违反拆迁法律、法规的一般性规定，如果不考虑保护特殊群体利益的特别法的规定，驳回原告的诉讼请求的话，结果必将给年事已高且身患疾病的原告的生活带来极大的不便，影响到原告的生活质量。在适用与具体行政行为直接相关的法律、法规、行政规章的规定不能有效地保护特殊群体利益时，一审法院从保护特殊群体利益的特别法的规定考虑，认定安置方案不符合特别法的规定，判决撤销行政裁决是正确的。

（江苏省溧阳市人民法院　秦强）

六、社会保障案件

34. 张月萍诉新疆维吾尔自治区社会保险管理局
劳动和社会保障行政给付案
（工伤补偿与赔偿）

（一）首部

1. 判决书字号

一审判决书：新疆维吾尔自治区乌鲁木齐市天山区人民法院（2009）天行初字第8号判决书。

二审判决书：新疆维吾尔自治区乌鲁木齐市中级人民法院（2009）乌中行终字第108号判决书。

2. 案由：劳动和社会保障行政给付。

3. 诉讼双方

原告（被上诉人）：张月萍，女，汉族，乌鲁木齐县粮油加工厂下岗职工，住乌鲁木齐市友好北路。

委托代理人：靳万山，新疆北方律师事务所律师。

委托代理人：闫经斌，新疆北方律师事务所律师。

被告（上诉人）：新疆维吾尔自治区社会保险管理局（下称社会保险管理局），住所地：乌鲁木齐市和平南路。

法定代表人：杨勇，社会保险管理局局长。

委托代理人：樊爱银，男，汉族，社会保险管理局自治区级机关事业单位社会保险基金管理中心副主任，住乌鲁木齐市团结路。

委托代理人：魏俊成，男，汉族，新疆维吾尔自治区劳动和社会保障厅主任科员，住乌鲁木齐市北京南路。

4. 审级：二审。

5. 审判机关和审判组织

一审法院：新疆维吾尔自治区乌鲁木齐市天山区人民法院。

合议庭组成人员：审判长：郑荣；审判员：吴向红；人民陪审员：全新奇。

二审法院：新疆维吾尔自治区乌鲁木齐市中级人民法院。

合议庭组成人员：审判长：张炳蔚；审判员：姜述群；代理审判员：杜琼。

6. 审结时间

一审审结时间：2009 年 6 月 4 日。

二审审结时间：2009 年 9 月 15 日。

（二）一审诉辩主张

1. 被诉具体行政行为

被告社会保险管理局根据《新疆维吾尔自治区劳动和社会保障厅关于工伤保险几个有关问题的处理意见》的通知（新劳社字〔2004〕67 号）第六条之规定，于 2009 年 1 月 15 日作出"关于地矿局新闻中心工亡职工苗青工伤保险待遇支付有关问题的函"，赔付工亡职工苗青工伤保险待遇共计 0.00 元。

2. 原告诉称

2008 年 2 月 26 日 13 时 50 分许，我的丈夫苗青（原系地矿局新闻中心职工）被珍宝巴士公司新 A－52856 号 917 路公交车碰撞致伤，后经医院抢救无效死亡。2008 年 4 月 15 日经自治区劳动和社会保障厅（2008）劳工伤认定决定：苗青同志为工亡。根据《工伤保险条例》第三十七条之规定，被告社会保险管理局应当支付苗青工亡待遇。现请求法院依法撤销被告于 2009 年 1 月 15 日作出的"关于地矿局新闻中心工亡职工苗青工伤保险待遇支付有关问题的函"，并由被告承担本案诉讼费。

3. 被告辩称

我局适用依据正确，程序合法。对于受工伤（亡）职工的待遇赔付办法和标准，应当按照国务院《工伤保险条例》及自治区的有关规定执行。新疆地矿局新闻中心职工苗青于 2008 年 2 月 26 日因遭遇车祸身亡，经自治区劳动和社会保障厅工伤处依据《工伤保险条例》有关规定认定为工伤。根据《新疆维吾尔自治区劳动和社会保障厅关于工伤保险几个有关问题的处理意见》的通知（新劳社字〔2004〕67 号）第六条之规定，"在国家没有新规定之前，参加工伤保险的职工因交通事故引起的工伤，应当先按照《道路交通安全法》和相关事故处理规定处理。处理后其赔偿低于工伤保险待遇的，由工伤保险基金补足差额"。由于苗青遭遇车祸身亡后，肇事单位已经根据乌鲁木齐市沙依巴克区人民法院（2008）沙民一初字第 2076 号民事调解书，赔偿张月萍、苗蔚 24.4 万元，赔偿金额已经超过其工亡后应当享受的工伤保险待遇赔付标准（依据《工伤保险条例》应当赔偿 103 136 元，其中：医疗费 428 元，一次性工亡补助金 91 296 元，丧葬费 11 412 元），因此我局于 2009 年 1 月 15 日作出的"关于地矿局新闻中心工亡职工苗青工伤保险待遇支付有关问题的函"的决定，政策依据清楚，程序合法，请予以维持。

（三）一审事实和证据

新疆维吾尔自治区乌鲁木齐市天山区人民法院经公开审理查明：原告张月萍系自治区地矿局新闻中心原职工苗青的妻子。2008 年 2 月 26 日 13 时 50 分许，苗青被乌鲁木齐市珍宝巴士有限公司新 A－52856 号 917 路公交车碰撞致伤，后经医院抢救无效死亡。2008 年 4 月 15 日经新疆维吾尔自治区劳动和社会保障厅认定苗青为工亡。2008 年 7 月 10 日，乌鲁木齐市沙依巴克区人民法院作出（2008）沙民一初字第 2076 号民事调解书，确认肇事单位向张月萍及其子女苗蔚支付死亡赔偿金、丧葬费、误工费、交通费、医疗费、精神损害赔偿金共计 244 170.87 元。被告社会保险管理局于 2009 年 1 月 15 日作出"关于地矿局新闻中心工亡职工苗青工伤保险待遇支付有关问题的函"，内容是：新疆地矿局新闻中心：你中心职工苗青 2008 年 2 月 26 日因车辆肇事造成死亡，其赔偿已按《交通事故处理办法》由肇事单位给予赔付。肇事单位向张月萍（苗青之妻）、苗蔚（苗青、张月萍之女）赔偿死亡赔偿金、丧葬费、误工费、交通费、医疗费、精神损害赔偿费共计 244 170.87 元。根据《新疆维吾尔自治区劳动和社会保障厅关于工伤保险几个有关问题的处理意见》的通知（新劳社字［2004］67 号）第六条之规定，"在国家没有新规定之前，参加工伤保险的职工因交通事故引起的工伤，应当先按照《道路交通安全法》和相关事故处理规定处理。处理后其赔偿低于工伤保险待遇的，由工伤保险基金补足差额。"赔付你中心工亡职工苗青工伤保险待遇共计 0.00 元。

上述事实有下列证据证明：

1. 劳工伤认（2008）28 号工伤认定书，证明 2008 年 4 月 15 日经新疆维吾尔自治区劳动和社会保障厅认定苗青为工亡。

2.（2008）沙民一初字第 2076 号民事调解书，证明 2008 年 2 月 26 日 13 时 50 分许，苗青被乌鲁木齐市珍宝巴士有限公司新 A－52856 号 917 路公交车碰撞致伤，后经医院抢救无效死亡。肇事单位向张月萍及其子女苗蔚支付死亡赔偿金、丧葬费、误工费、交通费、医疗费、精神损害赔偿金共计 244 170.87 元。

3.《新疆维吾尔自治区劳动和社会保障厅关于工伤保险几个有关问题的处理意见》的通知（新劳社字［2004］67 号）第六条规定："在国家没有新规定之前，参加工伤保险的职工因交通事故引起的工伤，应当先按照《道路交通安全法》和相关事故处理规定处理。处理后其赔偿低于工伤保险待遇的，由工伤保险基金补足差额。"

（四）一审判案理由

新疆维吾尔自治区乌鲁木齐市天山区人民法院经审理认为：工伤保险待遇是职工在与用人单位建立劳动关系之后依法享有的待遇，是国家对于劳动者权利的强制保护。职工受伤或死亡经有关部门确认为工伤、工亡的有权向工伤保险机构主张其工伤保险待遇赔偿。职工因第三人原因造成工伤、工亡而向第三人主张的民事赔偿请求是基于侵权法律关系，其与工伤待遇赔偿请求权不发生竞合。在最高人民法院"关于因第三人造成工伤的职工或其亲属在获得民事赔偿后是否还可以获得工伤保险补偿问题的答复"中明确规定："因第三人造成工伤的职工或其近亲属，从第三人处获得民事赔偿后，可以依照《工伤保险条例》第三十七条的规定，向工伤保险机构申请工伤保险待遇补偿。"故被告社会保险管理局的"关于地矿局新闻中心工亡职工苗青工伤保险待遇支付有关问题的函"，不符合上述规定，其作出的具体行政行为属适用法律、法规错误，本院应予撤销。

（五）一审定案结论

新疆维吾尔自治区乌鲁木齐市天山区人民法院依照《中华人民共和国行政诉讼法》第五十四条第（二）项第二目之规定，作出如下判决：

撤销被告社会保险管理局于 2009 年 1 月 15 日作出的"关于地矿局新闻中心工亡职工苗青工伤保险待遇支付有关问题的函"，限被告社会保险管理局于本判决生效之日起 1 个月内重新作出具体行政行为。

案件受理费 50 元（原告张月萍已预交），邮寄送达费 20 元（原告张月萍已预交），由被告社会保险管理局负担。

（六）二审情况

1. 二审诉辩主张

（1）上诉人诉称

《新疆维吾尔自治区劳动和社会保障厅关于工伤保险几个有关问题的处理意见》的通知（新劳社字〔2004〕67 号）没有被废止，我局必须执行。况且上述文件的规定与目前国际、国内对因交通事故引发工伤事故的处理是相一致的，即不实行双重赔付，采取补差赔付的办法。最高人民法院"关于因第三人造成工伤的职工或其亲属在获得民事赔偿后是否还可以获得工伤保险补偿问题的答复"下发时，原劳动和社会保障部《企业职工工伤保险试行办法》的通知（劳部发〔1996〕266 号）仍然有效，其内容与该办法相悖，不能作为处理本案的依据。故请求二审法院撤销原判，维持我局 2009 年 1 月 15 日作出的"关于地矿局新闻中心工亡职工苗青工伤保险待遇支付有关问题的函"。

（2）被上诉人辩称

原审判决认定事实清楚，适用法律正确，请求二审法院维持原判。

2. 二审事实和证据

新疆维吾尔自治区乌鲁木齐市中级人民法院经审理，查明的事实与一审法院查明的事实相同。

3. 二审判案理由

新疆维吾尔自治区乌鲁木齐市中级人民法院经审理认为：社会保险管理局依法具有核定工伤职工工伤保险待遇的行政职权。按照《工伤保险条例》的规定，职工被认定为工伤（亡）即可享受工伤保险待遇。苗青经新疆维吾尔自治区劳动和社会保障厅认定为工亡，对于由工伤保险基金支付的工伤保险待遇，社会保险管理局应当依照《工伤保险条例》的相关规定进行核定并予以支付。社会保险管理局以苗青因交通事故引发工伤，已由肇事单位给予赔付，工伤保险基金只补足差额为由，作出不予支付工亡职工苗青工伤保险待遇的具体行政行为，即"关于地矿局新闻中心工亡职工苗青工伤保险待遇支付有关问题的函"，不符合《工伤保险条例》的规定，属适用法律错误，应予撤销。社会保险管理局的上诉理由不能成立，其请求本院不予支持。原审判决处理正确，应予维持。

4. 二审定案结论

新疆维吾尔自治区乌鲁木齐市中级人民法院依照《中华人民共和国行政诉讼法》第六十一条第一款第（一）项之规定，作出如下判决：

驳回上诉，维持原判。

二审案件受理费 50 元，由上诉人社会保险管理局负担（已付）。

（七）解说

职工因用人单位以外的第三人侵权受到人身损害同时又构成工伤的，职工在获得民事赔偿之后，又向劳动保障部门申请工伤保险待遇补偿的，能否得到支持？对该问题如何处理，我国法律目前没有明确的规定，实践中劳动保障部门与审判机关就该问题的处理也往往不一致，这直接影响了法律的效果。

劳动保障部门在处理这种情况时一般不支持工伤职工在获得民事赔偿之后，再主张工伤保险待遇，但是在司法审判实践中，法院对于工伤职工向侵权人主张人身损害赔偿之后，又向劳动保障部门申请工伤保险待遇补偿的，予以支持。主要原因有以下几方面：（1）二者法律关系不同。工伤职工主张人身损害赔偿是基于侵权人的加害行为，侵权人应当对其造成的结果承担赔偿责任。工伤职工向劳动保障部门申请工伤保险补偿是基于职工参与缴纳工伤保险而得主张的医疗救治和经济补偿。侵权赔偿责任属于民事法律范畴，工伤保险补偿属于社会法范畴，即便二者存在法律的竞合，也是两个不同部门法的竞合，二者并行不悖，工伤保险并不免除侵权人的侵权责任。（2）有相应的司法解释或者答复。最高人民法院《关于审理人身损害赔偿案件适用法律若干问题的解释》第十二条"因用人单位以外的第三人侵权造成的劳动者人身损害，赔偿权利人请求第三人承担民事赔偿责任的，人民法院应予支持"的规定，认可了工伤职工因为用人单位以外的第三人侵权造成人身损害的，既可获得工伤保险待遇又可向侵权人主张人身损害赔偿。最高人民法院就该司法解释进行阐明时明确，如果工伤职工的工伤是由除用人单位以外的第三人侵权造成的，第三人不免除民事赔偿责任。在最高人民法院（2006）行他字第 12 号"关于因第三人造成工伤的职工或其亲属在获得民事赔偿后是否还可以获得工伤保险补偿问题的答复"中明确规定："因第三人造成工伤的职工或其近亲属，从第三人处获得民事赔偿后，可以依照《工伤保险条例》第三十七条的规定，向工伤保险机构申请工伤保险待遇补偿。"以上解释和答复成为实践中处理该问题的法律依据。

这里存在的问题是这种"兼得式"会产生不公平。同样都是工伤职工，同样受到侵权损害，只是侵权的主体不同，能够主张并获得的费用差别明显。如果侵权人是除本单位以外的第三人，那么职工是可以同时获得人身损害赔偿以及工伤保险补偿的。如果侵权人是本单位，由安全生产事故造成或者是职业病的，可以依据《中华人民共和国安全生产法》第四十八条或者《中华人民共和国职业病防治法》第五十二条的特别法规定，在依法享受工伤保险待遇后依据民事法律向本单位主张未获得全部补偿的部分。否则只能获得工伤保险待遇。

希望今后能从立法层面上解决这一问题，学习参考并适当地吸收国外社会保险相关的法律规定，在制定或修改我国社会保险法律时予以明确我国的社会保险补偿应当采取的方式，尽量协调处理好工伤保险补偿与民事赔偿的关系。

（新疆维吾尔自治区乌鲁木齐市天山区人民法院　吴向红）

35. 上海陆仕食品有限公司无锡分公司不服无锡市劳动和社会保障局劳动和社会保障行政确认案
（工伤认定）

（一）首部

1. 判决书字号

一审判决书：江苏省无锡市南长区人民法院（2009）南行初字第 13 号判决书。

二审判决书：江苏省无锡市中级人民法院（2009）锡行终字第 0037 号判决书。

2. 案由：劳动和社会保障行政确认。

3. 诉讼双方

原告（上诉人）：上海陆仕食品有限公司无锡分公司（以下简称陆仕无锡公司），住所地：无锡市锡山区东亭镇凤威路。

负责人：周美君，女，该分公司经理。

委托代理人（一、二审）：潘银乔，无锡市华宇法律服务所法律工作者。

委托代理人（一审）：汤顺耀，上海陆仕食品有限公司副总经理。

被告（被上诉人）：无锡市劳动和社会保障局（以下简称市劳动局），住所地：无锡市南苑新村 16 号。

法定代表人：张立军，男，该局局长。

委托代理人（一、二审）：邢瑞莱、张伟，均为该局干部。

第三人（被上诉人）：周成法，男，汉族，淮安市人，住江苏省淮安市楚州区苏嘴镇。

委托代理人（一、二审）：顾坚、张静华，均为无锡市新区长江法律服务所法律工作者。

4. 审级：二审。

5. 审判机关和审判组织

一审法院：江苏省无锡市南长区人民法院。

合议庭组成人员：审判长：刘一刚；审判员：秦秋云；人民陪审员：许骁妍。

二审法院：江苏省无锡市中级人民法院。

合议庭组成人员：审判长：张学雁；代理审判员：王强、严琳。

6. 审结时间

一审审结时间：2009 年 4 月 23 日。

二审审结时间：2009 年 7 月 20 日。

（二）一审诉辩主张

1. 被诉具体行政行为

被告市劳动局于 2008 年 11 月 24 日依据工伤认定程序作出锡劳工伤认（2008）第 4082 号工伤认定决定，认定陆仕无锡公司职工周××，于 2007 年 11 月 2 日 2 时 25 分许，在上班途中，遭受机动车事故伤害，当场死亡。根据《工伤保险条例》第十四条第（六）项规定，决定将周××在上述时间、地点受到的伤害造成的死亡，认定为工伤。

2. 原告诉称

（1）周××从 2007 年 9 月 28 日至 2007 年 10 月 30 日在陆仕无锡公司工作期间，其上下班路线始终是陆仕无锡公司仓库至员工宿舍。这条上下班路线的客观事实，不应当因 2007 年 11 月 2 日周××遭到车祸伤害，而变更为其租住地上海浦东新区川沙镇八灶村赵家宅至陆仕无锡公司住所地之间，周××从上海回无锡，不是上下班途中，而是探亲回家途中。

（2）周××在陆仕无锡公司工作期间，其上班时间始终是晚上 10 时至次日凌晨，每天工作四至六小时，而周××遭受车祸伤害死亡的时间是凌晨 2 时 25 分许，车祸发生时间与其应当到公司上班时间毫无关联。

（3）周××在 2007 年 10 月 31 日下午 5 时 30 分擅自离开陆仕无锡公司，且去向不明，属于旷工一天，其死亡是在原告公司仓库其他工作人员均到岗 4 小时后发生，不存在"工作间隙"。所谓"生活常理的理由"并不是工伤认定的法定依据，故车祸与陆仕无锡公司的工作时间、工作区域及生产过程的各项工作毫无关联。

（4）周××遭受车祸死亡的原因是：其搭乘的上海浦东六团交通运输公司（以下简称上海六团交运公司）张祖民驾驶的沪 AR 1686 中型厢式货车在沪宁高速公路上与苏 DE137 号重型普通货车相撞。张祖民驾驶的车辆与上海陆仕食品有限公司只是"运输合同关系"，即由后者为前者运送货物，且该两个公司均未指派周××搭乘该车。由此可见，周××搭乘该车返回无锡是以私利为目的的个人行为，而非职务行为。

（5）周××遭遇交通事故死亡后，工伤申请人在"工伤认定申请表"中称"陆仕无锡公司其他仓库人员不懂货和发货程序，周××必须搭乘张祖民车辆回无锡"不属实，事实上，陆仕无锡公司仓库除周××外，还有三名接货、分货、发货人员。

综上，被告作出的《工伤认定决定书》和无锡市人民政府所作的《行政复议决定书》，事实不清，证据不足，认定错误。现请求法院判决撤销市劳动局所作出的《工伤认定决定书》。

3. 被告辩称

2008年9月23日，周××的父亲周成法向我局提出工伤认定申请，要求认定周××于2007年11月2日发生的交通事故为工伤。我局审查材料后，按规定于同日受理了周××的工伤认定申请。受理后，我局向用人单位陆仕无锡公司发出了举证通知，该公司在规定时间内进行了举证。比对各方举证材料，结合民事证据规则，我局核实确认以下事实：周××在陆仕无锡公司担任仓库负责人，主要从事夜间工作，工作的作息时间不固定，负责从上海发往无锡的货物的验收和财务核对等。周××家庭在上海，工作地在无锡，在上海有常住地。2007年11月2日2时25分许，周××搭乘为陆仕无锡公司送货的上海六团交运公司 AR 1686 号货车，从上海出发前往陆仕无锡公司验收货物，途中发生事故，当场死亡。周××发生事故的时间、地点，属于其合理的上班时间和合理的上班途中。2008年11月24日，我局根据《工伤保险条例》第十四条第（六）项职工"在上下班途中，受到机动车事故伤害的"，应当认定为工伤之规定，决定周××在上述时间、地点受到的伤害，认定为工伤。原告认为，周××的上下班路线始终是在陆仕无锡公司仓库至员工宿舍。这一观点，并无法律的支持，也不符合人之常理。员工宿舍固然是员工下班后休息的居所，但并不能因为有员工宿舍就剥夺员工回家的权利。周××的家庭、妻儿在上海，周××利用其作息时间不固定，白天不上班回上海，晚上搭便车回单位，具有生活和常情的合理性。原告还认为，周××搭乘送货车，是其个人行为，是为私利，而非职务行为。被告认为一个职工乘坐何种交通工具上班，属个人私权范围，不需要用人单位指派或者征得用人单位的同意，法无禁止即自由。因此，原告的这一观点也不能成立。关于事发当晚，周××是否旷工？首先，旷工或迟到并不影响工伤的认定，这只是违反单位规章制度。其次，公司负责人周美君及其他人证实，事发当晚无锡的货要周××接收，他必须要回无锡的，且钱忠艺还与他电话联系，不存在旷工，说明周××是在回无锡上班途中遭事故伤害死亡。综上，我局对周××认定为工伤的具体行政行为，事实清楚，证据确凿，适用依据正确，程序合法，请求法院依法维持我局的具体行政行为。

4. 第三人述称

原告认为周××的上下班路线只能从单位到宿舍是不合理的，事发当晚周××从上海搭车回无锡的目的是上班，是为了接收上海陆仕食品有限公司（以下简称上海陆仕公司）送往陆仕无锡公司的货物，原告公司职工钱忠艺、负责人周美君的陈述可证实这一情节，事故当晚周××不存在旷工或失去控制，钱忠艺曾与他电话联系过，周××表示正和送货车一起在回无锡途中。故市劳动局认定工伤并无不当，请求驳回原告的诉讼请求。

(三) 一审事实和证据

江苏省无锡市南长区人民法院经公开审理查明：周××原是上海陆仕公司职工，离职后于2007年9月28日就职于陆仕无锡公司，任仓库班长，主要负责接货、分货、发货，工作时间以夜间为主，白天休息。周××在陆仕无锡公司工作期间，陆仕无锡公司提供了员工宿舍，其妻儿住在上海浦东新区川沙镇八灶村赵家宅，周××利用休息时间往来于无锡和上海之间。2007年11月1日上海六团交运公司派遣AR1686号中型厢式货车将上海陆仕公司的货物运往陆仕无锡公司，周××因负责接货、分货、发货，于2007年11月1日晚23时左右，搭乘该车返回陆仕无锡公司，于2007年11月2日凌晨2时25分许，在途中发生交通事故，致使周××死亡。2008年9月23日，周××的父亲周成法向市劳动局提出工伤认定申请，要求认定周××于2007年11月2日发生的交通事故为工伤。市劳动局审查材料后，按规定于同日受理了该申请。受理后，市劳动局向陆仕无锡公司发出了举证通知，该公司在规定时间内进行了举证。市劳动局经审核，于2008年11月24日作出《工伤认定决定书》，认定周××在上班途中受到的机动车事故伤害为工伤，并将《工伤认定决定书》送达给双方当事人。陆仕无锡公司不服，于2009年1月4日向无锡市人民政府申请行政复议，无锡市人民政府经行政复议于2009年2月23日作出《行政复议决定书》，维持市劳动局作出的工伤认定决定。陆仕无锡公司仍不服，于2009年3月6日提起行政诉讼，请求撤销市劳动局作出的《工伤认定决定书》。

上述事实有下列证据证明：

被告提供的证据有：

1. 锡劳工伤认（2008）第4028号《工伤认定决定书》（以下简称《工伤认定决定书》），证明市劳动局作出的具体行政行为。

2. 工伤认定申请材料：由周成法提供的《工伤认定申请表》、陆仕无锡公司证明，周成法身份证明，周成法与周××户籍证明，陆仕无锡公司的企业登记资料、周××身份证复印件及死亡证明、无锡成品仓库工作流程示意图、成品仓库划单记录明细表，锡公交认字［2007］第00175号《交通事故认定书》（以下简称《交通事故认定书》）、公安机关询问瞿顺、李世琼、张祖民笔录及身份证明，杜利民证明及其身份证明，交通路线图，授权委托书，（2008）锡法民初字第326号《民事判决书》（以下简称《民事判决书》），证明市劳动局在工伤认定中所审核的材料，是作出具体行政行为的事实依据。

3. 陆仕无锡公司举证材料：关于对周××工伤申请认定的复函，周××辞职申请书及就职应聘表，张祖民书面证明，面谈记录表，仓库工作流程和规则，预估单，情况说明等，证明市劳动局在工伤认定中所审核的材料，是作出具体行政行为的事实依据。

4. 市劳动局对钱忠艺、瞿顺、张祖民、李世琼、周美君调查笔录及身份证明，证明市劳动局在工伤认定中所审核的材料，是作出具体行政行为的事实依据。

5. 市劳动局出具的《无锡市职工工伤认定申请材料接收单》、NO.3397号《工伤认定举证通知书》及其送达证明材料，市劳动局送达《工伤认定决定书》及邮寄回执复印件，证明市劳动局作出具体行政行为的程序合法。

原告提供的证据有：

1. 《工伤认定决定书》，证明被诉的具体行政行为；

2. [2009] 锡行复第1号无锡市人民政府行政复议决定书（以下简称《行政复议决定书》），证明已经过行政复议程序；

3. 收件证明，证明在规定的诉讼时效内。

（四）一审判案理由

江苏省无锡市南长区人民法院经审理认为：国务院《工伤保险条例》第十四条第（六）项规定职工"在上下班途中，受到机动车事故伤害的"，应当认定为工伤。江苏省高级人民法院《关于审理劳动保障监察、工伤认定行政案件若干问题的意见（试行）》第十九条第二款规定：认定职工工伤情形中的"上下班途中"，是指职工在合理时间内往返于工作单位和居住地的合理路线。《工伤保险条例》的立法宗旨是保障受伤害职工的合法权益，同时，倾斜于受伤害职工原则是工伤保险法的基本原则。周××作为陆仕无锡公司职工，从上海住所回陆仕无锡公司上班途中发生了交通事故导致死亡，其父周成法提供了周××的死亡证明、《交通事故认定书》、公安机关询问笔录、《民事判决书》等证据，向市劳动局申请认定工伤，市劳动局根据《工伤保险条例》第十四条第（六）项的规定，认定其构成工伤。原告提出的不能认定工伤的主要理由是：事发当天周××是旷工，发生交通事故的地点不是周××上下班的合理路线，而是其探亲回无锡的途中；发生交通事故的时间也不合理，与工作时间无关。本案中，原告公司负责人周美君曾表示，周××的工作作息时间主要在晚上至凌晨，白天可以休息，那么周××利用休息时间处理个人事务，不存在"失去控制"或旷工，且在事发前钱忠艺还与周××电话联系过，知道周××在送货车上。关于是否是上下班合理路线，原告公司有员工休息的宿舍是事实，而周××的妻儿住在上海市浦东新区川沙镇八灶村八队赵家宅、其乘休息时间回该住所也是事实，周美君、钱忠艺、张祖民、瞿顺也有证实，《民事判决书》中也载明周××自2003年8月起居住上海市浦东新区的住所，员工乘休息时间回住所休息属正常需要，不被法律所禁止，原告不能因公司有了员工宿舍，就将周××乘休息时间回上海住所的行为视为探亲。关于合理时间，原告表示周××的工作主要在夜间至凌晨负责接货、分货、发货，周美君、钱忠艺证实周××知道当晚要回原告公司接货，张祖民、瞿顺也陈述道周××搭乘送货车回无锡是为陆仕无锡公司收货、验货，虽然从时间上看，周××在陆仕无锡公司规定的时间里尚未到岗，但从其工作职责看，周××是负责对上海陆仕公司送往陆仕无锡公司的货物进行接货、分货、发货，事发当晚其与该送货车一起，因而他的工作也要等该送货车到达后才能进行，故发生交通事故的时间从倾斜于受伤害职工考虑，可视为在合理时间内。据此，原告陆仕无锡公司提出周××发生的交通事故不是在上下班合理的路线、合理的时间内，不能认定为工伤，要求撤销市劳动局作出的具体行政行为的诉讼请求，本院不予支持。市劳动局依法履行了工伤认定的职责，依据有关证据，经调查核实后，作出对周××的工伤认定，并无不当。

（五）一审定案结论

江苏省无锡市南长区人民法院依照《中华人民共和国行政诉讼法》第五十四条第
（一）项、《工伤保险条例》第十四条第（六）项的规定，作出如下判决：

维持无锡市劳动和社会保障局 2008 年 11 月 24 日作出的锡劳工伤认（2008）第
4082 号工伤认定决定。

（六）二审情况

1. 二审诉辩主张

（1）上诉人诉称

周××因私弃岗两天，发生车祸当时不在工作状态，且已经远远晚于应到岗时间，
缺乏上班途中时间和路线的合理性。一审判决认定事实不清，依据不足。请求二审法院
撤销一审判决，依法改判。

（2）被上诉人辩称

周××家在上海，工作地点在无锡，工作不定时。周××从上海出发搭车回公司验
收货物，途中发生事故，符合工伤规定。周××有权利利用休息时间回上海家中，也有
选择上班交通方式的权利。该具体行政行为，事实清楚，证据确凿，适用依据正确，程
序合法，原审法院依法维持正确，请求驳回上诉。

原审第三人周成法同意市劳动局的答辩意见。

2. 二审事实和证据

江苏省无锡市中级人民法院经审理，确认的事实及证据与一审相同。

3. 二审判案理由

江苏省无锡市中级人民法院经审理认为：根据国务院《工伤保险条例》第十四条第
（六）项的规定，职工在上下班途中，受到机动车事故伤害的，应当认定为工伤。本案
中，陆仕无锡公司职工周××搭乘送货车从其上海居住地回公司上班途中因发生机动车
交通事故而身亡，应当认定为工伤。市劳动局受理周××之父周成法提出的工伤认定申
请后，随即向单位发出举证通知书，经调查核实后，在规定期限内作出对周××的工伤
认定决定，事实清楚，程序合法。

上诉人提出周××发生交通事故的路线和时间不符合上下班途中的合理路线、合理
时间，不应当认定为工伤的上诉意见。因本案中受伤害职工周××从上海到无锡工作仅
一个多月，虽然单位为其提供了宿舍，但周××在上海工作生活已有数年，且其妻儿仍
在上海租住地生活，从时间的延续性来看，不能否认其上海居所仍为居住地之一。因此
周××从上海居住地返回无锡上班具有路线上的合理性。周××按规定应当在晚上 10
点前到岗，但周××所搭乘送货车上有本单位的货，周××的本职工作就是接收货物，
在货到达公司仓库之前，工作人员只能等待，因此周××当天晚于规定时间到岗上班，
还没有构成履行收货等职责上的延迟，且其将跟随送货车到达本单位已为同事知晓，其

迟到就本案的特殊情形而言尚属情有可原。

综上，一审判决认定事实清楚，适用法律正确，程序合法。上诉人的上诉理由缺乏事实和法律根据，本院不予采信。

4. 二审定案结论

江苏省无锡市中级人民法院依照《中华人民共和国行政诉讼法》第六十一条第（一）项的规定，作出如下判决：

驳回上诉，维持原判。

二审案件受理费 50 元，由上诉人陆仕无锡公司负担。

（七）解说

根据国务院《工伤保险条例》第二条第二款规定，中华人民共和国境内的各类企业的职工和个体工商户的雇工，均有依照本条例的规定享受工伤保险待遇的权利。《工伤保险条例》第十四条第（六）项规定，职工"在上下班途中，受到机动车事故伤害的"，应当认定为工伤。江苏省高级人民法院《关于审理劳动保障监察、工伤认定行政案件若干问题的意见（试行）》第十九条第二款规定：认定职工工伤情形中的"上下班途中"，是指职工在合理时间内往返于工作单位和居住地的合理路线。但对于何为合理时间、合理路线，没有进一步的解释。以前，职工的工作单位和居住地在同一城市内较多，但随着经济发展，交通发达，人们选择工作单位的区域越来越大，工作单位和居住地已不再局限在同一城市内，所以判断职工上下班路线、时间的合理性，不能仅从字面意思理解，还要结合职工的具体情况来判断其是否合理。本案中对于周××系陆仕无锡公司职工、因交通事故死亡的事实，双方无异议；争议焦点是：周××发生交通事故的路线和时间是否符合上下班途中的合理路线、合理时间。关于合理路线：周××来陆仕无锡公司工作才一个多月，其在上海居住、工作已多年，其妻儿仍居住生活在上海，虽单位为其安排了宿舍，但从时间延续性看，不能否认上海仍是其居住地之一，因此，其从上海的居住地回无锡的工作场所应属于在合理路线内。从第三人提供的《民事判决书》、证人证言及原告提供的周××辞职申请书及就职应聘表等证据均可证明。关于合理时间：根据单位规定，周××工作的主要时间在夜间 10 点至凌晨，工作职责是负责接收及分发上海陆仕公司送往陆仕无锡公司的货物。周××每天的工作要在上海送货车到达后才能进行，事发当天晚上周××搭乘的就是上海陆仕公司送往陆仕无锡公司货物的送货车，虽然从时间看周××未按规定到达工作岗位，但实际上还未影响接收和分发货物职责的履行；此前周××去上海居住地回陆仕无锡公司工作也是乘坐送货车，送货车司机、陆仕无锡公司负责人及其同事的证言都有证明，事发这次周××跟随送货车从上海到达陆仕无锡公司工作的情况，陆仕无锡公司负责人及同事也知晓，其迟到是因送货车延误造成的，就本案有一定的特殊性，从保护受伤害职工的权益考虑，尚可视为在合理时间内。

（江苏省无锡市南长区人民法院　秦秋云）

36. 康明不服如东县民政局不予伤残等级评定案
（上下班途中　伤残认定）

（一）首部

1. 判决书字号：江苏省如东县人民法院（2009）东行初字第 0013 号判决书。
2. 案由：伤残等级评定。
3. 诉讼双方

原告：康明。

被告：如东县民政局。

法定代表人：沈秀芬，局长。

委托代理人：杨建民，男，如东县民政局副局长。

委托代理人：丛昌林，江苏联嘉律师事务所律师。

4. 审级：一审。
5. 审判机关和审判组织

审判机关：江苏省如东县人民法院。

合议庭组成人员：审判长：虞苏建；审判员：张晓红；人民陪审员：赵月峰。

6. 审结时间：2009 年 6 月 5 日。

（二）诉辩主张

1. 被诉具体行政行为

原告康明在上班途中因不慎发生单方交通事故而致残。2008 年 4 月 18 日，原告向被告提出评定伤残等级的申请，要求享受公务员因公致残抚恤待遇。2008 年 12 月 20 日，被告如东县民政局的内部科室优抚科向原告作出《不予评定伤残等级决定书》。原告不服，于同年 12 月 26 日向南通市民政局提出行政复议申请。2009 年 2 月 24 日，南通市民政局作出通民复（决）字〔2009〕1 号行政复议决定书，以被告优抚科不具备行政主体资格为由撤销了《不予评定伤残等级决定书》。同年 3 月 9 日，被告依据国务院《军人抚恤优待条例》第二十条、民政部《伤残抚恤管理办法》第七条及民政部民函〔2008〕195 号复函之规定，重新作出《不予评定伤残等级决定书》，对原告康明所提出的评定伤残等级的申请，决定不予评定。原告不服，提起行政诉讼。

2. 原告诉称

原告于 2005 年 11 月 2 日上班途中发生单方交通事故而受伤，2008 年 4 月 18 日向被告提出申请，要求对其伤残进行等级评定，并享受伤残公务员抚恤待遇，但被告至2009年3月9日方依《军人抚恤优待条例》第二十条、《伤残抚恤管理办法》第七条及民函［2008］195号复函之规定，作出不予评定伤残等级的决定。被告的迟延行为在程序上违反《伤残抚恤管理办法》的规定，且适用法律、法规错误。民函［2008］195号复函是在2008年7月作出的，而原告的申请于同年的4月即已提出，故该函精神不能适用于原告。在实体处理上，国务院《军人抚恤优待条例》和民政部《伤残抚恤管理办法》中明确规定，上下班途中因意外事故受伤，应认定为因公受伤。2007年11月26日，县劳动和社会保障局依原告申请，已认定原告所受伤害为工伤，从法律上确认了原告伤害的"因公"性质。虽然如东县交管部门认定原告在事故中负全部责任，但原告在上班途中无法预知何时会发生交通事故，因而完全符合意外事件的构成要件。故要求撤销被告作出的不予评定伤残等级决定，并对原告伤残进行抚恤，同时要求被告赔偿因其迟延行为给原告造成的直接经济损失计人民币27万元。

3. 被告辩称

公务员伤残抚恤参照《军人抚恤优待条例》执行，根据民政部《伤残抚恤管理办法》的规定，民政部门具有办理公务员以及参照管理的国家机关工作人员伤残等级评定的工作职能。公务员因公致残需经省级民政部门审批，被告在受理原告申请后，在法定期间内为原告办理了相关手续，并逐级上报至省民政厅，但因"5·12"汶川大地震，民政部门的中心工作转移至抗震救灾工作，此类申请被暂停办理，被告于2008年11月10日接到省民政厅通知后，随即作出决定，并无迟延作为情形。原告所受伤害系其本人原因造成，不符合评残及享受抚恤的条件，如东县劳动和社会保障局对原告作出的工伤认定并不能当然认为原告达到"因公致残"的条件。同时，民政部2008年7月民函［2008］195号文件与《军人抚恤优待条例》第二十条中对"意外事件"的解释是一致的，适用哪个规定，对原告事故的性质认定没有实质性影响。因此，被告具体行政行为事实清楚、适用法律正确，程序符合法律、法规的规定。请求法院依法驳回原告的诉讼请求。

（三）事实和证据

江苏省如东县人民法院经公开审理查明：原告康明系国家公务员，2005年11月2日，原告康明驾驶苏FKX598号二轮摩托车上班途中，因雨天路滑避让汽车站出站车辆发生单方交通事故而受伤。经如东县人民医院诊断，原告左胫骨平台骨折、左腓骨小头骨折。该事故经如东县公安局交通巡逻警察大队认定，康明对事故负全部责任。

应原告康明的申请，如东县劳动和社会保障局于2007年11月26日依据《工伤保险条例》第十四条第（六）项之规定，认定原告所受伤害为工伤。

2008年4月18日，原告向被告提出评定伤残等级的申请。2008年12月，被告的内部科室优抚科向原告作出《不予评定伤残等级决定书》。原告不服于同年12月26日向南通市民政局提出行政复议申请。2009年2月24日，南通市民政局作出通民复（决）字［2009］1号行政复议决定书，撤销了被告优抚科所作的《不予评定伤残等级决定书》。同年 3 月 9 日，被告依据《军人抚恤优待条例》第二十条、《伤残抚恤管理办法》第七条及民函 [2008] 195 号复函规定，作出《不予评定伤残等级决定书》。

上述事实有下列证据证明：

1. 原告康明于 2008 年 4 月 18 日向被告提交的关于申请伤残鉴定的报告、于 2008 年 12 月 26 日提交的行政复议申请书，证明原告与被诉行政行为存在利害关系，依法具备原告主体资格，起诉程序合法；

2. 如东县公安局交通巡逻警察大队于 2007 年 10 月 12 日作出的东公交巡掘第 0511001 号事故认定书、如东县劳动和社会保障局 2007 年 11 月 26 日作出的东劳社工决字 [2007] 第 686 号《工伤认定决定书》，证明原告在上班途中发生交通事故并受伤致残，且经如东县劳动和社会保障局认定为工伤；

3. 民政部《伤残抚恤管理办法》，证明对于国家机关行政编制工作人员因公致残性质的认定和残疾等级的评定权限归民政部门；

4. 江苏省民政厅 2008 年 11 月 10 日的退档通知，证明被告在法定期限内逐级上报其上级主管部门；

5. 南通市民政局 2009 年 2 月 24 日作出的通民复（决）字 [2009] 1 号《行政复议决定书》、如东县民政局 2009 年 3 月 9 日作出的《不予评定伤残等级决定书》、评定伤残等级审批表等，证明被告对原告因公致残的性质进行了确认。

（四）判案理由

江苏省如东县人民法院经审理认为：双方当事人对原告上班途中遭遇车祸并致伤的事实均无异议，本案争议的焦点在于：（1）因公致残性质认定的职能是否属民政部门？（2）被诉具体行政行为适用法律是否正确？（3）被诉具体行政行为是否存在程序违法？

对于第一个争议焦点，原告认为，"因公"性质的认定系劳动和社会保障部门的职责所在，民政部门的职能则是进行伤残评定并抚恤，被告无权对原告所受伤害在已被确认为工伤的情况下再次作出认定。合议庭认为，对公务员及参照《中华人民共和国公务员法》管理的国家机关工作人员参照国务院《军人抚恤优待条例》的规定评定残疾等级，是民政部门的传统工作。对于因战、因公致残性质进行认定和残疾等级的评定，除军队单位负责对现役军人进行评定外，其他人员均由民政部门负责。劳动和社会保障部门仅可依据国务院《工伤保险条例》作出工伤认定，但不具有认定因公致残的权限。

对于第二个争议焦点，原告认为，其 2008 年 4 月 18 日提出申请，不应适用民政部 2008 年 7 月发出的民函 [2008] 195 号复函规定，被告适用法律、法规错误。合议庭认为，是否达到因公致残认定条件应以《军人抚恤优待条例》规定为准，民函 [2008] 195 号复函是民政部对湖南省民政厅所提请示的一个答复，系上级民政部门对下级民政部门的指导性文件，旨在帮助各级民政部门正确理解和适用《军人抚恤优待条例》。行政机关在行政文书中不宜将其视同为法律法规而直接加以引用，被告在不予评定伤残等级决定书中直接引用该复函不够妥当，但其适用的是《军人抚恤优待条例》的有关规定，因此不属于适用法律错误。原告未被认定为因公致残，关键是其受伤情形不符合因公致残的认定条件。《军人抚恤优待条例》第九条第（一）项、第二十条规定，国家机关工作人员在上、下班途中，由于意外事件伤残的，可认定为因公致残并按规定享受抚恤。这里的"意外事件"是指根据行为人自身状况和当时的环境条件，无法抗拒和无法预料造成的情形或事故。本案中，原告康明每天上班均会从事故发生地经过，虽然其不知车站汽车从站内出站的确切时间，但对于车站出口处经常有汽车开出这一事实应当是熟知的，只要尽到必要的注意义务，事故完全可以避免，因而不符合可以被认定为因公致残的意外事件的构成要件。

对于第三个争议焦点，合议庭认为，从被告收到原告提交的申请到作出不予评定伤残等级决定的过程，对照民政部《伤残抚恤管理办法》第七条的规定，被告迟延作为的事实客观存在。被告辩称，之所以出现上述情形，是因在四川汶川发生大地震后，其接到上级民政部门暂停办理的通知，直到同年9月方恢复办理，故不存在迟延行为。合议庭认为，汶川大地震后各级民政部门暂停部分业务的办理，将工作重心转移到抗震救灾活动中，对被告在特定时期的特殊做法应予理解和支持，但从依法行政、建立法治政府的角度看，被告的做法确与民政部《伤残抚恤管理办法》的规定相悖，存在程序性违法事实。在严格依法行政原则的思想指导下，对程序违法行为理当宣告无效或撤销，但一味地将程序违法的行政行为视为无效、撤销或者不成立，有时会违背行政效率、相对人的信赖利益以及公共利益的需要。因此，应当采取个案分析的方法灵活作出处理。本案中，被告对原告的申请仅具有形式审查权，最终是否予以伤残等级认定，须由省民政厅审批确认。被告在受理申请后，在法定期限内予以逐级上报，但因汶川大地震这一无法预见、无法抗拒的事由，导致迟延作为。在这样的情形下，从行政效率和公共利益的需要出发，不宜撤销被诉具体行政行为。

综上，因原告康明所受伤害不符合《军人抚恤优待条例》第二十条所规定的可被认定为因公致残的情形，被告据此决定对原告不予评定伤残等级并无不当。

（五）定案结论

江苏省如东县人民法院依照《最高人民法院关于执行〈中华人民共和国行政诉讼法〉若干问题的解释》第五十六条第（四）项之规定，作出如下判决：

驳回原告康明要求撤销被告如东县民政局于2009年3月9日所作的《不予评定伤残等级决定书》并对原告进行伤残抚恤及要求被告如东县民政局予以赔偿的诉讼请求。

案件受理费人民币50元，由原告康明负担。

（六）解说

本案是一起由公务员因公致残认定问题而引发的行政纠纷，此类纠纷在行政审判实践中并不多见。近年来，公务员申请评定因公致残的数量不断增多，因公致残实务操作中出现了很多问题，突出表现在因公致残范围被不当扩大、与工伤认定混同、将因公致残作为一种福利待遇来争取等方面，这些做法背离了因公致残抚恤制度的目的和宗旨。因此，厘清因公致残抚恤制度的原意，避免该制度在实务操作中的种种误区，具有重要意义。

1. "公伤"与"工伤"的区别

公务员因公致残以及等级评定属于"公伤"认定范畴，"公伤"与"工伤"，尽管仅一字之差，但二者有很大区别，主要表现在：第一，目的不同。公务员因公致残抚恤制度的实质是对因公致残公务员给予政治上和精神上的优厚待遇，是对足为楷模行为的宣示和指引；工伤保险在于通过社会保险手段来保护受害职工得到及时的医疗救治和经济补偿，促进工伤预防和职业康复，同时分散企业的经营风险。第二，主管部门不同。公伤认定由各地县级以上人民政府的民政部门负责，按照行政隶属关系和管理权限审核、批准，实行由县级民政部门到省级民政部门的"三级审核制"；工伤认定则由各地县级以上人民政府的劳动保障部门负责，实行属地管理。第三，适用范围不同。工伤保险的适用范围包括中国境内各类企业、有雇工的个体工商户以及这些用人单位的全部职工或者雇工；公伤则适用于国家机关、事业单位、军队等部门及其工作人员。第四，适用的法律法规不同。公伤执行的主要依据是国务院《军人抚恤优待条例》、民政部《伤残抚恤管理办法》；工伤认定和办理的主要依据是国务院《工伤保险条例》。第五，认定标准有所不同。公伤抚恤采用的是中央财政负担的办法，因公致残情形范围界定严格，不能随意扩大；工伤保险则采取无过错原则，只要劳动者在工作时间、工作场所内，因工作原因遭受事故伤害均可获得保险补偿，且工作原因的范围较为宽泛。第六，伤残待遇不同。公务员因公致残抚恤与军人实行同样标准，享受的待遇在种类上、标准上比工伤都要优厚。所以公务员"工伤"并不等同于"公伤"。

2. 对"意外事件致残"的理解

因公致残抚恤制度具有强烈的褒扬性质，为了实现该项制度的应有价值，应当严格把握和适用《军人抚恤优待条例》第九条第（一）项的规定。本案中双方所争执的原告在上班途中发生的单方交通事故是否属于《军人抚恤优待条例》第九条第（一）项规定所涵盖的"意外事件"亦是本案认定公伤的关键所在。所谓"意外事件"，是指行为人根据自身状况和当时的环境条件不可能预见的情形或事故，客观上造成了损害后果，但行为人在主观上既没有故意也没有过失，而是由于不可抗拒或者不能预见的原因造成的。本案中，原告康明每天上下班均会从事故发生地经过，尽管其不能准确知晓汽车每天进出站的确切时间，但对于车站出口处经常有汽车开进开出这一事实应当是熟知的，只要其尽到必要的注意义务，事故完全可以避免。原告本人对上班途中交通事故的发生主观上存在过失，故此情形不属行为人无法抗拒或无法预见的情形，因而不符合可以被认定为因公致残的意外事件的构成要件。

（江苏省如东县人民法院　戴健　张晓红）

37. 赵丽娟诉辽阳市劳动和社会保障局等劳动工伤认定案
（法律适用）

（一）首部

1. 判决书字号

一审判决书：辽宁省辽阳市文圣区人民法院（2009）文行初字第 4 号判决书。

二审判决书：辽宁省辽阳市中级人民法院（2009）辽阳行终字第 53 号判决书。

2. 案由：劳动工伤认定。

3. 诉讼双方

原告（被上诉人）：赵丽娟，女，汉族，现住灯塔市张台子镇大房身村，无职业。

委托代理人：庞艳春，辽宁金正律师事务所律师。

被告（上诉人）：辽阳市劳动和社会保障局。

法定代表人：谷连久，该局局长。

委托代理人：王玉，该局工伤保险科科长。

委托代理人：刘国庆，该局法制科科长。

第三人：辽阳工贸建筑工程有限公司。

法定代表人：张秀华，该公司经理。

委托代理人：周乃民，该公司项目经理。

4. 审级：二审。

5. 审判机关和审判组织

一审法院：辽宁省辽阳市文圣区人民法院。

合议庭组成人员：审判长：张丽；审判员：王常伟、郑宝和。

二审法院：辽宁省辽阳市中级人民法院

合议庭组成人员：审判长：由风；审判员：刘大钧；代理审判员：赵毅。

6. 审结时间

一审审结时间：2009 年 6 月 12 日。

二审审结时间：2009 年 8 月 17 日。

（二）一审情况

1. 一审诉辩主张

（1）被诉具体行政行为

被告于 2008 年 12 月 29 日作出辽市劳社工伤认字〔2008〕531 号工伤认定决定书，

认定刘成双不是工亡。

（2）原告诉称

其与死者刘成双是夫妻关系，刘成双是第三人辽阳工贸建筑工程有限公司的钢筋工。2008年6月12日22时左右，刘成双下班骑摩托车回家途中遭遇交通事故，导致颅脑损伤死亡。该事故经辽阳市交通警察支队认定，肇事的机动车负全部责任，刘成双无责任。被告以刘成双是无驾驶证驾驶无牌照摩托车认定不是工亡是错误的，请求法院依法撤销被告对刘成双的工伤认定决定书，重新作出工伤认定决定书。

（3）被告辩称

被告辽阳市劳动和社会保障局辩称，原告赵丽娟之夫刘成双在2008年6月12日22时因机动车肇事死亡，经交通警察支队认定，刘成双无驾驶证驾驶无牌照两轮摩托车。根据国务院《工伤保险条例》第十六条第（一）项因犯罪或者违反治安管理伤亡的不得认定为工伤的规定，认定刘成双不是工亡，请求法院维持被告作出的工伤认定结论。

（4）第三人述称

第三人辽阳工贸建筑工程有限公司述称，2008年6月12日原告之夫刘成双等6人于当日晚下班后并没有立即回家，而是到附近的一家饭店吃饭，刘成双喝了白酒又喝了啤酒，然后驾无照摩托车离开，刘成双本人没有驾驶证，其行为违反了《治安管理处罚条例》的规定。而且，刘成双从单位到家正常行驶时间应为20分钟左右，但刘成双下班后去饭店吃饭近2个小时后才骑车从饭店离开，之后途中发生的交通事故，不能视为正常的上下班时间。被告对刘成双的死亡认定非工伤是正确的，请求法院给予维持。

2. 一审事实和证据

辽宁省辽阳市文圣区人民法院经公开审理查明：原告赵丽娟之夫刘成双系第三人辽阳工贸建筑工程有限公司临时工人。2008年6月12日22时左右，刘成双下夜班无驾驶证驾驶两轮摩托回家途中，行驶至灯塔市沈营线二道沟桥北被一辆蓝色货车同方向相撞，蓝色货车逃离现场，导致刘成双脑干损伤，经抢救无效于次日死亡。经辽阳市公安局交通警察支队认定，货车负事故的全部责任；刘成双无事故责任。原告于2008年11月28日向被告辽阳市劳动与社会保障局申请对刘成双认定工伤。被告于2008年12月29日作出辽市劳社工伤认字〔2008〕531号工伤认定决定书，认定刘成双不是工亡。原告不服向辽宁省劳动和社会保障厅申请行政复议，辽宁省劳动和社会保障厅于2009年2月25日作出行政复议决定书，维持被告作出的辽市劳社工伤认字〔2008〕531号工伤认定决定书，原告不服向本院提起行政诉讼。

上述事实有下列证据证明：

（1）工伤认定申请表、死亡证明、身份证、仲裁裁决书，证明工伤认定申请人提交材料情况。

（2）交通事故认定书，证明刘成双无证驾驶无牌照摩托车事实。

（3）工伤认定决定书，证明具体行政行为内容。

3. 一审判案理由

辽宁省辽阳市文圣区人民法院经审理认为：原告之夫刘成双与第三人存在劳动关系。刘成双在下班途中受到机动车事故伤害死亡，原告有权向被告申请劳动工伤认定。

被告具有作出工伤认定的行政职权。被告以刘成双无驾驶证驾驶无牌摩托车发生交通事故为由，依据《工伤保险条例》第十六条第（一）项"因犯罪或者违反治安管理伤亡的不得认定为工伤"的规定认定刘成双不是工亡属适用法律法规错误。2006年3月1日实施的《治安管理处罚法》并没有关于无证驾驶摩托车属于违反治安管理行为的规定，被告无权依照事故认定书中无证驾驶的内容直接认定刘成双无证驾驶行为构成违反治安管理。被告认定刘成双违反治安管理无法律依据，故被告作出的被诉具体行政行为属适用法律法规错误，依法应予以撤销。关于原告要求撤销被诉的具体行政行为，重新对刘成双作出工伤认定的理由成立，本院予以支持。

4. 一审定案结论

辽宁省辽阳市文圣区人民法院依照《中华人民共和国行政诉讼法》第五十四条第（二）项第二目之规定，作出如下判决：

（1）撤销被告辽阳市劳动和社会保障局2008年12月29日作出的辽市劳社工伤认字〔2008〕531号工伤认定决定书。

（2）被告辽阳市劳动和社会保障局对原告赵丽娟之夫刘成双是否构成工伤重新作出认定。

本案诉讼费50元，由被告辽阳市劳动和社会保障局承担。

（三）二审诉辩主张

1. 上诉人诉称

《工伤保险条例》是2004年1月1日起开始施行，该条例所述违反治安管理的行为，指的是当时生效的《中华人民共和国治安管理处罚条例》中规定的行为，无证驾驶机动车行为即属规定的违法行为，无证驾驶机动车既是违反道路交通安全管理行为，也是违反治安管理行为，所以不应认定工伤。请求二审法院维持我局作出的辽市劳社工伤认字〔2008〕531号认定结论。

2. 被上诉人辩称

交通事故发生在2008年6月12日，《中华人民共和国治安管理处罚法》于2006年3月1日起实行，《治安管理处罚条例》同时废止，废止的法律法规不能指导在其废止后发生的法律事件。《工伤保险条例》第十六条第（一）项规定的违反治安管理的行为要依据《治安管理处罚法》的规定认定，被答辩人无权依照事故认定书中无证驾驶摩托车的内容直接认定刘成双无证驾驶的行为是不是违反治安管理的行为，请求驳回被答辩人的上诉请求，维持一审判决。

（四）二审事实和证据

辽宁省辽阳市中级人民法院经审理，查明的事实与一审法院认定的事实一致。对于上诉人向原审法院提供的证据——工伤认定申请表、死亡证明、身份证、仲裁裁决书以及交通事故认定书，予以确认；另外，工伤认定决定书系被诉具体行政行为，不属证据范畴，不予确认。

（五）二审判案理由

辽宁省辽阳市中级人民法院经审理认为：上诉人辽阳市劳动和社会保障局依法具有作出本案被诉具体行政行为的职权，但其依据《工伤保险条例》第十六条第（一）项之规定，以刘成双无证驾驶无牌照摩托车发生交通事故认定不是其工亡，属于适用法律错误，《工伤保险条例》第十六条第（一）项规定"因犯罪或者违反治安管理伤亡的"不认定工伤，而刘成双无证驾驶无牌照摩托车的行为是否属于违反治安管理的行为，上诉人无权直接认定。《中华人民共和国治安管理处罚法》与《中华人民共和国道路交通安全法》同为全国人大常委会颁布的法律，在法律效力上没有高低之分、先后之别，应在各自的调整范围内适用，一般情况下不能把违反道路交通管理行为视为违反治安管理行为，按照行政法规的规定，确认行为人有无违反治安管理行为的权力在公安机关，其他任何部门无权行使。因此，劳动部门在以《工伤保险条例》第十六条为据不认定工伤时，须以公安机关生效的决定为依据，而不是劳动部门认为"违反治安管理"而不予认定工伤。且交通事故责任认定本起交通事故刘成双无事故责任。故上诉人辽阳市劳动和社会保障局依《工伤保险条例》第十六条第（一）项认定刘成双不是工亡错误，其上诉理由不能成立，本院不予支持。

（六）二审定案结论

辽宁省辽阳市中级人民法院依照《中华人民共和国行政诉讼法》第六十一条第（一）项之规定，作出如下判决：

驳回上诉，维持原判。

二审案件受理费 50 元，由上诉人承担。

（七）解说

1. 背景情况分析

《工伤保险条例》的颁布实施是我国社会保障体系建设的一件大事，对进一步完善我国社会保障法律体系建设，加快推进工伤保险事业发展已经并将持续发挥重要作用。工伤保险的核心功能和作用是化解和分散工业化过程中产生的职业危害和安全生产事故风险，确保劳动者在遭受事故伤害和患职业病时能够及时获得医疗救治、经济补偿和康复治疗，减轻职业危害和安全生产事故给劳动者本人、家庭及社会带来的负面影响，维护社会的和谐稳定。国务院《工伤保险条例》第十四条规定了认定工伤的情形，其中第（六）项规定在上下班途中受到机动车事故伤害的为认定工伤情形，第十六条又规定了不得认定为工伤或者视同工伤的情形，其中第（一）项规定"因犯罪或者违反治安管理伤亡的"不得认定为工伤。本案中申请人之夫刘成双在下班途中无证驾驶无牌照摩托车发生交通事故而死亡，这其中就涉及刘成双无证驾驶无牌照摩托车的行为是否属于违反治安管理的行为。原《中华人民共和国治安管理处罚条例》第二十七条第（二）项规定："违反交通管理，有下列第一项到第六项行为之一的，处十五日以下拘留、二百元以下罚款或者警告……（二）无驾驶证的人、醉酒的人驾驶机动车辆，或者把机动车辆交给无驾驶证的人驾驶的……"而2006年3月1日起实施的《中华人民共和国治安管理处罚法》并未规定无证驾驶机动车辆属于违反治安管理的行为，那么究竟该如何适用法律法规，《工伤保险条例》的内容是否应随着相关法律法规的改变及时完善，这是一个亟须解决的问题。

2. 确立裁判要点的理由

本案的焦点问题是：刘成双无证驾驶无牌照摩托车行为是否属于违反治安管理的行为；违反治安管理的行为应由谁来认定；劳动行政部门是否有权认定违反治安管理的行为。

原《中华人民共和国治安管理处罚条例》第二十七条规定了对违反交通管理的行为的处罚条件，将无证驾驶行为规定为违反治安管理的行为，而2006年3月1日起实施的《中华人民共和国治安管理处罚法》明确废止了治安管理处罚条例，且不将交通管理纳入治安处罚法中。《中华人民共和国治安管理处罚法》第六十四条对于非法驾驶交通工具的处罚有两项，一是"偷开他人机动车"，二是"未取得驾驶证驾驶或者偷开他人航空器、机动船舶的"，这其中并未包含无证驾驶摩托车的行为，刘成双无证驾驶行为属违反道路交通管理的行为，但是，违反道路交通管理的行为并不一定属于违反治安管理的行为。

违反治安管理的行为应受到行政处罚，行政处罚对相对人来说为负担行政行为，行政行为的基本规则为职权法定，越权无效。行政机关只有在法律法规明确授权的情况下才可作为。违反治安管理的行为，只能由公安机关认定，其他行政部门无此权力，因此本案中，辽阳市劳动和社会保障局将刘成双无证驾驶行为认定为违反治安管理行为是错误的，其以此为依据认定刘成双死亡不视同工亡，属适用法律错误，故对该具体行政行为予以撤销是正确的。

3. 其他问题

通过审理本案，笔者认为该案的主要焦点问题是《工伤保险条例》与《中华人民共和国治安管理处罚法》内容的相互衔接问题，《工伤保险条例》是2004年1月1日起实施，《中华人民共和国治安管理处罚法》是2006年3月1日起实施，《工伤保险条例》没有随着《中华人民共和国治安管理处罚法》的实施而进一步修改、完善，部分内容仍是治安管理处罚条例中的内容。而现实生活中无证驾驶的事件层出不穷，各地对工伤保险实施办法规定不尽相同，出现同事不同判的事件也不足为奇，这在一定程度上削弱了法律的权威性，同时对诉讼主体也是不公平的，因此，相关部门及时修改完善法律法规是刻不容缓的，这样才能充分保障诉讼当事人的合法权益。

（辽宁省辽阳市文圣区人民法院　张丽）

38. 广州市逸境园林绿化有限公司不服广州市番禺区劳动和社会保障局工伤认定案
（劳动关系　退休年龄　工伤）

（一）首部

1. 判决书字号

一审判决书：广东省广州市番禺区人民法院（2009）番法行初字第 177 号判决书。

二审判决书：广东省广州市中级人民法院（2009）穗中法行终字第 584 号判决书。

2. 案由：劳动工伤认定。

3. 诉讼双方

原告（上诉人）：广州市逸境园林绿化有限公司。

法定代表人：廖百常，该公司总经理。

委托代理人：韩秀娴，广东金羊律师事务所律师。

被告（被上诉人）：广州市番禺区劳动和社会保障局。

法定代表人：丘育定，局长。

委托代理人：何牛仔，该局工作人员。

委托代理人：郭燕华，该局工作人员。

第三人：唐国安。

委托代理人：胡建成，广东法制盛邦律师事务所律师。

委托代理人：林丽谷，广东法制盛邦律师事务所律师助理。

4. 审级：二审。

5. 审判机关和审判组织

一审法院：广东省广州市番禺区人民法院。

合议庭组成人员：审判长：谭碧仪；人民陪审员：陈广伦、朱英慧。

二审法院：广东省广州市中级人民法院。

合议庭组成人员：审判长：张尚清；代理审判员：汪毅、邓军。

6. 审结时间

一审审结时间：2009 年 7 月 21 日。

二审审结时间：2009 年 12 月 11 日。

（二）一审诉辩主张

1. 被诉具体行政行为

被告于 2008 年 12 月 30 日作出穗番劳社工认字〔2008〕第 126 号《工伤认定决定

书》，认为：根据广东省高级人民法院、广东省劳动争议仲裁委员会《关于适用〈劳动争议调解仲裁法〉、〈劳动合同法〉若干问题的指导意见》第十七条的规定，原告与第三人存在事实劳动关系。第三人在劳动关系存续期间，受原告外派广州市黄埔区护林路工作，因工作原因受到伤害，符合工伤认定的条件，遂根据《工伤保险条例》第五条第二款、第十四条第（五）项的规定，决定：（1）第三人受伤的情形，符合《工伤保险条例》第十四条第（五）项的规定，应当认定为工伤；（2）撤销穗番劳社工复字〔2008〕第10号《关于申报工伤认定的复函》。

2. 原告诉称

被告作出的穗番劳社工认字〔2008〕第126号《工伤认定决定书》适用法律和认定的事实错误，理由如下：

（1）原告与第三人之间不存在劳动关系，被告没有管辖权，被告受理第三人工伤认定申请，没有法律依据。1）根据劳动和社会保障部《关于企业职工"法定退休年龄"涵义的复函》、《国务院关于工人退休、退职的暂行办法》第一条、《中华人民共和国劳动合同法实施条例》（下称《条例》）第二十一条规定，第三人已年满60岁，属强制退休人员，已经失去劳动者的主体资格，原告与第三人之间不再存在劳动关系，而是劳务关系，不适用劳动法律法规的规定。2）被告受理本案没有法律依据。根据《工伤保险条例》第二条规定，只有存在劳动关系的企业职工或个体户雇工才属于被告管辖范围，而第三人与原告不存在劳动关系，不属于被告管辖，被告无权受理第三人的工伤认定申请。被告根据广东省高级人民法院、广东省劳动争议仲裁委员会于2008年6月13日颁布的《关于适用〈劳动争议调解仲裁法〉、〈劳动合同法〉若干问题的指导意见》（下称《意见》）第十七条的规定，认定原告与第三人之间存在劳动关系，受理第三人认定工伤的申请，是错误的。首先，《意见》是司法指导性文件，不是司法解释，不能直接作为法律依据判断其是否有管辖权。其次，《意见》是2008年7月7日即《中华人民共和国劳动合同法》（下称《劳动合同法》）实施后公布的，该《意见》第十七条针对《劳动合同法》第四十四条第（二）项"劳动者开始依法享受基本养老保险待遇的"，劳动合同终止，作了扩大性理解，该《意见》在法律法规或司法解释没有进一步说明的情况下，符合客观现实的需要。2008年9月18日，国务院颁布并实施了《条例》，《条例》第二十一条规定："劳动者达到法定退休年龄的，劳动合同终止"，《意见》第十七条的规定明显与《条例》第二十一条的规定相悖，根据《意见》第三十一条规定，"法律法规、司法解释有新的规定的，按照法律法规、司法解释的规定执行"，因此，被告应当适用《条例》第二十一条的规定，对第三人的工伤申请不予受理。

（2）被告认定事实错误，没有事实依据。第三人与原告另外两名员工陈远富、袁桃红及原告租用的洒水车司机共四人，负责黄埔区护林路花坛、草皮的绿化养护工作，其中陈远富负责跟洒水车给花草浇水，第三人和袁桃红负责拔花坛和草皮中的杂草。2008年4月9日，第三人没有与其工友一起上班（有被告的询问笔录佐证），第三人骑单车外出不是因工作原因。另外，原告为上述四人租住的房屋，距离工作地点100米左右，第三人等负责的绿化养护路段全长1.5公里，无论是从出租屋到工作地点的距离，还是从工作性质来说，第三人都不应该骑单车上班。第三人等人在公路上工作，为安全起见，原告也规定员工上班时间不能骑单车。被告在认定工伤过程中，原告提供的证据及被告的询问笔录也证明第三人外出不是因工作原因，但被告在第三人没有提供任何证据的情况下，即认定第三人为工伤，明显错误。

综上所述，被告在没有管辖权的情况下错误适用司法性指导文件作为法律依据、认定事实错误，请求法院判令撤销被告作出的穗番劳社工认字〔2008〕第126号《工伤认定决定书》，责令其重新作出不予受理决定，并承担本案诉讼费用。

3. 被告辩称

根据第三人填报的《番禺区职工工伤认定申请表》及提供的材料，以及原告提供的材料，经审查，认定本案的事实为：原告雇用的第三人唐国安，工种：绿化养护工。2008年4月9日8时55分，第三人在广州市黄埔区护林路进行绿化养护工作时，手推无号牌金泽莱女式自行车沿护林路中心花基以北第一条机动车道由东向西步行时，不慎与陈善鹏驾驶的WJ15B8208号丰田佳美轿车发生碰撞，导致第三人受伤的交通事故。依照广东省高级人民法院、广东省劳动争议仲裁委员会《关于适用〈劳动争议调解仲裁法〉、〈劳动合同法〉若干问题的指导意见》第十七条、《工伤保险条例》第一章第五条第二款的规定，被告依法受理本案第三人申报的工伤认定申请。在依法处理本案过程中，根据《工伤保险条例》第三章第十九条第二款规定，被告于2008年11月24日向原告发出穗番劳社工伤举〔2008〕第108号《举证通知书》，要求原告提供认为第三人受伤不属工伤的证据，但原告一直没有提供第三人2008年4月份考勤表（打卡表）及上下班时间表（即拒不举证）。相反，第三人提供了原告2008年5月2日出具的证明，该证明证实了第三人于2008年4月9日早上大约8时55分，在广州黄埔区护林路绿化带进行绿化养护等工作（即：原告认定第三人的受伤情形是因工作原因）。综上所述，被告依法作出工伤认定结论，认定事实清楚、证据确凿，适用法律法规正确，程序合法，请求法院予以维持。

4. 第三人述称

（1）请求法院判决驳回原告的诉讼请求，理由如下：原告认为应适用《中华人民共和国劳动合同法实施条例》第二十一条的规定，但是第三人早在2001年时就受原告聘用，而《中华人民共和国劳动合同法实施条例》是在之后才生效的，对原告与第三人之间的劳动关系不具有约束力。

（2）根据第三人提供的广州市公安局交通警察支队黄埔大队对袁桃红作的询问笔录可以证实袁桃红作假证。

（3）原告与第三人之间存在事实劳动关系，第三人在工作时间发生事故，应当认定为工伤。

（三）一审事实和证据

广东省广州市番禺区人民法院经公开审理查明：原告广州市逸境园林绿化有限公司雇用第三人唐国安为绿化养护工，期间双方没有签订劳动合同，原告也一直没有为第三人购买社会保险。2008年4月9日8时55分，第三人在广州市黄埔区护林路进行绿化养护工作，手推无号牌金泽莱女式自行车沿护林路中心花基以北第一条机动车道由东向西步行时，不慎与陈善鹏驾驶的丰田佳美轿车发生碰撞，导致第三人受伤。事发后，第三人被送往中山大学附属第一医院救治，经医生诊断为：（1）左小腿毁损伤；（2）颅骨骨折并脑挫裂伤。2008年10月7日，第三人向被告广州市番禺区劳动和社会保障局申请工伤认定，并提供了身份证、原告于2008年5月21日出具的证明、上下班时间表、《关于唐国安受伤一案报告》、交通事故责任认定书、疾病证明书等。2008年11月6日，被告作出穗番劳社工复字〔2008〕第10号《关于申报工伤认定的复函》，认为第三人已超过法定退休年龄，其在工作中受到机动车事故伤害的情形不属于被告处理的范围。第三人不服，于2008年11月18日向广州市番禺区人民政府申请行政复议，复议期间，被告决定受理第三人的工伤认定申请，第三人撤回行政复议申请。2008年11月24日，被告向原告送达《举证通知书》，要求原告就第三人受伤的情形是否属于工伤提供相关证据材料。原告向被告提交了企业法人营业执照、《关于唐国安受伤的事故报告书》、《广州市工伤保险若干规定》、《关于印发〈广州市中级人民法院关于审理劳动争议案件若干问题的意见综述〉的通知》、《劳动争议案件审判实务中的若干问题》、《劳动合同法实施条例》等。被告经过调查，于2008年12月30日作出穗番劳社工认字〔2008〕第126号《工伤认定决定书》，认为：根据广东省高级人民法院、广东省劳动争议仲裁委员会《关于适用〈劳动争议调解仲裁法〉、〈劳动合同法〉若干问题的指导意见》第十七条的规定，原告与第三人存在事实劳动关系。第三人在劳动关系存续期间，受原告外派广州市黄埔区护林路工作，因工作原因受到伤害，符合工伤认定的条件，遂根据《工伤保险条例》第五条第二款、第十四条第（五）项的规定，决定：（1）第三人受伤的情形，符合《工伤保险条例》第十四条第（五）项的规定，应当认定为工伤；（2）撤销穗番劳社工复字〔2008〕第10号《关于申报工伤认定的复函》。被告于2008年12月31日、2009年1月4日分别向第三人及原告送达了《工伤认定决定书》。原告于2009年2月27日向广州市番禺区人民政府申请行政复议，该府于2009年4月9日作出番府复字〔2009〕58号《行政复议决定书》，决定维持被告作出的工伤认定决定。原告不服，诉至本院。

上述事实有下列证据证明：

1. 原告企业法人营业执照、第三人的身份证、原告提供的证明（2008年5月21日）、第三人提供的上下班时间表、《关于唐国安受伤一案报告》、广州市公安局交通警察支队黄埔大队作出的穗公交黄埔认字〔2008〕第B00020号《交通事故认定书》、中山大学附属第一医院疾病证明书、《关于唐国安受伤的事故报告书》；

2. 《广州市工伤保险若干规定》、《关于印发〈广州市中级人民法院关于审理劳动争议案件若干问题的意见综述〉的通知》、《劳动争议案件审判实务中的若干问题》、《中华人民共和国劳动合同法实施条例》；

3. 被告对袁桃红、陈远富所作的调查笔录、《番禺区职工工伤认定申请表》、授权委托书、唐太华身份证、《受理通知书》、穗番劳社工复字〔2008〕第10号《关于申报工伤认定的复函》、送达回证、第三人行政复议申请书、广州市番禺区人民政府番府复字〔2008〕224号《被申请人答复通知书》、穗番劳社工伤举〔2008〕第108号《举证

通知书》、国内邮政速递回执、穗番劳社工认字〔2008〕第 126 号《工伤认定决定书》、送达回证;

4. 原告出具的证明（2009 年 1 月 4 日）、廖百常身份证、原告行政复议申请书、广州市番禺区人民政府番府复字〔2009〕58 号《被申请人答复通知书》、广州市番禺区人民政府番府复字〔2009〕58 号《行政复议决定书》;

5. 广东省高级人民法院、广东省劳动争议仲裁委员会《关于适用〈劳动争议调解仲裁法〉、〈劳动合同法〉若干问题的指导意见》、《工伤保险条例》;

6. 照片、广州市公安局交通警察支队黄埔大队对袁桃红作的询问笔录、陈远富、袁桃红在 2008 年 8 月 8 日出具的《关于唐国安上班时车祸事故发生的证言》、广州市劳动能力鉴定委员会作出的穗劳鉴初（2）〔2009〕0028 号《工伤职工劳动能力鉴定结论书》。

（四）一审判案理由

广东省广州市番禺区人民法院经审理认为：根据《工伤保险条例》第五条第二款的规定，县级以上地方各级人民政府劳动保障行政部门负责本行政区域内的工伤保险工作。因此，被告广州市番禺区劳动和社会保障局具有主管本行政区域内的工伤保险工作的职权。

《工伤保险条例》第十四条第（五）项规定，因工外出期间，由于工作原因受到伤害或者发生事故下落不明的，应当认定为工伤。本案中，原告雇用第三人为绿化养护工，2008 年 4 月 9 日 8 时 55 分，第三人在广州市黄埔区护林路进行绿化养护工作，手推无号牌金泽莱女式自行车沿护林路中心花基以北第一条机动车道由东向西步行时，不慎与陈善鹏驾驶的丰田佳美轿车发生碰撞，导致第三人受伤。被告作出穗番劳社工认字〔2008〕第 126 号《工伤认定决定书》，认为原告与第三人存在事实劳动关系，第三人在劳动关系存续期间，受原告外派广州市黄埔区护林路工作，因工作原因受到伤害，符合工伤认定的条件，遂根据《工伤保险条例》第五条第二款、第十四条第（五）项的规定，认定第三人受伤的情形为工伤，并撤销穗番劳社工复字〔2008〕第 10 号《关于申报工伤认定的复函》，同时告知当事人对工伤认定决定不服，可依法申请行政复议，并将《工伤认定决定书》送达给原告、第三人。被告作出的穗番劳社工认字〔2008〕第 126 号《工伤认定决定书》认定事实清楚，适用法律正确，程序合法。

原告认为第三人在受伤之日已年满 61 岁，超过法定退休年龄，根据《中华人民共和国劳动合同法实施条例》第二十一条规定，双方劳动合同在第三人达到退休年龄 60 岁时终止，双方不存在劳动关系。首先，《工伤保险条例》第六十一条第一款规定："本条例所称职工，是指与用人单位存在劳动关系（包括事实劳动关系）的各种用工形式、各种用工期限的劳动者。"该条款并未将退休职工明确排除在"职工"之外。原告聘用第三人为绿化养护工，双方虽没有签订劳动合同，但存在事实劳动关系。其次，《中华人民共和国劳动合同法实施条例》于 2008 年 9 月 18 日施行，是为了贯彻实施《中华人民共和国劳动合同法》而制定的，根据法不溯及既往的原则，其不对原告与第三人在

2008 年 4 月 9 日的事实劳动关系进行调整。综上，原告与第三人在事故发生时仍然存在事实劳动关系，原告认为劳动者已达退休年龄、双方不存在劳动关系的主张，本院不予采纳。

原告认为第三人非在工作时间、非因工作原因受伤，并提供了承诺书、声明、陈远富及袁桃红的证明（2009 年 2 月 18 日）、照片、陈远富、袁桃红出庭作证的证人证言等证据。首先，原告在 2008 年 5 月 21 日出具的证明证实第三人在发生交通事故时正在进行绿化养护工作，原告认为该证明是应第三人的请求而作出的，目的是让第三人向肇事车主索赔，但要求肇事车主承担民事赔偿责任不需要证明第三人受伤时是否在上班，且承诺书、声明并没有反映第三人在事故发生时不在工作的事实。其次，陈远富、袁桃红于 2008 年 8 月 8 日向广州市公安局交通警察支队黄埔大队出具的《关于唐国安上班时车祸事故发生的证言》，因二人在事发后所作的证言离事发时间近，受到影响较小，能基本反映案件的真实情况，且与原告于 2008 年 5 月 21 日出具的证明、第三人的受伤报告、上下班时间表等证据相互印证，能证实第三人在事故发生时正在工作，而二人在 2009 年 2 月 18 日出具的证明及出庭证言，与其向广州市公安局交通警察支队黄埔大队出具的证明及广州市公安局交通警察支队黄埔大队对袁桃红所作的询问笔录相矛盾，因此不予采信。再次，《工伤保险条例》第十九条第二款规定："职工或者其直系亲属以为是工伤，用人单位不认为是工伤的，由用人单位承担举证责任。"被告在依法处理第三人工伤认定申请的过程中向原告送达举证通知书，要求原告对第三人的受伤情形是否属于工伤进行举证，原告未能提供合法有效的证据证明第三人受伤非在工作时间、非因工作原因。因此，原告认为第三人不属工伤的主张没有事实依据，本院不予采纳。

（五）一审定案结论

广东省广州市番禺区人民法院依照《中华人民共和国行政诉讼法》第五十四条第（一）项的规定，作出如下判决：

维持被告广州市番禺区劳动和社会保障局于 2008 年 12 月 30 日作的穗番劳社工认字［2008］第 126 号《工伤认定决定书》。

本案案件受理费 50 元，由原告广州市逸境园林绿化有限公司负担。

（六）二审情况

1. 二审诉辩主张
（1）上诉人诉称

请求判令撤销（2009）番法行初字第 177 号行政判决书，并依法改判撤销被上诉人作出的穗番劳社工认字［2008］第 126 号《工伤认定决定书》，重新作出不予受理决定，由被上诉人承担本案的诉讼费用。理由如下：1）第三人已达法定退休年龄不具有劳动者资格，上诉人与第三人之间存在的是劳务关系，而不是劳动关系，被上诉人对本案没有管辖权，被上诉人受理第三人工伤认定申请，没有法律依据。劳动和社会保障部《关于企业职工"法定退休年龄"涵义的复函》明确法定退休年龄为：男年满 60 周岁，女工人年满 50 周岁，女干部年满 55 周岁。根据《国务院关于工人退休、退职的暂行办法》第一条的规定，男年满 60 周岁的，应该退休。该暂行办法中用的是"应该退休"，而不是"可以退休"，这说明我国实行的是强制退休制度，作为男性只要达到 60 周岁，退休就是他的义务而不是权利。2008 年 9 月 18 日实施的《中华人民共和国劳动合同法实施条例》第二十一条关于劳动合同终止的规定与上述规章关于退休的规定一致。广州市人大于 2008 年 3 月 23 日公布的《广州市工伤保险若干问题的规定》第二条第二款也作出了相同的规定。本案第三人出生于 1947 年 5 月 2 日，2008 年 4 月 9 日发生交通事故时已经 61 周岁，已经过了法定退休年龄，根据上述法律法规、地方性法规的规定，第三人实际上已经失去了作为劳动者的主体资格。上诉人与第三人之间显然不存在劳动关系。2）被上诉人认定事实错误，第三人发生交通事故当天没有上班，被上诉人认定第三人是由于工作原因发生事故，没有事实依据。

（2）被上诉人辩称

同意一审判决。

（3）第三人述称

不同意上诉人的上诉请求、事实及理由，原审法院认定正确，适用法律正确，同意原审判决。

2. 二审事实和证据

广东省广州市中级人民法院经审理，确认一审法院认定的事实和证据。

3. 二审判案理由

广东省广州市中级人民法院经审理认为：（1）关于上诉人与第三人之间是否存在劳动关系的问题。虽然《国务院关于工人退休、退职的暂行办法》规定了男年满 60 周岁的应该退休，第三人受伤时已满 60 周岁，但是第三人入职原告多年以来，双方一直存在事实上的劳动关系，直至 2008 年 4 月 9 日第三人受伤，上诉人仍未为第三人办理退休手续，亦未解除劳动关系。同时，上诉人亦没有证据证明第三人已开始享受退休人员的待遇而不享受正常的职工待遇。因此，被上诉人及原审法院认定上诉人与原审第三人之间仍存在事实劳动关系，并无不当。上诉人所列举的《国务院关于工人退休、退职的暂行办法》、《中华人民共和国劳动合同法实施条例》和《广州市工伤保险若干问题的规定》，均未明确规定劳动者超过法定退休年龄的，其与用人单位之间的劳动关系必然终止。因此上诉人认为其与第三人之间只存在劳务关系而非劳动关系的主张不成立，本院不予支持。（2）关于第三人是否因工作原因发生事故的问题。被上诉人认定第三人受上诉人指派外出工作期间，因工作原因受到伤害，对此有上诉人出具的证明、上诉人的员工陈远富、袁桃红出具的《关于唐国安上班时车祸事故发生的证言》等证据予以佐证，主要证据充分，上诉人提供的证据不足以推翻被上诉人在工伤认定程序中所获得的上述证据，因此原审法院予以维持正确，本院予以支持。

4. 二审定案结论

广东省广州市中级人民法院依照《中华人民共和国行政诉讼法》第六十一条第（一）项的规定，作出如下判决：

驳回上诉，维持原判。

二审受理费 50 元，由上诉人广州市逸境园林绿化有限公司负担。

（七）解说

根据《工伤保险条例》的有关规定，认定职工的伤亡属于工伤必须同时满足两个条件：一是职工与用人单位存在劳动关系，二是职工由于工作原因受到事故伤害，二者缺一不可。本案中，第三人由于工作原因受到事故伤害的事实清楚，证据确凿，最值得探讨的是第三人与原告之间是否具有劳动关系，超过法定退休年龄的第三人由于工作原因受伤能否认定为工伤。

由于法律、法规并无明确规定超过法定退休年龄的员工由于工作原因受到伤害能否认定为工伤，在实务操作上，各地做法不一，劳动部门与司法机关意见也不一致。本案审理中，对于第三人的受伤能否认定为工伤，主要存在两种观点：

一种观点认为，《国务院关于工人退休、退职的暂行办法》第一条规定，全民所有制企业、事业单位和党政机关、群众团体的工人，男年满 60 周岁的，应该退休。《中华人民共和国劳动合同法实施条例》第二十一条规定，劳动者达到法定退休年龄的，劳动合同终止。《广州市中级人民法院关于审理劳动争议若干问题的意见综述》第七条认为，劳动者超过退休年龄继续工作（包括返聘）所产生的纠纷，不属于劳动争议案件调整范围，可按一般民事法律关系处理。司法实践中，对于退休人员继续工作的，一般认定其与用人单位之间的关系属劳务关系，并非劳动关系。《工伤保险条例》调整的是劳动关系，《广州市工伤保险若干问题的规定》第二条第二款亦规定："用人单位聘用的离退休人员或者超过法定退休年龄的人员（延缴养老保险的在职职工除外）不属于本规定所称职工的范围。"因此，第三人在工作时受到事故伤害，不可要求工伤赔偿。

另一种观点认为，第一，第三人虽然超过法定退休年龄，但未办理离退休手续，未领取基本养老保险金，其与原告存在事实劳动关系。第二，《中华人民共和国劳动合同法实施条例》于 2008 年 9 月 18 日施行，根据法不溯及既往的原则，不可适用其对原告与第三人在 2008 年 4 月 9 日的事实劳动关系进行调整。第三，除《中华人民共和国劳动合同法实施条例》之外，并没有其他法律、法规明确规定劳动者超过法定退休年龄的，其与用人单位之间的劳动关系必然终止。综上，应认定原告与第三人存在事实劳动关系，第三人在工作时受到事故伤害的，属于工伤。

笔者认为，如果员工超过法定退休年龄，但其未享受养老保险待遇或者退休金，则此类人员由于工作原因受到事故伤害，应当认定为工伤。理由如下：

1. 法律并未剥夺超过法定退休年龄的人员的劳动权利。虽然《国务院关于工人退休、退职的暂行办法》等规定了法定退休年龄，但这不等同于退休就没有了劳动的权利。《中华人民共和国宪法》第四十二条第一款规定："中华人民共和国公民有劳动的权利和义务。"劳动既是权利也是义务，笔者认为，规定法定退休年龄可视为对劳动义务的解除。

2. 超过法定退休年龄的人员具有相适应的劳动行为能力，用人单位招用其为员工，其在用人单位的管理下提供由用人单位支付报酬的劳动，且其提供的劳动性质上与其他劳动者并无不同，则应认定用人单位与该员工存在劳动关系。

3. 《中华人民共和国劳动合同法》第四十四条第（二）项规定，劳动者开始依法享受基本养老保险待遇的，劳动合同终止。该规定明确了劳动合同终止的法定条件是劳动者开始依法享受基本养老保险待遇，没有享受基本养老保险待遇显然不能终止劳动合同。而《中华人民共和国劳动合同法实施条例》第二十一条规定："劳动者达到法定退休年龄的，劳动合同终止。"该规定显然已经突破了《中华人民共和国劳动合同法》上述条款的含义。

4. 结合我国现行社会保险制度来看，如果用人单位为劳动者购买社会保险，则劳动者达到法定退休年龄时即可享受社会养老福利待遇，不工作也可保障其生活基本需要，反之，用人单位不为劳动者参保，劳动者即使达到法定退休年龄也不能享受养老待遇，其因生活所需而继续工作，如果再将其排除在工伤认定范围之外，明显与《工伤保险条例》"保障因工作遭受事故伤害或者患职业病的职工获得医疗救治和经济补偿、分散用人单位的工伤风险"的立法目的相违背，不利于保护劳动者的合法权益，明显不公。

必须提出的是，超过法定退休年龄的人员如果已经办理退休手续，开始享受养老保险待遇或者退休金，就不再属于用人单位的成员，用人单位无须再为其购买社会保险。如果该人员继续在用人单位工作（包括返聘），则其与用人单位之间仅存在劳务合同关系，而非劳动关系，对于此类人员由于工作原因受到事故伤害的，不应当认定为工伤，其可适用《最高人民法院关于审理人身损害赔偿案件适用法律若干问题的解释》提起人身损害赔偿诉讼。

（广东省广州市番禺区人民法院　肖晓丹）

39. 刘福泉不服北京市平谷区劳动和社会保障局工伤认定案
（职工在工作时间、工作场所死亡，但原因不明的仍应认定为工伤）

（一）首部

1. 判决书字号
一审判决书：北京市平谷区人民法院（2009）行字第 12 号判决书。
二审判决书：北京市第二中级人民法院（2009）二中行终字第 411 号判决书。
2. 案由：不服工伤认定结论。
3. 诉讼双方
原告（上诉人）：刘福泉，男，汉族，北京福泉禽类屠宰加工厂个体经营者。

委托代理人（一审）：贾德普，北京市曙光律师事务所律师。

被告（被上诉人）：北京市平谷区劳动和社会保障局，住所地：北京市平谷区府前西街9号。

法定代表人：刘忠，局长。

委托代理人：李学文，北京市平谷区劳动和社会保障局干部。

委托代理人：刘平华，北京市平谷区劳动和社会保障局干部。

第三人：葛洪生，男，1962年4月26日出生，汉族，内蒙古自治区克什克腾旗农民。

委托代理人：王振三，北京市时雨律师事务所律师。

4. 审级：二审。

5. 审判机关和审判组织

一审法院：北京市平谷区人民法院。

合议庭组成人员：审判长：杜天祥；审判员：刘宝利；代理审判员：胡兰芳。

二审法院：北京市第二中级人民法院。

合议庭组成人员：审判长：徐宁；代理审判员：王小浒、霍振宇。

6. 审结时间

一审审结时间：2009年5月6日。

二审审结时间：2009年7月23日。

（二）一审诉辩主张

1. 被诉具体行政行为

被告北京市平谷区劳动和社会保障局（以下简称平谷劳保局）于2008年7月11日作出京平劳社工伤认（2260T0118741）号工伤认定结论通知，该通知书认定：葛××是刘福泉经营的北京福泉禽类屠宰加工厂（以下简称福泉屠宰加工厂）员工，负责开车送货。2008年3月12日下午5时许，刘福泉之妻宁环彩让葛××来单位给客户送货，葛××到单位后，与宁环彩一起往车上装货，后宁环彩让葛××自己装，在装的过程中，葛××意外掉入院内东南角的沉淀池内，直到次日凌晨1时许，刘福泉和宁环彩发现葛××在沉淀池内死亡，并报案。后经北京市公安局平谷分局刑事侦查支队认定，葛××死亡不属于刑事案件。在工伤认定调查过程中，福泉屠宰加工厂没有举出葛××掉入沉淀池内死亡不是由于工作原因造成的有力证据。依据《工伤保险条例》第十四条第（一）项之规定，认定葛××死亡符合工伤认定范围，认定为工伤。

2. 原告诉称

葛××于2007年11月受雇于原告经营的福泉屠宰加工厂任专职司机，2008年3月12日下午5时左右，原告之妻宁环彩通知葛××到单位给客户送货。葛××到单位后，同宁环彩一起装货。装完货后宁环彩和爱人一起吃晚饭，以便饭后同葛××一起去送货。宁环彩饭后未见葛××，7时左右在仍不见葛××及其手机无法接通情况下开始找葛××。3月13日1时30分左右，原告发现葛××溺水于污水沉淀池内，当即报警。公安机关经现场勘查，出具了《关于葛××死亡调查意见书》，证明葛××死亡不属于刑事案件，属于意外。

由于葛××的死亡地点是污水沉淀池内，该处不是死者从事工种的工作场所，沉淀池与厂区分隔，有两道院墙圈着，外墙为厂外和厂内分隔墙，内墙为沉淀池与鸡毛、鸡血、粪便等屠宰废料堆放区的分隔墙，两墙均高两米。而在屠宰废料堆放区北侧又是一道墙和一块竹角板，以便将污物与厂区隔开。竹角板只有在清运屠宰废料时才能开启，清运完后立即关严，以防鸡毛等刮入厂区。另外作为屠宰单位卫生防疫要求严格，因此厂里严格规定除清运垃圾废物人员清运垃圾进出该处外，其他人员不得进入，更不要说进入沉淀池区域。葛××死于沉淀池内，如果他是从厂外进入，必须翻越厂子院墙，如果从厂内进入，他只能是先通过屠宰废料堆放区，再通过废料堆放区与沉淀区之间的隔离墙，才能进入沉淀区。

葛××已死，其出于何种动机、因什么原因到这样一个污秽之地，因死无对证，已无法查清。但被告仅从葛××是在工作时间死亡，死亡地点属于工作场所涵盖的范围，其死亡结论属于意外，即认定为工伤，这与《工伤保险条例》规定的工伤认定条件不相符。至于原告在工伤认定和行政复议过程中疏忽证据提供是原告失误。请求依法撤销被告作出的京平劳社工伤认（2260T0118741）号工伤认定结论通知书。

3. 被告辩称

原告在调查笔录中陈述的事实可以说明：（1）葛××系在"工作时间内"死亡。葛××系受宁环彩指派到单位装货、送货，在此过程中，葛××死亡，而其死亡前并未完成宁环彩交代的装货任务。（2）葛××系因"工作原因"死亡。葛××是在工作时间内死亡，被发现死亡时，"尸体衣服整齐，右手戴着布线手套，手套是单位发的，因干活时需要戴上手套"，在工伤认定调查过程中，作为发现葛××死亡第一现场的在场人，原告未提供葛××掉入沉淀池内不是由于工作原因的合理证据。（3）葛××系在"工作场所"死亡。事故地点沉淀池在院内，是当时屠宰加工生产作业设施的有机组成部分，当然属于工作场所涵盖的范围之内。原告对"工作场所"的理解存在片面性，且没有证据证明除清运垃圾人员外，他人不得进入废料堆放区。原告未能按照《工伤认定办法》第十四条"职工或者其直系亲属认为是工伤，用人单位不认为是工伤的，由该用人单位承担举证责任"之规定，证明葛××非因工作原因死亡。综上，葛××的死亡属于在工作时间和工作场所内，因工作原因受到事故伤害所致，符合《工伤保险条例》第十四条第（一）项规定，应予认定工伤。被告所作工伤认定结论通知，事实清楚，程序合法，适用法律正确，依法应予维持。原告诉讼请求不能成立，应予依法驳回。

（三）一审事实和证据

北京市平谷区人民法院经公开审理查明：第三人葛洪生胞弟葛××于2007年11月受雇于原告经营的福泉屠宰加工厂任司机，负责装卸及运输该厂生产的鸡产品，双方形成劳动关系。2008年3月12日18时许，原告之妻宁环彩通知葛××来单位给客户送货，葛××到单位后，与宁环彩一起往车上装货。在装货过程中宁环彩因故离开。当原告与宁环彩吃过晚饭后，准备让葛××去送货，发现葛××不见后便进行寻找。直到3月13日凌晨1时许，原告和宁环彩在厂东南侧沉淀池内发现葛××尸体，原告即报警。2008年3月20日北京市公安局平谷分局刑事侦查支队出具了《关于葛××死亡的调查意见书》，证实葛××死亡不属于刑事案件。2008年5月21日，葛××之兄葛洪生向被告平谷劳保局提出申请，要求确认葛××之死为工伤。被告在第三人补正相关材料后，于2008年7月11日作出了京平劳社工伤认（2260T 0118741）号工伤认定结论通知书。原告不服，向北京市平谷区人民政府申请行政复议。复议机关于2009年1月19日作出了复议决定，并于2009年3月2日送达原告。原告仍不服，诉至法院。

上述事实有下列证据证明：

1.《工伤认定申请表》、补正材料通知书及送达回证、葛××身份证复印件及葛洪生相关证明、劳动关系证明、营业执照复印件、受理通知书及送达回证、认定结论通知书及送达回证，证明被告依法受理工伤认定申请，按照法定程序作出认定结论；

2. 刘福泉的身份证复印件，证明被告调查时依法核实了被调查人的身份；

3. 2008年6月10日、2008年6月13日对刘福泉的调查笔录，证明葛××是在工作时间、工作场所，因工作原因死亡；

4. 阅卷笔录，证明葛××被发现死亡的第一时间只有刘福泉、宁环彩二人在场；

5. 北京市公安局平谷分局刑事侦查支队《关于葛××死亡的调查意见书》，证明葛××死亡不是刑事案件。

(四) 一审判案理由

北京市平谷区人民法院经审理认为：根据《工伤保险条例》第五条第二款之规定，被告作为福泉屠宰加工厂所在地的劳动保障行政主管部门，有权对本辖区内职工工伤认定申请进行认定。

《工伤保险条例》第十四条第（一）项规定：职工"在工作时间和工作场所内，因工作原因受到事故伤害的"应当认定为工伤。本案中，原告认为葛××之死并非在工作场所，也非因工作原因，葛××是司机，沉淀池并非其从事工作的场所，该厂工作制度特别强调非垃圾清运人员不能接近沉淀池，葛××因何到沉淀池，也无从考证，因此被告认定其属工伤并不符合上述规定。

针对原告上述主张，法院认为，对于工作场所的认定不能仅仅根据职工的工作职责将其限定为与工作职责相关的特定地点，而应予以综合考虑。本案中，原告从事行业的性质决定了沉淀池是该厂必要的附属设施，属于厂区的重要组成部分，不许清运垃圾人员以外的人进入该区域的工作制度不能将此区域排除在葛××的工作场所外，且原告对沉淀池的防护措施存在漏洞；另，公安部门证实葛××之死不属刑事案件，原告承认葛××当天的确应原告送货要求到厂区装货，且其死亡时仍戴着原告所发手套。《工伤保险条例》第十九条第二款规定，职工或者其直系亲属认为是工伤，用人单位不认为是工伤的，由用人单位承担举证责任。本案中，被告在行政程序中要求原告提供葛××不属工伤的证据，但原告未能提供相关证据，未尽到举证责任，不能证明葛××完全是由于自身原因掉入沉淀池，或者证明葛××存在《工伤保险条例》第十六条规定的不应认定为工伤的情形。故对原告要求撤销被告所作的工伤认定结论通知的诉讼请求本院不予支持。被告应第三人的申请，依法向原告及公安部门调取证据，根据这些调取的证据确定葛××在工作时间、工作场所，因工作原因死亡，符合工伤认定范围，认定其为工伤的结论事实清楚，证据充分，程序合法，法律适用正确，本院应予支持。

（五）一审定案结论

北京市平谷区人民法院依照《中华人民共和国行政诉讼法》第五十四条第（一）项之规定，作出如下判决：

维持被告北京市平谷区劳动和社会保障局于 2008 年 7 月 11 日作出的京平劳社工伤认（2260T0118741）号工伤认定结论。

案件受理费 50 元，由原告刘福泉负担（已交纳）。

（六）二审情况

1. 二审诉辩主张

（1）上诉人诉称

葛××死亡地点污水沉淀池不是死者从事工作的场所，在葛××死因无法查清的情况下，平谷劳保局仅凭葛××是在工作时间死亡，死亡地点属于工作场所涵盖的范围，作出认定工伤的结论，与《工伤保险条例》规定的工伤认定条件不符。请求撤销平谷劳保局所作工伤认定结论通知及一审判决。

（2）被上诉人辩称

同意一审判决。葛××在工作时间、工作场所内，因工作原因死亡，且刘福泉未能按照《工伤认定办法》第十四条"职工或者其直系亲属认为是工伤，用人单位不认为是工伤的，由该用人单位承担举证责任"之规定，证明葛××非因工作原因死亡。

2. 二审事实和证据

北京市第二中级人民法院经审理，认定的事实和证据与一审事实和证据相同。

3. 二审判案理由

北京市第二中级人民法院经审理，判案理由与一审判案理由相同。

4. 二审定案结论

北京市第二中级人民法院依照《中华人民共和国行政诉讼法》第六十一条第（一）项之规定，作出如下判决：

驳回上诉，维持一审判决。

一、二审案件受理费各 50 元，均由刘福泉负担（已交纳）。

（七）解说

在工伤认定过程中，劳动者较用人单位处于弱势地位，因为前者受后者指派，受控于后者，一旦发生事故，要劳动者自己举证证明符合工伤认定条件，不利于其合法权益的保护。《工伤保险条例》第十四条规定了认定工伤的一般标准是"在工作时间、工作场所，因工作原因受到事故伤害"，这一规定比较原则。由于社会分工的细致化，用人单位用工形式的多样化，在工伤认定实践中，工作时间、工作场所、工作原因这三个要素的认定存在一定困难。在此背景下，为了切实保护劳动者合法权益，从立法角度讲，《工伤保险条例》强调用人单位就职工受伤与工作无关的事实负举证责任。该条例第十九条第二款规定：用人单位不认为是工伤的，用人单位应承担不构成工伤的举证责任。从实务操作角度讲，在对工作时间、工作场所、工作原因存在争议，且用人单位不能有效证明受伤职工存在《工伤保险条例》规定的不予认定工伤的情形的情况下，通过对《工伤保险条例》立法精神的把握来得出结论，即最大可能保障主观上无恶意的劳动者因工作或在与工作相关活动中遭受事故伤害或者患职业病后获得医疗救治、经济补偿和职业康复的权利，奉行的是最大限度保护劳动者合法权益的原则。

本案中，葛××之死是否属于工伤的关键在于其死亡地点是否是工作场所，死亡是否由于工作原因，这也是本案当事人争议的焦点所在。原告主张葛××之死为非工伤基于两点理由：其一，葛××死亡地点是沉淀池，而根据该厂的工作制度，非垃圾清运人员不得接近沉淀池，葛××作为司机，沉淀池并非其工作场所；其二，葛××因何在沉淀池死亡，原因不明，无法认定其系由于工作原因。

究竟如何看待此案，笔者以为也应从上述的方面加以分析：

首先，葛××死亡的地点——沉淀池，是否属于工作场所。葛××的确是原告雇用的司机，主要负责装卸及运货，从表面上看沉淀池并非其工作场所。但是，作为个体工商户，一般情况下没有严格的岗位责任制，原告虽然曾在法院庭审中提供了非垃圾清运人员不得接近沉淀池的工作制度，但仅凭这一工作制度不足以将沉淀池排除在葛××的工作场所外。一则，刘福泉所从事的禽类屠宰加工行业的性质决定了沉淀池是必要的附属设施，属于厂区的重要组成部分，是原告直接控制的地点；二则，原告并没有将该工作制度向有关部门备案，且原告在工伤认定过程中并未向劳动行政主管部门出示，工作制度真假难辨；三则，即使存在这样的工作制度，葛××对这一工作制度有所违反，也不能由此排除沉淀池是葛××的工作场所，原告对沉淀池的防护措施存在漏洞，且当时葛××系应原告之妻送货要求到厂区的，原告无法证明葛××系为谋取私利到达沉淀池附近。因此，葛××死亡地点的沉淀池应该视为其工作场所。

其次，葛××死亡是否属工作原因。这是本案最为疑惑的地方。死者已矣，葛××因何至沉淀池或者沉淀池附近确如原告所称无从可查。可以肯定的是，葛××死亡之前是应原告之妻要求到厂区，且与原告之妻一起装货，原告之妻在装完货前因需做晚饭离开，而非起诉状中所称的装完货后离开。原告称在与其妻吃晚饭时葛××曾向其交库房钥匙，之后直至在沉淀池发现葛××尸体，经寻找未见到葛××。在这段时间，葛××究竟有过什么行为，又为何死于沉淀池确实无从可查。但是由于这段时间葛××处在原告控制范围内，在公安部门确认葛××之死非属刑事案件的情况下，根据用人单位举证的规则，原告应该就葛××非因工作原因死亡承担举证责任，但原告未提供证据证明葛××完全是由于自身原因掉入沉淀池，或者证明葛××存在《工伤保险条例》第十六条规定的犯罪、违反治安管理、醉酒、自杀等不应认定为工伤的情形。因此，从有利于保护遭受事故伤害职工的利益出发可以推定葛××系因工作原因死亡。

综上，在工伤认定实践中，工作时间、工作场所、工作原因的认定并不简单，存在纷繁复杂的情况，但针对在工作时间和工作场所内受伤或死亡的事实比较清楚，而受伤或者死亡原因无法查清的情况，可以结合《工伤保险条例》的立法本意及其规定的用人单位的举证制度来作出有利于伤亡职工利益的认定。

（北京市平谷区人民法院　胡兰芳）

40. 何学政不服屏南县社会劳动保险管理中心工伤保险待遇核定行政处理案
（旧伤复发情形是否属于工伤认定及其法律适用）

（一）首部

1. 判决书字号

一审判决书：福建省屏南县人民法院（2009）屏行初字第 3 号判决书。

二审判决书：福建省宁德市中级人民法院（2009）宁行终字第 48 号判决书。

2. 案由：工伤保险待遇核定行政处理。

3. 诉讼双方

原告（被上诉人）：何学政，男，1958 年生，汉族，职工，屏南县人，住屏南县长桥镇。

委托代理人：孙翔，福建通享律师事务所律师。

被告（上诉人）：屏南县社会劳动保险管理中心，住所地：屏南县古峰镇环城路128 号。

法定代表人：张良清，主任。

委托代理人：张熙果，福建黎民友律师事务所律师。

第三人（被上诉人）：屏南县供电有限公司，住所地：屏南县古峰镇花亭路 7 号。

法定代表人：危乃盛，董事长。

委托代理人：张天松，男，汉族，屏南县人，系屏南县供电有限公司总经理工作部副主任，住屏南县古峰镇。

4. 审级：二审。

5. 审判机关和审判组织

一审法院：福建省屏南县人民法院。

合议庭组成人员：审判长：李新明；审判员：张尊贵；人民陪审员：陆盛彪。

二审法院：福建省宁德市中级人民法院。

合议庭组成人员：审判长：王嫔；审判员：黄冰凌；代理审判员：何如芬。

6. 审结时间

一审审结时间：2009 年 9 月 10 日（经福建省高级人民法院批准延长审限）。

二审审结时间：2009 年 12 月 7 日。

（二）一审情况

1. 一审诉辩主张

（1）被诉具体行政行为

被告屏南县社会劳动保险管理中心认定，第三人屏南县供电有限公司职工何学政（本案原告）于 2007 年 7 月 14 日无证驾驶无牌摩托车去张地、柏源村抄电表，与拖拉机相撞致伤。2007 年 8 月 7 日，第三人屏南县供电有限公司向宁德市劳动和社会保障局提出工伤认定申请。2008 年 9 月 3 日，宁德市劳动和社会保障局认定原告何学政为工伤。原告三次住院治疗，时间分别是 2007 年 7 月 14 日至 2007 年 8 月 8 日，2007 年 8 月 28 日至 2007 年 12 月 24 日，2008 年 2 月 28 日至 2008 年 4 月 8 日，其中第一次住院医疗费用是 9 746.68 元。

被告根据《福建省实施〈工伤保险经办业务管理规程〉细则》（以下简称《细则》）第三十四条"职工治疗工伤原则上应在工伤保险定点医疗机构就诊。职工因工负伤情况紧急无法到定点医疗机构救治的，用人单位可以先将负伤职工送往就近医疗机构急救，并在 3 日内（情况特殊可延长为 7 日）向社保机构报告，待生命体征稳定后再转往定点医疗机构治疗"的规定，和第三十七条"工伤职工旧伤复发需要治疗的，用人单位应填写《工伤职工旧伤复发治疗申请表》，经设区市劳动能力鉴定委员会确认和社保机构核准后，伤残职工的治疗费用由工伤保险基金支付"的规定，于 2009 年 3 月 23 日以原告何学政第二、三次住院治疗均未经宁德市劳动能力鉴定委员会确认和社保机构核准为由，作出屏劳险（2009）03 号复函，确定原告第二、三次住院的治疗费用不能由工伤保险基金支付。原告何学政不服，向屏南县劳动和社会保障局申请行政复议。2009 年 5 月 8 日，屏南县劳动和社会保障局认为，申请人（原告）提供的第一、二次福州市第二医院《出院记录》记载表明，申请人第一、二次治疗已痊愈，屏南县社会劳动保险管理中心作出申请人第二、三次住院治疗源于旧伤复发的认定有事实依据，适用法规正确。根据《中华人民共和国行政复议法》第二十八条规定，作出屏劳复决字（2009）01 号复议决定书，对被申请人屏南县社会劳动保险管理中心核定赔付申请人何学政工伤医疗费 9 782.16 元的决定，予以维持。

（2）原告诉称

其于 2007 年 7 月 14 日上班途中受伤。2008 年 9 月 3 日，宁德市劳动和社会保障局认定为工伤。原告因该工伤先后三次在福州市第二医院住院治疗。原告所在单位第三人屏南县供电有限公司依法为原告办理了工伤保险。根据《工伤保险条例》第二十九条规定，原告的三次住院医疗费用应当从工伤保险基金支付。被告屏南县社会劳动保险管理中心认定原告第二、三次住院治疗源于旧伤复发，并根据《细则》第三十七条规定，对原告第二、三次住院费用不予支付，该具体行政行为认定事实、适用法律错误。主要理由是：1）被告认定事实错误，证据不足。被告认定原告第二、三次住院治疗源于旧伤复发是错误的。原告在福州市第二医院住院治疗三次，治疗过程均有详细记录，第二、三次住院病历记录的治疗内容并不是旧伤复发。如果客观、全面地分析病历全部内容，而不是片面地引用部分内容，根本不能认定原告病情是旧伤复发。根据病历记录内容，完全可证实原告第二、三次住院是根据病情需要的进一步治疗。2）被告适用法律错误。《细则》第三十七条规定："工伤职工旧伤复发需要治疗的，用人单位应填写《工伤职工旧伤复发治疗申请表》，经设区市劳动能力鉴定委员会确认和社保机构核准后，伤残职工的治疗费用由工伤保险基金支付。"该规定仅是从业务经办程序上对用人单位提出要求，并没有规定治疗费不从工伤保险基金支付，并且《细则》只是福建省劳动和社会保障厅制定的内部管理文件，即使《细则》作出不支付治疗费的规定，也违背了《工伤保险条例》第二十九条的规定和立法精神，是无效的，不能适用。3）被告拒付行为缺乏法律依据。《工伤保险条例》、《工伤保险经办业务管理规程》、《福建省实施〈工伤保险条例〉办法》、《细则》均未规定工伤保险不支付第二、三次住院治疗费用，对工伤保险待遇审核是被告的职能，被告拒付缺乏依据。4）被告拒付行为显失公平，不符合法律的公平价值取向。首先，原告单位第三人屏南县供电有限公司依法为原告缴纳了工伤保险费，如果因为没有填写《工伤职工旧伤复发治疗申请表》，就拒绝从工伤保险基金中支付原告治疗费用，既不公平也不符合"权利义务相一致"的法律精神。其次，没有填写《工伤职工旧伤复发治疗申请表》的过错不在第三人，而在劳动社会保障部门。第三人于2007年8月7日向宁德市劳动和社会保障局提出工伤认定申请，此后一年多时间宁德市劳动和社会保障局一直认为原告不属工伤，直至原告第三次住院出院近五个月后才认定原告为工伤。在原告住院治疗前不认定原告为工伤，第三人如何填写《工伤职工旧伤复发治疗申请表》？被告以《细则》第三十七条规定为由拒付原告住院治疗费是将宁德市劳动和社会保障局未在法定期间内认定原告为工伤而造成的后果强加给原告和第三人，显失公正。综上，被告拒付原告第二、三次治疗费的具体行政行为认定事实错误，证据不足，适用法律错误，同时缺乏法律依据，请求依法撤销被告作出的屏劳险（2009）03号《关于何学政同志工伤医疗费的复函》，同时责令被告核定全部工伤治疗费。

（3）被告辩称

其在审核原告工伤保险待遇一案中认定事实清楚，适用法律正确，拒付原告第二、三次住院医疗费于法有据。理由如下：1）原告何学政于2007年7月14日无证驾驶无牌摩托车去张地、柏源村抄电表与拖拉机相撞致伤。2007年8月7日，第三人向宁德市劳动和社会保障局提出工伤认定申请。2008年9月3日，宁德市劳动和社会保障局认定原告为工伤。2008年11月26日，宁德市劳动能力鉴定委员会鉴定其为七级伤残。第三人于2008年12月24日向被告申请工伤赔付，因材料不齐全，直至2009年3月1日才补齐。2009年3月10日，经宁德市社会劳动保险管理中心核准，核定赔付原告何学政工伤医疗费9 782.16元，一次性伤残补助金10 224元，劳动能力鉴定费260元，合计 20 266.16 元。2）原告何学政提供的第一次住院的出院小结显示各诊断的治疗结果三项全部是治愈，医生在出院小结上并未注明分期治疗，首次住院已终结。根据第一次治疗经过、手术记录和出院小结的结果分析其第一次创伤已治愈。若原告在第一次医疗终结后又重新治疗，需按《细则》第三十七条的规定执行。第三人屏南县供电有限公司在原告第二、三次住院时未办理相关手续，因此对于原告的相关治疗费没有给予支付。综上，被告认定事实清楚，适用法律正确，被告拒付第二、三次医疗费于法有据，请求人民法院依法驳回原告诉讼请求。

（4）第三人述称

原告于 2007 年 7 月 14 日工作期间发生交通事故。第三人于 2007 年 8 月 7 日向宁德市劳动和社会保障局提出工伤认定申请。2008 年 9 月 3 日，宁德市劳动和社会保障局才对原告作出工伤认定。原告三次治疗期间从 2007 年 7 月 14 日开始至 2008 年 4 月 8 日结束，整个治疗期间未认定工伤，所以不存在第三人未填报《工伤职工旧伤复发治疗申请表》问题。

2. 一审事实和证据

福建省屏南县人民法院经公开审理查明：原告何学政系第三人屏南县供电有限公司职工。第三人为原告办理了工伤保险。2007 年 7 月 14 日，原告何学政驾驶摩托车到屏南县长桥镇张地、柏源村抄电表，途中与拖拉机相撞致伤。原告先后三次入住福州市第二医院治疗，时间分别为：2007 年 7 月 14 日至 2007 年 8 月 8 日，2007 年 8 月 28 日至 2007 年 12 月 24 日，2008 年 2 月 28 日至 2008 年 4 月 8 日。第三人屏南县供电有限公司于 2007 年 8 月 7 日向宁德市劳动和社会保障局提出工伤认定申请。2008 年 9 月 3 日，宁德市劳动和社会保障局认定原告为工伤。同年 11 月 26 日，经宁德市劳动能力鉴定委员会鉴定原告为七级伤残。2008 年 12 月 24 日，第三人向被告申请工伤赔付，经宁德市社会劳动保险管理中心核准，核定赔偿原告医疗费 9 782.16 元，一次性伤残补助金 10 224 元，劳动能力鉴定费 260 元，合计 20 266.16 元。此后第三人屏南县供电有限公司致函被告，要求被告全额支付原告工伤医疗费。2009 年 3 月 23 日，被告根据《细则》第三十七条规定，作出屏劳险（2009）03 号《关于何学政同志工伤医疗费的复函》，确认原告第二、三次治疗费用不能由工伤保险基金支付。原告不服于 2009 年 4 月 15 日向屏南县劳动和社会保障局申请行政复议。屏南县劳动和社会保障局认为，申请人（原告）提供的第一、二次福州市第二医院《出院记录》记载表明，申请人第一、二次治疗已痊愈，屏南县社会劳动保险管理中心作出申请人第二、三次住院属旧伤复发的认定有事实依据，适用法规正确。根据《细则》第三十七条规定，用人单位在申请人第二、三次住院时，就应填写《工伤职工旧伤复发治疗申请表》，经市劳动能力鉴定委员会和社保机构核准后，申请人治疗费用才能由工伤保险基金支付。因此，对申请人提出的责令被申请人（被告）核定支付申请人全部工伤医疗费用的请求，难以支持。2009 年 5 月 8 日，屏南县劳动和社会保障局根据《中华人民共和国行政复议法》第二十八条规定，决定如下：对被申请人屏南县社会劳动保险管理中心核定赔付申请人何学政工伤医疗费 9 782.16 元的决定，予以维持。原告何学政不服，于 2009 年 6 月 9 日向本院提起行政诉讼，请求撤销被告屏南县社会劳动保险管理中心作出的屏劳险（2009）03 号

《关于何学政同志工伤医疗费的复函》，并责令被告核定原告全部工伤的治疗费。

上述事实有下列证据证明：

（1）屏劳险（2009）03号《关于何学政同志工伤医疗费的复函》；

（2）原告三次住院病历及收费票据；

（3）工伤待遇审批表2份；

（4）事业单位法人证书、法定代表人身份证明等书证4份。

（5）宁劳社决字（2008）320号《工伤认定决定书》；

（6）屏劳复决字（2009）01号行政复议决定书。

3. 一审判案理由

福建省屏南县人民法院经审理认为：《工伤保险条例》第五条第三款规定："劳动保障行政部门按照国务院有关规定设立的社会保险经办机构具体承办工伤保险事务。"根据该条规定，被告屏南县社会劳动保险管理中心具有行使原告工伤保险待遇核定的法定职权，其在行使职权过程中，应当事实清楚，证据充分，程序合法，适用法律、法规正确。但本案被告认定原告第二、三次住院治疗源于"旧伤复发"主要证据不足，且适用法律、法规错误，其行政行为依法应予撤销。

4. 一审定案结论

福建省屏南县人民法院依照《中华人民共和国行政诉讼法》第五十四条第（二）项第一、二目之规定，作出如下判决：

（1）撤销被告屏南县社会劳动保险管理中心于2009年3月23日作出的屏劳险（2009）03号《关于何学政同志工伤医疗费的复函》；

（2）被告屏南县社会劳动保险管理中心应在本判决生效之日起1个月内对原告第二、三次工伤住院治疗费重新作出核定。

（三）二审诉辩主张

1. 上诉人诉称

（1）原审法院认定被上诉人何学政第二、三次住院是根据病情需要进一步治疗，并认为上诉人认定其属"旧伤复发"主要证据不足，是错误的。（2）上诉人作出的屏劳险（2009）03号《关于何学政同志工伤医疗费的复函》，程序合法，适用法律、法规正确。请求撤销原判，改判维持上诉人作出的屏劳险（2009）03号《关于何学政同志工伤医疗费的复函》或发回重审。

2. 被上诉人辩称

被上诉人（原审原告）辩称：（1）上诉人认定被上诉人何学政第二、三次住院治疗属于"旧伤复发"认定事实错误，证据不足。被上诉人何学政因工伤在福州市第二医院住院治疗三次，治疗过程均有详细病历记录。根据病历记录内容，完全可以证实何学政第二、三次住院是根据病情需要进一步治疗，而不是旧伤复发。（2）上诉人适用法律、法规错误。根据《工伤保险条例》第二十九条规定，被上诉人何学政的三次住院医疗费用应当从工伤保险基金支付。上诉人认定被上诉人何学政第二、三次住院治疗是旧伤复发，并以《细则》第三十七条为根据，拒付第二、三次住院费用，该行为适用法律错误。请求依法驳回上诉。维持原判。

被上诉人（原审第三人）辩称：（1）公司员工何学政 2007 年 7 月 14 日发生事故，入院治疗，诊断为"右膝关节开放性脱位，右胫骨髁间嵴骨折，左第五掌骨折，左小指外伤"，2007 年 8 月 8 日出院，住院 25 天，根据相关的医学常识及出院记录、出院医嘱等，可以说明骨骼没有治愈。（2）何学政发生事故后，公司于 2007 年 8 月 7 日向宁德市劳动和社会保障局提出工伤认定申请。2008 年 9 月 3 日，宁德市劳动和社会保障局才对何学政作出工伤认定。何学政三次治疗期间从 2007 年 7 月 14 日至 2008 年 4 月 8 日结束，整个治疗期间未认定工伤，所以不存在公司未填报《工伤职工旧伤复发治疗申请表》的问题。（3）根据《中华人民共和国劳动法》、《工伤保险条例》的立法精神，也是为了保障劳动者的根本利益，请求驳回上诉，维持原判。

（四）二审事实和证据

福建省宁德市中级人民法院经审理，认定的事实与证据与一审相同。二审中，各方当事人均未提交新的证据，对证据材料拟证明的事实及质证意见与原审相同，对原审认定的事实没有异议。

（五）二审判案理由

福建省宁德市中级人民法院经审理认为：《中华人民共和国行政诉讼法》第三十二条规定："被告对作出的具体行政行为负有举证责任，应当提供作出该具体行政行为的证据和所依据的规范性文件。"上诉人复函认定被上诉人何学政第二、三次的治疗费用属于旧伤复发情形，应当承担举证责任。但上诉人对此仅提供了被上诉人何学政的病历予以证明，被上诉人何学政对此提出异议，认为病历中也体现了需要进一步治疗。经审查，从何学政的病历记载内容看确实存在记载的部分内容与最终诊断结果之间的矛盾，未能得到合理排除，被上诉人又不能提供其他证据予以印证，因此，上诉人主张被上诉人何学政第二、三次住院治疗属于旧伤复发证据不足，不予支持。

（六）二审定案结论

福建省宁德市中级人民法院依照《中华人民共和国行政诉讼法》第六十一条第（一）项之规定，作出如下判决：

驳回上诉，维持原判。

（七）解说

本案诉辩双方争议的焦点问题是：（1）原告第二、三次住院治疗是否源于"旧伤复发"情形;（2）被告适用法律、法规是否正确。

1. 原告第二、三次住院治疗是否源于"旧伤复发"情形的问题。

（1）从原告病情分析，原告初次入院诊断其受伤部位为：1）关节右膝开放性脱位；2）右膝内侧结构损伤及交叉韧带损伤；3）右胫骨髁间嵴骨折；4）左第五掌骨折；5）左小指末节不全离断。由此可见，原告伤情较为严重，从其第一次入院到出院时间不足一个月，被告认定原告已治愈，与原告伤情诊断结果不相符。

（2）从原告三次住院病历记载内容看，后二次记载内容与原告的初次病情诊断均存在内在联系，根据原告病情及出入院时间间隔等因素综合分析，认定原告第二、三次住院是根据病情需要进一步治疗，符合常理。

（3）从举证责任分配看，根据法律规定，被告对其作出的具体行政行为负有举证责任，应当提供作出该具体行政行为的证据，因此，被告对原告第二、三次住院治疗是否源于"旧伤复发"情形负有举证责任。虽然被告也对原告的病历进行了列举分析，但双方对此存在争议，且病历中记载的部分内容与最终诊断结果之间存在的矛盾，尚未得到合理排除。综上，被告认定原告第二、三次住院治疗源于"旧伤复发"，主要证据不足。

2. 关于被告适用法律、法规是否正确的问题。

（1）首先，从立法层面看，《中华人民共和国劳动法》第七十条规定："国家发展社会保险事业，建立社会保险制度，设立社会保险基金，使劳动者在年老、患病、工伤、失业、生育等情况下获得帮助和补偿。"《工伤保险条例》第一条规定："为了保障因工作遭受事故伤害或者患职业病的职工获得医疗救治和经济补偿，促进工伤预防和职工康复，分散用人单位的工伤风险，制定本条例。"上述法律、法规均从立法的角度构筑了对劳动者合法权利的保护。

（2）从公平性原则看，《工伤保险条例》第二十条第一款规定："劳动保障行政部门应当自受理工伤认定申请之日起 60 日内作出工伤认定的决定，并书面通知申请工伤认定的职工或者其直系亲属和该职工所在单位。"本案原告于 2007 年 7 月 14 日发生交通事故，原告三次住院时间分别是 2007 年 7 月 14 日至 2007 年 8 月 8 日，2007 年 8 月 28 日至 2007 年 12 月 24 日，2008 年 2 月 28 日至 2008 年 4 月 8 日。原告所在单位第三人屏南县供电有限公司于 2007 年 8 月 7 日（即原告第一次住院期间）向宁德市劳动和社会保障局提出工伤认定申请，宁德市劳动和社会保障局于 2008 年 9 月 3 日才作出工伤认定决定书，历时一年多，原告第三次出院距此也有四个多月，超过了上述《工伤保险条例》规定的期限。同时，根据《细则》第三十七条之规定，其适用的前提条件是职工发生工伤的情形，本案有权机关虽然最终对原告作出工伤认定，但未在原告住院期间及法定期限作出，现被告要求对原告住院期间所支付的费用按《细则》第三十七条规定的程序进行工伤保险待遇核定，违背了公平性原则。

（3）从法律规范看，《中华人民共和国劳动法》第七十三条规定"劳动者在下列情形下，依法享受社会保险待遇：（一）……（二）患病、负伤；（三）因工伤残或患职业病；（四）……劳动者享受的社会保险金必须按时足额支付。"《工伤保险条例》第二条第二款规定："中华人民共和国境内的各类企业的职工和个体工商户的雇工，均有依照本条例的规定享受工伤保险待遇的权利。"第二十九条第一款规定："职工因工作遭受事故伤害或者患职业病进行治疗，享受工伤医疗待遇。"据此，原告属于上述法律、法规规定的适用对象。同时根据《工伤保险条例》第四十条规定，"工伤职工有下列情形之一的，停止享受工伤保险待遇：（一）丧失享受待遇条件的；（二）拒不接受劳动能力鉴定的；（三）拒绝治疗的；（四）被判刑正在收监执行的"。原告不存在上述停止享受工伤保险待遇的情形。综上，被告作出的具体行政行为，与上述法律、法规的规定相悖，违背了法律的公平正义性原则和安定性原则，属适用法律、法规错误。

综上所述，一、二审法院判决正确。

（福建省屏南县人民法院　李新明）

七、婚姻生育案件

41. 袁谊不服上海市卢湾区民政局民政案
（婚姻登记行为的效力）

（一）首部

1. 判决书字号

一审判决书：上海市卢湾区人民法院（2008）卢行初字第 44 号判决书。

二审判决书：上海市第一中级人民法院（2009）沪一中行终字第 84 号判决书。

2. 案由： 民政。

3. 诉讼双方

原告（上诉人）：袁谊，女，1980 年生，汉族。

委托代理人：倪雪英，女，1948 年生，汉族。

委托代理人：倪骏，女，1942 年生，汉族。

被告（被上诉人）：上海市卢湾区民政局，住所地：上海市重庆南路 100 号。

法定代表人：李峻，该局局长。

委托代理人：李志雄，该局工作人员。

委托代理人：金缨，上海市金源方程律师事务所律师。

第三人：钱皆宁（QIAN JIE NING），男，1978 年生，加拿大籍。

4. 审级： 二审。

5. 审判机关和审判组织

一审法院：上海市卢湾区人民法院。

合议庭组人员：审判长：沈洁；审判员：洪伟；代理审判员：顾国建。

二审法院：上海市第一中级人民法院。

合议庭组成人员：审判长：李欣；代理审判员：林俊华、樊华玉。

6. 审结时间

一审审结时间：2009 年 1 月 12 日。

二审审结时间：2009 年 3 月 11 日。

（二）一审情况

1. 一审诉辩主张

（1）被诉具体行政行为

被告上海市卢湾区民政局于 2007 年 9 月 1 日作出向原告和第三人颁发 2007 卢结 002067 号结婚证的结婚登记行为，结婚证载明的婚姻双方个人情况为：姓名：袁谊，性别：女，国籍：中国，出生日期：1980 年 2 月 4 日；姓名：钱皆宁，性别：男，国籍：中国，出生日期：1978 年 1 月 8 日。

（2）原告诉称

第三人已于 2006 年 5 月加入加拿大国籍。2007 年 9 月 1 日上午，原告和第三人前往被告处办理结婚登记手续，当时第三人持加拿大护照，经被告登记员告知，外国人需前往市民政局办理手续。第三人又询问是否可以效仿他人以中国身份证和户口簿进行登记，得到登记员的同意后，两人于同日下午在同一登记员处，以第三人尚未注销的中国身份证和户口簿办理了国内居民的结婚登记手续。原告认为，外国人的婚姻登记机关应当是市民政局，且外国人的婚姻登记应提供其经国外公证的单身证明。由于被告登记员的错误引导致使第三人以已经失效的中国身份证件进行的婚姻登记侵害了原告的合法权益，当属无效，为此，请求法院撤销被告的婚姻登记具体行政行为。

（3）被告辩称

被告是遵从婚姻法规定的婚姻自由原则，对原告和第三人作为缔结婚姻双方所提交的身份材料等，根据婚姻登记条例的要求进行形式审查，并由原告和第三人对其提供材料的真实性作出承诺保证后，予以了婚姻登记。该婚姻登记不属于婚姻法所规定的无效或可撤销的情形，原告也是在明知第三人具有外国国籍的情况下，仍与其进行的婚姻登记，而被告只是确认其结婚的意愿，因此，从其婚姻关系的实质和婚姻登记行为的不可逆转性出发，被告所作的婚姻登记行为符合法律规定，事实清楚，程序合法，应当予以维持。

（4）第三人述称

被告登记员在接待咨询中，对原告提出的是否可以用中国身份证登记结婚的询问作出肯定答复后，于同日下午为原告和第三人办理了结婚登记手续，该登记员是在知道第三人的外籍身份情况下仍同意以第三人的中国身份证办理结婚登记的。现同意原告的诉讼请求。

2. 一审事实和证据

上海市卢湾区人民法院经公开审理查明：原告和第三人于 2007 年 9 月 1 日以两人的中国居民身份证和户口簿材料，前往被告处申请办理结婚登记手续。两人各自以本人和对方的名义填写了申请结婚登记声明书，承诺其申报身份完全真实并愿承担相应法律责任，其中对第三人的国籍表述为中国。被告审查后，填写了结婚登记审查处理表，其中对第三人的国籍填写内容为中国。该处理表由原告和第三人签字确认后，由被告予以结婚登记并向两人颁发了 2007 卢结 002067 号结婚证，所载内容如前所述。现原告对该结婚登记不服，提起诉讼。

另查明，第三人于 2006 年 5 月 29 日加入加拿大国籍，其在本市的常住户口于 2008 年 4 月 8 日注销。而原告在审理中表示，其在申请登记结婚前已经知道第三人的加拿大国籍身份。

上述事实有下列证据证明：

（1）原告和第三人的中国居民身份证和户口簿；

（2）原告和第三人的申请结婚登记声明书和结婚登记审查处理表；

（3）原告和第三人各为持证人的 2007 卢结 002067 号结婚证；

（4）第三人常住人口登记表及加拿大护照。

3. 一审判案理由

上海市卢湾区人民法院经审理认为：被告作为婚姻登记行政机关，在本案中所行使的行政职权，是根据原告和第三人的申请，为其办理的结婚登记行为。该结婚登记行为是向社会提供公示，以表明原告和第三人作为自然人主体，按照婚姻法中婚姻自由的原则和规定，共同表示缔结婚姻的意愿并由此建立婚姻关系的事实。其中，原告在已经知道第三人的外籍身份情况下，仍申请并与其办理了结婚登记手续，同时由原告和第三人向被告提供了中国居民的身份材料，又承诺对申报的身份情况承担法律责任。因此，原告和第三人共同申请结婚登记的上述行为符合了被告完成被诉登记行为的条件，原告和第三人的婚姻关系借此成立。现原告提出第三人客观上属于外国人，因此对被告登记行为的职权和效力等表示异议。对此，本院认为，婚姻关系是一种特殊的身份关系，婚姻登记行为的法律效力主要取决于《婚姻法》的实体规定，而程序缺陷不直接产生否定婚姻登记的法律效果，本案中被告的登记行为在主观上并无过错，原告指出的客观程序上的瑕疵也没有影响到原告和第三人自愿缔结的婚姻关系的有效性，原告也没有证据表明其自愿与第三人缔结的婚姻具有属于婚姻法明确规定的无效或可撤销事由，以及禁止结婚的任何情形。而原告在本案中陈述的因第三人国籍原因所导致的两人之间的问题实属其婚姻存续期间发生矛盾的范畴，并不属于行政案件的审理范围，原告可以通过相应民事途径予以解决，也可以本着夫妻间互谅互让的情谊克服矛盾达成美满和谐。故被告为原告和第三人办理的结婚登记行为有效。

4. 一审定案结论

上海市卢湾区人民法院依照《最高人民法院关于执行〈中华人民共和国行政诉讼法〉若干问题的解释》第五十六条第（四）项之规定，作出如下判决：

驳回原告袁谊要求撤销被告上海市卢湾区民政局作出颁发 2007 卢结 002067 号结婚证的结婚登记具体行政行为的诉讼请求。

案件受理费人民币 50 元，由原告袁谊负担。

（三）二审诉辩主张

1. 上诉人诉称

其是因被上诉人工作人员的误导及第三人的欺骗而办理结婚登记的，被上诉人所作的被诉结婚登记行政行为违反了婚姻法的规定，一审认定事实有误，适用法律、法规错误，导致原审判决不公正、不合法。故请求二审法院撤销原判，支持上诉人原审诉讼请求。

2. 被上诉人辩称

坚持原审意见，被上诉人在办理登记时并不知道第三人是外国国籍，而上诉人对第三人是外国国籍是明知的，被上诉人根据当事人的真实意思及其出具的声明书所办理的结婚登记是正确的。故请求二审法院维持原判。

3. 第三人述称

同意上诉人要求撤销结婚登记的诉讼请求，要求依法判决。

（四）二审事实和证据

上海市第一中级人民法院经审理查明：原审判决认定的事实基本无误。

二审确认一审证据，认为原审判决就被上诉人提交证据的认证意见并无不当，二审予以确认。

（五）二审判案理由

上海市第一中级人民法院经审理认为：《中华人民共和国婚姻登记条例》（以下简称《条例》）第二条第一款规定，内地居民办理婚姻登记的机关是县级人民政府民政部门或者乡（镇）人民政府，省、自治区、直辖市人民政府可以按照便民原则确定农村居民办理婚姻登记的具体机关；《条例》第四条第一款规定，内地居民结婚，男女双方应当共同到一方当事人常住户口所在地的婚姻登记机关办理结婚登记。据此，被上诉人具有办理内地居民婚姻登记的行政职权。

《条例》第五条第一款规定，办理结婚登记的内地居民应当出具下列证件和证明材料：（1）本人的户口簿、身份证；（2）本人无配偶以及与对方当事人没有直系血亲和三代以内旁系血亲关系的签字声明。本案中，上诉人和第三人在向被上诉人申请办理结婚登记时，提交了中国居民身份证、户口簿以及申请结婚登记声明书。上诉人提交的上述婚姻登记申请材料齐全，符合法定形式要件，故被诉婚姻登记行政行为的主要证据充分。

本案中，上诉人和第三人向被上诉人提交了中国居民身份证和户口簿，并在申请结婚登记声明书中将本人和对方的国籍均表述为中国。被上诉人据此适用《中华人民共和国婚姻法》第七条、第八条，《条例》第五条、第六条、第七条，《婚姻登记工作暂行规范》第二十一条、第二十二条、第二十三条、第二十九条、第三十条、第三十一条、第三十二条、第三十三条、第三十四条的规定，作出被诉结婚登记具体行政行为，适用法律正确。

此外，上诉人和第三人在庭审中均承认，登记结婚是双方真实意思表示。被上诉人根据申请为二人办理结婚登记手续，并不违背上诉人与第三人结婚的意愿。被上诉人通过审查，亦未发现双方存在法律中所规定的禁止结婚、无效婚姻以及可撤销婚姻的情形。因此，被上诉人对被诉具体行政行为所依据事实的审查并无不当。第三人虽于2006年5月29日加入加拿大国籍，但并未与此同时注销户口登记，而是迟至2008年4月8日方办理注销手续。因此2007年9月1日被上诉人在审查核对之后，认定第三人提交的身份材料系真实有效并据此作出结婚登记具体行政行为，亦无不当。对于上诉人提出的其与第三人是受被上诉人登记员误导而办理结婚登记，因其未能提供有效证据予以证明，法院难以支持。

综上所述，原审判决驳回上诉人袁谊诉讼请求并无不当，法院应予维持。上诉人的上诉请求，缺乏事实和法律依据，法院不予支持。

（六）二审定案结论

上海市第一中级人民法院依照《中华人民共和国行政诉讼法》第六十一条第（一）项之规定，作出如下判决：

驳回上诉，维持原判。

上诉费人民币50元，由上诉人袁谊负担（已付）。

（七）解说

本案的争议焦点在于两个方面：其一是婚姻关系的有效性确立标准；其二是婚姻登记行为对婚姻有效性的影响。

从婚姻登记具体行政行为的性质来看，婚姻登记行为并非是行政许可的性质。虽然男女之间婚姻关系的缔结是以民政部门的婚姻要式登记作为标志，传统的对婚姻关系成立的理解也是以婚姻登记作为条件，而且婚姻登记行政行为也是直接作为确立与婚姻关系相关联的各项民事或其他事项的依据，但是，根据婚姻法的规定，婚姻自由是以男女双方的意愿为准，婚姻登记机关只是具备行政服务和要式公示的职能，其对婚姻关系的成立与否不能以任何方式来加以干涉和影响，否则就违背了婚姻自由的原则和规定，构成对婚姻自由权利的侵害。此外，从本案的情况来看，相对人要求撤销婚姻登记行为的主张还涉及行政行为是否具有民事意义上的判断权利。撤销婚姻登记应当具备的条件是在民事意义上对婚姻确定无效或可撤销情形，是以民事的确定性为基础，行政机关从其行使行政职能的角度，并不能对相对人之间的民事权利作任何超越职权的认定，即行政不能取代民事，故婚姻无效或撤销还是应该从民事基础上予以纠正，再由行政作对应调整。

根据婚姻自由原则而缔结婚姻关系的双方在登记结婚后，是否能够以行政机关的瑕疵来否定其婚姻关系的效力，也是本案的关键问题。同样从婚姻的实质来看，婚姻一经男女双方自愿缔结而成立后，即产生相应的民事后果。在不具备婚姻无效的情形之下，行政机关的程序瑕疵无论是从行政职权的限制，还是从民事婚姻实质的角度，都不能并且不应当影响婚姻的效力，以及以婚姻为出发的各项关联性的权益形成。相对人现在以行政机关的程序瑕疵作为否定婚姻效力的依据，显然与其自愿缔结婚姻的初衷以及婚姻的既成事实相违背，法院对此难以支持。

（上海市卢湾区人民法院　洪伟）

42. 郑玲玲不服仪征市人口和计划生育委员会计划生育行政行为案（非选择性别的终止妊娠证明）

（一）首部

1. 判决书字号

一审判决书：江苏省仪征市人民法院（2009）仪行初字第 0028 号行政判决书。

二审判决书：江苏省扬州市中级人民法院（2009）扬行终字第 0052 号行政判决书。

2. 案由：计划生育行政行为。

3. 诉讼当事人

原告（上诉人）：郑玲玲，女，1986 年生，汉族，仪征市人，住仪征市真州镇。

委托代理人（一审）：周静，仪征市盛昌法律服务所法律工作者。

委托代理人（二审）：张福祥，江苏东宇律师事务所律师。

委托代理人（一、二审）：王再喜，男，1964 年生，汉族，住仪征市真州镇。

被告（被上诉人）：仪征市人口和计划生育委员会（以下简称仪征计生委），住所地：仪征市解放东路 247 号。

法定代表人：朱宏，主任。

委托代理人（一、二审）：殷定宽，男，仪征市人口和计划生育委员会副主任。

委托代理人（一、二审）：薛晓宁，女，1957 年生，汉族，仪征市人，住仪征市大庆南路。

4. 审级：二审。

5. 审判机关和审判组织

一审法院：江苏省仪征市人民法院。

合议庭组成人员：审判长：梁小平；审判员：陈少华、张成河。

二审法院：江苏省扬州市中级人民法院。

合议庭组成人员：审判长：乔文进；审判员：王岚林、李春蓉。

6. 审结时间

一审审结时间：2009 年 8 月 11 日。

二审审结时间：2009年10月21日。

（二）一审情况

1. 一审诉辩主张

（1）被诉具体行政行为

2009年5月20日郑玲玲与王再喜夫妇在夫妻关系存续期间向仪征计生委提出申请，请求为郑玲玲出具同意施行人工终止妊娠手术的证明。2009年6月9日仪征计生委书面通知郑玲玲和王再喜："你们于2009年5月20日提出的终止妊娠的申请，本机关已书面告知你们需提供与申请理由相符的具有法律效力的证明材料，但你们在规定期限内没有提供，故本机关无法出具相关证明。"

（2）原告诉称

原告于2009年5月20日向被告仪征计生委提出终止妊娠申请，要求终止其妊娠过程，理由为小孩不是丈夫所孕，夫妻感情破裂，正在办理离婚手续，且无经济条件抚养子女。原告同时提交了仪征市人民法院（2009）仪民一初字第1106号受理案件通知书以及扬州市节育并发症鉴定组鉴定书。2009年6月3日，被告对原告申请不予批准并于2009年6月5日下达通知书要求原告3日内提供与申请理由相符的具有法律效力的证明材料，原告要求被告释明需要提供哪些具有法律效力的证明材料，被告并未给予答复。2009年6月9日被告作出不予出具证明的通知书。此后，原告多次要求被告出具同意终止妊娠证明。原告于2009年6月11日接到法院不准离婚的判决书后，遂于下午到仪征市民政局婚姻登记处与王再喜办理离婚登记。之后，原告又多次到被告处要求出具同意终止妊娠证明，并提交了相关医院病历，说明医院进行引产手术须被告同意终止妊娠的证明，均未果，原告认为被告的行为违反了《中华人民共和国行政许可法》相关规定，故诉至法院，请求依法撤销2009年6月9日，被告对郑玲玲、王再喜依法申请终止妊娠不予批准、无法出具相关证明的决定。

（3）被告辩称

2009年5月20日原告与案外人王再喜向被告提出终止妊娠申请，理由为胎儿不是丈夫所孕。因原告未提供与其申请理由相符的具有法律效力的证明材料，被告于2009年6月5日书面通知其在3日内提供相关证明材料，但原告在规定期限内未能提供任何支持其申请理由的证明材料，故被告于2009年6月9日书面通知原告无法出具同意终止妊娠的证明。根据江苏省人民代表大会常务委员会《关于禁止非医学需要胎儿性别鉴定和选择性别人工终止妊娠的决定》（以下简称《江苏省两禁止决定》）的相关规定，被告是否出具同意终止妊娠的证明是一种行政管理措施，非行政许可行为，不属于《中华人民共和国行政许可法》的调整范围。2009年6月11日原告与王再喜在仪征市民政局婚姻登记处领取离婚证书，此时原告已怀孕超过29周，不符合《江苏省人口与计划生育条例》、卫生部和国家计生委《常用计划生育技术常规》关于中期妊娠引产适应症的相关规定，且原告就诊的两家医院也是明确表示严格执行《常用计划生育技术常规》规定，告知原告须提供被告出具的同意终止妊娠的证明，但由于原告不符合终止妊娠的条件，故被告无法出具同意终止妊娠证明。综上所述，被告于 2009 年向原告发出的通知书认定事实清楚、证据充分、程序合法、适用法律正确，应予维持，请求依法驳回原告的诉讼请求。

2. 一审事实和证据

江苏省仪征市人民法院经公开审理查明：原告于 2009 年 5 月 20 日和王再喜向被告申请出具终止妊娠的证明，申请理由为小孩（胎儿）不是丈夫所孕，现夫妻感情破裂，正在向法院诉讼离婚，无经济条件供养子女。被告接到原告申请后即予审查，并告知原告提供与申请理由相符的具有法律效力的证明材料，2009 年 6 月 5 日又书面通知原告夫妇，限 3 日内按要求提供证明材料。2009 年 6 月 9 日，被告以申请人没有提供证明材料为由，通知申请人无法出具相关证明，该通知书于同日送达原告夫妇。2009 年 6 月 11 日原告与王再喜协议离婚，协议中载明，腹中正在怀孕小孩，不是丈夫所孕，女方自行处理。2009 年 7 月 17 日原告郑玲玲向本院提起行政诉讼，请求撤销被告于 2009 年 6 月 9 日对郑玲玲、王再喜申请终止妊娠的不予批准、无法出具相关证明的决定，并依法承担相应的法律责任。

上述事实有下列证据证明：

（1）2009 年 5 月 20 日仪征市符合法定生育条件现孕人员终止妊娠申请表；

（2）江苏省苏北人民医院疾病诊断证明书、住院证、住院病房通知单 1 份；

（3）江苏省苏北人民医院门诊病历（2 页）；

（4）南京医科大学第三附属医院门诊病历（2 页）；

（5）2009 年 6 月 8 日原告向被告提出的申请 1 份；

（6）2009 年 5 月 20 日仪征市符合法定生育条件现孕人员终止妊娠申请表及其送达回证（2 页）；

（7）2009 年 6 月 5 日书面通知书及其送达回证（2 页）；

（8）2009 年 6 月 9 日书面通知书及其送达回证（2 页）；

（9）郑玲玲与王再喜的婚姻登记情况材料（17 页）；

（10）2009 年 6 月 9 日谈话笔录 1 份。

3. 一审判案理由

江苏省仪征市人民法院经审理认为：原告作为符合法定生育条件的妇女，享有法律赋予的生育权。根据《江苏省两禁止决定》规定，符合法定生育条件妊娠 14 周以上的妇女，非选择性别需要人工终止妊娠的，采取出具证明的管理措施。被告作为县级人民政府人口和计划生育行政主管部门，有权决定是否同意原告终止妊娠。且根据上述规定，原告终止妊娠申请的理由并不属于该规定列举的可以人工终止妊娠的情形，故被告有权要求原告提供与其申请理由相符的证明材料。在原告未提供任何证明材料的情况下，被告通知其无法出具同意人工终止妊娠证明的做法并无不当，符合法律规定。原告要求撤销被告发出的通知书，事实和法律依据不足。

4. 一审定案结论

江苏省仪征市人民法院依照《最高人民法院关于执行〈中华人民共和国行政诉讼法〉若干问题的解释》第五十六条第（四）项的规定，作出如下判决：

驳回原告郑玲玲的诉讼请求。

案件受理费 50 元，由原告负担。

（三）二审诉辩主张

1. 上诉人诉称

原审判决认定事实不清，适用法律明显错误。上诉人向被上诉人提出要求人工终止妊娠的申请合法有据；被上诉人在法定期限内没有履行如实告知义务，也没有作出合理解释，导致上诉人不能进行人工终止妊娠的严重后果。请求二审法院依法判决撤销一审判决，依法判决撤销被上诉人于 2009 年 6 月 9 日对上诉人申请终止妊娠作出的不予批准的决定。

2. 被上诉人辩称

被上诉人具备相应的计划生育行政管理职责，所作出的被诉具体行政行为符合法律规定、程序合法。原审判决认定事实清楚、证据充分、符合法律规定。请求二审法院依法驳回上诉，维持原判。

（四）二审事实和证据

江苏省扬州市中级人民法院经公开审理查明：2009 年 2 月 12 日上诉人郑玲玲与王再喜登记结婚。2009 年 4 月上诉人向仪征市人民法院提起要求与王再喜离婚的民事诉讼，仪征市人民法院于 2009 年 5 月 11 日作出（2009）仪民一初字第 1106 号民事判决，判决不准许原告郑玲玲与被告王再喜离婚。2009 年 5 月 20 日上诉人与王再喜共同向被上诉人提出要求人工终止妊娠的申请，在上诉人与王再喜填写的《仪征市符合法定生育条件现孕人员终止妊娠申请表》中，其申请理由为"小孩不是丈夫所孕，现决定做人流手术"，怀孕日期为 2008 年 11 月 13 日。有关乡镇计生部门和被上诉人经审查认为上诉人和王再喜所提供的相关证明材料与申请理由不符，并于 2009 年 6 月 3 日向上诉人和王再喜出具了审查意见，其主要内容为：（1）郑玲玲、王再喜夫妇符合再生育一个孩子的规定条件，建议尽快办理生育审批手续；（2）郑玲玲、王再喜夫妇申请人工终止妊娠的，需要提供与申请理由相符的具有法律效力的证明材料。2009 年 6 月 5 日被上诉人又书面通知上诉人和王再喜，要求其 3 日内提供与申请理由相符的具有法律效力的证明材料。2009 年 6 月 8 日上诉人以小孩不是现在丈夫所孕、现正在向法院诉讼离婚和目前无经济条件生养小孩为由，单方向被上诉人提出请求批准人工终止妊娠申请。2009 年 6 月 9 日被上诉人以上诉人和王再喜在规定期限内未能提供与申请理由相符的具有法律效力的证明材料为由，通知上诉人和王再喜无法出具相关证明。2009 年 6 月 11 日上诉人和王再喜协议离婚，其离婚协议中载明：腹中正在怀孕的小孩，不是丈夫所孕，女方自行处理。2009 年 6 月 24 日，王再喜向仪征市人民法院提起行政诉讼，请求依法撤销被上诉人于 2009 年 6 月 9 日作出的无法出具相关证明的通知书，仪征市人民法院于 2009 年 7 月 16 日作出（2009）仪行初字第 0017 号行政裁定，驳回了王再喜的起诉。

2009 年 7 月 17 日，上诉人向原审法院提起行政诉讼，请求依法撤销被上诉人于 2009 年 6 月 9 日作出的无法出具相关证明的通知书，原审法院于 2009 年 8 月 11 日作出（2009）仪行初字第 0028 号行政判决，判决驳回了上诉人的诉讼请求。

（五）二审判案理由

江苏省扬州市中级人民法院经审理认为：第一，实行计划生育是我国的一项基本国策。在实行计划生育国策的过程中，保持出生人口性别比例在正常范围内，促进人口与经济、社会的协调发展，是我国人口和计划生育工作的重要方面。《中华人民共和国人口与计划生育法》第三十五条规定，严禁利用超声技术和其他技术手段进行非医学需要的胎儿性别鉴定；严禁非医学需要的选择性别的人工终止妊娠。为了落实执行该法律规定，江苏省制定了《江苏省两禁止决定》，其中第六条第一款规定，符合法定生育条件妊娠 14 周以上的妇女，非因医学需要，不得选择性别人工终止妊娠；对非选择性别需要人工终止妊娠的，采取出具证明的管理措施，具体办法由省人民政府依法规定。根据《江苏省两禁止决定》，江苏省制定了《江苏省超声诊断仪及胎儿染色体检测技术使用、人工终止妊娠手术和人工终止妊娠药品管理办法》（以下简称《江苏省人工终止妊娠管理办法》），其中第九条第二款规定，符合法定生育条件妊娠 14 周以上、非选择性别需要人工终止妊娠的妇女，应当向所在地县级人口计生行政部门提出申请，县级人口计生行政部门应当在 10 个工作日内审核完毕，对非选择性别的人工终止妊娠出具同意施行人工终止妊娠手术证明。本案中，被上诉人仪征计生委作为该行政区域内的人口计生行政部门，具有管理有关人工终止妊娠事项的行政管理职权。第二，根据《江苏省两禁止决定》第六条第一款和《江苏省人工终止妊娠管理办法》第九条第二款规定，2009 年 6 月 9 日被上诉人仪征计生委作出的通知属于行政管理措施，不属于行政许可行为的范围，因此，该被诉具体行政行为不适用《中华人民共和国行政许可法》的相关规定进行合法性审查。第三，《江苏省两禁止决定》和《江苏省人工终止妊娠管理办法》就人口计生行政部门在审核人工终止妊娠申请事项方面没有作出具体的程序性和实体性规定，对何种情况下可以出具同意施行人工终止妊娠手术的证明、申请人需要提供何种证明材料均没有作出具体规定，因此，人民法院在审查被诉具体行政行为是否合法时，应当依照《中华人民共和国人口和计划生育法》、《江苏省两禁止决定》和《江苏省人工终止妊娠管理办法》等法律法规的立法精神、立法目的和行政程序的正当性要求进行审查。根据《江苏省两禁止决定》第六条第一款和《江苏省人工终止妊娠管理办法》第九条第二款，本案上诉人和王再喜在申请人工终止妊娠时，应当向被上诉人提供相应的证明材料，证明其提出的申请理由成立。在上诉人和王再喜未提交证据证明其申请人工终止妊娠的理由成立的情况下，被上诉人通知上诉人和王再喜不能出具同意施行人工终止妊娠手术的证明，并无不当。第四，本案中，上诉人和王再喜在夫妻关系存续期间，于 2009 年 5 月 20 日首次向人口计生行政部门提出人工终止妊娠的申请，当时离上诉人怀孕满 27 周（上诉人和王再喜在申请表中所填写的怀孕时间是 2008 年 11 月 13 日）仅剩二三天，而且上诉人和王再喜申请时亦未提供能够证明郑玲玲腹中所孕胎儿不是上诉人和工再喜共同所孕的证明材料，在此情况下，要求被上诉人在较短时间内进行审核并出具同意施行人工终止妊娠的证明，不具有合理性。综上所述，原审法院判决驳回上诉人郑玲玲的诉讼请求正确，上诉人的上诉理由不能成立，本院不予采纳。

（六）二审定案结论

江苏省扬州市中级人民法院依照《中华人民共和国行政诉讼法》第六十一条第（一）项之规定，作出如下判决：

驳回上诉，维持原判。

二审诉讼费人民币 50 元，由上诉人承担。

（七）解说

《中华人民共和国人口与计划生育法》第三十五条规定，严禁利用超声技术和其他技术手段进行非医学需要的胎儿性别鉴定；严禁非医学需要的选择性别的人工终止妊娠。该条规定在我国具有非常重要的社会现实意义。为了落实执行该法律规定，江苏省制定了《江苏省两禁止决定》，其中第六条第一款规定，符合法定生育条件妊娠 14 周以上的妇女，非因医学需要，不得选择性别人工终止妊娠；对非选择性别需要人工终止妊娠的，采取出具证明的管理措施，具体办法由省人民政府依法规定。根据《江苏省两禁止决定》，江苏省还进一步制定了《江苏省人工终止妊娠管理办法》，其中第九条第二款规定，符合法定生育条件妊娠 14 周以上、非选择性别需要人工终止妊娠的妇女，应当向所在地县级人口计生行政部门提出申请，县级人口计生行政部门应当在 10 个工作日内审核完毕，对非选择性别的人工终止妊娠出具同意施行人工终止妊娠手术证明。

从以上规定可以看出，在江苏省，符合法定生育条件妊娠 14 周以上的妇女，如果需要终止妊娠的，需要向所在地县级人口计生行政部门提出申请，由县级人口计生行政部门进行审核，对非选择性别的人工终止妊娠出具同意施行人工终止妊娠手术的证明，相关医疗机构才能为需要终止妊娠的妇女施行人工终止妊娠的手术。如果相关医疗机构或医务人员等非法为妊娠 14 周以上的妇女施行人工终止妊娠手术的，将会受到法律制裁。本案正是一起妊娠 14 周以上的妇女（原告郑玲玲）向所在地人口计生行政部门申请终止妊娠，而人口计生行政部门经审核不同意为其出具施行人工终止妊娠手术证明所引发的行政诉讼案件。

既然人口计生行政部门就人工终止妊娠事项所实施的行政管理措施是应申请人的申请而作出的，自然，申请人在申请施行人工终止妊娠手术时，应当向人口计生行政部门提供相应的证明材料，以便人口计生行政部门进行审核，否则，人口计生行政部门将无法对申请人是否存在选择性别而终止妊娠的情形进行审核。本案中，申请人郑玲玲及其丈夫在郑玲玲怀孕达 26 周以上时向当地人口计生行政部门申请出具同意施行人工终止妊娠手术的证明时，所提出的理由是"小孩不是丈夫所孕"，后又增加了"正在向法院诉讼离婚和目前无经济条件生养小孩"的理由，其中，申请人除了向人口计生行政部门提供了法院的受理离婚案件通知书外，没有提供关于"小孩不是丈夫所孕"和"无经济条件生养小孩"的任何证明材料，根据日常生活经验，不能排除申请人存在选择性别而终止妊娠的可能性，因此，被告仪征计生委通知申请人不能出具同意施行人工终止妊娠手术的证明是正确的。

（江苏省扬州市中级人民法院　乔文进）

43. 冯来英等不服北京市房山区计划生育委员会行政征收案
（再生育的认定　征收社会抚养费的交纳）

（一）首部

1. 判决书字号

一审判决书：北京市房山区人民法院（2009）房行初字第 13 号判决书。

二审判决书：北京市第一中级人民法院（2009）一中行终字第 2341 号判决书。

2. 案由：不服行政征收。

3. 诉讼双方

原告（被上诉人）：杨谋明，男，1975 年生，汉族，农民，住北京市房山区韩村河镇。

原告（被上诉人）：冯来英，女，1977 年生，汉族，农民，住北京市房山区韩村河镇。

委托代理人：冯守义，男，1949 年生，汉族，农民，住北京市房山区韩村河镇。

被告（上诉人）：北京市房山区人口和计划生育委员会，住所地：北京市房山区良乡镇长虹东路 4 号。

法定代表人：张广华，主任。

委托代理人：王淑霞，女，1956 年生，汉族，北京市房山区人口和计划生育委员会法制科科长。

4. 审级：二审。

5. 审判机关和审判组织

一审法院：北京市房山区人民法院。

合议庭组成人员：审判长：禹明逸；代理审判员：徐彪、吕婷。

二审法院：北京市第一中级人民法院。

合议庭组成人员：审判长：张杰；审判员：乔军；代理审判员：何君慧。

6. 审结时间

一审审结时间：2009 年 6 月 25 日。

二审审结时间：2009 年 11 月 16 日。

（二）一审情况

1. 一审诉辩主张

（1）被诉具体行政行为

被告北京市房山区人口和计划生育委员会 2008 年 7 月 9 日对原告杨谋明、冯来英作出京房人口收字（2008）第 060 号《社会抚养费征收决定书》，认定：杨谋明、冯来英原来有一个 7 岁女孩，不符合照顾再生育条件，又于 2007 年 9 月 16 日在本市生育一女孩，属于违法生育第二个子女，违反了《北京市人口与计划生育条例》第十七条第一款之规定。根据《北京市人口与计划生育条例》第三十九条第一款、《北京市社会抚养费征收管理办法》第五条第一款第（一）项之规定，按照 2007 年农村居民年人均收入的 6 倍，对杨谋明、冯来英给予征收社会抚养费 57 354 元的决定，限于收到本决定书之日起 30 日内到房山区人口和计划生育委员会缴纳。逾期未缴纳的，自欠缴之日起每月加收 2‰的滞纳金。

（2）原告诉称

原告杨谋明系男到女家，只有一个女儿，原告冯来英之弟是重度残疾，且不能生育，符合《北京市人口与计划生育条例》第十七条规定的可以生育第二个子女的条件，但是，被告却不顾上述事实，强调只有"兄弟二人"或"姐妹二人"才符合《北京市人口与计划生育条例》之规定，而原告冯来英与其弟是姐弟关系，就不符合该条例之规定，不准原告生育第二胎。原告认为被告违反了男女平等的原则，故依法提起诉讼，请求法院撤销被告作出的京房人口收字（2008）第 060 号《社会抚养费征收决定书》。

（3）被告辩称

2007 年 5 月 27 日韩村河镇西东村计生干部到二原告家调查，通过调查发现原告冯来英已怀孕第二个子女。村计生干部知道原告不符合再生育条件，及时向镇计生办反映了此事。2007 年 6 月 1 日，该镇计生办工作人员配合村干部前去原告家做工作，向她宣传生育政策，并解释冯来英的胞弟虽智力残疾也不符合照顾再生育一个子女的条件。原告冯来英以其胞弟智力残疾为由，强调计划生育政策方面男女平等，且为丈夫杨谋明着想，才违法生育第二个子女。原告冯来英、杨谋明生育第二个子女不符合《北京市人口与计划生育条例》第十七条第二款之规定，且"生育政策"不能与"男女平等"相提并论，故被告对二原告下发的《社会抚养费征收决定书》有法律依据，不能被撤销。

2. 一审事实和证据

北京市房山区人民法院经公开审理查明：1999 年 7 月，原告杨谋明与冯来英结婚，2000 年 8 月生育一女孩。原告冯来英认为其胞弟属于重度残疾，且二人均为农村村民，其丈夫杨谋明又系男到女家落户结婚，因此二人应符合再生育第二个子女的条件，遂二原告在未经计划生育行政部门批准的情况下，于 2007 年 9 月 16 日再生育一女孩。被告认为，二原告不符合照顾再生育条件，其行为违反了《北京市人口与计划生育条例》第十七条第一款的规定，遂根据《北京市人口与计划生育条例》、《北京市社会抚养征收管理办法》的规定，按照 2007 年农村居民年人均纯收入的 6 倍计算，于 2008 年 7 月 9 日作出了京房人口收字（2008）第 060 号《社会抚养费征收决定书》，决定征收二原告社会抚养费 57 354 元。二原告不服，于 2008 年 8 月 22 日向北京市房山区人民政府申请行政复议，北京市房山区人民政府于 2008 年 11 月 20 日作出（2008）房政复字第 12 号行政复议决定书，维持了被告作出的具体行政行为。

上述事实有下列证据证明：

（1）调查报告；

（2）立案审批表；

（3）出生医学证明；

（4）重残人证明；

（5）残疾人证；

（6）常住人口登记卡及身份证复印件；

（7）结婚证复印件；

（8）2007 年 5 月 27 日的工作记录。

3. 一审判案理由

北京市房山区人民法院经审理认为：推行计划生育的目的是实现人口与经济、社会资源、环境的协调发展，每一位公民都应当依法遵守国家关于计划生育的法律法规的规定，这是全社会的共同责任，对违反限制性规定生育的公民应当对社会尽到其应尽的补偿义务即交纳社会抚养费。征收社会抚养费是计划生育主管部门为了实现国家职能和公共利益的需要，以国家强制力为后盾，对违反计划生育限制规定生育第二胎的行为人采取强制征收的具体行政行为，但是，作为计划生育主管部门，其在作出具体行政行为时应该贯彻行政公正原则，合理考虑相关因素，尤其在面对特殊情况之时，应当做到"尽其最善"。本案中，二原告的家庭情况确与《北京市人口与计划生育条例》第十七条第二款列举的可以生育第二个子女的情形不完全相符，但本院认为，从《北京市人口与计划生育条例》的立法原意及根据《北京市人口与计划生育条例》第十七条第三款之规定，"有其他特殊情形要求再生育一个子女的，需经市计划生育行政部门批准"。故，对于认定二原告是否符合照顾再生育的条件，被告应当报经市计划生育行政部门进行审核认定。

4. 一审定案结论

北京市房山区人民法院依照《中华人民共和国行政诉讼法》第五十四条第（二）项第三目之规定，作出如下判决：

撤销被告北京市房山区人口和计划生育委员会于 2008 年 7 月 9 日作出的京房人口收字（2008）第 060 号《社会抚养费征收决定书》。

（三）二审诉辩主张

1. 上诉人诉称

二原告再生育行为不符合法律、法规规定的实质条件和程序。上诉人根据《北京市人口与计划生育条例》和《北京市社会抚养费征收管理办法》的规定作出被诉征收决定并无不当。一审法院认定事实错误。对于二原告是否符合照顾再生育的条件，上诉人应当报经市计生部门进行审核认定，而根据《北京市生育服务证管理办法》，二原告即使符合生育第二个子女的条件，也应当在怀孕前申请办理生育第二个子女的生育服务证，更何况二原告并不符合《北京市人口与计划生育条例》第十七条第二款规定的情形，因此，上诉人对生育事实行为本身违反法定程序的情形，有权作出被诉征收决定，无须上报市计划生育行政部门批准。另外，市计生部门对《北京市人口与计划生育条例》第十七条第三款中"其他特殊情形"的理解已有明确规定，一审判决是对行政法律、法规作扩大解释。

2. 被上诉人辩称

同意一审判决意见。

（四）二审事实和证据

北京市第一中级人民法院经审理，确认一审认定的事实和证据。

（五）二审判案理由

北京市第一中级人民法院经审理认为：征收社会抚育费是行政征收行为，是计划生育主管部门为了实现国家职能和公共利益的需要，以国家强制力为后盾，对违反计划生育限制规定生育第二胎的行为人采取强制征收的具体行政行为。因为行政征收是典型的侵益行政行为，所以必须特别注意贯彻公平、公正和尊重行政相对人合法权利的原则。本案中，杨谋明、冯来英的家庭情况虽不完全符合《北京市人口与计划生育条例》第十七条第二款明确列举的情形，但从《中华人民共和国人口与计划生育法》和《北京市社会抚养费征收管理办法》等相关法律、法规保护公民的合法权益、促进家庭发展的角度出发，应当考虑是否属于《北京市人口与计划生育条例》第十七条第三款规定的"其他特殊情形"。上诉人在一审庭审和二审谈话中均承认杨谋明、冯来英曾向有关计划生育部门提出过生育第二个子女的申请，故在市计生委未对杨谋明、冯来英的家庭情况是否属于上述法规规定的"其他特殊情形"作出认定的情况下，上诉人即作出被诉征收决定，缺乏充分的事实及法律依据，一审法院判决撤销被诉征收决定正确，应予支持。

（六）二审定案结论

北京市第一中级人民法院依照《中华人民共和国行政诉讼法》第六十一条第（一）项之规定，作出如下判决：

驳回上诉，维持一审判决。

（七）解说

本案在审理过程中，遇到的难题在于，根据《北京市人口与计划生育条例》第十七条之规定，有九种情形经区、县级以上计生部门批准，夫妻双方可以申请生育第二个子女。而本案二原告的家庭情况仅与上述九种情形中的部分情形很相似，但的确游离于上述九种情形之外，那么对于房山区计生委作出的征收决定，我们是否应当全面考虑，既考虑合法性又考虑合理性，还是仅进行合法性审查即可，而不必考虑合理性呢？面对这一问题，法院从以下几个方面进行了考量。

1. 社会抚养费征收的立法原意

2002年9月1日，《中华人民共和国人口与计划生育法》开始实施，其中在"法律责任"一章中对不符合法律法规规定生育子女的公民确定的责任形式是依法缴纳社会抚养费，从而"征收社会抚养费"取代了"超生罚款"，行为的定性也由行政罚款改为行政收费。笔者认为，征收社会抚养费是国家推行计划生育国策、约束公民履行计划生育义务的唯一责任形式，其目的是实现人口与经济、社会、资源、环境的协调发展，每一位公民都应当依法遵守国家关于计划生育的法律法规的规定，这是全社会的共同责任，对违反限制性规定生育的公民应当对社会尽到其应尽的补偿义务即交纳社会抚养费，但是设置这一责任形式仍然是运用经济限制的措施和手段，达到规范生育行为、控制人口过快增长的目的，因此虽然定性改变，但其仍是一种制约手段，这种简单的收费或罚款的责任形式，不可避免地会给某些存在特殊情况的家庭造成伤害，其本质上仍具有侵益性。针对该问题，2003年7月18日，北京市人大常委会通过了《北京市人口与计划生育条例》，其中在"生育调节"一章对批准生育第二个子女的家庭情况进行了列举，其目的就是避免征收社会抚养费给特殊家庭带来的侵害，但同时我们还发现该条例对批准生育第二个子女的家庭情况采取了列举的方式，因此，笔者认为计生部门在面对特殊家庭时，应从立法原意出发，慎重地作出行政征收决定。

2. 自由裁量权与合理性审查

法院审查行政机关作出的具体行政行为原则上审查合法性而不是合理性，行政诉讼法如此规定，主要是因为行政权和审判权是两种国家权力，行政权的行使需广泛运用法律赋予的自由裁量权，行政机关因长期处理行政事务而具有专门经验，能审时度势作出恰如其分的决定，因此法院在审理行政案件是不能代行行政机关的自由裁量权的。但是，当行政机关作出的行政行为存在滥用权力现象时，法院应当予以干预。本案中，作为计划生育主管部门的被告，在面对法律无具体、详尽规定的特殊情况之时，应该贯彻行政公正原则，合理考虑相关因素，尤其应当根据法律、法规的目的、原则和精神来执行法律，做到"尽其最善"。那么何为"尽其最善"？笔者认为应当从主、客观两方面因素考虑，即主观方面是行政机关行使权力的目的是否符合公共利益，如果符合公共利益，是否还符合法律授予这种权力的特定目的；客观方面是行政机关作出行政决定是否带有明显任性倾向，是否违反平等适用原则。基于以上两个方面的考量，必要的合理性审查对行政机关行使自由裁量权有着一定的制约作用，从而促使行政行为既合法又合理。

3. 行政权与司法权的平衡运用

就本案的审理来看，还存在一个问题，即对于二原告是否符合应当照顾再生育条件的认定，是由法院认定合适还是由计生部门认定合适。对此，笔者认为这实质上涉及司法权与审判权平衡运用的问题。本案被告行使的社会抚养费的征收权实质上是行政权。所谓行政权，从现代意义上讲，是指国家行政机关执行国家法律、政策，管理国家内政外交事务的权力，其是国家权力的组成部分，是社会秩序的保障，它一方面为人们提供秩序，促进社会经济的发展，另一方面它还会被滥用，给人们的权益带来严重的威胁，阻碍社会经济的发展。因此，为了防止行政权的滥用，司法权对其制约是必不可少的。那么，制约的力度和深度如何把握呢？笔者认为，司法权的运用表面上是对行政相对人权益的影响，其实际上是一种裁判、一种救济，其通常并不直接赋予行政相对人权益或剥削其权益，只有当行政相对人的权益受到侵犯或发生争议时，司法权才会介入。因此，司法权在制约行政权的同时绝不能干预行政权，否则会产生司法权的滥用，适得其反。基于此，法院最终为二原告提供了一个救济途径，即二原告的特殊情况属于应当给予特殊考虑的范畴，但是否确符合照顾再生育的条件并批准生育第二个子女，则应依据《北京市人口与计划生育条例》第十七条第三款之规定，由市计生部门予以认定。

（北京市房山区人民法院　　吕婷）

44. 杨志谦等不服厦门市同安区人口和计划生育局不批准生育第二胎行政决定案
（农村户口的认定）

（一）首部

1. 判决书字号

一审判决书：福建省厦门市同安区人民法院（2009）同行初字第4号判决书。

二审判决书：福建省厦门市中级人民法院（2009）厦行终字第107号判决书。

2. 案由：生育行政决定。

3. 诉讼双方

原告（上诉人）：杨志谦，男，1976年生，汉族，住厦门市同安区五显镇。

原告（上诉人）：林玉华，女，1978年生，汉族，住厦门市同安区五显镇。

委托代理人：杨志谦，系原告林玉华之丈夫。

被告（被上诉人）：厦门市同安区人口和计划生育局（以下简称同安区计生局），住所地：厦门市同安区祥平街道银湖中路1号。

法定代表人：李伟中，局长。

委托代理人：陈海鸣，福建厦门银声律师事务所律师。

4. 审级：二审。

5. 审判机关和审判组织

一审法院：福建省厦门市同安区人民法院。

合议庭组成人员：审判长：庄水波；审判员：陈炳辉；人民陪审员：詹华伟。

二审法院：福建省厦门市中级人民法院

合议庭组成人员：审判长：林琼弘；审判员：纪赐进；代理审判员：陈雅君。

6. 审结时间

一审审结时间：2009年6月4日。

二审审结时间：2009年8月5日。

（二）一审情况

1. 一审诉辩主张

（1）被诉具体行政行为

2008年11月6日，原告杨志谦、林玉华夫妇以其夫妻双方均为农村人口，第一胎生育女孩，且女方年龄已经超过30周岁为由，向被告同安区计生局申请生育第二胎。同安区计生局以原告不能视为农村人口，不符合再生育一胎条件为由，于2008年12月23日作出《不予办理再生育申请告知书》，拒绝向原告颁发生育第二胎计划生育证。

（2）原告诉称

原告杨志谦自从出生以后一直在厦门市同安区五显镇居住生活，曾于1994年因上学将户籍迁出，后于2000年3月大中专毕业后又将户籍移入五显镇。原告杨志谦在2003年10月10日与原告林玉华办理结婚登记，2005年3月5日生育一女杨婉铃。2006年10月27日原告及女儿杨婉铃与父分户落籍同安区五显镇布塘村赵厝里×号。2008年11月6日原告以其是布塘村赵厝里的农村人口，有自己的房屋、承包地，并从事农业生产劳动，具备农村村民资格为由，根据《福建省人口与计划生育条例》第十条第一款第五项"夫妻双方均为农村人口，只有一个女孩的，经批准可以再生育一个子女"的规定，向被告同安区计生局申请再生育一胎。被告以原告不符合《福建省人口与计划生育条例》里"农村人口"标准为由拒绝向原告颁发再生育一胎的计划生育证。原告认为该具体行政行为缺乏法律依据。请求法院撤销被告作出的不予办理再生育申请告知书，判令被告依法向原告颁发再生一胎计划生育证并承担本案的诉讼费用。

（3）被告辩称

原告杨志谦的户籍于2000年3月大中专毕业后由福州迁至厦门市同安区五显镇，2002年9月由五显镇迁至厦门市开元区，2003年7月又从开元区迁至湖里区，属市区居民。原告林玉华的户籍于2004年8月由永定迁至厦门市湖里区，属市区居民。两原告于 2003 年 10 月 10 日在厦门市湖里区民政局办理结婚登记，并生育一女孩后一直生活在湖里区。2006 年 2 月，两原告及女儿一家三口以投靠父母的途径将户籍由湖里区金尚社区迁入同安区五显镇布塘村。根据福建省人口计生委作出的闽人口发〔2007〕76 号《农村人口生育政策适用的规定》及福建省人口计生委作出的闽人口发〔2008〕58 号《〈农村人口生育政策适用的规定〉补充说明》（以下简称《补充说明》），原告既不符合户籍制度改革前为农业户口，现户口登记地址为村民委员会这一前提，也不属于因父母子女间的投靠而户口落户在农村的人员，投靠行为发生在生育行为之前的情况。因此，被告认定原告不符合《福建省计划生育与人口条例》中"农村人口"的资格。被告作出不准予原告生育第二胎的具体行政行为认定事实清楚，适用法律正确，请求给予维持。

2. 一审事实和证据

福建省厦门市同安区人民法院经公开审理查明：原告杨志谦于 1976 年出生，于 2000 年 3 月大中专毕业后由福州市迁移至五显镇，2002 年 9 月由五显镇迁移至厦门市开元区，2003 年 7 月又从开元区迁移至湖里区，属市区居民。原告林玉华于 1978 年出生，于 2004 年 8 月将户籍由永定迁移至厦门市湖里区，属市区居民。两原告于 2003 年 10 月 10 日在厦门市湖里区民政局办理结婚登记，并在湖里区办理一孩生育证，2005 年 3 月生育第一胎女孩，居住在湖里区江头街道金尚社区，计生管理关系至今仍保留在厦门市湖里区金尚社区。2006 年 2 月，两原告及女儿一家三口以"投靠亲属移入"的方式将户籍由厦门市湖里区金尚社区移入同安区五显镇杨志谦之父杨火贾的户主名下，2006 年 10 月 27 日与其父分户，户籍登记为同安区五显镇布塘村赵厝里×号。2008 年 11 月 6 日原告向被告申请再生育一胎。被告经调查后认为原告不符合《福建省人口和计划生育条例》和福建省人口计生委《补充说明》第二条的关于"农村人口"认定的条件，原告户口迁入五显镇布塘村不符合父母子女间投靠的要求，不能视为农村人口，不符合再生育一个子女的条件，于 2008 年 12 月 23 日作出《不予办理再生育申请的告知书》，决定不批准原告再生育一个子女的申请。原告遂向本院提起行政诉讼。

上述事实有下列证据证明：

被告提交的证据有：

（1）原告生育第二胎的申请书；

（2）《身份证》；

（3）《居民户口簿》；

（4）《结婚证》；

（5）《生育证》。

证据（1）—（5）证明原告杨志谦与原告林玉华于 2003 年 10 月 10 日在厦门市湖里区民政局登记结婚，2005 年 3 月生育一女杨婉铃，现落户建制于同安区五显镇布塘村民委员会，并于 2008 年 11 月 16 日向被告申请生育第二胎的事实。

（6）五显镇布塘村出具的《证明》；

（7）《福建省计划生育证申请、审批表》。

证据（6）—（7）证明原告杨志谦、林玉华现落户于该村的事实。

（8）《不予办理再生育申请的告知书》，证明被告于 2008 年 12 月 23 日向原告作出不予批准再生育一胎的行政行为；

（9）五显镇计生办出具的《证明》，证明原告计生关系在其向被告提交生育第二胎申请后仍然由厦门市金尚社区管理的事实；

（10）《户籍变动信息》；

（11）《市内移入变动情况》。

证据（10）—（11）证明两原告的户籍迁移历史情况为：原告杨志谦于 2000 年 3 月大中专毕业后将户籍由福州市迁移至五显镇，2002 年 9 月由五显镇迁移至厦门市开元区，2003 年 7 月又从开元区迁移至湖里区。原告林玉华的户籍于 2004 年 8 月由永定迁移至厦门市湖里区。2006 年 2 月，两原告及女儿一家三口以"投靠亲属移入"的方式将户籍由厦门金尚社区迁入五显镇。

（12）《金尚社区人口与计划生育信息卡》，证明原告的计生管理关系在原告向被告提交生育第二胎申请后仍然留在湖里区金尚社区的事实。

被告同时提供了《福建省人口与计划生育条例》、闽人口发〔2007〕76 号《农村人口生育政策适用的规定》、闽人口发〔2008〕58 号《补充说明》、《厦门市户籍管理若干规定》、厦同政〔2006〕62 号文件，证实被告作出被诉具体行政行为合法。

原告提供的证据有：

（1）《居民户口簿》；

（2）《结婚证》；

（3）布塘村及该村赵厝村民小组长《证明》；

（4）《福建省计划生育证申请、审批表》；

（5）《不予办理再生育申请的告知书》。

3．一审判案理由

福建省厦门市同安区人民法院经审理认为：被告依照法律和行政法规的规定，负责本行政区域内的计划生育和与计划生育有关的人口工作，对该辖区居民生育第二胎的申请有权作出审批决定，其作出审查决定的行政行为是可诉具体行政行为，原、被告主体适格。被告根据原告户籍变动的事实，依照《福建省人口与计划生育条例》以及福建省计生委作出的闽人口发〔2008〕58 号《补充说明》认定原告不符合可以再生育一胎的"农村人口"的认定条件，作出不批准原告生育第二胎的具体行政行为认定事实清楚，证据充分，适用法律准确，依法应予维持。原告不符合生育第二孩的条件，要求被告准予核发生育第二胎生育证缺乏依据，本院不予支持。

4．一审定案结论

福建省厦门市同安区人民法院依照《中华人民共和国行政诉讼法》第五十四条第一项和《最高人民法院关于执行〈中华人民共和国行政诉讼法〉若干问题的解释》第四条的规定，作出如下判决：

（1）维持厦门市同安区人口和计划生育局 2008 年 12 月 23 日作出的《不予办理再生育申请告知书》；

（2）驳回原告要求被告颁发再生育一胎计划生育证的诉讼请求。

本案案件受理费用人民币 50 元，由原告杨志谦、林玉华承担。

（三）二审诉辩主张

1. 上诉人诉称

（1）一审判决认定事实错误。主要表现在认定上诉人是市区居民是错误的，上诉人杨志谦始终在布塘村居住生活，并拥有房屋和承包地。上诉人林玉华也一直在永定县农村生活，并承包土地。上诉人的户籍迁入城市，是外出务工的需要，不改变上诉人是农村人口的实质地位，且计生管理中对农转城人员给予 5 年生育政策过渡期，在过渡期内仍应执行农村居民生育政策。上诉人杨志谦户籍在城市时间只有 3 年多，林玉华不足 2 年，在户籍流程过程中一直享受村民待遇。一审判决仅凭户籍认定上诉人是市区居民是形而上学的表现；上诉人的计生管理关系不在金尚社区，且计生关系可委托管理，与农村人口的认定没有必然联系，一审判决认定上诉人的计生管理关系至今仍保留在厦门市湖里区金尚社区是错误的。一审判决还认定上诉人一家三口以投靠亲属的方式将户籍移入杨火贾名下是错误的。上诉人将户籍移入布塘村，不是投靠行为，而是居住、生活便利的自然落户行为。上诉人具备农村人口的形式要件和实质要件。（2）一审判决适用法律错误。表现在：上诉人的申请符合《福建省人口与计划生育条例》第十条、第十三条的规定。被上诉人提供的《补充说明》因与上级规范性文件相抵触，不具有适用效力，且该文件没有会同有关部门确定，未报省人民政府批准，没有经过征求意见、审核、签署、公布等程序，系程序违法。上诉人的户口迁移行为发生在 2006 年 2 月，该《补充说明》施行于 2008 年 5 月 7 日起，对上诉人没有溯及力。

2. 被上诉人辩称

（1）一审判决认定的事实清楚。公安机关出具的《户籍变动信息》、《市内移入变动情况》，同安区五显镇计划生育办公室的证明以及《金尚社区人口与计划生育信息卡》等证据材料证明上诉人属市区居民，且其计生关系至今仍保留在金尚社区，上诉人一家以投靠亲属移入的方式将户籍移入同安区五显镇布塘村其父亲为户主的名下。（2）一审判决适用法律也是正确的。根据《福建省人口与计划生育条例》以及福建省人口和计划生育委员会作出的《农村人口生育政策适用的规定》、《补充说明》的规定，上诉人的情况不符合上述规定的可再生育一胎的条件。《补充说明》是根据地方法规的授权作出的，对答辩人的计划生育行政执法行为具有约束力，对该规范性文件发布后生育对象申请再生育的行为也具有适用的效力。上诉人的主张缺乏依据，且其对规范性文件合法性的异议也不属于人民法院行政诉讼审查的内容。请求维持一审判决。

（四）二审事实与证据

福建省厦门市中级人民法院经审理，确认原审经庭审质证而认定的证据合法有效，可以证明一审认定的事实。

（五）二审判案理由

福建省厦门市中级人民法院经审理认为：计划生育作为我国的基本国策，已由国家的法律予以确认。《福建省人口与计划生育条例》系根据国家人口与计划生育法律及相关法律法规所制定的地方性法规，它适用于全省。福建省人口与计划生育委员会作为省人口与计划生育工作的主管部门，其所作的《农村人口生育政策适用的规定》、《补充说明》的规定，应视为对地方法规的具体应用解释，可以被人民法院在认定被诉具体行政行为合法性问题时采用。

根据本案查明的基本事实，上诉人杨志谦的户籍在厦门市户籍制度改革前，已经落户于湖里区，并在湖里区民政局登记结婚后生育一女孩。根据厦门市公安局提供的户籍材料可以证实，2006年2月，上诉人一家三口以"投靠亲属移入"的方式将户口从湖里区移入同安区五显镇布塘村其父亲名下。鉴于上诉人的户籍在厦门市户籍制度改革前并非农业户口，虽现其一家三口户口登记在同安区五显镇布塘村，但其客观情况并不符合《福建省人口与计划生育条例》第十条以及福建省人口和计划生育委员会《农村人口生育政策适用的规定》、《补充说明》的相关规定。被上诉人认定上诉人不符合法规规定的"农村人口"，所作出的不批准上诉人再生育一胎的具体行政行为事实清楚，并有相应的法规依据，是正确的。上诉人的上诉主张没有事实和法律依据，其上诉理由，本院不予支持。

（六）二审定案结论

福建省厦门市中级人民法院依照《中华人民共和国行政诉讼法》第六十一条第（一）项之规定，作出如下判决：

驳回上诉，维持原判。

二审案件受理费50元，由上诉人杨志谦、林玉华负担。

（七）解说

计划生育是我国的基本国策，但由于农村劳动力的需求特点，我国的计生政策向农村倾斜，在各省制定的计划生育条例中普遍允许农村人口在生育第一胎女孩后再生育一胎。正是基于对城市人口和农村人口的区别对待，许多不符合生育第二胎条件的城市人口挖空心思想把户籍迁移到农村，"入籍不落户"，生活居住仍然在城市，而以农村人口的身份向计生部门申请生育第二胎。本案在此类案件中具有典型性，判决的结果对此类打国家计生政策擦边球的案件也具有示范性。

1. "农村人口"的认定标准

农村人口，采狭隘观点是指仅以农业生产为主要生活来源的人员。参照最高人民法院关于审理农村土地承包案件的相关司法解释，农村人口的界定主要包含形式要件和实质要件，前者看其是否具备该集体经济组织成员资格，后者则看其是否在户籍地现实居住生活、承包土地耕种等。而在我国的计生法规政策中，对"农村人口"认定有特别的界定标准：

首先，《福建省人口与计划生育条例》（以下简称《条例》）第十条第一款第五项规定："夫妻双方均为农村人口，已有一个子女，符合下列情形之一的，经批准可以再生育一个子女：……（五）只有一个女孩。"对于该条所称"农村人口"，《条例》第五十条第二款作了授权规定，即："本条例所称农村人口生育调节的适用范围，由省计划生育行政部门会同有关部门规定，报省人民政府批准。"从而把"农村人口"的解释权和适用范围，授权给省计划生育部门会同有关部门确定。

其次，福建省人口计生委根据该授权作出的闽人口发［2007］76号《农村人口生育政策适用的规定》第二条规定："户籍制度改革前为农业户口，现户口登记地址为村民委员会，符合下列条件之一的，是《条例》所称的农村人口，但国家机关、国有企业事业单位工作人员除外：（一）在所在村依法承包责任田（包括耕地、林地、荒地、滩涂、果园等）的；（二）以从事农业生产（农、林、牧、渔等）为主要生活来源的；（三）所在村未纳入城市（城镇）社会保障和福利待遇的覆盖范围，本人也未享受城市（城镇）居民社会保障的；（四）农村税费改革前按规定缴纳农业税的。"第三条规定："因婚姻、收养、父母子女间投靠，户口登记地址由城市（城镇）居民委员会变更为村民委员会，符合第二条规定条件之一的，自户口登记地址变更之日起，视为农村人口。"

同时，福建省人口计生委作出的闽人口发［2008］58号《补充说明》第一条规定："户籍制度改革时间，以各设区市人民政府另有文件部署本市户籍制度改革发文规定的实施之日为界限"；第二条将"父母子女间投靠"进一步明确为："父母子女间投靠，是指父母投靠子女、夫妻在发生生育行为之前互相投靠、未婚子女投靠父母。"

由以上层层法律法规递推可以得出，《条例》所指"农村人口"必须符合两个条件：一是户籍制度改革前为农业户口，现户口登记地址为村民委员会；二是属于父母子女间的投靠而户口落户在农村的人员，投靠行为应当发生在生育行为之前。回观本案，首先，厦门市户籍制度的改革时间是2003年8月1日，原告2002年9月即将户口迁入城市，2006年2月才迁回农村，在此改革日期之前即为城市户口而非农业户口，不符合"农村人口"的要求；其次，原告户口于2006年2月从城市迁入五显镇布塘村投靠父母的行为，是发生在原告已经在城市生育一孩之后，也不符合《条例》"农村人口"标准。

2. 法院对抽象行政行为的审查

根据《中华人民共和国立法法》和《中华人民共和国行政诉讼法》的规定，法院只能在受理审查具体行政行为的案件时，才能附带地审查受诉具体行政行为所依据的规章和其他规范性文件的合法性，而不能离开具体的行政诉讼而对抽象行政行为进行事先的、预防性的、抽象性的司法审查。

首先，人民法院只能对抽象行政行为的合法性进行审查，不能对抽象行政行为的合理性进行审查。其次，人民法院在审查抽象行政行为之后，只有选择适用权而没有直接作出司法判决的权力，也不能撤销违法的行政规章或者宣布其无效。再次，人民法院在某一具体的行政诉讼案件中对违法行政规章的不予适用，并不具有当然的普遍约束力。因此，人民法院对于抽象行政行为只能进行附带、有限的司法审查。

基于以上的审查原理，本案中原告对被告作出具体行政行为所依据的闽人口发［2008］58 号《补充说明》的合法性存在异议，认为该规范性文件未经过福建省人民政府的批准，且与上级规范性文件相抵触。法院通过司法审查，认定《条例》系根据国家人口与计划生育法律及相关法律法规所制定的地方性法规，它适用于全省。福建省人口与计划生育委员会作为省人口与计划生育工作的主管部门，其所作的《农村人口生育政策适用的规定》、《补充说明》的规定，应视为对地方法规的具体应用解释，可以由人民法院在认定被诉具体行政行为合法性问题时采用。

（福建省厦门市同安区人民法院　陈为山　黄频）

45. 高鹏不服北京市门头沟区民政局婚姻登记案
（婚姻登记效力的认定）

（一）首部

1. 判决书字号

一审判决书：北京市门头沟区人民法院（2008）门行初字第 16 号判决书。

二审判决书：北京市第一中级人民法院（2008）一中行终字第 01832 号判决书。

2. 案由：结婚登记。

3. 诉讼双方

原告（上诉人）：高鹏，男，1978 年生，汉族，工人，住北京市丰台区。

委托代理人（一审）：袁琰，北京市亚太律师事务所律师。

被告（被上诉人）：北京市门头沟区民政局。

法定代表人：白连富，该局局长。

委托代理人：陈坚，北京市潮阳律师事务所律师。

委托代理人：范国玲，北京市门头沟区民政局干部。

第三人：张丽萍，女，1958 年生，汉族，无业。

委托代理人（一审）：范翔，北京市承光律师事务所律师。

4. 审级：二审。

5. 审判机关和审判组织

一审法院：北京市门头沟区人民法院。

合议庭组成人员：审判长：王敬文；审判员：陈天会；代理审判员：高立克。

二审法院：北京市第一中级人民法院。

合议庭组成人员：审判长：吴月；代理审判员：司品华、胡华峰。

6. 审结时间

一审审结时间：2008 年 10 月 21 日。

二审审结时间：2009 年 1 月 9 日。

（二）一审诉辩主张

1. 被诉具体行政行为

2000 年年初，被告北京市门头沟区民政局将发证日期填写为 1998 年 12 月 31 日的京门字第 1142 号结婚证颁发给高××与张丽萍。

2. 原告诉称

原告系高××的独生子，张丽萍自称是高××的妻子，于 2006 年和 2008 年先后两次以高鹏、高书莲为被告提起民事诉讼，要求继承高××的遗产。张丽萍在庭审过程中，提供了与高××的结婚证，证明其与高××存在婚姻关系，是高××的合法继承人。原告认为，第三人与高××并未履行正常的结婚登记程序。首先，根据《婚姻登记条例》的规定，男女双方应当共同到一方当事人常住户口所在地的婚姻登记机关办理结婚登记。但是 2000 年年初，高××通过被告的工作人员办理结婚手续，张丽萍并未在场，该工作人员在没有审核当事人身份、相关材料，并要求当事人签署声明的情况下，为高××与张丽萍办理了结婚证。其次，该结婚证存在以下几个问题：一是婚姻登记机关并没有张丽萍与高××结婚登记的档案，婚姻登记字号为"京门字第 1142 号"的当事人为"李××"和"吴××"，并不是张丽萍和高××。二是张丽萍和高××所持的结婚证与 1998 年使用的结婚证版本不符。三是张丽萍和高××所持结婚证的合影照片上没有加盖民政局的钢印。四是张丽萍和高××没有缴纳结婚证工本费记录。五是结婚证上的字迹在印章之上，不符合婚姻登记的时间顺序。进行结婚登记是婚姻成立的必要条件，婚姻档案应当依法存档，而在民政局 1998 年的婚姻档案中，没有张丽萍与高××的结婚登记，被告也曾出具材料证明张丽萍与高××未办理过结婚登记。被告颁发结婚证的行为程序错误，该行为侵犯了原告财产权益。故此，原告请求法院依法确认被告向高××、张丽萍颁发结婚证的具体行政行为违法，并由被告承担诉讼费。

3. 被告辩称

（1）被告从未向第三人张丽萍履行颁发结婚证的具体行政行为。（2）在北京市门头沟区人民法院于 2007 年 12 月 20 日作出的（2007）门行初字第 31 号行政判决书中，被告已经就张丽萍与高××所办结婚证存在的问题阐明了观点。即：1）在被告档案部门保管的婚姻登记档案中，没有张丽萍与高××结婚登记记录；2）张丽萍与高××所持结婚证与 1998 年我区适用的结婚证版本不符；3）张丽萍与高××所持的结婚证的合影照片上没有加盖钢印；4）没有查到张丽萍与高××缴纳结婚证工本费的记录。以上四点问题是被告经核查后确认的，被告对此并不予以否认。（3）被告对本案的具体态度是：应在查明本案事实的基础上，结合本案相关情况，根据《中华人民共和国婚姻法》及相关的法律法规，本着实事求是的态度，由法院对本案作出客观的确认和公正的判决，并由原告承担诉讼费。

4. 第三人述称

（1）张丽萍与高××是经过办理合法手续领取的结婚证。（2）原告高鹏不是具体行政行为的当事人，具体行政行为没有侵害原告的利益。（3）原告进行本次诉讼是冲突起诉，因为（2007）门行初字第31号判决书中已经对本案的同一个事实作出了判决，并且对违法性进行了确认。（4）原告起诉超过诉讼时效，2006年5月11日张丽萍就出示了结婚证，高鹏就知道了具体行政行为侵犯了其利益。

（三）一审事实和证据

北京市门头沟区人民法院经公开审理查明：2000年年初，被告的婚姻登记员韩博将发证日期填写为1998年12月31日的京门字第1142号结婚证发予申请补办结婚登记的高××与张丽萍。高××病逝后，张丽萍于2006年5月向本院提起"继承纠纷"民事诉讼，要求对其与高××再婚后共同购置的两间房屋进行继承。该诉讼中的被告高鹏对张丽萍与高××结婚证的真实性提出异议，以"婚姻关系为本案关键问题"为由，申请本院"向门头沟区民政局调取相关证据，并确认高××与张丽萍婚姻关系无效"。2006年11月16日，门头沟区民政局向本院出具了《认定意见》，内容为："区人民法院：按照贵院请求，我局对张丽萍、高××的结婚登记事宜进行了专门调查。现查明有关情况如下：（1）档案保管部门保管的婚姻登记档案中没有张丽萍与高××的结婚登记记录。经查阅我区1998年婚姻登记档案，1998年12月31日在我局办理结婚登记，结婚证字号为'京门字第1142号'的当事人为'李××'和'吴××'，不是张丽萍与高××二人，我区1998年的婚姻登记档案中没有张丽萍与高××的结婚登记记录。（2）张丽萍与高××所持结婚证与1998年我区使用的结婚证版本不符。1998年，全市各婚姻登记机关（包括我区）统一使用的结婚证版式中无'国籍'一栏，自1999年下半年起开始启用带有'国籍'的新版的结婚证。张丽萍、高××所持结婚证登记日期为1998年12月31日，而该版结婚证当时尚未启用。（3）张丽萍、高××所持结婚证的合影照片上没有加盖我局钢印。根据《北京市婚姻登记管理工作规程》（京民婚字〔1997〕70号）的规定，我局办理结婚登记，要将双方相片贴在《结婚证》上，并在相片骑缝处加盖钢印。张丽萍、高××所持结婚证合影照片上没有加盖我局钢印。（4）张丽萍、高××没有交纳结婚证工本费记录。根据国家及物价部门的规定，我局办理结婚登记，要向当事人收取9元结婚证工本费。如果张丽萍、高××在我局办理过结婚登记，应当有收费记录。但经查阅1998年我局结婚登记收费票据，没有张丽萍与高××交纳结婚证工本费的记录。上述事实足以认定，张丽萍与高××1998年12月31日没有在我局办理结婚登记，所持结婚证不具有法律效力。"张丽萍于2007年9月21日向本院提起行政诉讼，要求撤销该《认定意见》。门头沟区民政局于2007年11月30日以目前民政部门尚无明确法律规定对结婚证进行法律效力确认为由，自行撤销了该《认定意见》。由丁张丽萍拒绝撤回起诉，故本院以（2007）门行初字第 31 号行政判决，确认门头沟区民政局 2006 年 11 月 16 日作出的《认定意见》违法。高鹏不服提起上诉，北京市第一中级人民法院以（2008）一中行终字第 178 号行政判决，维持了我院（2007）门行初字第 31 号行政判决。2008 年 7 月 22 日，原告高鹏以门头沟区民政局向张丽萍与高××颁发结婚证属程序违法，其结婚证不具有相关的效力为由，请求确认被告向高××与张丽萍颁发结婚证的具体行政行为违法。

上述事实有下列证据证明：

1. 京门字第 1142 号结婚证原件，被告在庭审过程中承认该结婚证系其局所使用，上面所盖公章真实，韩博系其局婚姻登记人员。

2. 2007 年 3 月 31 日第三人的委托代理人范翔与韩博的谈话笔录，证明办理结婚登记时张丽萍与高××没有同时到场，没有提交户口本和身份证明。

3. 门头沟区 1998 年婚姻登记档案卷内目录以及 1998 年 12 月 31 日结婚登记的 1142 号档案，证明调取的结婚登记档案中当事人不是张丽萍与高××。

（四）一审判案理由

北京市门头沟区人民法院经审理认为：原告具有提起行政诉讼的资格，并且须在诉讼时效内提起诉讼，以及被告是被诉具体行政行为的作出主体，是构成行政诉讼案件所不可缺少的要件。因此，当事人对以上任何一个要件方面所提出的问题，都是人民法院审理行政诉讼案件必须首先要解决的问题。第三人张丽萍于述称中提出原告高鹏不具有提起本案诉讼原告资格的主张，本院认为其理由不能成立，因为，引发本案诉讼的原因是第三人张丽萍与原告高鹏对高××遗产继承的民事诉讼，本案被诉的京门字第 1142 号结婚证，对原告高鹏继承高××的遗产有一定的影响。本院（2007）门行初字第 31 号行政判决，只是针对该案原告张丽萍起诉被告在 2006 年 11 月 16 日所出具的《认定意见》而作出的，并不涉及其他。第三人张丽萍于述称中提出原告高鹏起诉超过诉讼时效的主张，本院认为其理由亦不能成立，因为，被诉的京门字第 1142 号结婚证，对原告高鹏继承高××遗产所产生的影响，始自于第三人张丽萍对《认定意见》的诉讼结果，因此，原告高鹏提起本案诉讼的时效，应自本院对《认定意见》所作判决生效之日起计算。而以此时日计算，原告高鹏的起诉并未超过法定的诉讼时效。综上，对第三人张丽萍的上述主张，本院不予支持。被告门头沟区民政局辩称，其从未向第三人张丽萍履行办理结婚证的具体行政行为，认为给予第三人张丽萍办理结婚证是其婚姻登记员的个人行为。本院认为，被告的辩称实际是在主张其不是第三人张丽萍持有的京门字第 1142 号结婚证的作出主体，不应当是本案的被告。然而，被告的理由并不能成立，因为，第三人张丽萍持有的京门字第 1142 号结婚证上盖有表现被告履行婚姻登记职责的红色专用章，被告亦不否认办理第三人张丽萍持有的京门字第 1142 号结婚证的婚姻登记员是其工作人员，依据相关法律规定，门头沟区民政局应当是本案的被告。所以，对被告门头沟区民政局的上述主张，本院不予支持。根据我国婚姻法的相关规定，结婚证是具有双重表现意义的法律文书，它既是表现婚姻登记机关业已作出登记行为的法律文书，也是表现结婚的男女业已确立夫妻关系的法律文书。对于被告在 2006 年 11 月 16 日《认定意见》中认可的第三人张丽萍所有的京门字第 1142 号结婚证所存在的四点问题，本院认为，在高××已经死亡的情况下，依据现有的证据，只能证明这些问题的产生，是由于办理该证的婚姻登记员不能正确履行工作职责，以及被告在婚姻登记工作的内部管理上存在着漏洞所造成的，而不能证明第三人张丽萍负有责任。因此，这些问题的存在不应当对第三人张丽萍与高××的婚姻效力产生影响，而且，这些问题的存在也不能影响第三人张丽萍与高××的婚姻效力。因为，结婚登记的本质属性是婚姻登记机关代表国家对要求结婚的男女确立夫妻关系的确认，而结婚的条件是法定的，要求结婚的男女只要符合法定的结婚条件，婚姻登记机关就必须给予结婚登记。且一经结婚登记，则非因法定无效婚姻与可撤销婚姻的情形，婚姻效力是不容置疑的。经审查，第三人张丽萍与高××的婚姻不存在我国婚姻法所规定的无效婚姻与可撤销婚姻的任何一种情形。原告高鹏请求本院依法确认被告向高××、张丽萍颁发结婚证的具体行政行为违法，理由是被告颁发结婚证的行为程序错误，侵犯了其财产权益。针对原告的诉讼请求与理由，本院认为，依据我国行政诉讼法的规定，符合法定程序与否，的确是影响被诉具体行政行为合法性的要件之一。然而，法定程序对被诉具体行政行为合法性的影响，不仅是指外部的强制性法定程序对被诉具体行政行为合法性的影响，而且还取决于是否对行政相对人的合法权益造成了实际损害。本案被诉具体行政行为所存在的程序上的问题，并不具有以上特征和后果。原告高鹏也并非本案被诉具体行政行为的相对人，之所以具有本案的原告资格，只是因为被诉的京门字第 1142 号结婚证所确认的第三人张丽萍与高××的婚姻关系，可能对其继承高××的遗产有影响而已。原告高鹏诉称被告颁发结婚证的行为程序错误，侵犯了其财产权益，也并无证据证实。

（五）一审定案结论

北京市门头沟区人民法院依照《最高人民法院关于执行〈中华人民共和国行政诉讼法〉若干问题的解释》第五十六条第（四）项的规定，作出如下判决：

驳回原告高鹏的诉讼请求。

案件受理费人民币 50 元，由原告高鹏负担。

（六）二审情况

1. 二审诉辩主张

（1）上诉人诉称

一审判决认定事实不清、适用法律错误。上诉人认为，张丽萍没有亲自到结婚登记机关进行结婚登记，违反了相关法律规定，张丽萍与高××的结婚证存在违法之处，且京门字第 1142 号结婚证是否应当被撤销，直接关系到高××遗产的分配，影响上诉人的财产权益。请求二审法院撤销一审判决并依法改判。

（2）被上诉人辩称

对于张丽萍持有的京门字第1142号结婚证所存在的问题，区民政局坚持《认定意见》的结论；一审判决确认了张丽萍所持有的京门字第1142号结婚证存在问题，但并未确认本案被诉的具体行政行为违法，且认为前述存在的问题"不能影响张丽萍和高×\n×的婚姻效力"。对此，民政局认为一审判决对前述问题的认定符合本案实际情况。因此，高鹏要求确认本案被诉具体行政行为违法的上诉请求不应得到支持，区民政局表示同意一审判决。

第三人亦表示同意一审判决。

2. 二审事实和证据

北京市第一中级人民法院经审理，认定的事实和证据与一审基本相同。

3. 二审判案理由

北京市第一中级人民法院经审理认为：我国婚姻登记制度实行的是当事人自愿原则，要求结婚的男女双方只要符合法定的结婚条件，婚姻登记机关就必须给予结婚登记，且已经登记结婚的，则非因法定无效婚姻与可撤销婚姻的情形，婚姻效力应处于有效状态。本案中，张丽萍和高××的婚姻不存在我国婚姻法所规定的无效婚姻和可撤销婚姻的任何一种情形。虽然张丽萍所持有的京门字第1142号结婚证确实存在《认定意见》以及高鹏所诉称的问题，但在高××已经死亡的情况下，依据现有的证据，只能证明这些问题的产生，是由于区民政局在婚姻登记工作的内部管理上存在漏洞造成的，并不能以此否定高××和张丽萍之间的婚姻关系。高鹏认为被诉具体行政行为侵犯其合法权益，指的仅是其对高××的遗产可能继承的份额，而这也是其具有本案原告资格的唯一理由所在，而且，高××的遗产对于高鹏而言仅是一种预期的、可能的利益，其并无证据证明被诉具体行政行为的程序瑕疵侵犯了其合法的既得利益。综上，一审法院判决驳回高鹏的诉讼请求正确，本院应予维持。高鹏的上诉理由缺乏事实及法律依据，本院不予支持。

4. 二审定案结论

北京市第一中级人民法院依照《中华人民共和国行政诉讼法》第六十一条第（一）项之规定，作出如下判决：

驳回上诉，维持一审判决。

二审案件受理费50元，由上诉人高鹏负担。

（七）解说

本案的关键在于对违法具体行政行为的处置。

"违法即无效"是传统行政法学的观点。1989年颁布的《中华人民共和国行政诉讼法》第五十四条也规定，对"违反法定程序"的具体行政行为"判决撤销或者部分撤销"。近几年，学界和实务界对该理论进行了反思，有人引入了瑕疵行政行为的概念，认为瑕疵行政行为属于具有轻微程序瑕疵的行为，该瑕疵的存在并不影响行政主体行政行为的内容和效力①，或者可以采用补救的方法来修正违法之处，让此行为重新获得合法性。②

本案中，民政局的婚姻登记行为在程序上存在违法之处，属于"违反法定程序"的情形，从法律文义解释出发，该婚姻登记行为应当予以撤销。但是本案又具有特殊之处。

婚姻登记本身属于羁束行政行为，只要双方符合结婚的实质要件，民政机关就应当为其颁发结婚证。本案中，张丽萍和高××符合办理结婚登记的实质要件，且双方均自愿申请结婚登记，符合颁发结婚证的实体要件。本案中婚姻登记程序存在违法之处的原因在于被告区民政局存在管理上的漏洞。但是婚姻登记一经进行，双方当事人对婚姻登记就产生了信赖利益，双方多年来以夫妻关系生活，形成了相应的人身关系、财产关系。

婚姻登记是婚姻法律关系的载体，撤销结婚登记将使婚姻关系归于自始无效的状态。而本案并不符合无效婚姻或可撤销婚姻的情形。婚姻双方当事人对婚姻关系具有不可逆转性，本案中婚姻登记一方高××已经死亡，在双方符合结婚实质要件并以夫妻名义共同生活若干年后，若以程序违法为由撤销婚姻登记而使双方婚姻关系自始无效，则张丽萍的人身利益以及相关的财产利益必然受到严重损害。因此，本案不宜作出撤销判决。

进一步分析，本案原告的诉讼请求是确认被诉具体行政行为违法，而本案被诉的具体行政行为确实存在违法之处，但是结合《最高人民法院关于执行〈中华人民共和国行政诉讼法〉若干问题的解释》第五十七条第二款和第五十八条的规定，可以发现，本案并不符合现行法律规定的确认违法判决的情形。因此，最终，法院依据《最高人民法院关于执行〈中华人民共和国行政诉讼法〉若干问题的解释》第五十六条第（四）项"其他应当判决驳回诉讼请求的情形"判决驳回原告的诉讼请求是恰当的。

将案件事实与法律规定相结合是司法审判的关键环节，法官将法律适用于具体案件的过程隐含着法官对法律的解释过程。法律解释方法本身是一套自成体系的法律方法，各种法律解释方法的运用是有大致顺序的，一般认为：语义解释具有严格的优先性，若语义解释的条件得到满足，它就优先于其他解释方法而被采用；只有具备足够的理由对语义解释的结果表示怀疑时，才有条件考虑上下文解释和体系解释；当这些解释结果都不能明显成立的时候，才可以考虑法意解释和目的解释。③可见，文义解释是被优先采用的法律解释方法。但是如果依文义解释得出的结论明显违背立法目的和公平正义时，法官应当充分发挥司法能动性，通过目的解释、利益衡量等其他方法寻求法律条文与案件事实的最佳结合点，从而得出最恰当的判决结果。

（北京市门头沟区人民法院 韩继先）

① 参见傅放临、贾秀春：《行政瑕疵行为新论》，载万鄂湘主编：《司法解决纠纷的对策与机制》，405 页，北京，人民法院出版社，2007。

② 参见陈新民：《中国行政法学原理》，171 页，北京，中国政法大学出版社，2002。

③ 参见金民珍、竺常赟、徐婷姿：《和谐社会民事审判视野下的裁判思维》，载《人民法院报》，2010-04-07。

八、卫生管理案件

46. 黄海生不服漳州市龙文区卫生局卫生管理吊销执业证处罚案
（一事不再罚）

（一）首部

1. 判决书字号：福建省漳州市龙文区人民法院（2009）文行初字第18号判决书。
2. 案由：卫生行政处罚。
3. 诉讼双方

原告：黄海生。

委托代理人：陈腾新，福建漳州九鼎律师事务所律师。

被告：漳州市龙文区卫生局。

法定代表人：李玉生，局长。

委托代理人：叶庆端，福建漳州泾渭明律师事务所律师。

委托代理人：林俊晖，福建漳州泾渭明律师事务所实习律师。

4. 审级：一审。
5. 审判机关和审判组织

审判机关：福建省漳州市龙文区人民法院。

合议庭组成人员：审判长：陈亚彩；审判员：吴巧妹；代理审判员：林慧。

6. 审结时间：2009 年 11 月 27 日。

（二）诉辩主张

1. 被诉具体行政行为

2009 年 5 月 25 日，被告接到龙文区计生办通报，称原告有实施非医学需要鉴定胎儿性别之嫌，遂对龙文华医堂诊所进行监督检查。被告经过依法受理、立案、调查等程序查明：龙××与黄××未登记结婚先孕，龙文区计生办已开具证明要去引产，并联系好医院。当事人决定先做一下 B 超，如是男胎则不引产，如是女胎再去引产。2009 年 5 月 16

日，原告黄海生在其个人开办的龙文华医堂诊所对龙××进行胎儿性别鉴定，并收取费用人民币 400 元。2009 年 6 月 9 日，被告根据《福建省禁止非医学需要鉴定胎儿性别和选择性别终止妊娠条例》第十七条的规定，作出龙文卫医监罚字［2009］001 号行政处罚决定书，对原告个人开办的漳州市龙文华医堂诊所处以没收违法所得和违法器械并罚款20 000元，吊销《医疗机构许可证》的行政处罚。鉴于原告实施非医学需要鉴定胎儿性别的行为严重干扰了我国的计划生育基本国策，情节严重，2009 年 7 月 7 日，被告依据《中华人民共和国人口与计划生育法》第三十六条第二项的规定，以龙文卫医监罚字［2009］003 号行政处罚决定书，对原告作出吊销《医师执业证书》的行政处罚决定。

2. 原告诉称

（1）被告认定事实和适用法律错误。原告为龙××作 B 超检查，通过检查告知胎儿是男性并收费 400 元，虽违反了《中华人民共和国人口与计划生育法》第三十五条的规定，但原告的行为并没有造成严重后果，不存在情节严重的事实。被告依据《中华人民共和国人口与计划生育法》第三十六条第二项的规定，对原告本人作出吊销《医师执业证书》的行政处罚决定，明显认定事实和适用法律错误。（2）被告对原告作出的行政处罚决定违反了"一事不再罚"的原则。被告根据《福建省禁止非医学需要鉴定胎儿性别和选择性别终止妊娠条例》第十七条的规定于 2009 年 6 月 9 日已对原告开办的诊所作出过没收违法所得和违法器械并处罚款，吊销《医疗机构许可证》的行政处罚。2009年 7 月 7 日被告又依据《中华人民共和国人口与计划生育法》第三十六条第二项的规定对原告本人作出吊销《医师执业证书》的行政处罚决定，违反"一事不再罚"的原则。因此，被告的行政行为缺乏证据且违法，请求撤销被告作出的龙文卫医监罚字［2009］003 号行政处罚决定书。

3. 被告辩称

（1）原告实施了本案非医学需要鉴定胎儿性别，并收取费用人民币 400 元，该行为属于情节严重，对于情节的认定是行政处罚权的自由裁量范围，并没有显失公正。（2）龙文卫医监罚字［2009］001 号行政处罚决定书和龙文卫医监罚字［2009］003 号行政处罚决定书所处罚对象不同、处罚依据的违法行为不同、依据法律不同，被告作出的处罚行为不存在重复处罚。因此，被告作出的龙文卫医监罚字［2009］003 号行政处罚决定认定事实清楚，证据充分，适用法律正确，程序合法，应予维持。

（三）事实和证据

福建省漳州市龙文区人民法院经公开审理查明：2009 年 5 月 25 日，龙文区卫生局在接到龙文区计生办通报后对龙文华医堂诊所进行监督检查，检查中发现该诊所在《医疗机构执业许可证》中未申请取得医学超声许可项目的情况下，购买、使用超声诊断仪。2009 年 5 月 16 日，原告在龙文华医堂诊所对龙××进行胎儿性别鉴定，并收取费用 400 元。2009 年 4 月开始，用服药方法共做 4 例终止早期妊娠，每例收费 100 元。2009 年 7 月 1 日，经原告申请，被告举行了听证会。2009 年 7 月 7 日，被告以原告未经申请取得医学超声许可项目擅自开展非医学需要鉴定胎儿性别和终止妊娠为由，根据

《中华人民共和国人口与计划生育法》第三十六条第二项的规定，作出龙文卫医监罚字[2009] 003号行政处罚决定书，决定对原告作出吊销《医师执业证书》的行政处罚，原告不服遂向法院提起了行政诉讼。

上述事实有下列证据证明：

1. 案件受理记录，证明被告行政机关对本案依法审批和受理。

2. 立案报告，证明被告行政机关对本案依法审批和立案。

3. 证据先行登记保存审批表、保存决定书、保存处理决定书，证明被告行政机关依法对证据保存进行审批、决定、处理。

4. 案件调查终结报告，证明承办人员根据调查查清事实，作出调查报告。

5. 合议记录，证明被告对本案的处理意见经集体研究合议。

6. 行政处罚决定审批表，证明本案行政处罚履行了审批程序。

7. 行政处罚事先告知书，证明被告在作出处罚决定之前，告知原告作出行政处罚的事实、理由及依据，并告知当事人享有申辩、陈述等权利，并送达告知书。

8. 听证告知书，证明被告在作出处罚决定之前，告知原告作出行政处罚的事实、理由及依据，并告知当事人享有申辩、陈述等权利，并送达告知书。

9. 听证申请书、当事人申辩书，证明原告提出听证申请，并提出申辩意见。

10. 听证通知书、送达回证，证明被告履行通知原告听证时间、地点程序，并送达原告。

11. 案件延期审批表，证明本案因案情查证需要，依法延长办案期限。

12. 听证笔录、听证意见书，证明被告依法履行了听证程序，听取原告陈述与申辩，作出听证意见，并履行处罚决定的审批。

13. 处罚决定书、送达回证，证明被告依法作出处罚决定并依法送达原告。

14. 机构代码证、执法证、证明、遗失声明公告，证明承办本案工作人员具有执法资格。

15. 结案报告，证明被告对本案作出了结案报告。

16. 现场检查笔录（附相片），证明被告对原告违法现场进行检查，发现原告经营诊所内有B超机等物品。

17. 龙××的调查笔录，证明：（1）龙××与黄××未登记结婚先孕，计生办已开证明要去引产，并联系好医院。龙××决定先做一下B超，如是男胎则不引产，如是女胎再去引产。（2）2009年5月16日，龙××到原告经营诊所接受原告B超检查，原告对其进行胎儿性别鉴定，原告检查后告知龙××是男胎并收取费用400元。

18. 黄海生询问笔录，证明2009年5月16日原告在诊所实施了非医学需要鉴定胎儿性别，并收取费用400元，且明知上述行为违法。

19. 漳龙政办[2009] 17号文及发文记录，证明龙文区政府曾发文重申禁止非医学需要鉴定胎儿性别，黄海生签名确认收文。

20. 黄海生身份证、执业医师证、医疗机构许可证，证明黄海生行政主体资格、原执业医师资格，以及医疗机构主体资格。

21. 龙文卫医监罚字[2009] 001号行政处罚决定书，证明该行政处罚与本案不存在重复处罚。

22.《中华人民共和国人口与计划生育法》第三十五、三十六条，证明职权依据和处罚依据。

（四）判案理由

福建省漳州市龙文区人民法院经审理认为：（1）2009年5月16日，原告在龙文华医堂诊所对龙××进行胎儿性别鉴定，并收取费用400元，原告有以营利为目的进行胎儿性别鉴定的行为。龙文区卫生局据此认为原告为他人进行非医学需要胎儿性别鉴定和终止妊娠构成《中华人民共和国人口与计划生育法》规定的"情节严重"，系被告行使行政处罚权自由裁量的范围，并没有显失公正。原告认为其行为并没有造成严重后果，不构成"情节严重"的事实的主张没有充分依据。（2）所谓"一事不再罚"，是指对当事人的同一个违法行为，不得给予两次以上罚款的行政处罚，即不得依据同一理由和法律依据给予当事人两次及以上同种类的处罚。经审理认定，被告作出的龙文卫医监罚字〔2009〕001号行政处罚决定书和龙文卫医监罚字〔2009〕003号行政处罚决定书系根据不同的违法行为、不同法律依据对不同的主体作出不同行政处罚，不违反"一事不再罚"原则。因此，被告作出的行政处罚决定事实清楚，适用法律正确，程序合法，应予维持，原告请求撤销的理由依据不足，不予采纳。

（五）定案结论

福建省漳州市龙文区人民法院依照《中华人民共和国行政诉讼法》第五十四条第（一）项的规定，作出如下判决：

维持被告作出的龙文卫医监罚字〔2009〕003号行政处罚决定书。

本案受理费50元，由原告负担。

（六）解说

1. 本案的焦点问题是：对个人开办诊所及违法个人的双重处罚是否违背"一事不再罚"原则。针对本案的具体情况分析，已对个人开办的私人诊所进行行政处罚后，可以对违法个体再次处以行政处罚，且并不违反"一事不再罚"原则。理由如下：（1）条例及法律已分别对诊所和原告在未申请取得医学超声许可项目的情况下，购买、使用超声诊断仪的行为，及违法对他人进行非医学需要鉴定胎儿性别的行为作出了不同的处罚规定，被告是针对诊所及原告两个不同违法行为作出两次不同的行政处罚，并不违反"一事不再罚"原则。（2）进一步分析被告两次作出的行政处罚决定，并没有存在同种类处罚的重复适用，如并没有对诊所及原告两次作出罚款决定，从而进一步确认被告两次作出的行政处罚决定并没有违反"一事不再罚"原则。（3）被告所作出的两次处罚决定确实是针对不同的主体而作出的，虽然个人开办的私人诊所的权利义务由个体直接承受，但并不能把个体诊所等同于个人，否则就会规避法律，出现处罚量刑中的畸轻畸重现象。（4）原告在明知其行为违法的情况下，仍然实施了非医学需要鉴定胎儿性别的行为，严重干扰了我国的计划生育基本国策，违法行为情节严重。只有对诊所和原告分别作出行政处罚，才能进一步杜绝非法为他人施行计划生育手术的违法现象，才能起到教育和预防再次违法的社会效果，被告根据原告违法情节两次作出的处罚措施并无过当。

2. 现实生活中，行政管理活动十分复杂，违反行政管理秩序的行为也是错综复杂的。在我国目前法律法规规定的行政处罚种类繁多、行政职权交叉重叠的情况下，行政处罚多头处罚、重复处罚的问题比较突出。《中华人民共和国行政处罚法》第二十四条规定，"对当事人的同一个违法行为，不得给予两次以上罚款的行政处罚"。这一规定有利于行政处罚的正确实施，保障公民、法人以及其他组织的合法权益。但如果简单地认定对同一违法行为只能处罚一次，也有可能会使违法者逃脱应受的处罚。

3. 《中华人民共和国行政处罚法》第二十四条规定虽然对我们理解和界定"一事不再罚"原则提供了法律上的依据，但该条规定只是作为行政处罚的具体操作规则，并未在法律上真正确立起"一事不再罚"原则，仍需进一步完善立法，在理论上、制度上使"一事不再罚"原则趋于完备，从而为行政执法、行政处罚实践提供更全面的理论指导、更强的依据性和可操作性。在依法行政过程中应合理权衡"一事不再罚"原则，既能够防止重复处罚，保护当事人的合法权益，又能够维护社会利益和公共秩序，确保罚过相当原则的实现，从而使行政处罚发挥应有的功能。

（福建省漳州市龙文区人民法院　陈亚彩　严淑珍）

47. 高洪斌不服蓟县卫生局卫生行政处罚案
（法律适用及行政处罚的听证程序）

（一）首部

1. 判决书字号

一审判决书：天津市蓟县人民法院（2009）蓟行初字第 2 号判决书。

二审判决书：天津市第一中级人民法院（2009）一中行终字第 257 号判决书。

2. 案由：卫生行政处罚。

3. 诉讼双方

原告（上诉人）：高洪斌，住蓟县渔阳镇。

被告（被上诉人）：蓟县卫生局。

法定代表人：王新（二审变更为王庆利），蓟县卫生局局长。

委托代理人：张玲，蓟县卫生局科员。

委托代理人：陈立忠，光明律师事务所律师。

4. 审级：二审。

5. 审判机关和审判组织

一审法院：天津市蓟县人民法院。

合议庭组成人员：审判长：王立新；代理审判员：杨玉双；人民陪审员：王淑兰。

二审法院：天津市第一中级人民法院。

合议庭组成人员：审判长：单宝明；代理审判员：任桂红、韩宇。

6. 审结时间

一审审结时间：2009 年 3 月 11 日。

二审审结时间：2009 年 10 月 5 日。

（二）一审诉辩主张

1. 被诉具体行政行为

蓟县卫生局认定高洪斌在从事餐饮具集中消毒过程中，无卫生许可证，且 3 名从业人员无有效健康证明，其行为违反了《中华人民共和国食品卫生法》第二十六、二十七条的规定，依据《中华人民共和国食品卫生法》第四十、四十七条的规定，决定处以高洪斌：（1）没收违法所得 900 元。（2）无卫生许可证罚款 4 500 元，无健康证罚款 1 500元，合计罚款 6 900 元人民币。

2. 原告诉称

2008 年 9 月原告在蓟县从事餐饮具集中消毒服务工作，被告因原告无卫生许可证，从业人员无健康证于 2008 年 9 月 5 日作出《行政处罚决定书》，原告于 2008 年 9 月 18 日向蓟县人民政府申请复议，2008 年 11 月 14 日蓟县人民政府作出维持原处罚决定的决定。原告认为：（1）原告经营的项目不属于食品卫生法的调整范围，被告的处罚显然违法。（2）原告经营的餐饮具消毒项目属于消毒服务行业，国务院发文（国发（2004）16 号）已批准取消办理卫生许可证和服务人员从业资格认定。（3）被告作出行政处罚决定前，没有按行政处罚程序召开听证会。请求法院撤销津蓟卫食决 2008－5－025 号《行政处罚决定书》。

3. 被告辩称

原告高洪斌于 2008 年 8 月份在蓟县开发区从事餐饮具集中消毒服务工作，没有取得卫生许可证，3 名从业人员无健康证，其行为违反《中华人民共和国食品卫生法》第二十六、二十七条的规定，依该法第四十、四十七条之规定予以处罚事实清楚，证据充分，适用法律正确，请求驳回原告的起诉。

（三）一审事实和证据

天津市蓟县人民法院经公开审理查明：原告高洪斌在未取得卫生许可证，从业人员无健康证的情况下，于 2008 年 8 月开始在蓟县从事餐饮具集中消毒服务，被告蓟县卫生局接到举报后于 2008 年 9 月 5 日对原告作出津蓟卫食决 2008 - 5 - 025 号《行政处罚决定书》，原告于 2008 年 9 月 18 日向蓟县人民政府申请复议，复议机关于 2008 年 11 月 14 日作出维持的复议决定。

上述事实有下列证据证明：

1. 2008 年 9 月 1 日受理记录，证明案件来源。

2. 2008 年 9 月 2 日立案报告，证明已立案。

3. 2008 年 9 月 1 日现场检查笔录，证明现场检查情况。

4. 2008 年 9 月 1 日对高洪斌的询问笔录，证明原告从事餐饮具集中消毒未办理卫生许可证，3 名从业人员无健康证这一事实。

5. 2008 年 9 月 1 日卫生监督意见书，证明提出整改意见。

6. 2008 年 9 月 3 日案件调查终结报告。

7. 2008 年 9 月 3 日合议笔录。

8. 2008 年 9 月 3 日行政处罚告知书。

9. 送达回证。

证据 7—9 证明履行了执法程序。

10. 现场照片，证明现场情况。

（四）一审判案理由

天津市蓟县人民法院经审理认为：《中华人民共和国食品卫生法》第四条规定："凡在中华人民共和国领域内从事食品生产经营的，都必须遵守本法。本法适用于一切食品，食品添加剂，食品容器、包装材料和食品用工具、设备、洗涤剂、消毒剂；也适用于食品的生产经营场所、设施和有关环境。"第十二条规定："食品容器、包装材料和食品用工具、设备必须符合卫生标准和卫生管理办法的规定。"第八条规定："食品生产经营过程必须符合下列卫生要求：……（五）餐具、饮具和盛放直接入口食品的容器，使用前必须洗净、消毒，炊具、用具用后必须洗净，保持清洁……"上述规定证明餐饮具集中消毒服务属于食品生产经营过程中的一个环节。原告经营的餐饮具集中消毒服务属食品用工具的范畴，受《中华人民共和国食品卫生法》的调整，该法第二十七条第三款规定："卫生许可证的发放管理办法由省、自治区、直辖市人民政府卫生行政部门制定。"天津市卫生局依该条制定的《天津市餐（饮）具集中消毒服务卫生管理暂行办法》设定从事餐（饮）具集中消毒服务须办理卫生许可证，从业人员须办理健康证的规定亦有法律依据。原告从事餐饮具集中消毒服务应办理卫生许可证及健康证。天津市人民政府津政发（2000）17 号《关于确定行政处罚听证案件中"较大数额罚款"标准的通知》中，第二条对"较大数额罚款"的确定，以有关法律、法规、规章规定的对某类违法行为罚款最高限额的 50%（含 50%）为标准。被告对原告作出处罚罚款的数额未超过《中华人民共和国食品卫生法》规定的最高限额的 50%，被告无须履行听证程序。故被告作出的津蓟卫食决 2008 - 5 - 025 号《行政处罚决定书》事实清楚，证据确凿，适用法律、法规正确，程序合法。

原告认为自己经营餐饮具集中消毒服务，属《消毒管理办法》中调整的消毒服务机构，不属于《中华人民共和国食品卫生法》调整的餐饮业。国务院已取消了消毒服务机构办理卫生许可证和健康证的许可制度，天津市卫生局无权要求消毒服务机构办理卫生许可证，故被告的处罚决定适用法律错误。对此，因国务院国发（2004）16 号《关于第三批取消和调整行政审批项目的决定》中第 156、157 号取消的是《消毒管理办法》中消毒服务机构的卫生许可证及消毒服务人员的资格认定，原告经营的餐饮具集中消毒服务属食品生产经营过程中的一个环节，依据《消毒管理办法》第十七条规定，"公共场所、食品、生活饮用水、血液制品的消毒管理，按有关法律、法规的规定执行"。食品生产经营的消毒管理不受《消毒管理办法》的约束，而应按《中华人民共和国食品卫生法》的规定执行。故原告认为被告作出处罚适用法律错误，未履行听证程序侵犯其合法权益的理据不足，本院不予支持。

（五）一审定案结论

天津市蓟县人民法院依照《中华人民共和国行政诉讼法》第五十四条第（一）项的规定，作出如下判决：

维持被告蓟县卫生局于 2008 年 8 月 5 日对原告高洪斌作出的津蓟卫食决 2008 - 5 - 025 号《行政处罚决定书》。

本案诉讼费用 50 元，由原告高洪斌负担。

（六）二审情况

1. 二审诉辩主张
（1）上诉人诉称

上诉人是依法取得营业执照从事餐饮具消毒服务的个体工商户，依据国务院国发（2004）16 号《关于第三批取消和调整行政审批项目的决定》中第 156、157 号，取消了《消毒管理办法》中消毒机构的卫生许可证及消毒服务人员的资格认定，因此上诉人在从事餐饮具集中消毒服务过程中依法无须办理卫生许可证，从业人员亦无须提供有效健康证明。天津市卫生局制定的《天津市餐（饮）具集中消毒服务卫生管理暂行办法》因违反了国务院《关于第三批取消和调整行政审批项目的决定》的相关规定，应视为无效规定。上诉人从事的是餐饮具集中消毒服务，并不从事食品的生产经营，上诉人的服务行为不应受《中华人民共和国食品卫生法》的调整。请求二审法院撤销原审判决；撤销津蓟卫食决 2008 - 5 - 025 号《行政处罚决定书》。

（2）被上诉人辩称

上诉人未取得卫生许可证，从业人员无健康证，从事餐饮具集中消毒服务，进行盈利性经营，事实清楚，证据充分，已违反了《中华人民共和国食品卫生法》第二十六、二十七条的规定，上诉人从事的是餐饮用具（属食品的范围）的集中消毒工作，其消毒的碗、盘、杯等用品是直接入口不可缺少的食品餐具，是属食品范围的延伸和不可缺少的环节。上诉人所从事的工作是从餐饮业（饭店）的部分工作分离出来的集中消毒，其目的是保证消费者使用的餐具更卫生、更安全，如果这样的经营行为不经卫生行政许可，从业人员不进行健康检查，根本无法把住"病从口入"这道关。上诉人提出的国务院国发（2004）16号《关于第三批取消和调整行政审批项目的决定》中第156、157号之规定，指的是消毒服务机构不再办理卫生许可证，从业人员不再办理健康证，与上诉人从事的餐具消毒无关，请求法院驳回上诉人的上诉请求。

2. 二审事实和证据

天津市第一中级人民法院经审理，确认一审法院认定的事实和证据。

3. 二审判案理由

天津市第一中级人民法院经审理认为：被上诉人蓟县卫生局作为县级地方人民政府卫生行政部门在管辖范围内行使食品卫生监督职责，对违反《中华人民共和国食品卫生法》的行为进行行政处罚，是其职权范围。被上诉人提供的证据能够证实上诉人从事餐饮具集中消毒服务工作，没有取得卫生许可证，其从业人员无健康证的违法事实存在。上述行为违反了《中华人民共和国食品卫生法》第二十六条、第二十七的规定，被上诉人依据该法第四十条、第四十七条的规定所作行政处罚决定事实清楚，适用法律正确，程序合法。原审人民法院判决予以维持正确，本院依法应予维持。上诉人主张被上诉人在作出行政处罚前未听取其陈述、申辩，经审查，被上诉人蓟县卫生局在《行政处罚事先告知书》中已经明确告知上诉人可在 2008 年 9 月 5 日前，到蓟县卫生局别山中队进行陈述和申辩，逾期视为放弃陈述和申辩。上诉人是否进行陈述和申辩是对其享有权利的自由支配，不能证明被上诉人未履行该程序，根据《中华人民共和国食品卫生法》第四条的规定，上诉人从事的餐饮具集中消毒服务，是餐饮业服务的组成部分和延伸，与食品卫生息息相关，属于食品用工具范畴，属于《中华人民共和国食品卫生法》调整范围。《消毒管理办法》第四十九条对消毒服务机构的含义解释为，"指为社会提供可能被污染的物品及场所、卫生用品和一次性使用医疗用品等进行消毒和灭菌服务的单位"。上诉人的经营场所非消毒服务机构，故国务院国发（2004）16号《关于第三批取消和调整行政审批项目的决定》中第156、157号，不适用本案。上诉人的上诉请求没有事实根据和法律依据。本院不予支持。

4. 二审定案结论

天津市第一中级人民法院依照《中华人民共和国行政诉讼法》第六十一条第（一）项之规定，作出如下判决：

驳回上诉，维持原判。

上诉案件受理费 50 元，由上诉人负担。

（七）解说

本案的焦点在于：（1）法律适用问题，即原告高洪斌从事的餐饮具集中消毒服务行为是否属食品卫生法的调整范围。（2）程序问题，即被告对原告作出的行政处罚是否应履行听证程序。

1. 餐饮具集中消毒服务是近一两年经济发展所产生的新产业，由于立法滞后等因素，目前尚无法律对其明确约束。因天津餐饮具集中消毒服务业发展较快，急需对其规范管理，天津市卫生局于 2007 年依据《中华人民共和国食品卫生法》制定了《天津市餐（饮）具集中消毒服务卫生管理暂行办法》，明确规定从事餐（饮）具集中消毒服务必须办理卫生许可证，从业人员须持健康证上岗。但餐（饮）具集中消毒服务是否属食品卫生法调整范围呢？原告高洪斌的观点是从事餐饮具集中消毒服务的机构属消毒服务机构，国务院国发（2004）16 号《关于第三批取消和调整行政审批项目的决定》第 156、157 号，取消了《消毒管理办法》中消毒服务机构的卫生许可证及消毒服务人员的资格认定。原告从事的是餐饮具集中消毒服务，并不从事食品的生产经营，不应受《中华人民共和国食品卫生法》调整。笔者认为，首先根据《消毒管理办法》第十七条规定，"公共场所、食品、生活饮用水、血液制品的消毒管理，按有关法律、法规的规定执行"。因此食品消毒管理不受《消毒管理办法》约束而应按《中华人民共和国食品卫生法》的规定执行。餐饮具集中消毒是否属食品生产经营中的环节呢？回答是肯定的，因为餐饮具集中消毒是碗、盘、杯等直接入口不可缺少的食品餐具集中起来单独消毒的工作，属《中华人民共和国食品卫生法》第八条的调整范畴，是食品生产经营过程中的一个环节，受该法的调整。该法第二十七条第三款规定："卫生许可证的发放管理办法由省、自治区、直辖市人民政府卫生行政部门制定。"因此天津市卫生局制定的《天津市餐（饮）具集中消毒服务卫生管理暂行办法》亦有法律依据。原告从事餐饮具集中消毒工作必须遵守上述规定。

2.《中华人民共和国行政处罚法》第四十二条规定，行政机关作出较大数额罚款等行政处罚决定之前，应当告知当事人有要求举行听证的权利。卫生部《卫生行政处罚程序》第三十条第二款规定，对较大数额罚款的听证范围依照省、自治区、直辖市人大常委会或人民政府的具体规定执行。天津市人民政府《关于确定行政处罚听证案件中"较大数额罚款"标准的通知》中第二条对"较大数额罚款"的确定，以有关法律、法规、规章规定的对某类违法行为罚款最高限额的 50%（含 50%）为标准。前述已分析了原告从事餐饮具集中消毒服务受《中华人民共和国食品卫生法》的调整，该法第四十条对未取得卫生许可证罚款的最高限额 3 万元，对未取得健康证明罚款的最高限额为 5 000 元。被告蓟县卫生局对原告高洪斌无卫生许可证罚款 4 500 元，无健康证罚款 1 500 元均未超过法定最高限额的 50%。不属于较大数额罚款，无须举行听证程序。

综上，一、二审的判决是正确的。

（天津市蓟县人民法院　王立新）

九、环境保护案件

48. 王赞群等不服扬州市广陵区环境保护局环保行政许可案
（噪声污染的法律认定）

（一）首部

1. 判决书字号：江苏省扬州市广陵区人民法院（2009）扬广行初字第 46 号判决书。

2. 案由：环保行政许可。

3. 诉讼双方

原告：王赞群，男，1956 年生，汉族，住扬州市广陵区。

原告：刘闽生，男，1961 年生，汉族，住扬州市广陵区。

原告：苏晓伟，男，1973 年生，汉族，住扬州市广陵区。

原告：朱东升，男，1974 年生，汉族，住扬州市广陵区。

四原告共同委托代理人：史建国、朱芹，江苏擎天柱律师事务所律师。

被告：扬州市广陵区环境保护局，住所地：扬州市文昌中路 200 号。

法定代表人：马新阳，男，局长。

委托代理人：郑爱国，男，副局长。

委托代理人：吴强敏，男，扬州市环境保护局工作人员。

第三人：扬州市广陵区奥林大酒店骏和分店，住所地：扬州市广陵区安康路骏和天城 9 幢及 19 幢楼。

负责人：林洪生。

4. 审级：一审。

5. 审判机关和审判组织

一审法院：江苏省扬州市广陵区人民法院。

合议庭组成人员：审判长：顾斌；代理审判员：池仲旺；人民陪审员：盛静安。

6. 审结时间：2009 年 12 月 17 日。

（二）诉辩主张

1. 被诉具体行政行为

2009年6月10日，江苏省扬州市广陵区环境保护局下发扬广环管〔2009〕27号《关于扬州市广陵区奥林大酒店骏和分店餐饮项目环境影响报告表的批复》。

2. 原告诉称

第三人奥林大酒店骏和分店与原告的住宅楼直线距离仅十多米，被告向第三人作出的环保许可行为违反了《江苏省环境噪声污染防治条例》第十五条第二款，即，"在城市居住区、居住小区内新建按照规划设计要求配套的可能产生环境噪声污染的生活、消费、娱乐等公共服务设施，与相邻最近的居民住宅边界的直线距离不得小于三十米"。被告在行政审批过程中程序违法，其对扬州市环境科学研究所作出的《建设项目环境影响报告表》、对扬州市环境监测中心站作出的噪声监测报告中的不规范、不科学之处均置之不理，未尽到谨慎的注意义务。原告请求人民法院判决撤销扬广环管〔2009〕27号《关于扬州市广陵区奥林大酒店骏和分店餐饮项目环境影响报告表的批复》。

3. 被告辩称

（1）噪声与噪声污染是两个有重大区别的概念，《中华人民共和国环境噪声污染防治法》、《江苏省环境噪声污染防治条例》等法律对这两个概念均作出了明确定义，两者不能混为一谈；（2）我局所作出的环保行政许可与《江苏省环境噪声污染防治条例》第十五条第二款的要求并不矛盾，如要适用第十五条第二款，则应满足该条款中明文规定的"可能产生环境噪声污染"这一关键条件，但本案中，根据环评结论和实际检测结果，第三人奥林大酒店骏和分店的餐饮项目完全能够做到噪声达标排放，亦即，有科学的证据证明该餐饮项目是一个不会产生噪声污染的项目，此种情形下，《江苏省环境噪声污染防治条例》第十五条第二款的有关要求并不能适用于奥林大酒店骏和分店；（3）我局进行行政审批的程序完全符合法律规定，采信有资质的环境影响评价机构与环境监测机构所作出的环评报告与监测报告合法合理，原告在没有充分证据且对有关环保专业知识一知半解的情形下，对环评报告与监测报告所提出的质疑没有道理。被告请求人民法院判决维持其向第三人作出的环保行政许可。

4. 第三人述称

我店从一开始即一切按照环保部门的要求进行报批，并在相关部门指导下严格按照环保法要求建设，所有环保指标达到国家标准后才投入营业的，此后环保部门又进行过多次检测，我店也都达标，所以我店获得的环保行政许可完全是合法的，请求人民法院对企业的合法经营活动予以支持。

（三）事实和证据

江苏省扬州市广陵区人民法院经公开审理查明：为开设奥林大酒店骏和分店，林洪生于 2009 年 2 月 26 日编制了《建设项目环境影响咨询表》呈报给广陵区环境保护局，该表对建设项目基本情况、建设地址周围环境及主要敏感目标分布状况、经营内容、附属设施、排污情况及污染防治措施等内容作了简要说明。广陵区环境保护局在初步审查后，于 2009 年 3 月 9 日要求奥林大酒店骏和分店先委托有环评资质的单位编制环境影响评价报告表，然后再呈报审批。随后，奥林大酒店骏和分店委托了扬州市环境科学研究所作环评报告。扬州市环境科学研究所在调查、分析的基础上，于 2009 年 6 月 1 日编制成《建设项目环境影响报告表》（其中采用了扬州市环境监测中心站于 2009 年 5 月 22 日针对奥林大酒店骏和分店的噪声监测报告），最后得出的环评结论是："建设项目符合国家现行产业政策；项目选址符合相关规划要求；建设方认真落实各项污染防治措施后，各污染物均能达标排放，且将对环境保护目标的影响降至最低；项目营运期区域各环境功能不会降级；建设项目所需总量能够实现区域平衡；从公众参与调查的情况来看公众持反对意见的较多，建设方在切实做好各项污染防治工作的基础上，需加强与公众的沟通。从环保角度而言，奥林大酒店骏和分店在扬州市安康路与运河北路交界处骏和天城沿街商业用房内建设具有环境可行性。"2009 年 6 月 10 日，广陵区环境保护局下发扬广环管［2009］27 号《关于扬州市广陵区奥林大酒店骏和分店餐饮项目环境影响报告表的批复》，许可第三人奥林大酒店骏和分店在扬州市广陵区安康路骏和天城 9 幢与 19 幢楼新建餐饮项目（9 幢与 19 幢在同一直线上，9 幢在东，19 幢在西，均为二层建筑，厨房生产间在 9 幢楼的东端）。由于 9 幢、19 幢的正北位置分别为骏和天城小区 10 幢、20 幢居民楼，南北楼直线距离约 13 米，故居住在 20 幢居民楼的原告王赞群等人认为奥林大酒店骏和分店的选址位置不符合《江苏省环境噪声污染防治条例》第十五条第二款，势必对原告产生噪声污染，遂针对环保许可行为提起了行政复议。2009 年 9 月 21 日，扬州市广陵区人民政府作出扬广政复决［2009］2 号《行政复议决定书》，维持了广陵区环保局所作的环保行政许可。原告王赞群等人仍不服，提起本次行政诉讼，坚持认为其受到了噪声污染的侵害及环保行政许可行为违法。

上述事实有下列证据证明：

1. 奥林大酒店骏和分店于 2009 年 2 月 26 日编制并向被告提交的《建设项目环境影响咨询表》。

2. 2009 年 2 月 25 日工商部门准许第三人奥林大酒店骏和分店名称预先登记的材料。

3. 第三人具有经营场所的证明材料，包括租房合同、所租房屋系营业用房的证明。

4. 扬州市环境科学研究所所作的《关于扬州市餐饮噪声排放的类比调查报告》。

5. 扬州市环境监测中心站受扬州市环境科学研究所委托，于 2009 年 5 月针对奥林大酒店骏和分店所作的扬环监（09）声 068 号噪声监测报告（测量时间为 2009 年 5 月 22 日 20 时 08 分至 21 时 06 分）。

6. 扬州市环境科学研究所针对第三人奥林大酒店骏和分店的餐饮项目，于 2009 年 6 月 1 日形成的《建设项目环境影响报告表》。

7. 骏和天城 9 幢商业楼的建设工程规划许可证。

8. 扬广环管〔2009〕27 号《关于扬州市广陵区奥林大酒店骏和分店餐饮项目环境影响报告表的批复》。

9. 扬州市人民政府《关于同意颁发〈扬州市区环境噪声标准适用区域〉的批复》。

10. 行政复议决定书。

(四) 判案理由

江苏省扬州市广陵区人民法院经审理认为：噪声与噪声污染是两个既有联系又有重要区别的概念。《江苏省环境噪声污染防治条例》第二条规定："本条例所称环境噪声，是指在工业生产、建筑施工、交通运输和社会生活中所产生的干扰周围生活环境的声音。本条例所称环境噪声污染，是指所产生的环境噪声超过国家和地方规定的环境噪声排放标准，并干扰他人正常生活、工作和学习的现象。"可见，噪声与两个要素密切相关，一为声音，二为声音接收者的主观感觉——即便是悦耳的音乐，如果声音接收者主观上不喜欢并认为它干扰了自己生活，该音乐也可称之为噪声。鉴于此，"可能产生环境噪声"的范围极其广泛，而且常人仅凭自己的主观好恶即可判定某声音是否为噪声。仍然是依据《江苏省环境噪声污染防治条例》第二条可知，噪声污染与"国家规定标准"或"地方规定标准"这一技术要素是密不可分的，既然如此，那么，判断某种声音是否"可能构成噪声污染"就不应再有较大的任意性，而是需具备一定依据（声音明显巨大、显然超标的噪声除外）。行政机关在行使行政职权过程中，因需要兼顾各方面的合法权益，故在判断是否"可能构成噪声污染"的问题上，任意性理应受到更大限制，它其实尤其需要借助一定的科学依据来作为判断标准，唯此，才能尽可能达到让各方面都信服的目的。本案中，广陵区环境保护局根据较充分的依据——专业的监测机构所测得的噪声数值以及专业环评机构所作出的环评报告，认为奥林大酒店骏和分店餐饮项目对骏和天城小区的居民不可能构成噪声污染并无不妥。由于凭既有依据已能确定"不可能构成噪声污染"，故本案被诉的环保许可行为与《江苏省环境噪声污染防治条例》第十五条第二款的要求其实并不矛盾，亦即，这一规定在本案中无须适用。此外，该院经全面审查，未发现被告广陵区环境保护局有行政程序违法或有疏于审查、未尽合理注意义务之处。

(五) 定案结论

江苏省扬州市广陵区人民法院依照《中华人民共和国行政许可法》第三十八条第一款、《中华人民共和国行政诉讼法》第五十四条第（一）项的规定，作出如下判决：

维持被告广陵区环境保护局于 2009 年 6 月 10 日以扬广环管〔2009〕27 号《关于扬州市广陵区奥林大酒店骏和分店餐饮项目环境影响报告表的批复》的方式，对第三人奥林大酒店骏和分店所作出的环保行政许可行为。

案件受理费 50 元，由原告负担。

（六）解说

本案的关键在于对《江苏省环境噪声污染防治条例》第十五条第二款如何理解，以及法官如何解释法律。

《江苏省环境噪声污染防治条例》第十五条第一款规定："新建居住组团和住宅楼内不得建设或者使用可能产生环境噪声污染的设施、设备。"第二款规定："在城市居住区、居住小区内新建按照规划设计要求配套的可能产生环境噪声污染的生活、消费、娱乐等公共服务设施，与相邻最近的居民住宅边界的直线距离不得小于三十米。"该条款曾经被媒体报道成"住宅小区三十米范围内不得建饭店"，包括本案原告在内的很多群众亦持这种理解。原告认为，餐饮行业显属"可能产生环境噪声污染"之情形，故必须适用这一条款，又由于该饭店离该小区最近的居民楼直线距离只有 13 米，不符合"30米"的最小间距规定，所以被告环保局所作环保许可必然是违法的。

但上述理解是片面的。一审法院对该条款作出了如下解释：（1）噪声与噪声污染是两个有重大区别的概念，但凡是声音，均可能产生环境噪声，但并非均可能产生环境噪声污染。由于噪声污染与"国家规定标准"或"地方规定标准"这一技术要素密不可分，所以，判断某种声音是否"可能构成噪声污染"不应有较大的任意性，而是需具备一定依据（声音明显巨大、显然超标的噪声污染除外）；（2）行政机关在行使行政职权过程中，因需要兼顾各方面的合法权益，故在判断是否"可能构成噪声污染"的问题上，任意性理应受到更大限制，它其实尤其需要借助一定的科学依据来作为判断标准，唯此，才能尽可能达到让各方面都信服的目的；（3）上述两点认识从对第十五条第一款的正常理解之中亦可得到印证，假如片面地将"可能产生环境噪声"与"可能产生环境噪声污染"混为一谈的话，那么，依照第十五条第一款，甚至可以推导出"新建住宅楼内不得拥有厨房抽油烟机等设施"的荒谬结论。

由于一审法院正确、全面地理解了法律，并耐心、细致地向原告作了法律释明、矛盾化解等工作，一审宣判后，原、被告均未上诉。

（江苏省扬州市广陵区人民法院　顾斌）

49. 厦门水务中环污水处理有限公司不服厦门市环境保护局海沧分局行政处罚决定案

(行政处罚相对人资格认定 固体废物污染责任认定或混合排污责任认定)

(一) 首部

1. 判决书字号

一审判决书：福建省厦门市海沧区人民法院（2008）海行初字第 21 号判决书。

二审判决书：福建省厦门市中级人民法院（2009）厦行终字第 39 号判决书。

2. 案由：环境保护行政处罚。

3. 诉讼双方

原告（上诉人）：厦门水务中环污水处理有限公司。

法定代表人：张继烨，董事长。

委托代理人：杨朝玮、黄煌，福建厦门联合信实律师事务所律师。

被告（被上诉人）：厦门市环境保护局海沧分局。

法定代表人：陈清江，局长。

委托代理人：王桂英，福建厦门英合律师事务所律师。

委托代理人：樊细闽，厦门市环境保护局海沧分局干部。

4. 审级：二审。

5. 审判机关和审判组织

一审法院：福建省厦门市海沧区人民法院。

合议庭组成人员：审判长：芦絮；人民陪审员：王水龙、蔡明群。

二审法院：福建省厦门市中级人民法院。

合议庭组成人员：审判长：林琼弘；审判员：纪赐进；代理审判员：陈雅君。

6. 审结时间

一审审结时间：2009 年 2 月 20 日。

二审审结时间：2009 年 5 月 19 日。

(二) 一审诉辩主张

1. 被诉具体行政行为

厦门市环境保护局海沧分局（以下简称环保局海沧分局）于 2008 年 7 月 17 日对厦门水务中环污水处理有限公司（以下简称水务公司）作出厦环罚（海）字〔2008〕

000534号《行政处罚决定书》，主要内容如下：认定水务公司所属的污水处理厂产生的污泥未采取无害化处置措施造成环境污染；其行为违反了《中华人民共和国固体废物污染环境防治法》第十六条、第三十三条第一款之规定，并依据《中华人民共和国固体废物污染环境防治法》第六十八条第一款第（二）项、第二款之规定，决定对水务公司处以罚款人民币3万元。

2. 原告诉称

（1）被告把其作为本案的行政相对人进行处罚错误。根据其与厦门市湖里鹭林土方工程有限公司（以下简称鹭林公司）的合同，鹭林公司为污泥的运输者，其擅自倾倒污泥行为，根据《中华人民共和国固体废物污染环境防治法》第十七条和第六十八条第（八）项的规定，应承担行政责任。原告对污水处理厂的污泥进行长期监测，各项指标均达到农用要求，已履行了法定义务。原告并非倾倒污泥的实施人，污泥环境污染与原告无因果关系，原告不应作为行政相对人承担相关责任。

（2）被告行政处罚行为依据的事实严重不足。首先，原告已经对污泥采取无害化处理措施，包括脱水处理；对污泥进行长期监控，各项指标均达到农用要求；由鹭林公司实施污泥处置工程，将污泥运至东孚垃圾填埋场或符合环保要求的地点。其次，原告产生的污泥达到环保要求，即使未经进一步的"无害化处置"，也无须承担行政责任，因为不是所有的固体废物都必须经过"无害化处置"，"厌氧、好氧和堆肥"不是污泥无害化处置的唯一方式。最后，被告并没有对污泥产生现场进行监测，更没有采集污泥产生现场样品，甚至没有查阅或复制原告是否采取无害化处置的相关资料，被告提供了原告工作人员的询问笔录，但是原告的工作人员并不一定全面了解污泥的处置措施，仅凭与原告工作人员的一次会谈就直接认定原告"未采取无害化处置措施"，证据不足。

（3）被告所作的行政处罚行为适用法律法规错误。首先，本案不适用《关于委托他人运输固体废物过程中丢弃废物行为法律适用问题的复函》。其次，被告在没有充分的事实证明原告"未采取无害化处置措施"的情况下，适用《中华人民共和国固体废物污染环境防治法》第六十八条第二款的规定错误。

综上，请求判决撤销被告作出的厦环罚（海）字〔2008〕000534号《行政处罚决定书》。

3. 被告辩称

（1）原告是产生污泥的单位，其没有对污泥采取无害化处置措施，应承担法律责任。被告把原告作为行政相对人进行处罚没有错误。首先，原告是产生污泥的单位，同时也是依法应对污泥采取无害化处置措施的责任单位，其没有、也不能将对污泥采取无害化处置措施的法定义务转由不具备资质的鹭林公司承担。其次，原告与鹭林公司签订的《合同书》表明，原告委托鹭林公司进行污泥清运工作，合同的运输义务由鹭林公司承担，由原告支付运输费用，双方存在委托运输的法律关系。根据国家环保总局《关于委托他人运输固体废物过程中丢弃废物行为法律适用问题的复函》（环函（2003）149号）第一、二条的规定，应由固体废物的产生单位即原告承担法律责任。最后，《中华人民共和国固体废物污染环境防治法》第十七条、第六十八条第一款第（八）项的规定和第十六条、第三十三条第一款、第六十八条第一款第（二）项的规定，是针对不同主体、不同的违法行为而制定的，鹭林公司在受委托运输过程中的行为是否违法及是否应承担法律责任，并不能免除或抵消原告作为固体废物产生单位违法所应承担的法律责任。

（2）处罚决定书认定原告对其产生的污泥未采取无害化处置措施造成环境污染的事实认定清楚，证据确凿。首先，根据原告在污水建设初期所作的环境评价大纲，原告承诺对产生的污泥采取厌氧化的无害化处置措施。另根据 2000 年 5 月 29 日，建设部、国家环保总局、科技部联合发布的《城市污水处理及污染防治技术政策》（建城〔2000〕124 号）第五条"污泥处理"部分的规定，"城市污水处理产生的污泥，应采用厌氧、好氧和堆肥等方法进行稳定化处理，也可以卫生填埋方法予以妥善处理"。而原告委托鹭林公司清运的污泥却是没有经过任何无害化处置的。其次，被告提交两份《监测报告书》可以进一步印证原告对其产生的污泥未采取无害化处置措施，《监测报告书》是依法采样后送鉴定的结果，各项指标均超标说明原告倾倒的污泥未采取无害化处置措施。最后，被告对于其作出的具体行政行为负有举证义务，原告如有反驳意见，应当提供证据证明，原告一直未能举证证明其已经对产生的污泥采取了无害化处置措施，故应认定其未对污泥采取无害化处置措施。

（3）被告作出的行政处罚行为适用法律正确。被告作出行政处罚行为依据的法律为《中华人民共和国固体废物污染环境防治法》第十六条、第三十三条第一款、第六十八条第一款第（二）项、第二款的规定。国家环保总局《关于委托他人运输固体废物过程中丢弃废物行为法律适用问题的复函》是规范性文件，是对《中华人民共和国固体废物污染环境防治法》适用的进一步说明，可以适用。

综上，请求判决驳回原告的诉讼请求。

（三）一审事实和证据

福建省厦门市海沧区人民法院经公开审理查明：2008 年 2 月 1 日，原告水务公司与鹭林公司签订合同，约定由鹭林公司将筼筜污水处理厂生产产生的污泥及时清运到东孚垃圾填埋场或符合环保要求和城市管理要求的地点，后鹭林公司将污泥运往长泰。2008 年 6 月 11 日，环保局海沧分局于夜间进行检查时发现，自 2008 年 3 月下旬起，因下大雨，去往长泰倾倒污泥地点的道路汽车不能进入，鹭林公司将运送的部分污泥倾倒在海沧网山下林惠忠承包的废弃鱼塘，用于回填，并支付给林惠忠 20 元/车的费用。林惠忠于 2008 年 2 月 28 日取得 08013 号建筑废土消纳场地专用的建筑废土处置许可证，准许在林惠忠承包的废弃鱼塘回填建筑废土。2008 年 6 月，该处污泥经雨水冲刷，含泥污水流进海沧区海沧街道困瑶村，引起污染纠纷。

另查明，筼筜污水处理厂是在原厦门市污水处理二厂基础上扩建的。厦门市水处理投资建设有限公司委托国家海洋局第三海洋研究所编制的《厦门市第二污水处理厂扩建工程环境影响报告书》中，对于污泥处理工艺要求"该厂产生的污泥经厌氧消化处理后，用作肥料或填埋处理"。对于固体废弃物的处理措施和利用的条件称，污泥在用以施肥之前，应对污泥中的主要成分，尤其是重金属含量进行检测，应保证符合 GB 4284-84《农用污泥中污染物控制标准》和 CJ 3025-93《城市污水处理厂污水污泥排放标准》。被告于 2008 年 7 月 2 日委托厦门市环境检测中心站对取于林惠忠鱼塘的废水和污泥进行检测，结果显示鱼塘中的废水 pH 值为 7.64，BOD 5 121mg/L，CODcr 248mg/L，鱼塘内的污泥 pH 值为 7.56，铅、铜、镍、总汞、锌、总砷、总铬、镉的含量分别为 257、5.98、1.30、3.63、4.76、31.1、1.63、18.9（单位均为 mg/L）。

上述事实有下列证据证明：

1. 厦环罚（海）字 [2008] 000534 号《行政处罚决定书》。

2. 厦环复字（2008）05 号《行政复议决定书》及送达回证。

3. 原告与鹭林公司签订的《合同书》（含附件）。

4. 建筑废土处置许可证（编号 08013）。

5. 被告对邱俊等人的调查询问笔录及身份证明。

6. 鹭林公司《企业法人营业执照》复印件。

7. 陈述申辩书。

8. 行政复议申请书。

9. 厦门市第二污水处理厂扩建工程环境影响评价大纲。

10. 厦门市环境保护局关于厦门市第二污水处理厂扩建工程环境影响报告书的批复（厦环监 [2001] 51 号）。

11. 关于解决污泥问题的紧急请示。

12. 照片 4 张。

13. 厦门市海沧区困瑶村受害村民代表《关于海沧区困瑶村被污水严重污染的情况说明》。

14.《监测结果报告书》2 份。

15. 环境违法行为立案登记表。

16. 案件处理审批报告。

17. 环境违法行为限期改正通知书。

18. 行政处罚事先告知书。

19. 送达回执。

20.《城市污水处理及污染防治技术政策》（建城 [2000] 124 号）。

21. 城镇污水处理厂污染物排放标准。

22.《关于对城市污水集中处理设施处理后污泥法律适用问题的复函》（环函（2004）98 号）。

23.《中华人民共和国固体废物污染环境防治法》。

24.《关于委托他人运输固体废物过程中丢弃废物行为法律适用问题的复函》（环函（2003）149 号）。

（四）一审判案理由

福建省厦门市海沧区人民法院经审理认为：本案有三个焦点问题：（1）被告把原告作为行政相对人进行处罚是否正确；（2）处罚决定书认定原告对其产生的污泥未采取无

害化处置措施所依据的事实是否清楚、证据是否充分；（3）处罚决定书适用的法律是否正确。

1. 被告把原告作为行政相对人进行处罚是否正确

原告与鹭林公司签订的合同约定鹭林公司负责"将筼筜污水处理厂生产产生的污泥及时清运到东孚垃圾填埋场或符合环保要求和城市管理要求的地点"，因此，鹭林公司并不负责对污泥的处置作业，仅是受原告的委托将污泥运输至指定地点，鹭林公司也没有资质对污泥进行无害化处置。根据《中华人民共和国固体废物污染环境防治法》第十六条规定，产生固体废物的单位和个人，应当采取措施，防止或者减少固体废物对环境的污染。同时国家环保总局《关于委托他人运输固体废物过程中丢弃废物的行为法律适用问题的复函》规定：（1）产生固体废物的单位，应当依法负责废物的运输以及运输过程中的污染防治……产生固体废物的单位，如果以异地处置方式处理其产生的固体废物，则应负责废物从产生地至合法处置场之间的运输以及运输过程中的污染防治，并应按照规定向所在地环保部门提供废物的产生量、实际流向和处置等有关资料。（2）委托运输过程中发生的废物丢弃行为，依法应由废物产生单位承担法律责任。从产生地至合法处置场之间具体的运输行为，废物产生单位可以自行实施，也可以委托他人实施。根据委托关系，废物产生单位与承运单位之间形成民事合同关系后，并不改变废物产生单位所处的行政相对人地位。对运输过程中出现的环境行政违法行为，废物产生单位应当依法承担行政责任，依法对承运人的运输行为包括运输过程承担法律后果。原告作为固体废物产生单位，应承担依法处置所产生的固体废物的法定责任。

原告认为应当适用《中华人民共和国固体废物污染环境防治法》第十七条和第六十八条第（八）项的规定对鹭林公司随意倾倒污泥的行为进行处罚，而不应处罚原告。且认为被告适用国家环保总局《关于委托他人运输固体废物过程中丢弃废物的行为法律适用问题的复函》，因该复函与本案无关联性属适用法律错误。本院认为，被告是基于原告作为污泥产生单位没有依照法律的规定，履行对污泥进行无害化处置的法定义务而对原告进行处罚。至于被告是否对鹭林公司倾倒行为进行处罚是另外一个行政法律关系，原告不能以此免除其应当承担的行政责任。《关于委托他人运输固体废物过程中丢弃废物的行为法律适用问题的复函》属国家环保总局在其职权范围内结合部门实际情况，有针对性地解决具体问题的规范性文件，没有与法律、法规和规章冲突，可以参照适用。因此，被告把原告作为行政相对人进行处罚正确。

2. 处罚决定书认定原告对其产生的污泥未采取无害化处置措施所依据的事实是否清楚、证据是否充分

根据建设部、国家环保总局、科技部联合发布的《城市污水处理及污染防治技术政策》第五条"污泥处理"部分规定，"城市污水处理产生的污泥，应采用厌氧、好氧和堆肥等方法进行稳定化处理，也可以卫生填埋方法予以妥善处理"。且原告在第二污水处理厂扩建的环境评价大纲中承诺对产生的污泥采取厌氧化的无害化处置方式。而原告排水管理部经理邱俊在笔录中陈述"污泥都是经过脱水后由鹭林公司运走"，"筼筜厂清运污泥是由污泥罐内直接倒进运输汽车后斗内"证实，原告仅经脱水处理即由鹭林公司运走并倾倒在海沧网山下林惠忠废弃的鱼塘中，并没有经过无害化的处置。厦门市环境

检测中心出具的两份《监测报告书》中重金属指标超标说明，原告倾倒的污泥未采取无害化处置措施。原告没有举证证明排水管理部经理邱俊的陈述是虚假的，也没有提供证据证明其采取了具体的无害化处置措施。根据建设部《城镇污水处理厂污泥处置分类》（CJ/T239—2007）3.7"污泥填埋"的规定，"采取工程措施将处理后的污泥集中堆、填、埋于场地内的安全处置方式"；4.2"污泥填埋"包括"单独填埋、混合填埋和特殊填埋"。林惠忠承包的废弃鱼塘取得的是建筑废土处置许可证，而根据《厦门市建筑废土管理办法》第三条关于"建筑废土，包括建筑垃圾和工程土渣。建筑垃圾是指建设、施工单位或个人对各类建筑物、构筑物、管网等进行建设、铺设或拆除、修缮过程中所产生的弃土、弃料及其他废弃物。工程土渣，是指工程建设过程中平整土地、基础开挖等活动所产生的数量较大的、经处理尚可使用的土方"的规定，污泥不属于建筑废土的范围，倾倒在林惠忠鱼塘的行为不属于污泥卫生填埋方式，因此，原告不经过污泥无害化处置措施就委托鹭林公司运输污泥的行为违反了《中华人民共和国固体废物污染环境防治法》第三十三条第一款的规定。处罚决定书依据的事实清楚，证据确凿充分。

3. 处罚决定书适用的法律是否正确

原告所属的城市污泥处理厂未经过无害化处置措施，委托鹭林公司清运的污泥倾倒在不符合环保要求或建设行政管理部门有效许可的污泥倾倒地点，造成环境污染，已经违反了《中华人民共和国固体废物污染环境防治法》第十六条"产生固体废物的单位和个人，应当采取措施，防止或者减少固体废物对环境的污染"的规定和第三十三条第一款"企业事业单位应当根据经济、技术条件对其产生的工业固体废物加以利用；对暂时不利用或者不能利用的，必须按照国务院环境保护行政主管部门的规定建设贮存设施、场所，安全分类存放，或者采取无害化处置措施"的规定。被告根据《中华人民共和国固体废物污染环境防治法》第六十八条第一款第（二）项、第二款"违反本法规定，有下列行为之一的，由县级以上人民政府环境保护行政主管部门责令停止违法行为，限期改正，处以罚款：……（二）对暂时不利用或者不能利用的工业固体废物未建设贮存的设施、场所安全分类存放，或者未采取无害化处置措施的……有前款第二项、第三项、第四项、第五项、第六项、第七项行为之一的，处一万元以上十万元以下的罚款"，对原告处以人民币3万元的罚款，符合法律的规定。因此，被告适用的法律依据充分，并无不当。

综上所述，原告所属的筼筜污水处理厂产生的污泥未经过无害化处置，即委托鹭林公司清运，原告防治不当致使鹭林公司将该污泥倾倒在林惠忠废弃的鱼塘内导致环境污染，被告在厦环罚（海）字〔2008〕000534号《行政处罚决定书》中认定原告违反了《中华人民共和国固体废物污染环境防治法》第十六条和第三十三条第一款的规定，依据《中华人民共和国固体废物污染环境防治法》第六十八条第一款第（二）项和第二款的规定对原告处以3万元的罚款的行为，事实清楚、证据确凿、适用法律法规正确，符合法定程序，应予维持。

（五）一审定案结论

福建省厦门市海沧区人民法院依照《中华人民共和国行政诉讼法》第五十四条第

（一）项的规定，作出如下判决：

维持被告厦门市环保局海沧分局于 2008 年 7 月 17 日作出的厦环罚（海）字［2008］000534 号《行政处罚决定书》。

本案受理费人民币 50 元，由原告水务公司负担。

（六）二审情况

1. 二审诉辩主张

（1）上诉人诉称

1）本案不适用《关于委托他人运输固体废物过程中丢弃废物行为法律适用问题的复函》。本案被上诉人处罚上诉人的理由是"未采取无害化处置措施"，而《关于委托他人运输固体废物过程中丢弃废物行为法律适用问题的复函》（以下简称"复函"）题目及内容明确载明的均是关于"运输废物过程中丢弃废物行为"的规定，与"无害化处置措施"无任何关联性。因此，"复函"不适用于本案，不能作为被上诉人将上诉人列为行政相对人的法律依据，原审法院适用法律错误。2）原审法院认定事实不清。被上诉人作出的厦环罚（海）字［2008］000534 号《行政处罚决定书》载明，被上诉人处罚上诉人的事实依据仅有：A. 两份调查询问笔录；B.《合同书》。在上述证据中，仅在询问笔录中有一句"污泥都是仅经脱水后由鹭林公司运走"的回答是与污泥的处置措施有关，其他所有内容均为污泥倾倒及鱼塘污染问题，与污泥"无害化处置措施"无关。被上诉人在庭审中出示的证据 7—11（《评价大纲》、《厦门市环保局批复》、《关于解决污泥问题的紧急请示》、《照片》、《监测结果报告书》）均不能证明上诉人未对污泥采取"无害化处置措施"，原审法院根据《监测结果报告书》中重金属超标直接认定上诉人"未采取无害化处置措施"错误，且上述证据属于《最高人民法院关于行政诉讼证据若干问题的规定》（下称《行政证据规定》）第六十条规定的"在行政程序中未作为具体行政行为依据的证据"。故上述证据与本案无任何关联性，依法不能作为认定被诉具体行政行为合法的依据，原审法院对其均予以采信是错误的。《行政证据规定》第四十六条规定："证人应当陈述其亲历的具体事实。证人根据其经历所作的判断、推测或者评论，不能作为定案的依据。"本案被上诉人并没有对上诉人是否采取"无害化处置措施"进行调查核实，仅依据对涉案相关证人的询问笔录即对上诉人进行行政处罚，事实依据严重不足。因此，原审法院认定上诉人"未采取无害化处置措施"并无事实依据，不应适用《中华人民共和国固体废物污染环境防治法》第六十八条第二款的规定，相关的行政处罚应当予以撤销。3）原审法院举证责任分配错误。《行政证据规定》第六条规定："原告可以提供证明被诉具体行政行为违法的证据。原告提供的证据不成立的，不免除被告对被诉具体行政行为合法性的举证责任。"对于被上诉人是否依法实施行政处罚应当由被上诉人提供充分的证据。原审法院在被上诉人举证不能的情况下，还要求上诉人"举证证明……陈述是虚假的"，"举证证明已采取具体的无害化处置措施"，显属举证责任分配错误。请求撤销原审判决。

（2）被上诉人辩称

原审查明的事实清楚，判决正确，请求二审予以维持，理由如下：1）一审判决主要适用《中华人民共和国固体废物污染环境防治法》认定行政处罚正确，并参照适用《关于委托他人运输固体废物过程中丢弃废物行为法律适用问题的复函》（以下简称《复函》）认定本案的违法主体，一审判决的法律适用并没有错误。A.《复函》是国家环保总局在其职权范围内结合部门实际情况，有针对性地解决具体问题的规范性文件，没有与法律、法规和规章冲突，可以参照适用。根据《最高人民法院关于执行〈中华人民共和国行政诉讼法〉若干问题的解释》第六十二条的规定，"人民法院审理行政案件，适用最高人民法院司法解释的，应当在裁判文书中援引。人民法院审理行政案件，可以在裁判文书中引用合法有效的规章及其他规范性文件"。因此，被上诉人将上诉人作为行政相对人进行处罚是正确的。B.《复函》从法律适用方面进一步明确违法主体的认定，正是固体废物产生单位没有依法采取"无害化处置措施"，才会使得"运输过程中丢弃废物的行为"也要厘清责任主体，并追究违法者的法律责任，固体废物的产生单位对于"运输过程中丢弃废物的行为"承担法律责任的理由也是没有采取"无害化处置措施"，二者显然是有关联的。2）一审判决认定事实清楚、证据确凿充分。A.《行政处罚决定书》的依据不仅仅是上诉人在上诉状中所罗列的两份调查询问笔录和《合同书》，还有其他的证据，这在一审中已举证说明。B. 一审提交的证据既证明上诉人存在违法行为，也是对上诉人在起诉时陈述的理由的反驳证据，依《中华人民共和国行政诉讼法》和《最高人民法院关于行政诉讼证据若干问题的规定》，均可以作为一审判决的事实依据。C. 被上诉人的证据可以证明上诉人对产生的污泥没有采取"无害化处置措施"，被上诉人认定上诉人违法的事实清楚，具体行政行为合法。根据《最高人民法院关于执行〈中华人民共和国行政诉讼法〉若干问题的解释》第二十六条第一款规定，"在行政诉讼中，被告对其作出的具体行政行为承担举证责任"。第二十七条第（四）项规定："原告对下列事项承担举证责任……（四）其他应当由原告承担举证责任的事项。"因此，被上诉人仅对所作出的具体行政行为负举证责任，上诉人若有异议，应依法提交反驳证据，而上诉人提交的证据（《污泥监测报告》）并不能证明其对污泥采取了"无害化处置措施"，况且，对于是否履行了法定义务的举证责任分配给承担该法定义务的一方是正确的。因此，上诉人的异议不能成立。请求驳回上诉，维持原判。

2. 二审事实和证据

福建省厦门市中级人民法院经审理，确认一审法院认定的事实和证据。

3. 二审判案理由

福建省厦门市中级人民法院经审理认为：根据查明的事实，上诉人水务公司于2008年2月委托鹭林公司将其下属筼筜污水处理厂生产产生的污泥清运到东孚垃圾填埋场或符合环保要求和城市管理要求的地点。被上诉人于2008年7月17日作出的厦环罚（海）字〔2008〕000534号《行政处罚决定书》，认定上诉人污染环境的违法行为即为上述委托合同产生的。针对上诉人的上诉请求和理由，本院认为：（1）关于处罚决定适用国家环保总局《关于委托他人运输固体废物过程中丢弃废物行为法律适用问题的复函》的问题。根据上述规定，产生固体废物的单位，应当依法负责废物的运输及运输过程中的污染防治。上诉人作为产生固体废物的单位，应当履行上述法定义务，原审认定上诉人对产生的污泥没有采取"无害化处置措施"，与上述规定不悖。上诉人的相关上诉主张，本院不予采纳。（2）关于被上诉人作出具体行政行为的证据问题。查明的事实表明，鹭林公司倾倒污泥系接受上诉人委托，而被上诉人提交的厦门市环境检测中心出具的两份《监测报告书》也证明了现场提取的污泥样本中重金属指标超标，结合其他相关证据，认定上诉人未采取无害化处置措施，依据是充分的。（3）关于原审举证责任的分配问题。根据行政诉讼的证据规定，作为行政机关应当对其作出的具体行政行为提供证据。本案中，被上诉人已就其作出的行政处罚决定提供了相关的证据，作为原审原告的上诉人，也可以提交相反的证据证明被上诉人作出的具体行政行为不具合法性。原审法院就本案双方当事人的举证责任分配并不违反最高人民法院的相关规定，上诉人的相关主张，缺乏依据，本院不予采纳。

综上，原审查明的事实清楚，判决并无不当；上诉人的上诉理由缺乏依据，本院均不予采纳。

4. 二审定案结论

福建省厦门市中级人民法院依照《中华人民共和国行政诉讼法》第六十一条第（一）项的规定，作出如下判决：

驳回上诉，维持原判。

本案二审案件受理费 50 元，由上诉人水务公司负担。

（七）解说

本案系不服环境保护行政处罚案件，主要法律问题有：（1）混合排污中的责任认定；（2）行政处罚中的法律适用；（3）行政诉讼中举证责任的分配。

1. 混合排污中的责任认定。

本案诉争行政处罚的起因是 2008 年 6 月林惠忠承包的废弃鱼塘中的污泥经雨水冲刷，含泥污水流进附近村庄，引起污染纠纷。相关证据显示该鱼塘中的固体废物除了原告的污泥还包括他人的建筑废土。何以认定污染就是原告的污泥引起的呢？

首先，根据《城市污水处理及污染防治技术政策》的规定，城市污水处理产生的污泥，应采用厌氧、好氧和堆肥等方法进行稳定化处理，也可以卫生填埋方法予以妥善处理。原告在污水处理厂扩建的环境评价大纲中也承诺对产生的污泥采取厌氧化的无害化处置方式。而原告排水管理部经理邱俊在笔录中陈述"污泥都是经过脱水后由鹭林公司运走"，"筼筜厂清运污泥是由污泥罐内直接倒进运输汽车后斗内"证实，原告仅经脱水处理即由鹭林公司运走污泥并倾倒在海沧网山下林惠忠废弃的鱼塘内，并没有经过无害化的处置。原告虽主张其采取了无害化处置措施，但没有提供相应的证据证明。

其次，根据《厦门市建筑废土管理办法》的规定，建筑废土包括建筑垃圾和工程土渣。建筑垃圾是指建设、施工单位或个人对各类建筑物、构筑物、管网等进行建设、铺设或拆除、修缮过程中所产生的弃土、弃料及其他废弃物。工程土渣，是指工程建设过程中平整土地、基础开挖等活动所产生的数量较大的、经处理尚可使用的土方。污泥不属于建筑废土的范围，倾倒在林惠忠鱼塘的行为属非法倾倒，而其他建筑废土的倾倒则是合法的。对鱼塘废水的《监测报告书》中重金属指标超标也印证了原告倾倒的污泥未采取无害化处置措施。因此，原告的污泥未采取无害化处置措施仅经脱水处理即由鹭林公司从污水处理厂运走并倾倒在海沧网山下林惠忠承包的鱼塘内，导致环境污染，事实是清楚的。

2. 行政处罚中的法律适用。

原告一直认为被告如果对污泥倾倒行为进行处罚就应当以实际实施人鹭林公司为行政相对人，如果对其未采取无害化处置措施进行处罚就不应当适用国家环保总局《关于委托他人运输固体废物过程中丢弃废物行为法律适用问题的复函》。这是对行政处罚中法律适用的曲解。本案中的违法行为实际有两个，一个是未对产生的污泥采取无害化处罚措施，一个是运输过程中违法倾倒固体废物，这两个违法行为共同作用导致了环境污染。这两个违法行为的责任主体都是产生固体废物的单位，即原告。针对原告两个相关违法行为、一个损害后果的事实，被告根据所掌握的证据选择适用相关的法律法规进行处罚是合法的。上述复函只是进一步明确了委托运输中产生固体废物的单位的法律责任，与行政机关认定原告未对产生的污泥采取无害化处置措施并不矛盾。本案行政处罚的违法行为是未采取无害化处置措施，从一定程度上说，复函的适用不是必需的，但适用也不会影响行政处罚的合法性。

3. 行政诉讼中举证责任的分配。

行政诉讼的中心任务是审查具体行政行为的合法性。因此，对被诉具体行政行为合法性的证明是行政诉讼活动的基础和主要内容。《中华人民共和国行政诉讼法》第三十二条规定："被告对作出的具体行政行为负有举证责任，应当提供作出该具体行政行为的证据和所依据的规范性文件。"《最高人民法院关于行政诉讼证据若干问题的规定》第六条规定："原告可以提供证明被诉具体行政行为违法的证据。原告提供的证据不成立的，不免除被告对被诉具体行政行为合法性的举证责任。"在行政诉讼中，被告对行政行为的合法性承担举证责任，如果不能提供充分确凿的证据证明自己的行为合法，法院就推定被告的行为违法，原告无须为被告的行为违法举证。但同时，也不意味着原告不负任何举证责任。当行政机关在相当程度上证明了具体行政行为的合法性之后，举证责任转移，由原告证明具体行政行为的违法性，有学者将原告所承担的证明责任称为推进责任，即使审判人员对被告的举证产生怀疑或者认为有进一步调查的必要性。

在具体案件的举证责任分配时，应根据相应的行政实体法中规定的行政机关对相对人所承担的调查义务的范围，并进而决定行政诉讼中被告所应承担的举证责任的性质和范围，并结合原告的主张和其所提出的证据，确定原告对具体行政行为违法所承担的举证责任及其范围。在本案中，被告提交的询问笔录、监测报告等证据说明被告在进行行政处罚时已尽了必要的调查义务，其得出原告未对其生产产生的污泥采取无害化处置措施也是合理的。因此，原告如果仍有异议，应依法提交其采取了无害化处置措施的证据。在污泥清运前采取无害化处置措施是原告的法定义务，是否履行了法定义务的举证责任分配给原告一方承担也是合理的。

（福建省厦门市海沧区人民法院　王奇仁　牟燕）

50. 广州市西纳个人护理产品有限公司不服广州市环境保护局环境保护行政处罚案

（行政处罚适当性　其他规范性文件）

（一）首部

1. 判决书字号

一审判决书：广东省广州市越秀区人民法院（2008）越法行初字第 377 号判决书。

二审判决书：广东省广州市中级人民法院（2009）穗中法行终字第 171 号判决书。

2. 案由：环境保护行政处罚。

3. 诉讼双方

原告（上诉人）：广州市西纳个人护理产品有限公司，地址：广州市白云区人和镇西成村工业区西成兴达路 7 号。

法定代表人：KHALID I. SAHI。

被告（被上诉人）：广州市环境保护局，地址：广州市越秀区府前路 1 号市府大院 5 号楼二楼。

法定代表人：丁红都，局长。

委托代理人：郑则文、刘先一，均为该局公务员。

4. 审级：二审。

5. 审判机关和审判组织

一审法院：广东省广州市越秀区人民法院。

合议庭组成人员：审判长：胡淑明；人民陪审员：孙佑文、沈绍棠。

二审法院：广东省广州市中级人民法院。

合议庭组成人员：审判长：梁小琳；代理审判员：林涛、窦家应。

6. 审结时间

一审审结时间：2008 年 12 月 25 日。

二审审结时间：2009 年 10 月 18 日。

（二）一审诉辩主张

1. 被诉具体行政行为

广州市环境保护局于 2008 年 7 月 7 日作出穗环法罚〔2008〕100 号《行政处罚决定书》，查明广州市西纳个人护理产品有限公司在未办理建设项目环境保护设施竣工验收手续情况下，于 2006 年投入试生产的事实，违反了《建设项目环境保护管理条例》第二十三条的规定，故依据国家环保总局环函［2007］112 号和《建设项目环境保护管理条例》第二十八条，责令立即停止生产，罚款 5 万元，依据《中华人民共和国行政处罚法》第二十三条规定，责令广州市西纳个人护理产品有限公司立即补办环保验收手续。

2. 原告诉称

原告于 2005 年向白云区环保局申请并拿到了《建设项目环境影响报告表的批复》，允许原告开展生产活动。直到 2006 年年中拿到全部的批文和执照后原告才开始试生产。2008 年 9 月 17 日，原告取得了白云区环保局颁发的排污许可证后，却收到被告寄来的穗环法罚［2008］100 号《行政处罚决定书》，原因是原告延迟申请排污证。原告认为：（1）根据《建设项目竣工环境保护验收管理办法》第十条的规定，公司可在试生产的 3 个月内向环保部门提出环保延期验收；如果说原告违反了这条规定，未在 3 个月内提出延期验收，根据《建设项目竣工环境保护验收管理办法》第二十二条规定，环境行政主管部门应依照第二十七条的规定责令限期申请验收手续，原告应有被告知权。但是原告从来没收到任何相关人员的告知。加上原告产能一直没达到申请验收条件，这两个原因导致总经理未能及时申请验收。（2）在 2005 年到 2008 年期间，无论是市环保局还是白云区环保局的工作人员来原告公司检查，都没有提出原告公司有任何违反中国环保法律的行为。（3）当总经理在 2008 年 4 月被告知原告公司由于不知情而没能及时申请排污许可证时，总经理非常重视，并遵守当地法规，即刻向相关职能部门提出申请。（4）原告在 9 月 3 日，即在被告发出最后处罚决定书前两星期拿到正式排污许可证。（5）原告建成投产起就连续亏损，现在已经濒临破产，仅靠借款维持。这么沉重的处罚不仅会严重加重公司的负担，还会使外国投资者完全丧失信心。综上所述，被告作出的处罚仅仅是基于原告延迟申请证书，原告并没有造成任何污染环境的问题，故请求撤销被告作出的穗环法罚［2008］100 号《行政处罚决定书》中责令停止生产，罚款 5 万元的处罚。

3. 被告辩称

（1）我局作出的穗环法罚［2008］100 号《行政处罚决定书》认定事实清楚、证据确凿、程序合法。经 2008 年 4 月 8 日广州市环境监察支队现场检查发现，原告建设项目于 2005 年 11 月经广州市白云区环保局批准建设，定址于人和镇西城工业区兴盛路 59 号，主要生产洗发水、营养霜。原告在未办理需配套建设的环境保护设施竣工验收手续的情况下，于 2006 年 12 月投入试生产。根据《环境保护行政处罚办法》第十五条第二款规定，5 月 19 日，我局向白云区环保局发出了《立案查处通知书》，认定对原告环境违法案件直接实施行政处罚。根据原告环境违法的具体情节和拟承担的环境法律责任，我局按照《中华人民共和国行政处罚法》第四十二条规定，于 5 月 15 日向原告邮寄送达了《行政处罚听证告知书》。5 月 22 日，我局收到原告提交的陈述申辩书面材料及听证申请；6 月 24 日，应原告申请，召开了行政处罚听证会；经审议研究，2008 年 7 月 7 日，我局依法作出并邮寄送达行政处罚决定书。（2）我局对原告罚当其过，于法有据。原告于 2005 年办理了环境影响评价审批手续，在未办理需配套建设的环境保护设施竣工验收手续的情况下，于 2006 年 12 月投入试生产，违法试生产逾一年半。根据国家环保总局《关于企业试生产期间违法行为行政处罚意见的复函》的规定，对试生产超过一年仍未申请环保设施竣工验收的，可认定为正式生产，应依据《中华人民共和国环境保护法》第三十六条和《建设项目环境保护管理条例》第二十八条的规定，责令停止生产或使用，可处10万元以下的罚款。我局作出的穗环法告〔2008〕51号告知书中，拟责令原告停止生产，并处罚款10万元。原告在陈述申辩材料中和听证会上提出，其实际生产时间较短，污染排放量较少，目前经济很困难，且工作人员不懂中国法律法规。鉴于此，我局综合原告环境违法的具体情节、原因和环境危害后果等因素，决定对原告作出责令停止生产，并处罚款5万元的行政处罚。（3）原告起诉的理由无法否定原告未办理环保验收手续并违法投入试生产逾一年半环境违法行为的成立，鉴于原告经济较困难，且积极改正，故我局将罚款额由告知的10万元减为5万元。综上所述，原告违反《建设项目环境保护管理条例》规定，未办理环保竣工验收手续，于2006年12月投入试生产逾一年半的违法行为事实清楚，证据确实，请求予以维持。

（三）一审事实和证据

广东省广州市越秀区人民法院经公开审理查明：2005年11月15日，原告建设项目经广州市白云区环保局云府环保建字〔2005〕240号《关于对原告建设项目环境影响报告表的批复》批准建设，定址于人和镇西城工业区兴盛路59号，主要生产洗发水、营养霜。2008年4月8日，广州市环境监察支队到原告进行现场检查发现，该公司在未办理需配套建设的环境保护设施竣工验收手续的情况下，于2006年12月投入试生产。2008年5月，被告向白云区环保局发出了《立案查处通知书》，决定对原告环境违法案件直接实施行政处罚。同年5月15日，被告作出穗环法告〔2008〕51号《行政处罚听证告知书》，拟责令原告公司立即停止生产，并处罚款10万元，并告知原告如对该处罚认定的事实、理由及依据有异议，可在接到本告知书之日起3日内，提交书面的陈述申辩材料及提出听证申请。2008年5月22日，原告向被告提交书面的陈述申辩材料及提出听证申请。6月24日，被告举行了行政处罚听证会。听证结束后被告遂于2008年7月7日作出穗环法罚〔2008〕100号《行政处罚决定书》，查明原告在未办理建设项目环境保护设施竣工验收手续情况下，于2006年投入试生产的事实，违反了《建设项目环境保护管理条例》第二十三条的规定，依据国家环保总局环函〔2007〕112号和《建设项目环境保护管理条例》第二十八条，责令立即停止生产，罚款5万元，依据《中华人民共和国行政处罚法》第二十三条规定，责令原告立即补办环保验收手续。原告于2008年9月17日收到该处罚决定后不服，遂向广州市越秀区人民法院提起行政诉讼。另查明，原告于2008年9月3日取得广州市白云区环境保护局核发的编号为44011102539《广州市排放污染物许可证》。

上述事实有下列证据证明：

1. 2005年11月15日广东省广州市白云区环保局云府环保建字〔2005〕240号《关于对原告建设项目环境影响报告表的批复》；

2. 2008年5月《立案查处通知书》；

3. 2008年7月7日穗环法罚〔2008〕100号《行政处罚决定书》。

(四) 一审判案理由

广东省广州市越秀区人民法院经审理认为：依照《中华人民共和国环境保护法》第七条第二款及《环境保护行政处罚办法》第十五条第二款规定，被告作为本市的环境保护行政主管部门，有权对白云区环境保护局管辖范围内的环境违法案件直接实施行政处罚。《建设项目环境保护管理条例》第二十三条规定："建设项目需要配套建设的环境保护设施经验收合格，该建设项目方可正式投入生产或者使用。"第二十八条规定："违反本条例规定，建设项目需要配套建设的环境保护设施未建成、未经验收或者经验收不合格，主体工程正式投入生产或者使用的，由审批该建设项目环境影响报告书、环境影响报告表或者环境影响登记表的环境保护行政主管部门责令停止生产或者使用，可以处10万元以下的罚款。"原告于2005年办理了环境影响评价审批手续，在未办理需配套建设的环境保护设施竣工验收手续情况下，于2006年12月投入试生产，违法试生产逾一年半。国家环保总局环函〔2007〕112号《关于企业试生产期间违法行为行政处罚意见的复函》规定，对试生产超过一年仍未申请环保设施竣工验收的，可认定为正式生产，应依据《中华人民共和国环境保护法》第三十六条和《建设项目环境保护管理条例》第二十八条的规定，责令停止生产或使用，可处10万元以下的罚款。被告根据上述规定综合原告环境违法的具体情节、原因和环境危害后果等因素，决定对原告作出责令停止生产，并处罚款5万元的行政处罚合法，并依照《中华人民共和国行政处罚法》第三十一、三十二条规定履行了告知当事人相关权利、义务的法定程序，同时应原告申请进行了听证，处罚程序合法，应予支持。原告要求撤销的理由缺乏法律依据，不予接受。

(五) 一审定案结论

广东省广州市越秀区人民法院依照《最高人民法院关于执行〈中华人民共和国行政诉讼法〉若干问题的解释》第五十六条第（四）项的规定，作出如下判决：

驳回原告广州市西纳个人护理产品有限公司的诉讼请求。

案件受理费50元，由原告广州市西纳个人护理产品有限公司负担。

(六) 二审情况

1. 二审诉辩主张

（1）上诉人诉称

1）上诉人在生产设施建成后一直在寻找客户，没有正式投入生产。只是在有客户参观时，调试并向客户展示设备运行情况。被上诉人认定上诉人试生产超过一年，有环境违法行为的主张，缺乏事实依据。2）《建设项目环境保护条例》第二十七条规定，建设项目投入试生产超过 3 个月，建设单位未申请环境保护设施竣工验收的，由审批该建设项目环境影响报告书、环境影响报告表或者环境影响登记表的环境保护行政主管部门责令限期办理环境保护设施竣工验收手续；逾期未办理的，责令停止试生产，可以处 5 万元以下的罚款。根据该规定，即使上诉人试生产已经超过 3 个月，被上诉人也应当先责令补办环境保护设施竣工验收手续。被上诉人未责令补办手续，而直接作出行政处罚，程序显属违法。3）被上诉人在听证时已经允诺给予 3 个月的宽限期，准许上诉人补办竣工验收手续。上诉人也积极补办手续，并于 2008 年 9 月 3 日取得了广州市白云区环保局核发的排污许可证。但被上诉人却于 2008 年 9 月 17 日发出行政处罚决定书。被上诉人的处罚决定，显属不当。此外，上诉人受到金融危机的冲击，濒临破产，无力支付罚款。

综上，上诉人请求：1）撤销原审判决；2）撤销穗环法罚［2008］100 号行政处罚决定。

（2）被上诉人辩称

1）被上诉人认定上诉人自 2006 年 12 月投入试生产有《现场检查记录》、《询问笔录》和《关于对上诉人建设项目环境影响报告表的批复》等证据证实。被上诉人对该事实的认定，并无不当。2）国家环保总局环函［2007］112 号《关于企业试生产期间违法行为行政处罚意见的复函》规定，对试生产超过一年仍未申请环保设施竣工验收的，可认定为正式生产，应依据《中华人民共和国环境保护法》第三十六条和《建设项目环境保护管理条例》第二十八条的规定，责令停止生产或使用，可处 10 万元以下的罚款。被上诉人根据该复函意见和《中华人民共和国行政处罚法》的规定，在履行告知义务，并听取被处罚人的意见后，根据违法行为人的具体情况，作出责令停止生产和罚款 5 万元的行政处罚，适用法律正确，程序合法。3）被上诉人于 2008 年 7 月 7 日作出穗环法罚［2008］100 号行政处罚决定，但由于罚款财政票据不足，而直到 2008 年 9 月 16 日才邮寄送达给被处罚人。同时鉴于上诉人的经济情况，被上诉人在作出处罚时已经从轻处罚。

综上，被上诉人作出的行政处罚并无不当，原审判决恰当，请求驳回上诉，维持原判。

2. 二审事实和证据

广东省广州市中级人民法院经审理，确认原审判决查明的事实和证据。

另查明：被上诉人于 2008 年 9 月 16 日以邮寄方式向上诉人送达穗环法罚［2008］100 号《行政处罚决定书》。上诉人于次日签收该处罚决定。

3. 二审判案理由

广东省广州市中级人民法院经审理认为：《建设项目环境保护管理条例》第二十三条规定："建设项目需要配套建设的环境保护设施经验收合格，该建设项目方可正式投入生产或者使用。"第二十八条规定："违反本条例规定，建设项目需要配套建设的环境保护设施未建成、未经验收或者经验收不合格，主体工程正式投入生产或者使用的，由审批该建设项目环境影响报告书、环境影响报告表或者环境影响登记表的环境保护行政主管部门责令停止生产或者使用，可以处 10 万元以下的罚款。"国家环保总局环函

[2007] 112 号《关于企业试生产期间违法行为行政处罚意见的复函》规定，对试生产超过一年仍未申请环保设施竣工验收的，可认定为正式生产，应依据《中华人民共和国环境保护法》第三十六条和《建设项目环境保护管理条例》第二十八条的规定，责令停止生产或使用，可处 10 万元以下的罚款。上诉人于 2005 年办理了环境影响评价审批手续，在未办理需配套建设的环境保护设施竣工验收手续情况下，于 2006 年 12 月投入试生产，违法试生产逾一年半。被上诉人作为本市的环境保护行政主管部门，决定对该环境违法行为给予行政处罚，并无不当。但是，上诉人在被上诉人作出行政处罚前，已经补办手续，并于 2008 年 9 月 3 日取得了广州市白云区环保局核发的排污许可证。被上诉人在此情况下仍责令其立即停止生产，该处罚依据不足，依法应予撤销。同时，被上诉人在未查明上诉人环境违法行为所产生的实际危害，以及上诉人在被立案调查其违法行为后，已积极补办了环保手续，及时纠正其违法行为的情况下，仍作出罚款 5 万元的处罚，显失公平，依法应予变更。此外，上诉人认为其不存在违法行为的主张不成立，不予支持。

4. 二审定案结论

广东省广州市中级人民法院依照《中华人民共和国行政诉讼法》第五十四条第（二）项第一目、第五十四条第（四）项、第六十一条第（三）项的规定，作出如下判决：

（1）撤销广州市越秀区人民法院（2008）越法行初字第 377 号行政判决；

（2）撤销广州市环境保护局于 2009 年 9 月 17 日作出的穗环法罚 [2008] 100 号处罚决定第一项；

（3）变更广州市环境保护局于 2009 年 9 月 17 日作出的穗环法罚 [2008] 100 号处罚决定第二项为罚款 1 万元。

一审案件受理费 50 元，由广州西纳个人护理产品有限公司负担，二审案件受理费 50 元，由广州市环境保护局负担。

（七）解说

1. 二审法院改判的出发点

本案中，双方当事人对案件事实和法律适用问题都有争议。但综合考虑各种因素后，二审法院还是认同了环保局查明的基本事实。对于适用法律问题，也尊重了环保局的一贯做法。二审法院之所以撤销环保局作出的责令停止生产的处罚，主要是考虑到相对人在收到行政处罚决定前已经完成了环保配套工程的竣工验收手续，在这种情况下，再责令停止生产，显属不当。这就提醒我们在作出行政处罚时要注意处罚的时效性。另外，考虑到原告违反的只是环保设施竣工验收的程序性规定，而且该公司也积极补办了手续；同时，该公司的环保配套设施已经建成，且没有证据显示其试生产行为造成了环境污染，因此，二审法院认为罚款 5 万元畸重，故作出变更判决。

2. 本案所涉及对规范性文件的审查和适用问题

众所周知，行政机关在处理案件过程中不但要适用法律、法规，还会适用各种规范性文件。而且，在实际工作中，这些规范性文件往往更具操作性，更受一线执法人员的青睐。对人民法院而言，在行政审判过程中不仅要查明案件事实，还要甄别相关规定的效力，以做到正确适用法律。因此，分析各级各类规范性文件的效力并正确适用，就成为行政机关和司法机关面临的共同课题。

本案中，广州市环保局在作出行政处罚时适用了《建设项目环境保护管理条例》第二十八条和国家环保总局环函［2007］112号复函第二部分第五条的规定。

对于本案所涉及的违法行为的处理，法律、行政法规、部门规章和环保部门的规范性文件都有所规定。

首先，对于建设项目环保设施未建成或未达到国家规定的要求，就投入生产或者使用的违法行为，《中华人民共和国环境保护法》（法律）第三十六条规定，由环保部门责令停止生产或使用，可以并处罚款。其次，国务院发布的《建设项目环境保护管理条例》（行政法规）对该类违法行为作了更为具体的规定。其中，第二十七条规定：违反本条例规定，建设项目投入试生产超过3个月，建设单位未申请环境保护设施竣工验收的，由审批该建设项目环境影响报告书、环境影响报告表或者环境影响登记表的环境保护行政主管部门责令限期办理环境保护设施竣工验收手续；逾期未办理的，责令停止试生产，可以处5万元以下的罚款。第二十八条规定：违反本条例规定，建设项目需要配套建设的环境保护设施未建成、未经验收或者经验收不合格，主体工程正式投入生产或者使用的，由审批该建设项目环境影响报告书、环境影响报告表或者环境影响登记表的环境保护行政主管部门责令停止生产或者使用，可以处10万元以下的罚款。此外，国家环保总局发布的《建设项目竣工环境保护验收管理办法》（部门规章）第二十二条、第二十三条也对该类违法行为，分不同情况作了不同的规定，其内容与《建设项目环境保护条例》的第二十七条和第二十八条基本相对应。对于试生产的期限问题，《建设项目竣工环境保护验收管理办法》第十条第二款规定：试生产期限最长不超过一年，核设施建设项目试生产的期限最长不超过2年。对于试生产超过规定期限，未进行竣工验收的，仅是适用第二十二条的规定进行查处。

对于如何在实际工作中适用《建设项目环境保护条例》的第二十七条和第二十八条，国家环保总局在给河南省环保局的环函［2007］112号复函（规范性文件）中，则对试生产超过3个月和超过1年（核设施超过2年）而未进行环保设施竣工验收的违法行为分别规定了不同的处罚程序和处罚幅度。其中，对建设项目投入试生产超过3个月未申请环保设施竣工验收的，应依据《建设项目环境保护条例》第二十七条的规定，责令限期办理环保设施竣工验收手续；逾期未办理的，责令停止试生产，可以处5万元以下的罚款。而对试生产超过1年（核设施建设项目为2年）仍未申请环保设施竣工验收的，可认定为试生产结束投入正式生产，应根据《中华人民共和国环境保护法》第三十六条和《建设项目环境保护条例》第二十八条的规定，责令停止生产或使用，可处10万元以下的罚款。

国家环保总局在复函中将试生产超过1年（核设施建设项目为2年）仍未申请环保设施竣工验收的，直接认定为试生产结束投入正式生产，并适用《建设项目环境保护条例》第二十八条的规定，在不责令限期办理环保设施竣工验收手续的情况下，直接作出处罚。

分析《建设项目环境保护条例》第二十七条和第二十八条的规定，第二十七条所针对的是试生产超过一定期限，而又未申请环保设施竣工验收的违法行为；第二十八条针对的则是那些建设项目需要配套建设的环境保护设施未建成、未经验收或者经验收不合格，主体工程正式投入生产或者使用的违法行为。上述两条的立足点分别是试生产和正式生产过程中的环保违法行为。由于两种违法行为所产生的社会危害性不同，行政处罚的程序和处罚的幅度也不同。

国家环保总局在其复函中将试生产超过 1 年认定为正式生产，并适用《建设项目环境保护条例》第二十八条进行处罚，这种解释有悖于《建设项目环境保护条例》第二十七条、第二十八条的立法原意。广州市环境保护局在本案中适用该复函的规定，亦有不妥之处。

（广东省广州市中级人民法院　林涛）

十、政府信息公开案件

51. 张征文诉兴安县湘漓镇人民政府政府信息公开案
（历史信息的公开）

（一）首部

1. 判决书字号：广西壮族自治区桂林市兴安县人民法院（2009）行字第 2 号判决书。
2. 案由：政府信息公开。
3. 诉讼双方

原告：张征文，男，1966 年生，汉族，农民，住兴安县湘漓镇。

委托代理人：侯守庄，男，1964 年生，汉族，农民，住兴安县城台路。

委托代理人：宾恩平，男，1963 年生，汉族，居民，住兴安县城台路。

被告：兴安县湘漓镇人民政府。

法定代表人：黄本谊，该镇镇长。

委托代理人：蒋绍书，兴安县兴安镇司法所所长。

委托代理人：常剑岚，兴安县湘漓镇司法所所长。

4. 审级：一审。
5. 审判机关和审判组织

审判机关：广西壮族自治区桂林市兴安县人民法院。

合议庭组成人员：审判长：唐汉荣；审判员：唐称豪；代理审判员：朱回香。

6. 审结时间：2009 年 6 月 4 日。

（二）诉辩主张

1. 被诉具体行政行为

湘漓镇人民政府不予公开 1998 年湘漓镇磨石江新农村建设的相关信息。

2. 原告诉称

我于 2008 年 10 月 23 日向兴安县人民政府申请要求公开我村新农村建设的相关信息，县政府信访办认为这属于湘漓镇人民政府管辖的范围。当日，我将申请送到湘漓镇人民政府，是政府的韩家文同志签收的。之后，我多次要求他们给予答复，但被告没有按照相关法律的规定给我答复。根据《中华人民共和国政府信息公开条例》的第 24 条的规定，请求法院确认被告兴安县湘漓镇人民政府行政不作为，并判令被告履行义务，向原告提供 1998 年湘漓镇磨石江新农村建设的相关信息并向社会公开。

3. 被告辩称

第一，湘漓镇人民政府在政府信息公开工作中的具体行政行为没有侵犯张征文的合法权益，原告不具有诉讼权利。第二，1998 年湘漓乡（现改为湘漓镇）在当年就应该向社会公开磨石江新农村文明示范点的相关信息，而不是在 10 年以后的今天才向社会公开。原告现在请求公开这些信息已经失去它的自身作用和价值，按照信息公开条例的规定，行政机关不依法履行政府信息公开义务的，也只能是向上级行政机关、监察机关或者政府信息公开工作主管部门举报，而不能向法院提起行政诉讼。第三，1998 年湘漓乡磨石江新农村文明示范点的相关信息是不具有强制力的行政指导行为，对公民、法人和其他组织权利义务不产生实际影响。第四，信息公开条例没有特别规定该条例具有溯及既往的效力，因此，1998 年湘漓乡磨石江新农村文明示范点的相关信息不适用信息公开条例。综上，请求法院驳回原告的诉讼请求。

（三）事实和证据

广西壮族自治区桂林市兴安县人民法院经公开审理查明：1998 年湘漓乡花桥村委磨石江村按有关精神建立磨石江小康文明示范村，进行小康文明示范村的建设，同时制定了《湘漓乡磨石江村村规民约》、《磨石江建设小康文明示范村章程》，设计了《磨石江建设小康文明示范村规划图》，将规划图范围内的一切土地收归集体使用，村民在规划图范围内修建住房。原告张征文抽签抽到了规划图内的土地（当时是刘大云户承包的土地），并建了一座新房。但由于修建小康文明示范村时，村内的土地调整没有落实到位，遗留下来一些矛盾纠纷，刘大云在原告张征文修建的房屋门前挖了一个大坑，并在四周种上树，造成原告无法正常通行、通风、采光。2007 年 4 月，湘漓镇人民政府为解决磨石江文明示范村建设遗留问题成立了领导小组。2008 年 3 月原告张征文向县人民政府、公安局、信访办写报告请求解决新建住房门口及四周的障碍。矛盾一直没有得到根本解决，2008 年 10 月 23 日原告张征文写报告给兴安县人民政府要求公开 1998 年湘漓镇磨石江新农村建设的相关信息，同时也将报告递交湘漓镇人民政府，在没有任何答复的情况下，原告于 2008 年 12 月 1 日向本院提起行政诉讼，请求法院判令被告公开磨石江新农村文明示范点的相关信息，并向社会公开。

本案在审理过程中，被告已提供《磨石江建设小康文明示范村规划图》至本院，并且向原告公开了此信息。被告也组织磨石江村村民对新村建设时遗留的土地问题进行调整，并且积极给新村建设的房屋办理房屋产权证。

上述事实有下列证据证明：

1. 2008 年 10 月 23 日张征文写给兴安县人民政府的要求公开 1998 年湘漓镇磨石江新农村建设的相关信息的申请报告。证明原告曾向政府申请公开信息。

2. 2008 年 3 月 18 日张征文写给县领导及有关部门的关于新建住房门口被他人设计障碍请求解决的报告。证明原告修建的房屋门前被他人挖了个大坑，四周被种上树，严重影响原告的通行、通风、采光，原告向政府反映。

3. （2008）兴行立字第 1 号行政裁定书。证明原告因此向法院起诉被告要求赔偿被驳回起诉的情况。

4. 1998 年 9 月的《湘漓乡磨石江村村规民约》、《磨石江建设小康文明示范村章程》。证明被告 1998 年曾公开过相关信息，虽然不完全。

5. 2007 年 4 月 28 日湘漓镇人民政府湘政发〔2007〕14 号《镇人民政府关于成立花桥村委磨石江文明示范村建设矛盾纠纷处理工作领导小组的通知》。证明被告曾下文成立领导小组专门处理花桥村委磨石江文明示范村建设矛盾纠纷。

（四）判案理由

广西壮族自治区桂林市兴安县人民法院经审理认为：原告张征文申请被告兴安县湘漓镇人民政府提供《磨石江建设小康文明示范村规划图》等磨石江新农村文明示范点的相关信息，该信息内容属于《中华人民共和国政府信息公开条例》规定的乡（镇）人民政府应主动公开的政府信息，因此，原告的申请合理合法，被告应在原告申请的法定期限内履行向原告公开信息的法定职责。虽然被告在本案审理期间提供了《磨石江建设小康文明示范村规划图》，并且已经向原告公开，但是被告在收到原告申请后规定的期限内没有履行信息公开的法定职责违法。由于当时建设磨石江新农村文明示范点仓促，所以原告申请被告公开的其他信息根本没有形成，上级也没有提供扶助资金。虽然被告为解决磨石江文明示范村建设遗留问题，组织村民调整土地，积极为示范村村民统一办理房屋产权证，但仍然不能改变之前被告未公开信息的违法性。

（五）定案结论

广西壮族自治区桂林市兴安县人民法院依照《中华人民共和国政府信息公开条例》第九条、第十二条、第十三条、第十五条，《最高人民法院关于执行〈中华人民共和国行政诉讼法〉若干问题的解释》第五十七条第二款第（一）项的规定，作出如下判决：

确认被告兴安县湘漓镇人民政府不履行信息公开法定职责的具体行政行为违法。

本案案件受理费 50 元，由被告负担。

（六）解说

所谓信息公开，其实就是政府行政的一种公开制度，即一国的政府或地方行政机关，对其掌握的信息（除了涉及国家秘密的材料之外）均有公开的义务。它的法律基础是公民对政府掌握的信息或资料享有了解和知晓的权利。知晓权作为现代人权的一个组成部分，不仅指的是公民所享有的权利，同时它也是一个国家在法律层面上对公民的民主权予以切实保障的一个重要方面。公民若没有这种了解权、知情权，就难以真正做到监督政府，民主也就失去了基础。

本案中，被告辩称"按照信息公开条例的规定，行政机关不依法履行政府信息公开义务的，也只能是向上级行政机关、监察机关或者政府信息公开工作主管部门举报，而不能向法院提起行政诉讼"。但由于该政府在 1998 年建设小康文明示范村时，对村内的土地调整没有落实到位，遗留下来一些矛盾纠纷，原告修建的房屋门前被他人挖了个大坑，四周被种上树，严重影响原告的通行、通风、采光，损害了原告的合法利益。所以应适用《中华人民共和国政府信息公开条例》第三十三条第二款规定，"公民、法人或者其他组织认为行政机关在政府信息公开工作中的具体行政行为侵犯其合法权益的，可以依法申请行政复议或者提起行政诉讼"。原告多次向政府反映都无法得到解决，造成原告多次上访，并诉至法院要求公开当时的规划图及新农村建设的相关信息。在本院审理期间被告一直没有足够重视，对应当公开的相关信息以政府已搬迁、档案混乱、丢失等理由久拖不决，最后迫于各种压力，在审理后期将规划图公开，并积极组织村民解决新农村建设时遗留的土地问题，积极帮助农民办理房屋产权证，由于原告不撤诉，该案最后确认被告不履行信息公开法定职责违法。本案也反映出行政机关对应当履行的法定职责拖延，对农民不负责，损害了政府的形象。

虽然《中华人民共和国政府信息公开条例》已生效，但仍有不少工作要做，需要不断完善和健全信息公开机制，实现政府信息公开的法定化、明确化，从而确保行政机关能严格依法行政，最大限度地公开政府信息。要使政府信息公开得到有效的实施，就应该做到以下几点：一是要确立"以公开为原则，以不公开为例外"的立场，将政府公开信息设定为行政机关必须履行的法定职责。从"只有法律授权才公开"转变为"法无禁止即公开"，不给信息公开的行政滥用留有空间，以防信息公开的严重缩水，避免信息公开条例实施中的打折扣现象。二是应对政府信息公开的范围、程序、方式、期限等作出明确规定，以便克服不公开条款对政府信息公开规定的虚化，同时使政府部门和广大公众都能明了哪些信息可以公开，哪些信息需要过一段时间才能公开或不公开。三是信息公开条例例外规定应当遵循法律保留原则，法律应对信息不公开的判断标准、决定主体、范围、期限、条件、决定程度等作出明确规定，尽量不给行政机关留下裁量空间。四是信息公开例外规定应服从法律优先原则，禁止下位法扩大上位法的例外性范围，尤其要防止地方规章、内部规定、领导批示等随意扩大法律规定的例外情形。五是要严格依法履行政府信息公开与保密的法定职责，做到信息公开不缺位，依法主动或依申请向公众或特定主体提供政府信息，信息保密不越位，限制或禁止公开法定的保密信息。

（广西壮族自治区桂林市兴安县人民法院　邓鹏鹏）

52. 深圳市花半里花园业主委员会诉深圳市规划局 龙岗分局不履行信息公开法定职责案
（规划信息公开 原告资格）

（一）首部

1. 判决书字号

一审判决书：广东省深圳市龙岗区人民法院（2009）深龙法行初字第 39 号判决书。

二审判决书：广东省深圳市中级人民法院（2009）深中法行终字第 318 号判决书。

2. 案由：不履行信息公开法定职责。

3. 诉讼双方

原告（被上诉人）：深圳市花半里花园业主委员会。

负责人：陈运媚，主任。

委托代理人：窦金平，广东生龙律师事务所律师。

委托代理人：陈焕明，男，1968 年生，汉族，住广东省深圳市龙岗区中心城花半里花园。系深圳市花半里花园业主委员会副主任。

被告（上诉人）：深圳市规划局龙岗分局。

法定代表人：覃跃良，局长。

委托代理人：陈伟岳，广东晟典律师事务所律师。

委托代理人：吴乐佳，广东晟典律师事务所律师。

4. 审级：二审。

5. 审判机关和审判组织

一审法院：广东省深圳市龙岗区人民法院。

合议庭组成人员：审判长：阳云其；人民陪审员：黄翠嫦、钟李铃。

二审法院：广东省深圳市中级人民法院。

合议庭组成人员：审判长：何连塘；审判员；马龙；代理审判员：王成明。

6. 审结时间

一审审结时间：2009 年 6 月 12 日。

二审审结时间：2009 年 10 月 21 日。

（二）一审情况

1. 一审诉辩主张

（1）被诉具体行政行为

深圳市规划局龙岗分局不依法履行法定职责公开原告所需规划信息。

（2）原告诉称

花半里花园小区530户业主（已入住400多户），就规划部门已经批准朝阳里雅苑小区（在建中）的市政道路太窄、没有消防通道、楼与楼之间的间距太近等问题，多次向政府相关部门进行反映，也多次与朝阳里雅苑的开发商深圳市裕德丰投资发展有限公司进行交涉，但问题一直未能得到解决。2008年11月26日，原告代表530户业主填写了《深圳市龙岗区政府信息公开申请表》，要求被告深圳市规划局龙岗分局以纸质或光盘的形式公开以下政府规划信息：1）2003年7月14日核发花半里花园小区的《建设用地规划许可证》（深规土规许字06-2003-0236号）及批准该小区建设的总平面图和1、2、3、4栋楼房的施工图。2）1999年6月23日核发朝阳里雅苑小区（G 01011-61地块）的《建设用地规划许可证》（深规土规许字06-1999-0153号）。3）2008年2月4日核发（G 01011-61地块）的《建设工程规划许可证》（深规建许字LG-2008-0039号）及批准该小区建设的总平面图和1、2、3栋楼房的施工图。4）深圳市龙岗区中心城城市规划图（市政道路）中对花半里花园和朝阳里雅苑两小区南北贯穿道路之规划内容。但被告拒不向原告提供上述信息资料，而是答复称"小区业主可到龙岗中心城建设大厦19楼档案室按照有关规定进行查档"。2009年1月12日，原告委派业主陈焕明去档案室查询，该室仅提供了花半里花园小区的规划信息，不同意提供朝阳里雅苑小区的规划信息。2008年3月12日，花半里花园小区召开业主大会，经业主大会2/3以上代表同意，授权原告代表全体业主提起行政诉讼。请求法院判令被告公开原告2008年11月26日申请公开的第2、3、4项规划信息内容。

（3）被告辩称

原告不具备诉讼主体资格。且原告诉请被告公开的规划信息，原告曾于2008年11月26日向被告申请公开。被告依据上级机关深圳市规划局制定的《深圳市规划局政府网站信息公开指南》，已于2008年12月17日，以《关于花半里小区信访问题律师函的复函》（深规龙函（2008）1909号），对属于《深圳市规划局政府网站信息公开目录》范围之内的信息，告知了原告获得相关信息的方式和途径。《中华人民共和国政府信息公开条例》第二十一条规定："对申请公开的政府信息，行政机关根据下列情况分别作出答复：（一）属于公开范围的，应当告知申请人获取该政府信息的方式和途径……"被告已经依法履行了公开政府规划信息的法定职能，原告诉称被告不向其提供相关规划信息，无事实和法律依据。请求法院依法予以驳回。

2．一审事实和证据

广东省深圳市龙岗区人民法院经公开审理查明：花半里花园小区与在建的朝阳里雅苑小区毗邻。花半里花园小区业主曾多次就两小区间市政道路窄、无消防通道、楼间距太近等问题，向政府有关部门进行投诉。2008年11月26日，原告代表530户业主填写了《深圳市龙岗区政府信息公开申请表》，要求被告深圳市规划局龙岗分局公开以下政府规划信息：（1）花半里花园小区的《建设用地规划许可证》、总平面图和1、2、3、4栋楼房的施工图；（2）朝阳里雅苑小区的《建设用地规划许可证》；（3）朝阳里雅苑小区的《建设工程规划许可证》、总平面图和1、2、3栋楼房的施工图；（4）龙岗区中心城城市规划图（市政道路）中对花半里花园和朝阳里雅苑两小区南北贯穿道路之规划内容。在该表"信息的指定提供方式"一栏中，原告选择了"纸面、光盘"。在"获取信息方式"一栏中，原告选择了"自行领取/当场阅读、抄录"。11月27日，原告将申请表递交被告。2008年12月17日，被告对原告作出深规龙函（2008）1909号《关于花半里小区信访问题律师函的复函》，称原告申请公开的信息内容，小区业主可到龙岗中心城建设大厦19楼档案室按照有关规定进行查询。2009年1月12日，原告根据被告指引委派业主委员会副主任陈焕明去被告处查询上述规划信息，被告档案室向陈焕明提供了花半里花园小区的规划信息，但拒绝提供其他规划信息。

上述事实有下列证据证明：

（1）《关于花半里小区信访问题律师函的复函》（深规龙函（2008）1909号），证明被告已经告知原告获取信息的途径，已经依法履行了信息公开的法定职能。

（2）《深圳市规划局政府网站信息公开指南》。

（3）《深圳市规划局政府网站信息公开目录》。

证据（2）、（3）证明被告作为行政机关依法应当公开政府信息的方式、范围和途径。

（4）《中华人民共和国政府信息公开条例》第十、十一条及第三章，证明被告依法履行信息公开职责的法律依据。

（5）（2008）广生律函字第99号《律师函》，证明原告以信访的方式要求被告提供相关规划信息，但被告没有提供。

（6）《深圳市龙岗区政府信息公开申请表》，证明原告申请以法律法规规定的方式公开四项信息内容，信息提供方式要求为纸质和光盘，但被告拒不提供。

（7）业主委员会备案通知书、业主大会决议及附表，证明原告的主体资格。

3. 一审判案理由

广东省深圳市龙岗区人民法院经审理认为：根据国务院《物业管理条例》第十五条和《深圳市业主大会和业主委员会指导规则》的相关规定，业主委员会是在物业管理区域内代表全体业主对物业实施管理的组织，是业主大会的执行机构，有权履行业主大会赋予的相应职责，业主委员会认为行政机关在政府信息公开工作中的具体行政行为侵犯其合法权益的，经业主大会授权，业主委员会可以作为原告提起行政诉讼。根据《中华人民共和国政府信息公开条例》的有关规定，行政机关对在履行职责过程中制作或者获取的，以一定形式记录、保存的政府信息，有义务保障公民、法人和其他组织依法获取。除涉及国家秘密、商业秘密和个人隐私的外，应当及时、准确地公开。对涉及公民、法人或者其他组织切身利益的，行政机关更应当主动公开。本案中，被告复函告知原告对所申请公开的信息内容，"小区业主可到龙岗中心城建设大厦19楼档案室按照有关规定进行查档"。被告当庭亦认可原告申请公开的规划信息应由被告提供，且无法律禁止公开之情形。但当原告根据被告复函的指引，委托业主陈焕明去被告档案室查询时，却被告知因陈焕明不是朝阳里雅苑的业主，不能查询朝阳里雅苑小区的相关信息，只能查询花半里花园小区的信息。被告未能确保其所告知获取信息的方式和途径的有效性和便捷性，有敷衍塞责之嫌，不能认定其充分履行了信息公开的职责。被告以已告知原告获取相关信息的方式和途径为由辩称已履行相应职责的主张与法相悖，本院不予支持。被告当庭否认原告去被告档案室查询的事实，但从法庭责令被告补充提交的查档记录来看，陈焕明确于2009年1月12日去被告处查询，此与原告的陈述一致，本院采信原告所述去被告处查询而遭拒绝的事实。被告庭审中还辩称，针对原告的四项信息公开申请，应征求第三方朝阳里雅苑小区开发、建设单位的意见，理由是楼房并没有实际发售，怎样开发建设属于开发商的商业秘密。但被告并未提供任何证据、依据证明原告申请公开之规划信息涉及商业秘密，公开后可能损害第三方合法权益。且如确有应考虑之商业秘密，被告也应在给原告答复前，书面征求第三方的意见，被告并未征求而是径行作出答复，事后又以此抗辩，其行为前后矛盾，与常理不符，本院不予采信。被告未能充分全面履行法定职责，本院依法责令其在一定期限内履行。原告诉请被告不作为的理由成立，本院依法予以支持。

4. 一审定案结论

广东省深圳市龙岗区人民法院依照《中华人民共和国行政诉讼法》第五十四条第（三）项之规定，作出如下判决：

被告深圳市规划局龙岗分局应于本判决生效之日起15个工作日内对原告深圳市花半里花园业主委员会2008年11月26日提交的《深圳市龙岗区政府信息公开申请表》中申请公开的第2、3、4项规划信息内容按表中指定方式提供给原告深圳市花半里花园业主委员会。

案件受理费50元，由被告深圳市规划局龙岗分局承担。

（三）二审诉辩主张

1. 上诉人诉称

第一，原审判决认定的事实明显与本案事实不符。根据上诉人庭后提交的《档案查询登记表》显示，陈焕明于2009年1月12日前往上诉人的档案室进行查询之时，仅要求查询其所居住的花半里花园小区的相关规划内容，并没有登记要求查询朝阳里雅苑小区的相关规划信息。且陈焕明是以个人名义进行查询，既未提交上诉人此前作出的《关于花半里小区信访问题律师函的复函》，也未提交被上诉人的授权委托书，不能证明其是被上诉人的授权代表。上诉人当庭否认的是被上诉人前往上诉人的档案室进行查询，并没有否认陈焕明前往查询。第二，上诉人于2008年12月17日，以《关于花半里小区信访问题律师函的复函》告知了被上诉人获得相关信息的方式和途径，因此，上诉人已经依法履行了公开政府规划信息的法定职能。原审判决误解了法律关于信息公开的规定，干预了行政机关的行政裁量权。政府信息分为应当主动公开、依申请公开以及不得公开三大类，而依申请公开的信息，行政机关有权审查和决定是否可以公开，此是法律赋予行政机关在信息公开领域的自由裁量权。原审判决认为，既然被上诉人申请公开的规划信息不属于不得公开的信息，那么依申请，上诉人就应当公开，并据此判令上诉人公开被上诉人诉请公开的相关规划信息，不仅是对于法律的误解，实质上也干预了法律赋予行政机关的自由裁量权。请求二审法院撤销原审判决，驳回被上诉人的诉讼请求。

2. 被上诉人辩称

一审认定事实清楚，适用法律正确，程序合法，请求二审法院驳回上诉，维持一审判决。

（四）二审事实和证据

广东省深圳市中级人民法院经公开审理，对一审判决认定的事实和所依据的证据予以确认。

（五）二审判案理由

广东省深圳市中级人民法院经审理认为：本案争议的焦点是 2009 年 1 月 12 日在龙岗中心城建设大厦 19 楼档案室，上诉人拒绝陈焕明要求查询相关信息的行为是否属于针对深圳市花半里花园业主委员会不履行信息公开的法定职责。

在接到被上诉人填写的《深圳市龙岗区政府信息公开申请表》后，上诉人以深规龙函（2008）1909 号复函告知被上诉人"小区业主可到龙岗中心城建设大厦 19 楼档案室按照有关规定进行查档"。被上诉人根据上诉人复函的指引委派业主委员会副主任陈焕明去指定地点查询相关信息时，上诉人有义务公开被上诉人《深圳市龙岗区政府信息公开申请表》中请求公开且事实上可以公开的信息。同时如果该申请表中有依法不能公开的信息，上诉人有义务进行举证并对陈焕明加以说明。但上诉人以陈焕明未出具被上诉人的授权委托书以及深规龙函（2008）1909 号复函为由拒绝提供相关信息，缺乏事实根据。另，上诉人上诉称陈焕明在档案室仅要求公开"花半里花园小区的相关规划内容，并没有登记要求查询朝阳里雅苑小区的相关规划信息"，也与情理不符。上诉人拒绝公开相关信息，未充分履行信息公开义务。综上，上诉人的上诉理由不能成立，本院不予支持。

（六）二审定案结论

广东省深圳市中级人民法院依照《中华人民共和国行政诉讼法》第六十一条第（一）项的规定，作出如下判决：

驳回上诉，维持原判。

一、二审案件受理费各 50 元，由深圳市规划局龙岗分局承担。

（七）解说

本案是《中华人民共和国政府信息公开条例》实施后深圳市首例由于要求政府信息公开而引发并进入实体审理的行政诉讼案件，且发生在《最高人民法院关于审理政府信息公开行政案件若干问题的规定》（征求意见稿）出台前，具有较强的司法实务参考价值。而在此之前的许多政府信息公开案件，人民法院往往以"不符合起诉条件"为由驳回起诉，甚至以"无先例可循"不予立案或不作任何裁定。本案也是法院顺应行政行为方式不断丰富、行政管理领域不断拓展的趋势，积极回应人民群众的现实司法需求，让公民真正享有知情权的一次有益探索。本案在事实认定和法律适用上主要存在以下争议：

1. 本案业主委员会有无原告主体资格？根据《物业管理条例》的规定，业主委员会是在行政主管部门指导下依照法定程序产生并经行政主管部门备案，代表本物业区域内全体业主的合法权益，负责对区域内物业实施管理的组织，它是业主大会的执行机构。被告辩称本案的原告不适格，理由是业主委员会虽然依法成立，但没有独立的财产，是不是能够独立承担法律责任的组织，不具有诉讼行为能力，诉讼权利来源于全体业主的授权。但笔者认为，虽然《物业管理条例》和《中华人民共和国物权法》均未对业主委员会的法律性质作正面明确地规定，但从侧面是肯定业主委员会具有独立的诉讼主体地位的。如《中华人民共和国物权法》第七十八条规定，当业主委员会的决定侵害业主合法权益时，受侵害的业主可以业主委员会为被告行使撤销权。而第八十三条则赋予业主委员会实施排除侵害、赔偿损失等的请求权。因此，赋予业主委员会诉讼主体资格，既是为业主维护共同权益提供便利途径，又能有效促进诉讼主体和诉讼请求之间的内在统一。而且，既然《中华人民共和国物权法》、《物业管理条例》等法律法规明确规定业主委员会具有独立的职责，法律就应当为其履行代表和维护全体业主利益的职责提供充分的司法救济，否则立法目的就无法实现。本案业主委员会在物业管理活动中为维护物业管理区域内业主共同权益的需要，向被告申请公开、获取与业主利益攸关的规划信息，而被告提供的规划信息不符合其在申请中要求的内容和形式，侵害了其知情权，经业主大会决定，业主委员会可以以自己的名义提起诉讼。鉴于此，对被告的辩解，法院不予采信是正确的。

2. 本案原告之合法权益应如何考量？《最高人民法院关于执行〈中华人民共和国行政诉讼法〉若干问题的解释》第十二条规定："与具体行政行为有法律上利害关系的公民、法人或者其他组织对该行为不服的，可以依法提起行政诉讼。"《中华人民共和国政府信息公开条例》第三十三条第二款则规定，政府信息公开行政诉讼的原告是"认为行政机关在政府信息公开工作中的具体行政行为侵犯其合法权益的"公民、法人或者其他组织。因此，与信息公开行为是否有法律上的利害关系及是否具有应保护之合法权益，是考量原告是否适格及被告应否履责的重要因素。何为"法律上的利害关系"，有学者认为，"是指相对人或相关人应受司法所保护的利益受到或可预见地将受到行政行为效力的影响，其法律地位已经或将受到限制或剥夺"。当然，在目前的行政诉讼模式下，一般认为该种影响仅指行政诉讼原告之合法权益有受具体行政行为直接侵害之虞，并不包括具体行政行为所产生之一般事实上的影响。因为就一个具体行政行为而言，因各种原因而可能受其影响者甚众，并非所有受影响者均得就该行为提起行政诉讼，应以合法权益直接受其侵害者为限。如在要求政府信息公开的行政案件中，如对不服行政机关应主动公开而未公开的任何人，都赋予起诉资格，则原告主体资格和《中华人民共和国行政诉讼法》规定的原告应"与具体行政行为有法律上利害关系"不相一致而沦为公益诉讼。本案中，在建的朝阳里雅苑小区与原告所在的花半里花园小区毗邻，原告担忧朝阳里雅苑小区一旦建成，势必造成两小区间市政道路过窄、无消防通道、楼间距太近等问题，严重影响原告所在小区业主的通行、采光权及消防安全保障，侵害小区广大业主的切身利益。原告要求被告公开两小区的相关规划信息，就是想知晓被告保存的该规划信息是否符合法律法规的规定，是否存在安全隐患，也为他们进一步寻求救济提供证据支持。本案原告的知情权，正是司法应给予切实关注和保障，使其真正有效实现之合法权益。

3. 本案被告是否正确履行了信息公开的法定职责？《中华人民共和国政府信息公开条例》第九条至第十二条规定了行政机关应主动和重点公开的政府信息。第十三条规定了依申请公开的政府信息，即公民、法人或者其他组织可以根据自身生产、生活、科研等特殊需要，申请获取相关政府信息。主动公开或依申请公开均为行政机关之法定职责。本案是因申请公开政府信息而引发的诉讼案件。被告除非能证明存在下列情形之一，否则被告不公开相关政府信息的行为将被认定为违法而应承担败诉的法律责任：（1）原告未向被告提交申请，或被告未收到原告申请；（2）原告申请内容不明确，又拒绝更改、补充，被告无法提供；（3）诉请公开的政府信息已经按其要求的形式公开；（4）该政府信息不存在；（5）属于涉及国家秘密、商业秘密、个人隐私等依法不得公开的信息；（6）申请公开的信息涉及商业秘密、个人隐私可能损害第三人合法权益，经书面征求第三方意见不同意公开；（7）被告不是制作或保存该政府信息的行政机关。本案被告认可原告申请公开的规划信息属于可以公开的范畴，但以已告知原告获取相关信息的方式和途径为由抗辩其已履行法定职责。此与《最高人民法院关于审理政府信息公开行政案件若干问题的规定》（征求意见稿）第二条第（二）项规定暗合，即申请公开的政府信息已经向公众公开且行政机关已经告知申请人获取该政府信息的方式和途径，公民、法人或者其他组织不服，提起诉讼的，不属于行政诉讼受案范围。那么本案是否属于此种情形呢？显然不是。本案中，被告以书面方式答复原告获知申请之信息的方式和途径，但当原告根据被告复函的指引，委托业主前往被告档案室查询时，却被告知因存在"第三方的商业秘密"，不能查询朝阳里雅苑小区的相关信息，只能查询花半里花园小区的信息。被告在答复原告前，未书面征求第三方的意见，就自作主张认定申请公开的规划信息存在可能损害第三方合法权益的商业秘密且第三方拒绝公开，有擅断之嫌。被告未能确保其所告知获取信息的方式和途径的有效性和便捷性，实际上仍是推诿、拒绝之辞，不能认定充分、完全履行了信息公开的职责。即被告虽有履行法定职责的行为，但没有全面、完整地履行法定职责，只是部分地履行。鉴于此，法院判决其继续履行是完全正确的。

4. 本案引发的思考。《中华人民共和国政府信息公开条例》早于2007年4月5日公布，2008年5月1日正式施行，从公布到实施经过了一年多的准备时间，而正式实施至本案审理时也有一年之久。但从司法实践的情况看，该条例的实施效果与社会公众的期望还相距甚远。公众欲依法快捷地获取政府信息，依然阻碍重重。首先是观念上，一些行政机关的信息公开意识淡薄，"民可使由之，不可使知之"的观念至今仍有潜移默化的影响。一些公务人员缺乏政府信息公开的责任意识，漠视公众的知情权，官本位、特权思想依旧根深蒂固。更有甚者，个别行政机关从自身利益出发反对信息全面、自由公开，将该条例第二十三条当成拒绝公开信息的主要挡箭牌。其次是制度上，公开机关的内部机构和责任主体不明晰，行政系统内部的监督救济机制疲软、乏力，在一定程度上助长了行政机关在政府信息公开过程中的不作为，从而使公众的知情权大打折扣。再次从立法本身看，该条例的立法技术过于粗糙，实体条款的比重远远大于程序条款，而比重不大的程序条款也缺乏应有的操作性。该条例规定了政府信息主动公开和依申请公开两类的范围。可遗憾的是，这两类公开范围的界定都不明确，给政府部门留下较大的自由裁量空间，使政府所公开的信息难免具有较强的倾向性和选择性，在一定程度上为政府不公开信息提供便利和借口。因此，公民知情权的有效实现有赖于各级政府及其公务人员对该条例的严格执行，及对违反该条例行为责任的严肃追究和对侵犯公民信息获取权的有效救济，也有赖于相关配套法规规章的制定和完善。

（广东省深圳市龙岗区人民法院　阳云其）

53. 俞霞金等诉宁波市鄞州区人民政府政府信息公开行政诉讼案
（部分公开　个人隐私）

（一）首部

1. 判决书字号
一审判决书：浙江省宁波市海曙区人民法院（2008）甬海行初字第58号判决书。
二审判决书：浙江省宁波市中级人民法院（2009）浙甬行终字第44号判决书。
2. 案由：政府信息公开。
3. 诉讼双方
原告（上诉人）：俞霞金，女，1962年生，汉族，浙江省宁波市人，住浙江省宁波市鄞州区横溪镇。
原告（上诉人）：陈水康，男，1962年生，汉族，浙江省宁波市人，住浙江省宁波市鄞州区横溪镇。
原告（上诉人）：徐存锌，男，1959年生，汉族，浙江省宁波市人，住浙江省宁波市鄞州区横溪镇。
原告（上诉人）：徐存锋，男，1955年生，汉族，浙江省宁波市人，住浙江省宁波市鄞州区横溪镇。
原告（上诉人）：徐存镖，男，1953年生，汉族，浙江省宁波市人，住浙江省宁波市鄞州区横溪镇。系诉讼代表人。

原告（上诉人）：陈鹏飞，男，1959年生，汉族，浙江省宁波市人，住浙江省宁波市鄞州区横溪镇。系诉讼代表人。

六原告共同委托代理人：袁裕来（特别授权代理），浙江之星律师事务所律师。

六原告共同委托代理人：徐利平（特别授权代理），浙江之星律师事务所律师。

被告（被上诉人）：宁波市鄞州区人民政府，住所地：浙江省宁波市鄞州区新城区惠风东路568号。

法定代表人：薛维海，男，区长。

委托代理人：印伫（特别授权代理），女，宁波市鄞州区人民政府工作人员。

4. 审级：二审。

5. 审判机关和审判组织

一审法院：浙江省宁波市海曙区人民法院。

合议庭组成人员：审判长：周春莉；审判员：庄立敏、任裕章。

二审法院：浙江省宁波市中级人民法院。

合议庭组成人员：审判长：陈信根；审判员：谭星光、俞朝凤。

6. 审结时间

一审审结时间：2009年2月22日。

二审审结时间：2009年5月18日。

（二）一审情况

1. 一审诉辩主张

（1）被诉具体行政行为

2008年6月26日，俞霞金等6人向宁波市鄞州区人民政府提出信息公开申请。7月25日，鄞州区人民政府作出了政府信息部分公开决定书。

（2）原告诉称

第一，决定书中所公布的批准建房户数为128户，宁波市鄞州区横溪镇梅岭村（原芝山村）村民户数121户，不符合事实。第二，农村居民申请建房时的年龄未公开，没有法律依据。第三，被告不予提供已批准宅基地的目前土地登记情况，没有法律依据。综上，被告作出的决定书违法，请求法院依法撤销。

（3）被告辩称

第一，被告经过查阅有关档案和材料作出决定书，数字是正确的，符合客观事实。第二，年龄是一个人的基本信息，属于个人隐私的范畴。根据相关规定，属于个人隐私或者公开后可能导致对个人隐私权造成不当侵害的信息，经权利人同意公开或者行政机关认为不公开可能对公共利益造成重大影响的，才可以依申请公开。第三，土地登记情况均由土地管理部门掌握，土地登记的职责实际上也由土地管理部门履行。《土地登记办法》和《土地登记资料公开查询办法》中也明确规定土地登记材料查阅工作具体由土地管理部门开展。综上，被告作出的决定书事实清楚，程序合法，适用法律、法规正确，请求依法驳回原告的诉讼请求。

2. 一审事实和证据

浙江省宁波市海曙区人民法院经公开审理查明：2008 年 6 月 26 日，原告俞霞金等 6 人向被告宁波市鄞州区人民政府提出政府信息公开申请，申请书载明："1993 年 9 月 22 日，原鄞县人民政府决定将横溪镇芝山村等 6 个村迁移到横溪附近，并为此安排了新规划村址。原鄞县人民政府安排的芝山村规划点，足够安排迁移的村民。但是，现该规划点的宅基地只留下了几间，申请人等几十户村民们却没有得到安排。为了了解真正情况，切实维护自己的合法权益，特申请公开下列信息：（1）从 1993 年以来，共计批准多少户居民在芝山村规划点建房，批准宅基地多少间？（2）这些被批准宅基地的居民有多少户是芝山村村民？其中有多少是迁移户？这些村民提出申请时的年龄是多少？（3）现在这些宅基地（或者房屋）登记在什么人名下？"被告收到该信息公开申请书后，于 2008 年 6 月 28 日依法予以受理。2008 年 7 月 11 日，被告向原告制发了政府信息延期答复通知书，告知由于其需要申请公开的政府信息内容较多，且申请公开的政府信息涉及第三方权益，故将依法延期答复。2008 年 7 月 25 日，被告宁波市鄞州区人民政府根据《中华人民共和国政府信息公开条例》第十七条、第二十一条、第二十四条和《宁波市关于依申请公开政府信息的若干规定》第十一条的规定，作出了政府信息部分公开决定书（鄞政信〔2008〕第 2 号布告），决定书载明："1. 自 1993 年以来，以农村村民使用宅基地建住宅的形式，共依法批准 128 户在宁波市鄞州区横溪镇梅岭村（原芝山村）建房，共计 173 间。2. 在 128 户经依法批准建房的农村居民中属宁波市鄞州区横溪镇梅岭村（原芝山村）村民的共计 121 户。关于农村居民申请建房时的年龄由于涉及个人隐私，因此按照《宁波市关于依申请公开政府信息的若干规定》第八条第（四）项的规定，决定不予公开。3. 关于已批准宅基地的目前土地登记情况由于已经有国土资源部所制定的《土地登记办法》和《土地登记资料公开查询办法》予以规范，具体由县级以上人民政府国土资源行政主管部门负责土地登记资料的公开查询工作，因此请你们按上述规定进行查询。"申请人不服，向宁波市人民政府申请行政复议。2008 年 10 月 30 日，宁波市人民政府作出甬政复决字〔2008〕161－166 号行政复议决定书，维持了鄞州区人民政府的《政府信息部分公开决定书》（鄞政信〔2008〕第 2 号布告）。原告不服，于 2008 年 11 月 7 日向宁波市中级人民法院提起行政诉讼。

上述事实有下列证据证明：

（1）《政府信息公开申请书》，证明原告提出申请；《公文处理单》，证明内部审批程序；《政府信息延期答复通知书》，证明根据有关规定作出，程序合法；《政府信息部分公开决定书》，证明被告所作出的最终决定；送达回执，证明已依法送达原告，信息公开决定程序合法。

（2）《芝山村 1993 年以来宅基地情况调查表》，证明信息公开内容合法、适当且与事实相符。

（3）《政府信息公开申请书》、《政府信息部分公开决定书》（鄞政信〔2008〕第 2 号布告）复印件各 1 份，证明起诉的行政行为。

（4）《关于横溪镇六个村迁址现场办公会议纪要》（〔1993〕17 号）、《横溪镇芝山村用田规划图》复印件各 1 份，证明原告属于迁村对象，依法应该安排建房用地。

（5）宁波市人民政府甬政复决字［2008］161－166 号行政复议决定书复印件 1 份，证明原告提起诉讼之前曾经经过行政复议。

3. 一审判案理由

浙江省宁波市海曙区人民法院经审理认为：被告发布的决定书中的数字是来源于宁波市国土资源局鄞州分局，原告虽提出异议，但未提供充分证据证实该政府信息记录不准确。《中华人民共和国政府信息公开条例》第十四条规定，行政机关不得公开涉及国家秘密、商业秘密、个人隐私的政府信息。《宁波市关于依申请公开政府信息的若干规定》的第八条第（四）项规定，依申请公开的政府信息不包括属于个人隐私或者公开后可能导致对个人隐私权造成不当侵害的信息。目前尚无明确法律法规界定个人隐私的概念。政府信息公开中的"个人隐私"，应根据公开后是否会对权利人生产、生活造成明显不当影响来判断，不能将所有涉及个人的资料都列入"个人隐私"的范畴。原告在申请书中要求被告公开"提出建房申请时的年龄"，是指 1993 年以来向被告申请宅基地审批并经批准的芝山村村民提出申请时的年龄，公开之后虽对权利人有一定影响，但达不到明显程度。故被告将年龄认定为个人隐私，并据此拒绝公开此项，系认定事实不清，适用法律错误。《中华人民共和国政府信息公开条例》第二条规定，政府信息是指行政机关在履行职责过程中制作或者获取的，以一定形式记录、保存的信息。《土地登记办法》和《土地登记资料公开查询办法》是国土资源部制定的部门规章。根据《土地登记办法》和《土地登记资料公开查询办法》的相关规定，国土资源行政主管部门在办理土地所有权和土地使用权登记手续前，应当报经同级人民政府批准。土地登记形成的文件资料，由国土资源行政主管部门负责管理。土地登记申请书、土地登记审批表、土地登记归户卡和土地登记簿的式样，由国务院国土资源行政主管部门规定。原告要求申请公开的是目前土地登记情况，即土地登记结果，该情况属于土地登记形成的文件资料，由国土资源行政主管部门负责管理。此外，原告作为芝山村村民，申请公开的是芝山村新规划村址 1993 年以来的宅基地审批情况，而第三项申请内容涉及审批以后的流转、发证情况，与 1993 年、1994 年、1997 年、2001 年等批次的宅基地审批情况没有必然联系。对于原告的此项公开信息申请内容，被告已在《政府信息部分公开决定书》中对原告给予适当的指引。被告未向原告公开此项公开信息申请内容的做法并无不当。

4. 一审定案结论

浙江省宁波市海曙区人民法院依照《中华人民共和国行政诉讼法》第五十四条第（一）项、第（二）项第一目、第二目之规定，作出如下判决：

（1）维持被告宁波市鄞州区人民政府 2008 年 7 月 25 日作出的《政府信息部分公开决定书》（鄞政信［2008］第 2 号布告）的第一项、第二项第一部分和第三项，即"1. 自 1993 年以来，以农村村民使用宅基地建住宅的形式，共依法批准 128 户在宁波市鄞州区横溪镇梅岭村（原芝山村）建房，共计 173 间。2. 在 128 户经依法批准建房的农村居民中属宁波市鄞州区横溪镇梅岭村（原芝山村）村民的共计 121 户。3. 关于已批准宅基地的目前土地登记情况由于已经有国土资源部所制定的《土地登记办法》和《土地登记资料公开查询办法》予以规范，具体由县级以上人民政府国土资源行政主管部门负责土地登记资料的公开查询工作，因此请你们按上述规定进行查询"。

（2）撤销被告宁波市鄞州区人民政府 2008 年 7 月 25 日作出的《政府信息部分公开决定书》（鄞政信［2008］第 2 号布告）中的第二项第二部分，即"关于农村居民申请建房时的年龄由于涉及个人隐私，因此按照《宁波市关于依申请公开政府信息的若干规定》第八条第（四）项的规定，决定不予公开"。

案件受理费人民币 50 元，由被告宁波市鄞州区人民政府负担。

（三）二审诉辩主张

1. 上诉人诉称

第一，被上诉人不提供已批准宅基地的目前土地登记情况，没有法律依据。《中华人民共和国政府信息公开条例》第十七条规定了行政机关制作政府信息、获取并保存政府信息两种情况下都有信息公开的义务，上诉人可以要求被上诉人公开政府信息，也可以根据国土资源部《土地登记办法》和《土地登记资料公开查询办法》向国土资源主管部门查询，但被上诉人不能以后者作为自己不公开相关信息的根据。第二，鄞政信［2008］第 2 号布告《政府信息部分公开决定书》的两部分内容不符合事实。自 1993 年以来，以农村村民使用宅基地建住宅形式批准建房的，不是被上诉人公开的 128 户，实际数字远大于 128 户，达到 200 多户；上述 128 户属原芝山村的村民也不是被上诉人公开的 121 户，被上诉人在一审中未举证予以证明所公开信息的真实性。第三，农村村民申请土地时的年龄不是隐私，应予以公开。一审判决有误，请求撤销一审判决，撤销鄞政信［2008］第 2 号布告《政府信息部分公开决定书》，判令被上诉人限期按照上诉人的申请履行公开政府信息的法定职责。

2. 被上诉人辩称

被上诉人已经完整履行信息公开法定职责。第一，关于已批准宅基地目前的土地登记情况的政府信息公开，因为上诉人要求公开的是"现在这些宅基地登记在什么人名下"的政府信息，该信息是土地登记的最终结果，属于土地登记形成的文件资料。根据《土地登记办法》和《土地登记资料公开查询办法》的相关规定，由国土资源行政管理部门负责管理，政府信息公开的主体是国土资源行政管理部门，被上诉人已经根据《中华人民共和国政府信息公开条例》第二十一条第（三）项的规定告知上诉人向国土资源行政主管部门查询这种政府信息的方式和途径，已依法履行了相关职责。第二，上诉人认为《政府信息部分公开决定书》中公开的内容与事实不符，无事实依据，相关信息均来源于国土行政管理部门的档案资料，真实可信。第三，关于"农村居民提出建房申请时的年龄"的信息，因年龄为公民个人隐私应予保护，上诉人要求公开于法无据。综上，请求二审法院维持被上诉人作出的鄞政信［2008］第 2 号布告《政府信息部分公开决定书》。

（四）二审事实和证据

浙江省宁波市中级人民法院经公开审理，确认一审法院认定的事实。

另查明：上诉人二审审理过程中向法院提供鄞土私（2001）235 号《鄞县村民建房用地划拨（出让）呈报表》，用以证明鄞政信［2008］第 2 号布告《政府信息部分公开决定书》第一项的内容不真实、不完整。对此新证据及所证明内容，经庭审质证及庭后核实，被上诉人对此无异议，法院予以采信与认定。

（五）二审判案理由

浙江省宁波市中级人民法院经审理认为：鄞政信［2008］第 2 号布告《政府信息部分公开决定书》第一项载明："自 1993 年以来，以农村村民使用宅基地建住宅的形式，共依法批准 128 户在宁波市鄞州区横溪镇梅岭村（原芝山村）建房，共计 173 间"，而上诉人提供的鄞土私（2001）235 号《鄞县村民建房用地划拨（出让）呈报表》证明原芝山村村民俞彩定于 2001 年 9 月 5 日获准在原宁波市鄞县横山镇梅岭村建房用地审批，但俞彩定不在被上诉人所公开的 128 户名单中。故应认定被上诉人政府信息公开的内容不真实、不完整。上诉人有权了解其所在村宅基地申请审批情况的相关信息，此时，年龄这一信息不构成应受法律保护的个人隐私。被上诉人以保护个人隐私为由不公开相关信息缺乏法律根据。土地使用权登记所形成的资料由国土资源行政主管部门保存是目前土地使用权登记工作中的通常做法。土地使用权登记由人民政府登记造册，核发土地使用权证，说明人民政府是土地使用权登记的责任主体。根据《中华人民共和国政府信息公开条例》第十七条规定，人民政府在土地使用权登记过程中所制作的登记资料应由人民政府负责公开。但是，负责公开与具体提供相关资料给予查询是两个概念。被上诉人基于上诉人申请公开的土地使用权登记资料保存在国土资源行政主管部门，根据《土地登记资料公开查询办法》规定，指引上诉人向国土资源行政主管部门进行查询，是被上诉人履行信息公开责任的一种方式，这一做法并不违反《中华人民共和国政府信息公开条例》第二十一条规定，应予认可。上诉人认为被上诉人负责公开就应该直接提供土地使用权登记资料，是对信息公开方式的错误理解，本院不予支持。

综上，被上诉人宁波市鄞州区人民政府在作出鄞政信［2008］第 2 号布告《政府信息部分公开决定书》时，未正确履行信息公开的法定职责。因二审期间上诉人提供新的证据，原审判决部分应予以撤销。上诉人部分上诉理由正当，本院予以支持。

（六）二审定案结论

浙江省宁波市中级人民法院依照《中华人民共和国行政诉讼法》第五十四条第（二）项、第六十一条第（三）项，《最高人民法院关于执行〈中华人民共和国行政诉讼法〉若干问题的解释》第五十七条第一款、第二款第（二）项之规定，作出如下判决：

1. 维持宁波市海曙区人民法院（2008）甬海行初字第 58 号行政判决第二项。

2. 撤销宁波市海曙区人民法院（2008）甬海行初字第 58 号行政判决第一项。

3. 确认被上诉人宁波市鄞州区人民政府 2008 年 7 月 25 日作出的鄞政信［2008］第 2 号布告《政府信息部分公开决定书》的第一项、第二项第一部分违法，即"1. 自

1993 年以来，以农村村民使用宅基地建住宅的形式，共依法批准 128 户在宁波市鄞州区横溪镇梅岭村（原芝山村）建房，共计 173 间"，"2. 在 128 户经依法批准建房的农村居民中属宁波市鄞州区横溪镇梅岭村（原芝山村）村民的共计 121 户"违法。

4. 确认被上诉人宁波市鄞州区人民政府 2008 年 7 月 25 日作出的鄞政信〔2008〕第 2 号布告《政府信息部分公开决定书》中的第三项合法，即作出"3. 关于已批准宅基地的目前土地登记情况由于已经有国土资源部所制定的《土地登记办法》和《土地登记资料公开查询办法》予以规范，具体由县级以上人民政府国土资源行政主管部门负责土地登记资料的公开查询工作，因此请你们按上述规定进行查询"行为合法。

5. 责令被上诉人宁波市鄞州区人民政府于本判决生效之日起 15 个工作日内重新作出鄞政信〔2008〕第 2 号布告《政府信息部分公开决定书》中的第一项、第二项所涉事项的答复。

一、二审案件受理费各 50 元，均由被上诉人宁波市鄞州区人民政府负担。

（七）解说

随着《中华人民共和国政府信息公开条例》的施行，涉及各种行政管理领域的政府信息公开的行政诉讼案件在各地层出不穷。政府信息公开案件属于一个全新的行政案件类型，具有许多不同于其他行政案件的特殊性。在本案中，主要有以下三个问题需引起重视：

1. 如何审查宁波市鄞州区人民政府部分已公开给申请人的信息内容的正确性？

通常情况下，大部分政府信息公开案件是由于行政机关拒绝公开政府信息而引发，但是本案行政机关公开了政府信息，但在内容上不符合申请人的要求，同样也引发诉讼。

《中华人民共和国政府信息公开条例》第六条规定，行政机关应当及时、准确地公开政府信息。第七条规定，行政机关发布政府信息涉及其他行政机关的，应当与有关机关进行沟通、确认，保证行政机关发布的政府信息准确一致。那么，具体在案件审理中，如何认定行政机关公开的政府信息内容的准确性呢？

这主要涉及是否要求行政机关承担证明政府信息内容准确性的责任问题。这个问题仍存在一定的争议，有观点认为，要求行政机关证明其提供的内容准确对行政机关而言，难度太高，客观上无法实施。笔者认为，在政府信息公开案件中对公开内容的真实性被告应当提供证据加以证明，这是行政诉讼"被告对作出的具体行政行为负有举证责任"的必然要求。

本案中，申请人要求公开的政府信息是概括性的数字而不是具体名单，宁波市鄞州区人民政府也确实在《政府信息部分公开决定书》中公开了明确的户数、房数等。在一审程序中，被告为证明其数据的准确性，提供了当时为公开数据而从宁波市国土资源局鄞州分局调取的具体名单。原告方虽当庭提出异议，但未能提供相反证据证实该政府信息记录不准确。此时，宁波市鄞州区人民政府已承担了证明其数据准确性的证明责任，在原告方未能提出相反证据的情况下，无法认定被告公开内容不真实。故一审法院对此项内容的公开行为予以支持。但原告方上诉后，提供了鄞土私（2001）235号《鄞县村民建房用地划拨（出让）呈报表》，证明原芝山村村民俞彩定于2001年9月5日获准在原宁波市鄞县横山镇梅岭村建房用地审批，但俞彩定不在宁波市鄞州区人民政府所提供的128户名单中。该份证据能够直接推翻被告数据的真实性，因而可以认定政府信息公开的内容不真实、不完整。因此，二审法院对此项依法改判。

2. 申请人所申请公开的"提出建房申请时的年龄"是否属《中华人民共和国政府信息公开条例》第十四条规定的"涉及个人隐私的政府信息"而不得公开？

本案中，被告认为年龄是一个人的基本信息，属于个人隐私的范畴。因此根据《中华人民共和国政府信息公开条例》第十四条和《宁波市关于依申请公开政府信息的若干规定》第八条第（四）项的规定，即依申请公开的政府信息不包括属于个人隐私或者公开后可能导致对个人隐私权造成不当侵害的信息，宁波市鄞州区人民政府对申请人的此项申请不予公开。

笔者认为，《中华人民共和国政府信息公开条例》第十四条规定，行政机关不得公开涉及国家秘密、商业秘密、个人隐私的政府信息。可见，《中华人民共和国政府信息公开条例》对不予公开的范围作了概括的规定，"国家秘密"、"商业秘密"、"个人隐私"这三类信息被认为是法定的例外信息。关于"国家秘密"和"商业秘密"，我们有《保守国家秘密法》、《反不正当竞争法》等法律依据作为审查标准。"个人隐私"的概念应当与隐私权法一致，但我国目前尚无相对应的明确法律法规界定"个人隐私"概念。因此，个人隐私权的界限有待法律进一步明确，目前对个人隐私的判断应当从具体情况出发，不能只要涉及个人就一律归类于个人隐私。法院在审查是否属于"个人隐私"时应当严格依法认定，综合分析权衡。政府信息公开中的"个人隐私"，应根据公开后是否会对权利人生产、生活造成明显不当影响来判断，不能将所有的涉及个人的资料都列入"个人隐私"的范畴。

从普遍认识上看，个人隐私是指他人从一般途径不能得到、泄露后会影响个人的自由和生活安宁，本人不希望他人知道的信息。本案中的年龄具有特定性。申请人在申请书中要求宁波市鄞州区人民政府公开"提出建房申请时的年龄"，是指1993年以来向宁波市鄞州区人民政府申请宅基地审批的芝山村村民提出申请时的年龄。公开之后或许会对权利人有一定影响，但达不到明显程度。此时，年龄这一信息不构成应受法律保护的个人隐私。宁波市鄞州区人民政府以保护个人隐私为由不公开相关信息缺乏法律根据，系适用法律错误。

3. 法院对被申请公开的政府信息是否属于本行政机关公开的审查。

有观点认为，申请人申请公开的关于"现在这些宅基地（或者房屋）登记在什么人名下"的政府信息是针对芝山村宅基地的土地登记情况的信息。根据《中华人民共和国土地管理法》第六十二条第三款规定，农村村民住宅用地，经乡（镇）人民政府审核，由县级人民政府批准；其中，涉及占用农用地的，依照本法第四十四条的规定办理审批手续。《中华人民共和国政府信息公开条例》第二条规定，政府信息是指行政机关在履行职责过程中制作或者获取的，以一定形式记录、保存的信息。宁波市鄞州区人民政府为芝山村宅基地的审批主体，因而也是相关信息的公开义务主体。申请人所申请公开的政府信息，是宁波市鄞州区人民政府应当公开的政府信息，宁波市鄞州区人民政府不应按照《中华人民共和国政府信息公开条例》第二十一条第（三）项规定，告知申请人向宁波市国土资源局鄞州分局申请公开。

笔者认为，《中华人民共和国政府信息公开条例》第十七条规定，行政机关制作的政府信息，由制作该政府信息的行政机关负责公开；行政机关从公民、法人或者其他组织获取的政府信息，由保存该政府信息的行政机关负责公开。法律、法规对政府信息公开的权限另有规定的，从其规定。因此，法院对公开权限的审查，适用是否由该行政机关"制作"或"保存"的标准。根据该规定，土地使用权登记由人民政府登记造册，核发土地使用权证，说明人民政府是土地使用权登记的责任主体，人民政府在土地使用权登记过程中所制作的登记资料应由人民政府负责公开。但是，负责公开与具体提供相关资料给予查询是两个概念。

土地使用权登记所形成的资料由国土资源行政主管部门保存是目前土地使用权登记工作中的通常做法。《土地登记办法》和《土地登记资料公开查询办法》是国土资源部制定的部门规章。根据《土地登记办法》和《土地登记资料公开查询办法》的相关规定，国土资源行政主管部门在办理土地所有权和土地使用权登记手续前，应当报经同级人民政府批准。土地登记形成的文件资料，由国土资源行政主管部门负责管理。土地登记申请书、土地登记审批表、土地登记归户卡和土地登记簿的式样，由国务院国土资源行政主管部门规定。

基于申请公开的土地使用权登记资料保存在国土资源行政主管部门，根据《土地登记资料公开查询办法》规定，宁波市鄞州区人民政府已在《政府信息部分公开决定书》中指引申请人向国土资源行政主管部门进行查询，这是行政机关履行信息公开责任的一种方式，这一做法并不违反《中华人民共和国政府信息公开条例》第二十一条规定，法院对此应予认可。

（浙江省宁波市海曙区人民法院　周春莉）

54. 李萍诉北京市昌平区北七家镇人民政府信息公开案
（申请公开其他被拆迁人信息）

（一）首部

1. 判决书字号

一审判决书：北京市昌平区人民法院（2009）昌行初字第 6 号判决书。

二审判决书：北京市第一中级人民法院（2009）一中行终字第 1162 号判决书。

2. 案由：政府信息公开。

3. 诉讼双方

原告（上诉人）：李萍，女，1970年生，汉族，个体工商户，黑龙江省人，现住北京市昌平区北七家镇。

被告（被上诉人）：北京市昌平区北七家镇人民政府，住所地：北京市昌平区北七家镇东二旗村西。

法定代表人：黄建军，镇长。

委托代理人：张洁，男，1970年生，汉族，北京市昌平区北七家镇人民政府职工。

第三人（被上诉人）：孙立春，男，1954年生，汉族，北京市昌平区北七家镇东三旗村村民。

委托代理人：张同军，北京市鼎恒律师事务所律师。

第三人（被上诉人）：杨秉刚，男，1947年生，汉族，住北京市昌平区北环路。

委托代理人：石宇，男，1986年生，汉族，无业，湖北省人，现住北京市昌平区北七家镇。

4. 审级：二审。

5. 审判机关和审判组织

一审法院：北京市昌平区人民法院。

合议庭组成人员：审判长：于亮；人民陪审员：张峰、苗广义。

二审法院：北京市第一中级人民法院。

合议庭组成人员：审判长：饶亚东；代理审判员：司品华、毛天鹏。

6. 审结时间

一审审结时间：2009年4月3日。

二审审结时间：2009年6月19日。

（二）一审情况

1. 一审诉辩主张

（1）被诉具体行政行为

2008年12月12日被告作出北七政信第1号—答《政府信息涉及第三方告知书》，主要内容为："李萍：经查，您申请获取的政府信息涉及个人隐私，根据《中华人民共和国政府信息公开条例》第二十三条的规定，现答复如下，权利人不同意公开，因此，本机关不予公开"。同日，被告向李萍送达了上述告知书并制作了送达笔录。被告在送达时向李萍答复了其申请的第2项信息内容，主要答复为："你申请书第2项申请，在接到申请书时曾要求你予以明确，因到现在你没有明确，而且我们也去镇档案室进行查询，没有查询到，所以答复你如果你不能提供具体申请内容，我们无法答复"。

（2）原告诉称

2008年11月17日，我依据《中华人民共和国政府信息公开条例》，到被告处书面申请政府信息公开。12 月 12 日，被告以涉及第三人隐私和申请内容不明确为由，不公开我申请的政府信息。我认为我申请的内容明确且不涉及第三人隐私，是被告有法不依，不敢公开镇政府信息，并且给我的登记回执和延长通知没有加盖合法有效的公章，有损政府的严肃性。故请求法院撤销被告作出的《政府信息涉及第三方告知书》；依法公开原告申请书一项中的 2、3、4、5、6 和二项的内容；在登记回执和延长通知上加盖公章。

（3）被告辩称

本案行政行为程序符合法律规定，适用法律正确，依法应予以维持。1）受理申请系我镇政府的法定职权，我镇政府的答复行为合法。根据《中华人民共和国政府信息公开条例》第二十一条的规定，原告申请公开的内容因涉及第三人的"个人隐私"，属于《中华人民共和国政府信息公开条例》第十四条"不得公开的"范畴，故书面告知不予公开，并说明了理由，该行为符合规定。2）我镇政府的答复行为符合法定程序。根据《中华人民共和国政府信息公开条例》第十四条和第二十四条的规定，我镇政府书面征求了第三方的意见和告知原告答复延期，我镇政府受理并答复原告的申请，完全符合法定程序。

原告的诉求没有事实和法律依据，依法应予以驳回。1）原告的第一项诉讼请求，不符合《中华人民共和国政府信息公开条例》的规定，依法应予驳回。2）原告的第二项诉讼请求没有事实根据。原告申请书的第二项请求不明确，我镇政府在受理时已明确告知，并且在原告申请不明确的情况下仍进行了积极的调查，已完全履行了《中华人民共和国政府信息公开条例》规定的职能。3）原告的第三项诉讼请求没有法律依据，且无任何法律意义。我镇政府在受理原告申请时没有办理信息公开办公室公章，并将该情况告知原告，如果其坚持要求盖章，可以在第二天或答复时予以加盖"北七家镇人民政府"公章，或由镇政府工作人员在其回执上签字。原告表示坚持要求盖章，但受理日后未坚持提出要求。现我镇政府已书面进行了答复，其登记回执也失去法律意义。《中华人民共和国政府信息公开条例》第二十四条规定，延长答复期限只要能告知申请人即可，并未规定要求书面告知，故原告要求在延长答复期限的通知上盖章没有法律依据。且因该行为已全部完成，其请求已没有任何意义了。综上所述，我镇政府在受理原告申请并答复过程中行为符合法定程序，适用法律正确，依法应予维持，原告的诉讼请求没有事实和法律依据，依法应予以驳回。

（4）第三人述称

第三人孙立春述称：第一，被告向我方征求是否公开与我方有关的相关信息和我方明确表示不同意公开信息是属实的；第二，我认为该信息不属于政府公开的信息范围，因为这个协议是完全意义上的民事合同，它只涉及双方的权利义务，并不涉及所谓的政府的行政职能以及这个信息应当依法公开的情况；第三，由于合同里涉及私人的隐私，我方作为合同的主体，有权决定这份合同是否公开。故我不同意公开与我方有关的相关信息。

第三人杨秉刚述称：同意被告答辩意见。

2. 一审事实和证据

北京市昌平区人民法院经公开审理查明：2008 年 11 月 17 日，原告李萍到被告处申请公开政府信息并递交了申请书。申请书的主要内容为："1. 依法查阅 2006 年杨秉刚、孙立春相关拆迁的全部，包括（补偿协议；解除土地承租合同协议或其他补偿方式；镇政府出具补偿总款的收据；杨秉刚跟租户们有关拆迁补偿协议或镇政府跟租户们的拆迁补偿协议；及北七家镇政府拆迁的法律依据补偿标准）；2. 2004 年唐、张两家有关拆迁的全部，包括（补偿协议；解除土地承租合同协议或者其他方式的补偿；安置协议；及北七家镇政府拆迁的法律依据补偿标准）……"因李萍申请书中的申请事项不明确，被告工作人员要求其填写《昌平区北七家镇政府信息公开申请表》。李萍按要求在该申请表"所需信息的内容描述"一栏中填写："1. 2006 年杨秉刚、孙立春有关拆迁的全部和镇政府依据法律标准；2. 2004 年唐、张两家有关拆迁的全部和镇政府依据法律标准；3. 法政实业集团有限公司征用土地范围面积"，并递交了申请书。被告于当日予以受理并向李萍出具了受理登记回执。经审查，被告认为李萍申请公开信息第 1 项针对的是 2006 年杨秉刚、孙立春有关拆迁的全部信息，因该信息涉及第三人利益，需征询杨秉刚、孙立春意见。后因尚未与第三人联系上，被告决定延长答复期限，并于 2008 年 12 月 3 日书面通知了李萍。同年 12 月 8 日被告向杨秉刚、孙立春送达了征求意见函，第三人孙立春、杨秉刚书面申明不同意被告以政府信息形式予以公开。被告审查后于同年 12 月 12 日作出北七政信第 1 号—答《政府信息涉及第三方告知书》，主要内容为："李萍：经查，您申请获取的政府信息涉及个人隐私，根据《中华人民共和国政府信息公开条例》第二十三条的规定，现答复如下，权利人不同意公开，因此，本机关不予公开"。同日，被告向李萍送达了上述告知书并制作了送达笔录。被告在送达时向李萍答复了其申请的第 2 项信息内容，主要答复为："你申请书第 2 项申请，在接到申请书时曾要求你予以明确，因到现在你没有明确，而且我们也去镇档案室进行查询，没有查询到，所以答复你如果你不能提供具体申请内容，我们无法答复"。李萍不服，遂于 2009 年 1 月 6 日向本院提起行政诉讼。

上述事实有下列证据证明：

（1）《申请书》和《昌平区北七家镇政府信息公开申请表》，证明原告于 2008 年 11 月 17 日向被告提出书面申请，原告明确要求公开的是 3 项内容，而没有原告诉讼请求第 2 项前半部的内容；

（2）《登记回执》，证明被告依法受理李萍的申请；

（3）与李朝阳的谈话笔录，证明被告进行了相关调查；

（4）《关于延长答复期限申请》，证明被告依法可以向原告延期答复；

（5）《通知》，证明被告已及时向原告告知延期答复；

（6）《关于征求杨秉刚、孙立春拆迁协议相关信息的函》和签收单，证明被告已及时向第三人发出征求意见通知；

（7）孙立春和杨秉刚《不同意公开个人申明》，证明第三人不同意公开涉及其个人隐私的相关信息；

（8）《政府信息公开保密审查单》，证明被告经过审核决定对原告申请公开的内容不予公开；

（9）《政府信息涉及第三方告知书》和《送达笔录》，证明被告及时履行职责，对原告予以答复；

（10）政府信息查阅指南《前言》，证明被告应该依法答复原告。

3．一审判案理由

北京市昌平区人民法院经审理认为：依据《中华人民共和国政府信息公开条例》的相关规定，被告负有审查公开本机关承办的政府信息的职责。第二十三条规定，行政机关认为申请公开的政府信息涉及商业秘密、个人隐私，公开后可能损害第三方合法权益的，应当书面征求第三方的意见；第三方不同意公开的，不得公开。但是，行政机关认为不公开可能对公共利益造成重大影响的，应当予以公开，并将决定公开的政府信息内容和理由书面通知第三方。本案中被告认为李萍要求公开的2006年杨秉刚、孙立春有关拆迁的全部信息中，有可能涉及孙立春、杨秉刚的个人隐私，是否公开应征求第三人的意见。在第三人孙立春、杨秉刚明确表示不同意公开后，被告作出了北七政信第1号—答《政府信息涉及第三方告知书》。被告作出的告知书有事实依据，履行了受理、审查、权利告知、送达等程序且不违反上述法规规定。被告在向原告送达的受理登记回执和延长答复期限通知书上未加盖公章的行为，属于被告在行政程序中的瑕疵，但该瑕疵并未对原告李萍的实体权利产生影响，尚不足以导致行政程序违法，故原告李萍认为被告的行政行为侵害了其合法权益，要求法院判决撤销及公开相关信息的理由不能成立，本院不予支持。

《中华人民共和国政府信息公开条例》第二十一条第（四）项规定，行政机关对申请公开的政府信息中申请内容不明确的，应当告知申请人作出更改、补充的答复。关于原告要求公开2004年唐、张两家有关拆迁的全部信息之主张，被告在送达笔录中已明确答复原告。被告的答复行为不违反上述法规规定，故对原告李萍该项主张，本院亦不予支持。

应当指出，被告在行政程序中仅对原告申请信息中涉及第三人杨秉刚、孙立春相关拆迁的内容作出了处理，但对于与杨秉刚、孙立春个人隐私保护无直接关联的"镇政府跟租户们的拆迁补偿协议；北七家镇政府拆迁的法律依据补偿标准"部分内容未予以答复，被告虽然表明在李萍递交申请书时已明确答复了原告，但原告李萍否认，被告亦未提交充分证据加以证明。故本院认为，被告应对原告李萍申请中的上述内容，依法作出答复。

4．一审定案结论

北京市昌平区人民法院依照《中华人民共和国行政诉讼法》第五十四条第（三）项和《最高人民法院关于执行〈中华人民共和国行政诉讼法〉若干问题的解释》第五十六条第（四）项之规定，作出如下判决：

（1）责令被告北京市昌平区北七家镇人民政府于本判决书生效后15日内对原告李萍于2008年11月17日申请书中提出的关于"镇政府跟租户们的拆迁补偿协议；北七家镇政府拆迁的法律依据补偿标准"的申请内容依法作出答复。

（2）驳回原告李萍的其他诉讼请求。

诉讼费50元，由原告李萍负担25元（已交纳），被告北京市昌平区北七家镇人民政府负担 25 元，于本判决书生效后 7 日内交纳。

（三）二审诉辩主张

1. 上诉人诉称

（1）一审法院未能审查被诉行政行为的合法性。北七家镇人民政府出具的告知书既无事实，也无法律依据。我申请查阅的是北七家镇人民政府在履行职责过程中和第三人签订的拆迁补偿协议书及相关联的政府信息。个人隐私是自己的、个人的。根据《中华人民共和国政府信息公开条例》的立法精神，北七家镇人民政府和第三人是双方关系，其所谓的个人隐私是主观想象，没有事实依据。（2）一审判决认定事实不清，适用法律错误。一审判决仅对行政程序进行了审理，对实体问题未能审理清楚就予以了认定。一审法院认定一审被告在登记回执、延长通知书上未加盖公章的行为是行政程序中的瑕疵是错误的。（3）一审法院未能对我的诉讼请求第一、二项是否依法公开进行审理。我依据《中华人民共和国政府信息公开条例》第二条、第十二条第（四）项、第二十六条的规定，依法查阅政府信息完全符合该条例的规定。北七家镇政府出具的送达笔录的形式不合法，答复内容更不合法。综上，我申请查阅政府信息有事实和法律根据，不存在涉及第三人隐私的法律范畴，被诉行政行为既无事实依据，也无法律依据。并且，被诉行政行为程序违法。请求二审法院依法改判，撤销被诉行政行为，判决北七家镇人民政府依法公开申请书第 1 项中的 2、3、4 和第 2 项的内容。

2. 被上诉人辩称

被上诉人北七家镇人民政府、孙立春、杨秉刚均未提交答辩状，其在二审期间口头请求二审法院维持一审判决。

（四）二审事实和证据

北京市第一中级人民法院经公开审理查明：李萍的证据 7 是两份拆迁协议书的手抄件，能够证明其于 2008 年 11 月 4 日在北七家镇人民政府抄写了一审第三人与北七家镇人民政府签订的拆迁协议书的内容，不能证明李萍关于北七家镇人民政府未向其提供复印件属于违法的主张。一审法院对该证据不予评价不妥，本院予以纠正。在此基础上，本院同意一审法院对其他证据的认证结论。

根据上述有效证据以及当事人无争议的陈述，北京市第一中级人民法院对一审法院认定的案件事实予以确认。

另查明，2008 年 11 月 17 日，李萍向北七家镇人民政府提交的书面申请包括：

1. 依法查阅 2006 年杨秉刚、孙立春相关拆迁的全部，包括（补偿协议；解除土地承租合同协议或其他补偿方式；镇政府出具补偿总款的收据；杨秉刚跟租户们有关拆迁补偿协议或镇政府跟租户们的拆迁补偿协议；及北七家镇人民政府拆迁的法律依据补偿标准）；

2. 2004 年唐、张两家有关拆迁的全部，包括（补偿协议；解除土地承租合同协议或者其他方式的补偿；安置协议；北七家镇人民政府拆迁的法律依据补偿标准）；

3. 2002 年北京市法政实业集团有限公司征用土地范围、面积以及征地补偿标准相关协议；

4. 依据《中华人民共和国政府信息公开条例》第二十条的规定，要求复印件。依据第二十一条第四款的规定，申请内容不明确的应当告知申请人作出更正、补充。

（五）二审判案理由

北京市第一中级人民法院经审理认为：政府信息是行政机关在履行职责过程中制作和获取的，以一定形式记录、保存的信息。对于涉及公民、法人或者其他组织切身利益的信息，行政机关应当主动公开，并提供查询的便利。对于政府信息中涉及第三方合法权益的，行政机关应当征询第三方的同意。如果不公开可能对公共利益造成重大影响的，行政机关应当予以公开。根据李萍在 2008 年 11 月 17 日提交的申请书和填写的申请表，其要求公开的"镇政府跟租户们的拆迁补偿协议；北七家镇人民政府拆迁的法律依据补偿标准以及北七家镇人民政府拆迁的法律依据、补偿标准"的内容与一审第三人的个人隐私无关，北七家镇人民政府以李萍的申请涉及第三方的利益，权利人不同意公开为由，作出不予公开的被诉行政行为缺乏法律依据。

行政机关向行政管理相对人发出书面文件应当加盖公章。北七家镇人民政府在受理李萍的申请后，依法履行了询问、审查、告知权利及送达的行政程序，但是其在向李萍送达的受理登记回执和延长答复期限通知书上未加盖公章的行为显属不当，本院予以指出。由于该行为未对李萍的合法权益产生实际影响，一审法院认为该未加盖公章的行为尚不足以导致行政程序违法并无不当。

因此，一审判决第一项判令北七家镇人民政府对该项申请作出答复的结论正确，本院应予维持。

因李萍要求北七家镇人民政府公开的 2006 年杨秉刚、孙立春有关拆迁的全部信息，并不涉及公共利益，所以北七家镇人民政府根据《中华人民共和国政府信息公开条例》第二十三条的规定，在征询孙立春、杨秉刚的意见后，根据第三人不同意公开的表示，对涉及孙立春、杨秉刚的拆迁信息不予公开的行政行为不违法。鉴于李萍在向一审法院起诉之前，其已经在北七家镇人民政府的信访部门得知了本案一审第三人杨秉刚、孙立春与北七家镇人民政府签订的拆迁协议书的内容，其申请北七家镇人民政府公开杨秉刚、孙立春有关拆迁的全部信息的请求缺乏法律依据。一审判决第二项驳回李萍其他诉讼请求的结论正确。

由于北七家镇人民政府的证据 10 未在一审庭审中出示，依照《中华人民共和国行政诉讼法》第三十一条第二款的规定，该证据不能作为本案的事实依据。一审法院未将该证据交予李萍查验，未违反法定程序。

由于李萍要求公开的涉及一审第三人的拆迁协议书不属于北七家镇人民政府应当主动公开的政府信息，所以北七家镇人民政府未向李萍提供拆迁协议书复印件的行为没有违反《中华人民共和国政府信息公开条例》的相关规定，故李萍认为北七家镇人民政府要求其照拆迁协议书原件抄写的行为剥夺其应有的合法取得复印件的权利的主张缺乏法律依据，本院不予支持。

（六）定案结论

北京市第一中级人民法院依照《中华人民共和国行政诉讼法》第六十一条第（一）项的规定，作出如下判决：

驳回上诉，维持一审判决。

二审案件受理费 50 元，由上诉人李萍负担（已交纳）。

（七）解说

公民、法人或者其他组织认为行政机关在政府信息公开工作中的具体行政行为侵犯其合法权益的，可以依法申请行政复议或者提起行政诉讼。

本案中原告向镇政府申请信息公开，其申请公开的内容包括几个方面：一是"镇政府与孙立春、杨秉刚签订的拆迁补偿协议"；二是"镇政府跟租户们的拆迁补偿协议；镇政府拆迁的法律依据补偿标准"；三是"2004 年唐、张两家有关拆迁的全部"。在原告的申请书中，实际涉及了政府信息公开申请中不同的法律关系。

其一，对属于不公开范围的，应依法予以告知。

《中华人民共和国政府信息公开条例》的颁布，标志着我国在保障公众知情权、促进行政公开方面迈出了重要的一步。"以公开为原则，限制为例外"是世界各种政府信息公开立法通行的基本原则。政府信息公开，一方面涉及公众知情权的保障，另一方面政府掌握的信息，有些因为涉及国家秘密是不能公开的，尤其是随着现代行政权的扩张，行政权力在纠正社会和经济的弊病的同时，也进一步深入到了个人的私生活领域，了解和掌握了大量的个人隐私，成为行政机关行政信息的重要组成部分，因此公众知情权的实现必然涉及隐私权的保障。关于公众知情权与公共利益、私人权利和利益的关系的冲突的协调，《中华人民共和国政府信息公开条例》在对各方利益进行权衡选择后作出了规定。

根据《中华人民共和国政府信息公开条例》的规定，行政机关不得公开涉及商业秘密、个人隐私的政府信息，但由于商业秘密与个人隐私涉及私人权属的领域和范围，权利人对其享有的商业秘密、个人隐私等享有较大的处分权，而不像国家秘密的保护那样刚性，因此《中华人民共和国政府信息公开条例》对这种例外的情形作出了例外的规定，即虽然申请公开的信息涉及商业秘密和个人隐私，但经权利人同意公开或者行政机关认为不公开可能对公共利益造成重大影响的政府信息，可以予以公开。在这种情况下，行政机关应当履行法定程序，书面征求权利人的意见，权利人不同意公开的，不得公开。

本案中，原告申请公开"镇政府与孙立春、杨秉刚签订的拆迁补偿协议"，原告认为镇政府与孙立春、杨秉刚签订的拆迁补偿协议对解决自己与他人的争议有参考意义，故要求镇政府予以公开，但该申请公开的内容涉及孙立春、杨秉刚的财产状况、个人信息等个人隐私的内容，并不涉及公共利益，本案中被告举证能够证明镇政府征求了第三方孙立春、杨秉刚的意见，二人明确表示不同意公开，故笔者认为镇政府对该部分申请作出不予公开的答复符合法律规定。

按照正当程序的要求，在申请政府公开的信息涉及他人隐私且权利人不同意公开的情况下，行政机关也应当依法予以告知，说明不予公开的理由，保障信息公开申请人的程序权利。

其二，对属于公开范围的，应依法予以答复。

原告申请"公开镇政府拆迁的法律依据及补偿标准"的部分，属于应当公开的范围。这是因为，申请获取政府信息是《中华人民共和国政府信息公开条例》赋予公民、法人或者其他组织的权利，行政机关及时、准确地公开政府信息是条例为行政机关设定的义务。向行政机关申请获取政府信息，就在申请人和行政机关之间形成了一种申请和被申请的关系，同时也形成了行政法上的权利和义务关系，是一项具有司法保障性的权利。如果行政机关对于属于公开范围的政府信息拒绝提供或者不予答复，既是对合法权益的侵犯，也是没有履行法规规定的义务。本案中镇政府对原告申请中属于应当公开的部分未作出答复，属于不作为，法院依法支持了原告该部分诉讼请求，判决被告对原告申请内容依法作出答复符合法律的规定。

关于申请中"镇政府跟租户们的拆迁补偿协议"部分，如果镇政府与申请人双方对"租户们"概念的认识是明确的、一致的，镇政府应当像处理第一部分申请一样，征求"租户们"的意见；如果双方对"租户们"概念的认识不明确，镇政府则应当要求原告明确其请求。本案中镇政府对该部分申请未作处理，也是不符合《中华人民共和国政府信息公开条例》的相关规定的。

其三，对申请内容不明确的，应当告知申请人作出更改、补充。

申请人在申请政府信息公开时，应当在申请书中明确申请公开的内容，申请内容不明确的，行政机关应当履行告知申请人作出更改、补充的法定义务。本案中，申请公开"2004年唐、张两家有关拆迁的全部"部分，申请人对"唐、张两家"没有提供全称，描述不明确、不具体，在接到申请的行政机关告知其对该部分作出更改、补充后，原告仍未提供具体、明确的申请，故其请求依法不能得到支持。

综上，一审、二审法院的判决是正确的。

（北京市昌平区人民法院　安晓华）

十一、行政强制案件

55. 曹金玲不服北京市平谷区东高村镇人民政府强制拆除决定案（乡镇政府具有查处未经规划行政许可建设养殖用房行为的职权）

（一）首部

1. 判决书字号

一审判决书：北京市平谷区人民法院（2009）行字第 1 号判决书。

二审判决书：北京市第二中级人民法院（2009）二中行终字第 497 号判决书。

2. 案由：不服强制拆除决定。

3. 诉讼双方

原告（上诉人）：曹金玲，男，1940 年生，汉族，北京市平谷区东高村镇农民。

委托代理人：肖波，北京市中债律师事务所律师。

被告（被上诉人）：北京市平谷区东高村镇人民政府，住所地：北京市平谷区东高村镇东高村兴业路。

法定代表人：李晨，镇长。

委托代理人：崔国胜，北京市平谷区东高村镇人民政府干部。

委托代理人：纪晓华，北京市平谷区东高村镇法律服务所法律工作者。

4. 审级：二审。

5. 审判机关和审判组织

一审法院：北京市平谷区人民法院。

合议庭组成人员：审判长：杜天祥；代理审判员：胡兰芳；人民陪审员：王启。

二审法院：北京市第二中级人民法院。

合议庭组成人员：审判长：徐宁；代理审判员：王小浒、霍振宇。

6. 审结时间

一审审结时间：2009 年 6 月 17 日。

二审审结时间：2009 年 9 月 4 日。

（二）一审诉辩主张

1. 具体行政行为

被告北京市平谷区东高村镇人民政府（以下简称东高村镇政府）于 2008 年 9 月 27 日作出京平东强拆决字〔2008〕3 号强制拆除决定，该决定认定：曹金玲未经区规划行政主管部门批准，擅自于 2007 年 5 月在北京市平谷区东高村镇京平高速崔杏路出入口西侧进行违法建设 555.18 平方米，其行为违反了《中华人民共和国城乡规划法》第四十一条第三款之规定，本政府依据该法第六十五条之规定，于 2008 年 9 月 16 日向曹金玲送达了《限期拆除通知书》，限曹金玲在 2008 年 9 月 26 日前自行拆除上述违法建筑。经复查，曹金玲未在限期内拆除，本政府依据《中华人民共和国城乡规划法》第六十五条之规定，决定将于 2008 年 10 月 10 日后对曹金玲所建违法建筑依法强制拆除，曹金玲应在此前自行清理标的物，强制拆除一切费用由违法建设所有人承担。

2. 原告诉称

2003 年 5 月 1 日，北京市平谷区东高村镇崔家庄村村民委员会（以下简称崔家庄村委会）研究决定在该村张家坟地区建养殖小区，供本村村民搞养殖业。原告与崔家庄村委会签订《养殖小区土地承包合同》，承包期限自 2003 年 5 月 1 日至 2033 年 5 月 1 日，原告按照合同足额缴纳了承包费，办养殖小区也得到了被告的支持。2006 年因政府修建京平高速路，原告承包地的一部分被征用，崔家庄村委会鼓励承包户继续在剩余部分办养殖小区和修建与养殖有关的建筑，原告按照上述精神，继续修建了 555.18 平方米的养殖所需建筑。被告强制拆除决定认定事实错误，被告认定原告建房违反了乡村规划，但政府对涉案土地并没有按照法律规定的程序制定任何规划；被告适用法律错误，强制拆除决定的法律依据是《中华人民共和国城乡规划法》，而该法于 2008 年 1 月 1 日生效且没有关于追溯效力的规定，原告 2007 年开始建房用于养殖，当时并没有关于办理养殖小区应履行相关报建手续的规定。故请求法院确认被告所作的强制拆除决定违法。

3. 被告辩称

（1）强制拆除决定事实清楚，证据确凿。经北京市规划委员会出具的关于原告个人建房规划审批情况的函中确认，原告在京平高速崔杏路出入口西侧的建筑，未依法取得乡村建设规划许可证，原告亦予以承认，因此被告认定原告建筑属违法建筑定性准确。（2）强制拆除决定适用法律正确。原告 2007 年 5 月建房时，未经区规划行政主管部门批准。2008 年 7 月，在原告所建违法建筑存续期间，被告进行立案调查，并依据《中华人民共和国城乡规划法》第四十一条第三款和第六十五条之规定对其进行查处并无错误。综上，请求法院维持被告所作的强制拆除决定。

（三）一审事实和证据

北京市平谷区人民法院经公开审理查明：原告曹金玲于 2003 年 5 月与崔家庄村委会签订《养殖小区土地承包合同》，承包该村张家坟地区（京平高速崔杏路出入口西侧）

的土地用于办养殖业。原告于2007年5月在未办理规划审批的情况下在此处建了涉案房屋。2008年7月，被告以原告所建房屋没有乡村建设规划许可证，涉嫌违反《中华人民共和国城乡规划法》为由予以立案调查，经过现场检查、勘验，询问原告，并经北京市规划委员会确认，被告认定原告未取得乡村建设规划许可证，违反了《中华人民共和国城乡规划法》第四十一条第三款之规定，并依据该法第六十五条之规定，于2008年9月16日对原告作出限期拆除通知，限原告于2008年9月26日前自行拆除所建房屋，原告未按时拆除，被告于2008年9月27日对原告作出强制拆除决定，并于2008年10月14日强制拆除了原告所建的房屋。原告不服，诉至法院。

上述事实有下列证据证明：

1. 立案审批表、谈话通知书及送达回证，证明被告发现原告所建房屋未取得乡村建设规划许可证后予以立案，依法通知原告谈话，并送达相关法律文书；

2. 现场检查笔录，证明被告对原告涉案房屋进行现场检查；

3. 现场勘验笔录及附图，证明原告所建房屋面积；

4. 2008年8月26日、9月9日对原告的询问笔录、北京市规划委员会出具的《关于曹金玲个人建房规划审批情况的函》，证明原告建房未取得乡村建设规划许可证的事实；

5. 案件呈批表、《限期拆除通知书》及送达回证，证明被告向原告下发并送达了《限期拆除通知书》；

6. 现场检查笔录（复查），证明原告未在限期内拆除所建的违法建筑；

7. 原告身份证复印件，证明原告身份；

8. 《养殖小区土地承包合同书》，证明原告只提供了与村委会签订的土地承包合同；

9. 照片，证明原告违法建设情况及原告未按时自行拆除违法建筑。

（四）一审判案理由

北京市平谷区人民法院经审理认为：根据《中华人民共和国城乡规划法》第六十五条之规定，被告具有查处本辖区内未依法取得乡村建设规划许可证进行建设行为的法定职权。

本案中，原告认为其建筑形成于《中华人民共和国城乡规划法》实施前，崔家庄村委会和党支部于2003年决定将涉案土地规划为养殖用地，而被告不能提供相应的乡、村规划，故被告不能依据《中华人民共和国城乡规划法》的规定对原告行为进行定性并作出强制拆除决定。事实上，不论是原告2007年建房时生效的《中华人民共和国城市规划法》，还是2008年1月1日起实施的《中华人民共和国城乡规划法》，均明确规定了规划行政许可制度，在规划区进行建设必须经过规划主管部门审批，取得规划许可证，否则即为违反规划行政管理的违法行为，需要承担相应的法律责任。两部法律对该类行为的定性基本相同，而且《中华人民共和国城乡规划法》对相应法律责任的规定更为详尽，亦未较《中华人民共和国城市规划法》规定的法律责任更重。本案中，原告2007年建房时，北京市全部行政区域属于城市规划区，在城市规划区范围内实行城乡统一的规划管理，崔家庄村委会和党支部并非制定和实施城乡规划的有权机关，原告未办理规划审批手续，未依法取得规划许可证，且这种违法行为一直持续到《中华人民共和国城乡规划法》实施后，被告适用《中华人民共和国城乡规划法》的规定对原告行为进行定性并作出强制拆除决定并无不妥。故原告上述主张不成立，其要求确认被告所作强制拆除决定违法的诉讼请求，本院不予支持。

（五）一审定案结论

北京市平谷区人民法院依照《最高人民法院关于执行〈中华人民共和国行政诉讼法〉若干问题的解释》第五十六条第（四）项之规定，作出如下判决：

驳回原告曹金玲的诉讼请求。

案件受理费 50 元，由原告曹金玲负担（已交纳）。

（六）二审情况

1. 二审诉辩主张

（1）上诉人诉称

《中华人民共和国城乡规划法》并没有授予东高村镇政府对行政相对人进行检查的权力，东高村镇政府越权行政；就申报乡村建设规划许可证的条件、程序、受理部门等问题，法律没有作出细则予以说明，且东高村镇政府未按《中华人民共和国城乡规划法》第六十五条的规定允许曹金玲申报或补领相关行政许可证书，因此一审判决适用法律错误，请求撤销一审判决，改判撤销东高村镇政府所作京平东强拆决字［2008］3 号强制拆除决定。

（2）被上诉人辩称

同意一审判决，请求予以维持。

2. 二审事实和证据

北京市第二中级人民法院经审理，认定的事实和证据与一审事实和证据相同。

3. 二审判案理由

北京市第二中级人民法院经审理认为：东高村镇政府所作京平东强拆决字［2008］3 号强制拆除决定中，决定拆除的曹金玲所建相应建筑物虽建于《中华人民共和国城乡规划法》实施之前，但其当时确未办理建设工程规划许可证，而依照当时在本市贯彻实施的《城市规划法》而制定施行的《北京市城市规划条例》的规定，在本市行政区域内新建、扩建、改建、翻建建筑物、构筑物等，均需持有关批准文件向规划行政主管机关申请核发建设工程规划许可证。因此，曹金玲建设涉案建筑物的行为，按照当时实施的《北京市城市规划条例》的规定，亦属违反规划行政许可法规规定的违法行为。由于曹金玲所建涉案违法建筑在《中华人民共和国城乡规划法》实施后仍然存在，而根据《中华人民共和国城乡规划法》第四十一条第三款的规定，该建筑物亦属未经规划行政许可的违法建筑。在《中华人民共和国城乡规划法》、《中华人民共和国城市规划法》及《北京市城市规划条例》对曹金玲的涉案建设行为定性相同，且《中华人民共和国城乡规划法》所规定的法律责任并未加重的情况下，东高村镇政府根据《中华人民共和国城乡规划法》第六十五条的规定作出被诉强制拆除决定适用法律并无不妥。东高村镇政府在作出强制拆除决定前搜集的相关证据，可以证明该决定中认定的相应案件事实，其行政程序亦符合相关规定。综上，一审判决驳回曹金玲的诉讼请求是正确的，本院应予维持，曹金玲的上诉理由没有事实根据和法律依据，本院不予采信。

4. 二审定案结论

北京市第二中级人民法院依照《中华人民共和国行政诉讼法》第六十一条第（一）项之规定，作出如下判决：

驳回上诉，维持一审判决。

一、二审案件受理费各 50 元，均由曹金玲负担（已交纳）。

（七）解说

本案中，比较突出的法律问题是原告建筑形成于《中华人民共和国城乡规划法》实施前，被告作为镇政府能否依据《中华人民共和国城乡规划法》对原告行为进行定性，并对其作出强制拆除决定。分析这一问题，首要考虑的是能否依据《中华人民共和国城乡规划法》对原告行为进行定性，其次考虑的是镇政府能否依据《中华人民共和国城乡规划法》取得执法权。因为镇政府关于查处违反规划行政许可行为的执法权是基于《中华人民共和国城乡规划法》的规定，所以只有能够依据《中华人民共和国城乡规划法》的规定对原告行为进行定性，镇政府才有可能取得该项执法权。

1. 镇政府能否依据《中华人民共和国城乡规划法》对原告行为进行定性？

从原告涉案建筑的存续时间看，虽然原告建设行为发生在《中华人民共和国城乡规划法》实施前，但是其所建建筑在《中华人民共和国城乡规划法》实施后依然存在。

从原告建设行为的性质看，根据当时生效的《中华人民共和国城市规划法》以及北京市为实施《中华人民共和国城市规划法》制定施行的《北京市城市规划条例》的有关规定，规划行政许可制度早已确立，原告建设涉案建筑时应该向规划行政主管部门申请取得建设工程规划许可证，但本案中原告并未依法取得建设工程规划许可证即建设了涉案建筑，属于违反规划行政许可的行为，需要承担相应的法律责任。

从规划行政许可制度的延续性看，《中华人民共和国城乡规划法》施行后《中华人民共和国城市规划法》废止，但是《中华人民共和国城乡规划法》并未废止《中华人民共和国城市规划法》中规定的规划行政许可制度，而是予以继承发扬，分别规定了城镇和乡村规划行政许可制度。原告所建建筑在《中华人民共和国城乡规划法》实施后仍然存在，是未经规划行政许可的违法建设。故，无论是根据原告建设涉案建筑时生效的《中华人民共和国城市规划法》、《北京市城市规划条例》，还是根据其后实施的《中华人民共和国城乡规划法》，原告行为均属违反规划行政许可的行为，现行有效的《中华人民共和国城乡规划法》与已经失效的《中华人民共和国城市规划法》这两部新旧法律对原告行为的定性基本相同。

从违反规划行政许可的法律责任看，《中华人民共和国城市规划法》第四十条规定：在城市规划区内，未取得建设工程规划许可证件或者违反建设工程规划许可证件的规定进行建设，严重影响城市规划的，由县级以上地方人民政府城市规划行政主管部门责令停止建设，限期拆除或者没收违法建筑物、构筑物或者其他设施；影响城市规划，尚可采取改正措施的，由县级以上地方人民政府城市规划行政主管部门责令限期改正，并处罚款。《北京市城市规划条例》亦有类似规定。《中华人民共和国城乡规划法》第六十四条规定：未取得建设工程规划许可证或者未按照建设工程规划许可证的规定进行建设的，由县级以上地方人民政府城乡规划主管部门责令停止建设；尚可采取改正措施消除对规划实施的影响的，限期改正，处建设工程造价5%以上10%以下的罚款；无法采取改正措施消除影响的，限期拆除，不能拆除的，没收实物或者违法收入，可以并处建设工程造价10%以下的罚款。《中华人民共和国城乡规划法》第六十五条规定：在乡、村庄规划区内未依法取得乡村建设规划许可证或者未按照乡村建设规划许可证的规定进行建设的，由乡、镇人民政府责令停止建设、限期改正；逾期不改正的，可以拆除。比对新旧两部法律中规定的违反规划行政许可行为的法律责任，《中华人民共和国城乡规划法》比《中华人民共和国城市规划法》更为详尽，更加细化地规定了不同违法情形的法律责任，同时对执法机关的自由裁量权予以限定，针对违法行为人的法律责任事实上并未加重，相反，适用《中华人民共和国城乡规划法》对违法行为人更为有利。

综上，原告所建涉案建筑一直存续至《中华人民共和国城乡规划法》实施后，《中华人民共和国城乡规划法》与《中华人民共和国城市规划法》新旧两部法律中对原告行为属于违反规划行政许可行为的定性基本相同，而且《中华人民共和国城乡规划法》中规定的法律责任对原告更为有利，因此完全能够依据《中华人民共和国城乡规划法》对原告行为进行定性并作出行政决定。

2. 被告镇政府能否取得查处原告行为的执法权？

根据上述分析，从总体上看，能够依据《中华人民共和国城乡规划法》对原告行为进行定性，即原告建设涉案建筑属于违反规划行政许可的行为，应该由有权机关进行查处。问题是，《中华人民共和国城乡规划法》实施前，北京市全部行政区域属于城市规划区，在城市规划区范围内实行城乡统一的规划管理，也就是原告建设涉案建筑时北京市并没有乡村规划行政许可，查处违反规划管理行为的执法主体是规划主管部门。而《中华人民共和国城乡规划法》中区别规定了城镇规划行政许可制度和乡村规划行政许可制度。根据该法第六十四条、第六十五条之规定，其针对违反城镇规划行政许可和乡村规划行政许可的违法行为规定了不同的执法主体，前者是县级以上地方人民政府城乡规划主管部门，后者则是乡镇人民政府。究竟被告镇政府能否取得查处原告违法行为的执法权？对此，其一，从乡村规划的制定实施看，《中华人民共和国城乡规划法》中规定乡镇政府是乡村规划的编制主体，由乡镇政府行使受理乡村规划许可申请并查处相关违法行为的职权更有利于乡村规划的实施，而根据《中华人民共和国城乡规划法》第十八条之规定，畜禽养殖场所的用地布局和建设要求是符合乡村规划的内容，该法实施后，有关畜禽养殖场所的建设由乡镇政府行使相关执法权更为妥当。其二，从《中华人民共和国城乡规划法》的统一适用角度看，该法实施后，在乡村规划区内，在乡镇政府执法权限范围内，无须区分未经规划行政许可的建筑建于《中华人民共和国城乡规划法》实施前，还是实施后，均应由乡镇政府查处，否则该法实施前的建设行为由规划主管部门查处，而该法实施后的建设行为由乡镇政府查处，将可能带来执法不统一、同样情形不同样对待的后果。其三，从执法效率的角度看，由乡镇政府执法更有效率，毕竟涉案建筑在乡镇政府的辖区内，乡镇政府更易发现，调查取证也更为方便，在排除拖延执法的非常态执法状况下，可减少执法时间，降低执法成本，执法更有效率。综上，乡镇政府可以取得查处原告未经规划许可建设养殖用房的违法行为的职权。

（北京市平谷区人民法院　胡兰芳）

56. 徐龙不服北京市路政局养路费征收稽查处行政强制案
（征收停车费违法）

（一）首部

1. 判决书字号：北京市宣武区人民法院（2008）行字第 58 号判决书。
2. 案由：不服公路行政强制。
3. 诉讼双方

原告：徐龙，男，1976 年生，汉族，户籍所在地：江苏省涟水县保滩镇，无业。

被告：北京市路政局养路费征收稽查处，住所地：北京市宣武区广安门内大街 317 号楼。

法定代表人：齐志强，北京市路政局养路费征收稽查处处长。

委托代理人：高荣会，北京市路政局养路费征收稽查处干部。

委托代理人：汪亦民，北京市路政局养路费征收稽查处干部。

4. 审级：一审。
5. 审判机关和审判组织

审判机关：北京市宣武区人民法院。

合议庭组成人员：审判长：李振；审判员：马三美、刘长革。

6. 审结时间：2009 年 7 月 17 日（经北京市高级人民法院批准依法延长审限）。

（二）诉辩主张

1. 被诉具体行政行为

被告作出 NO.00001237 京路征字（稽查城西）第 127 号《暂停违法机动车使用决

• 355 •

定书》，内容为：被告对原告的车辆采取暂停使用的行政强制措施，将原告的车辆由北京五环香泉停车管理有限责任公司（以下简称香泉公司）的工作人员开至该公司下属的八角停车场。次日，在原告缴纳了欠缴的相关费用后，被告为原告开具了《暂停违法机动车恢复使用证明》。原告持此证明当日在交纳了停车费后从八角停车场提取了车辆。

2. 原告诉称

（1）事实：2008年3月24日10时30分，原告驾车在北五环外八达岭高速路辅路海淀区清河段因欠缴公路养路费被被告强制暂停使用，被告在给原告开具《暂停违法机动车使用决定书》和《五环路八角停车场存车凭证》后将车辆强制开走。次日，原告补交了欠缴的养路费，被告为其开具了《暂停违法机动车恢复使用证明》。原告持此证明到香泉停车场恢复使用车辆，工作人员要求其交纳250元停车费且拒绝为其开具合法票据。

（2）理由：被告在采取暂停机动车使用的措施时，将其车辆停放于收费停车场并高额收取停车费的做法明显缺乏法律依据。

（3）要求：请求认定被告在未告知原告的情况下将车辆移交香泉停车场停放造成损失的行政行为违法。

3. 被告辩称

（1）事实：2008年3月24日10时许，被告执法人员在本市北五环外八达岭高速路海淀区清河路段发现欠缴养路费的原告车辆后，即对原告开具《北京市公路养路费催缴通知书》，并对该车辆采取暂停使用的行政强制措施，该车辆由香泉公司的工作人员开至该公司下属的八角停车场。次日，在原告缴纳了欠缴的相关费用后，被告为原告开具了《暂停违法机动车恢复使用证明》。原告持此证明当日在交纳了20元停车费后从八角停车场提取了车辆。

（2）理由：依据《北京市公路条例》，被告有权对欠缴公路养路费的机动车采取暂停使用措施，但因被告未被依法赋予自行停放违法车辆的权限且也不具备相应资质，故依据与有资质停车管理公司签订的协议，将违法车辆停放其处。被告在暂停使用决定书中，明确告知原告车辆被暂停使用及领取地址，停车场收取的停车费及其收费标准属于企业行为，不存在被告授权问题。

（3）要求：请求法院判决驳回原告的诉讼请求。

（三）事实和证据

北京市宣武区人民法院经公开审理查明：2008年3月24日上午10时许，被告执法人员发现欠缴养路费的原告车辆后，即依法对原告进行催缴，并对原告的车辆采取暂停使用的行政强制措施，将其车辆由香泉公司的工作人员开至该公司下属的八角停车场。次日，在原告缴纳了欠缴的相关费用后，被告为原告开具了《暂停违法机动车恢复使用证明》。原告表述：第一，因其确实欠缴8个月养路费，故被告对其查处并采取暂停机动车使用的行政强制措施合法有据；第二，被告强行将其车辆送至收费停车场并由其负担 250 元停车费缺乏法律依据。被告表明，原北京市物价局京价（收）字［2003］106号文件系其收取停车费的法律依据。该文件规定："……经有关执法部门指定的停车场停放按照法律法规查扣的非法运营车辆，一律按照现行收费标准计时收取停车费……"现执行物价监督职能的北京市发展和改革委员会明确：第一，原北京市物价局京价（收）字［2003］106号文件现仍在执行；第二，该文件仅规定了对"经有关执法部门指定的停车场停放按照法律法规查扣的非法运营车辆"收取停车费的标准，并未授权上述执法部门查扣非法运营车辆时应当或可以收取停车费。香泉公司系经工商登记注册的企业法人，其与被告约定，其下属八角停车场作为被告进行异地登记保存车辆的地点。被告认可，就本案来看，香泉公司收取了原告 20 元停车费，但未提供账册、发票等有效证据佐证其这一观点。《北京市公路条例》第二十三条第一款第（四）项规定，欠缴公路养路费 6 个月以上的，公路养路费征稽机构可以采取措施暂停违法机动车的使用；该条第二款规定，公路养路费征稽机构暂停违法机动车的使用时，应当向当事人出具凭证，并作出责令其所有人缴纳公路养路费、滞纳金及行政处罚的处理决定。机动车所有人履行处理决定的，公路养路费征稽机构应当及时恢复机动车的使用。该条例未规定采取暂停违法机动车使用的行政强制措施时，公路养路费征稽机构应当或可以收取停车费。

上述事实有下列证据证明：

1.《协议书》，证明被告与香泉公司签署协议，其采取暂停使用行政强制措施的车辆可停放在该公司下属的八角停车场。

2. 被告的组织机构代码证，证明被告具备行政执法资格。

3. 京路（养稽查城西）催［2008］字 31 号《北京市公路养路费催缴通知书》，证明被告对原告欠缴养路费进行了催缴。

4. NO. 00001237 京路征字（稽查城西）第 127 号《暂停违法机动车使用决定书》及《暂停违法机动车使用清单》，证明被告对原告的车辆采取了暂停使用的行政强制措施。

5. 香泉公司的企业法人营业执照（副本），证明香泉公司系依法登记注册的企业法人。

6.《情况说明》及被告执法人员史××、王××二人的工作证复印件，证明被告执法人员于 2008 年 3 月 24 日上午的执法情形。

7.《证明》，证明被告将原告的车辆停放于香泉公司下属八角停车场的原因。

8.《北京市公路条例》，证明被告对原告采取暂停违法机动车使用的行政强制措施的法律依据。

9. 原北京市物价局《关于我市机动车停车场收费标准有关问题的通知》（京价（收）字［2003］106 号文件），证明被告对原告收取原告停车费的法律依据。

10. 答辩状，证明原告此次起诉前曾在本院就被告的收费行为提起过行政诉讼。

11.《五环路八角停车场存车凭证》，证明原告的车辆确被被告存放于香泉公司下属八角停车场。

12.《暂停违法机动车恢复使用证明》，证明被告于 2008 年 3 月 25 日出具书面证明，同意原告从香泉公司提取车辆。

13. 收据，证明香泉公司收取了原告 250 元停车费。

（四）判案理由

北京市宣武区人民法院经审理认为：

1. 被告依据《北京市公路条例》第二十三条第一款第（四）项之规定，对欠缴公路养路费 8 个月的原告车辆，有权采取措施暂停违法机动车的使用；

2. 就本案，被告未能提供其采取暂停违法机动车使用的行政强制措施时有权收取停车费的法律、法规及规章；

3. 原北京市物价局京价（收）字［2003］106 号文件不是被告采取暂停违法机动车使用的行政强制措施时有权收取停车费的依据；

4. 香泉公司保管原告车辆及收取停车费的行为系代执行行为，其法律后果应由被告承担；

5. 虽然原告提供的证据不能直接证明被告确实收取了其 250 元停车费，但鉴于被告不能提供收取原告停车费的合法票据及其他有效证据，且原告主张收取停车费的数额具有合理性，故应推定被告收取了原告 250 元停车费。

综上，本院认定，被告采取暂停违法机动车使用的行政强制措施时收取原告 250 元停车费的行为缺乏法律依据，本院依法应予纠正。

（五）定案结论

北京市宣武区人民法院依照《最高人民法院关于执行〈中华人民共和国行政诉讼法〉若干问题的解释》第五十七条第二款第（二）项的规定，作出如下判决：

被告北京市路政局养路费征收稽查处在采取暂停违法机动车使用的行政强制措施时收取原告徐龙 250 元停车费的行为违法。

案件受理费 50 元，由被告北京市路政局养路费征收稽查处负担（自本判决生效之日起 7 日内交纳）。

（六）解说

本案涉及的主要法律问题有：

1. 采用代执行方式对具体行政行为进行执行，代执行人扩大了执行范围或采取执行措施、收取相关费用等造成行政相对人合法权益受到损害的，应当由谁来作被告？

针对这一问题，争议焦点主要集中在征收停车费行为是否属于行政主体的行政行为。在具体的司法实务中，存在着两种观点：一种观点认为属于，收取停车费的行为是被告采取强制措施的一部分，而法律并没有授权其收取该费用；另一种观点则主张不属于，该收取停车费行为是停车场与行政相对人间的民事法律关系，与被告无关。本案的审判采纳了第一种观点。

随着行政事务逐渐增多，行政主体的执法资源日渐短缺，采用代执行方式对具体行政行为进行执行已经成为一种常见的执行方式。代执行，是指当义务人预期不履行义务时，如该义务由他人代为履行能达到同样目的，则由他人代为履行，但由义务人承担后果并支付必要履行费用的一种强制执行方式。采用代执行方式对具体行政行为进行执行，即行政主体将自己的一部分职责委托给其他组织履行，受委托组织不是行政主体，它必须以委托它的行政主体的名义进行有关行为，并且由委托它的行政主体对其行为承担外部法律责任。

本案中，被告以自己与香泉公司签署有停车协议，将自己在采取强制措施过程中暂扣的车辆停放于香泉公司下属的停车场，实际上是将自己妥善保管暂扣车辆的义务委托给了香泉公司。因此，收取停车费造成原告合法权益损害的责任应当由被告承担。

2. 执法成本应由谁承担？

行政主体代表国家行使公权力，在履行国家职能时所产生的执法成本应当由国家财政负担而不应转嫁到行政相对人身上。《中华人民共和国道路运输条例》第六十三条规定，道路运输管理机构的工作人员在实施道路运输监督检查过程中，对没有车辆营运证又无法当场提供其他有效证明的车辆予以暂扣的，应当妥善保管，不得使用，不得收取或变相收取保管费用。由该规定可以看出，立法者的本意是由行政主体承担执法成本，并没有赋予行政主体征收相关费用之权力。执法成本由行政主体承担，可以防止行政权的滥用，也符合物权法对公民合法财产保护的宗旨。

本案中，如果没有具体停放车辆的地点，被告采取暂停使用的行政强制措施将因缺失要件而无法执行。被告将原告的车辆存放于停车场及停车场收取费用后才允许原告将车辆开走的行为是被告采取行政强制措施的一部分。被告对原告车辆采取暂扣属于一种惩罚性措施，原告已经为自己拖延交付养路费行为承担了暂时停止使用自己车辆的责任，若再额外交纳费用将会使原告承担过重的责任。行政主体为了维护社会的有序运行而行使职权时所产生的费用，应由其自身负担。

3. 物价部门制定的收费标准能否作为行政主体收取相关费用的法律依据？

我国是社会主义法治国家，法治国家、法治政府的基本要求是依法行政。依法行政要求行政机关行使行政权力、管理公共事务，必须有法律授权，并依据法律规定，不能与法律相抵触。

本案中，《北京市公路条例》第二十三条第一款第（四）项和该条第二款只是授权公路养路费征缴机构对欠缴公路养路费 6 个月以上的违法机动车可以采取暂停使用的行政强制措施，机动车所有人履行处理决定的，公路养路费征缴机构应当及时恢复机动车的使用，并没有规定公路养路费征缴机构在采取暂停违法机动车使用的行政强制措施时应当或可以收取停车费。法无授权不可为，国家公权力的行使必须经过法律授权。在没有明确授权时，行政主体不能随意对行政相对人的权益不利决定。针对被告主张的依据原北京市物价局京价（收）字〔2003〕106 号文件收取相关费用的观点，现执行物价监督职能的北京市发展和改革委员会明确，原北京市物价局京价（收）字〔2003〕106 号文件虽仍在执行，但该文件只规定了对"经有关执法部门指定的停车场停放按照法律法规查扣的非法运营车辆"收取停车费的标准，并未授权执法部门查扣非法运营车辆时应当或可以收取停车费。故而，物价部门制定的收费标准不能作为行政主体收取相关费用的法律依据。

（北京市宣武区人民法院　李振　孙茜）

十二、行政复议案件

57. 立克批尔不服乐山市人民政府法制办公室不予受理行政复议案
（行政复议受理的审查）

（一）首部

1. 判决书字号：四川省乐山市市中区人民法院（2008）乐中行初字第 52 号判决书。

2. 案由：行政复议受理。

3. 诉讼双方

原告：立克批尔，男，1957 年生，彝族，农民，住四川省马边彝族自治县高卓营乡夫山村。

委托代理人：摩西安林，男，1965 年生，彝族，住四川省马边彝族自治县民建镇。

被告：乐山市人民政府法制办公室。住所地：乐山市市中区滨河路 97 号。

法定代表人：梁建刚，该办公室主任。

委托代理人：吴蔚，该办公室工作人员。

4. 审级：一审。

5. 审判机关和审判组织

审判机关：四川省乐山市市中区人民法院。

合议庭组成人员：审判长：黄英；审判员：胡华清、曾洪杰。

6. 审结时间：2009 年 2 月 10 日。

（二）诉辩主张

1. 被诉具体行政行为

被告乐山市人民政府法制办公室于 2008 年 10 月 20 日对原告立克批尔作出《放弃行政复议申请通知书》，其主要内容为："我办审查认为你所主张竹笋承包经营权，涉及林木、林地的所有权或使用权，属不动产权……你向市人民政府提出行政复议申请，未提交林权证等不动产权利证书证明你享有合法的竹笋承包经营权，更未提交证据证明马边彝族自治县人民政府作出了涉及你合法的竹笋承包经营权的具体行政行为。你的行政复议申请材料不齐全。9月23日，我办作出《补正行政复议申请通知书》，要求你于10月12日之前补正能证明马边彝族自治县人民政府作出了侵犯你承包经营权的具体行政行为证据材料。迄今为止，你未按要求补正材料。基于此，我办视为你已放弃行政复议申请。"

2. 原告诉称

2008年9月19日，原告向乐山市人民政府书面提出行政复议申请，请求确认马边彝族自治县人民政府（以下简称马边县政府）2008年8月17日在永红乡宣布竹笋经营承包权放开的具体行政行为违法，并请求责令县政府赔偿原告2008年度竹笋经营承包损失费82万元。为证明原告的主体资格，原告向被告提交了本人身份证复印件、《承包合同》以及已经履行了承包合同的相关证据；为证明具体行政行为的存在，原告向被告提交了马府通〔2007〕4号《关于进一步加强笋山管理的通告》；提交了两份证人证言，以证明马边县政府在永红乡宣布全乡竹笋经营权放开不准人承包的事实。被告收到原告的行政复议申请后，于2008年9月23日发出补正通知，要求原告补充证明马边县政府作出了侵犯承包经营权的具体行政行为的证据，原告于10月8日补充提交了《收购秋笋情况证明》9份，并附上了《关于行政复议补正材料的情况说明》，但被告仍然于同月20日向原告发出了《放弃行政复议申请通知书》。原告认为，原告的申请符合法定受理条件，被告将原告的申请视为放弃于法无据。请求法院撤销被告作出的乐府复〔2008〕26号通知书，责令被告继续履行审查义务并作出是否受理决定。

3. 被告辩称

2008年9月19日，原告提出行政复议申请，要求确认马边县政府2008年8月17日在永红乡宣布竹笋经营权放开的具体行政行为侵犯了其承包经营权，责令县政府赔偿原告2008年度竹笋经营承包费损失82万元。被告经审查认为：原告主张竹笋经营权受到政府侵害，但原告未提供能够证明其竹笋承包经营权的相关证书，也未提交能证明县政府作出了涉及其合法的竹笋承包经营权的具体行政行为的证据。被告向原告发出补正通知，要求其补充证据，但原告未按要求补正材料，被告因此作出放弃通知书，视原告已经放弃行政复议申请。当事人申请行政复议，必须要有证据证明具体行政行为的存在，证明其与具体行政行为有法律上的利害关系。该原告主张竹笋承包经营权受到损害，却不能提供不动产物权证明，原告称县政府作出了涉及其权益的具体行政行为，但县政府的《通告》不属具体行政行为，原告提供的证人证言的内容是县林业、公安等部门而非县政府作出过放开竹笋经营权的行为。原告申请复议的材料不全，原告是否享有竹笋承包经意权与马边县法院的生效裁定相关，与大渡河造林局的权益相关，不应通过行政复议程序解决。是否作出受理原告行政复议申请的决定，属于行政复议机关乐山市人民政府的职权，被告已履行完毕审查职责，请求法院维持。

(三) 事实和证据

四川省乐山市市中区人民法院经公开审理查明：2008 年 9 月 19 日，原告向乐山市人民政府提出行政复议申请，要求确认马边县政府 2008 年 8 月 17 日在永红乡宣布竹笋经营权放开的具体行政行为侵犯了原告的承包经营权，责令马边县政府赔偿原告 2008 年度竹笋经营承包损失费 82 万元，同时提交了身份证复印件、马边县人民法院（2005）马边执字第 20 号《民事裁定书》、四川省大渡河造林局与马边县神仙堡林场签订的《执行和解协议书》、马边东风林场永红乡境内 214 片区竹笋经营权承包合同及对合同的补充规定、马边县神仙堡林场收到立克批尔承包费的收条 2 张、《关于进一步加强笋山管理的通告》、询问笔录 2 份。被告收到上述材料后，审查后认为原告的申请复议材料不齐全，需要补正，于同月 23 日作出乐府复〔2008〕26-1 号《补正行政复议申请通知书》，要求原告于 2008 年 10 月 12 日前补正"被申请人马边县政府作出了侵犯你承包经营权的具体行政行为的证据"，并明确告知原告无正当理由逾期不补正的，视为放弃行政复议申请。随后，原告于 2008 年 10 月 8 日向被告提交了 9 份关于收购秋笋情况的证人证言，并作了一份关于行政复议补正材料的情况说明。2008 年 10 月 20 日，被告作出乐府复〔2008〕26 号《放弃行政复议申请通知书》，认为原告未按要求补正材料，视为已放弃行政复议申请。原告不服，认为自己提交的材料符合《中华人民共和国行政复议法实施条例》第二十八条所规定的受理条件，被告应当受理，因此向本院提起行政诉讼，请求撤销被告作出的乐府复〔2008〕26 号通知书，责令被告继续履行审查义务并作出是否受理的决定。

上述事实有下列证据证明：

1. 行政复议申请书。证明原告依法提起了行政复议申请。

2. 《民事裁定书》、《执行和解协议书》。证明原告竹笋经营权的来源合法。

3. 《竹笋经营权承包合同》、《竹笋经营权承包合同的补充规定》、《收条》2 张。证明原告与马边彝族自治县神仙堡林场之间签订有承包合同，且原告已缴纳了承包费，履行了义务，拥有合法的竹笋经营权。

4. 《关于进一步加强笋山管理的通告》、询问笔录 2 份。证明马边县政府有侵害原告竹笋经营权的行政行为。

5. 《补正行政复议申请通知书》、证人证言 9 份。证明原告已按被告的要求进行了补正，提交了相应的证人证言证明马边县政府的违法行为。

(四) 判案理由

四川省乐山市市中区人民法院经审理认为：对行政复议申请的审查和受理应当遵循合法、公正、公开、及时、便民的原则，根据《中华人民共和国行政复议法实施条例》第二十八条的规定，凡在形式要件上符合该条所规定的受理条件的申请都应当被受理。本案中，原告向乐山市人民政府申请行政复议时，已提交了相应的证据材料，并按被告的要求补充提供了证人证言，符合《中华人民共和国行政复议法实施条例》第二十八条所规定的受理条件，但被告对原告提交的《民事裁定书》、《执行和解协议书》、《竹笋经营权承包合同》、《收条》及询问笔录和证人证言等证据未予认可，认为上述证据不足以证明原告享有合法的竹笋承包经营权，更不能证明马边县政府作出了涉及原告竹笋承包经营权的具体行政行为，从而认为原告未按规定提交相应证据，作出视原告放弃行政复议申请的通知，其认定事实不清，证据不足。同时，被告作为行政复议机关的审查机构，在履行审查义务时，对当事人所提出的复议申请和材料，只需进行形式要件上的审查，而本案被告却对原告的复议申请进行了实质性的审查，显然有超越职权之嫌，应予撤销。

（五）定案结论

四川省乐山市市中区人民法院依照《中华人民共和国行政诉讼法》第五十四条第（二）项第一目的规定，作出如下判决：

1. 撤销乐山市人民政府法制办公室 2008 年 10 月 20 日作出的乐府复〔2008〕26 号《放弃行政复议申请通知书》。

2. 乐山市人民政府法制办公室应当在本判决生效之日起 5 日内对立克批尔的复议申请重新作出处理。

（六）解说

1. 被告的主体资格问题。根据《中华人民共和国行政复议法》第二条的规定，公民应当向行政机关申请行政复议，行政机关受理行政复议申请、作出行政复议。而本案的被告市法制办是乐山市人民政府的内设机构，不具备行政法意义上的法人主体资格，其作为一个内部常设机构，主要是对具体事务的经办。根据《最高人民法院关于执行〈中华人民共和国行政诉讼法〉若干问题的解释》第二十条第二款的规定，行政机关的内设机构在没有法律、法规或者规章授权的情况下，以自己的名义作出具体行政行为，当事人不服提起诉讼的，应当以该行政机关为被告。故一种意见认为，《中华人民共和国行政复议法实施条例》虽然授予了行政复议机关法制工作机构直接处理行政复议事项的职权，但只是表明赋予了其一定的处理权限，由此产生的法律后果应由行政复议机关来承担，因此，市法制办不能代替政府直接成为被告。另一种意见认为，《中华人民共和国行政复议法》第三条以及《中华人民共和国行政复议法实施条例》第二条、第三条皆明确规定了行政复议机构负责办理行政复议事项，并对其应当履行的职责也作了专门列举，可见该条文授予了行政复议机构在处理行政复议事项中的一定职权，其在该职权范围内具有相应的主体资格，可以成为被告。笔者同意第二种意见。

2. 《放弃行政复议申请通知书》的性质。本案中，被告市法制办认为原告未按要求补正材料，遂作出《放弃行政复议申请通知书》，视原告已放弃行政复议申请。该《放弃行政复议申请通知书》是行政复议过程中的一种审查意见，是由行政复议机构作出的准入程序，是一种单方行为，直接对原告的权利义务产生影响，按照《中华人民共和国行政诉讼法》的规定，可以提起诉讼。

3. 原告提交的材料符合《中华人民共和国行政复议法实施条例》第二十八条所规定的受理条件，应当受理。被告作为内设机构，在行政复议中对申请人提交的证据材料，主要进行一些形式要件的审查，只要申请人提交了相应的材料，不管这些材料是否真实、是否有效，都应当先受理，再进行实质性审查。《中华人民共和国行政复议法实施条例》第二十八条所规定的受理条件如下：（1）有明确的申请人和符合规定的被申请人；（2）申请人与具体行政行为有利害关系；（3）有具体的行政复议请求和理由；（4）在法定申请期限内提出；（5）属于行政复议法规定的行政复议范围；（6）属于收到行政复议申请的行政复议机构的职责范围；（7）其他行政复议机关尚未受理同一行政复议申请，人民法院尚未受理同一主体就同一事实提起的行政诉讼。本案中，原告提交的笋山经营权承包合同、政府通告及证人证言等材料，其形式要件符合上述受理的规定。因此，被告认为原告所提交的证据不足以证明自己的承包经营权受到侵害的理由已经超越了形式审查的范围，系从实体上作出的认定。故其作出的《放弃行政复议申请通知书》违法。

4. 本案中原告投资 60 万元承包了神仙堡林场的竹笋经营权，承包期限从 2008 年至 2018 年。2007 年马边县政府发布了《关于进一步加强笋山管理的通告》，以打击压价收笋坑农行为，整顿笋山经营管理秩序。原告认为在宣传中，宣传人员恶意误导，把他的承包视为违法，致当地大量村民进入他的承包林地采收竹笋，侵犯其经营权。由于该案涉及彝族同胞的竹笋经营权，容易引起民族争端，在处置中应当更加慎重，应尽可能地化解矛盾。而行政复议的宗旨正在于此，一方面防止和纠正违法的或者不当的具体行政行为，保护公民、法人和其他组织的合法权益，另一方面保障和监督行政机关依法行使职权，解决行政争议，建设法治政府，构建和谐社会。所以从这个层面上讲，本案被告简单地把原告拒于复议门外的做法也是不可取的。

（四川省乐山市市中区人民法院　胡华清）

58. 桂平市工商行政管理局不服贵港市人民政府土地行政复议案
（管辖权　诉讼主体适格　公产房权属）

（一）首部

1. 判决书字号

一审判决书：广西壮族自治区贵港市港北区人民法院（2009）港北行初字第 4 号判决书。

二审判决书：广西壮族自治区贵港市中级人民法院（2009）贵行终字第 58 号判

决书。

2．案由：土地行政复议。

3．诉讼双方

原告（被上诉人）：桂平市工商行政管理局（以下简称桂平市工商局），住所地：桂平市西山镇大成中路。

法定代表人：杨培新，该局局长。

委托代理人：彭伟军，男，1967 年生，汉族，桂平市工商行政管理局办公室办事员。

委托代理人：蔡春转，男，1956 年生，汉族，桂平市工商行政管理局办公室办事员。

被告：贵港市人民政府，住所地：贵港市荷城路。

法定代表人：唐成良，市长。

委托代理人：杨有毅，男，1971 年生，汉族，贵港市人民政府法制办公室干部。

委托代理人：莫基君，男，1974 年生，瑶族，贵港市人民政府法制办公室干部。

第三人（上诉人）：桂平市财政局，住所地：桂平市西山镇沙江路。

法定代表人：陈新汉，该局局长。

委托代理人：昌文海，男，1945 年生，汉族，桂平市财政局退休干部。

4．审级：二审。

5．审判机关和审判组织

一审法院：广西壮族自治区贵港市港北区人民法院。

合议庭组成人员：审判长：黄森荣；审判员：谭冰、韦云雷。

二审法院：广西壮族自治区贵港市中级人民法院。

合议庭组成人员：审判长：庞炯泽；审判员：苏洁平、覃干义。

6．审结时间

一审审结时间：2009 年 8 月 6 日。

二审审结时间：2009 年 10 月 26 日。

（二）一审情况

1．一审诉辩主张

（1）被诉具体行政行为

2007 年 11 月 26 日，桂平市人民政府为原告桂平市工商局办理了浔国用（2007）字第 2023 号《国有土地使用证》（以下简称 2023 号土地证）。第三人桂平市财政局得知后，向被告贵港市人民政府申请行政复议，请求撤销 2023 号土地证。2009 年 1 月 15 日被告贵港市人民政府根据《中华人民共和国行政复议法》第二十八条第一款第（三）项第一目的规定，作出 94 号复议决定，决定撤销 2023 号土地证。

（2）原告诉称

第一，2023 号土地证的土地来源合法。1979 年，社坡工商所成立。根据桂平县革命委员会财政局、税务局、工商局联合作出的（79）工商字第 6 号文件《关于做好摊位租收费交接工作的通知》的规定，社坡工商所接受划拨的是 1 号公产房。同年 9 月 25 日，桂平县财政局划拨 5 号公产房给工商所。1982 年 10 月 6 日，桂平县财政局作出（82）农财字第 9 号《关于社坡工商所要求调换公产使用的通知》，划拨 7 号公产房给社坡工商所。7 号公产房的土地就是 94 号决定撤销的 2023 号土地证确认使用权的土地。2001 年 12 月 26 日，根据国务院办公厅国办发［2001］83 号文件和广西壮族自治区人民政府桂政办电［2001］343 号文件精神，原告将与所办市场彻底脱钩的人员、市场、债务整体移交给桂平市政府。2005 年 4 月 26 日，桂平市政府签发浔政阅字［2005］13 号《关于市场办管脱钩工作的会议纪要》。2005 年 4 月 8 日，原告与桂平市市场开发服务中心签订了《关于与所办市场彻底脱钩的资产、债权债务移交协议书》，确定了 2023 号土地证的土地使用权属原告。2007 年 4 月 9 日，由于办证人员疏忽将该宗土地使用权人登记为桂平市市场开发服务中心。2007 年 11 月 26 日，桂平市政府变更登记，将该宗土地的使用权人更正为桂平市工商局。2023 号土地证确认的土地四至界址清楚，并经相邻各方确认，面积准确，登记程序合法。第二，贵港市人民政府作出 94 号决定认定事实不清。自恢复建制以来，桂平市政府大部分以文件、会议纪要的形式，划拨一部分公产房给工商局作为办公、宿舍使用，这是为了不增加当地的财政支出，而且土地与公产房的权利不能分离，原告一直使用社坡 7 号公产房至今，依法享有该房的所有权。94 号决定违背法不溯及既往的规定，桂平市财政局作为申请复议主体不适格。综上，原告请求撤销 94 号决定，依法维持 2023 号土地证；本案的诉讼费用由被告承担。

（3）被告辩称

第一，2011 号土地证的土地权属来源不清。首先，被告复议审查的对象是 2023 号土地证，而 2023 号土地证是由 2011 号土地证变更登记而取得。但是，桂平市政府在复议期间仅向被告提供了 2023 号土地证的证据材料，却未向被告提供 2011 号土地证的证据材料。其次，2011 号土地证的土地权属来源证明是加盖有社坡工商所印章的《土地使用权源证明书》。该证明明确该宗土地的使用权是划拨而得，却没有政府批文等有关材料。此外，《关于做好摊位租收费交接工作的通知》未能证明社坡工商所拥有 7 号公房的所有权及该地的使用权。再次，（79）工商字第 6 号通知等文件不能作为 2023 号土地证的国有土地使用权权属来源证明。虽然《关于做好摊位租收费交接工作的通知》第 5 点规定：“有条件的，从公房中划拨一些给工商所。经协商后由工商所和税务所联合写报告给财政局批准后划拨给工商所。”但是，桂平县财政局于 1979 年 9 月 25 日对社坡工商所的答复是：“经研究同意拨社坡东街公产第 5 号给社坡工商所免租使用。”（82）农财字第 9 号《关于社坡工商所要求调换公产使用的通知》明确：“经研究同意你所调换 7 号公产使用。1 号公产交回当地公产管理部门社坡税所安排使用。”可见，社坡工商所只是取得 5 号、7 号公产房的使用权，并非所有权。第二，原告称 94 号复议决定不尊重历史和事实的说法不能成立。第三，本案不涉及法不溯及既往的规定。第四，桂平市财政局作为复议申请人的主体资格是合法的。在复议过程中，桂平市工商局也没有就该问题提出过异议，桂平市财政局作为复议申请人是适格的。综上，被告作出的 94

号决定认定的事实清楚、证据确凿、适用依据正确、程序合法。原告起诉的理由不能成立，请求人民法院依法驳回其诉讼请求，维持94号决定。

(4) 第三人述称

第一，根据《广西省公产管理办法》第二条、第三条和《广西省公产管理办法施行细则》第四条的规定，公产房由县、市人民政府财政部门管理，桂平市财政局根据桂平市人民政府委托行使管理权。桂平市财政局依法管理国家公产房，原告是基于第三人的批准而得以对7号公产房免租使用，桂平市工商局只有使用权，没有所有权。因此，桂平市财政局是适格的复议申请人。第二，2023号土地证范围内的房屋及其宅基地，是土地改革时依法没收所得，列为第三人桂平市财政局列册登记的桂平县社坡第7号公产房，该公产房由第三人桂平市财政局依法管理。桂平市财政局将7号公产房交由社坡工商所免租使用，并非是将该公产房的所用权划拨给社坡工商所所有。社坡工商所只有房屋使用权，没有所有权。原告及社坡工商所非法将不属于其所有的公产房申请土地使用权登记，属违法行为，贵港市人民政府作出94号决定，撤销2023号土地证是正确的，应予以维持。原告认为，其与桂平市市场开发服务中心签订的《关于与所办市场彻底脱钩的资产、债权债务移交协议书》确定2023号土地使用权归原告所有，没有事实依据。协议书中的资产部分第2点载明，2001年12月前投资兴建的城区、社坡等19个工商所办公宿舍楼及所内空地，归工商局所有。而7号公产房是土地改革时没收私人房产作为公产房，并非是2001年12月前兴建的。综上，94号决定撤销2023号土地证是正确的，请求法院依法予以维持。

2. 一审事实和证据

广西壮族自治区贵港市港北区人民法院经公开审理查明：社坡1、5、7号公产房是土地改革时没收的私人财产，2023号土地证许可使用的土地是7号公产房的土地。2023号土地证的土地四至界址：东与南至街道自墙为界，西与梁桂森屋为邻自墙为界，北与社坡食品站屋自墙为界，用地面积147.90平方米。

1979年3月26日，桂平县革命委员会财政局、税务局、工商局联合作出工商字第6号文件《关于做好摊位租收费交接工作的通知》。通知规定："从1979年1月1日起，摊位租一律改为市场管理费由工商行政管理部门收管。有条件的，从公房中划拨一些给工商所，以解决其仓库、住房不足的困难。经协商后由工商所和税务所联合写报告给财政局批准后划拨给工商所。"1979年9月，桂平县工商局社坡工商所成立，当时其使用的是1号公产房。1979年9月25日，桂平县财政局根据社坡工商所的申请作出了复函："经研究同意拨社坡东街公产第5号给社坡工商所免租使用。"社坡工商所开始使用5号公产房作仓库。1982年10月6日，桂平县财政局作出（82）农财字第9号《关于社坡工商所要求调换公产使用的通知》，决定将社坡工商所原使用的1号公产房调换为7号公产房。1988年12月4日，社坡工商所向桂平县土地管理局申请对7号公产房的土地进行登记，提交了《土地使用权源证明书》，该证明书载明土地来源为划拨，用地面积147.90平方米，并附所在地村公所、相邻人梁桂森、社坡食品站的签章。1989年9月1日，桂平县政府为其办理了7号公产房的2011号土地证。1998年12月31日，桂平市政府为社坡工商所重新颁发了2303号土地证。1999年12月20日换发证（证号：0700429）。2005 年 3 月 29 日，桂平市副市长李耐谦主持召开了桂平市市场办管脱钩工作的专题会议，参加会议人员有桂平市政府办、市经贸局、市工商局、市市场开发服务中心、市财政局等单位的负责人。桂平市政府于 2005 年 4 月 6 日作出浔政阅字〔2005〕13 号《关于市场办管脱钩工作的会议纪要》。该纪要载明："在 2001 年 12 月前投资兴建的城区、木圭、石咀、油麻、理端、社步、社坡、麻垌、木根、罗秀、中沙、大湾、白沙、石龙、南木、金田、江口、紫荆、垌心等 19 个工商所办公或宿舍楼及所内空地和工商局办公楼车库停车场以及 2002 年至今工商局投资兴建的思宜、中和、寻旺、马皮、木乐、下湾、蒙圩等 7 个工商所办公宿舍楼，归工商局所有。"2005 年 4 月 8 日，桂平市工商局与桂平市市场开发服务中心签订了《关于与所办市场彻底脱钩的资产、债权债务移交协议书》。该协议对资产部分的办公宿舍楼等的约定与上述纪要载明的内容一致。2007 年 4 月 9 日，桂平市政府为桂平市市场开发服务中心办理了该宗地的 0564 号土地证。2007 年 9 月 24 日，桂平市工商局与桂平市市场开发服务中心共同向桂平市国土资源局提出土地变更登记申请，要求变更该宗土地使用权人为桂平市工商局。2007 年 11 月 26 日，桂平市政府为桂平市工商局办理了 2023 号土地证。桂平市财政局不服，向被告贵港市人民政府申请行政复议。复议期间，桂平市工商局提供了包括《会议纪要》在内的证据材料（被告提供的证据卷三）。贵港市人民政府于 2009 年 1 月 15 日作出 94 号决定，撤销 2023 号土地证。原告不服，向贵港市中级人民法院提起行政诉讼，贵港市中级法院裁定本案由本院管辖。

上述事实有下列证据证明：

（1）桂平县财政局、税务局、工商局于 1979 年 3 月 26 日联合下发的（79）工商字第 6 号《关于做好摊位租收费交接工作的通知》。

（2）桂平县财政局 1979 年 9 月 25 日对社坡税务所的答复和桂平县财政局 1982 年 10 月 6 日作出的（82）农财字第 9 号《关于社坡工商所要求调换公产使用的通知》。

（3）贵港市人民政府作出复议决定有关程序材料：行政复议申请书、行政复议受理通知书（贵政复受〔2008〕74 号）及送达回证 3 份；行政复议答复书 2 份及送达回证；94 号决定及送达回证。

（4）桂平市国土资源管理局国有土地登记发证有关材料：土地登记申请书、审批表；地籍调查表；土地登记卡续表；2004 年 12 月 8 日《广西壮族自治区人民政府办公厅关于抓紧处理市场办管脱钩遗留问题的通知》（桂政办发〔2004〕212 号）；2005 年 4 月 8 日桂平市工商行政管理局与桂平市市场开发服务中心签订的《关于与所办市场彻底脱钩的资产、债权债务移交协议书》；2007 年 10 月 15 日关于更正国有土地使用证的申请书；桂平市国有土地使用权出让和转让调查表；070202303 号国有土地使用证。

（5）1963 年 11 月 6 日桂平县社坡公产登记封面册，证实公产房依法列册登记，以及证实第 7 号公产房来源，依法登记营业。

（6）桂平市工商局在复议时提供的证据材料、第 2023 号土地使用证。

（7）法律依据：《中华人民共和国行政复议法》第二十八条第一款第（三）项第一目、《广西省公产管理办法》、《广西省公产管理办法施行细则》，作为桂平县财政局依法管理公产的法律依据。

3. 一审判案理由

广西壮族自治区贵港市港北区人民法院经审理认为：（1）7号公产房是土地改革时没收的私人房产，根据《广西省公产管理办法》第二条、第三条和《广西省公产管理办法施行细则》第四条的规定，公产房由县、市人民政府财政部门管理，桂平市财政局根据桂平市人民政府委托行使管理权。2023号土地证许可使用的土地即是7号公产房的房地，虽然是桂平市政府的财产，但桂平市财政局享有管理权。因此，第三人桂平市财政局与2023号土地证有法律上的利害关系，对2023号土地证依法享有申请行政复议的主体资格。原告桂平市工商局认为桂平市财政局不具备申请行政复议的主体资格的理由不成立，本院不予采纳。

（2）桂平市工商局自1979年起管理使用1号、5号和7号公产房。1989年1月，桂平市工商局的派出机构社坡工商所向桂平县政府申请，办理了7号公产房的2011号土地证。1998年12月31日，桂平县政府为社坡工商所补办了2303号土地证。虽然桂平市政府于2007年4月9日为桂平市市场开发服务中心办理了该宗地的0564号土地证，但是桂平市工商局与桂平市市场开发服务中心于2007年9月24日共同向桂平市国土资源局提出土地变更登记申请，要求变更该宗土地使用权人为桂平市工商局。2007年11月26日，桂平市政府为桂平市工商局办理了2023号土地证。桂平市政府作为7号公产房的所有权人，又是土地证发证的主体，经审核三次向社坡工商所或桂平市工商局办理了土地证。另外，桂平市政府于2005年4月6日作出的浔政阅字［2005］13号《关于市场办管脱钩工作的会议纪要》和桂平市工商局与桂平市市场开发服务中心于2005年4月8日签订的《关于与所办市场彻底脱钩的资产、债权债务移交协议书》，都已明确了7号公产房的产权属于桂平市工商局。而且，桂平市政府在行政复议中明确表示2023号土地证土地权属来源清楚，请求复议机关维持2023号土地证。综上，桂平市工商局已经桂平市政府同意，取得了该宗土地的使用权。尽管桂平市工商局在初始登记时提交的《土地使用权源证明书》不规范，以及桂平市政府在复议期间未提交2011号土地证的登记（初始登记）材料，但是，桂平市政府作为公产房的所有权人，作出上述会议纪要明确了7号公产房归桂平市工商局所有，并且在行政复议中明确表示2023号土地证的土地权属来源清楚，请求维持2023号土地证。因此，94号决定认定2023号土地证的土地权属来源不清，与事实不符。

（3）第三人认为，上述会议纪要与协议载明的是"2001年12月前投资兴建的"，而7号公产房是土地改革时没收私人房产所得，并非是2001年12月前投资兴建的房产，不属于会议纪要和协议规定的划给桂平市工商局的财产范围。本院认为，就会议纪要载明的"2001年12月前投资兴建的社坡等19个工商所的办公或宿舍楼及所内空地办公宿舍"，已经包括了本案争议的7号公产房，该房产已划给了桂平市工商局。因此，第三人的主张是对上述内容的误解，其理由不成立。

4. 一审定案结论

广西壮族自治区贵港市港北区人民法院依照《中华人民共和国行政诉讼法》第五十四条第（二）项第一目、《最高人民法院关于执行〈中华人民共和国行政诉讼法〉若干问题的解释》第五十三条第二款的规定，经本院审判委员会讨论决定，作出如下判决：

（1）撤销被告贵港市人民政府于 2009 年 1 月 15 日作出的贵政复决〔2008〕94 号《行政复议决定书》；

（2）责令被告贵港市人民政府重新作出复议决定。

本案受理费 50 元，由被告贵港市人民政府负担。

（三）二审诉辩主张

1. 上诉人诉称

（1）社坡 7 号公产房是上诉人依法管理的财产，1979 年被上诉人因成立职能部门办公、住宿困难，上诉人依其请求将 7 号出租的公产房收回，免租给被上诉人的社坡工商所使用。从上诉人 1979 年及 1982 年所作的批复中均证实，被上诉人对该房屋只有免租使用的权利，没有房屋的所有权。（2）桂平市人民政府于 2005 年 4 月所作出的《会议纪要》以及被上诉人与桂平市市场开发服务中心签订的协议针对的对象是"2001 年 12 月前投资兴建的社坡等 19 个工商所的办公和宿舍楼及所内空地"，而 7 号公产房并非被上诉人投资兴建，一审判决认定《会议纪要》所确定的房产包括 7 号公产房属认定事实错误。（3）基于上述两点，被上诉人把其不享有权属的房屋申报为自己的财产，侵犯了上诉人的财产权益。综上，贵港市人民政府作出复议决定撤销被上诉人的 2023 号证正确合法，一审判决撤销该复议决定属认定事实错误，请求二审法院依法查清事实，判决撤销一审判决并维持贵港市人民政府作出的复议决定。

2. 被上诉人辩称

（1）上诉人是根据桂平市人民政府的委托对 7 号公产房行使管理权，因此上诉人属受委托人，对 7 号公产房没有处分的权利。（2）桂平市人民政府作为 7 号公产房的所有权人，已分别于 1989 年、1998 年及 2007 年三次为被上诉人办理了土地证，其作为所有权人及发证主体，许可了被上诉人享有 7 号公产房的土地使用权。而且桂平市人民政府在其 2005 年作出的《会议纪要》中也明确了 7 号公产房的产权归属，并在行政复议中明确表示涉案土地权属来源。因此被上诉人对发证土地已经所有权人桂平市人民政府同意，取得了该宗地的国有土地使用权。（3）7 号公产房虽是土改时没收的私人房产，但也属于"2001 年 12 月前投资兴建"的范围，只不过投资兴建的主体包括国家、集体、私人以及其他组织，当然也包括被上诉人，上诉人片面理解与客观事实不符。综上，上诉人的上诉理由不成立，请求二审法院依法驳回上诉，维持原判。

（四）二审事实和证据

广西壮族自治区贵港市中级人民法院经审理，确认一审法院认定的事实和证据。

（五）二审判案理由

广西壮族自治区贵港市中级人民法院经审理认为：首先，7 号公产房是社坡工商所于 1979 年成立之初由上诉人安排使用的 1 号公产房调换而来，并非上诉人在 1979 年批复给被上诉人免租使用问题之争。桂平市人民政府根据被上诉人的申请和当时的客观实际，三次将 7 号公产房的土地使用权属登记确认归被上诉人所有，并在行政复议中明确表示涉案土地证土地权属来源清楚，请求维持该使用证。由此可见，桂平市人民政府作为 7 号公产房的所有权人，其对 7 号公产房所有权归属的处置，意思表示清楚、明确。其次，桂平市人民政府就被上诉人与桂平市市场开发服务中心脱钩后的资产和债权、债务移交问题所作出的《会议纪要》，虽然关于财产范围的文字表述为"2001 年 12 月前投资兴建"，但后来被上诉人与桂平市市场开发服务中心签订的协议，双方已经实际履行，7 号公产房已按照《会议纪要》及协议的约定划归被上诉人所有并由其管理使用。桂平市人民政府对于 7 号公产房土地使用权的登记行为及作出《会议纪要》，证明 7 号公产房土地使用权基于所有权人的意思表示已转移给被上诉人所有，被上诉人已取得该房屋的土地使用权。

（六）二审定案结论

广西壮族自治区贵港市中级人民法院依照《中华人民共和国行政诉讼法》第六十一条第（一）项的规定，作出如下判决：

驳回上诉，维持原判。

二审案件受理费 50 元，由上诉人桂平市财政局负担。

（七）解说

如何判断一个具体行政行为（或者行政复议行为）的合法性，是行政诉讼案件的审理核心，但行政审判还需要紧紧围绕行政诉讼的实体和程序这两大方面进行把握和分析，比如：诉讼的管辖是否合法、诉讼的主体是否适格；具体行政行为是否具有合法性（包括作出行政行为的事实依据和法律依据以及行为的程序合法）。那么回归本案，笔者结合行政诉讼的特点尝试简要解说。

1. 诉讼管辖：（1）根据《中华人民共和国行政诉讼法》第十七条的规定，行政案件由最初作出具体行政行为的行政机关所在地法院管辖。经复议的案件，复议机关改变原具体行政行为的，也可以由复议机关所在地人民法院管辖。又依据《最高人民法院关于行政案件管辖若干问题的规定》第一条规定，被告是县级以上政府的，管辖法院是被告的中级人民法院。（2）依据《最高人民法院关于行政案件管辖若干问题的规定》第二条第（一）项的规定，中级人民法院可以指定下级基层法院管辖。回归本案，作出具体行政行为的是桂平市人民政府，后经贵港市人民政府作出复议决定撤销了桂平市人民政府的 2023 号土地证，也就是贵港市人民政府改变了原行政行为，因此贵港市人民政府成为本案的被告。根据上述法律规定，应由贵港市中级人民法院受理，但贵港市中级人民法院指定给港北区人民法院审理。本案在诉讼管辖方面于法有据。

2. 诉讼主体：《最高人民法院关于执行〈中华人民共和国行政诉讼法〉若干问题的

解释》第十二条规定，与具体行政行为有法律上利害关系的公民、法人或者其他组织对该行为不服的，可以依法提起行政诉讼。与被诉具体行政行为是否具有法律上的利害关系，是确认公民、法人或者其他组织是否能够成为行政诉讼的原告或者第三人的一个必要标准。也就是说，如果被诉具体行政行为与公民、法人或者其他组织存在法律上的利害关系，就具备了《中华人民共和国行政诉讼法》规定的原告或者第三人的诉讼主体资格。回归本案，争议地虽然是桂平市人民政府的财产，但是桂平市财政局享有管理权，对此第三人桂平市财政局与该争议地（2023 号土地证）存在着法律上的利害关系，对该土地证依法享有申请行政复议的主体资格，作为本案有利害关系的第三人的诉讼地位也并无不当。因此本案的原、被告、第三人的主体适格。

3. 诉讼争议焦点——7 号公产房的权属：公产房是我国计划经济遗留的历史产物，具有"中国特色"的公产房所有、管理、使用权问题。由于一般公产房都存在年份久远、权属不清等特点，所以在处理此类案件时，应当充分尊重历史事实并考虑社会影响。回归本案的历史背景，70 年代后期，像桂平市社坡工商所这种由政府划拨、免租公产房用于办公或者仓库等的，就有 19 所工商所。时隔二十年之久，如果单纯地、片面地否认工商所关于公产房的使用权，不仅对当事人不公平，也不利于社会的稳定和谐。根据《中华人民共和国物权法》第三十九条的相关规定，所有权人对自己的不动产或者动产依法享有处分的权利。毫无疑问，桂平市人民政府作为 7 号公产房的所有权人，已分别于 1989 年、1998 年以及 2007 年三次为桂平市工商局办理了土地证，其作为所有权人及发证主体，许可了被上诉人享有 7 号公产房的土地使用权。不可否认的是，作为第三人的桂平市财政局是 7 号公产房的管理人，但行使的只是管理权，并没有实体的处分权。那么，本案中的 7 号公产房权属就清晰明了了。贵港市人民政府以 2023 号土地证的土地权属来源不清等为由撤销 2023 号土地证，属于认定事实不清。一审法院判决予以撤销，事实清楚、证据充分、程序合法，因此也得到了二审法院的支持。

（广西壮族自治区贵港市港北区人民法院　易锋）

59. 刘瑞宏、林丽不服三亚市人民政府土地行政复议案
（自留地的权属纠纷　复议中证据的提交时间）

（一）首部

1. 判决书字号

一审判决书：海南省三亚市中级人民法院（2009）三亚行初字第 6 号判决书。

二审判决书：海南省高级人民法院（2009）琼行终字第 79 号判决书。

2. 案由：土地行政复议。

3. 诉讼双方

原告（上诉人）：刘瑞宏，现住三亚市凤凰镇。

原告（上诉人）：林丽，现住三亚市凤凰镇。

共同委托代理人：孙定华，海南三和元律师事务所律师。

共同委托代理人：林积强，现住三亚市凤凰镇。

被告（被上诉人）：三亚市人民政府，住所地：三亚市新风路。

法定代表人：王勇，市长。

委托代理人（一审）：邓智强，三亚市人民政府法律顾问室顾问。

委托代理人（一审）：郑大平，三亚市人民政府法律顾问室顾问。

委托代理人（二审）：韩芹，三亚市人民政府法律顾问室顾问。

第三人：黎杨秀（又名黎扬秀），现住三亚市凤凰镇。

第三人：黎玉桃（又名黎玉姚），现住三亚市凤凰镇。

委托代理人：黎杨秀，系黎玉桃的胞姐。

第三人：黎绍璜（又名黎绍黄），现住三亚市凤凰镇。

4. 审级：二审。

5. 审判机关和审判组织

一审法院：海南省三亚市中级人民法院。

合议庭组成人员：审判长：李锋；审判员：吉红、陈积丰。

二审法院：海南省高级人民法院。

合议庭组成人员：审判长：陈建；代理审判员：叶珊茹、张孟琴。

6. 审结时间

一审审结时间：2009 年 4 月 14 日。

二审审结时间：2009 年 7 月 30 日。

（二）一审情况

1. 一审诉辩主张

（1）被诉具体行政行为

2008 年 12 月 26 日，被告作出三府复决字［2008］24 号《行政复议决定书》（以下简称 24 号《行政复议决定书》），撤销了三亚市凤凰镇人民政府 2008 年 9 月 12 日作出的凤凰府［2008］117 号《关于黎绍璜与刘瑞宏土地纠纷的处理决定》（以下简称 117 号《处理决定》）。

（2）原告诉称

争议的土地原是原告外祖父黎土茂的使用地，外祖父母去世后，羊栏村委会一组把该自留地划分给原告母亲黎玉花耕作。2001 年母亲去世后一直由原告耕作至今，第三人黎绍璜自始至终没有管理、耕作过该土地。黎绍璜称黎土茂去世后，其妻及三个女儿都曾说过将该地留给其使用，没有事实与法律依据。对于自留地，农民只有使用权，没有所有权，继承人不能继承。只有羊栏村委会一组才有权决定将该地交给谁耕作。原告与第三人的土地纠纷属于土地权属争议，凤凰镇政府作出处理决定，并没有违反《中华人民共和国土地管理法》第十六条的规定。被告复议决定把自留地等同承包地，撤销凤凰镇政府作出的117号《处理决定》，属于混淆概念，适用法律错误。另，被告在行政复议期间未依法通知原告答复，复议程序违法。因此，请求法院依法撤销被告24号《行政复议决定书》，维持凤凰镇政府117号《处理决定》。

（3）被告辩称

首先，本案争议土地系自留地，根据《中华人民共和国农村土地承包法》、《中华人民共和国物权法》等法律的相关规定，应属于用于农业的农村土地，依法应当实行承包经营制度。三亚市各村镇未与承包人签署《承包合同》是法律规定的应然性与现实的实然性不接轨的现实问题，只能说明现实中农民集体组织执法操作不规范，不能成为原告主张"自留地不属于农村土地承包法规制范畴"的根据。依据《中华人民共和国农村土地承包法》和国土资源部《土地权属争议调查处理办法》的有关规定，农村土地承包经营纠纷最终的处理方式只有仲裁或起诉，乡、镇人民政府无权直接作出处理决定。其次，农村土地承包经营权不能继承，即使原告的母亲已经依法取得争议土地承包经营权，原告也不能在其死亡之后必然地取得争议土地的承包经营权。再次，凤凰镇政府在行政复议过程中未在法定期限内作出书面答复及提交处理依据，应视为其处理决定没有依据，被告依法有权予以撤销。综上，被告所作24号《行政复议决定书》认定事实清楚，证据充分，程序合法，请求法院依法判决维持。

（4）第三人述称

第三人黎杨秀、黎玉桃共同述称：本案争议土地是第三人父亲黎土茂生前分得的自留地，父亲去世后其使用权应归第三人，被告作出的24号《行政复议决定书》正确，应予维持。

第三人黎绍璜述称：本案争议土地是伯父黎土茂生前使用的自留地，伯父去世后，其使用权应归属其女儿黎杨秀和黎玉桃，本人对该地不主张权利。

2. 一审事实和证据

海南省三亚市中级人民法院经公开审理查明：本案争议土地位于三亚市凤凰镇羊栏村委会一组，原为村民黎土茂的自留地。黎土茂夫妇及三女儿黎玉花相继过世后，原告与第三人对黎土茂前述自留地使用权产生争议。2008年9月，凤凰镇政府作出117号《处理决定》，确认争议的土地使用权归属原告。第三人不服，向被告申请复议。复议期间，凤凰镇政府未按被告通知在规定期限内提交书面答复和处理依据。2008年12月，被告作出24号《行政复议决定书》，认为第三人与原告的土地权属争议属农村土地承包经营纠纷，镇政府对此类纠纷无权作出处理决定，遂依照《中华人民共和国农村土地承包法》第二、三、五、十一条、《中华人民共和国行政复议法》第二十八条第（三）、（四）项以及《土地权属争议调查处理办法》第十四条第（四）项的规定，撤销了凤凰镇政府处理决定。原告夫妇不服，以该村委会从未与村民签订土地承包合同，争议土地不是承包地为由，向一审法院提起行政诉讼，请求判决撤销被告24号《行政复议决定书》，维持凤凰镇政府117号《处理决定》。

上述事实有下列证据证明：

（1）117号《处理决定》。证明凤凰镇政府作出处理决定，确认争议的土地使用权归属原告。

（2）24号《行政复议决定书》。证明被诉具体行政行为存在。

（3）凤凰镇政府和刘瑞宏行政复议答复通知书送达回证。证明被告复议期间已经依法通知凤凰镇政府和原告答复。

（4）参加行政复议申请书及亲属关系证明。证明被告经审查同意第三人参加复议，行政复议程序合法。

（5）黎祖生、李文荣、彭仁尊、谭天优4人的证人证言。证明本案争议土地即竹头菜园地是黎土茂的自留地，而原告母亲黎玉花的自留地位置在淋迈园。

（6）三亚市凤凰镇羊栏村民委员会羊栏一村民小组组长彭瑞丰的证人证言。证明该村民小组1980年后未再分配自留地。

（7）《中华人民共和国农村土地承包法》。证明被告作出的24号《行政复议决定书》合法。

（8）国土资源部《土地权属争议调查处理办法》。证明被告作出的24号《行政复议决定书》合法。

（9）《中华人民共和国行政复议法》。证明被告作出的24号《行政复议决定书》合法。

3．一审判案理由

海南省三亚市中级人民法院经审理认为：首先，本案争议土地原为黎土茂自留地，根据《中华人民共和国土地管理法》第八条和《中华人民共和国物权法》第一百二十四条的规定，自留地系农民集体所有的用于农业的土地，依法应当实行承包经营制度。原告没有充分依据证明黎土茂夫妇去世后，羊栏村委会一组已将争议土地划分给其母黎玉花作自留地，故原告与第三人之间的土地纠纷实质为黎土茂近亲属对其遗留的自留地产生的农村土地承包经营权争议案件。凤凰镇政府直接将争议土地使用权确定给原告显然违反了国土资源部《土地权属争议调查处理办法》第十四条关于农村土地承包经营权争议案件不属于县级以上人民政府和乡级人民政府受理土地权属争议的案件范围的规定，被告24号《行政复议决定书》以此为由认定凤凰镇政府超越职权正确。其次，凤凰镇政府在复议程序中未提交书面答复和处理依据，根据《中华人民共和国行政复议法》第二十八条第一款第（四）项规定，应视为该具体行政行为没有证据、依据。被告24号《行政复议决定书》依据前述两项理由撤销凤凰镇政府117号《处理决定》于法有据，依法应当予以支持。被告复议程序上虽然存在一些瑕疵，但没有影响其复议结果的正确性。

4．一审定案结论

海南省三亚市中级人民法院依照《中华人民共和国行政诉讼法》第五十四条第（一）项的规定，作出如下判决：

维持被告三亚市政府24号《行政复议决定书》。

（三）二审诉辩主张

1. 上诉人诉称

上诉人与第三人的自留地使用权纠纷应属土地使用权争议，不属于土地承包经营权纠纷，凤凰镇政府对争议土地的使用权问题有权作出处理决定。复议期间，被上诉人没有通知上诉人进行答辩和听证，程序违法。请求撤销原判，维持凤凰镇政府117号《处理决定》。

2. 被上诉人辩称

本案纠纷实质为黎土茂近亲属之间对其遗留的自留地产生的农村土地承包经营权纠纷，依法属于民事纠纷。凤凰镇政府对该纠纷无权作出处理决定。一审判决合法，请求二审法院判决维持一审判决。

3. 第三人述称

原审第三人同意原判。

（四）二审事实和证据

海南省高级人民法院经审理，确认一审法院认定的事实和证据。

（五）二审判案理由

海南省高级人民法院经审理认为：本案的焦点包括：第一，本案的自留地使用权争议是否属农村土地承包经营权纠纷，凤凰镇政府对此类纠纷案件是否有权直接作出处理。根据《中华人民共和国土地管理法》第八条规定，自留地属农民集体所有。《中华人民共和国物权法》第一百二十四条规定，农民集体所有使用的耕地及其他用于农业的土地，依法实行土地承包经营制度。由此可见，自留地的使用实行土地承包经营制度。《最高人民法院关于审理涉及农村土地承包纠纷案件适用法律问题的解释》第一条规定，农村土地承包经营纠纷属民事纠纷。国土资源部颁布的《土地权属争议调查处理办法》第十四条规定，农村土地承包经营权争议案件不能作为土地行政争议案件处理。本案的争议是自留地使用权纠纷问题，实质是遗留的自留地使用权引发的农村土地承包经营权问题，因此，本案争议应属土地承包经营权纠纷，属民事案件，凤凰镇政府对此类案件无权作出行政确权处理。上诉人称自留地使用权纠纷属土地使用权纠纷，没有法律依据。第二，凤凰镇政府在规定期限内未提出书面答复，提交作出处理决定的证据材料，能否视为该处理决定没有证据和依据，在程序方面予以撤销。根据《中华人民共和国行政复议法》第二十八条第（四）项的规定，凤凰镇政府在规定期限内未提交作出处理决定的证据材料，应视为该处理决定没有证据和依据，被上诉人作出撤销凤凰镇政府的具体行为的决定正确。上诉人诉称复议期间被上诉人未通知其进行答复和听证，程序违法。虽然被上诉人在送达程序上存在瑕疵，但在实体上不影响被上诉人撤销凤凰镇政府处理决定的正确性。综上，一审判决维持被上诉人的行政复议决定正确，应予维持。上诉人的上诉理由没有事实根据和法律依据，法院不予支持。

（六）二审定案结论

海南省高级人民法院依照《中华人民共和国行政诉讼法》第六十一条第（一）项的规定，作出如下判决：

驳回上诉，维持原判。

（七）解说

本案的焦点问题是：没有签订承包经营合同的自留地权属纠纷可否作为农村土地承包经营权纠纷案件处理。对该问题存在两种不同意见：

一种意见认为，黎土茂及土地争议双方既没有与村民集体签订争议土地的承包经营合同，也没有办理相应的农村土地承包经营权证，在法律上尚未取得争议土地的使用权，故原告与第三人之间的纠纷不属于农村土地承包经营权纠纷，而是土地权属争议案件，应当依照《中华人民共和国土地管理法》第十六条的规定，由政府有关部门处理，不属于人民法院受理范围。

另一种意见认为，土地争议双方虽均未与村民集体签订土地承包经营合同，但黎土茂及其亲属长期耕作的事实可以证明村民集体事实已将土地承包给村民，故争议双方的土地纠纷属于土地承包经营权纠纷，应按《中华人民共和国农村土地承包法》第五十一条的规定，在当事人协商或调解不成后，通过仲裁或民事诉讼的途径予以解决，政府对此类案件依法无权作出行政处理决定。

笔者同意第二种意见。具体理由如下：

1. 自留地使用权纠纷属于农村土地承包经营权纠纷，凤凰镇政府对此类案件依法无权作出行政处理决定。本案中，争议土地原为村民集体划分给黎土茂的自留地是不争的事实。根据《中华人民共和国土地管理法》第八条规定，宅基地和自留地、自留山，属于农民集体所有。《中华人民共和国物权法》第一百二十四条规定，农村集体经济组织实行家庭承包经营为基础、统分结合的双层经营体制。农民集体所有和国家所有由农民集体使用的耕地、林地、草地以及其他用于农业的土地，依法实行土地承包经营制度。国家税务总局 1999 年 6 月也作出了《关于"自留地"征收农业税问题的批复》。由此可见，自留地系农民集体所有的用于农业的农村土地，依法应实行承包经营制度。原告主张羊栏村委会一组已将争议土地划分给其母黎玉花作自留地，没有充分依据予以证明，因此，其与第三人之间的土地纠纷实质为黎土茂近亲属对其遗留的自留地产生的农村土地承包经营权争议案件。《最高人民法院关于审理涉及农村土地承包纠纷案件适用法律问题的解释》第一条规定，农村土地承包经营纠纷属民事纠纷。国土资源部颁布的《土地权属争议调查处理办法》第十四条规定，农村土地承包经营权案件不能作为土地行政争议案件处理。本案中凤凰镇政府直接将争议土地使用权确定给原告显然已违反了前述规定，被告 24 号《行政复议决定书》据此认定凤凰镇政府超越职权正确。

2. 没有签订书面承包合同的自留地权属纠纷亦可以认定为农村土地承包经营权纠纷案件。理由有二：

（1）书面合同不是认定土地承包经营关系成立的唯一依据。虽然《中华人民共和国农村土地承包法》第二十一条规定，发包方应当与承包方签订书面合同。第二十二条规定，承包合同自成立之日起生效。承包方自承包合同生效时取得土地承包经营权。第二十三条规定，县级以上地方人民政府应当向承包方颁发土地承包经营权证或者林权证等证书，并登记造册，确认土地承包经营权。但对于合同的形式，《中华人民共和国合同法》第十条规定，当事人订立合同，有书面形式、口头形式和其他形式。《最高人民法院关于审理农业承包合同纠纷案件若干问题的规定（试行）》第三十五条规定，本规定所称的农业承包合同，包括书面合同、口头合同、任务下达书，以及其他能够证明承包经营法律关系的事实和文件。从这些规定可以看出，如果没有书面合同，而有其他能够证明承包经营法律关系存在的证据材料，也可以作为认定承包合同成立的依据。如村民集体将土地交给村民长期耕作的事实，可以证明村民集体事实已将土地承包给村民。

（2）处理农村土地纠纷除了要依据法律、法规，还应从实际出发，尊重历史，面对现实，灵活、谨慎地化解矛盾纠纷。众所周知，农村土地问题是一个政策性强、敏感性大的问题，我国的土地现状复杂，许多地区农村土地发包工作不规范，如果机械地单凭承包合同或农村土地承包经营权证认定村民集体与村民之间存在承包关系，不符合客观实际，容易与现实脱节。最高人民法院在就《关于审理涉及农村土地承包纠纷案件适用法律问题的解释》回答记者有关问题时也指出：该解释之所以未将取得土地承包经营权证等证书作为确定土地承包经营权权利属性的依据，主要是因为"从调研情况看，确权发证工作在个别地方还有待加强"。因此，我们处理农村土地纠纷时不能过于教条主义，应当从有利于农业生产、有利于社会稳定发展的要求出发，妥善解决当事人之间的土地争议。

3. 相对于行政处理，诉讼更加客观、中立和公正，也更有利于保护当事人的合法权益。与其他土地纠纷的解决机制相比，诉讼是解决土地纠纷的法律机制中最正式、最权威、最规范的一种方式。其优越性主要表现在：首先，其有规范的程序设置，可保障双方当事人平等对抗，充分行使自己的权利，从而实现保护合法的土地权益的实体目的。其次，法官代表国家行使审判权，统一适用国家法律，避免了部门利益的影响，有利于维护法律秩序。最后，诉讼最具权威性。现代法治社会，司法应为解决争议的最终方式，即使某一土地争议经过了行政处理和行政复议，若当事人不服，仍可向法院提起行政诉讼，可诉讼结果就是解决该土地争议的最终结果。

（海南省三亚市中级人民法院　吉红）

60. 刘亚芳不服中华人民共和国人力资源和社会保障部不予受理行政复议决定案
（行政复议与行政诉讼衔接问题）

（一）首部

1. 裁定书字号

一审裁定书：北京市第二中级人民法院（2008）二中行初字第 00337 号裁定书。

二审裁定书：北京市高级人民法院（2009）高行终字第 275 号裁定书。

2. 案由：不予受理行政复议。

3. 诉讼双方

原告（上诉人）：刘亚芳，女，1969 年生，汉族，原天津市津南利达阀门厂职工，住天津市津南区小站镇。

委托代理人：邹军（刘亚芳之夫），1965 年生，汉族，无业，住址同上。

委托代理人：江超，北京市两高律师事务所律师。

被告（被上诉人）：中华人民共和国人力资源和社会保障部，住所地：北京市东城区和平里中街 12 号。

法定代表人：尹蔚民，部长。

委托代理人：杨毅新，男，中华人民共和国人力资源和社会保障部干部。

委托代理人：郑国权，男，中华人民共和国人力资源和社会保障部干部。

4. 审级：二审。

5. 审判机关和审判组织

一审法院：北京市第二中级人民法院。

合议庭组成人员：审判长：田希霖；代理审判员：徐宁、金丽。

二审法院：北京市高级人民法院。

合议庭组成人员：审判长：朱世宽；审判员：赵宇晖；代理审判员：胡华峰。

6. 审结时间

一审审结时间：2008 年 12 月 5 日。

二审审结时间：2009 年 8 月 10 日。

（二）一审情况

1. 一审诉辩主张

（1）被诉具体行政行为

2008 年 3 月 10 日，原中华人民共和国劳动和社会保障部作出劳社部复不受字〔2008〕第 12 号《行政复议不予受理决定书》，以刘亚芳所提行政复议申请不符合《中华人民共和国行政复议法》的规定为由，依据《中华人民共和国行政复议法》第十七条第一款的规定，决定不予受理。

（2）原告诉称

因天津市津南区劳动和社会保障局违法裁定其与所在单位解除劳动合同，其多次向天津市劳动和社会保障局反映、申诉，该局劳动争议仲裁处于 2007 年 4 月 4 日为此作出《关于刘亚芳信访问题的处理意见》（以下简称《处理意见》）。其不服该《处理意见》，于 2007 年 6 月向原劳动和社会保障部申请复议。由于上述《处理意见》并未加盖公章，原劳动和社会保障部遂通知其补正证明该《处理意见》确系天津市劳动和社会保障局劳动争议仲裁处所作。2007 年 8 月 30 日早 8 时，其在家属陪同下到天津市劳动和社会保障局劳动争议仲裁处申请盖章。当晚 24 时左右，天津市劳动和社会保障局保卫处王处长带领四五名保安及天津市津南区劳动和社会保障局的领导，将其推搡致伤。经天津医科大学总医院诊断，其伤情为头外伤、头痛、头晕、颈脊髓损伤等。综上，原告刘亚芳认为，其向原劳动和社会保障部所提行政复议申请符合《中华人民共和国行政复议法》第六条第（九）、（十一）项，及《中华人民共和国行政复议法实施条例》第二十七条的规定；故请求撤销原劳动和社会保障部所作劳社部复不受字〔2008〕第 12 号《行政复议不予受理决定书》。

（3）被告辩称

原劳动和社会保障部依照法律规定的程序对刘亚芳的行政复议申请作出了处理；因原告刘亚芳不能提供证据证明《处理意见》确系天津市劳动和社会保障局所作，而该局亦否认作出过该《处理意见》，另原告刘亚芳虽称因到天津市劳动和社会保障局要求盖章而被该局有关人员推搡致伤，但该情况并非天津市劳动和社会保障局履行或不履行法定职责发生争议而使其致伤，故原告刘亚芳的行政复议请求不符合《中华人民共和国行政复议法》的规定，原劳动和社会保障部所作劳社部复不受字〔2008〕第 12 号《行政复议不予受理决定书》认定事实清楚，适用法律正确。综上，被告中华人民共和国人力资源和社会保障部请求依法驳回原告刘亚芳的诉讼请求。

2. 一审事实和证据

本案裁定驳回起诉，不涉及事实审。

3. 一审判案理由

北京市第二中级人民法院经审理认为：公民、法人或其他组织向人民法院提起行政诉讼应当符合法定要件，否则人民法院应当裁定不予受理，已经受理的，应当裁定驳回起诉。本案中，原告刘亚芳向原劳动和社会保障部所提第一项复议请求涉及的《处理意见》，系有关部门对其所提信访事项出具的信访答复意见，未对其设定新的权利义务，依法不属于行政复议范围，亦不属于行政诉讼受案范围。其第二项复议请求涉及的事项亦非行政机关履行法定行政职责过程中作出的具体行政行为，且已提交公安机关处理，因此亦不属于行政复议和行政诉讼受案范围。

4. 一审定案结论

北京市第二中级人民法院依照《最高人民法院关于执行〈中华人民共和国行政诉讼法〉若干问题的解释》第四十四条第一款第（十一）项的规定，作出如下裁定：

驳回原告刘亚芳的起诉。

（三）二审诉辩主张

1. 上诉人诉称

其于 2001 年受工伤，被鉴定为伤残五级。天津市津南区劳动和社会保障局在其医疗未终结、单位缺席、其不知情的情况下，违反《中华人民共和国劳动法》第二十九条的规定，裁定其与单位解除劳动合同，又欺骗其造成超过诉讼时效，致使其伤残待遇未得到落实。其申诉控告到天津市劳动和社会保障局，该局劳动争议仲裁处于 2007 年 4 月 4 日作出《处理意见》，但未加盖公章。其不服《处理意见》，于 2007 年 6 月向原劳动和社会保障部申请复议。原劳动和社会保障部向天津市劳动和社会保障局调查核实时，该局仲裁处复函称未向其作出过任何处理意见。原劳动和社会保障部通知其补正证明《处理意见》确系天津市劳动和社会保障局所作，即要求加盖该局劳动争议仲裁处公章。后其多次请求天津市劳动和社会保障局加盖公章未果。2007 年 8 月 30 日，其在家属陪同下到该局申请盖章，被该局工作人员推搡致伤，经诊断为头外伤、头痛、头晕、颈脊髓损伤等。天津市劳动和社会保障局不给盖章，不让复议，是违背职责的不作为行为，该局工作人员利用行政职权对其报复殴打，是执法犯法的违法行为。原劳动和社会保障部对其复议申请不予受理，一审法院裁定驳回其起诉错误。《中华人民共和国行政复议法》第六条第（九）项规定的"申请行政机关履行保护人身权利、财产权利、受教育权利的法定职责，行政机关没有依法履行的"情形和第（十一）项规定的"认为行政机关的其他具体行政行为侵犯其合法权益的"情形，属于行政复议范围。《中华人民共和国行政复议法实施条例》第二十七条也明确规定："公民、法人或者其他组织认为行政机关的具体行政行为侵犯其合法权益提出行政复议申请，除不符合行政复议法和本条例规定的申请条件的，行政复议机关必须受理。"因此其起诉符合《中华人民共和国行政诉讼法》第十一条第一款第（八）项的受案范围。综上，一审法院认定事实不清，证据不足，适用法律错误，显失公正。请求撤销一审裁定，撤销原劳动和社会保障部作出的行政复议不予受理决定。

2. 被上诉人辩称

同意一审裁定。

（四）二审事实和证据

本案裁定驳回起诉，不涉及事实审。

（五）二审判案理由

北京市高级人民法院经审理认为：根据《中华人民共和国行政诉讼法》第四十一条第（四）项规定，当事人提起行政诉讼应当属于人民法院受案范围。《最高人民法院关于执行〈中华人民共和国行政诉讼法〉若干问题的解释》第四十四条第一款规定，请求事项不属于行政审判权限范围或起诉不具备其他法定要件的，应当裁定不予受理，已经受理的，裁定驳回起诉。本案中，刘亚芳第一项复议请求系针对天津市劳动和社会保障部门及劳动争议仲裁机构共同研究作出的《处理意见》，该信访事项涉及2001年和2002年作出的已经生效的两次劳动争议仲裁裁决，该信访答复未对其设定新的权利义务，且认为"市、区仲裁机构、信访等部门应共同做好工作，对于其生活困难的问题应通过其他渠道解决"。根据《最高人民法院关于执行〈中华人民共和国行政诉讼法〉若干问题的解释》第一条第二款第（三）项的规定及《中华人民共和国信访条例》的相关规定，本案涉及的仲裁裁决及信访答复行为依法不属于行政复议范围和行政诉讼受案范围。刘亚芳第二项复议请求所称天津市劳动和社会保障局在处理该案过程中对其故意伤害一案，已提交当地公安机关处理，依法亦不属于行政复议范围和行政诉讼受案范围，其有关赔偿请求应依法通过其他渠道解决。据此，一审裁定驳回刘亚芳起诉正确，本院应予维持。刘亚芳的上诉请求缺乏事实和法律依据，本院不予支持。

（六）二审定案结论

北京市高级人民法院依照《中华人民共和国行政诉讼法》第六十一条第（一）项的规定，作出如下裁定：

驳回上诉，维持一审裁定。

（七）解说

当事人起诉行政复议不予受理决定，人民法院是否可以直接裁定驳回起诉，在理论研究和司法实践中都有争议。支持驳回起诉观点的主要理由是，复议机关决定不予受理，应当以作出原具体行政行为的行政机关为被告；在复议非前置的情况下，当事人既然选择了行政复议，就不能对复议机关作出的不予受理决定提起诉讼，以减轻诉累。反对的观点认为，应尊重当事人的选择权和提起诉讼的权利，加强对行政复议的司法监督，所有的行政复议不予受理决定都属于行政诉讼的受案范围。

1. 现行法律的相关规定

行政复议作为一种行政救济方式，其与行政诉讼司法救济方式并存，并由司法最终解决，这是二者的基本关系。对二者的程序衔接问题，法律及司法解释有许多特别的规定。《中华人民共和国行政复议法》在其"总则"部分第五条规定，对行政复议决定不服的，可以依照行政诉讼法的规定向人民法院提起行政诉讼。该条概括规定了当事人对行政复议决定的诉权，但其诉权还应满足行政诉讼法的要求，这里给法官留下了依据行政诉讼法进行裁量的余地。这种理解在《中华人民共和国行政诉讼法》第三十七条中也能得到支持。该条规定，对属于人民法院受案范围的行政案件，公民、法人或者其他组织可以先向上一级行政机关或者法律、法规规定的行政机关申请复议，对复议不服的，再向人民法院提起诉讼；也可以直接向人民法院提起诉讼。法律、法规规定应当先向行政机关申请复议，对复议不服再向人民法院提起诉讼的，依照法律、法规的规定。该条是《中华人民共和国行政诉讼法》第六章关于"起诉与受理"的第一条，是关于行政复议与行政诉讼的衔接关系的总原则。值得注意的是，这种衔接关系是建立在争议"属于人民法院受案范围的行政案件"的基础上的，如果行政复议不予受理的行政案件（原行政行为）本身不在行政诉讼的受案范围之内，则其能否通过复议与诉讼程序衔接是应该审查的。

特别需要辨明的是《中华人民共和国行政诉讼法》第三十八条第二款的规定："申请人不服复议决定的，可以在收到复议决定书之日起十五日内向人民法院提起诉讼。复议机关逾期不作决定的，申请人可以在复议期满之日起十五日内向人民法院提起诉讼。法律另有规定的除外。"笔者认为，该条不是对诉权的规定，而是对起诉期限的规定，因此不是当事人诉权的依据。行政复议决定有广义和狭义、实体和程序之分。《中华人民共和国行政复议法》第五章是专章对"行政复议决定"的规定，其中第二十八条规定了行政复议决定的几种类型，它们都是实体意义上的行政复议决定。而关于行政复议不予受理决定是在第四章"行政复议受理"中规定的，这种程序性决定，属于广义的行政复议决定的范畴。由于对行政复议申请不予受理的情形随案情不同而千差万别，所以应依据实质上有无可诉争、可审查的问题，对当事人的诉权进行审查。

2. 从行政复议的性质及其与诉讼的关系看当事人的诉权保障

（1）从根本上说，行政复议与行政诉讼都是对原行政行为的救济途径，都是当事人救济权的实现方式。正是基于这种救济和复审的性质，在考虑行政复议决定可诉性问题时，不应该将其与原具体行政行为割裂开来，孤立地看待行政复议决定的可诉性。从现行法律规定看，对行政复议决定可诉性的规定的一个思路就是看其与原具体行政行为的关系，行政复议决定维持原具体行政行为的，应该针对原具体行政行为提起诉讼；行政复议决定改变原具体行政行为的，起诉行政复议决定。

就行政复议不予受理决定而言，如果我们只是因为这是行政复议机关作的一个程序性的行政行为，就绝对肯定当事人的诉权，则具有表面性和形式性，并不利于行政争议的平息。行政复议不予受理决定实质上是对当事人救济权的拒绝，此时当事人的诉权实质是向法院寻求其救济权的救济权，那么法院是审查行政复议机关对当事人救济权的拒绝的合法性，还是审查当事人救济权的现实性，是可否采用驳回起诉方式的关键。如果不考虑行政复议的特点，那么毫无疑问，根据行政诉讼的合法性审查原则，法院应当审查行政复议机关对当事人救济权的拒绝的合法性。但是从行政复议法本身就是一部行政行为救济法的角度考虑，法院直接审查当事人的基础救济权，即当事人诉争的原具体行政行为在法律上是否具有可救济性、当事人是否具有现实的救济权，是具有法理基础的。如果对申请复议的行政行为，当事人不享有或者已失去行政复议法和行政诉讼法上的救济权，法院对行政复议不予受理决定案件进行受理并作出判决，并无实质意义，直接裁定驳回起诉，可以节约司法和行政资源，制止当事人对救济权的滥用。因此，从救济权保障的角度，对行政复议不予受理决定案件，应注意对可救济性的审查。

（2）复议、诉讼的程序衔接与当事人对救济方式的选择。行政复议和行政诉讼作为针对行政权的两种救济程序，具有前置、并行与司法最终几种关系。在法律规定复议前置的情况下，当事人对原具体行政行为不能径行起诉，行政复议为必经程序。复议前置的设置，在于强调行政监督的重要性，行政诉讼作为司法监督是其补充。行政复议机关不予受理或不作为的，当事人可直接行使对原具体行政行为的救济权，或者起诉不作为，请求法院判令行政复议机关履行复议职责。行政复议机关作出不予受理决定，当事人不去起诉原具体行政行为，而是起诉不予受理决定，其诉讼目的显然在于选择复议机关解决行政争议，而不愿意诉之于原具体行政行为的管辖法院。在复议非前置的情况下，当事人的选择权更大，当其选择复议而复议机关不予受理时，起诉复议不予受理决定，也是为了改变行政争议的系属关系。当事人的这种选择权，对于改变行政诉讼环境确有一定作用，应当依法予以保障。但是这种选择权也容易被滥用，使复议机关和法院陷入无理缠诉之中。因此，如果该行政争议本身不属于行政诉讼受理范围，即使诉至原具体行政行为的管辖法院，其结果也应是驳回起诉（在有些案件中，当事人是明知的），法院对当事人选择解决行政争议管辖机关的请求，没有必要进行判决，直接驳回起诉并无剥夺其诉权之虞。

（3）基于行政复议的准司法性，可以对被申请复议的原行政行为的可诉性进行审查。法院对这种准司法性的行政复议行为的合法性审查，应该类似于上诉审程序。在司法程序中，对上诉案件，审查范围包括一审裁判和被诉具体行政行为。一审裁定驳回起诉，二审认为正确的，仍然适用裁定驳回上诉；而且在审判实践中，二审可以改变一审裁定驳回起诉的理由而维持驳回起诉的结果。因此，对于行政复议不予受理决定案件，法院以原行政争议不属于行政诉讼案件受理范围为由裁定驳回起诉，与行政复议的准司法性质是相符的。应该承认的区别是，在审判程序中，一、二审依据的都是行政诉讼法；而行政复议程序和行政诉讼程序则分别依据行政复议法和行政诉讼法，二者目前在受案范围上存在区别。但是也正是因为法律依据有所不同，所以法院可以依行政诉讼法的规定对经行政复议程序"上诉"到法院的行政争议，直接裁定驳回起诉。也就是说，就一起行政争议而言，如果当事人不服行政复议不予受理决定，而将该争议提交到法院，首先要符合行政诉讼法的规定，其次才是对是否符合行政复议法规定进行审查。

（北京市高级人民法院　胡华峰）

61. 吴文莲不服广东省劳动和社会保障厅行政复议决定案
（工伤认定）

（一）首部

1. 判决书字号

一审判决书：广东省广州市越秀区人民法院（2007）越法行初字第 79 号判决书。

二审判决书：广东省广州市中级人民法院（2007）穗中法行终字第 447 号判决书。

再审判决书：广东省广州市中级人民法院（2009）穗中法审监行再字第 4 号判决书。

2. 案由：行政复议决定。

3. 诉讼双方

原告（被上诉人、申请再审人）：吴文莲，女，1948 年生，汉族，住四川省巴中市巴州区。

委托代理人：周立太，重庆周立太律师事务所律师。

被告（上诉人、被申请人）：广东省劳动和社会保障厅，地址：广州市教育路 88 号。

法定代表人：刘友君，厅长。

委托代理人：黄莹瑜、傅建伟，该厅公务员。

第三人（上诉人、被申请人）：东莞长安乌沙华高电业制品厂，地址：广东省东莞市长安镇。

法定代表人：詹建光，厂长。

4. 审级：再审。

5. 审判机关和审判组织

一审法院：广东省广州市越秀区人民法院。

合议庭组成人员：审判长：周健彬；人民陪审员：何燕红、程志雄。

二审法院：广东省广州市中级人民法院。

合议庭组成人员：审判长：张尚清；代理审判员：叶洁靖、叶丹。

再审法院：广东省广州市中级人民法院。

合议庭组成人员：审判长：董艳华；审判员：陈剑平、张一扬。

6. 审结时间

一审审结时间：2007 年 3 月 22 日。

二审审结时间：2007 年 8 月 30 日。

再审审结时间：2009 年 12 月 10 日。

（二）一审情况

1. 一审诉辩主张

（1）被诉具体行政作为

2006 年 7 月 3 日，东莞市社会保障局作出工伤认字第 20060620003 号工伤认定书，认定原告之子所发生事故属于工伤。第三人东莞长安乌沙华高电业制品厂不服，向广东省劳动和社会保障厅申请行政复议。其于 2006 年 12 月 5 日作出决定，撤销东莞市社会保障局作出的工伤认定书，责令其重新作出决定。

（2）原告诉称

原告之子李×生前系第三人东莞长安乌沙华高电业制品厂（以下简称华高电子厂）总务部主管。2006 年 4 月 13 日下午 6:40 许，李×主持保安会议，因工作原因批评了保安张××，从而引起其不满。2006 年 4 月 14 日 12 时许，张××窜至华高电子厂员工食堂，趁李×不备持铁管殴打李×致其死亡。东莞市社会保障局作出李×非工伤的认定结论，原告不服，向东莞市人民政府申请行政复议，该府撤销了上述工伤认定结论。东莞市社会保障局于 2006 年 7 月 3 日以东社保工伤认字第 20060620003 号作出决定，认定李×所发生事故属于工伤。华高电子厂不服，向广东省劳动和社会保障厅（以下简称省劳保厅）申请行政复议，省劳保厅于 2006 年 12 月 5 日作出决定，撤销东莞市社会保障局作出的工伤认定书，责令其重新作出决定。原告认为李×因履行工作职责受到暴力伤害，根据《工伤保险条例》第十四条第（三）项、《广东省工伤保险条例》第九条第（三）项的规定，应当认定为工伤。请求法院依法撤销省劳保厅作出的上述复议决定，维持东社保工伤认字第 20060620003 号工伤认定书。

（3）被告辩称

根据李×考勤记录表，事发当天其打卡下班时间为 12 时 02 分，即遭受暴力伤害时已打卡下班，不在工作时间内。因此东莞市社会保障局作出的工伤认定决定书属认定事实不清，证据不足，依法应予撤销。我厅作出的行政复议决定认定事实清楚，证据确凿，适用依据正确，程序合法，请求法院予以维持。

（4）第三人述称

同意被告的意见，请求驳回原告的诉讼请求。

2. 一审事实和证据

广东省广州市越秀区人民法院经公开审理查明：吴文莲是死者李×的母亲。李×是华高电子厂聘请的总务主管，负责管理维修部、保安组、人事部、报关组等部门的工作。2006 年 4 月 13 日 18 时许，李×到华高电子厂保安员训练场所给全体保安员开会，并让全体保安员提建议。保安员张××因出言顶撞而遭到李×的训斥，遂决定当众报复并打死李×。2006 年 4 月 14 日 12 时许，李×在华高电子厂食堂就餐时，被张××用铁水管猛击头部，导致李×经抢救无效死亡。吴文莲就此向东莞市社会保障局（以下简称"东莞社保局"）申请工伤认定。东莞社保局受理后经调查于 2006 年 7 月 3 日作出了东社保工伤认字第 20060620003 号工伤认定书，根据《广东省工伤保险条例》第九条第（三）项的规定，认定李×于 2006 年 4 月 14 日所发生的事故属工伤。华高电子厂对上述决定不服，向省劳保厅申请复议，省劳保厅经复议后查明了上述东莞社保局作出工伤认定的事实，另查明华高电子厂考勤制度记载，正常上班时间：上午 8:00—12:00，下午 13:30—17:30。李×的考勤记录表显示，2006 年 4 月 14 日李×的上班时间为 7 时 31 分，12 时 02 分下班。省劳保厅遂于 2006 年 12 月 5 日作出了粤劳社复决字（2006）第 140 号行政复议决定书，认定李×当天 12 时 02 分已离开工作岗位，遭受暴力伤害时不属于工作时间，也不在工作场所内，东莞社保局认定李×属于工伤，属认定主要事实不清，适用依据错误。遂决定撤销东莞社保局于 2006 年 7 月 3 日作出的《工伤认定书》，责令东莞社保局在收到本决定书之日起 60 日内重新作出决定。另查明，2006 年 9 月 12 日，东莞市中级人民法院作出的（2006）东中法刑初字第 352 号刑事判决书中查明：在案发前一天的保安员会议上，李×基于工作管理上的需要，让保安员建议，被告人张××在这种情况下出言顶撞李×遭到李×的训斥，张××顶撞在先，李×训斥在后，双方均因工作问题发生纷争，且事后李×并未因此对张××作出不公正的处理，故被害人李×对案件的发生没有责任。

上述事实有下列证据证明：

（1）乌沙派出所证明；

（2）鉴定结论通知书；

（3）工伤认定申请表；

（4）考勤制度、考勤表；

（5）调查笔录；

（6）第三人总务部结构图；

（7）东社保工伤认字第 20060620003 号工伤认定书；

（8）粤劳社复决字（2006）第 140 号行政复议决定书；

（9）送达回证；

（10）（2006）东中法刑初字第 352 号刑事判决书。

3. 一审判案理由

广东省广州市越秀区人民法院经审理认为：工伤保护的法律原则和精神是保障无恶意劳动者因工作或与工作相关活动伤亡后能获得救济。《工伤保险条例》第十四条和《广东省工伤保险条例》第九条都规定，职工有下列情形之一的，应当认定为工伤：……（3）在工作时间和工作场所内，因履行工作职责受到暴力等意外伤害的。死者李×作为保安部的主管，因工作问题与保安员张××发生纷争，且事后李×并未因此对张××作出不公正的处理，故李×对事件的发生没有责任。李×属于因履行工作职责而受到暴力等意外伤害的情形。上述条例规定的"工作时间"包括工作期间临时休息的时间，"工作场所"包括工作期间临时休息区域。李×受到的暴力伤害发生在职工工作期间临时休息的时间及临时休息地点，符合条例规定的应当认定为工伤的情形。

4. 一审定案结论

广东省广州市越秀区人民法院依照《中华人民共和国行政诉讼法》第五十四条第一

款第（二）项的规定，作出如下判决：

（1）撤销被告广东省劳动和社会保障厅于 2006 年 12 月 5 日作出的粤劳社复决字〔2006〕第 140 号《行政复议决定书》。

（2）被告广东省劳动和社会保障厅应于本判决发生法律效力之日起 2 个月内对第三人的复议申请重新作出处理。

（三）二审情况

1. 二审诉辩主张

（1）上诉人诉称

省劳保厅上诉称：1）原审法院查明："2006 年 4 月 14 日李×的上班时间为 7 时 31 分，12 时 02 分下班"，即李×下班以后的吃饭时间不属于"上班时间"。2）"工间休息时间"是指工作时间内的休息时间，不包括上午、下午两个班之间的休息时间；而"休息时间"是指下班后的职工自由支配的时间。本案中，当天李×已于 12 时 02 分打卡下班，该时间属自由支配的时间，不应当认定为工作时间。因此，原审判决认定事实不清，适用依据错误，请求二审法院撤销原判。

华高电子厂上诉称：1）根据李×的考勤记录，李×在当天下班时间为 12 点 02 分，事故发生时是下班时间，并不属于工作时间。李×吃饭的饭堂不属于工作场所。2）原审法院适用法律不当。《工伤保险条例》第十四条第（三）项强调需同时具备工作时间、在工作场所、因履行工作职责受到暴力等意外伤害这三个要件的，才能认定为工伤。请求二审法院撤销原审判决。

（2）被上诉人辩称

关于上班时间，一审不仅以考勤卡来认定，还根据其他证据予以判断。根据李×的考勤时间，李×中午的休息时间只有十几分钟，所以中午的间隔时间是工间休息时间。东莞市中级人民法院对凶手杀死李×的事实已作出刑事判决，认定是因工作原因引起的报复行为，因此根据劳动部的规定，应认定为工伤。

2. 二审事实和证据

广东省广州市中级人民法院经审理，确认一审法院认定的事实和证据。

3. 二审判案理由

广东省广州市中级人民法院经审理认为：根据《工伤保险条例》第十四条第（三）项的规定，在工作时间和工作场所内，因履行工作职责受到暴力等意外伤害的，应当认定为工伤。可见，"工作时间"、"工作场所"以及"因履行工作职责"是该条款规定认定工伤应同时具备的三个要素。本案三方争议的焦点在于死者李×是否在工作时间内受到暴力伤害。按照上诉人华高电子厂的考勤制度，全厂员工必须刷卡上、下班；正常上班时间为上午 8：00—12：00、下午 13：30—17：30。上述上、下班的时间段属于李×的工作时间，而上、下午两个班之间的这段时间属于工作外正常休息时间，属于其可以自由支配的时间。在事件发生当天的上午，李×于 12：02 刷卡下班，也就是说，其当天上午的工作时间已经结束，之后是其正常休息时间。因此，上诉人省劳保厅认定李×

12:02 离开工作岗位后遭受暴力伤害的时间不属于工作时间的理由成立，本院予以支持。

4. 二审定案结论

广东省广州市中级人民法院依照《中华人民共和国行政诉讼法》第五十四条第（一）项、第六十一条第（二）项的规定，作出如下判决：

（1）撤销广州市越秀区人民法院（2007）越法行初字第 79 号行政判决；

（2）维持广东省劳动和社会保障厅于 2006 年 12 月 5 日作出的粤劳社复决字〔2006〕第 140 号行政复议决定。

（四）再审诉辩主张

1. 申请人诉称

《工伤保险条例》第十四条第（三）项和《广东省工伤保险条例》第九条第（三）项中规定的"工作时间"和"工作场所"都应该包括合理的延伸范围，关键在于劳动者的伤亡是否因工作或从事与工作相关的活动所导致。李×虽然当时已经刷卡下班，但仍在厂内食堂吃午餐且处于上、下午两班之间的短暂休息期间，属于"工作地点"和"工作时间"合理的延伸范围。请求撤销广州市中级人民法院（2007）穗中法行终字第 447 号行政判决，并维持广州市越秀区人民法院（2007）越法行初字第 79 号判决；一、二审案件诉讼费均由省劳保厅、华高电子厂承担。

2. 被申请人辩称

（1）吴文莲将工作时间以外的休息时间理解为工作时间的合理延伸背离了劳动法关于工作时间的概念，也与本案的事实不符。事发当日李×已打卡下班，中午的休息时间没有列入工作时间进行管理。（2）根据《工伤保险条例》第十四条、第十五条的规定，必须存在法律规定的情形才能认定为工伤。综上，二审法院依法撤销一审判决符合法律规定，应予维持。

华高电子厂经公告送达传票，未到庭答辩。

（五）再审事实和证据

广东省广州市中级人民法院经审理，确认原审法院认定的事实和证据。

（六）再审判案理由

广东省广州市中级人民法院经审理认为：《工伤保险条例》第十四条第（三）项和《广东省工伤保险条例》第九条第（三）项均规定，在工作时间和工作场所内，因履行工作职责受到暴力等意外伤害的，应当认定为工伤。劳动关系中，工伤保护的法律原则和精神是保障无恶意劳动者因工作或与工作相关活动伤亡后能获得救济，只要劳动者受到的伤害与工作的内容相关联，对于工作时间的界定则要根据不同工作性质来判断，只要伤害情形不属于工伤排除范围,就应当认定为工伤。本案中,李×作为保安工作的负责人,组织保安员开会是其工作职责,其是因与加害人在会上发生言语冲突而被害。虽然李×是在中午 12 点 02 分打卡下班后被害,但其被害的地点在厂区内,是基于履行工作职责受到打击报复。如果仅因下班时间超过 2 分钟就不认定为工伤,有违劳动法保护劳动者合法权益的立法本意和公平原则,也不利于职工履行职责。综上,吴文莲的再审申请理由成立,其请求应予支持;二审查明事实无误,但处理欠妥,再审予以纠正。

(七)再审定案结论

广东省广州市中级人民法院依照《中华人民共和国行政诉讼法》第五十四条第一款第(二)项的规定,作出如下判决:

1. 撤销广州市中级人民法院(2007)穗中法行终字第 447 号行政判决。
2. 维持广州市越秀区人民法院(2007)越法行初字第 79 号行政判决。

(八)解说

本案的焦点在于:是否必须同时满足工作原因、工作场所、工作时间三个条件才能认定为工伤。

1. 工伤的概念和范围

工伤,即因工负伤。在工伤概念中的"工",就其本质而言,是指职工在劳动过程中执行职务(业务)的行为,既可能是在工作地点和工作时间之内,也可能是在其他地点或时间。故工伤可以定义为:职工在劳动过程中因执行职务(业务)而受到的急性伤害。[①]

工伤与非工伤的界限,通常有:(1)时间界限,即工伤一般限于工作时间之内所发生的急性伤害。(2)空间界限,即工伤一般限于生产、工作区域之内所发生的急性伤害。(3)职业(业务)界限,即工伤一般限于执行职务(业务)而发生的急性伤害,只要急性伤害是因执行职务而发生的,即使发生在工作时间或工作区域之外,也属于工伤。[②]

本案中,劳动者李×上午的工作时间是 8:00—12:00,其受伤时间是在上午下班(打卡)之后,因此,严格来说,李×的伤害事故不能满足工伤认定中工作时间这一条件,原二审判决认定李× 12:02 分离开工作岗位后遭受暴力伤害的时间不属于工作时间,并无不当。但问题在于,是否工作时间之外职工所受的伤害一律不得认定为工伤,这就需要对工伤认定三个要素的地位作一番分析。

2. 工伤认定三大要素之地位分析

我国《工伤保险条例》第十四条规定,职工有下列情形之一的,应当认定为工伤:

---

① 参见王全兴:《劳动法》,2 版,336~337 页,北京,法律出版社,2004。
② 参见王全兴:《劳动法》,2 版,337 页,北京,法律出版社,2004。

（1）在工作时间和工作场所内，因工作原因受到事故伤害的；（2）工作时间前后在工作场所内，从事与工作有关的预备性或者收尾性工作受到事故伤害的；（3）在工作时间和工作场所内，因履行工作职责受到暴力等意外伤害的；（4）患职业病的；（5）因工外出期间，由于工作原因受到伤害或者发生事故下落不明的；（6）在上下班途中，受到机动车事故伤害的；（7）法律、行政法规规定应当认定为工伤的其他情形。由此可看出，工作时间、工作场所和工作原因是工伤认定的三大要素，但这三个要素的地位和作用并不等同。从工伤的概念分析，其本质在于"工"，也即是因工负伤，故工作原因是工伤认定中最关键的要素。从《工伤保险条例》第十四条的内容来看，每一种认定工伤的情形都离不开工作原因这一要素。而工作时间、工作场所则不是每种情形都必须满足的，如上下班途中受到机动车事故伤害的也可认定为工伤，这种情形就不能满足工作时间和工作场所的条件。

3. 本案劳动者李×被害事故能否认定为工伤

本案中，是否认定李×遭受的暴力伤害属于工伤，关键看其是否符合我国《工伤保险条例》第十四条第（三）项的规定，即在工作时间和工作场所内，因履行工作职责受到暴力等意外伤害。该项规定中工作时间、工作场所和工作原因三个要素是否必须同时满足？国务院法制办公室政法劳动社会保障法制司对该项的释义认为，该项有两层含义：一是指职工因履行工作职责，使某些人的不合理的或违法的目的没有达到，这些人出于报复而对该职工进行的暴力人身伤害。二是指在工作时间和工作场所内，职工因履行工作职责受到的意外伤害。根据释义的第一层含义，本身作为无过错方的职工因工作原因与他人引发纠纷而遭受他人（过错方）恶意报复受到伤害的，应予认定工伤。本案中，李×作为保安工作的负责人，保安员张××因开会时出言顶撞而遭到李×的训斥，遂决定报复并在第二天将李×打死。东莞市中级人民法院作出的（2006）东中法刑初字第352号刑事判决书中查明事实认定李×对案件的发生没有责任。因而，本案的情况符合释义第一层含义的内容，李×之死应认定为工伤。

综合本案案情来看，李×被害事故确因履行工作职责而引起，其符合工伤认定的核心要素——工作原因。在符合工作原因的前提下，工作时间和工作场所要素应作为辅助性要素予以认定。虽然李×是在中午打卡下班后几分钟内被害，但其被害的地点在厂区（单位饭堂设在厂区之内）之内，被害原因是因履行工作职责而遭受打击报复。如果仅因超过下班时间几分钟就不认定为工伤，有违《工伤保险条例》和有关劳动立法保护劳动者合法权益的立法目的和立法原则，也违背《工伤保险条例》这个权利保障法的立法本意。综上，本案再审改判认定李×死亡属于工伤是正确的。

（广东省广州市中级人民法院　林锐君）

十三、国家赔偿案件

62. 马刚平诉深圳市国土资源和房产管理局行政赔偿案
（房屋产权登记　行政赔偿）

（一）首部

1. 判决书字号

一审判决书：广东省深圳市罗湖区人民法院（2008）深罗法行初字第 122 号判决书。

二审判决书：广东省深圳市中级人民法院（2009）深中法行终字第 90 号判决书。

2. 案由：房产登记行政赔偿。

3. 诉讼双方

原告（上诉人）：马刚平，男，汉族，1952 年生，住深圳市罗湖区。

委托代理人：马建平，男，汉族，1955 年生，住江西省南昌市东湖区。

被告（被上诉人）：深圳市国土资源和房产管理局。地址：深圳市振兴路 3 号建艺大厦。

法定代表人：张士明，局长。

委托代理人：曹洋，广东新振昌律师事务所律师。

委托代理人：胡天舒，深圳市房地产权登记中心工作人员。

4. 审级：二审。

5. 审判机关和审判组织

一审法院：广东省深圳市罗湖区人民法院。

合议庭组成人员：审判长：曹中海；代理审判员：黄欣；人民陪审员：沈继芬。

二审法院：广东省深圳市中级人民法院。

合议庭组成人员：审判长：邱仲明；审判员：罗毓莉、曹勇。

6. 审结时间

一审审结时间：2008 年 11 月 28 日。

二审审结时间：2009 年 3 月 5 日。

（二）一审情况

1. 一审诉辩主张

（1）被诉具体行政行为

深圳市国土资源和房产管理局于1990年7月15日将深圳市布心路翠园住宅区×房（现名为布心花园×房）登记在丁广明名下，并颁发了深房地字第0030447号房地产代用证。

（2）原告诉称

1988年12月1日，原告付款购买了涉案房产深圳市布心路翠园住宅区×房（现名为布心花园×房）。被告在该房的登记过程中没有认真审查有关材料，在案外人丁广明没有亲自申请也没有委托他人申请房产登记的情况下，于1990年7月15日将涉案房产错误登记在丁广明名下，并颁发了深房地字第0030447号房地产代用证。此后，被告虽然知道房产登记错误，但一直拒绝将房产变更到原告名下。1994年5月，原告就涉案房产的产权确权向人民法院提起诉讼。2003年9月，广东省高级人民法院确认了房产是原告购买，产权亦无争议。原告于2003年12月开始向被告递交涉案房产的产权变更申请，被告一直拒绝办理。2006年11月28日，深圳市中级人民法院（2006）深中法行终字第451号行政判决书判令被告将涉案房产登记在马刚平名下。2007年3月7日，被告向原告核发了深房地字第2000356483号房地产证。被告的错误登记以及后来拒绝变更的行为，造成原告的房产被登记在他人名下19年之久，也造成案外人胡建强强行居住原告房产19年之久。原告的房产经济损失与被告的违法行政行为有直接的因果关系。被告应当为其错误登记行为承担赔偿责任。

原告请求判令被告赔偿因其在房产登记中的过错给原告造成的房屋经济损失人民币679 383.3元。

（3）被告辩称

本案涉及的房产罗湖区翠园住宅区×房是深圳市城市建设开发（集团）公司（以下简称城建公司）开发。1988年12月，城建公司将涉案房产出售给丁广明，双方签订了《商品房买卖合同》。1990年7月，城建公司和丁广明向深圳市房地产权登记部门提出房产转移登记申请。经过审查，产权登记部门核准了申请，并向丁广明颁发了0030447号房地产代用证。2003年10月8日，原告向被告提交了一份《关于对布心花园二区×房核准或变更产权登记的申请》，被告于2003年10月27日以深规土函第LH0303781号《承办文件复函》答复原告，若需改变权利人，应按转移登记办理。2004年，原告向人民法院提起行政诉讼，要求撤销0030447号房地产证。罗湖区人民法院于2004年5月26日作出（2004）深罗法行初字第8号行政判决书，以丁广明没有在转移登记申请书签名为由，撤销了0030447号房地产证。后原告再次提起行政诉讼，罗湖区人民法院作出（2005）深罗法行初字第33号行政判决书，以广东省高级人民法院裁定书确认涉案房产为原告购买，应为其所有为由，判决将涉案房产登记在原告名下。2007年3月7日，被告向原告核发了涉案房产的房地产证，证号为2000356483。被告认为，原告委托他人购买房产，受托人借用丁广明身份证以其名义签订《商品房买卖合同》，并获核准产权登记。原告应当对受托人的行为承担责任。虽然被告将涉案房产登记在丁广明名下程序违法，但并不必然导致原告经济损失。原告所称的损失是由第三人侵权造成的，与（2004）深罗法行初字第 8 号行政判决书认定的被告程序违法之间没有因果关系。请求人民法院查明事实，驳回原告的诉讼请求。

2. 一审事实和证据

广东省深圳市罗湖区人民法院经公开审理查明：1990 年 7 月 15 日，被告将涉案房产深圳市罗湖区翠园住宅区×房（现名为布心花园×房）登记在案外人丁广明名下，房产代用证号是 0030447。2004 年原告向罗湖区人民法院提起行政诉讼，要求撤销 0030447 号房产代用证。罗湖区人民法院作出（2004）深罗法行初字第 8 号行政判决书，以丁广明没有在《深圳市房地产转让登记申请书》上签名为由，认定被告将涉案房产产权登记在丁广明名下的程序违法，判决撤销涉案房产的产权登记。2005 年原告又向罗湖区人民法院提起行政诉讼，要求判令被告将涉案房产产权登记在原告名下。2006 年 11 月 28 日，深圳市中级人民法院作出（2006）深中法行终字第 451 号行政判决书，判决被告将涉案房产产权登记在原告名下。2007 年 3 月 7 日，被告向原告核发了深房地字第 2000356483 号房地产权证。原告于 2007 年 11 月 20 日向被告提出赔偿申请，要求赔偿房屋经济损失，主要是租金及银行利息损失，共计人民币 661 012 元。被告于 2008 年 6 月 11 日作出《关于驳回马刚平国家赔偿申请的决定》，以原告的赔偿请求不符合《中华人民共和国国家赔偿法》的规定为由，驳回了原告的赔偿申请。

上述事实有下列证据证明：

原告提交的证据有：

1.《关于驳回马刚平国家赔偿申请的决定》；

2. 马刚平提交深圳市国土资源和房产管理局的《损害赔偿申请书》；

3. 深房地字第 2000356483 号房地产证；

4. 深圳市中级人民法院（2006）深中法行终字第 451 号《行政判决书》；

5. 广东省高级人民法院（2003）粤高法审监民再字第 34 - 1 号《民事裁定书》；

6. 深圳市公安局内部保卫分局《关于撤销深公内发（92）第 222 号文的通知》；

7. 丁广明的声明（三份）；

8. 0030447 号房地产证的电脑查询结果；

9. 深圳市罗湖区人民法院（2004）深罗法行初字第 8 号《行政判决书》；

10. 撤销 0030447 号房地产证的电脑打印单；

11. 公告；

12. 深圳市规划与国土资源局罗湖分局深规土函第 LH 0303781 号承办文件复函；

13. 深圳市罗湖区东湖街道办事处翠湖社区工作站出具的证明；

14. 深圳市中级人民法院（1997）深中法执字第 12 - 187 号限期执行通知书；

15. 深圳市罗湖区人民法院（2007）深罗法民一初字第 748 号《民事判决书》；

16. 深圳市中级人民法院（2007）深中法民五终字第 3527 号《民事判决书》；

17. 深圳商报 2006 年 5 月 30 日《关于发布〈深圳市 2006 年房屋租赁指导租金〉的通告》。

以上证据均为复印件。

被告提交的证据有：

1. 1990 年 7 月 13 日《深圳市房地产转让登记申请书》；

2. 商品房买卖合同；

3. 丁广明身份证复印件；

4. （88）深外证房售字第 5157 号《公证书》；

5. 付清房款证明书；

6. 购房款发票和公证费收据；

7. 深圳市罗湖区人民法院（2004）深罗法行初字第 8 号《行政判决书》；

8. 深圳市中级人民法院（2006）深中法行终字第 451 号《行政判决书》；

9. 深房地字第 2000356483 号房地产证；

10. 《关于驳回马刚平国家赔偿申请的决定》；

11. 马刚平提交深圳市国土资源和房产管理局的《损害赔偿申请书》。

以上证据均为复印件。

经庭审质证，一审法院认为，原告的证据 10、11 没有提交证据原件，不符合证据的真实性要求，本院不予采纳。被告提交的证据 1 上"丁广明"的签名不真实，不符合证据的真实性要求，本院不予采纳。原、被告提交的其他证据材料符合证据的真实性、关联性、合法性要求，可以作为本案证据使用。

3. 一审判案理由

广东省深圳市罗湖区人民法院经审理认为：《中华人民共和国国家赔偿法》第二条第一款规定："国家机关和国家机关工作人员违法行使职权侵犯公民、法人和其他组织的合法权益造成损害的，受害人有依照本法取得国家赔偿的权利。"根据该规定，只有在国家机关及其工作人员违法行使职权且该违法行使职权行为与受害人受到的损害存在因果关系的情况下，受害人方可依法取得国家赔偿。本案被告于 1990 年 7 月 15 日将涉案房产深圳市罗湖区翠园住宅区×房登记在案外人丁广明名下的行政行为程序违法，被人民法院判决撤销。但该违法行政行为与原告称其受到的房屋经济损失没有因果关系。原告称其因房屋被案外人长期非法占有受到损害，但该损害并不是被告的登记行为所致。原告要求被告赔偿因其在房产登记中的过错给原告造成房屋经济损失的请求，不属于国家赔偿范围，依法应予驳回。

4. 一审定案结论

广东省罗湖区人民法院依照《最高人民法院关于审理行政赔偿案件若干问题的规定》第三十三条之规定，作出如下判决：

驳回原告马刚平要求判令被告深圳市国土资源和房产管理局赔偿因其在房产登记中的过错给原告造成的房屋经济损失人民币 679 383.3 元的赔偿请求。

（三）二审诉辩主张

1. 上诉人诉称

（1）《中华人民共和国物权法》第二十一条第二款明确规定："因登记错误，给他人造成损害的，登记机构应当承担赔偿责任。登记机构赔偿后，可以向造成登记错误的人追偿。"本案所涉及的损害赔偿，系固定资产即物权的损害赔偿，因此符合我国关于物权损害赔偿的专门法律规定。（2）涉案房产的付款购房人并非案外人丁广明。（3）被上诉人将涉案房产错误地登记在丁广明名下，其做法不但侵犯了上诉人的合法权益，同时也侵犯了丁广明的合法权益。因此，被上诉人应该受到法律惩处，承担涉案房产受到损害的赔偿责任。（4）被上诉人的错误登记行为与造成本人房屋利益的损害有着直接因果关系。故请求二审法院撤销原判，并判令被上诉人依法赔偿因其在房产登记中的过错给上诉人造成的房屋经济损失人民币 679 383.3 元。

2. 被上诉人辩称

一审判决认定事实清楚，适用法律正确，程序合法，故请求二审法院维持原判。

（四）二审事实和证据

广东省深圳市中级人民法院经审理，确认一审查明的事实。

（五）二审判案理由

广东省深圳市中级人民法院经审理认为：根据《中华人民共和国国家赔偿法》第二条、第二十八条的规定，受害人方取得国家赔偿，应当以国家机关及其工作人员违法行使职权行为与受害人受到的损害之间有直接因果关系为前提，两者之间没有直接因果关系的，不予赔偿。

本案中，被上诉人深圳市国土资源和房产管理局将涉案房产深圳市罗湖区翠园住宅区×房登记在案外人丁广明名下，并颁发房产权利证书，该行为是根据当事人申请而作出的行政行为，并非被上诉人主动作出。而且，涉案房产为他人占有使用，被上诉人仅是作为登记机关，未进行任何处分。但上诉人所提出的房屋经济损失赔偿请求，是指涉案房产为他人占有而产生的租金损失，属于预期收益，可见，被上诉人登记行为错误与上诉人提出的租金及利息损失之间没有直接关联，两者间不存在直接因果关系。上诉人要求被上诉人赔偿租金及利息损失，缺乏法律依据，该请求应当予以驳回。

（六）二审定案结论

广东省深圳市中级人民法院依照《中华人民共和国行政诉讼法》第六十一条第（一）项之规定，作出如下判决：

驳回上诉，维持原判。

（七）解说

1. 涉案房产为他人占有而产生的租金及银行利息损失的性质如何？法律对此种损失是否进行保护？

涉案房产为他人占有而产生的租金及银行利息损失在性质上属于预期利益损失。

民法上所说的预期利益，是指权利人（也即财产所有人或者经营管理人）以其所有的或者由其经营管理的财产为前提和基础，通过一定的行为（主要表现为生产经营行为）预期实现和取得的财产增值利益。这种财产利益具有未来性、延伸性的特征。所谓未来性，是指这种财产利益不是权利人现已拥有的，而是在未来过程中所要取得、所要实现的财产利益。所谓延伸性，是指它是以一定的现存财产为基础而产生的财产增值利益。一方面，它需以一定的现存财产为依托，另一方面，它又是现有财产的扩展和增大。

预期利益损失有两种情况，一种是因违约而造成受害人预期利益损失，另一种是损害他人财产权行为造成受害人预期利益损失。在我国立法上，《中华人民共和国合同法》第一百一十三条对前者作了较明确的规定，要给予一定赔偿，而对于损害他人财产权行为所造成的受害人预期利益损失通常不予赔偿。本案中，涉案房产为他人占有而产生的租金及银行利息损失即属于后者，此种损失并没有直接发生，不是实际损失，在很大程度上具有不确定性，如果对此种权益进行保护，对加害人过于苛刻，受害人则可能会因此获得不当得利，因此法律对因损害他人财产权行为所造成的受害人预期利益损失通常不予保护。

2. 被告错误登记的具体行政行为是否引起国家赔偿？

根据《中华人民共和国国家赔偿法》第二条、第二十八条的规定，国家赔偿是指国家机关和国家机关工作人员违法行使职权侵犯公民、法人和其他组织合法权益造成损害，受害人依法取得赔偿的权利。

国家赔偿责任的构成要件，主要有四项：

（1）侵权行为主体要件。根据国家赔偿法规定，侵权行为主体必须是国家机关或者其工作人员以及法律、法规授权的组织（其被授予的职权只限于行政职权，不包括司法职权）。

（2）侵权行为要件。侵权行为的存在是构成国家赔偿责任的要件之一，即国家侵权行为的主体的哪些行为可以引起国家赔偿责任。首先，致害行为必须是执行职务的行为，国家只对执行职务的行为承担赔偿责任，而国家机关工作人员职务之外与行使职权无关的个人行为纵然违法，只能对行为人产生相应的民事责任或行政责任或刑事责任，不能引起国家赔偿责任；其次，必须是执行职务的行为违法，职务行为只有在违法的情况下才会引起国家赔偿责任，如果是合法的职务行为，引起的是国家补偿，而非国家赔偿。所谓违法是指国家机关及其工作人员行使职权的行为违反法律、法规的规定。

（3）损害结果要件。损害结果是指国家机关及其工作人员违法行使职权，侵犯了公民、法人或者其他组织的合法权益所造成的既定的客观损害。即有损害，才会有赔偿。并且，损害结果只有具备以下特征，才可以获得国家赔偿：1）合法权益的损害具有现实性，即已经发生的、现实的，而不是未来的、主观臆想的；2）损害必须针对合法权益而言，违法的利益不受法律保护，不引起国家赔偿；3）损害必须是直接损害，而不包括间接损害。

（4）侵权行为与损害结果之间具有因果关系。职务侵权行为与损害结果之间具有因果关系指国家机关及其工作人员的违法行为与公民、法人或者其他组织的合法权益受到损害的结果之间必须有必然的、内在的、本质的联系。只有两者之间具有这种联系，国家才负责赔偿。

只有以上四个要件均具备时，国家才对损害承担赔偿责任。本案中，被告作为国家行政机关，其行政行为确实存在违法性，但原告所主张的因被告的违法行为所导致的利益损益是一种预期利益损失，是一种未来的、可能发生的损害，不具有现实性。同时，被告的违法具体行政行为与原告所主张的利益损失之间不具有必然、内在、本质的联系。对于此种非必然、内在、本质的联系，我国法律规定不给予国家赔偿。

（广东省深圳市罗湖区人民法院　刘娟　杜静）

63. 刘国利诉北京市建设委员会要求确认具体行政行为违法并要求赔偿案（不动产登记）

（一）首部

1. 判决书字号

一审判决书：北京市西城区人民法院（2008）西行初字第 198 号判决书。

二审判决书：北京市第一中级人民法院（2009）一中行终字第 619 号判决书。

2. 案由：行政赔偿。

3. 诉讼双方

原告（上诉人）：刘国利，男，75 岁，汉族，国家广电总局退休干部，住北京市西城区西便门外大街。

委托代理人：王兴，北京市惠诚律师事务所律师。

委托代理人：杨晓净，北京市惠诚律师事务所律师。

被告（被上诉人）：北京市建设委员会，住所地：北京市宣武区广莲路。

法定代表人：隋振江，主任。

委托代理人：孟丽娜，北京市康达律师事务所律师。

委托代理人：于婧思，北京市康达律师事务所工作人员。

4. 审级：二审。

5. 审判机关和审判组织

一审法院：北京市西城区人民法院。

合议庭组成人员：审判长：盛亚娟；人民陪审员：宋冰、王台照。

二审法院：北京市第一中级人民法院。

合议庭组成人员：审判长：饶亚东；审判员：刘景文；代理审判员：毛天鹏。

6. 审结时间

一审审结时间：2008年12月2日。

二审审结时间：2009年5月10日。

（二）一审情况

1. 一审诉辩主张

（1）被诉具体行政行为

北京市建设委员会在原告刘国利于2007年4月23日要求为其办理西城区西便门外大街×号房房屋转移登记时，告知原告房屋产权存在争议，未受理其转移登记申请。

（2）原告诉称

2007年3月24日，我与冯田立签订《北京市房屋买卖合同》，合同约定冯田立以150万元购买我所有的位于西城区西便门外大街×号房。4月23日，去被告处办理过户手续时，遭拒绝。事后得知原因是我前妻曾于2006年11月致函市建委要求暂停办理过户手续，但直到2007年11月12日，法院才冻结我的房屋。被告未履行法定职责，在没有法律依据的情况下，未经法定程序滥用职权非法限制我财产的合法转移，被告的违法行为导致我向冯田立支付违约金4.5万元。我曾书面要求被告赔偿损失，但被告始终不予答复，故诉至法院要求判决被告2007年4月6日至2007年11月冻结我房屋产权转移的具体行政行为违法并赔偿损失4.5万元，并由被告承担诉讼费。

（3）被告辩称

争议房屋原系原告与其前妻的夫妻共同财产。2006年11月，原告前妻书面向被告反映其与原告之间离婚纠纷的情况，请求被告将该房屋的"产权暂时冻结"。被告收到书面情况说明后，了解争议房屋存在权属争议。原告明知其离婚案件正在法院审理阶段，法院尚未作出生效的法律文书，却单独决定将争议房屋出售他人，并于2007年4月到被告处拟申请办理房屋所有权转移登记手续。被告工作人员通过系统管理信息查询到该房屋存在权属争议的情况，遂根据《中华人民共和国城市房地产管理法》第三十七条第（五）项、建设部《城市房地产转让管理规定》第六条第（五）项"权属有争议的房地产，不得转让"之规定，未受理原告的转移登记申请。我委认为，原告所述"被告冻结原告房屋产权转移的具体行政行为"并不存在，该主张是其对事实和法律的错误认识和理解。而且，原告基于民事合同约定承担的违约责任与被告无关。请求法院在查明事实的基础上，依法驳回原告的诉请。

2. 一审事实和证据

北京市西城区人民法院经公开审理查明：西城区西便门外大街×号房屋原登记在原告刘国利名下。2007年3月24日，刘国利与冯田立签订《北京市房屋买卖合同》，房屋总价款150万元，并同时约定了违约金的支付方式。2006年11月原告前妻崔进致函被告称，其与原告的离婚案件正在办理中，要求被告将争议房屋的产权暂时冻结。2007年4月6日，被告告知西城区房管局暂缓办理诉争房屋的产权过户手续。2007年4月23日，原告到被告处要求办理产权转移手续，被告知权属存在争议，故不予受理，相应的材料亦没有收取。2007年11月12日，本院向被告发出协助执行通知，要求被告协助冻结争议房屋。

2007年6月25日，因履行买卖合同引起纠纷，冯田立将刘国利诉至本院，2007年9月19日，本院作出一审判决认定，"依合同约定，作为产权人刘国利应保证所售房屋能够正常交易，在合同履行期间，因其办理离婚事宜，以致房屋过户手续无法依约完成……此时，刘国利已经违约。在刘国利的离婚诉讼结束后，房屋已归其所有，其仍可继续履行房屋买卖合同，但此时其拒绝出卖房屋，其不同意出卖房屋的行为已构成违约，应承担相应的违约责任"，因此，判决刘国利支付迟延履行违约金。刘国利以中介公司在签订合同中违反法规造成不能过户，应承担违约责任为由上诉，2007年12月28日，北京市第一中级人民法院作出终审判决：驳回上诉，维持原判。后冯田立申请法院执行，现该案已执行完毕，产权已过户至冯田立名下，刘国利承担违约责任，支付2007年4月23日至9月19日的违约金共计4.5万元。

上述事实有下列证据证明：

（1）原告前妻崔进的情况说明。

（2）北京市西城区（2007）西民初字第9245号判决书。

（3）执行通知。

（4）信访复查复核答复意见书。

（5）2008年2月28日、2008年6月5日谈话笔录。

（6）（2007）西民初字第7273号崔进诉刘国利离婚案件的卷宗。

3. 一审判案理由

北京市西城区人民法院经审理认为：被告作为本市负责房屋权属登记管理工作的行政机关，享有依据申请人的申请核发房屋所有权证的职权。对于被告的该项职权，原、被告均无异议。以下就本案的事实认定、法律适用及行政行为与违约责任是否存在因果关系等争议焦点作归纳分析。

（1）本案中"冻结"行为如何认定？

2006年11月原告前妻崔进致函被告称，其与原告的离婚案件正在办理中，要求被告将争议房屋的产权暂时冻结。2007年4月23日，原告到被告处要求办理产权转移手续，被告知产权存在争议，被告既没有收取原告的申请材料，也没有出具书面的不予受理通知书。据此，原告认为被告违法冻结，造成其无法办理过户手续，此处的"冻结"指的是被告不受理其过户申请，导致其无法办理产权转移手续，客观上造成"冻结"的后果。而被告辩称"原告所诉的冻结行为不存在"中的"冻结"指的是经法定程序由法院作出的冻结行为。综合考虑案情，本案审查的"冻结"行为应采纳原告的观点。

（2）权属有争议如何认定？

《中华人民共和国城市房地产管理法》第三十七条第（五）项及《城市房地产转让管理规定》第六条第（五）项均规定"权属有争议的"房地产不得转让，但何为权属有争议，法律及行政法规均无明确规定，应结合具体的案情来分析，要做到既维护登记人的合法权益，又不损害其他权利人的正当利益。就本案而言，诉争房屋虽登记在原告名下，但实际为原告和崔进的夫妻共同财产。从查明的事实可以看出，早在原告前妻崔进提起离婚诉讼之前，二人已就诉争房产有纠纷，虽然二人之间对房产如何分割有约定，但约定并未得到实际履行。因此，可以认定在2007年4月23日原告去被告处办理产权转让前，诉争房产的权属就存在争议。

（3）关于被告不予受理的程序问题。

房地产权属登记按照以下程序进行：受理登记申请、权属审核、公告、核准登记（颁发房屋权属证书）。从上述程序可以看出，权属转移的前提是受理申请，而权属审核是发生在受理登记申请之后的程序。按照正常程序应是先受理申请，在受理后审核发现权属有争议的，告知申请人不予办理登记手续。而本案中被告仅依据原告前妻的信函，并未进行核实，就直接认定"权属有争议"，进而未收取原告的相关申请材料，在程序上存在瑕疵。同时根据《城市房地产转让管理规定》第七条关于"房地产转让，应当按照下列程序办理……（三）房地产管理部门对提供的有关文件进行审查，并在7日内作出是否受理申请的书面答复，7日内未作出书面答复的，视为同意受理……"的规定，如果被告对房地产转让不予受理，应当出具书面答复。本案中，虽然原告认可被告口头告知不予受理的事实，但被告未依据上述规定进行审查并出具书面答复，因此被告的行为在程序上存在瑕疵。

（4）关于赔偿问题，即程序上的瑕疵与民事的违约责任是否有因果关系。

被告承担赔偿责任的前提是具体行政行为违法且该违法行为与原告的损失存在因果关系。本案中，原告明知诉争房屋为夫妻共有财产，且二人存在离婚纠纷，却仍在没有其前妻崔进授权的情况下单独出卖共有财产，其本身并不符合办理产权转移的实质要件，被告程序上的瑕疵对原告的实体权利并无实质影响，该瑕疵并不必然导致其暂缓办理原告产权转移行为被确认违法。关于原告对房屋买受人所承担的违约责任，从（2007）西民初字第9245号判决书"依合同约定，作为产权人刘国利应保证所售房屋能够正常交易，在合同履行期间，因其办理离婚事宜，以致房屋过户手续无法依约完成……此时，刘国利已经违约。在刘国利的离婚诉讼结束后，房屋已归其所有，其仍可继续履行房屋买卖合同，但此时其拒绝出卖房屋，其不同意出卖房屋的行为已构成违约，应承担相应的违约责任"的认定可以看出，刘国利对房屋买受人承担的违约责任以离婚诉讼为分界点，之前是由于办理离婚事宜客观上无法出卖房屋，之后是由于拒绝出卖房屋即刘国利主观上的原因。而上述两个原因均与被告在不予受理过程中程序上的瑕疵无因果关系。因此，其要求被告赔偿相应损失无事实和法律依据。鉴于此，原告一并提出的行政赔偿请求，亦不符合法定条件。

4. 一审定案结论

北京市西城区人民法院依照《最高人民法院关于执行〈中华人民共和国行政诉讼法〉若干问题的解释》第五十六条第（四）项、《最高人民法院关于审理行政赔偿案件若干问题的规定》第三十三条之规定，作出如下判决：

驳回原告刘国利的诉讼请求。

（三）二审诉辩主张

1. 上诉人诉称

一审判决虽正确确认了被上诉人"冻结"行为存在、被上诉人具体行政行为存在瑕疵问题，但在房屋权属是否存在争议、被上诉人是否程序违法、被上诉人具体行政行为与损害后果之间有无因果关系等问题上认定事实不清，适用法律错误，应予依法撤销。（1）被上诉人没有证据证明2007年4月23日前诉争房产的权属有争议。该说明中认为权属存在争议、要求将产权冻结的唯一理由就是"离婚案正在办理之中"，但被上诉人所作具体行政行为主要证据不足，被上诉人作出具体行政行为的证据只有一份信函，被上诉人作出具体行政行为的事实依据只有这一张信函。被上诉人都没有对写信的人的身份、其与上诉人的关系、是否是涉案房屋的共有人进行调查核实。这份信函中的内容与事实不符，是捏造的。一审法院以在审理中查明的事实作为认定权属有争议的依据是错误的。一审判决以"虽然二人之间对房产如何分割有约定，但约定并未得到实际履行"为由认定诉争房屋权属实质上存在争议，也是不成立的，本案涉诉房产权属并无争议。（2）被上诉人的具体行政行为明显构成程序违法，一审判决认定程序存在瑕疵而不是违法是没有法律依据的。（3）上诉人所遭受的4.5万元的违约金损失，是由被上诉人的具体行政行为引起的，其应该承担赔偿责任。综上所述，请求二审法院对本案予以明查，依法撤销一审判决；确认被上诉人的具体行政行为违法；判决被上诉人赔偿4.5万元的经济损失。

2. 被上诉人辩称

同意一审判决，请求予以维持。

（四）二审事实和证据

北京市第一中级人民法院经审理，查明的事实和认定的证据与一审相同。

（五）二审判案理由

北京市第一中级人民法院经审理认为：《中华人民共和国城市房地产管理法》第三十七条第（五）项及《城市房地产转让管理规定》第六条第（五）项均规定"权属有争议的"房地产不得转让。本案中，诉争房屋虽登记在刘国利名下，但刘国利与崔进当时尚未离婚，而从查明的事实可以看出，在此前，二人已就诉争房产发生纠纷，虽然二人之间对房产如何分割有约定，但约定并未得到实际履行，故可以认定在 2007 年 4 月 23 日刘国利去市建委处办理产权转让前，诉争房产的权属确实存在争议。在此情况下，市建委依照上述规定，口头告知刘国利暂不能办理产权转让的行为并无不当。且上诉人确实在没有经过崔进允许的情况下将该房屋进行买卖交易，后发生了不能过户导致赔偿损失的事情，是因为刘国利具体履行买卖合同导致的。刘国利主张应由市建委承担 4.5 万元损失，缺乏事实和法律依据。

（六）二审定案结论

北京市第一中级人民法院依照《中华人民共和国行政诉讼法》第六十一条第（一）项之规定，作出如下判决：

驳回上诉，维持一审判决。

（七）解说

不动产登记纠纷一直在行政诉讼中占很高比例，《中华人民共和国物权法》对不动产的变更转让作出了具体的程序规定，对登记机构提出了更高的要求。"重实体、轻程序"在行政执法领域时有发生。但法院对行政行为采取合法性的全面审查，即不仅包括认定事实、适用法律，还包括执法程序。如果在程序上存在瑕疵，是否一定会导致该行为被撤销、确认违法或无效呢？本案中，主要争议焦点是具体行政行为的程序性瑕疵，是否必然导致该具体行政行为被确认违法，从而产生相应的法律后果。下面就围绕上述争议焦点进行分析论述：

1. 具体行政行为程序违法的相关法律规定

根据《中华人民共和国行政诉讼法》和 2000 年 3 月 10 日起施行的《最高人民法院关于执行〈中华人民共和国行政诉讼法〉若干问题的解释》之规定，违反法定程序的具体行政行为，从法院裁判的结果上看是撤销或部分撤销，并可以判决被告重新作出具体行政行为。人民法院在作出该判决的同时可以分别采取判决被告重新作出具体行政行为、责令被诉行政机关采取相应补救措施、向被告和有关机关提出司法建议、发现违法犯罪行为的建议有权机关依法处理等处理方法。

2. 具体行政行为程序违法的三种情形及其处理

具体行政行为程序违法是否必然会导致该行政行为被确认违法？在这个问题的解决上可以根据违反程序的不同情形区别对待。在实体合法的大前提下，我们结合理论上的主流观点，把行政行为程序违法及其处理区分为三种情形：

第一种是严重的违反程序。在这种情况下，法院应作出撤销判决，并且责令被告不得以同一事实和理由重新作出与原具体行政行为基本相同的具体行政行为，不得加重对原告的处罚。理由是严重的程序违法是一种明显违法，因为该违法行为，行政相对方的合法权益受到了较大的损害，再处以基本相同或加重的处罚有失法之公平的精神，行政主体和国家应为该严重违反法定程序的行为承担责任，承受这一不利性的后果。严重的程序违法有剥夺相对方听证的权利、先处罚后收集证据等。

第二种是一般的违反程序。在这种情况下，法院应作出确认被告具体行政行为违法的判决，并责令被告补正手续，给原告赔礼道歉并向原告赔偿。理由是一般的违反程序也是违法，依法行政的行政法理念要求行政主体必须尽到一般的注意，规范自己的行政行为，而被告没有做到这一点，所以必须承担否定性评价的后果。一般的程序违法包括没有表明身份、没有告知相对方处罚的事实和理由、没有告知相对方补救的途径和期限等。

最后一种是轻微的违反程序。轻微的违反程序即行政程序中有轻微的瑕疵，这种情况下，法院不必作为违反法定程序确认行政行为违法，应判决驳回原告的诉讼要求，同时要求被告采取补正程序的补救措施。理由是，这类违反程序的行政行为并没有损害行政相对方合法权益或者影响微小。轻微的违反法定程序有没有履行备案手续等。

3. 本案中的程序瑕疵不应导致行政行为被确认违法

第一，本案中存在具体行政行为程序违法的情形。房地产权属登记按照以下程序进行：受理登记申请、权属审核、公告、核准登记（颁发房屋权属证书）。从上述程序可以看出，权属转移的前提是受理申请，而权属审核是发生在受理登记申请之后的程序。按照正常程序应是先受理申请，在受理后审核发现权属有争议的，告知申请人不予办理登记手续。而本案中被告仅依据原告前妻的信函，并未进行核实，就直接认定"权属有争议"，进而未收取原告的相关申请材料，在程序上存在瑕疵。同时根据《城市房地产转让管理规定》第七条关于，"房地产转让，应当按照下列程序办理……（三）房地产管理部门对提供的有关文件进行审查，并在 7 日内作出是否受理申请的书面答复，7 日内未作出书面答复的，视为同意受理……"的规定，如果被告对房地产转让不予受理，应当出具书面答复。本案中，虽然原告认可被告口头告知不予受理的事实，但被告未依据上述规定进行审查并出具书面答复，因此被告的行为在程序上存在瑕疵。

第二，本案中的程序性瑕疵是一种轻微的违反程序情形，不应该导致该行政行为被确认违法。原告明知诉争房屋为夫妻共有财产，且二人存在离婚纠纷，却仍在没有其前妻崔进授权的情况下单独出卖共有财产，其本身并不符合办理产权转移的实质要件，而被告程序上的瑕疵对原告的实体权利并无实质影响，因此该瑕疵并不必然导致其暂缓办理原告产权转移行为被确认违法。关于原告对房屋买受人所承担的违约责任，从（2007）西民初字第 9245 号判决书的认定可以看出，原告对房屋买受人承担的违约责任以离婚诉讼为分界点，之前是由于办理离婚事宜客观上无法出卖房屋，之后是由于拒绝出卖房屋即原告主观上的原因。而上述两个原因均与被告在不予受理过程中程序上的瑕疵无因果关系。因此，其要求被告赔偿相应损失无事实和法律依据。鉴于此，原告一并提出的行政赔偿请求，亦不符合法定条件。

综上所述，一、二审的判决是正确的。

（北京市西城区人民法院　盛亚娟　邹涛）

64. 上海彭浦电器开关厂诉上海市闸北区人民政府 要求确认侵占行为违法一并要求行政赔偿案 （事实行为赔偿责任的承担）

（一）首部

1. 判决书字号：上海市第二中级人民法院（2009）沪二中行初字第 28 号判决书。
2. 案由：行政赔偿。
3. 诉讼双方

原告：上海彭浦电器开关厂，住所地：上海市彭浦路 4 号。

法定代表人：乐世君，该厂厂长。

委托代理人：刘震麒，男，上海彭浦电器开关厂工作人员。

委托代理人：乐世誉，男，上海彭浦电器开关厂工作人员。

被告：上海市闸北区人民政府，住所地：上海市大统路。

法定代表人：周平，上海市闸北区人民政府区长。

委托代理人：杜小平，男，上海市闸北区规划和土地管理局工作人员。

委托代理人：郭启敏，男，上海市闸北区规划和土地管理局工作人员。

4. 审级：一审。
5. 审判机关和审判组织

审判机关：上海市第二中级人民法院。

合议庭组成人员：审判长：李健；审判员：周华；代理审判员：田华。

6. 审结时间：2009 年 12 月 22 日。

（二）诉辩主张

1. 被诉具体行政行为

上海市闸北区人民政府于 2009 年 7 月 28 日组织相关部门对原告厂区内的违法建筑实施强制拆除，执行强制拆除的人员将从地面棚上拆下的部分彩钢板运离现场。

2. 原告诉称

2009 年 7 月 28 日，被告闸北区人民政府对原告厂区内 1、2、3 号房楼顶建筑、地面棚、自行车雨棚等实施了强制拆除，并将拆下的彩钢板等建筑材料运走，还拿走了原告的十余只电表。而依据我国《物权法》等相关法律规定，即使原告厂内的部分建筑物被确认为违法建筑，原告对该部分建筑物的建筑材料也享有所有权，且作为被告强制拆除依据的闸规查（2009）第（011）号限期拆除违法建筑决定，也没有没收原告彩钢板等建筑材料的内容。故向法院起诉，请求：（1）确认被告在 2009 年 7 月 28 日对原告执法中侵占原告彩钢板、电表等物品的行为违法；（2）判令被告返还原告彩钢板、电表等物品。

3. 被告辩称

因原告未在闸北区规划局闸规查（2009）第（011）号限期拆除违法建筑决定规定的期限内，自行拆除违法建筑，闸北区人民政府依法组织相关部门实施强制拆除。当时，执法人员运离现场的是拆下的建筑垃圾，没有侵占原告诉请返还的财物。原告在没有向被告提出赔偿申请的前提下，直接向法院提起诉讼，不符合法律规定。

（三）事实和证据

上海市第二中级人民法院经公开审理查明：原上海市闸北区规划局（以下简称闸北区规划局）于 2009 年 2 月 18 日作出闸规查（2009）第（011）号限期拆除违法建筑决定，认定原告上海彭浦电器开关厂（以下简称彭浦厂）未办理建设工程规划许可证，擅自在本市彭浦路 4 号厂区 1 号、2 号、3 号房楼顶搭建 580 平方米、搭建地面棚 300 平方米，根据《上海市城市规划条例》第五十九条第一款规定，上述建设行为属违法建设。故限原告于同年 3 月 5 日前自行拆除上述违法建筑。因原告彭浦厂未在限期拆除违法建筑决定规定的期限内自行拆除违法建筑，被告上海市闸北区人民政府（以下简称闸北区政府）遂根据原闸北区规划局的申请，于 2009 年 3 月 23 日向原告发布拆除违法建筑的通告，并于 2009 年 7 月 28 日组织相关部门对原告厂区内的违法建筑实施了强制拆除。执行强制拆除的人员将从地面棚上拆下的部分彩钢板运离现场。

上述事实有下列证据证明：

1. 沪房地闸字（1996）第 000329 号《上海市房地产权证》，证明原告是上海市彭浦路 4 号厂房的权利人。

2. 原上海市闸北区城市规划管理局（其职权现由上海市闸北区规划和土地管理局承继）闸规查（2009）第（011）号限期拆除违法建筑的决定、闸北区政府闸府拆违（规）［2009］015 号关于拆除违法建筑的通告，证明被告依法对原告厂区内的违法建筑组织强制拆除。

3. 冯斌伟、张长勇的证人证言，主要内容为：2009 年 7 月 28 日，我看到一群人到彭浦路 4 号内拆迁，这群人中有警察、城建管理人员，拆下来的东西都让他们装车拉走了。

4. DVD 光碟一张，证明被告运走彩钢板等建筑材料的事实。

经庭审质证，被告认为除将拆除下的彩钢板作为建筑垃圾运走外，其没有侵占原告主张的电表等财物。原告则强调，拆下的彩钢板等物品有使用价值，原告对这些财物享有权利。被告实施强制拆除后，原告曾多次向被告及上海市人民政府信访办提出书面请求，要求返还财物，但没有收到任何答复。

（四）判案理由

上海市第二中级人民法院经审理认为：因原告未在原闸北区规划局闸规查（2009）第（011）号限期拆除违法建筑的决定规定的期限内，自行拆除违法建筑，闸北区政府根据该局的申请，依法组织相关部门实施强制拆除，该强制拆迁行为是对限期拆除违法建筑决定的执行行为，并没有为原告设定新的权利和义务。原告在本市彭浦路4号厂区1号、2号、3号房楼顶搭建的建筑物及在地面空间搭建的地面棚，虽已被上述限期拆除决定认定为违法建筑，但原告认为其对被拆除建筑物、搭建物的建筑材料享有权利的主张，能够成立。原告在诉讼中提供的强制拆除现场的DVD光碟，可以证明执行强制拆除的人员将拆下的部分旧彩钢板运离现场的事实。这部分旧彩钢板尽管被使用多年，但在原告认为仍有使用价值的情况下，被告的执法人员将其作为建筑垃圾进行处理确有不当，被告应依法予以返还。鉴于旧彩钢板是被告在强制执行过程中从违法建筑上拆下的已被使用多年的建筑材料，被告的强制拆除行为无法保证全部建筑材料整体的完好无损，且被告已将拆除的建筑材料作为建筑垃圾予以处理，客观上无法返还，故被告应对被执法人员运离执法现场，尚有使用价值部分的彩钢板等建筑材料酌情折价赔偿。至于原告要求确认被告侵占其电表等其他物品的行为违法，并判令被告返还的诉请，因原告未能在诉讼中提供证据证明被告实施了该项事实行为，本院难以支持。

（五）定案结论

上海市第二中级人民法院依照《中华人民共和国国家赔偿法》第四条第（四）项，《最高人民法院关于审理行政赔偿案件若干问题的规定》第二十九条的规定，作出如下判决：

1. 确认被告上海市闸北区人民政府在2009年7月28日对原告强制执行中将拆下的彩钢板等建筑材料运离的行为违法；

2. 被告上海市闸北区人民政府应在本判决生效之日起15日内赔偿原告上海彭浦电器开关厂建筑材料折价款人民币5 000元；

3. 对原告上海彭浦电器开关厂的其他诉讼请求，不予支持。

案件受理费人民币50元，由被告上海市闸北区人民政府负担。

（六）解说

本案的争议焦点涉及被告闸北区人民政府对原告彭浦电器开头厂违章建筑实施强制拆除后，将拆下的彩钢板等建筑材料运离并予以处理这一行为的性质认定。其中折射出的法律问题具有一定典型性和代表性。

1. 被诉行政行为性质的认定

行政主体行使行政职权可能对公民、法人或其他组织造成侵害的行为通常有两大类，一类是具体行政行为，另一类是行政事实行为。对于具体行政行为的可诉性及由此产生的行政赔偿责任的承担，行政诉讼法有明确的规定。而目前，法学理论界对"行政事实行为"性质的认识莫衷一是，行政诉讼法等法律法规及最高人民法院的司法解释中也没有明确出现"行政事实行为"这一概念，仅以"非具体行政行为"、"与具体行政行为有关的行为"（《最高人民法院关于行政赔偿案件若干问题的规定》第三、二十八条）予以表述。但是，司法实践中，通常将《中华人民共和国国家赔偿法》第三条第（三）、（四）、（五）项以及第四条第（四）项所列举的行为，理解为事实行为。所谓事实行为，是指行政主体实施的没有处分内容和法律约束力的行为。行政事实行为总是在行政主体行使职权过程中发生，且一经发生就表现为一种客观存在，并表现为对公民、法人或者其他组织合法权益的侵害。没有实际损害后果的存在，就难以认定事实行为的构成。所以，如果事实行为一旦被确认存在，行政主体则应该承担相应的行政赔偿责任。本案中，原告诉请确认被告侵占其彩钢板等建筑材料的行为违法。该诉求针对的是在被告执行强制拆除过程中，执法人员将原告认为仍有使用价值的、从违法建筑上拆除下来的旧彩钢板等建筑材料作为建筑垃圾运离执法现场并予以处理的行为。我们认为，该行为属于被告在行政执法过程中实施的事实行为。该行为一经实施即成为事实存在，并致使原告回收利用这部分建筑材料的合法权益受到损害。基于此，法院认定原告所要求确认的行为属于行政事实行为。

2. 行政事实行为责任追究的诉讼程序

根据《中华人民共和国行政诉讼法》的规定，公民、法人或其他组织认为合法权益受到具体行政行为侵害，要求行政赔偿的程序有两种：一是在提起行政诉讼时一并提起；二是单独就损害赔偿先向行政机关提出请求，对行政机关的处理不服，则可向法院提起诉讼。但《中华人民共和国行政诉讼法》没有设定行政事实行为的赔偿诉讼程序。《最高人民法院关于审理行政赔偿案件若干问题的规定》第三条规定，赔偿请求人认为行政机关及其工作人员实施了国家赔偿法第三条第（三）、（四）、（五）项和第四条第（四）项规定的非具体行政行为的行为侵犯其人身权、财产权并造成损失，赔偿义务机关拒不确认致害行为违法，赔偿请求人可直接向法院提起行政赔偿诉讼。上述规定第二十八条还规定，当事人提起行政诉讼的同时一并提出行政赔偿要求，或者因具体行政行为和行使行政职权有关的其他行为侵权造成损害一并提出行政赔偿要求的，人民法院应当分别立案，根据具体情况可以合并审理，也可以单独审理。这里的"行使行政职权有关的其他行为"，就包括行政事实行为。据此，因行政事实行为提起行政赔偿诉讼也有两条路径，即一是受侵害人在先向行政机关提出要求确认事实行为违法遭拒绝的情况下，可直接向法院提起行政赔偿之诉；二是在提起行政诉讼的同时，一并要求确认行政事实行为违法和行政赔偿。司法实践中，对行政事实行为"先行确认"采取较为宽松的认定方式，通常情况下，只要原告能够证明曾向相关行政机关提出过要求确认事实行为违法并主张赔偿的意思表示，相关行政机关明示拒绝或在合理期限内不予答复，原告就可直接向法院提起诉讼。本案中，被告实施强制拆除后，原告彭浦电器开关厂曾多次向被告及上海市人民政府信访办提出书面请求，要求返还财物，但没有收到任何答复。因此，原告向法院提起诉讼，符合法律规定的起诉条件。

3. 行政事实行为造成损害赔偿额的确定

行政赔偿属于国家赔偿的范畴。国家赔偿由于赔偿产生的原因、赔偿主体、赔偿范围、赔偿程序等方面与民事侵权赔偿截然不同，所以，对行政事实行为造成损害赔偿范围的确定和赔偿额的计算方式，要注意避免与民事侵权赔偿相关内容的混同。行政赔偿的范围限于行政事实行为本身对受害人造成人身、财产损害产生的直接损失。本案中，法院对被告擅自运离并处理的彩钢板等建筑材料的价值认定，采用了程序与实体相结合的方式。实体上主要考虑了两大因素，即建筑材料的残余价值以及其可再利用性。就其残余价值而言，该部分建筑材料已经使用多年，必然产生折旧，且该建筑材料是违章建筑的拆除物，必然会有合理损耗，这点从原告提供的现场拆除光盘中可以得以印证。就可再利用性而言，该部分材料由于陈旧和损坏较为严重，可利用率相对较低。程序上，采用双方当事人各自举证与法院调查相结合的方式，由双方当事人对相应建筑材料的市场价分别提供证据，在此基础上，法院也对彩钢板等建筑材料的价格抽样调查综合评估，取其中间状态，使得价格计算基数在双方都可以接受的范围之内。该案判决后，双方当事人均未提出上诉，一审判决生效。

（上海市第二中级人民法院　李健　任夏青）

65. 吴士友诉宿州市公安局埇桥分局国家赔偿案
（国家赔偿中被侵权事实的确认）

（一）首部

1. 决定书字号：安徽省宿州市中级人民法院（2009）宿中法委赔字第 13 号决定书。

2. 案由：错误拘留行政赔偿。

3. 诉讼双方

原告人：吴士友，男，1978 年生，汉族，住宿州市埇桥区西寺坡镇。

被告：宿州市公安局埇桥分局。

法定代表人：李新建，局长。

委托代理人：陈飞，该局法制科工作人员。

被告：宿州市公安局。

法定代表人：江利亚，局长。

委托代理人：马建军，该局法制科工作人员。

4. 审级：一审。

5. 审判机关和审判组织

审判机关：安徽省宿州市中级人民法院。

赔偿办公室成员：杨松林、王向清、袁永、李超。

6. 审结时间：2009 年 10 月 27 日。

（二）诉辩主张

1. 原告诉称

原告吴士友以错误拘留为由要求宿州市公安局埇桥分局予以国家赔偿，认为埇桥分局在对其刑事拘留后因监视居住将其释放，后由于事实不清、证据不足对其解除监视居住，其被拘留为错误拘留，应由宿州市公安局埇桥分局依法赔偿其被错误拘留羁押期间的赔偿金 20 000 元并消除影响、恢复名誉，予以国家赔偿。

2. 被告辩称

宿州市公安局埇桥分局认为，对吴士友予以刑事拘留是经过被害人的指认和辨认，拘留理由充分。只是由于案件证据不能形成完整的证据链，需要逮捕而证据还不充足，依据《中华人民共和国刑事诉讼法》第六十五条的规定，变更强制措施为监视居住。案件仍在继续侦查。后因监视居住的期限届满，依据《中华人民共和国刑事诉讼法》第五十八条第二款之规定，解除对其监视居住。对吴士友解除监视居住只是因为期限届满，并不是对案件实体上的认定。因证据还需搜集，还有同案犯没有归案，案件仍在侦查中，并未结案。如果发现不应对其追究刑事责任，会作出撤销案件决定书，这才是对案件事实的认定。因此对赔偿请求人的请求应不予赔偿。

（三）事实和证据

安徽省宿州市中级人民法院经公开审理查明：宿州市公安局埇桥分局认定，赔偿请求人吴士友与朱凯（已另案处理）等人结伙对位于宿州市埇桥区西寺坡镇祁东矿西门的"蓝贵人"美发店实施抢劫，抢走现金 500 元。该局经受害人报案后立案侦查，于 2006 年 8 月 30 日以涉嫌抢劫为由对赔偿请求人吴士友刑事拘留，后因结伙作案、团伙作案，延长拘留期限至 2006 年 9 月 28 日。2006 年 9 月 29 日因需逮捕证据不足决定对其监视居住，同日，吴士友被释放。吴士友共被关押 31 天。2007 年 3 月 29 日，因事实不清、证据不足，依据《中华人民共和国刑事诉讼法》第五十八条第二款之规定，决定解除对吴士友监视居住。吴士友认为被错误拘留，向宿州市公安局埇桥分局申请赔偿被限制人身自由期间的赔偿金。2009 年 5 月 22 日，该局作出宿埇公赔决字（2009）第 01 号刑事赔偿决定，认为申请人提出的国家赔偿申请不属于国家赔偿范围，依据《中华人民共和国国家赔偿法》第十七条第（六）项之规定，决定不予赔偿。吴士友不服，向宿州市公安局申请复议，该局于 2009 年 7 月 22 日作出宿公赔复决字（2009）01 号复议决定，决定维持埇桥分局的不予赔偿决定。

上述事实有下列证据证明：

1. 宿州市公安局埇桥分局（2006）1021 号拘留通知书；
2. （06）127 号监视居住决定书；
3. （2007）23 号解除监视居住决定书；
4. 宿州市看守二所（2006）613 号释放证明书；
5. 宿州市公安局埇桥分局宿埇公赔决字（2009）第 01 号刑事赔偿决定书；
6. 宿州市公安局宿公赔复决字（2009）01 号复议决定书。

（四）判案理由

安徽省宿州市中级人民法院经审理认为：宿州市公安局埇桥分局释放吴士友是因为变更强制措施为监视居住，而解除监视居住是由于案件仍在侦查中但监视居住期限届满。释放证明书及解除监视居住通知书并不是对无罪事实的认定。吴士友被错误关押31 天的事实并未得到确认，其要求宿州市公安局埇桥分局依法赔偿其被羁押期间的赔偿金 20 000 元并消除影响、恢复名誉的请求无事实及法律依据，依法不予支持。

（五）定案结论

安徽省宿州市中级人民法院依照《中华人民共和国国家赔偿法》第十七条第（六）项之规定，作出如下决定：

驳回赔偿请求人吴士友的赔偿申请。

（六）解说

《中华人民共和国国家赔偿法》规定，刑事赔偿采取无罪羁押赔偿原则，是指在赔偿请求人没有犯罪的情况下，司法机关对其采取的拘留、逮捕及判处拘役、徒刑等羁押行为是错误的，国家应当承担赔偿责任。最高人民法院颁布的《人民法院赔偿委员会审理赔偿案件程序的暂行规定》第二条规定，赔偿请求人依法向赔偿委员会申请作出赔偿决定的被侵权事项，应当先经过依法确认。本案审理的焦点是，公安机关对赔偿请求人的拘留是否被确认为错误拘留。

赔偿请求人认为，公安机关决定对其解除监视居住的理由是"事实不清、证据不足"，就说明公安机关认定其涉嫌抢劫错误，属于错误拘留，应当依法给予国家赔偿。安徽省高级人民法院颁布的《全省法院办理刑事赔偿和非刑事司法赔偿案件暂行规定》第二十七条规定，"具有下列情形之一的，属于已经确认或者视为已经确认：……（三）侦查机关因犯罪嫌疑人没有犯罪事实或者事实不清、证据不足而解除刑事拘留或者检察机关不批准逮捕、决定予以释放的"。依照该规定，公安机关以犯罪嫌疑人没有犯罪事实或事实不清、证据不足解除刑事拘留的撤销案件决定或释放证明等结案文书，才能视为对错误拘留的确认。本案中，公安机关于 2006 年 9 月 29 日释放赔偿请求人，是依据

《中华人民共和国刑事诉讼法》第六十五条"对需要逮捕而证据还不充足的，可以取保候审或者监视居住"的规定，对其变更强制措施为监视居住。在2007年3月29日，因监视居住期限届满，公安机关依据《中华人民共和国刑事诉讼法》第五十八条第二款"对于……取保候审、监视居住期限届满的，应当及时解除取保候审、监视居住"的规定，解除对赔偿请求人监视居住。公安机关对赔偿请求人变更和解除强制措施均属于程序行为，案件仍在侦查之中并未结案，未在实体上认定赔偿请求人没有犯罪事实或认定其涉嫌抢劫事实不清、证据不足，也没有作出移送审查起诉或撤销案件的决定，释放证明书及解除监视居住通知书并不是对其无罪事实的认定，赔偿请求人被拘留的行为并未得到确认。对其要求公安机关依法赔偿其被羁押期间的赔偿金并消除影响、恢复名誉的请求，依法应予驳回。

（安徽省宿州市中级人民法院　戴宝琴）

十四、其他案件

66. 孙庆荣等不服北京市司法局司法鉴定行政管理答复案
（司法行政机关对"三类外"司法鉴定机构的行政管理权）

（一）首部

1. 判决书字号

一审判决书：北京市西城区人民法院（2008）西行初字第 209 号判决书。

二审判决书：北京市第一中级人民法院（2009）一中行终字第 622 号判决书。

2. 案由：司法鉴定行政管理。

3. 诉讼双方

原告（上诉人）：孙庆荣，男，1956 年生，汉族，农民，住山东省成武县成武镇。

原告（上诉人）：李德岁，男，1949 年生，汉族，农民，住山东省成武县天宫庙镇。

委托代理人：孙报勤，男，1945 年生，汉族，山东省济宁市中级人民法院退休干部，住山东省济宁市市中区。

被告（被上诉人）：北京市司法局，住所地：北京市西城区后广平胡同。

法定代表人：吴玉华，局长。

委托代理人：欧阳弼奇，男，北京市司法局干部。

委托代理人：吕立秋，北京市观韬律师事务所律师。

第三人（被上诉人）：北京市建筑工程研究院，住所地：北京市海淀区复兴路。

法定代表人：林远征，院长。

委托代理人：左勇志，男，北京市建筑工程研究院建设工程质量司法鉴定中心负责人。

4. 审级：二审。

5. 审判机关和审判组织

一审法院：北京市西城区人民法院。

合议庭组成人员：审判长：王晓平；人民陪审员：马俊鸿、刘志远。

二审法院：北京市第一中级人民法院。

合议庭组成人员：审判长：张杰；代理审判员：何君慧、殷悦。

6. 审结时间

一审审结时间：2008 年 12 月 4 日。

二审审结时间：2009 年 4 月 21 日。

（二）一审诉辩主张

1. 被诉具体行政行为

2008 年 5 月 5 日，北京市司法局针对原告的投诉，作出了京司鉴投复〔2008〕17号《北京市司法局关于孙庆荣、李德岁投诉北京市建筑工程研究院建筑工程质量司法鉴定中心问题的答复》（以下简称 17 号答复），该答复的主要内容为：孙庆荣、李德岁：您就"北京建研院司鉴中心〔2007〕建鉴字第（07060）号"鉴定投诉北京市建筑工程研究院建筑工程质量司法鉴定中心的材料已收悉，我局对此高度重视，经过认真调查，现就该鉴定存在的问题答复如下："北京建研院司鉴中心〔2007〕建鉴字第（07060）号"鉴定书不符合司法部《司法鉴定文书示范文本》（试行）关于司法鉴定文书的格式的规定。我局已要求司法鉴定中心进行整改，按照国家规定的司法鉴定文书格式规范出具司法鉴定文书，杜绝此类问题的再次发生。此外，未发现有违反鉴定程序规定的其他情形。

2. 原告诉称

被告作出的 17 号答复证明被告没有依法履行查处职责。17 号答复不能成立，庇护了鉴定人虚假鉴定的违法行为。首先，涉案鉴定在程序方面违法：鉴定人没有鉴定能力；鉴定人没有《质量工程师职业证书》和《司法鉴定人执业证》，属不得从事司法鉴定者；涉案鉴定书是商业贿赂的违法产物，鉴定费 3.5 万元，是国家规定标准的 7 倍。其次，涉案鉴定在实体方面违法：曲解公路工程的质量概念和公路的线形概念；涉案鉴定使用已经废止了的普通公路的技术标准，对高速公路做鉴定；涉案鉴定是对与委托无关的事项作出的结论，用与委托无关的事项作出的结论冒充委托鉴定。北京市司法局作为查处单位不依法履行职责，不仅对程序方面作了虚假答复，而且对鉴定中适用实体法的违法行为的控告，也未予理睬。综上，请求法院撤销 17 号答复，判决被告依法履行查处司法鉴定中心虚假鉴定的职责。

3. 被告辩称

被告收到原告的投诉材料后，依法履行职责，及时进行立案调查，发现司法鉴定中心出具的鉴定书存在不符合文书规范的情况，及时通知其整改。但未发现司法鉴定中心和鉴定人有其他违法或应受行政处罚的情形。原告提出涉案鉴定书是商业贿赂的产物没有证据证明，司法鉴定中心收取鉴定费 3.5 万元，不存在违法情形。司法鉴定中心具有鉴定资质，鉴定人和有关人员符合相关规定。原告提出的该鉴定是用与委托无关的事项作出的结论冒充委托鉴定，是应当撤销的鉴定和该鉴定是一种虚假鉴定，以及认为该鉴定混淆了鉴定的时间要求、鉴定公路的等级性质，用已废止的技术规范做鉴定依据，混淆概念，滥用技术条款，以及该鉴定对技术条款进行诡辩解释等相关内容，属于对鉴定意见有异议，这些问题应当通过诉讼中的法庭质证解决。被告无权评判司法鉴定意见。原告提出的撤销鉴定的请求，不属于被告的职权范围。综上，请求法院维持17号答复。

4. 第三人述称

同意被告的答辩意见，请求法院驳回原告的诉讼请求。

（三）一审事实和证据

北京市西城区人民法院经公开审理查明：2004年5月27日，第三人下设的司法鉴定中心（以下简称司法鉴定中心）经许可取得证号为1100098的司法鉴定许可证，鉴定业务范围为：建筑工程司法鉴定、建筑工程质量鉴定、工程质量事故鉴定。

2007年5月21日，山东省枣庄市市中区人民法院委托司法鉴定中心对枣木公路山亭出口后伏立交桥出入口线形结构设计是否符合国家技术规范进行司法鉴定。2007年7月24日，司法鉴定中心作出涉案鉴定书，鉴定结论为："山东省枣庄市枣木公路高速化改造前，山亭出口后伏立交桥出入口线形符合84《设计规范》（较低）要求。进行高速化改造后，山亭出口后伏立交桥出入口未设加减速度车道应进行充分、严密的论证。"鉴定人、审核人、审批人分别在该鉴定书上签字，并注明相应的技术职称（即高级工程师、教授级高级工程师）。司法鉴定中心收取3.5万元鉴定费。

2008年2月29日，原告向被告北京市司法局提出控告，要求：撤销涉案鉴定书，依法追究鉴定单位和鉴定人编造虚假鉴定的违法责任。其理由主要是：（1）涉案鉴定书是商业贿赂的违法产物。（2）涉案鉴定书是鉴定人没有鉴定能力作出的违法鉴定。（3）是用已废止13年的普通公路的技术规范（84《设计规范》），对高速公路进行的虚假鉴定。（4）涉案鉴定书是一份违反"司法鉴定文书格式规范"的虚假鉴定，即，1）故意删除鉴定书必备的"送鉴材料"、"资料摘要"、"案情摘要"等内容；2）鉴定书中在鉴定人签名之后没有注明他们的"专业技术职称"，掩盖他们没有鉴定资格这一事实。（5）是对技术条款进行诡辩解释，编造的虚假鉴定；（6）是帮助被告逃脱法律责任的违法鉴定，等等。

北京市司法局收到原告的投诉材料后，向司法鉴定中心发出调查通知书，要求司法鉴定中心于2008年4月1日前，就投诉人提出的问题进行书面陈述和说明，并提供鉴定书和鉴定档案等相关证明材料。2008年3月18日，司法鉴定中心就原告的控告事项向北京市司法局进行了书面说明。在调查中，北京市司法局查阅了涉案鉴定书的鉴定档案，并调取了司法鉴定中心司法鉴定许可证、鉴定人、审核人及审批人的执业证等相关材料。经查，涉案鉴定书的文书格式不符合《司法鉴定文书示范文本》（试行）的要求；鉴定人、审核人及审批人在鉴定期间（2007年5月21日至2007年7月24日）均具有司法鉴定人执业证，执业类别均为"建筑工程质量"。

2008年3月24日，北京市司法局就原告投诉一事向司法鉴定中心左××进行了调查，被调查人认为司法鉴定中心对委托鉴定事项具有鉴定能力。在此次调查谈话中，北京市司法局针对涉案鉴定书的格式不符合要求的情况，告知司法鉴定中心及时纠正，杜绝在今后的工作中出现类似问题。之后，北京市司法局作出被诉答复，并邮寄送达给原告。

上述事实有下列证据证明：

1. 原告的控告书及附件材料；

2. 原告向北京市司法局提交的证据材料；

3. 原告给北京市司法局鉴定管理处的询问函；

4. 司法鉴定投诉表；

5. 司法鉴定投诉案件调查通知书；

6. 司法鉴定中心的答复函；

7. 2004 年 5 月 27 日北京市司法局为司法鉴定中心核发的证号 1100098 司法鉴定许可证；

8. 北京市司法局准予变更行政许可决定书；

9. 涉案鉴定书的鉴定人及审核人、审批人的执业证书；

10. 涉案鉴定书及鉴定档案；

11. 北京市司法局对左××的调查谈话笔录；

12. 鉴定收费发票；

13. 送达回证。

（四）一审判案理由

北京市西城区人民法院经审理认为：根据《全国人民代表大会常务委员会关于司法鉴定管理问题的决定》（以下简称《决定》）的规定，北京市司法局作为北京市司法行政机关负有对司法鉴定机构及其司法鉴定活动、司法鉴定人及其执业活动依法进行指导、管理、监督、检查及对司法鉴定机构及鉴定人违法违纪的执业行为进行调查处理的法定职权。

《决定》第十条规定，司法鉴定实行鉴定人负责制度，鉴定人应当独立进行鉴定。《司法鉴定程序通则》（试行）第八条规定，司法鉴定机构和司法鉴定人从事司法鉴定活动受国家法律保护，任何组织和个人不得进行非法干涉。因此，北京市司法局虽是司法鉴定机构及司法鉴定人的行政主管部门，其有权对司法鉴定机构及司法鉴定人的违法违纪的执业行为进行调查处理，但是其无权评判司法鉴定人运用科学技术、专门知识对专门性问题进行鉴别、判断而得出的鉴定意见。

本案中，原告关于涉案鉴定书实体方面的主张实质是对鉴定内容及结论的异议，而涉案鉴定书在原告与山东省交通厅、枣庄市公路局等的人身损害赔偿诉讼中，仅是一种证据，是否采纳，由审理相关案件的法院决定。且《决定》第十一条规定："在诉讼中，当事人对鉴定意见有异议的，经人民法院依法通知，鉴定人应当出庭作证。"因此，原告对鉴定实体方面的异议应当在其相关案件的诉讼程序中解决，不属于北京市司法局的审查权限范围，北京市司法局无权认定涉案鉴定书内容与结论的效力。且原告的上述异议亦不在本案审查范围，法院无权予以评判。

关于原告提出的鉴定人必须取得《质量工程师职业证书》的问题，原告的主要依据是《质量专业技术人员职业资格注册登记管理暂行办法》、《质量专业技术人员职业资格考试暂行规定》、《质量专业技术人员职业资格考试实施办法》的相关规定及《司法鉴定人登记管理办法》第十二条第（四）项"所申请从事的司法鉴定业务，行业有特殊规定的，应当符合行业规定"的规定。而前述三个规范性文件均是规范国家质量技术监督行业系统的，并不适用涉案鉴定行业，原告理解有误。另，根据现行法律，涉案司法鉴定行业尚未有特殊规定。原告关于鉴定人必须取得《质量工程师职业证书》的主张，缺乏法律依据。

关于原告提出的涉案鉴定书是商业贿赂的违法产物的问题，其理由是司法鉴定中心收取 3.5 万元鉴定费，不符合相关规定，主要依据是《北京市物价局、北京市财政局关于调整非刑事案件法医检验收费标准的函》，而分析该规定的内容，其并不适用于本案。原告上述主张缺乏事实根据和法律依据。

综上，针对原告提出的问题，北京市司法局根据调查情况作出 17 号答复，认为除涉案鉴定书的格式不符合规范要求外，未发现有违反鉴定程序规定的其他情形，该答复并无不当。原告主张撤销该答复，缺乏事实根据与法律依据，法院不予支持。

（五）一审定案结论

北京市西城区人民法院依照《最高人民法院关于执行〈中华人民共和国行政诉讼法〉若干问题的解释》第五十六条第（四）项的规定，作出如下判决：
驳回原告的诉讼请求。
案件受理费 50 元，由原告负担（已交纳）。

（六）二审情况

1. 二审诉辩主张
（1）上诉人诉称
首先，本案涉及的鉴定是工程质量鉴定，应由取得质量专业技术职称的人员鉴定，而没有证据证明出具涉案鉴定书的鉴定人取得了质量专业技术职业资格证书，因此，其不具备鉴定的资格。一审法院回避该问题，实际上是帮助北京市司法局逃避举证责任。此外，一审判决认定人事部及国家质量技术监督局发布的文件不适用于涉案鉴定行业，超越基层法院的审判权限，行使了国务院的职权，所作的判决违法，应予撤销。其次，一审法院庇护司法鉴定中心未取得收费许可证而应依法予以查处的违法行为，反而作出判决肯定了该中心的违法收费行为，实际上是实施了收费行政许可。再次，一审法院回避了司法鉴定中心没有鉴定能力这一事实。最后，司法鉴定中心依据交通部已经明令废止的设计规范作出涉案鉴定书，并将对高速公路的鉴定转换为对普通公路的鉴定，该鉴定行为不是科学，而是虚假鉴定。一审法院混淆了科学与伪科学的界线，将虚假鉴定说成是运用科学技术的鉴定，亦是错误。综上，请求二审法院撤销一审判决，依法改判。
（2）被上诉人辩称
被上诉人（原审被告）辩称：同意一审判决。

被上诉人（原审第三人）述称：同意一审判决。

2. 二审事实和证据

北京市第一中级人民法院经审理，认定的主要案件事实与一审法院的认定基本相同，对一审法院移送的证据材料审查后同意一审法院的认证结论。

3. 二审判案理由

北京市第一中级人民法院经审理认为：北京市司法局作为北京市的司法行政机关，负有对司法鉴定机构及其司法鉴定活动依法进行指导、管理、监督、检查及对司法鉴定机构、司法鉴定人违法违纪的执业行为进行调查处理的职权。司法行政机关不具有评判司法鉴定结论正确与否以及是否有效的法定职责。本案中，涉案鉴定书在原告与他人的民事诉讼案件中仅是一种证据，是否采纳应当由受诉法院予以认定。原告针对涉案鉴定书鉴定公路的等级性质，以及采用的技术规范是否正确等问题提出的异议，均属于对涉案鉴定书的实体问题提出的异议，不属于司法行政机关审查的范围，亦不属于本案的审查范围。原告如坚持对涉案鉴定书的异议，应当在相关民事案件审理中解决。对原告提出的上述问题，本院不予评判。

参照《司法鉴定人登记管理办法》第十七条的规定，《司法鉴定人执业证》是司法鉴定人的执业凭证。本案中，涉案鉴定书的鉴定人、审批人、审核人均已取得司法行政机关颁发的《司法鉴定人执业证》，许可的执业类别均为建设工程质量司法鉴定。北京市司法局据此认定相关鉴定人员具有鉴定资格并无不当。原告以上述人员未取得职业资格证书以及质量专业技术职业资格证书为由，提出的上述人员不具备鉴定资格的问题，本院认为，《司法鉴定人登记管理办法》第十二条对司法鉴定人执业条件作出了规定。涉案鉴定书的鉴定人、审批人、审核人是否取得职业资格证书的问题属于其是否符合执业条件，以及司法行政机关应否准予其执业的问题，不属于本案的审查范围。原告提出的上述问题，应当通过其他途径解决。本院对原告该项上诉理由不予采信。

北京市司法局收到原告对司法鉴定中心的投诉后，针对孙庆荣、李德岁投诉的具体事项，进行了调查，询问了有关人员，查阅了鉴定的档案材料，调取了司法鉴定中心的司法鉴定许可证，以及鉴定人、审批人、审核人的执业资格证书。根据调查核实的情况，对司法鉴定中心出具的涉案鉴定书存在的不符合文书规定的问题，及时通知该中心进行整改。北京市司法局根据《司法鉴定程序通则》（试行）的相关规定所作的 17 号答复并无不当。原告主张撤销该答复，缺乏事实根据与法律依据，一审法院判决驳回其诉讼请求正确，本院应予维持。

原告提出的司法鉴定中心未取得收费许可证，属于违法收费的问题，其应当向相关行政主管机关投诉解决。孙庆荣、李德岁的上诉理由依据不充分，本院均不予采信。其上诉请求，本院不予支持。

4. 二审定案结论

北京市第一中级人民法院依照《中华人民共和国行政诉讼法》第六十一条第（一）项的规定，作出如下判决：

驳回上诉，维持一审判决。

二审案件受理费 50 元，由上诉人负担（已交纳）。

（七）解说

司法鉴定结论是否合法、客观、公正，直接关系到诉讼中案件事实的认定，关系到当事人权益的实现，关系到司法公正的实现和人民群众合法权益的保护。因此，当一方当事人因司法鉴定结论而败诉后，其往往从维护自身权益的角度，向司法行政机关进行投诉，要求撤销鉴定结论，处理司法鉴定机构和鉴定人。这类因不服鉴定结论投诉司法鉴定机构、鉴定人而引发的司法鉴定行政管理类诉讼，在《决定》公布实施后，逐渐增多。据统计，北京市西城区人民法院 2008 年共受理 6 件这类案件，2007 年受理 1 件，而在 2006 年及其之前的年份，仅在 2003 年受理 1 件。案件的审理暴露出《决定》的公布实施并没有对我国司法鉴定管理体制中存在的问题（如管理混乱无序、行政监管力度不够）从根本上予以解决，司法鉴定管理体制的改革仍任重道远。

本案即是一起因不服鉴定结论而引发的行政诉讼案件，当事人争议的焦点也主要是鉴定人是否具有鉴定资质、鉴定程序是否合法、鉴定结论是否正确，对此问题，判决书已有论述。这里主要探讨一下一个并非各方当事人争议的焦点但却是司法鉴定体制中的重要问题，即被告北京市司法局对第三人——"三类外"的司法鉴定机构是否具有监督检查与处罚的职权。

1. 司法鉴定管理制度的相关内容

2005 年 10 月 1 日起施行的《决定》是我国第一部规范司法鉴定管理体制和司法鉴定活动秩序的法律文件。司法部根据该《决定》的规定，于同年公布实施了《司法鉴定人登记管理办法》（司法部令第 95 号）、《司法鉴定机构登记管理办法》（司法部令第 95 号），2000 年 8 月 14 日公布的《司法部鉴定人管理办法》（司法部令第 63 号）、《司法鉴定机构登记管理办法》（司法部令第 62 号）同时废止。根据上述法律文件的规定，我国对司法鉴定业务进行统一的登记管理，司法行政机关是司法鉴定活动的行政管理部门，在《决定》规定的司法鉴定登记管理范围内依照法律规定行使行政管理权。具体而言，目前我国司法鉴定管理制度中与司法行政机关管理职权有关的内容，主要包括以下几个方面：

（1）司法鉴定登记管理的范围。《决定》第二条规定："国家对从事下列司法鉴定业务的鉴定人和鉴定机构实行登记管理制度：（一）法医类鉴定；（二）物证类鉴定；（三）声像资料鉴定；（四）根据诉讼需要由国务院司法行政部门商最高人民法院、最高人民检察院确定的其他应当对鉴定人和鉴定机构实行登记管理的鉴定事项。"即国家对法医类、物证类、声像资料类①以及国务院司法行政部门与最高人民法院、最高人民检察院商定的鉴定事项实行统一的登记管理制度（强制登记）。由于国务院司法行政部门、最高人民法院、最高人民检察院目前尚未最终商定"三类外"的其他类别的司法鉴定项目，所以可以说，目前纳入统一登记管理范围的司法鉴定事项就是法医类、物证类、声像资料类司法鉴定。而且，根据《决定》第一条的规定，《决定》的调整范围只限于诉

---

① 实务部门一般将这三类鉴定称为"三类内"鉴定，而对除此之外的称为"三类外"鉴定，如司法统计、建筑工程造价、建筑工程质量、知识产权鉴定等。

讼活动（刑事诉讼、民事诉讼、行政诉讼）中的司法鉴定，在这个前提下，只限于《决定》第二条规定的鉴定事项，并非所有的涉及诉讼的专门性问题的鉴定，都纳入统一的登记管理范围内。

（2）司法鉴定机构、司法鉴定人的行政主管机关为国务院和省级司法行政机关。《决定》第三条规定："国务院司法行政部门主管全国鉴定人和鉴定机构的登记管理工作。省级人民政府司法行政部门依照本决定的规定，负责对鉴定人和鉴定机构的登记、名册编制和公告。"

（3）对纳入统一登记管理范围的司法鉴定事项，实行司法鉴定人、鉴定机构准入与名册管理制度，即司法鉴定人从事司法鉴定活动、司法鉴定机构的设立均需要取得司法行政机关的行政许可，对符合条件的司法鉴定机构、司法鉴定人由省级司法行政机关予以登记，编制统一的面向社会服务的司法鉴定机构、司法鉴定人名册，并予以公告。《决定》第六条规定："申请从事司法鉴定业务的个人、法人或者其他组织，由省级人民政府司法行政部门审核，对符合条件的予以登记，编入鉴定人和鉴定机构名册并公告。省级人民政府司法行政部门应当根据鉴定人或者鉴定机构的增加和撤销登记情况，定期更新所编制的鉴定人和鉴定机构名册并公告。"且根据上述法律条文及《决定》第二条、第三条的规定，《决定》公布实施后，各省司法行政机关需要许可司法鉴定机构、司法鉴定人的，其许可从事的鉴定业务范围，必须属于《决定》已经明确规定的法医类、物证类、声像资料类鉴定。

（4）司法行政机关的监督检查与行政处罚的职责。包括受理鉴定事项当事人的投诉，对司法鉴定机构及其司法鉴定活动、司法鉴定人及其执业活动依法进行监督检查，对司法鉴定机构及鉴定人违法违纪的执业行为进行行政处罚，等等。如《决定》第十三条规定："鉴定人或者鉴定机构有违反本决定规定行为的，由省级人民政府司法行政部门予以警告，责令改正。鉴定人或者鉴定机构有下列情形之一的，由省级人民政府司法行政部门给予停止从事司法鉴定业务三个月以上一年以下的处罚；情节严重的，撤销登记……"此外，《司法鉴定机构登记管理办法》第四条、第十条、第三十三条、第三十四条及《司法鉴定人登记管理办法》第四条、第九条、第二十三条、第二十四条、第二十五条等，都规定了司法行政机关对司法鉴定机构及其司法鉴定活动、司法鉴定人及其执业活动依法进行指导、管理、监督、检查及对司法鉴定机构及鉴定人违法违纪的执业行为进行调查处理的法定职权。

2. 司法行政机关对"三类外"司法鉴定业务管理职权的争议

从上述法律文件的规定看，司法行政机关行使行政管理职权的范围限于纳入统一登记管理范围的司法鉴定机构及其鉴定人，就目前而言主要是《决定》中规定的法医类、物证类、声像资料类司法鉴定机构，而本案第三人为从事建设工程质量鉴定的司法鉴定机构，该鉴定事项属于《决定》规定的"三类外"的鉴定项目。那么，被告根据现行法律的规定，是否有权对其司法鉴定活动进行监督检查直至处罚呢？

一种观点认为，《决定》第二条已经明确规定了纳入统一登记管理的司法鉴定业务的范围，司法行政机关应当在该范围内行使相应的行政管理权，即在2005年10月1日之后，司法行政机关只能对"三类内"司法鉴定事项行使行政许可权，只能对"三类内"司法鉴定人、司法鉴定机构违法执业行为进行监督检查与处罚，对"三类外"的司法鉴定事项，在三大部门商定结果未正式出台前，不能行使上述职权，否则构成行政越权；对在2005年10月1日之前已经从事司法鉴定业务的"三类外"的司法鉴定机构，包括之前已经取得司法行政机关许可的鉴定机构，根据《关于做好〈全国人民代表大会常务委员会关于司法鉴定管理问题的决定〉施行前有关工作的通知》（司发通〔2005〕62号）的规定，可以继续开展相关司法鉴定服务，但是司法行政机关无权对其进行监督管理，也无权对其行使行政处罚权。因此，本案中，被告无权对第三人进行监督检查，其不应当受理原告对第三人的投诉进而对其进行调查处理。

另一种观点认为，虽然司法行政机关对司法鉴定的管理应当以《决定》规定的范围为行使职权的基础，但是不可否认的是，在《决定》实施前社会上已经存在着大量的面向社会服务的鉴定机构，从事了与诉讼密切相关的各类司法鉴定业务，如工程造价类、知识产权类、司法会计类、建设工程质量类的司法鉴定。这些鉴定机构虽然没有被纳入《决定》明确规定的统一登记管理范围内，但不乏大量经过司法行政部门许可从事着司法鉴定工作，并且在《决定》公布实施后，被司法行政机关编入名册并予公告鉴定机构。本案第三人早在2004年5月即已取得了被告颁发的司法鉴定许可证，根据《中华人民共和国行政许可法》第六十一条、第六十五条明确的"谁许可，谁监管"的原则，被告作为行政许可部门应当切实履行许可部门的监督管理职责，不能以"三类外"的司法鉴定未被纳入《决定》规定的统一登记管理范围为由，让这类司法鉴定机构、司法鉴定人游离于司法行政机关的监督管理范围之外，否则，不仅有悖《决定》颁布实施的立法宗旨，而且也将使司法鉴定再度陷入无序、混乱的状况，不利于保护鉴定事项当事人的合法权益，最终损害了司法公正与权威。因此，鉴于目前司法鉴定体制的现状，从加强对被许可人的监管以及充分保护鉴定事项的当事人合法权益的角度，被告应当受理原告的投诉，对第三人的司法鉴定活动进行监督检查，对其违法执业行为有权进行处罚。

合议庭最终采纳了第二种观点。但同时合议庭也认为：如果有自然人或组织针对"三类外"司法鉴定业务向司法行政机关提出许可申请，司法行政机关是否有行政许可权；对那些未经司法行政机关许可但已经面向社会接受委托开展"三类外"司法鉴定业务的机构及人员，司法行政机关是否有权对其进行监督管理，值得商榷。因此，在国务院司法行政机关、最高人民法院、最高人民检察院根据诉讼需要商定的新类型的司法鉴定业务正式出台前，司法行政机关应当慎重行使司法鉴定行政管理权，包括许可权、监督检查权、处罚权等。

3. 基于上述分歧的一些想法——必须尽快明确"三类外"司法鉴定的登记管理问题

从《决定》规定的"三类内"司法鉴定事项来看，其完全局限于传统诉讼中的司法鉴定业务，与现代诉讼中对各类复杂的新型司法鉴定的实际需要不相适应。以2007年12月被告编制的北京市司法鉴定人和司法鉴定机构名册为例，除《决定》规定的"三类内"司法鉴定有24家鉴定机构进入该名册外，其他"三类外"的司法鉴定包括电力类、知识产权类、工程造价类、建设工程质量类、司法会计类，共计88家鉴定机构也在该名册中。然而，根据《决定》的规定，被告对上述88家鉴定机构编制名册、登记管理是缺乏法律依据的，而这88家鉴定机构从事的司法鉴定业务又是现代诉讼必需的。

因而看出法律规定与现实需要严重脱节。

随着科技的发展和新型诉讼的不断出现，各形各色的诉讼案件所涉及的专门性问题呈现出多方面、多层次的态势，司法鉴定业务类别和专门事项不断增加，如司法会计、建筑工程造价、建筑工程质量、知识产权、资产评估、交通事故车损、涉案物价格等司法鉴定。这类未纳入《决定》统一登记管理范围的司法鉴定，在现代诉讼中发挥的作用并不亚于传统的"三类内"司法鉴定，且由于这类鉴定事项专业性强，法官囿于知识与技能的局限，往往完全依赖司法鉴定的结论裁决案件，因此，当事人的胜败也就取决于这一纸鉴定结论。而由于受利益驱动等多种因素的影响，这类司法鉴定未被列入《决定》中，势必影响这类鉴定机构的规范管理与鉴定事项当事人权益的保护。如，本案第三人系经过被告许可的司法鉴定机构，也在被告编制的名册中，其对被告的监督管理与调查不存在异议，法院也是根据《行政许可法》的规定，认为被告对第三人有监管的职权，从而认为被告基于原告的投诉所作出的行为符合职权。但是，如果某一鉴定机构从事鉴定业务不是被告许可的，该鉴定机构对被告的监督管理权也存在异议，但鉴定事项的当事人坚持向被告投诉并要求被告予以行政处罚，那么，司法行政机关对这类鉴定机构如何行使管理权，则存在法律真空。不接受投诉，既可能使这类鉴定机构游离于司法行政机关的监管范围之外，也不利于对鉴定事项当事人权益的保护与救济；而受理投诉，对鉴定机构进行调查处理，则使司法行政机关陷入越权的尴尬之地。虽然《决定》第二条第一款第（四）项属于弹性规定，但是至今三大部门商定"三类外"的司法鉴定事项仍然没有结果，这一现实也使第（四）项的弹性规定流于形式。

因此，从规范司法鉴定管理、适应现代诉讼需要、切实保护鉴定事项当事人利益角度，三大部门应当尽快商定"三类外"司法鉴定的登记管理内容，或者有关立法机关修改《决定》第二条，根据目前"三类外"鉴定业务大量存在的社会现实，采取概括加列举的规定，明确"三类外"司法鉴定的统一登记管理内容。

（北京市西城区人民法院　王晓平）

67. 江苏华杰丝绸进出口有限公司不服江苏省经济贸易委员会经贸行政许可案

（行政许可实施的充分申辩原则　行政许可终审机关的审查职责）

（一）首部

1. 裁判书字号

一审判决书：江苏省南京市中级人民法院（2008）宁行初字第19号判决书。

二审裁定书：江苏省高级人民法院（2009）苏行终字第54号裁定书。

2. 案由：经贸行政许可。

3. 诉讼双方

原告（被上诉人）：江苏华杰丝绸进出口有限公司（以下简称华杰公司），住所地：海安县角斜镇。

法定代表人：袁园，该公司董事长。

委托代理人：汤加彬，江苏南京博聪律师事务所律师。

委托代理人：沈玉宇，江苏南京博聪律师事务所律师。

被告（上诉人）：江苏省经济贸易委员会（以下简称省经贸委），住所地：南京市北京西路。

法定代表人：张吉生，该委员会主任。

委托代理人：余帮喜，江苏天哲律师事务所律师。

委托代理人：严明慧，江苏天哲律师事务所律师。

4. 审级：二审。

5. 审判机关和审判组织

一审法院：江苏省南京市中级人民法院。

合议庭组成人员：审判长：刘苏文；代理审判员：赵雪雁、宋振敏。

二审法院：江苏省高级人民法院。

合议庭组成人员：审判长：倪志凤；代理审判员：沙永梅、何薇。

6. 审结时间

一审审结时间：2009年3月4日。

二审审结时间：2009年8月18日。

（二）一审诉辩主张

1. 被诉具体行政行为

被告省经贸委于2008年4月28日向原告发出苏经贸茧丝[2008]344号《关于江苏华杰丝绸进出口公司申报江苏省鲜茧收购资格证书的审核意见》，根据听证和实地考察情况，决定对原告提出的鲜茧收购资格申请不予核准。

2. 原告诉称

海安县长期以来不开放鲜茧收购市场，只允许鑫缘茧丝绸集团股份有限公司（以下简称鑫缘公司）一家企业取得鲜茧收购资格，从事鲜茧收购，鑫缘公司因此垄断了海安县的鲜茧收购市场。2007年8月，商务部、国家工商总局下发《鲜茧收购资格认定办法》（以下简称《办法》），鼓励缫丝等企业从事鲜茧收购活动；2007年9月，省经贸委和江苏省工商行政管理局出台《江苏省鲜茧收购资格认定实施细则》（以下简称《实施细则》），明确收购条件，鼓励具有一定规模和实力的缫丝企业在条件具备的情况下取得鲜茧收购资格，从事鲜茧收烘。为此，原告逐一落实各项资格条件，于2007年8月12日向海安县发改委书面提出鲜茧收购资格认定申请，但海安县发改委拖至2007年10月29日才作出所谓不予受理决定，后经原告依法提起行政复议，南通市经贸委作出复议决定责令其受理原告申请，并在法定期限内报送上级行政机关。但海安县发改委仍迟迟不履行职责，在原告向被告多次反映、投诉的情况下，海安县发改委未对原告的申报条件作任何现场实地考察，即匆忙于2008年2月29日经南通市经贸委将初审意见和原告的申请资料报送被告。2008年3月27日，被告就原告的鲜茧收购资格认定申请召开听证会，鑫缘公司作为利害关系人也申请参加了听证会。但被告在听证会之后未作出行政许可，反而又委托南通市经贸委和海安县发改委对原告的申报条件进行现场考察，并据现场考察结果作出了不予核准的意见。由以上事实可见，在原告提出鲜茧收购资格认定申请过程中，作为初级审核机关的海安县发改委百般阻挠、推诿、拖延；作为最终审核机关的被告在审核程序上违反《中华人民共和国行政许可法》和《办法》、《实施细则》的相关规定，在实体条件上也偏听偏信，违反《办法》和《实施细则》规定草率作出不予核准决定；海安县政府不仅是鑫缘公司的股东，而且将其在鑫缘公司20%国有股权的表决权也非法授予鑫缘公司法定代表人行使，鑫缘公司和海安县政府之间有如此重大的利益关系，故原告申请不可能得到作为初审机关的海安县发改委的批准。综上，请求判令撤销被告作出的苏经贸茧丝〔2008〕344号《关于江苏华杰丝绸进出口公司申报江苏省鲜茧收购资格证书的审核意见》，责令被告重新对原告的鲜茧收购资格认定申请进行审核认定，并由被告承担本案诉讼费用。

3. 被告辩称

被诉具体行政行为程序合法，适用法律法规正确。被告在2008年1月初收到原告的鲜茧收购资格申请材料后，立即将材料移交给下级审核单位南通市经贸委，南通市经贸委收到后立即将材料移交到初审单位。该申请材料封面记录的时间为2007年11月28日，南通市经贸委于2008年1月15日作出行政复议决定书，海安县经贸委初审时间为2008年2月19日，南通市经贸委审核时间为2008年2月28日。被告于2008年2月29日正式收到原告的申请材料。因《办法》于2007年8月1日起实施，《实施细则》于2007年9月5日起实施，《海安县2008—2015年蚕桑生产发展及茧站布点规划》于2007年12月25日起实施，故被告在审核原告申请时，适用法律法规正确。原告申请鲜茧收购资格在实体上不符合《办法》和《实施细则》规定的资格条件。原告申请的茧站不符合《海安县2008—2015年蚕桑生产发展及茧站布点规划》，原告也没有出具与收购能力相适应的资金证明，且原告从事鲜茧收购和干茧贮存的设施和环境等不符合国家或行业关于消防、环保等有关规定。综上，请求判决驳回原告的诉讼请求。

（三）一审事实和证据

江苏省南京市中级人民法院经公开审理查明：原告于2007年8月12日向海安县发改委书面提出鲜茧收购资格认定申请，海安县发改委于同年9月29日以原告申请不符合当地县级以上蚕桑生产发展及茧站布点规划为由作出不予受理决定。当时，海安县蚕桑生产发展及茧站布点规划尚未公布实施。原告不服，向南通市经贸委提起行政复议，南通市经贸委于2008年1月15日作出行政复议决定，责令海安县发改委受理原告申请，并在法定期限内报送上级行政机关。此前，海安县发改委于2007年12月25日颁布实施了《海安县 2008—2015 年蚕桑生产发展及茧站布点规划》。

2008 年 2 月 19 日，海安县发改委作出"该企业申请不符合我县蚕桑生产发展及茧站布点规划，违背了我县现行的茧丝绸管理体制，不符合省实施细则的相关要求，不予同意申请鲜茧收购资格"的初审意见，并上报南通市经贸委。2008 年 2 月 28 日，南通市经贸委作出"经初审，该企业申报的茧站不符合海安县 2008—2015 年蚕桑生产发展及茧站布点规划"的意见，并于次日将原告的申请资料和两级审核意见报送被告。2008 年 3 月 19 日，被告向原告告知了听证权利，原告当即要求召开听证会。2008 年 3 月 27 日，被告就原告的鲜茧收购资格认定申请召开听证会，鑫缘公司作为利害关系人申请参加了听证会。2008 年 4 月 15 日，被告向南通市经贸委发出通知，责成南通市经贸委和海安县发改委在接到通知后 5 日内对原告的申报条件进行实地考察和审核。2008 年 4 月 19 日，南通市经贸委会同海安县发改委、海安县角斜镇政府及海安县质监、安全、消防、环保等部门，对原告华杰公司进行了实地考察和审核。2008 年 4 月 21 日，海安县发改委根据南通市经贸委要求，告知原告需补正鲜茧收购合同复印件、鲜茧检验收烘技术人员专业技术培训考核合格证书原件两项材料。2008 年 4 月 22 日，南通市经贸委向被告出具了有关实地考察和审核情况的报告，初步认定原告不具备申报鲜茧收购资格的条件。2008 年 4 月 28 日，被告根据听证会和实地考察情况，作出了不予核准的审核意见。原告不服该审核意见，遂诉至法院。

上述事实有下列证据证明：

被告提交的证据有：

1. 《海安县 2008—2015 年蚕桑生产发展及茧站布点规划》和附表、附图，用以证明规划生效时间为 2007 年 12 月 25 日，根据该规划角斜村并无新增茧站的布点。

2. 2008 年 1 月 7 日江苏省茧丝绸协调小组办公室发给南通市经贸委的通知、2008 年 1 月 14 日南通市经贸委发给海安县发改委《关于转发"江苏华杰丝绸进出口有限公司的鲜茧收购资格申请材料"的通知》，用以证明原告违反规定程序直接向被告提交了申请材料，被告收到材料后即转发给海安县发改委和南通市经贸委进行逐级审核。

3. 原告于 2007 年 11 月 28 日填写、经海安县发改委和南通市经贸委逐级审核后填写审核意见并报送被告的江苏省鲜茧收购资格申请书及附件、2008 年 2 月 29 日江苏省茧丝绸协调小组办公室给原告的通知及附件材料，用以证明原告的申请材料经海安县发改委和南通市经贸委两级单位审核后的初审意见和理由，以及被告收到初审材料后立即以书面方式将初审意见和理由反馈给原告。

4. 行政许可听证告知书及听证通知书，用以证明被告向原告告知了听证权利且已正式进行听证，被告作出行政许可的程序合法。

5. 鑫缘公司参加鲜茧收购资格行政许可听证会申请书，用以证明被告听取了利害关系人关于原告的真实情况以及当地桑蚕种植情况后作出了公正的核准。

6. 2008 年 3 月 27 日行政许可听证笔录，用以证明被告程序合法，原告申请的布点不符合海安县茧站布点规划，原告增加收购布点的地区角斜镇新增桑园面积不符合江苏省的有关规定。

7. 2008 年 3 月 28 日中国银行股份有限公司海安支行致被告的函，用以证明原告提供申请材料时提交的银行资信证明不能证明原告收购蚕茧的实力，原告未向初审单位提供资金实力证明。

8.2008年4月15日被告向南通市经贸委发出的《关于对江苏华杰丝绸进出口公司鲜茧收购资格进行实地考察和审核的通知》。

9.2008年4月16日海安县经贸委发给原告的《关于做好接受实地考察和审核的通知》。

证据8—9用以证明听证后被告为查明原告是否具备收购资格，对原告提供的申请材料不全问题为慎重起见进行了实地考察，并在实地考察后发函给原告要求补正相关材料。

10.2008年4月21日南通市经贸委发给海安县发改委的《关于江苏华杰丝绸进出口有限公司申请鲜茧收购资格需补正材料的函》。

11.2008年4月21日海安县发改委发给原告的《关于补正相关材料的通知》。

证据10—11用以证明原告申请资料不全，要求其进行补正。

12.2008年4月22日南通市经贸委发给被告的通经贸发〔2008〕116号《关于对江苏华杰丝绸进出口有限公司鲜茧收购资格进行实地考察和审核情况的报告》及其附件，用以证明实地考察结果和原告的补充材料都说明原告的申请在多方面不符合条件。

13.2008年4月28日被告向原告作出的苏经贸茧丝〔2008〕344号《关于江苏华杰丝绸进出口有限公司申请江苏省鲜茧收购资格证书的审核意见》，用以证明被诉行政行为在程序和实体上均合法。

原告提交的证据有：

1.2007年8月12日原告向海安县发改委提交的《关于申请鲜茧收购资格证的报告》；

2.2007年9月29日原告委托律师向海安县发改委寄送的律师函；

3.2007年9月29日海安县发改委对原告申请作出的不予受理决定；

4.2008年1月15日南通市经贸委作出的通经贸决〔2008〕1号行政复议决定。

证据1—4用以证明原告首次申请时间是2007年8月12日，而海安县发改委未予答复，在原告发律师函催促的情况下才作出了不予受理决定，后来原告提起行政复议，南通市经贸委作出了责令受理的行政复议决定。

5.2008年2月28日海安县发改委和南通市经贸委对原告的申请作出不予同意的初审意见和材料；

6.2008年3月20日江苏省纤维检验所出具的《桑蚕鲜茧收购、桑蚕干茧加工质量保证条件审核意见书》；

7.2008年3月20日被告向原告发出的行政许可听证通知书；

8.2008年3月25日鑫缘公司要求参加华杰公司鲜茧收购资格行政许可听证会的申请书；

9.2008年4月15日被告向南通市经贸委发出的苏经贸茧丝〔2008〕309号《关于对江苏华杰丝绸进出口公司鲜茧收购资格进行实地考察和审核的通知》；

10.2008年4月22日南通市经贸委发给被告的通经贸发〔2008〕116号《关于对江

苏华杰丝绸进出口有限公司鲜茧收购资格进行实地考察和审核情况的报告》；

11. 2008 年 4 月 28 日被告向原告作出的苏经贸茧丝［2008］344 号《关于江苏华杰丝绸进出口有限公司申请江苏省鲜茧收购资格证书的审核意见》。

证据 5—11 用以证明被告作出被诉审核意见的事实经过是违法的。

12. 鑫缘公司章程，用以证明海安县政府在鑫缘公司有 20％的股份，且将该股份的表决权非法授予鑫缘公司的法定代表人行使，其与鑫缘公司有利害关系，故原告的申请不可能获得初审机关的批准。

（四）一审判案理由

江苏省南京市中级人民法院经公开审理认为：依据国务院第 412 号令《国务院对确需保留的行政审批项目设定行政许可的决定》、参照《办法》第四条的规定，省级商务主管部门具体负责本地区鲜茧收购经营者的资格认定，故被告省经贸委依法具有对本省行政区域内鲜茧收购资格进行核准认定的行政许可职权。

《中华人民共和国行政许可法》第五条规定："设定和实施行政许可，应当遵循公开、公平、公正的原则。"第七条规定："公民、法人或者其他组织对行政机关实施行政许可，享有陈述权、申辩权……"第四十八条第二款规定："行政机关应当根据听证笔录，作出行政许可决定。"从上述规定体现的法律原则和法律精神看，在据以作出审查意见的证据和理由发生新变化的情况下，行政机关作出许可决定前应当给予申请人或者利害关系人就新的证据和理由重新进行陈述、申辩的权利，尤其对经过听证程序作出的行政许可行为，一般应遵循"案卷排除规则"，以经过听证质证的证据作为许可决定的依据，方符合《中华人民共和国行政许可法》规定的公开、公平、公正原则，符合行政许可法设定听证程序的立法原旨。本案中，作为初审机关的海安县发改委仅从是否符合海安县蚕桑生产发展及茧站布点规划的角度对原告的申请进行了审核，即作出初步审核意见，而未依《办法》第十条规定，"对原告申请材料的真实性以及收购布局的合理性进行实地考察和审核"，存在不当。被告省经贸委在许可审查过程中根据原告申请组织了听证程序，通过听证发现这一情况后，责成南通市经贸委和海安县发改委两级初审机关组织实地考察和审核，系从保护申请人利益角度出发对初审单位不当行为的纠正，并未违反强制性法律规范。但是，被告在接到南通市经贸委出具的实地考察报告后，在实地考察结果对原告明显不利的情况下，直接将之作为作出最终审查意见的一项依据，而未重新听取原告对该实地考察结果的陈述、申辩意见，其行政行为欠缺程序正当性。另外，根据《中华人民共和国行政许可法》第三十八条第二款的规定，"行政机关依法作出不予行政许可的书面决定的，应当说明理由，并告知申请人享有依法申请行政复议或者提起行政诉讼的权利"。被告在作出不予许可书面决定时，仅罗列了南通市经贸委提出的实地考察审核意见，未就该实地考察审核意见内容的合法性和适当性进行审查论证，未说明其作为最终审核机关作出不予核准决定的法律依据和具体理由，亦未向申请人告知救济权利和救济途径，显属不当。综上，被诉具体行政行为违反法定程序，应予撤销。

（五）一审定案结论

江苏省南京市中级人民法院依照《中华人民共和国行政诉讼法》第五十四条第（二）项第三目之规定，作出如下判决：

1. 撤销被告省经贸委于 2008 年 4 月 28 日作出的苏经贸茧丝［2008］344 号《关于江苏华杰丝绸进出口公司申报江苏省鲜茧收购资格证书的审核意见》；

2. 责令被告省经贸委自本判决生效之日起对原告的鲜茧收购资格认定申请重新进行审核。

案件受理费 50 元，由被告省经贸委承担。

（六）二审情况

1. 二审诉辩主张

（1）上诉人诉称

一审法院认定事实不清，上诉人作出苏经贸茧丝［2008］344 号《关于江苏华杰丝绸进出口公司申报江苏省鲜茧收购资格证书的审核意见》程序合法。主要理由为：1）听证会时听证的内容已经涉及上诉人作出的被诉审核意见中的三点意见，上诉人已经给予了华杰公司充分陈述、申辩的权利。听证会结束后的现场考察是在华杰公司以及有关部门人员的共同参与过程中完成的，参与过程本身就是一个陈述、申辩的过程。南通市经贸委作为二审机关根据这一实地考察出具的《关于对江苏华杰丝绸进出口有限公司鲜茧收购资格进行实地考察和审核情况的报告》，内容并未超出原申请材料附表"县级茧丝绸主管部门实地审查表"中的范围，所以并非新的意见和理由。因此，上诉人的行政行为并不欠缺程序正当性。2）南通市经贸委《关于对江苏华杰丝绸进出口有限公司鲜茧收购资格进行实地考察和审核情况的报告》中数条意见都认为被上诉人不符合鲜茧收购资格，而上诉人作出的被诉审核意见中不符合条件的意见才三条，故上诉人并非罗列下级机关的审核意见。上诉人在审核意见中明确而具体地陈述了法律依据和理由，一审法院认定上诉人"未说明其作为最终审核机关作出不予核准决定的法律依据和具体理由"的标准不清楚。上诉人虽未书面告知被上诉人救济途径和权利，但是书面告知与否并不影响被上诉人行使法定救济权利。

（2）被上诉人辩称

原审判决正确，应予维持。

2. 二审事实和证据

江苏省高级人民法院经审理，在征得各方当事人同意的前提下，组织进行了庭外协调。在协调中，法院积极发挥司法能动性，主动邀请相关主管部门和利害关系人共同参加纠纷调处，最终促成华杰公司和利害关系人鑫缘公司达成了合作经营协议。嗣后，上诉人省经贸委以案件争议已妥善解决为由向江苏省高级人民法院申请撤回上诉。

3. 二审判案理由

江苏省高级人民法院经审理认为：上诉人省经贸委撤回上诉是其真实意思表示，不违反法律、法规规定，未损害国家、集体和他人合法权益，应予准许。省经贸委苏经贸茧丝〔2008〕344号《关于华杰丝绸进出口公司申报江苏省鲜茧收购资格证书的审核意见》、江苏省南京市中级人民法院（2008）宁行初字第19号行政判决不再执行。

4. 二审定案结论

江苏省高级人民法院依照《最高人民法院关于执行〈中华人民共和国行政诉讼法〉若干问题的解释》第六十三条第一款第（十）项、第九十七条，参照《中华人民共和国民事诉讼法》第一百五十六条之规定，作出如下裁定：

准许上诉人省经贸委撤回上诉。

（七）解说

本案存在的主要争议焦点在于：（1）在听证后出现新证据的情况下，被告未重新组织听证或补充听取申请人意见，是否违反法定程序？（2）在被诉的逐级审核行政许可行为中，具有最终审核权的被告是否应当对下级审核机关出具的实地考察审核意见的合法性和适当性进行审查论证？一审法院从法律的原则性规定和精神出发，本着促进行政机关在设定和实施行政许可时所应遵循的公开、公平、公正原则，以及依法保障行政相对人在行政许可程序中所应享有的陈述权和申辩权的目的，对被告省经贸委的行政行为的合法性作出了否定评价。在判决思路上，一审法院主要考虑了以下关键要素：

1. 行政许可法原则性规定中体现的"充分申辩权"

《中华人民共和国行政许可法》第五条规定："设定和实施行政许可，应当遵循公开、公平、公正的原则。"第七条规定："公民、法人或者其他组织对行政机关实施行政许可，享有陈述权、申辩权……"第三十六条规定："……申请人、利害关系人有权进行申辩。行政机关应当听取申请人、利害关系人的意见。"第四十七条规定："行政许可直接涉及申请人与他人之间重大利益关系的，行政机关在作出行政许可决定前，应当告知申请人、利害关系人有要求听证的权利……"从上述规定体现的法律原则和法律精神看，申请人、利害关系人应当获得充分的、完全的陈述权和申辩权，这种充分性和完全性显然不在于辩论内容的多少或辩论时间的长短，而恰恰在于程序上是否得到充分的保障。我们认为，这种充分性的表征之一，就是在出现新证据的情况下，行政机关作出许可决定前应当给予申请人或者利害关系人针对新证据进行补充申辩和陈述的权利。

本案中，作为初审机关的海安县发改委未依《办法》规定对原告申请进行实地考察即作出初步审核意见，存在不当之处。被告省经贸委在审查中发现这一情况后责成南通市经贸委和海安县发改委组织实地考察和审核，系从保护申请人利益角度出发对初审单位不当行为的纠正，该程序并不违法。但是，被告在责成两下级审核机关进行实地考察后，依据实地考察后出具的审核意见和听证情况作出了被诉审核意见，即在据以作出审查意见的证据和理由发生了新的、重大的变化的情况下，被告未重新给予原告进行补充性陈述、针对性申辩的权利，而直接作出不予许可决定，程序上违反前述法律规定的原

• 430 •

则和精神。在这一点上，被告提出反对意见认为，听证前后有关部门出具的初步审核意见在内容上基本相同，因此并不存在有"新的意见和理由"。法院则认为，证据的新旧并不仅仅体现在证据的内容上，被告所依赖的是程序补正后取得的审核意见，而非初审机关出具的原审核意见，两者之间具有质的区别。因此完全可以认定，被告据以作出审查意见的证据和理由发生了新的、重大的变化。

2. 听证程序设置蕴涵的"案卷排除规则"

《中华人民共和国行政许可法》第四十八条第二款规定："行政机关应当根据听证笔录，作出行政许可决定。"在对该条款的理解上，被告认为，其已在实地考察前实际组织了一次听证，虽然在责成实地考察后未再举行听证或再给予原告陈述、申辩权，但听证会结束后的现场考察是在华杰公司以及有关部门人员的共同参与过程中完成的，参与实地考察过程本身就是一个陈述、申辩的过程；而且《中华人民共和国行政许可法》对听证程序的要求并不像《中华人民共和国行政处罚法》那么严格，只有对法定应当听证的事项或者涉及重大公共利益的事项，许可机关才应当举行听证，在《中华人民共和国行政许可法》规定的听证程序中，并未明确规定出现新证据的情况下必须重新让原告进行申辩，更未规定需要重新组织听证，故被告程序虽有瑕疵，但不构成"违反法定程序"情形。

这种观点没有得到法院的支持。一审法院认为，对经过听证程序作出的行政许可行为，以经过听证质证的证据作为许可决定的依据，方符合《中华人民共和国行政许可法》规定的公平、公开、公正原则，符合《中华人民共和国行政许可法》设定听证程序的立法原旨。《中华人民共和国行政许可法》第四十八条第二款的规定，又被称为"案卷排除规则"，是指经过听证的行政许可，其许可决定所依据的证据必须全部经过听证，而在司法审查时，也仅以经过听证质证的证据作为审查的事实依据。《中华人民共和国行政许可法》设置听证程序的原旨，本就在于给予当事人以充分的陈述、申辩权，充分听取和尊重行政相对人或利害关系人的意见。本案中，被告通过听证发现初审机关欠缺实地考察程序，遂责令初审机关予以补正，应该说，此时原告听证权利的行使是处于一个不完整、不充分的状态。实地考察完毕后，实地考察情况既然被作为最终审核意见作出的主要依据，被告理应向原告提供弥补权利、补充申辩的机会，确保行政相对人有权对可能影响自己权益的行政行为发表意见，这样才能避免因行政机关的偏见而导致违法或不当行政行为的发生。

3. 逐级审核行政许可中终审机关的审查职责

关于终审机关的审查职责，争议焦点在于，具有最终审核权的被告是否应当对下级审核机关出具的实地考察审核意见的合法性和适当性，尤其是对其中依据的海安县茧站布点规划的合法性和适当性进行审查论证。

在这个问题上，否定意见认为，虽然海安县茧站布点规划的文字内容通篇有保护鑫缘公司垄断利益之嫌，但法律法规并未明确规定鲜茧收购资格的终审机关对规划的合法性和合理性具有审查权力，故如法院以该茧站布点规划不合理为由对其不予适用，这种司法审查强度可能超出了应有的范围。并且，对涉及产业政策、国家宏观调控、有一定地域数量限制的行政许可，行政机关经综合判断后，行使行政自由裁量权作出不予许可引发的行政诉讼案件，要注意尊重行政机关的裁量权和判断权。

但一审法院经过审慎考量，最终认为，从逐级审核行政许可的特性看，许可的决定权仍然归于终审机关，下级审核机关行使的仅仅是初步审查权，因此终审机关不仅应从形式上对下级审核机关的初步审查行为进行把关，还应从实质上对下级审核机关作出的初步判断进行把关，也就是说，被告应对下级审核机关出具的实地考察审核意见的合法性和适当性进行审查论证，从而也应对海安县茧站布点规划是否适用于本案作出判断。本案原告申请行政许可的时间在海安县茧站布点规划实施前，根据《中华人民共和国行政许可法》第五条的规定，未经公布的规定不得作为实施行政许可的依据，且原告提出许可申请的时间在海安县茧站布点规划实施之前，初审机关受理时间迟延是初审机关违法行为所致，因此被告在审查时完全可以不适用海安县茧站布点规划。这一点也与本案判决后于 2009 年 11 月 9 日通过的法释〔2009〕20 号《最高人民法院关于审理行政许可案件若干问题的规定》第九条规定相契合，该条规定"人民法院审理行政许可案件，应当以申请人提出行政许可申请后实施的新的法律规范为依据；行政机关在旧的法律规范实施期间，无正当理由拖延审查行政许可申请至新的法律规范实施，适用新的法律规范不利于申请人的，以旧的法律规范为依据。"另外，考虑到海安县政府和当地唯一有鲜茧收购资格的鑫缘公司有利害关系，海安县发改委的茧站布点规划文字通篇倾向于保护鑫缘公司利益，确实存在合理性的问题，作为最终审核机关的被告在作出审核意见时也应充分考虑，对此规划不应适用。不过，特别要指出的是，因为本案的判决方向是判令撤销被诉具体行政行为，并责令被告重新进行审核，一审法院出于对行政机关裁量权的尊重，在判由部分仅指出了被告未对实地考察审核意见内容进行实质审查的失当性，而未直接就此问题表述倾向性意见，从而为行政机关重新作出具体行政行为预留了裁量的空间。

当然，司法审判的基本功能和作用主要在于化解矛盾和解决争议，一切审判活动都应当围绕这一目标进行。本案在二审过程中经法院协调促成了最终和解，并以撤诉方式结案，这种从根源上化解矛盾、实现"案结事了"的审判效果，更应成为我们努力追求的目标。

（江苏省南京市中级人民法院　赵雪雁）

68. 贺安莲不服东阿县刘集镇政府农业行政给付案
（粮食补贴、柴油补贴的发放）

（一）首部

1. 判决书字号：山东省东阿县人民法院（2009）东行初字第 43 号判决书。
2. 案由：农业行政给付。

3. 诉讼双方

原告：贺安莲，女，1953年生，汉族，住东阿县刘集镇，农民。

委托代理人：王吉泉，男，1951年生，汉族，住东阿县大桥镇，农民。

委托代理人：徐宏振，男，1942年生，汉族，住东阿县刘集镇，农民。

被告：东阿县刘集镇人民政府。

法定代表人：温培峰，男，镇长。

委托代理人：周建军，男，该镇司法所所长。

委托代理人：朱成江，男，山东胶城律师事务所律师。

4. 审级：一审。

5. 审判机关和审判组织

审判机关：山东省东阿县人民法院。

合议庭组成人员：审判长：张培民；审判员：郭伟；人民陪审员：高阳。

6. 审结时间：2009年8月20日。

（二）诉辩主张

1. 被诉具体行政行为

刘集镇政府根据所辖尚文寨村委会上报领取直补款的地亩数，一直把登记在刘万军的名下由贺安莲耕种的粮食的直补款由刘万军领取。2006年，国家对种粮农户实施柴油补贴，补贴标准14.2元/亩。因原告欠交同年的"三水费用"，原告所在村的村委会替原告垫付后，村委会未经原告同意，代替原告从刘集镇财所领回2006年的柴油补贴66.73元 [14.2元×4.77亩（不含争议的1.2亩）] 并直接扣留，致原告实际未领到该补贴款。原告要求被告给其发放2005年至2009年的1.2亩地的各项补贴307.41元及2006年的柴油补贴66.73元，共计374.14元。被告拒不发放。

2. 原告诉称

被告违反国家法律和政策，从2005年至2009年强行扣留原告1.2亩地的小麦直补款及2006年的柴油直补款共计374.14元，要求返还此款。

3. 被告辩称

本案所争议的1.2亩地，原告已没有合法的承包经营权，村民刘万军是合法承包经营权人，镇政府已将该1.2亩土地的各项直补款直接发给了刘万军，要求法院驳回原告的诉讼请求。

（三）事实和证据

山东省东阿县人民法院经公开审理查明：贺安莲系东阿县刘集镇尚文寨村村民，其丈夫刘保安系退休教师，按农村风俗（男性家庭成员通常为一家之主），应当发给贺安莲的一些书面合同、通知等有的写成了其丈夫刘保安的名字。2001年前，原告家拥有本村户口的共4人，其中包括其公公刘法合。1999年原告与村委会签订了土地承包合同，共承包 5.97 亩土地，其中 4.82 亩的承包期是 30 年，至 2029 年，1.15 亩的承包期为 10 年。2001 年原告的公公去世，2004 年 8 月村里根据人口的增减情况要求原告退回一个人（即原告的公公刘法合）的承包地 1.2 亩，承包给同组村民刘万军（因 2002 年刘万军生一女孩），原告不同意，村委会强行从原告承包期限为 30 年的地块中划出 1.2 亩发包给了刘万军。原告贺安莲以本村委会收回其承包地违法为由，诉至东阿县人民法院，要求返还 1.2 亩土地经营权。本院初审判决村委会收回贺安莲 1.2 亩承包地的行为无效，后经本院再审，判决驳回贺安莲的诉讼请求。贺安莲不服提起上诉，聊城市中级人民法院维持了本院的再审判决。贺安莲又继续申诉，山东省人民检察院提出抗诉，山东省高级人民法院再审后维持了聊城市中级人民法院的判决。争议的这 1.2 亩土地被村委会发包给刘万军后，在初审诉讼期间，贺安莲又强行进行耕种至今。但尚文寨村委会在向被告刘集镇政府上报领取直补款的地亩数时，一直把这 1.2 亩地登记在刘万军的名下，形成自 2005 年起这 1.2 亩土地一直由贺安莲耕种，但各项直补款由刘万军领取的事实。

另查明，2006 年，国家对种粮农户实施柴油补贴，补贴标准 14.2 元/亩。因原告欠交同年的"三水费用"，原告所在村的村委会替原告垫付后，村委会未经原告同意，代替原告从刘集镇财所领回 2006 年的柴油补贴 66.73 元（14.2 元×4.77 亩，不含争议的 1.2 亩）并直接扣留，致原告实际未领到该补贴款。

原告要求被告给其发放 2005 年至 2009 年的 1.2 亩地的各项补贴 307.41 元及 2006 年的柴油补贴 66.73 元，共计 374.14 元。被告拒不发放，原告诉至本院。

上述事实有下列证据证明：

1. 农村土地承包经营权证，证明原告在 1999 年 10 月份与村委会签订了土地承包合同且经过了镇政府的确认，承包期限至 2029 年，承包面积为 5.97 亩。

2. 2004 年 6 月的农民负担卡，证明原告承包的土地计税面积是 5.97 亩。

3. 2004 年 4 月份的补贴通知书一份，证明最初镇政府是按 5.97 亩给其发放的粮食直补款。

4. 东阿县人民法院（2004）东民二初字第 422 号民事判决书，证明原告起诉村委会，曾被一审法院判决确认"村委会收回贺安莲 1.2 亩承包地的行为无效"。

5. 山东省人民检察院鲁检民抗〔2006〕211 号民事抗诉书，证明检察机关曾对聊城市中级人民法院的民事判决进行过抗诉。

6. 山东省高级人民法院（2006）鲁民再终字第 48 号民事裁定书，证明省高院曾裁定中止执行聊城市中级人民法院（2005）聊民再字第 23 号民事判决书。

7. 刘集镇尚文寨村委会的证明一份，证明原告的公公刘法合于 2001 年 11 月份去世，村委会于 2004 年 8 月份将刘法合的 1.2 亩承包地收回，另行承包给了同村村民刘万军。自 2005 年起，该 1.2 亩地的各项直补款都发给了刘万军。

8. 东阿县人民法院（2005）东民再字第 6 号民事判决书，证明法院经过再审撤销了（2004）东民二初字第 422 号民事判决，并驳回原告贺安莲的诉讼请求。

9. 聊城市中级人民法院和山东省高级人民法院的再审民事判决书各一份，均证明上级法院维持了东阿县人民法院的（2005）东民再字第 6 号判决，即驳回了贺安莲的诉讼请求。

（四）判案理由

山东省东阿县人民法院经审理认为：对种粮农户给予直接补贴，是国家为调动农民种粮积极性推行的一项惠农政策。这一惠农政策，针对的应该是依法享有土地承包经营权的农民。原告贺安莲系刘集镇尚文寨村种粮农民，在依法承包经营的土地范围内，享有国家对种粮农民的直接补贴，被告刘集镇政府有义务将各种补贴款按时、足额核发给原告贺安莲。

就本案中所涉粮食直补款而言，被告是否已尽到了向原告足额发放的义务，关键看被告是否按原告依法享有承包经营权的地亩数将直补款发放到原告手中。关于原告要求判令被告给其发放 2005 年至 2009 年 1.2 亩地的小麦直补款 307.41 元的诉求，虽原告持有包含该 1.2 亩土地的承包合同，但实际上，原告所在村委会已根据本村村民自然增减的情况将原告承包合同内的 1.2 亩土地调整给本村其他村民，这一土地调整行为最终得到山东省高级人民法院终审判决的支持和认可，故原告已实际丧失了对这 1.2 亩土地的合法承包经营权。尽管其间原告一直强行耕种，但这种无视法律和生效裁判的侵权行为，显然不能得到法律的支持，其强行在他人依法享有承包经营权的土地上耕种，不能享受国家的粮食直补政策。原告要求被告给其发放该争议土地小麦直补款的主张，于理不通，于法无据，本院不予支持。

自 2006 年，国家对种粮农民实施柴油补贴，被告将应当发放给原告的柴油补贴款 66.73 元，让原告所在村委会代领，违反了山东省人民政府鲁政发〔2004〕21 号《关于对种粮农民实行直接补贴的通知》中"……不准由村集体代领补贴……"的规定，发放程序违法，侵犯了原告的合法权益，应予纠正。

（五）定案结论

山东省东阿县人民法院依照《中华人民共和国行政诉讼法》第五十四条第（三）项和《最高人民法院关于执行〈中华人民共和国行政诉讼法〉若干问题的解释》第五十六条第（四）项之规定，作出如下判决：

1. 限被告东阿县刘集镇人民政府于本判决生效之日起 10 日内，将原告 2006 年的柴油补贴款 66.73 元发放给原告贺安莲。

2. 驳回原告要求发放 2005 年至 2009 年 1.2 亩土地的小麦直补款共计 307.41 元的诉讼请求。

案件受理费 50 元，由被告承担。

（六）解说

为种粮农民发放粮食补贴，是党和国家为调动农民种粮积极性、增加农民收入推出的一项惠农政策，也是保障我国粮食安全的重要措施。粮食直补款的计算标准也随着国家财政负担能力的增强呈现逐年上升的趋势。这一政策的实施，使农民对土地的重视程度越来越高，与粮食直补款发放有关的纠纷也时有发生。东阿县通常是由基层政府依据承包合同中的地亩数将补贴发放给承包经营户，不管该户承包的土地是否进行了流转。承包并自己种粮的农户享受政府粮食直补款，于理于法皆无争议。从别的农户处流转而来的种粮者与土地流出者，谁更应该享受粮食直补款？笔者认为，粮食直补，不是承包土地直补，理应发放给实际种粮的农民。那么，本案中原告作为强行耕种者能否依据承包合同和实际耕种者的身份领取粮食直补款呢？

一种观点认为，国家发放的粮食直补，是针对种粮农户，谁种粮谁享受。原告依据承包合同中的地亩数，全部种植了粮食作物，没有异议。那么，她就应该享受相应种植面积的粮食直补款。镇政府没有按照原告种植面积发放给原告粮食直补款，行为违法，应判令镇政府予以补发。

我们认为，粮食直补，是对种粮农民的一种政策性补助。种粮农户领取粮食直补款，应以其依法享有承包经营权并实际用于粮食种植的土地为限。如果农户承包的土地用于粮食以外的其他种植，或者将土地流转于他人，则不应享受粮食直补。本案中，原告虽按承包合同和经营权证中的面积种植粮食作物，但其中的 1.2 亩土地已由村委会调整给了本村其他村民，尽管原告对此调整行为不满并提出民事诉讼，但该案件经县法院、市中院、省高院三级法院审理，最终结果是，三级法院均驳回了原告的诉讼请求。从另一方面讲，也即支持了村委会对土地的调整，且判决已发生法律效力。此时，原告所持的承包合同中的承包面积虽从书面形式上看未调整，但实际上原告对其中包含的 1.2 亩土地已失去了合法的承包经营权。在此情况下，原告强行继续耕种，就是无视生效裁判的违法行为。古罗马法谚曰："任何人不得因自己之不法行为而获得利益"。如果仅依原告实际耕种这一形式而支持原告诉求，无疑就是认可原告对抗生效裁判这一违法行为。因此，应当驳回原告这一诉讼请求。

本案涉及的另一问题是，对于原告依法享有的柴油补贴款（不含 1.2 亩地），被告镇政府违反省政府规定，将该款由村委会代领，发放程序违法，应予纠正。对原告的这一诉求，法院予以支持。

我们认为，国家应对粮食直补政策进行细化和完善，明确粮食直补款以实际的承包人（种粮人）为发放对象，使粮食直补政策真正发挥调动广大农民种粮积极性的作用。

（山东省东阿县人民法院　周华　张培民）

69. 上海经达实业发展有限公司不服
上海市浦东新区财政局政府采购投诉处理决定案
(政府采购中评审专家选取及流标决定的法律确认 政府采购中投诉处理的合法性审查)

(一) 首部

1. 判决书字号

一审判决书：上海市浦东新区人民法院（2009）浦行初字第 39 号判决书。

二审判决书：上海市第一中级人民法院（2009）沪一中行终字第 213 号判决书。

2. 案由：财政行政确认。

3. 诉讼双方

原告（上诉人）：上海经达实业发展有限公司（以下简称经达公司）。

法定代表人：罗赞文，董事长。

委托代理人：金鹤山，上海市精诚律师事务所律师。

委托代理人：顾伟平，经达公司副总经理。

被告（被上诉人）：上海市浦东新区财政局（以下简称浦东财政局）。

法定代表人：黄建中，局长。

委托代理人：吴惠平，浦东财政局副局长。

委托代理人：毛惠良，浦东财政局工作人员。

第三人：上海市浦东新区政府采购中心（以下简称浦东采购中心）。

法定代表人：陈秉华，中心主任。

委托代理人：林昌明，中心工作人员。

4. 审级：二审。

5. 审判机关和审判组织

一审法院：上海市浦东新区人民法院。

合议庭组成人员：审判长：张克俭；审判员：陆琴；代理审判员：王琳玮。

二审法院：上海市第一中级人民法院。

合议庭组成人员：审判长：李欣；审判员：李思国；代理审判员：樊华玉。

6. 审结时间

一审审结时间：2009 年 5 月 26 日。

二审审结时间：2009 年 8 月 18 日。

（二）一审诉辩主张

1. 被诉具体行政行为

被告浦东财政局于2008年11月25日作出浦财办（2008）30号供应商投诉处理决定书，认定：原告经达公司于同年10月17日向被告投诉第三人浦东采购中心，要求撤销第三人的"废标"决定，更换专家，恢复谈判。被告依法查阅了有关材料，并进行调查后认为：（1）对原告投诉的第三人不在法定时限内对质疑作出书面答复的问题，被告认为第三人已向原告提出延期回复征询函，原告已书面回复同意延期；（2）对原告投诉的第三人宣称上海致达科技（集团）股份有限公司（以下简称致达公司）执照上没有相应的营业范围，属超范围经营，从而导致其谈判供应商资格无效的结论不符合国家有关行政法规规定的问题，被告认为是竞争性谈判小组否定了致达公司的项目供应商资格；（3）对原告投诉的2008年8月28日召开的评审会选择的专家不符合财政部有关选取专家的保密性规定的问题，被告认为项目是按规定选取评审专家的；（4）对原告投诉的第三人宣布项目作废标处理，不符合财政部第18号令《政府采购货物和服务招标投标管理办法》的精神，以及第三人在项目竞争性谈判过程中存在重大瑕疵的问题，被告认为根据《中华人民共和国政府采购法》第三十八条第（三）项规定，采用竞争性谈判方式采购的，应有符合相应资格条件的三家供应商参加谈判。据此，被告认为原告的投诉要求缺乏事实依据，不予支持。

2. 原告诉称

原告作为供应商参加"浦东新区综合交通信息管理系统专业平台"项目的竞争性谈判。除原告外，参加谈判的供应商还有案外人上海电器科学研究所（集团）有限公司（以下简称电科所）、上海交技发展股份有限公司（以下简称交技公司）和致达公司。2008年7月10日，第三人宣布评标专家中的一位曾参与了该项目的设计评审，故不能作为该项目的评标专家，谈判因此未能继续进行。此后，原告两次向被告反映电科所直接参与了为采购本次货物进行设计、编制规范和方案评审等项工作，不具备合格谈判供应商的资格。同年8月28日，第三人通知恢复谈判，供应商仅三家，其中没有电科所。在第一家供应商致达公司谈判仅十分钟后，一位评标专家宣布，因致达公司供应商资格无效，本项目竞争性谈判流标。为此，原告向第三人提出质疑，第三人回复原告。原告对该回复不满，向被告投诉，被告作出浦财办（2008）30号投诉处理决定书。原告认为，被告应认定第三人抽取专家的程序违法，被告认定致达公司经营范围不符合要求也是错误的，被告的行为直接损害了原告的合法利益，故请求撤销被告作出的浦财办（2008）30号投诉处理决定。

3. 被告辩称

被告在收到原告的投诉书后，进行了调查，作出的浦财办（2008）30号投诉处理决定内容符合上海市有关政府采购的规定。评审专家并不是由第三人抽取的，而是由被告选取的，选取程序符合法律、法规规定；致达公司虽取得建筑业企业资质证书，但未作经营范围登记，故第三人取消其供应商资格，致达公司并未就此提出异议。由于《中华人民共和国政府采购法》第三十八条第（三）项规定，竞争性谈判应有不少于三家供应商参加谈判，故第三人对评审项目作出竞争性谈判不成交的决定是合法的。被告作出的投诉处理决定认定事实清楚，程序合法，适用法律正确，请求法院予以维持。

4. 第三人述称

同意被告答辩意见。

（三）一审事实和证据

上海市浦东新区人民法院经公开审理查明：2008 年 6 月 16 日，第三人浦东采购中心在浦东政府采购网上发布《上海浦东新区 2008-101 号政府采购信息——关于浦东新区综合交通信息管理系统专业平台项目招标公告》，内容是：受上海市公安局浦东分局委托，拟采用竞争性谈判方式对浦东新区综合交通信息管理系统专业平台进行采购，对供应商资格（资质）要求是：（1）具有独立法人资格和相应的经营范围；（2）注册资金达到人民币 3 000 万元以上（含 3 000 万元）；（3）具有《公路交通工程专业承包通信、监控、收费综合系统工程资质》或同时具有《公路交通工程专业承包通信系统工程资质》及《公路交通工程专业承包监控系统工程资质》；（4）具有机电设备安装工程专业承包或总承包资质。竞争性谈判文件中将"未发现超范围经营"作为响应性检查表的检查内容之一，言明谈判小组如发现供应商及其谈判响应文件存在《响应性检查表》所列情况之一的，其谈判响应文件将不列入评审范围。原告经达公司与案外人致达公司、电科所、交技公司均是报名参加竞争性谈判的供应商，并分别提交了谈判响应文件。同年 7 月 9 日，被告浦东财政局确定了四名评审专家，交由浦东采购中心签收。同年 7 月 10 日进行的谈判中，因发现一位评审专家需要回避，中止谈判。同年 7 月，经达公司对电科所的供应商资格向浦东采购中心提出质疑。同年 8 月 27 日，浦东财政局再次确定四名评审专家，交由浦东采购中心签收，其中有两名专家与前一次谈判专家重复。同年 8 月 28 日恢复谈判，供应商为原告经达公司、交技公司和致达公司。谈判小组认为，致达公司虽有公路交通通信、监控、收费综合系统工程资质证书，但其企业法人营业执照上没有作相应的变更登记，故认为致达公司没有该项目的经营范围，未通过响应性检查。鉴于实质性响应的供应商不足三家，谈判小组作出了不成交决定。同年 9 月 8 日，经达公司向浦东采购中心就致达公司的经营范围是否符合要求、应否由浦东采购中心预审、两位评审专家重复以及谈判的程序性问题提出质疑，并附有关材料。同年 9 月 16 日，浦东采购中心要求答复推迟到同年 9 月 26 日，经达公司当天注明同意。同年 9 月 23 日，经达公司又向浦东采购中心提出质疑（补充一）。同年 9 月 26 日浦东采购中心对经达公司的质疑作出回复并于次日送达，回复认为：浦东采购中心对供应商进行的验证是资格预审，供应商是否符合资格（资质）要求最终由谈判小组确认，谈判小组认为致达公司没有登记相应的经营范围，不能列入评审范围；评审专家是按规定从专家库中随机抽取的，对于评审专家的评审活动，任何单位和个人不得非法干预和影响。同年 10 月 17 日，经达公司向被告浦东财政局投诉并附相关材料。浦东财政局受理后向浦东采购中心了解情况，浦东采购中心于同年 10 月 24 日向浦东财政局提交了情况说明并附有关材料。同年 10 月 22 日，浦东财政局向经达公司发送政府采购投诉处理通知书，要求补充材料。同年 10 月 27 日，经达公司提交答复及补充材料。同年 10 月 28 日，浦东采购中心向浦东财政局提交《关于上海市工商行政管理局长宁分局〈咨询答复〉情况的补充说明》。浦东财政局还向采购人上海市公安局浦东分局及同年 8 月 28 日参加评审的四位专家了解情况。上海市公安局浦东分局于同年 10 月 31 日提交说明，四位专家分别于同年 10 月 30 日和 10 月 31 日作出书面说明。同年 11 月 4 日，浦东采购中心又向被告提交情况补充说明。同年 11 月 25 日，浦东财政局作出被诉投诉处理决定书。关于致达公司是否符合谈判的资格问题，各方分别提交了向工商等部门的咨询及答复情况。原告质疑时提交上海市工商行政管理局长宁分局法制科 2008 年 8 月 29 日的咨询答复，称"凡已取得国家有关机构颁发的工程资质，即使尚未在工商局办理相关营业范围登记备案，也可从事上述领域业务"。原告在投诉时提交同年 9 月 22 日原告向上海市工商行政管理局郭××、同年 9 月 27 日向上海市工商行政管理局刘××、万××、丁××及同年 10 月 13 日向上海市建委建筑建材业行政管理服务中心专家咨询的咨询纪要。浦东采购中心同年 9 月 17 日向上海市工商行政管理局发函要求确认致达公司是否符合企业经营范围登记管理规定并告知相关法律依据。同年 10 月 15 日，上海市工商行政管理局复函浦东采购中心，根据《中华人民共和国公司登记管理条例》解释了经营范围的概念及分类。浦东采购中心将此复函提交给浦东财政局。2009 年 1 月 21 日，在浦东财政局作出投诉处理决定书之后，因经达公司信访，上海市工商行政管理局又作出书面答复，称致达公司的经营范围可以从事有关交通工程项目业务。庭审中，各方当事人确认，致达公司至今未对该项目的竞争性谈判问题向第三人或被告提出过异议。

上述事实有下列证据证明：

1. 原告 2008 年 10 月 17 日给被告的投诉书；

2. 2008 年 6 月 16 日《上海浦东新区 2008－101 号政府采购信息——关于浦东新区综合交通信息管理系统专业平台项目招标公告》；

3. 致达公司和电科所的档案机读材料；

4. 《浦东新区政府采购运行规程暂行规定》；

5. 财政部《政府采购货物和服务招标投标管理办法》；

6. 落款时间为 2008 年 9 月 5 日的原告向第三人提出的《关于浦东新区综合交通信息管理系统专业平台项目竞争性谈判是否应当流标问题的质疑》及同年 9 月 8 日第三人工作人员夏××、被告工作人员顾××分别出具的收条；

7. 落款时间为 2008 年 9 月 22 日的原告向第三人提出的质疑（补充一）及同年 9 月 23 日第三人工作人员夏××、被告工作人员张××分别出具的收条；

8. 2008 年 9 月 16 日第三人延迟答复通知及原告同意的回复；

9. 2008 年 9 月 26 日第三人对原告质疑的回复及 9 月 27 日送达原告的快递凭单；

10. 国家工商行政管理总局第 12 号令《企业经营范围登记管理规定》；

11. 《上海浦东新区 2008－062 号政府采购信息——关于环保局子平台系统项目招标公告》及其招标文件第 13 页，被告认为此材料与本案无关；

12. 2008 年 9 月 22 日原告向上海市工商行政管理局郭××、同年 9 月 27 日向上海市工商行政管理局刘××、万××、丁××及同年 10 月 13 日向上海市建委建筑建材业行政管理服务中心专家咨询的咨询纪要，被告认为这些咨询纪要均是个人谈话记录，无本人签字也无单位盖章，故无证明效力；

13.2008 年 10 月 24 日第三人给被告的《关于公安局综合交通信息管理系统专业平台项目的情况说明》；

14.供应商质疑处理单；

15.第三人反馈的 2008 年 7 月 10 日、8 月 28 日两次项目评审专家审核落实情况及 8 月 28 日四名专家和采购人评审意见；

16.原告、致达公司以及交技公司的企业法人营业执照及建筑业企业资质证书；

17.2008 年 11 月 4 日第三人给被告的《关于公安局综合交通信息管理系统专业平台项目的情况补充说明》；

18.浦东新区综合交通信息管理系统专业平台项目竞争性谈判文件及原告、致达公司的谈判响应文件；

19.上海市工商行政管理局长宁分局法制科 2008 年 8 月 29 日给第三人的咨询答复，以及同年 10 月 28 日第三人给被告的《关于上海市工商行政管理局长宁分局〈咨询答复〉情况的补充说明》；

20.浦采中（2008）10 号《关于要求确认虽有资质证书但未办理工商经营范围登记可否从业的函》及沪工商注（2008）270 号《上海市工商行政管理局关于经营范围登记有关问题的复函》；

21.采购人上海市公安局浦东分局于 2008 年 10 月 31 日向被告作出的《关于〈浦东新区综合交通信息管理系统〉招投标相关情况的说明》；

22.2008 年 7 月 10 日、8 月 28 日评审专家审核落实情况；

23.2008 年 7 月 9 日、8 月 27 日第三人领取评审专家名单的签收簿；

24.2008 年 10 月 22 日被告作出的编号为 002 的《政府采购投诉处理通知书》及快递单、同年 10 月 27 日原告《关于"政府采购投诉处理通知书"（编号：002）的答复》；

25.2008 年 10 月 30 日、31 日四名专家对评标过程的说明；

26.2008 年 11 月 25 日被告作出的投诉处理决定书。

（四）一审判案理由

上海市浦东新区人民法院经审理认为：根据《中华人民共和国政府采购法》第十三条第一款、《政府采购供应商投诉处理办法》第二条的规定，被告浦东财政局是浦东新区范围内负责政府采购监督管理的部门，受理投诉并作出处理决定系被告的法定职责。原告经达公司于 2008 年 10 月 17 日向被告投诉，被告于当日受理，受理后阅看有关材料，并向第三人浦东采购中心、采购人上海市公安局浦东分局及评审专家作了调查，又要求原告补充材料，并于同年 11 月 25 日作出被诉投诉处理决定，执法程序合法。被告提交的证据显示，评审专家的选取以及不成交决定的作出并无不当。综上，被告作出的不支持原告投诉意见的投诉处理决定，认定事实清楚，证据充分，适用法律正确，执法程序合法。

（五）一审定案结论

上海市浦东新区人民法院依照《中华人民共和国行政诉讼法》第五十四条第（一）项之规定，作出如下判决：

维持被告上海市浦东新区财政局于 2008 年 11 月 25 日作出的浦财办（2008）30 号供应商投诉处理决定。

案件受理费人民币 50 元（原告已预缴），由原告上海经达实业发展有限公司负担。

（六）二审情况

1. 二审诉辩主张

（1）上诉人诉称

上诉人坚持原审中诉称意见。上诉人与被上诉人的争议焦点（投诉的主要内容）是：专家的选取是否合情、合理、合法；致达公司没有将工程资质记载的相应内容登记到营业执照上是否属于超经营范围。被诉投诉处理决定对这两个问题的认定未支持上诉人的观点，但并没有足够的事实依据和法律依据，因而是违法的行政行为。原审判决认定事实不清，适用法律不当，请求二审法院撤销原判，支持上诉人原审诉讼请求。

（2）被上诉人辩称

被上诉人坚持原审辩称意见。上诉人对竞争性谈判文件没有提出过异议，上诉人对谈判小组认定致达公司超范围经营有异议，但上诉人的异议违反了其原来的承诺。上诉人在没有弄清竞争性谈判文件中"相应经营范围"的含义时讨论致达公司是否有资质是错误的；专家的选取是由被上诉人选取的，选取程序符合法律、法规规定。原审判决正确，请求二审法院维持原判。

（3）第三人述称

坚持原审述称意见，竞争性谈判文件是约束此次采购的规范性文件，该文件也经过了上诉人等供应商的一致认可。原审判决正确，请求二审法院维持原判。

2. 二审事实和证据

上海市第一中级人民法院经审理，查明的事实和认定的证据同一审法院。

3. 二审判案理由

上海市第一中级人民法院经审理认为：上诉人投诉反映的内容主要是针对采购过程中专家选取以及致达公司被取消供应商资格是否违法的问题。根据查明的事实，本次竞争性谈判的采购文件内容并不存在违反法律、法规、规章规定的情形，也不存在明显倾向性和歧视性等问题。上诉人对该竞争性谈判文件规定的条款内容当时并无异议，也未按照竞争性谈判文件中答疑条款的规定对该文件中的条款内容不明、不清晰之处提出答疑要求。上诉人在其向第三人提交的谈判响应文件中明确承诺将按竞争性谈判文件的规定履行合同责任和义务；上诉人已详细审查全部竞争性谈判文件，完全理解并同意放弃对这方面不明及误解要求更改的权利；上诉人对谈判小组根据《响应性检查表》判定非

实质性响应谈判也无任何异议。本案竞争性谈判文件中明确载明了谈判供应商资格条件及如何确定成交供应商条款，致达公司的供应商资格被否定并非由第三人决定，而是由谈判小组根据竞争性谈判文件中的相应规定予以决定。该些条款的规定对每一参加竞争性谈判的供应商均同等适用。致达公司本身对其供应商资格被谈判小组否定至今也未提出异议。上诉人现在对致达公司被否定供应商资格提出的异议是由于上诉人对竞争性谈判文件的"相应经营范围"条款未理解，但又未及时按规定提出质疑所致。上诉人诉求的实质是要求被上诉人及法院现在去解释、判定竞争性谈判文件中"相应经营范围"条款的内涵及外延，谈判小组有无根据《响应性检查表》判定非实质性响应谈判的权利，上诉人的诉求违背了其在谈判响应文件中的承诺。此外，根据本案查明的事实，评审专家的选取并非第三人确定，被上诉人选取专家的程序中也不存在违反法律、法规规定的情形。根据《政府采购供应商投诉处理办法》第十七条第（二）项的规定，财政部门经审查，投诉缺乏事实依据的，驳回投诉。综上所述，被上诉人经调查后认为上诉人的投诉缺乏事实依据，故作出对上诉人的投诉要求不予支持的投诉处理决定并无不当，原审判决维持被诉投诉处理决定亦无不当，应予维持。上诉人的上诉请求，缺乏事实和法律依据，不予支持。

4. 二审定案结论

上海市第一中级人民法院依照《中华人民共和国行政诉讼法》第六十一条第（一）项之规定，作出如下判决：

驳回上诉，维持原判。

上诉案件受理费人民币 50 元，由上诉人上海经达实业发展有限公司负担（已付）。

（七）解说

1. 关于评审专家选取的合法性问题。

被告提交的证据显示，参加 2008 年 7 月 10 日和 8 月 28 日两次谈判的评审专家，均是由被告于谈判前一天确定名单并交给第三人的，并不是由第三人确定或抽取的。在评审专家缺席又无法安排替补专家的情况下，项目评审改期进行，这一做法符合《上海市政府采购评审专家工作管理暂行办法》第二十一条第一款及第二十三条之规定，被告因此认定该项目政府采购评审专家按规定选取，并未违反上述规定。

2. 关于不成交决定作出的合法性问题。

根据各方当事人都无异议的证据显示，第三人发布的公告中对供应商资格（资质）的要求之一是具有"相应的经营范围"，竞争性谈判文件中将"未发现超范围经营"也作为《响应性检查表》的检查内容之一，谈判小组如发现供应商及其谈判响应文件存在《响应性检查表》所列情况之一的，其谈判响应文件将不列入评审范围。原告及案外人致达公司等供应商提交的谈判响应文件中也均宣布"对谈判小组根据《响应性检查表》判定非实质性响应谈判无任何异议"，"完全理解并接受采购人和集中采购机构不解释未成交原因"。2008 年 8 月 28 日参加评审的四位专家及采购人浦东公安分局的情况说明均表明，谈判小组因认为致达公司企业法人营业执照所载的企业经营范围不符合招标文

件的有关要求，进而否定了其该项目的供应商资格，这是根据竞争性谈判文件作出并宣布的。而根据《上海市政府采购评审专家工作管理暂行办法》的规定，评审专家在评审工作中不受干扰、发表独立的评审意见，对所提出的评审意见承担个人责任。对谈判小组作出的上述结论，原告和致达公司均已在谈判响应文件中承诺无异议，且致达公司至今未对此提出过异议，原告的诉求实质是对谈判小组判定非实质性响应谈判的异议，也是对自身未成交原因的探求，有违其在谈判响应文件中的承诺。《政府采购货物和服务招标投标管理办法》只适用于政府采购中的招标投标采购方式，不适用于竞争性谈判这种采购方式。原告主张上述结论系由第三人作出且违反《政府采购货物和服务招标投标管理办法》的规定，本院难以认可。

（上海市浦东新区人民法院　陆琴　田勇）

70. 杨丽丽不服北京市教育委员会教育申诉不予受理案
（教育行政部门对不服高校不授予学位证书的决定
提出的申诉应予以受理）

（一）首部

1. 裁定书字号

一审裁定书：北京市西城区人民法院（2008）西行初字第 153 号裁定书。

二审裁定书：北京市第一中级人民法院（2009）一中行终字第 278 号裁定书。

2. 案由：教育申诉不予受理。

3. 诉讼当事人

原告（上诉人）：杨丽丽，女，1977 年生，汉族，北京大学医学部 2004 级研究生，住黑龙江省大庆市。

委托代理人（一审）：冀金焕（杨丽丽之母），55 岁，汉族，大庆油田采油六厂退休干部，住址同杨丽丽。

委托代理人（一、二审）：左世民，北京市浩东律师事务所律师。

委托代理人（二审）：王成磊，北京市天瀚律师事务所实习律师。

被告（被上诉人）：北京市教育委员会，住所地：北京市西城区前门西大街。

法定代表人：刘利民，主任。

委托代理人（一审）：李悦，北京市教育委员会干部。

委托代理人（一、二审）：马乐，北京市教育委员会干部。

第三人（被上诉人）：北京大学，住所地：北京市海淀区颐和园路 5 号。

法定代表人：周其凤，校长。

委托代理人：王晓军，北京大学医学部研究生院招生就业办主任。

委托代理人：王岳，北京大学医学部卫生法教研室教师。

4. 审级：二审。

5. 审判机关和审判组织

一审法院：北京市西城区人民法院。

合议庭组成人员：审判长：韩勇；人民陪审员：宋冰、祁淑平。

二审法院：北京市第一中级人民法院。

合议庭组成人员：审判长：吴月；审判员：刘景文；代理审判员：毛天鹏。

6. 审结时间

一审审结时间：2008 年 11 月 19 日（经北京市高级人民法院批准依法延长审限）。

二审审结时间：2009 年 11 月 3 日（经北京市高级人民法院批准依法延长审限）。

（二）一审诉辩主张

1. 被诉具体行政行为

2008 年 6 月 17 日，北京市教育委员会作出京教法申字［2008］第 13 号《不予受理决定书》，内容为：申诉人杨丽丽，被申诉人北京大学，申诉人对被申诉人的行为不服，于 2008 年 6 月向本机关提出了申诉申请，请求：（1）撤销被申诉人北京大学医学部拒绝颁发申诉人博士学位的决定；（2）责成被申诉人北京大学对申诉人博士学位的授予予以重新审查，授予申诉人博士学位。根据《中华人民共和国教育法》的有关规定和《中华人民共和国学位条例》第八条之规定，"……硕士学位、博士学位，由国务院授权的高等学校和科学研究机构授予"。根据《中华人民共和国学位条例暂行实施办法》第十八条规定，"学位授予单位的学位评定委员会根据国务院批准的授予学位的权限，分别履行以下职责：……（九）研究和处理授予学位的争议和其他事项"。本机关认为，申诉人提出的申诉不属于学生申诉的受案范围。经本机关研究，决定不予受理。

2. 原告诉称

原告是第三人北京大学医学部 2004 级博士研究生。入学时为神经病学专业科研型博士研究生，导师是王××。后将导师变更为临床型博士研究生导师黄××。经过原告努力，于 2007 年 5 月 9 日顺利通过博士学位论文答辩。可 2007 年 6 月 7 日接到医学部的通知，只予颁发毕业证而不授予原告博士学位。经过原告多次向北京大学及被告申诉，被告及北京大学均认为原告没有达到相关授予博士学位的要求。原告认为被告及第三人没有授予原告博士学位的理由是错误的，故依法向被告申诉，被告的职能部门北京市学位委员会却以信访的形式维持北京大学的决定，原告再次向被告提起申诉申请，被告却以原告提出的申诉不属于学生申诉的受案范围为由决定不予受理。现原告向法院起诉，要求：（1）判令撤销被告京教法申字［2008］第 13 号《不予受理决定书》；（2）判令被告撤销两次《关于对杨丽丽同学信访的回复》的决定；（3）判令被告撤销北京大学医学部拒绝颁发原告博士学位的决定；（4）判令被告责成北京大学对原告博士学位的授予予以重新审查，授予原告博士学位；（5）被告承担本案诉讼费用。

3. 被告辩称

被告收到原告的申诉请求之后，作出了不予受理决定，并送达给原告。被告作出的不予受理决定认定事实清楚，依据充分，程序恰当，请求驳回原告的诉讼请求。

4. 第三人述称

依据《中华人民共和国学位条例》、《关于印发〈北京大学医学部研究生在学期间发表论著的规定〉的通知》（北医（2006）部研字 116 号）、《北京大学医学部关于修订〈北京大学医学部博士研究生在学期间发表论著的规定〉的通知》（北医大（2000）部研字第 133 号）以及《北京大学临床医学院攻读医学博士研究生培养方案》的规定，第三人不授予原告博士学位是有根据的，请求驳回原告的诉讼请求。

（三）一审事实和证据

北京市西城区人民法院经公开审理查明：杨丽丽是北京大学医学部 2004 级博士研究生，于 2007 年 5 月 9 日通过博士学位论文答辩，但北京大学医学部于 2007 年 6 月 7 日通知杨丽丽只发其毕业证书而不授予其博士学位。杨丽丽就此事分别向北京大学及北京市教育委员会（以下简称北京市教委）学位办公室申诉，北京大学及北京市教委学位办公室均认为杨丽丽没有达到《北京大学医学部研究生在学期间发表论著的规定》的要求。故北京大学维持了该校医学部不授予博士学位的决定，北京市教委学位办公室以信访答复的形式维持北京大学的决定。

杨丽丽认为：第一，《中华人民共和国学位条例》第十条规定，学位论文答辩委员会负责审查硕士学位论文、组织答辩，就是否授予硕士或博士学位作出决议。决定以不记名投票方式，经全体成员 2/3 通过，报学位评定委员会。学位评定委员会负责对学位论文答辩委员会报请授予硕士学位或博士学位的决议，作出是否批准的决定。决定以不记名投票方式，经全体人员过半数通过。杨丽丽已经通过了博士学位论文答辩，根据以上规定，应当由学位论文答辩委员会报学位评定委员会批准授予博士学位。而北京大学只依据医学部一个部门文件就不授予杨丽丽博士学位是错误的。第二，杨丽丽入学后始终刻苦学习，积极研究学术。由于导师王××变相体罚杨丽丽，诬陷杨丽丽弄虚作假，研究生院的领导在没有调查清楚事实真相的情况下，偏袒王××，在没有任何法定理由的情况下，让杨丽丽退学，给杨丽丽造成很大打击，导致她大部分时间用在与学院交涉上。更换导师后，原来研究课题更改、中断，导致杨丽丽一年半学习研究成果荒废。尽管如此，杨丽丽还是努力完成了博士学位论文，并通过了答辩。杨丽丽没有论文发表，责任在研究生院，是北京大学的原因所致。第三，杨丽丽在更换导师后，即由原来的科研型博士研究生变更为临床型博士研究生。而医学部和北京大学依据的学院规定的条款，都是针对科研型博士研究生的，对杨丽丽并不适用。第四，北京大学医学部无权拒绝授予博士学位，根据《中华人民共和国学位条例》第十条规定，是否授予博士学位，应当由学位评定委员会决定，而不是学校，更不是医学部。所以，该校医学部拒绝授予杨丽丽博士学位程序违法。综上，杨丽丽在学校期间完成了规定学业，进行了博士学位论文答辩并获得论文答辩委员会一致通过，符合《中华人民共和国学位条例》所规定的授予博士学位的条件。北京大学不授予杨丽丽博士学位是违法、错误的，北京市教委学位办公室以信访答复的形式维持北京大学的决定亦是错误的。

杨丽丽就此向北京市西城区人民法院提起行政诉讼，该院答复，北京市教委职能部门以信访回复的形式所作决定不是具体行政行为，不能予以立案。

杨丽丽遂于2008年6月向北京市教委递交"申诉申请书"，请求：（1）撤销北京大学医学部拒绝颁发杨丽丽博士学位的决定；（2）责成北京大学对杨丽丽博士学位的授予予以重新审查，授予其博士学位。

北京市教委根据《中华人民共和国教育法》和《中华人民共和国学位条例》第八条关于硕士学位、博士学位由国务院授权的高等学校和科学研究机构授予的规定，以及《中华人民共和国学位条例暂行实施办法》第十八条关于学位授予单位的学位评定委员会根据国务院批准的授予学位的权限，分别履行研究和处理授予学位的争议和其他事项等职责的规定，认为："（杨丽丽）提出的申诉不属于学生申诉的受案范围"。因此，该委于2008年7月17日作出被诉的京教法申字〔2008〕第13号《不予受理决定书》，决定对该申诉不予受理。

上述事实有下列证据证明：

1. 北京市教育委员会京教法申字〔2008〕第13号《不予受理决定书》；
2. 北京市教育委员会《关于对杨丽丽同学信访的回复》。

（四）一审判案理由

北京市西城区人民法院经审理认为：《中华人民共和国学位条例》第八条规定，学士学位，由国务院授权的高等学校授予，硕士学位、博士学位，由国务院授权的高等学校和科学研究机构授予。《中华人民共和国学位条例暂行实施办法》第十八条规定："学位授予单位的学位评定委员会根据国务院批准的授予学位的权限，分别履行以下职责：……（九）研究和处理授予学位的争议和其他事项。"《中华人民共和国教育法》第四十二条规定："受教育者享有下列权利：……（四）对学校给予的处分不服向有关部门提出申诉，对学校、教师侵犯其人身权、财产权等合法权益，提出申诉或者依法提起诉讼……"。根据以上规定，学位的授予应当由学位授予单位的学位委员会进行评定后决定，不属于学生申诉的审查范围，因此原告向被告提出的申诉不属于被告的法定职责。原告请求法院判令被告撤销两次《关于对杨丽丽同学信访的回复》的决定，请求判令被告撤销北京大学医学部拒绝颁发原告博士学位的决定，判令被告责成北京大学对原告博士学位的授予予以重新审查，授予原告博士学位的诉讼请求，不属于人民法院行政诉讼的审理范围。故对于原告的起诉，应予驳回。

（五）一审定案结论

北京市西城区人民法院依照《最高人民法院关于执行〈中华人民共和国行政诉讼法〉若干问题的解释》第四十四条第一款第（一）、（十一）项之规定，作出如下裁定：

驳回原告杨丽丽的起诉。

（六）二审情况

1. 二审诉辩主张

（1）上诉人诉称

请求撤销一审裁定，撤销被告京教法申字〔2008〕第 13 号《不予受理决定书》，指令北京市西城区人民法院继续审理此案。

（2）被上诉人辩称

被上诉人（原审被告）同意一审裁定，请求予以维持。

被上诉人（原审第三人）同意一审裁定，请求予以维持。

2. 二审事实和证据

北京市第一中级人民法院经审理，认定的事实和证据与一审相同。

3. 二审判案理由

北京市第一中级人民法院经审理认为：在本案审理过程中，被上诉人北京市教委于 2009 年 10 月 23 日撤销了被诉的不予受理决定，并决定对杨丽丽的申诉请求进行调查处理，上诉人杨丽丽遂向本院申请撤回上诉。本院经审查认为，该撤诉申请确系上诉人的真实意思表示，且北京市教委撤销被诉教育行政申诉不予受理决定，并决定对杨丽丽的申诉请求进行调查处理不违反法律、法规的禁止性规定，未超越或者放弃职权，不损害公共利益和他人合法权益，应予准许。鉴于北京市教委已撤销了被诉决定，该决定及一审裁定不再执行。

4. 二审定案结论

北京市第一中级人民法院依照《中华人民共和国行政诉讼法》第五十一条之规定，作出如下裁定：

准许上诉人杨丽丽撤回上诉。

（七）解说

本案的争议焦点在于：学生不服高校（学位授予单位）不授予学位证书决定而提出的申诉或者复议是否属于教育行政部门受理的申诉或者复议案件范围。

一种观点认为：学位授予问题的争议具有其特殊性，国务院学位委员会是全国各学位授予单位学位授予工作的专门主管机构，该机构有权对各学位授予单位的学位授予工作进行监督管理。目前正在起草的《中华人民共和国学位法》草案（以下简称《学位法》草案）已将学位授予问题的争议处理纳入国务院学位委员会的职权范围，因此，由学位授予的问题而引起的行政复议申请或者申诉不宜由教育行政部门处理。

另一种观点认为：虽然国务院学位委员会是全国各学位授予单位学位授予工作的专门主管机构，《学位法》草案亦将学位授予问题的部分争议处理纳入国务院学位委员会的职权范围，但是《学位法》草案尚未通过和实施，现有法律规范又未将学位授予问题的争议处理职权授予国务院学位委员会，因此，学生如果就学位授予问题的争议向教育行政部门提起行政复议申请或者申诉，依照《中华人民共和国教育法》的相关规定，应由教育行政部门予以受理。

我们倾向于支持第一种观点，理由为：

根据《中华人民共和国教育法》第二十二条规定，国家实行学位制度，学位授予单位依法对达到一定学术水平或专业技术水平的人员授予相应的学位，颁发学位证书。《中华人民共和国学位条例》第八条规定，学士学位，由国务院授权的高等学校授予；硕士学位、博士学位，由国务院授权的高等学校和科学研究机构授予。根据上述法律规定，高等学校享有代表国家对受教育者颁发相应学位证书的权力。高等学校作为公共教育机构，其对受教育者颁发学位证书的权力是国家法律授予的，其颁发学位证书的行为作为教育者在教育活动中的管理行为，是由教育者单方面作出，无须征得受教育者的同意，属于行政行为的范畴。虽然学位授予问题的争议具有其特殊性，其中涉及毕业论文的学术水平是否达到授予学位的要求的学术判断问题，这属于有关学术组织（如学位论文答辩委员会）的法定职权，所作学术判断并不属于行政行为的范畴。但由于该学术判断直接影响到是否授予学位，是作为是否授予学位的一项重要条件予以考量的，所以，有权作出该学术判断的学术组织的设立、组织等程序问题依法亦属于颁发学位证书行为合法性审查的内容，应符合程序正当原则的要求。综上，由学位授予问题而引发的争议应属于行政纠纷的范畴。

《中华人民共和国学位条例暂行实施办法》第十八条规定，学位授予单位的学位评定委员会根据国务院批准的授予学位的权限，履行研究和处理授予学位的争议和其他事项等职责。因此，对于学生关于授予学位问题提出的争议，高等学校的学位评定委员会应当代表学校进行处理。

本案中，北京大学作为国家批准成立的高等院校，在法律、法规或者规章授权的情况下，享有代表国家对受教育者颁发相应的学位证书的权力。该校的学位评定委员会作为具体负责学位评定工作的机构，对学生关于授予学位问题提出的争议，应当代表学校进行处理。相应地，杨丽丽对于北京大学不授予其博士学位的决定及该校对其所提争议的处理决定，依法可以申请行政复议或申诉。从杨丽丽提交的"申诉申请书"所载内容可看出，该申请应认定为行政复议申请书。

国务院学位委员会是全国各学位授予单位学位授予工作的专门主管机构，对各学位授予单位的学位授予工作进行监督管理是该机构的职权，因此，由该机构对学生就学位授予问题提出的行政复议或者申诉进行审查和处理更合理。

但由于国务院学位委员会在学位管理中的相关职责范围正处于立法予以规范的进程中，《学位法》草案尚未通过和实施。因此，在法律、法规没有明确规定学位管理行政纠纷的主管机关之前，从保护当事人合法权益的角度出发，目前仍应该依据《中华人民共和国教育法》的相关规定，由教育行政部门处理。

北京市教委根据《中华人民共和国学位条例》第八条和《中华人民共和国学位条例暂行实施办法》第十八条第（九）项的规定，以杨丽丽提出的申诉不属于学生申诉的受案范围为由作出被诉不予受理决定不妥。一审法院根据《中华人民共和国教育法》第四十二条第（四）项、《中华人民共和国学位条例》第八条、《中华人民共和国学位条例暂行实施办法》第十八条第（九）项的规定，以学位的授予应当由学位授予单位的学位委员会进行评定后予以决定为由，认定杨丽丽针对学位授予问题提出的申诉不属于学生申诉的范围，对该问题的审查并非北京市教委的法定职责，杨丽丽的诉讼请求不属于人民法院行政诉讼的审理范围亦欠妥。

在二审审理过程中，经协调，2009年10月23日，北京市教委作出了撤销被诉的京教法申字〔2008〕第13号《不予受理决定书》，并对杨丽丽的申请请求进行调查处理的决定。2009年11月3日，杨丽丽认为北京市教委改变具体行政行为，维护了其合法权益，故向本院提出撤回上诉申请。同日，本院作出终审裁定，准予上诉人杨丽丽撤回上诉。

（北京市第一中级人民法院　吴月　汪明）

71. 香水园小区业主委员会诉天津市河西区人民政府梅江街道办事处成立筹备组及进行的选举活动违法案
（业主委员会诉讼主体资格　街道办事处行政指导行为合法性的确认）

（一）首部

1. 裁定书字号
一审裁定书：天津市河西区人民法院（2009）西行初字第232号裁定书。
二审裁定书：天津市第二中级人民法院（2009）二中行终字第111号裁定书。
2. 案由：确认违法。
3. 诉讼双方
原告（上诉人）：天津市河西区香水园小区业主委员会，住所地：天津市河西区香水园小区物业办公楼三楼。
负责人：史健，业主委员会主任。
委托代理人：薛桂茹，女，1953年生，汉族，天津市渤海集团退休工人，住天津市河西区香水园。
委托代理人：杨东风，男，1958年生，汉族，天津市南开区人民法院退休干部，住天津市河北区。
被告（被上诉人）：天津市河西区人民政府梅江街道办事处。住所地：天津市河西区珠江道。
法定代表人：冯清彪，主任。
委托代理人：王金立，北京市大成律师事务所天津分所律师。

4. 审级：二审。

5. 审判机关和审判组织

一审法院：天津市河西区人民法院。

合议庭组成人员：审判长：詹易军；审判员：戴耀武、王欣。

二审法院：天津市第二中级人民法院。

合议庭组成人员：审判长：袁连勇；代理审判员：李静、陈艳。

6. 审结时间

一审审结时间：2009 年 6 月 23 日。

二审审结时间：2009 年 9 月 9 日。

（二）一审诉辩主张

1. 被诉具体行政行为

被告天津市河西区人民政府梅江街道办事处成立香水园小区业主委员会换届选举筹备组并进行选举的行政行为。

2. 原告诉称

被告实施的相关行为违反了《天津市物业管理条例》第二十四条等有关规定，漠视业主委员会权利，剥夺业主委员会法定职责，甚至取而代之，实质是对业主民主选举权利的践踏。请求法院判令被告成立"筹备组"以及进行的选举活动是违法行为。

3. 被告辩称

（1）本案业主委员会是经过非法换届选举产生的，本案起诉亦未履行经业主同意的程序，从程序和资格来说原告都不适格，不能够代表业主委员会行使权利。（2）被告成立筹备组对任何人都不具备强制力，业主在筹备组指导下进行的选举活动是业主自治行为，不是行政行为，本案不属于行政诉讼受案范围。故请求法院驳回原告诉讼请求。

（三）一审事实和证据

天津市河西区人民法院经公开审理查明：天津市河西区香水园小区坐落在被告管理的行政区划界内。2005 年 12 月香水园小区业主委员会经河西区物业管理办公室备案成立，任期为 3 年。2008 年 11 月原告任期届满前，原告组织换届选举，并于 2008 年 12 月 9 日向被告递交了相关资料。后被告接到小区部分业主对业主委员会换届选举的联名信，要求召开联席会议，重新选举业主委员会。被告于 2009 年 1 月 9 日在小区贴出《通告》称香水园小区就业主委员会换届问题出现不同意见，依据《天津市物业管理条例》、《天津市业主大会和业主委员会活动规则》及《香水园小区业主会章程》的相关规定，被告决定成立由街道办事处、香水园社区党支部、居委会、社工站及香水园业主等各方代表组成的香水园小区业主委员会换届选举工作筹备组，直接负责换届工作。原告认为被告漠视原告的权利，剥夺了原告的法定职责，根据《最高人民法院关于执行〈中华人民共和国行政诉讼法〉若干问题的解释》第一条、第十二条、第十三条第（四）项及第二十条第（三）项的规定提起诉讼，以维护原告的合法权益。

上述事实有下列证据证明：

原告提供的证据有：

1. 被告成立小区换届选举工作筹备组的通知；

2. 天津市业主委员会备案申请书；

3. 小区业主委员会成员情况；

4. 业主委员会备案证明；

5. 物业管理小区业主委员会备案材料；

6. 王少华出具的收条；

7. 2008年香水园小区业主表决票统计说明；

8. 香水园小区第二届业主委员会成员情况；

9. 《天津市物业管理条例》。

被告提供的证据有：

1. 四位业主向香水园全体业主及红碿物业公司发出的声明；

2. 强烈要求召开六方联席会议重新选举业主委员会的联名信；

3. 香水园业主委员会章程；

4. 红碿物业经营管理有限公司开具的证明；

5. 《天津市业主大会和业主委员会活动规则》。

（四）一审判案理由

天津市河西区人民法院经审理认为：根据国务院《物业管理条例》和《天津市物业管理条例》的相关规定，天津市河西区房地产管理局是河西区物业管理的行政主管部门。根据《天津市物业管理条例》第七条的规定，街道办事处对本辖区内物业小区的工作职责是行政指导行为；业主委员会作为业主大会的日常工作机构，应由业主大会选举产生，并办理备案手续。以业主委员会的名义起诉的，应当根据法律的规定行使诉讼权利。本案以史健为主任的业主委员会不能证明其身份的合法性，不具有行政诉讼原告主体资格，应驳回其起诉。

（五）一审定案结论

天津市河西区人民法院依照《最高人民法院关于执行〈中华人民共和国行政诉讼法〉若干问题的解释》第四十四条第一款第（二）项之规定，作出如下裁定：

驳回以史健为主任的天津市河西区香水园小区业主委员会的起诉。

（六）二审情况

1. 二审诉辩主张

（1）上诉人诉称

不服一审裁定，请求撤销原审裁定，请求法院审查并确认上诉人换届选举程序合法性；判决被上诉人成立"筹备组"以及进行的选举活动是违法行为；诉讼费由被上诉人承担。

（2）被上诉人辩称

同意原审法院判决，要求驳回上诉，维持原审裁定。

2. 二审事实和证据

天津市第二中级人民法院经审理，认定的事实与一审一致。双方均无新证据提交。

3. 二审判案理由

天津市第二中级人民法院经审理认为：国务院《物业管理条例》第八条第一款规定："物业管理区域内全体业主组成业主大会。"《天津市物业管理条例》第十二条规定："业主大会由同一个物业管理区域内的全体业主组成。业主大会是业主集体行使权利和维护全体业主在物业管理活动中合法权益的组织。"因此上诉人以小区业主大会的名义提起行政诉讼应依法经全体业主决定。现上诉人未能提供证据证明其起诉系小区全体业主的意思表示，故其不具备提起行政诉讼的原告主体资格，对其起诉应予驳回。原审裁定驳回起诉正确，本院应予维持。

4. 二审定案结论

天津市第二中级人民法院依照《最高人民法院关于执行〈中华人民共和国行政诉讼法〉若干问题的解释》第四十四条第一款第（二）项之规定，作出如下裁定：

驳回上诉，维持原裁定。

（七）解说

本案涉及以下几个法律问题：

1. 业主委员会的诉讼主体资格问题

近年来以业主委员会为一方当事人的纠纷日渐增多，其中既有民事诉讼，也有行政诉讼。理论界对于业主委员会的诉讼主体资格问题素有争论。肯定其有诉讼主体资格的观点认为：业主委员会是业主自治自律的组织形式，符合民事诉讼法规定的"其他组织"的条件，承认其诉讼主体地位能有效地维护业主的合法权益。否认其诉讼主体地位的观点认为：业主委员会很难说有独立承担民事责任的能力，不宜作为诉讼主体出现。两种观点目前同时存在。

现行法律对业主委员会的法律地位和性质的规定并不明晰，相关规定只针对具体事项。《中华人民共和国物权法》第七十八条第二款规定："业主大会或者业主委员会作出的决定侵害业主合法权益的，受侵害的业主可以请求人民法院予以撤销。"该条承认了业主委员会作为该类民事侵权案件被告的主体资格。《中华人民共和国物权法》第八十三条第二款、《物业管理条例》第五十一条赋予业主委员会维护业主公共利益的权利，却没有提供相应的救济渠道。《天津市物业管理条例》第四十八条明确了业主大会对侵害业主共同利益的行为提起诉讼的权利。《最高人民法院关于审理物业服务纠纷案件具体应用法律若干问题的解释》第二条、第八条、第十条分别就物业合同效力、物业合同解除和物业合同终止后财产返还问题明确业主委员会有权起诉。可以看出，现行法律对业主委员会的诉讼主体资格问题采取了总体回避、具体承认的态度。

司法实践中，最高人民法院民事审判一庭在［2002］民立他字第 46 号给安徽省高院的批复中所申明的观点具有代表性，即：依法成立的业主委员会，经业主代表大会授权，符合"其他组织"的条件，有权就与物业管理有关的、涉及全体业主公共利益的事宜，以物业公司为被告向人民法院提起民事诉讼，与物业管理无关的、个别或部分业主的事宜，业主委员会无权向人民法院提起民事诉讼。对此问题，虽然各地法院掌握尺度不一，实践中也存在反复，但一般倾向于肯定业主委员会在物业管理和维护业主权益方面的诉权。

综上，虽然法律对业主委员会的诉讼主体地位尚无明确的规定，但根据法律的精神和最高人民法院的司法解释，我们可以大体得出关于业主委员会诉讼主体地位问题的处理原则：(1) 业主委员会的法律地位接近于民事诉讼法规定的"其他组织"，是一种特殊的民事主体。(2) 业主委员会参加民事诉讼的范围是受限制的，其所诉事项须关乎业主公共利益。

本案中，原告香水园小区业主委员会所提出的确认被告梅江街道办事处成立"筹备组"进行的选举活动违法的诉讼请求，法律虽然对该问题没有明确的规定，但请求显然是和全体业主的利益相关的问题，应承认原告享有起诉权，案件属于法院的受案范围。

2. 备案的法律效力

关于备案的法律效力，国务院《物业管理条例》第十六条明确规定业主委员会自选举产生之日起 30 日内，应当向物业所在地的区、县房管部门和街道办事处备案。而国务院法制办对该条款中"备案"的解释是："业主委员会作为业主团体的组织机构，是基于业主团体的意思自行设立的，则登记不应影响业主委员会的成立，不是业主委员会的成立要件，仅仅是为了行业管理的需要所履行的备案手续，应当与企业法人等一般民事主体的设立登记区别开来。"由此可见，业主委员会作为民间自治性组织，它的成立源于业主基于真实意思的民主选举，业主合法选举的结果是业主委员会成立的唯一基础，只要换届选举活动履行法定程序，选举结果符合小区业主真实意思表示，就应当承认其是经"依法成立"的合法组织。业主自治组织的备案，是行政机关为了行政管理需要，以国家承认的形式，使社会成员知晓并尊重备案事项所业已取得的法律效力的公示行为，并非设权性的行政许可，备案程序并不影响备案事项法律效力的发生，未经备案的业主委员会仍然具有合法性。

从另一个角度看，备案虽无行政许可的效力，但有公示性的证明作用，经备案的业主委员会起诉，只需出具自己处于有效任期内的备案记载，即可证明其具有诉讼主体资格；而未备案的业主委员会进行诉讼则需要举证证明：业主委员会是经业主合法选举产生的，换届选举活动履行了法定程序，选举结果代表了小区有效多数业主的真实意思。

本案中，原告换届选举结果没有获准备案，起诉时首届任期已届满，有效文件亦过期，但原告提交了换届选举投票统计数据及备案申请作为证据，法院认为作为起诉证据，在形式证明力上已经符合立案条件，故予以立案。原告起诉虽符合立案条件，但因其未经备案，所以原告对香水园小区业主委员会系依法成立和具有必要的授权就负有证明责任，即在实体上需要证明已履行换届选举程序，在程序上需要证明业主对原告在诉讼事宜上的委托授权，前者说明原告系合法的民事主体，后者说明原告是在代表全体业主行使诉讼权利。但原告只提供了换届选举投票统计数据，该证据的证明力无法达到证明换届选举合法有效的证明目的。同时，根据该小区业主委员会章程之规定，业主大会赋予业主委员会的职责并未包含代为告诉一项，因此如果原告以小区业主委员会的名义提起诉讼，合法比例的小区业主的授权是必备的，但原告对此亦不能提供相应的证据证明。综上，本案中未经"备案"并不构成原告主体资格瑕疵的根本原因，但因其未能备案，故加重了其举证责任，而原告未能举证其系依法成立并获得必要的授权，因此法院裁定驳回原告的起诉。

3. 被告筹备选举行为的可诉性

虽然本案原告的诉讼主体资格已被否定，无须对案件再进行实质性审查，但本案被告实施的行为是否属于行政诉讼的受案范围仍有探讨之必要。

国务院《物业管理条例》对于行政权介入业主自治的尺度规定得十分原则，给各地留下很大空间，可以因地制宜制定具体措施。从《天津市物业管理条例》规定来看，街道办事处对业主委员会的管理方式基本属于行政指导。行政指导是助成性的具体行政行为，通过指导、示范、引导、建议等方法，以谋求行政相对人之同意或协力，以有效实现社会管理的目的，行政指导行为原则上不具有行政强制力，相对人有权选择是否接受，不会直接导致其权益的得丧变更，因此被排除在行政诉讼受案范围之外。但对政府以行政指导名义实施的行政行为，在行政诉讼中需要进行具体地分析，判断该行为是否发生了强制的实际效果，相对人如果不服从是否导致不利后果。如果是，那么这种行为仍然应视为可诉的具体行政行为，须为其提供司法救济。

在本案中，被告在接到香水园小区部分业主的举报后，应当根据《天津市物业管理条例》和《天津市业主大会和业主委员会活动规则》规定，首先进行调查核实，如果确实存在问题，则应当向原告明示，给予必要的指导和督促原告改正。如果仍不能妥善解决，则可以根据《天津市物业管理条例》第三十一条规定的联席会议制度，通过召开联席会议依靠社会各方力量协调化解矛盾，或者根据《天津市物业管理条例》第二十一条之规定，组织召开业主大会，由小区业主经过决议自主决定原告的去留。但被告未严格依法履行上述程序，而直接组成换届选举工作筹备组，负责换届工作，并在实际上取代了原有小区业主委员会的地位。被告的行政行为已经具有一定的强制性，对特定相对人的权益产生了实质影响，超越了行政指导的范围，应属行政越权行为。因被告在履行职务过程中存在越权行为，且损害了特定相对人的合法权益，那么该行为就应该是可诉的，属于行政诉讼受案范围。

（天津市河西区人民法院　钱天彤　周奕）